HUKOUNIANJIAN
2019
湖口年鉴
【湖口年鉴编纂委员会◎编】

江西人民出版社
Jiangxi People's Publishing House
全国百佳出版社

《湖口年鉴（2019）》编纂委员会

《湖口年鉴（2019）》编辑部

《湖口年鉴（2019）》撰稿单位主审

单位	主审	单位	主审
县委办公室	罗科文	县红十字会	何文燕
县委组织部	张伟初	县人武部	田存飞
县委宣传部	王玉初	县公安消防大队	金胜强
县委统战部	刘向云	县武警中队	童　凯
县委政法委	杨明德	县人防办	郑　文
县委编办	柳水林	县公安局	王小兵
县信访局	柳　林	县检察院	王文琴
县档案馆	程小红	县法院	蔡海涛
县委党校	何　峰	县司法局	袁扬波
县人大办公室	袁　晓	县农业农村局	陈少波
县政府办公室	张海平	县林业局	舒　敏
县政府金融办	张海平	县扶贫办	欧阳鼎敏
县政府电政办	徐　斌	县工信局	周小匀
县政府机关事务管理局	张晓燕	县高新园区	夏敏谦
县行政服务中心	李浪波	县交通运输局	柳　浪
县政协办公室	胡玉霞	电信公司	杨　辉
县纪委办公室	秦　钊	移动公司	曹以安
县总工会	余锦霞	联通公司	晁淑杰
团县委	蔡　亮	邮政公司	王　剑
县妇联	林　玲	县供销社	尹　胜
县工商联	陈爱水、张海林	烟草专卖局	江　伟
县科协	刘小贵	盐业公司	吴年生
县残联	陶　涛	县商务局	柳　云
县文联	王夕腾	县财政局	吴小锋
县社联	胡晓霞	县税务局	杨忠林

单位	主审
县审计局	柳效强
县发改委	杨小宏、沈松林
县自然资源局	柳益平
县市场监督管理局	邹历律
县应急管理局	孙浔波
县统计局	张飞中
人民银行	张练中
银监会	秦兆华
工商银行	吴红泽
农业银行	黎泳洲
建设银行	吴集霞
中国银行	田莉云
农发行	赵守富
农商银行	邹时武
邮政银行	张　民
江西银行	潘少清
招商银行	邹　斌
中国人寿	邹卫华
人寿财保	孙立平
财保公司	骆雪初
县住建局	骆江峰
县城管局	刘小平
公积金湖口办公处	丁少峻
县水利局	余秀英
县气象局	吴慧峻

单位	主审
县生态环境局	饶正勇
县科技局	蒙元敏
县教体局	许剑松
县文旅局	周　君
县卫健委	王　芬
县人力资源和社会保障局	付　剑
县民政局	彭志彬
双钟镇	夏洛洛
流泗镇	沈　强
马影镇	朱江浪、许芳
武山镇	潘　江
城山镇	欧阳艳毛
均桥镇	柳守平、骆欢庆
大垅乡	陈　亮
张青乡	冯世丹
凰村乡	叶中明
付垅乡	万迪荣
舜德乡	田彪春
流芳乡	时伟
南北港场	沈翔
武垦场	夏帅文

湖口县政区图

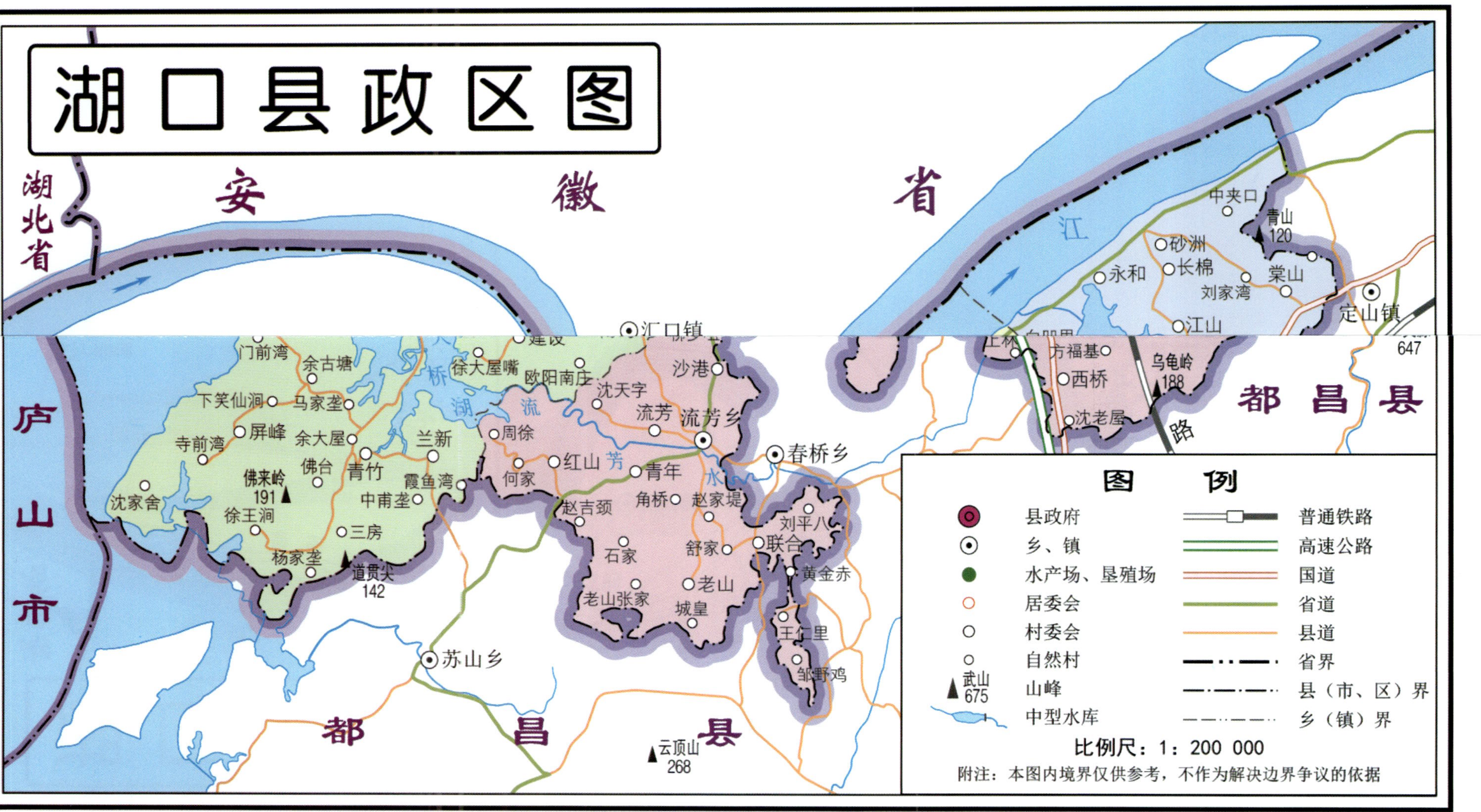

审图号：赣S（2019）036号

江西省测绘成果资料档案馆编制

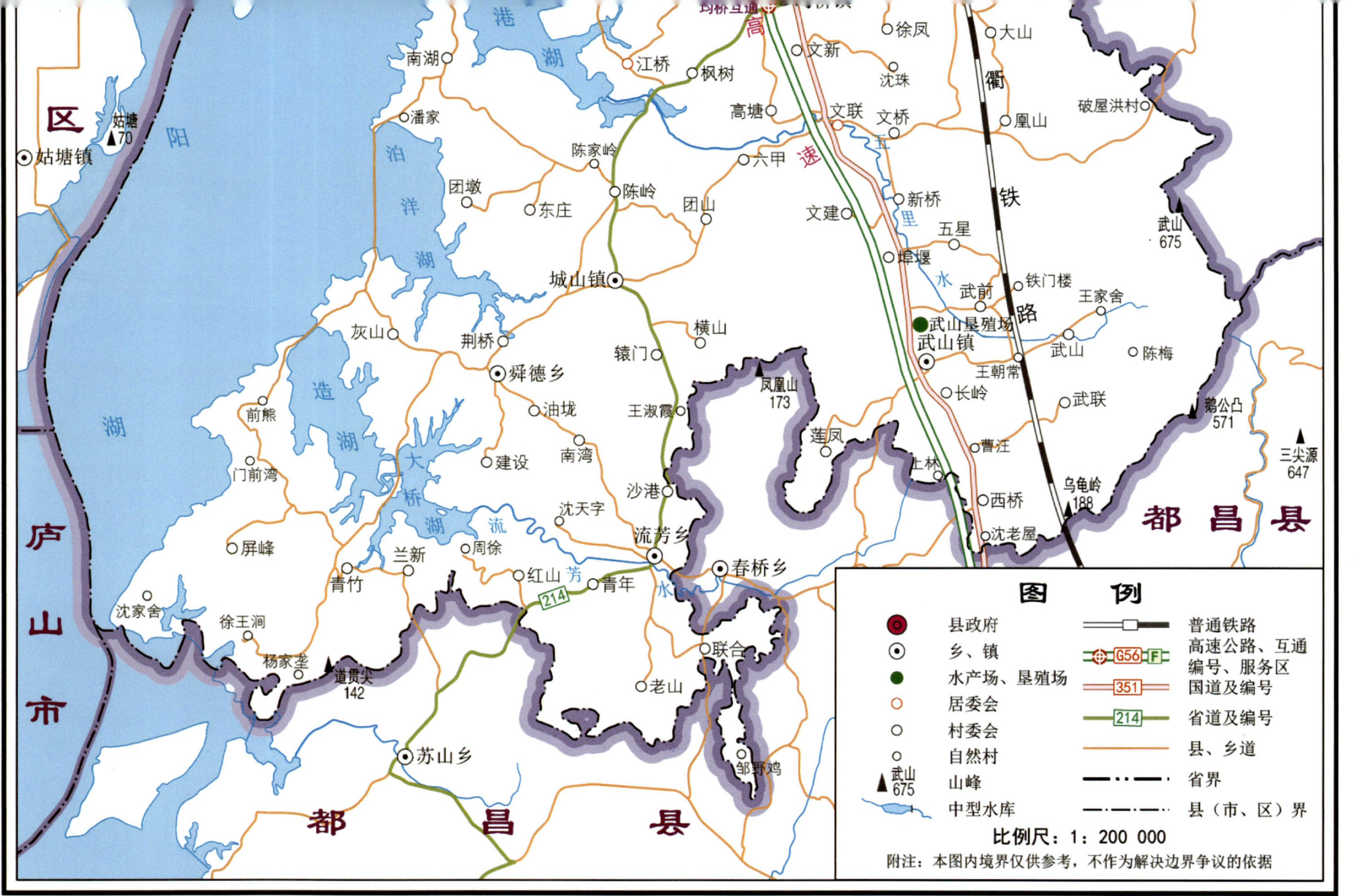

审图号：赣S（2019）036号

江西省测绘成果资料档案馆编制

审图号：赣S（2019）036号　　江西省测绘成果资料档案馆编制

石钟山位于鄱阳湖入长江之口，是长江中下游分界点，石钟山以东为长江下游。湖口长江岸线上自石钟山，下至彭泽红光，长 24 千米。2018 年，湖口县突出打造“最美岸线”，加快实现“水美、岸美、产业美、环境美”，全力争创长江经济带绿色发展示范区“湖口样板”。

长江岸线（石钟山段）（李学华／摄）

长江岸线（金砂湾段）（李学华/摄）

长江岸线（银砂湾段） （李学华 王文欢／摄）

市委第四巡察组成员和县委、县人大、县政府、县政协领导观看展览

2007年7月，高速公路出口转盘周边面貌 （刘峰／摄）

12月18日，湖口县庆祝改革开放40周年成就展在县艺术中心开展

2018年6月，高速公路出口转盘周边面貌 （李学华／摄）

从“养家糊口”到“闯荡江湖”的华丽转身

改革开放40年，尤其是党的十八大、十九大以来，湖口县委、县政府带领全县人民，深入贯彻落实“创新、协调、绿色、开放、共享”五大理念，致力于发展经济，大力开展招商引资，经济总量持续增长，生产总值由1978年的0.56亿元增加到2017年的140.73亿元。全县财政总收入由1978年的308万元增加到2017年的30.38亿元，增长了986倍。全县工业增加值由1978年的917万元增加到2017年的87.98亿元，年均增长19.3%，占GDP比重由1978年的16.4%提高到2017年的62.5%。全县职工年平均工资由1978年的505元增加到2017年的89071元，年均增长14.2%。农民人均纯收入由1978年的112元增加到2017年的14619元，年均增长13.3%。全县社会消费品零售总额由1978年的0.22亿元增加到2017年的28.5亿元，年均增长13.3%。1978年至2017年，全县固定资产投资由185万元增加到261.97亿元，年均增长27.8%，实现了从“养家湖口”到“闯荡江湖”的华丽转身。

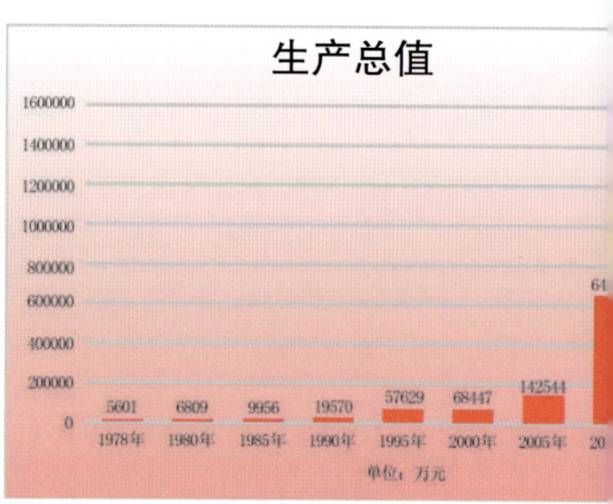

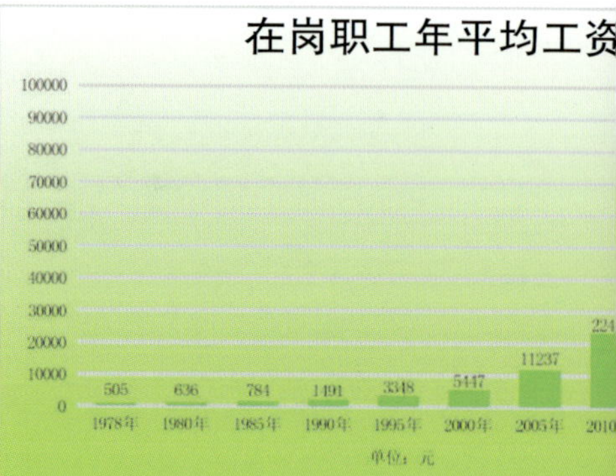

计划经济时代，湖口人民生活生产凭票购物

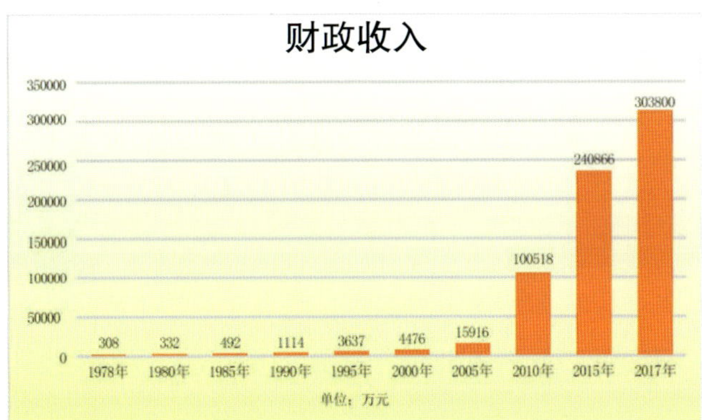
财政收入
350000
300000
250000
200000
150000
100000
50000
0
308 332 492 1114 3637 4476 15916 100518 240866 303800
1978年 1980年 1985年 1990年 1995年 2000年 2005年 2010年 2015年 2017年
单位：万元

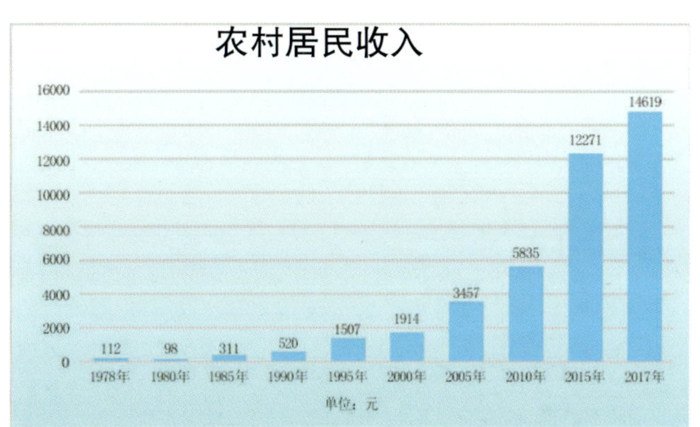
农村居民收入
16000
14000
12000
10000
8000
6000
4000
2000
0
112 98 311 520 1507 1914 3457 5835 12271 14619
1978年 1980年 1985年 1990年 1995年 2000年 2005年 2010年 2015年 2017年
单位：元

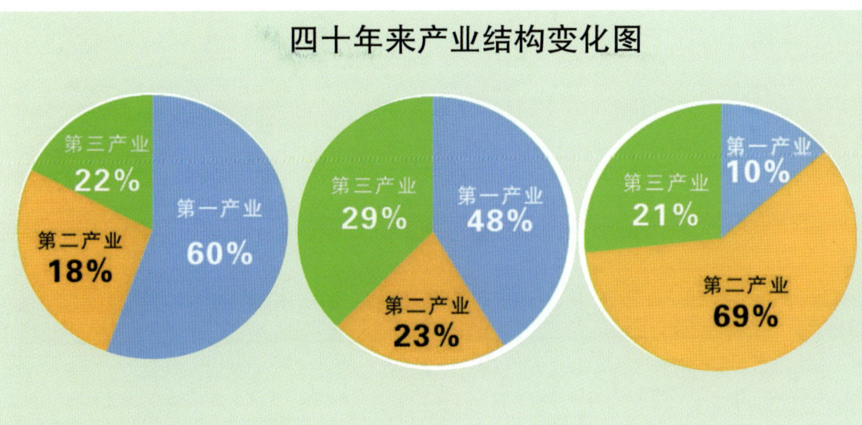
四十年来产业结构变化图
第三产业 22%
第一产业 60%
第二产业 18%
第三产业 29%
第一产业 48%
第二产业 23%
第三产业 21%
第一产业 10%
第二产业 69%

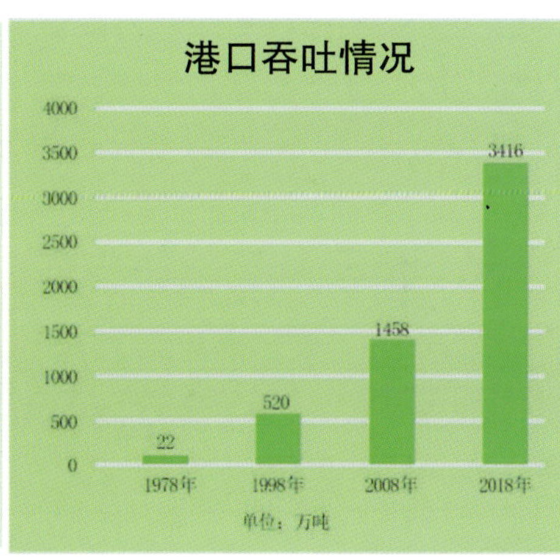
港口吞吐情况
4000
3500
3000
2500
2000
1500
1000
500
0
22 520 1458 3416
1978年 1998年 2008年 2018年
单位：万吨

湖口县煤建商店
（代 货 票）
煤 球
100公斤
3.60元
年 月 日
№ 0001209
洗澡票
理发票
开水票

大力支持民营企业发展壮大。要抓好6个方面政策举措落实。

第一，减轻企业税费负担。

第二，解决民营企业融资难融资贵问题。

第三，营造公平竞争环境。

第四，完善政策执行方式。

第五，构建亲清新型政商关系。

第六，保护企业家人身和财产安全。

——习近平

民营企业是推动湖口经济发展的生力军，截至2017年底，全县民营企业11076户，吸纳就业人数9.7万人，总产值112亿元，税收27.89亿元。

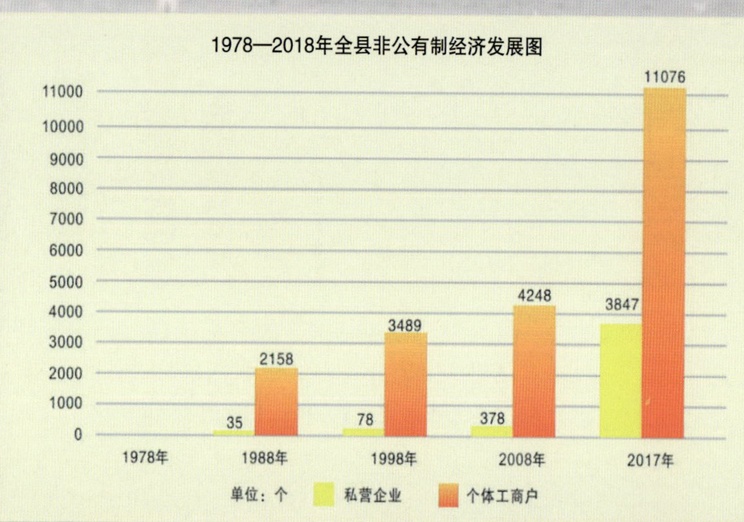

纳税大户 九钢公司

九江萍钢钢铁有限公司是一家集烧结、炼铁、炼钢、轧材生产工艺于一体，具有年产钢550万吨能力的钢铁联合企业，先后荣获全国“五一劳动奖”、中国优秀民营科技企业、全国用户满意企业、中国最具竞争力民营企业、最有社会贡献民营企业、最具社会责任感民营企业、全国模范职工之家、江西省优秀企业、江西省劳动关系和谐企业等多项荣誉。产品广泛应用于铁路、地铁、高速公路、大型桥梁、高层建筑等领域。2018年1—11月份上缴税金24.07亿元，2012年至今累计上缴税金超过40亿元。

新动能基地 科创中心

科创中心是“湖口创谷”的重要组成部分，规划占地100亩，重点引进新材料、电子信息、精密制造等领域的研发机构、中试基地、公共技术服务平台以及高端研发人才，大力培育科技孵化器和高新技术企业。

2017年7月26日，湖口县举行科技创新中心揭牌仪式。

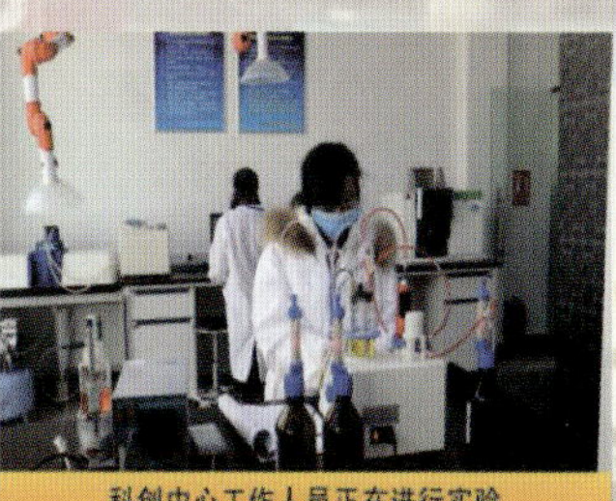
科创中心工作人员正在进行实验

2018年上海知青访亲团参观科创中心

上市公司 天赐

九江天赐高新材料有限公司成立于2007年10月，公司一直致力于精细化工新材料的研发、生产和销售，目前拥有锂离子电池材料、日化材料及特种化学品和有机硅功能材料三大业务板块，拥有自主知识产权、核心技术和自主品牌，是国家高新技术企业、江西省节能减排科技创新示范企业、全国首批达成“锂离子电池行业规范条件”的企业之一、江西省质量管理先进企业、江西省先进非公有制企业（科技创新示范企业）、九江市重点企业工会工作先进单位、湖口县安全生产工作先进单位。

九江天赐行政楼

博士后创新实践基地 晨光

江西晨光新材料股份有限公司创建于2006年，注册资金13800万元，位于江西湖口高新技术产业园——湖口县金砂湾工业园内，占地面积372亩，是一家融科研、生产、经营为一体的有机硅烷偶联剂高新技术企业，也是当前国内最大的有机硅烷偶联剂系列产品的制造商之一。

厂区全景

硅烷偶联剂研发中心

晨光公司智能生产车间——智能机器人

2008年6月，园区污水处理厂、赛得利（原龙达化纤）等项目处还是沿江荒滩（李学华／摄）

2018年3月，园区污水处理厂、赛得利等项目处一片生机 （李学华／摄）

1998年，城山镇团山村通的是砂石路，现在的中心村曾是荒山野岭　（袁谨洋／摄）

2018年，城山镇团山中心村，产业兴旺、生态宜居、乡风文明、生活富裕，是改革开放四十年来，湖口发展的一个缩影　（沈海斌／摄）

湖口县长江与鄱阳湖交汇处 （李学华／摄）

8月15日，县委书记李小平在中共湖口县十四届六次全体（扩大）会议上讲话（姚远／摄）

中共湖口县委十四届五次全体（扩大）会议于1月15日召开，会议审议并通过了县委常委会2017年工作报告，审议通过了《中共湖口县委关于深入学习党的十九大精神奋力开创聚力“一核三带”建设“五个湖口”新局面的意见》（姚远／摄）

中共湖口县委十四届六次全体（扩大）会议于8月15日召开。会议审议并通过了《关于融入长江经济带建设绿色发展示范区湖口样板的实施意见》　（姚远／摄）

1月17日，湖口县十六届人大第三次会议召开，县委副书记、县长鲍成庚作《政府工作报告》

（沈海斌／摄）

县人大常委会主任阮洋调研“四城同创”工作

（沈海斌／摄）

与会代表认真聆听《政府工作报告》 （沈海斌／摄）

县政协主席杨小林调研公共文化服务活动

（郑飞华／摄）

1月16日，政协第九届湖口县委员会第三次会议召开　（张玉／摄）

10月16日，县委书记李小平到县公安局调研扫黑除恶工作 （吴江／摄）

12月份，县第一幼儿园开展扫黑除恶专项斗争宣传教育活动 （周冬霞／摄）

12月13日，县公安局特巡警冬训演练　（郑飞华／摄）

练为战　（郑飞华／摄）

3月27日，九景衢铁路湖口付垅段一列车飞驰而过 （姚远／摄）

6月29日，县委书记李小平为党的十九大代表向东（右）颁发创建省级文明城市形象大使聘书　（吴江／摄）

6月29日，县委、县政府召开精神文明表彰大会，对道德模范、文明村镇、文明单位、文明校园、文明家庭进行表彰　（张玉／摄）

10月13日，湖口县大垅乡新时代文明实践中心成立，
县委副书记张南（右二）为中心揭牌 （沈海斌／摄）

11月2日，全县深化殡葬改革工作动员大会召开 （张玉／摄）

3月9日，是全国“保护母亲河”日，长航公安局九江分局湖口派出所、县文明办联合县渔政局、县江豚巡护队、县蓝天救援队、长江湖口海事处、长江九江航道处、县志愿服务联合会等单位，共同开展“同饮长江水，同护母亲河”公益活动

（李学华／摄）

3月5日，九钢公司团委组织100余名青年志愿者义务为市民理发、量血压、修家电、修理自行车，以实际行动传承“雷锋精神”

（沈海斌　周舒衡／摄）

江西省道德模范保镖爷爷王立强几十年如一日，坚守岗位做好事

（沈海斌／摄）

青龙村原第一书记潘建同志在指导乡风文明建设

（沈海斌／摄）

12月，湖口志愿服务者在石钟山大道和盛源路十字交叉路口开展文明劝导志愿服务活动

（王文欢／摄）

公益广告·图说我们的核心价值观

（李学华／摄）

湖口县城长江边花海 （李学华／摄）

6月11日，市委书记林彬杨（前排中）在均桥镇横山采石场调研督导环保工作　（杨青／摄）

4月27日，县第一小学部分师生实地开展生态文明教育　（李学华　葛芬芬／摄）

3月22日，湖口县在西门渡口码头开展2018年度第一次渔业资源人工增殖放流活动。这次共放流青鱼、草鱼、鳙鱼、鲢鱼四大家鱼冬片83.36万条，夏花660万尾　（郑飞华／摄）

使用“江豚管家”及时上报信息

江豚跃起

4月20日，鄱阳湖口江豚巡护队屏峰段保护江豚纪实

清除水下障碍

巡护湖面 （本版李学华／摄）

国华九江电厂 （李学华／摄）

2月4日，全市县域经济发展现场观摩团成员（右三为市委书记林彬杨）在县科创中心观摩　（李学华／摄）

10月11日，市委副书记、市长谢一平（二排右二）在天赐高新材料循环产业园调研　（姚远／摄）

5月6日，九江市湖口经济发展促进会成员在石钟山景区周边考察　（吴江／摄）

2月25—26日，全县“巡回看变化”。图为观摩考察组在张青乡益盟服饰项目观摩　（姚远／摄）

6月28日，湖口县2018年列入省市县三级联动新开工重大项目举行集中开工 （吴江／摄）

8月3日，2018年二季度重大项目集中签约，现场签约24个项目，总投资172.28亿元 （姚远／摄）

6月20日，国家能源集团神华九江电厂举行一期工程首台机组一次顺利通过168小时试运暨2号机组生产移交仪式。7月7日，2台100万千瓦超临界清洁高效燃煤发电机组竣工投产 （张玉／摄）

2018年，九钢公司完成主营业务收入229.3亿元，缴纳税收24.13亿元。3月9日九钢公司在全县项目建设暨作风大整治服务大提升大会上受到县委、县政府表彰 （姚远／摄）

10月下旬，投资50亿元的五星纸业项目，一期第一条生产线正式进入试生产阶段 （吴江／摄）

5月25日，置地运大装配式建筑（PC）工厂正式进入试生产阶段。该项目每年可生产80万—120万平方米预制混凝土构件，达产达标可实现年产值10亿元，利税1.5亿元 （张玉／摄）

建设中的中红普林医疗制品项目

（李学华／摄）

湖口县新动能产业培育示范基地建成并投入运行

（吴江／摄）

九江嘉远科技有限公司2017年通过整体收购原友邦光电项目，落户海山科技园区。总投资3.2亿元，达产达标后实现主营业务收入3亿元，利税3000万元，提供就业岗位100个　（吴江／摄）

6月16日，江西大家食品有限公司搬迁至县高新技术产业园，并完成扩建，正式投产　（沈海斌／摄）

9月20日，县委书记李小平在流芳乡红山村调研脱贫攻坚 （吴江／摄）

益盟服饰有限公司以生产外贸棉服产品为主。年产值8000万元、利税400万元，提供就业岗位300个，厂内设扶贫车间，已安排7名贫困对象 （吴江／摄）

冬至时节，张青乡省级贫困村青龙村的柳仲太自然村着力开展村庄面貌整治，基础设施建设和产业帮扶，贫困村“颜值”极大提升　（李学华／摄）

2月17日，贫困村城山镇团墩村产业扶贫基地采收芡实。该村七里垅百亩水田三年两淹，曾令种粮大户失望而归，2018年，成功引进适合种植的药材芡实助推脱贫（沈海斌　王文欢／摄）

4月8日，武山镇埠堰村光伏扩面工程竣工 （沈海斌 王江帆／摄）

元月初，武山镇现代农业示范园年丰百果园用上了“农眼”智能监测系统 （沈海斌／摄）

南北港场养殖户沈水田，发展养羊产业，走出一条特色养殖的脱贫致富路　（张玉／摄）

武山镇农村丰收景象　（李学华／摄）

平安农机

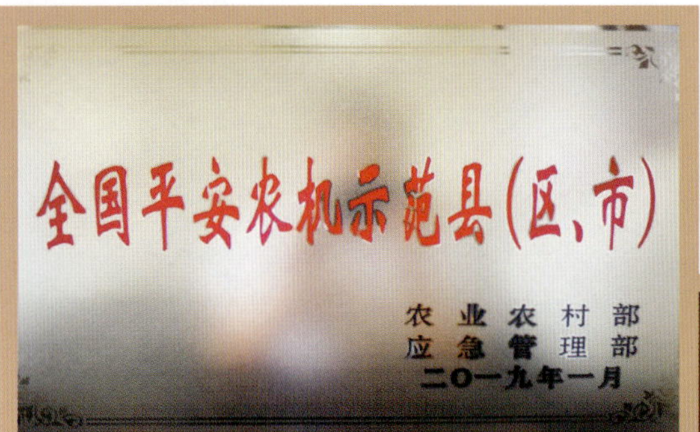

湖口县获全国2018年度平安农机示范县称号

平安农机创建动员大会

农机安全应急演练

平安农机进校园

省农机管理处验收平安农机创建工作

湖口农机手参加省农机技能大赛

（县农业农村局 供稿）

港口经济有序运行，湖口港全年港口货物吞吐量达4477万吨 （李学华 张玉/摄）

2月9日，石钟山旅游公路象山路北段正式通车 （周煜虎/摄）

10月6日，鞋山景区迎来大批游客 （张玉／摄）

12月17日，建成投入运营的赣北农贸城 （沈海斌／摄）

2月5日，红色文艺小分队出发仪式暨2018年春节送文化下基层系列活动首场演出在鄱阳湖大市场举行 （周舒衡／摄）

7月27日，央视二套摄制组走进湖口石钟山拍摄取景 （郑飞华／摄）

湖口南北港花海 （郑飞华／摄）

湖口县下片区重阳节老年人文体会演　（张玉／摄）

暑期，凰村乡在综合服务站开展留守儿童读书活动　（吴江／摄）

7月7日，湖口县首届西瓜文化旅游节在张青乡长塘村产业扶贫基地举行 （张玉／摄）

9月23日，湖口首届“中国农民丰收节”在流芳乡举行 （李学华 张玉 王文欢／摄）

3月24日，湖口县第二届油菜花暨乡村文化旅游节启幕 （李学华／摄）

8月8日晚，城山镇举行特色商贸小镇乡村游启动仪式 （郑飞华／摄）

5月4日，湖口县首届校园艺术节在县第二小学启幕 （沈海斌／摄）

8月19日晚，湖口县举行庆祝首个中国医师节文艺晚会 （郑飞华／摄）

《湖口年鉴（2018）》于2018年12月出版 （刘广／摄）

7月19日，湖口木船入居市非遗展示馆 （张玉／摄）

6月7日，第一批“00”后考生高考 （郑飞华／摄）

9月1日，湖口县第五小学竣工并举行开学典礼 （张玉／摄）

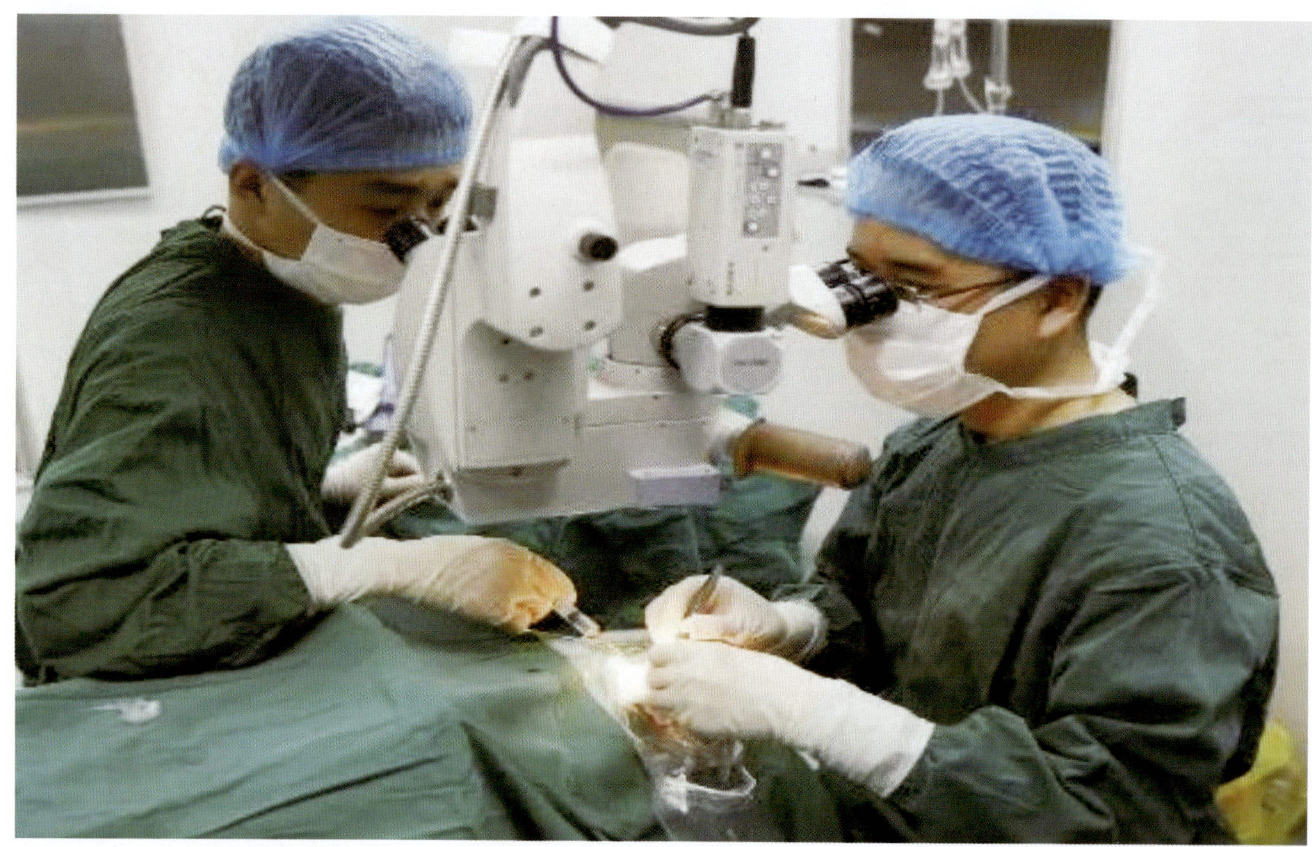

1月29日，湖口首例眼角膜捐献手术在县人民医院成功实施 （郑飞华/摄）

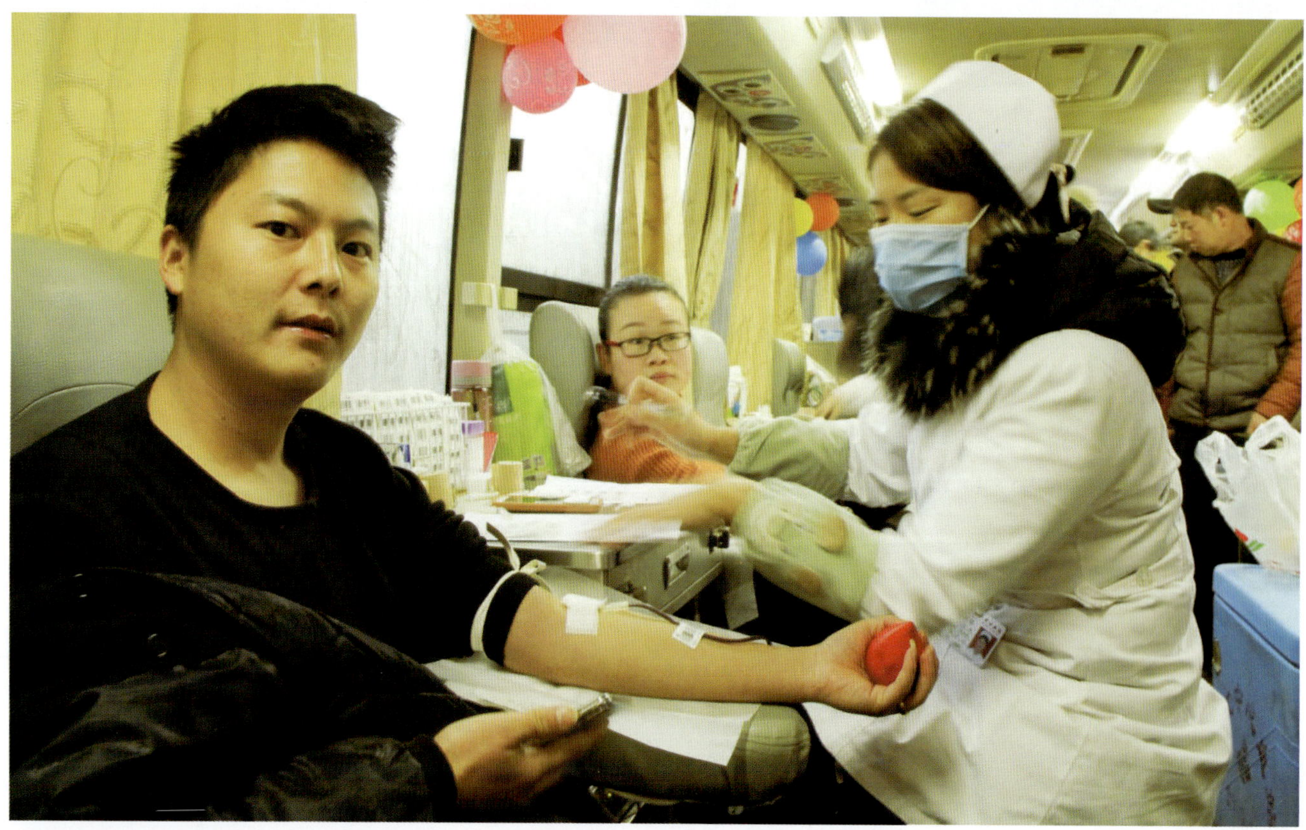

1月4日，湖口市民在鄱阳湖大市场踊跃参加无偿献血活动，活动当天共227人无偿献血6.81万毫升 （郑飞华/摄）

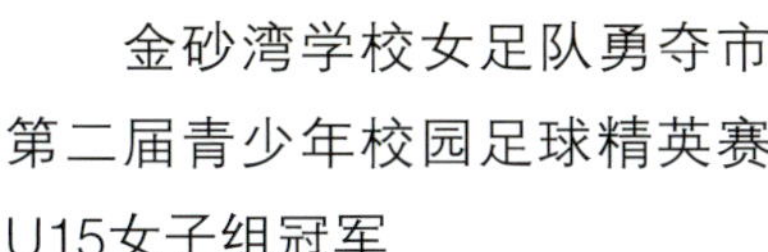

金砂湾学校女足队勇夺市第二届青少年校园足球精英赛U15女子组冠军

（柳雄志／摄）

6月1日，江西省第十五届运动会群众比赛项目山地自行车比赛九江市预选赛在湖口县开赛　（郑飞华／摄）

5月24日，全县第六届职工健身运动会开幕，60支队伍，近1500名运动员参加　（沈海斌／摄）

航拍湖口 （李学华／摄）

新城区一角 （李学华/摄）

洋港安置区 （张玉/摄）

武山武垦集镇 （姚远／摄）

流泗镇流泗桥社区曹瑛新村 （李学华／摄）

5月11日，全市城乡环境综合整治工作现场推进会在湖口召开。图为参会的100多位人员在湖口县城乡接合部现场观摩

（李学华/摄）

整治前

李敬新村环境综合整治 （沈海斌／摄）

汽车站铁路旁整治 （姚远／摄）

整治后

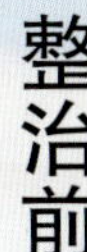

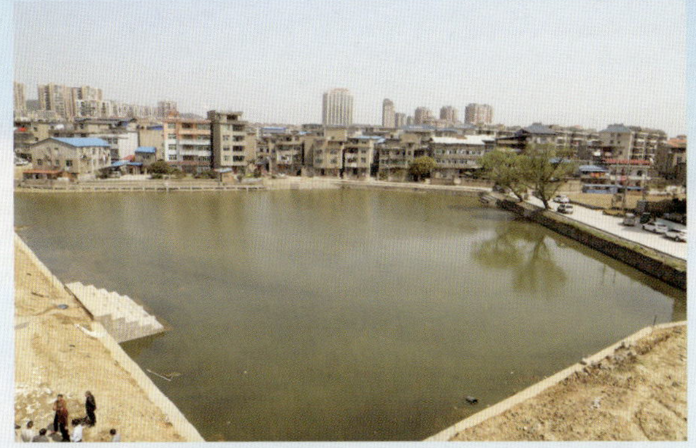

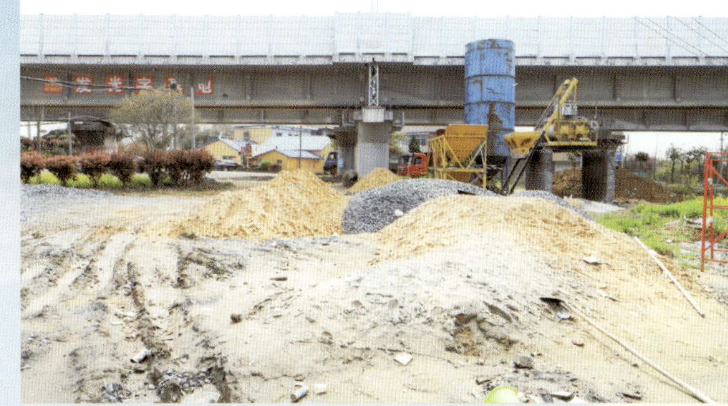

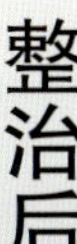

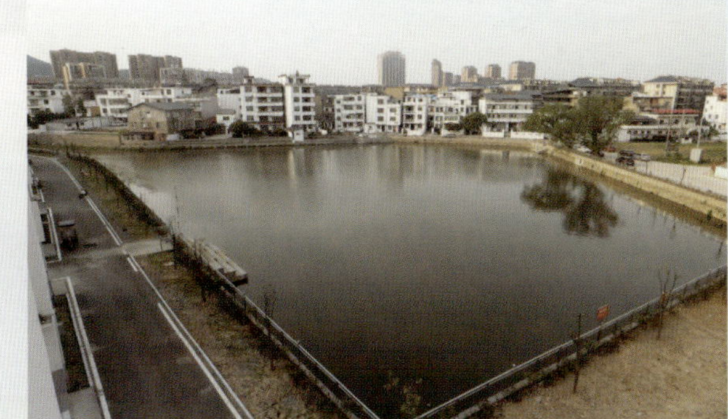

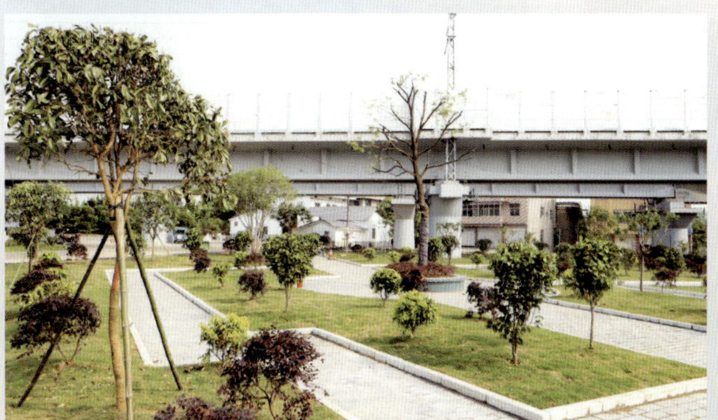

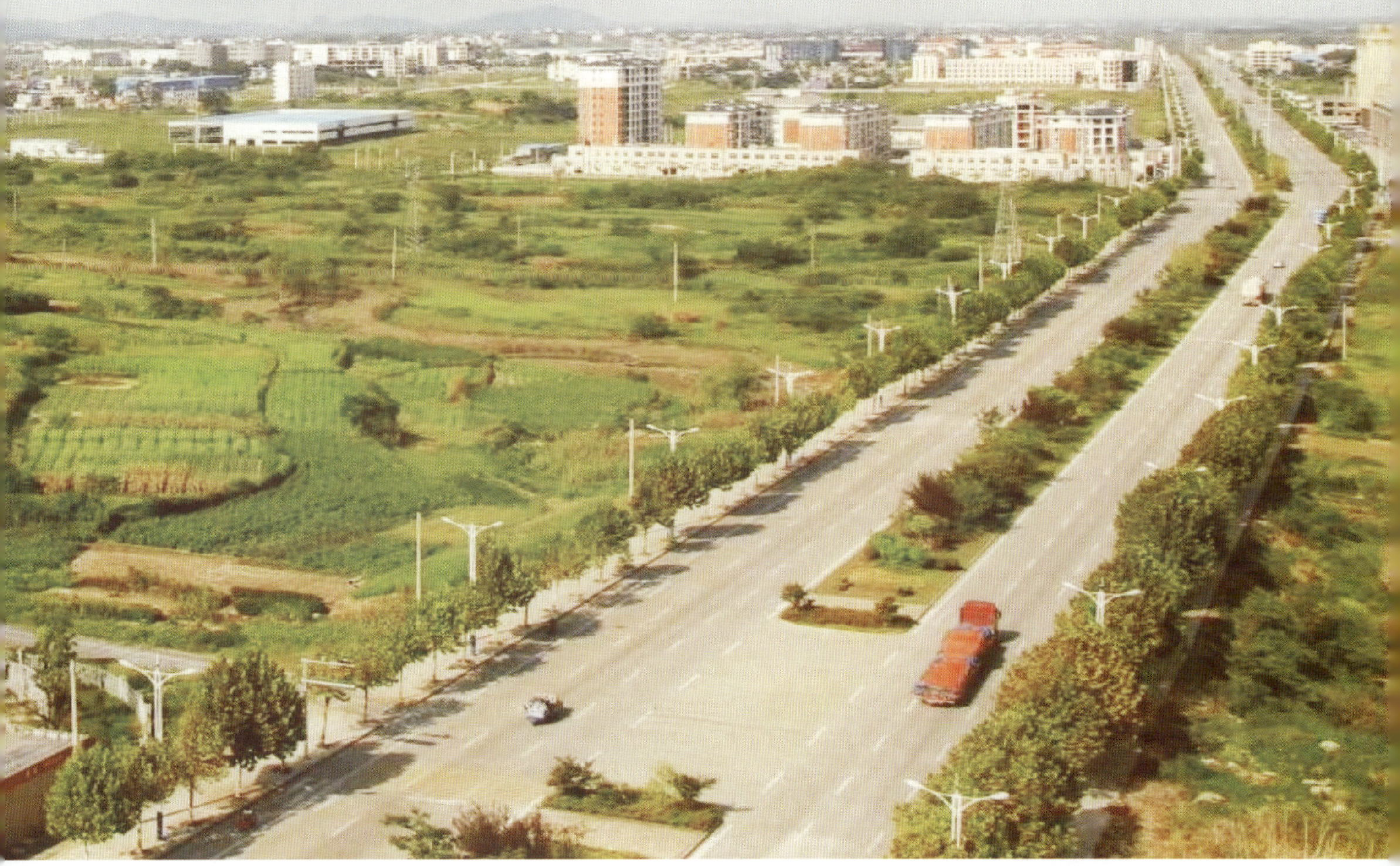

12月13日，鞋山水域、众鸟翔集　（李学华／摄）

参观知青小镇

乡音未改

参观国华九江电厂

原住地合影

联欢表演

“你好，亲人”

10月24日至26日，百余名上海知青再次踏上曾挥洒汗水、奉献青春、魂牵梦绕的第二故乡湖口，探亲访友　　　　（李学华／摄）

上海知青回湖口县访亲联谊会

2月24日，2018年“春风行动”招聘大会在鄱阳湖大市场举行，有58家企业，提供就业岗位15000余个 （周煜虎／摄）

湖口豆粑香正浓

（李学华／摄）

5月18日，湖口县举行第二届残疾学生手工作品义卖活动，共筹得爱心善款12555元

（周舒衡／摄）

冬月初一打年鱼

（李学华 周海斌／摄）

武山镇

全镇60平方千米，辖9村1社区，13699人。武山镇农业经济发达，是全省第一批省级创新型乡镇建设试点乡镇，第六届九江市文明村镇。2018年全市城乡环境综合治理现场会在武山镇观摩。王常村被选为全市乡村振兴示范村

江西弘盛药业有限公司获“省级现代农业示范园”称号

全省首家村级党群红色空间暨有声图书馆

湖口第二届油菜花节暨乡村文化旅游节

武山年丰果园

秀美王常村

“四好农村路”建设

（武山镇 供稿）

付垅乡

全乡44.6平方千米，辖9村1场，16837人。2018年实现生产总值1.96亿元，同比增长9%；财政总收入4270万元；农村居民人均可支配收入8800元，同比增长8%。

乡行政中心

大山幼儿园

2018年道德模范表彰大会

留守儿童之家暑期学习班

付垅敬老院

夏畈村文化活动中心

“上山下乡”知青50周年纪念

（付垅乡 供稿）

凡　例

一、《湖口年鉴（2019）》是湖口县人民政府主办的综合性地方年鉴，由湖口年鉴编纂委员会主编，湖口年鉴编辑部编辑，并由江西人民出版社公开出版，湖口新华书店发行。

二、《湖口年鉴（2019）》是系统记述湖口自然、政治、经济、文化、社会的年度资料性文献，稿件由县委各部门、县直各单位、驻县各单位和乡（镇、场）提供。未署名的图片由湖口县融媒体中心提供。

三、《湖口年鉴（2019）》编辑工作以马克思列宁主义、毛泽东思想、邓小平理论、“三个代表”重要思想、科学发展观、习近平新时代中国特色社会主义思想为指导。

四、《湖口年鉴（2019）》内容层次设置是为方便分类编辑和读者系统阅读，并不反映严格的科学分类体系，机关、企事业单位排列和层次并不表示其他地位和规模。

五、《湖口年鉴（2019）》分为类目、分目、条目 3 个层次，共 35 个类目，249 个分目，990 个条目。

六、《湖口年鉴（2019）》编成初稿后，返回各单位征求意见，凡提供供稿人姓名的则文稿后署供稿人姓名，未提供供稿人姓名的署单位名称。

七、《湖口年鉴（2019）》记述时限为 2018 年 1 月 1 日至 12 月 31 日，部分内容和数据涉及 2017 年前。对在 2018 年间机构没有发生变化的部门和单位均未对其机构沿革进行记述，只是对在此期间进行了机构改革或职能调整的部门和单位进行记述。组织机构及其负责人名录按类归并，并不表示其排名顺序。

八、《湖口年鉴（2019）》除引文、序词、历史年号外，概用阿拉伯数字表述，采用法定计量单位。刊登的各种数据，来自统计部门或供稿单位。由于口径不一，各供稿单位的某种数据之和会与全县总数存在差异。如引用某种数据，应以统计数据为准。

九、《湖口年鉴（2019）》的编纂工作，得到全县社会各界的大力支持和帮助，在此谨表谢意。由于水平有限，难免有疏漏和不完善之处，敬请广大读者见谅并指正。

《湖口年鉴（2019）》编辑部

目 录

湖口概况

大事记

专辑

中国共产党湖口县委员会

湖口县人民代表大会常务委员会

湖口县人民政府

中国人民政治协商会议湖口县委员会

纪检　监察

群众团体

军事

法治

农业

工业

江西湖口高新技术产业园

交通 邮政

信息服务

旅游

商贸服务

对外贸易与经济合作

财政　税收　审计

经济管理与监督

金融　保险

城乡建设

水利

自然观测

环境保护

科学技术

教育　体育

文化

卫生人口计划生育

人力资源和社会保障

民政

乡（镇、场）

附 录

湖口概况

综 述

国家园林城市、省卫生城市、省森林城市、赣北工业重镇——湖口县，区位优越，交通便捷，风景秀美，文化昌盛，经济发达。

区位优越　湖口处“三省”（赣、鄂、皖）交界，“两水”（长江、鄱阳湖）交汇之地，与九江市濂溪区隔湖相望。是江西“水上北大门”和长江中下游“分界点”，素有“江湖锁钥、水陆通津”之美誉。湖口自古以来就是兵家必争之地。历史上著名战役有“朱元璋和陈友谅大战鄱湖十八年”“太平军与湘军之战”“李烈钧讨袁起义（二次革命）”等，百万雄师过大江第一渡就在湖口。湖口改革开放后逐渐成为商家投资的沃土。现在湖口县是鄱阳湖生态经济区、长江经济带和昌九一体化等重大战略叠加区，是昌九景“金三角”中心地带和昌九一体化重要节点城市，是大九江都市区副中心，区位条件十分优越，战略地位十分显著。

交通便捷　湖口水、陆交通便利，已构建“两水、两铁、两高速”立体交通框架。境内长江岸线 24 千米，鄱阳湖通航里程 30 千米，湖口港年吞吐量占全市三分之一以上，水运优势明显。铜九铁路、九景衢铁路穿境而过，铁路里程 49.9 千米。九景高速、彭湖高速连成一体，省道、县乡公路四通八达，总里程达 1190 千米。周边一个半小时之内有昌北机场、九江机场、景德镇机场。

风景秀美　湖口县东南遍布丘陵，西北滨江临湖，县城坐落在“两水”交汇处的双钟镇。县城城内有著名旅游景点石钟山、AAAA 景区台山公园，“江湖两色，石钟千年”名扬中外；县城西南是雁列山国家森林公园、鄱湖仙岛大孤山（鞋山），烟波浩瀚的鄱阳湖引人入胜；东南有美不胜收的天山旅游区，大自然风光吸引着天下游客。湖口县是江西省旅游发展十佳县，荣获第 21 届亚洲旅游业金旅奖，是首批最美人文（自然）旅游目的地，首批最美生态旅游目的地。近年来，湖口突出打造长江“最美岸线”，全力争创绿色发展“湖口样板”，努力让湖口的天更蓝、山更青、水更绿、空气更清新、城市更美丽。

文化昌盛　湖口是“中国民间艺术之乡”，是“戏曲之乡”和“中华诗词之乡”。青阳腔和草龙被列为国家非物质文化遗产。2015 年湖口青阳腔走出国门亮相韩国阿里郎节，湖口草龙到澳门登台演出；湖口粑俗、豆豉、糟鱼被列为省级文化遗产，其中豆豉还被评为“中华老字号”。历史上有苏东坡、陶渊明、李白、陆游、黄庭坚等 100 多位名人在湖口吟诗作赋 600 多首，魏征、郑板桥、曾国藩、彭玉麟等历代名人留下摩崖石刻碑刻100多件。

经济发达　湖口有利的水运条件造就了港口发展优势，历史上就是赣北货物集散地，江南有名的鱼米之乡。新中国成立后，湖口是江西粮、棉、油主产地和水产大县，改革开放以来逐渐成为赣北工业重镇、区域经济强县。2018年全县完成生产总值158.58亿元，同比增长8.4%；财政收入41.3亿元，同比增长36%；规模以上工业主营业务收入466.3亿元，同比增长23%；工业利税85.4亿元，同比增长25.6%；社会消费品零售总额30.98亿元，同比增长11.5%；城镇和农村居民可支配收入分别达到34657元和15920元，同比增长8.6%和8.9%。二、三次产业占比达到91.1%。人均生产总值和财政收入分别为55685元和14469元，同比增长7.8%和14.9%，合8099美元和2104.4美元（2018年12月31日汇率）。

自然环境

【区域位置】湖口县位于江西省北部，处北纬29度30分至29度51分、东经116度8分至116度25分之间，东邻彭泽，南接都昌，西与庐山市、九江市濂溪区界湖毗邻，北与安徽宿松县隔江相望。县城距九江市区25千米，距南昌市区151千米，是江西省北方门户。湖口因地处鄱阳湖水系入汇长江之口而得名。

【地势地貌】湖口属江湖丘陵地带，东南高、西北低、南北阔、东西窄，由武山山脉向鄱阳湖倾斜。湖口县境东西最宽约30千米，南北最长约35千米，总面积673.66平方千米，占九江市总面积的3.6%，占江西省总面积的0.4%。东南群山环抱，西北江湖环绕，境内地势大部分海拔在50米以下。境内以丘陵、山地、湖泊为主，丘陵占57.1%，山地占22.01%，湖泊水域占20.8%。境内东南由经彭泽蜿蜒过来的怀玉山脉武山支脉是湖口县与都昌、彭泽两县的分界山脉。武山主峰，海拔675.3米，是境内最高点。西北是鄱阳湖和长江水域，最低点在西部鄱阳湖面，海拔3.4米。

【山体水域】湖口的山脉主要有武山、螺丝山、横山、陪湖台山四条支脉。主要风景山体有石钟山、鞋山、天山、森林公园、台山公园等。湖口的水域主要有鄱阳湖流域的南北港、造湖、泊洋湖水系，长江流域的黄茅潭、莲花——陶盛港水系。

武山支脉　属怀玉山武山余脉。横亘于县境东南，东西走向。东南与都昌县交界，东北与彭泽县接壤，长12千米，宽10千米，主峰海拔675.3米。其主要山岭有17座。坐落在武山镇内的有剑山、狮子凸、杨梅山、燕墩岩、马鞍山、云雾尖；坐落在付垅乡内的有鸡笼山、凰山岭、钓鱼尖、梯子岭、云凌山、犁头尖；坐落在张青乡内的有程山；坐落在大垅乡内的有梭山、排木岭、花尖山、马迹岭。

螺丝山支脉　位于县境西南，东起流芳，西至鄱阳湖，北临造湖，南接都昌。主峰佛台岭海拔190米。其主要山岭有9座。坐落在流芳乡内的有马鞍山、老山；坐落在舜德乡内的有湖山、螺丝山、天门顶、球头、佛台岭、道贯尖、屏峰。

横山支脉　位于县境南，东起武山镇，南至城山镇，北到均桥镇，南接都昌凤凰山，主峰海拔249米。其主要山峰有4座。坐落在城山镇的有横山、城山；坐落在武山镇的有长岭；坐落在均桥镇的有六甲山。

陪湖台山支脉　位于县境西北，西起鄱阳湖滨，东至黄茅堤，连绵35千米。主峰海拔286米。其主要山岭有13座。坐落在南北港和县城南鄱阳湖滨的有陪湖山、小岭、黄土岭、大岭、月亮山；坐落在长江岸边的有老台山、沙山；坐落在马影镇内的有黄梅山、长岭、刘王凹；坐落在凰村乡内的有盛家山、龙潭山、西山。

石钟山　位于长江与鄱阳湖交汇处东南岸的湖口县城内，总面积9万平方米，海拔61.6米。山上奇石突兀，花木扶疏，楼亭林立，曲径通幽，有“小蓬莱”之称。山下悬崖绝壁，穴缝纵横，涛拍浪击，声若洪钟。登山凭栏，可见江湖交汇，清浊分明，中间一条长数千米的天然分界线，蔚为壮观。有怀苏亭、紫云廊、临湖塔、昭忠祠、太平楼等20多处古建筑，还有唐至清石刻170多处，其中唐代魏征手书《尚书·洪范》和宋代苏轼、黄庭坚的诗画碑尤为珍贵，苏轼《石钟山记》为千古名篇。

鞋山　矗立于县城南9平方千米处鄱阳湖中，又名大孤山，亦称大姑山，因形状如鞋而得名。鞋山是座湖中小岛，山体由石灰岩构成，南北长500米，东西宽220米，面积11万平方米，海拔90.7米。鞋山在湖中孤峰独峙，四面波涛，山崖陡峭，砥柱中流。顺流形成南北走向，南高而窄，北低而宽。山上有景点20多处，主要景点有点将台、大孤庙、鞋山塔、望庐亭、禹王台、观鸟台、云眠亭等。其中鞋山塔塔底周长28.4米，塔高35米，塔尖5.4米为182.5千克重的铜鼎，海拔131.1米。鞋山悬崖上多有鸟巢，各种鸟类成年累月寻食哺幼，繁衍生息，日出而出，日落而归。鞋山陈列馆馆藏古代各种兵器50余件。

天山　位于武山境内，属武山垦殖场管辖，海拔675.3米，山体雄伟。万亩山林中苍松翠竹，环境幽静，气候宜人。每年春夏时节遍岭杜鹃花开，金秋季节一片野果飘香。山上多奇峰异石，如绞车岭、庶山岭、乌珠岭、武山岭、龙头石、夫妻石、金枪石、飞来石、金鸡窝、双乳峰等，它们各有传说。主要景点有洗墨池、藏娇竹院、陈家岭遗址、禅冲寺、半山亭、夫妻石、金鸡窝、蜡烛台、龙潭、隧洞、战壕遗址。

森林公园　鄱阳湖国家森林公园位于县城西郊，紧邻鄱阳湖。公园总面积1270公顷，森林覆盖率达62.2%，其中风景林460公顷，沿湖水面113公顷，外围区233公顷，基地470公顷。园内有树木400多种，其中有香樟、水杉、柳树、银杏、栾树、红楠木、金钱松等珍贵品种。园内有天然湖滨浴场、千年古寺——嵩寿寺、虹桥仙迹、状元马适墓、汉武帝文昌湫江中射雕、明太祖系马桩遗址等景观。

台山公园　位于湖口县新城区行政中心后老台山脚下，总面积20公顷，绿化覆盖率87%。公园内主要有霜草寒林、临亭怀苏、徒阶忆古、台山耸翠、芦塘落雁、响石析泉、台田花海、樟樯荡舟等景观，是湖口市民登山健身、休闲娱乐、亲近大自然的好去处。

长江　源头在唐古拉山主峰各拉丹冬峰西南侧，干流流经青海、西藏、四川、云南、重庆、湖北、湖南、江西、安徽、江苏、上海11个省（市、区），于崇明岛以东流入东海。干流总长度为6363千米，流域面积达180万平方千米，为全国总面积的五分之一，是中国和亚洲第一大河，世界第三大河，仅次于非洲的尼罗河（6671千米）和南美洲的亚马孙河（6500千米）。长江流经九江段的水域名为“浔阳江”，长151千米，流域面积3940平方千米。流经湖口的水域长17千米，面积15.25平方千米，占全县总面积的2.26%。

鄱阳湖　中国第一大淡水湖。上承赣、抚、信、饶、修五河之水，流入长江。在正常水位情况下，面积有3914平方千米，容积达300亿立方米，每年流入长江的水量超过黄、淮、海三河水量的总和。鄱阳湖在九江境内的水域面积约2000平方千米，占其总面积的53%，流域面积14655平方千米。流经湖口长度27千米，在湖口的水域面积90.3平方千米，占全县总面积的13.4%；流域面积579.3平方千米，占湖口总面积的86%。

南北港　位于县城南，紧邻鄱阳湖。1968年南北港防洪圩堤修筑后，遂成季节性人工湖。流入南北港的有文桥港、均桥港、马影桥港，正常年水域面积20.2平方千米。流域面积276平方千米，占湖口总面积的41%。

造湖　位于县境南舜德乡内，紧邻鄱阳湖。1964年建成防洪圩堤后，成为季节性人工湖。流入造湖的是流芳港，正常年水域面积9.52平方千米。总流域面积131.26平方千米，其中境内流域面积78.27平方千米，占湖口总面积的11.6%。

泊洋湖　位于县境南城山镇内，紧邻鄱阳湖。1992年建成防洪圩堤后，成为季节性人工湖。流入泊洋湖的是荆桥港，正常年水域面积6.4平方千米。流域面积35.53平方千米，占湖口总面积的5.2%。

黄茅潭　位于县境东凰村乡和流泗镇内，紧邻长江。1927年黄茅堤筑成后，成为季节性人工湖。流入黄茅潭的有四官桥港、史家桥港、沈家桥港，正常年水域面积12.24平方千米。流域面积60.98平方千米，占湖口总面积的9%。

【自然资源】 湖口自然资源种类较多，储量丰富，有较好的利用价值和开发前景。

土地资源 湖口县处鄱阳湖湖积平原区，70%以上面积为透水性弱、水量贫乏的第四系亚黏土覆盖。土壤有水稻土、黄棕壤、冲积土、红壤和石灰土五个土类，水田以马肝黄泥田土为主土种，旱地以马肝面黄土为主土种，侵蚀性夹石红壤为山地主要土种。全县有农用地44416.18公顷，建设用地8636.98公顷，未利用土地14313.22公顷。

矿产资源 湖口非金属矿产资源储藏量大，品种丰富，是全国四大石英砂基地之一。已探明的石灰石储藏量最大，达115000万吨。其他如花岗石32500万吨，石煤23100万吨，陶土21180万吨，石英砂7100万吨，风化石1200万吨，粗砂583万吨，钾长石269万吨，石英石260万吨。目前已开发利用的矿种有萤石、玻璃用砂、建筑用砂、建筑用石材、砖瓦黏土、砖瓦用页岩等。在均桥、付垅、大垅等地的非金属矿藏中发现有伴生的金、银、铜、铁、铅、锌、钨、钼、钒、钽、铌等金属矿产资源。

能源资源 主要有水能、风能、光能和生物质能。全县河流水能蕴藏量为3827千瓦，可供开发利用值约1262千瓦。鄱阳湖区、武山山脉风力资源丰富，已建设2个风电场，装机92兆瓦。全年日照充足，具有光伏发电的良好基础，在全县建有213个光伏电站，装机容量达5072.06千瓦。境内丘陵地带植物种类多，农业比较发达，农作物秸秆资源丰富，有利于发展生物柴油、非粮食燃料乙醇和生物质发电等绿色可再生能源项目。

生物资源 湖口四季分明，气候温和，光照充足，热量丰富，降水充沛，水系完整，生态系统完备优良，生物资源丰富多样。湖口境内有野生动物10纲44目323种，受国家一类保护的有白鳖豚、中华鲟、朱鹮、东方白鹳、黑鹳、秋沙鸭、白鹤、遗鸥等。野生植物60科206种，受国家一类保护的有苏铁、银杏、水杉、珙桐等。野生药材81科209种，列为国家重点保护的有细辛、厚朴、杜仲、连翘、贝母、石斛等。

建制区划

【历史沿革】 湖口历史悠久，新石器时代就有人类居住。湖口地名始于南朝刘宋年间，南唐置县，江州所辖，后隶属关系几经变更。1983年以来隶属于江西省九江市。

先秦时期 夏、商时期，湖口境属扬州南境。春秋时期属于吴。战国时越灭吴，属于越。越被楚吞并后又属于楚。

秦汉时期 秦统一中国后，秦始皇二十六年（前221）湖口地属九江郡。汉初，改九江郡为淮南国，分置豫章郡，辖彭泽、鄡阳，湖口一大部分属彭泽，一小部分属鄡阳。东汉初属于豫章郡，建武二年（26），湖口全境属彭泽县。建安十四年（209）设彭泽郡，湖口属于彭泽郡。次年改彭泽郡为武昌郡，湖口隶属武昌郡。

三国两晋南北朝时期 三国时湖口隶属吴管辖的武昌郡的彭泽县。晋元康元年（291）割扬州之豫章等七郡和荆州之武昌等三郡设立江州，彭泽县初属豫章郡，永嘉元年（307）改为隶属寻阳郡。元帝渡江初期设上甲县，湖口一部分属于上甲县。义熙八年（412）裁撤上甲县，湖口复入彭泽县，隶属寻阳郡。南北朝时期，宋（420—479）、齐（479—502）在寻阳郡彭泽县设湖口戍。梁（502—557）重设上甲县，湖口又分属上甲、彭泽二县。太平二年（557）设西江州，管理寻阳、太原、高唐、齐昌、新蔡四侨郡，彭泽县属于太原侨郡。陈（557—581）天嘉六年（565）裁撤西江州，其所管理的郡县复属江州。

隋唐五代时期 隋平陈后，撤寻阳郡，设江州，开皇三年（583）废彭泽县，设龙城，湖口属于龙城。开皇十八年（598）又改龙城为彭泽，湖口又隶属彭泽。大业三年（607）改江州为九江郡，彭泽隶属九江。唐朝武德五年（622）设浩州，管理彭泽、都昌、乐城、广晋四县，又在原湖口戍地设湖口镇。贞观初（约627），天下分为十道，开元二十一年（733）又分全国为十五道，江州为江南西道，管理湓城、浔阳、彭泽三县。湖口仍属彭泽县。五代初期（907—923），湖口地属吴扬江州的彭泽县。南唐保大中（约950）升湖口成为湖口县（湖口建县始此），隶属奉化军，不久复为江州。

宋元明清时期　北宋时湖口县隶属江州未变。南宋初隶属定江军，后寻复隶江州。元代改江州为江州路，湖口县隶属江州路。明代改江州路为九江府，湖口隶属九江府。清代湖口县隶属关系延续到咸丰年间，咸丰四年（1854）三月，太平军改湖口县为九江郡（以九江府为江西省），太平天国失败后又恢复湖口县，隶属九江府。

中华民国时期　民国元年（1912）江西省划为四道，湖口县隶属浔阳道。民国十五年（1926）废道，全省划为十三个行政区，湖口县属第三行政区（区治在瑞昌）。民国二十四年（1935）四月二十八日，全省改为八个行政区，湖口属第五行政区（区治在浮梁）。民国三十一年（1942）八月，全省改划为九个行政区，湖口县仍属第五行政区（区治在浮梁）。

中华人民共和国时期　1949年4月28日，湖口县获得解放。新中国成立初属鄱阳地区，8月改属九江地区。1983年九江地、市合并为九江市，湖口县隶属九江市。

【行政区划】湖口县自南唐建县以后区划多次变更。1949年后设六区，区下设52乡和双钟镇，乡下设1962个行政村。1956年合并为三个区，下设24乡和双钟镇。1958年撤区并乡，全县存13乡和双钟镇，其中武山乡并入武山垦殖场。1958年10月以乡为单位成立人民公社，原武山乡改为五里公社，双钟镇改为双钟公社，公社下辖大队，大队下辖生产队，全县有15个公社、144个大队和1882个生产队。1980年双钟公社改为双钟镇，1984年7月恢复乡建制，五里公社改为武山乡，高桥公社改为屏峰乡，乡下设行政村，行政村下设村民小组。1988年全县有14乡1镇，行政村（居委会）151个，村民（居民）小组1778个，另有两个乡级场、7个局辖场，2个挂钩村委会及其下属12个村民小组。1992年流泗撤乡建镇，1994—1995年有城山、马影、武山乡相继撤乡建镇，2001—2002年撤东庄乡、三里乡、江桥乡分别并入城山镇、双钟镇、文桥乡，至此，全县共有7个乡、5个镇和两个直辖场。2003年以后镇辖居委会和部分村改为社区，2014年撤销文桥乡建均桥镇，至2018年全县有6个乡、6个镇、2个直辖场，22个社区、123个行政村、4个农业分场。

双钟镇　社区12个，分别是柘矶、云亭、大中、西门、大岭、三里、鄱湖、莲湾、台山、钟山、江西船用阀门厂、江新，其中江新社区归同方江新管辖。行政村4个，分别是洪湖、月亮、胜利、柏树。

流泗镇　社区2个，分别是流泗桥、江湾。行政村16个，分别是金山、红枫、竹涧、东风、莲花、西塘、红星、长垅、基垅、菱塘、江山、杨山、棠山、长棉、永和、砂洲。

马影镇　社区2个，分别是马影桥、海山。行政村11个，分别是罗岭、新塘、永桥、走马、道桥、观桥、东塘、柯观、董埂、坚山、石山。

武山镇　社区1个，五里。行政村9个，分别是埠堰、武前、五星、王常、武山、西桥、长岭、武联、莲凤。

城山镇　社区2个，分别是大塘、东港。行政村12个，分别是陈岭、陈仓、横山、团山、辕门、牌楼、东庄、团墩、富源、竹庄、观塘、南湖。

均桥镇　社区3个，分别是文联、江桥、渊明。行政村17个，分别是文光、文桥、新桥、文建、六甲、高塘、文新、新庄、均桥、饶塘、象山、桂垅、枫树、兰亭、南港、罗垅、坝桥。

凰村乡　行政村10个，分别是凰村、凰舞、双桥、四官、新丰、西山、龙山、向阳、花园、新庆。

大垅乡　行政村8个，分别是王斯、芦岭、花尖、管垅、牌骆、马步、大垅、阳垅。茶场1个，联丰。

张青乡　行政村11个，分别是竹山、爱国、青龙、张青、泉水、程山、荷塘、八方、檀垅、刘瑞、长塘。

付垅乡　行政村9个，分别是殷山、唐畈、夏畈、徐凤、水车、付垅、大山、一甲、凰山。茶场1个，东涧。

舜德乡　行政村10个，分别是舜德、油垅、建设、灰山、南湾、荆桥、石岭、屏峰、青竹、兰新。水产场1个，高桥。

流芳乡　行政村6个，分别是流芳、沙港、联合、老山、青年、红山。

南北港水产场　北港农业分场。

武山垦殖场

气候状况

【气候概况】 湖口四季分明、热量丰富、光照充足、雨量丰沛、无霜期长，属北亚热带湿润季风气候。2018年湖口县平均气温为18.2度，年总降水量为1251.4毫米，年日照时数为1889.1小时。

【气候主要特点】 2018年，湖口气候呈现降水少、气温高、日照时多特点。降水量较历年同期平均偏少187.7毫米，降水时空分布不均，其中6—10月降水量持续偏少，较历史同期偏少4成，单日最大降水量为4月23日92.4毫米。气温较历年同期平均偏高1.1度，最高气温为8月11日37.9度。日照时数较历年同期平均偏多99.4小时。极大风速为3月4日35.5米/秒。1月下旬，低温、雨雪、冰冻持续。

（刘秉泰）

水情状况

【水雨情综述】 2018年年降雨量在1251毫米，入汛以来（4—9月），全县平均降雨量为748.7毫米，比多年平均少211.3毫米。进入主汛期之前，出现了多次降雨过程，因时空分布较为均匀，没有发生较大的洪涝灾情。7月底至汛末，全县降雨仅有80.4毫米，比多年平均少119.7毫米，基本没有有效降雨过程，且气温持续高热，最大日蒸发量达12.2毫米。长江湖口站最高水位出现在7月20日，达到17.13米（低于警戒水位2.37米），比多年平均偏低1米左右，汛末回落至10米左右徘徊。

【水资源简况】 根据2018年九江市水资源公报，2018年降水量1251毫米，约8.37亿立方米，比上年（1735.8毫米）下降28%，比多年平均降雨量（1439.5毫米）下降13.1%。天然年径流量463.4毫米，3.10亿立方米，地下水资源量0.94亿立方米，地下水资源与地表水资源不重复量0.61亿立方米，水资源总量3.71亿立方米。湖口2座中型水库年初、年末蓄水总量为0.04亿立方米。总供水量1.28亿立方米，总用水量1.28亿立方米，其中工业0.37亿立方米、农田灌溉0.59亿立方米、居民生活0.13亿立方米。用户废污水排放量3300万吨（其中工业2600万吨），入河废污水量2640万吨。

【水质概况】 根据2018年九江市水资源公报，长江干流湖口境内全年、汛期、非汛期水质均优于或符合Ⅲ类水。湖口县辖区内鄱阳湖全年水质为Ⅳ类水，主要污染物为总磷。营养状态指数为46，营养状态属于中营养。南北港、造湖、黄茅潭、泊洋湖4湖泊水质均劣于Ⅲ类水，主要污染物为总磷，属轻度富营养。马迹岭水库、殷山水库全年、汛期、非汛期水质均为Ⅲ类水，富营养化状态指数分别为52、53，属轻度富营养。

湖口自来水公司供水水源地监测频率为每月监测一次，结果表明湖口县水厂全年水质为Ⅳ类水，离优于或符合Ⅲ类水的目标有差距。湖口县实施饮用水源保护工程（西门塘排涝口）改建项目，在石钟永久取水口建成前，实施湖口县饮用水源保护——柘矶水厂取水口迁移工程，确保按时完成饮用水源保护整改任务。

（张小园　沈方方）

人口与民族

【概况】 2018年，随着经济发展速度加快，人民群众生活水平不断提高，“全面二孩”政策效果显现，全民健身意识不断加强。全县人口总量呈低速增长态势，城镇化进程加快，人口素质不断提高，老龄化程度加深，少数民族保持稳定。

【人口总量低速增长】 年末全县户籍人口为297308人，其中城镇人口90188人，乡村人口207120人。根据人口变动情况抽样调查统计，年末全县常住人口为285434人，比上年末增长1287人。据计生委统计数据，全年出生人数3618人，人口出生率10.94‰，死亡人数1421人，死亡率4.3‰，自然增长率6.65‰。出生人口性别比为113.33。

【人口素质不断提高】 湖口坚持把科教放在优先发展的地位，不断加大科教投入，教育事业迅速发展，有效地提升了人口整体文化素质。2018年基础教育扎实推进，小学适龄儿童入学率100%，初中适龄人口入学率100%，高中学生毛入学率79%，平均每万人拥有高中在校生224人。

【人口城镇化程度加快】 湖口加大招商引资力度，园区工业、房地产发展迅速，提供了大量就业岗位，吸纳了大批农村剩余劳动力，有力地推进了城镇化进程。2018年人口城镇化率为49.30%，比2017年提高了1.4个百分点。

【少数民族稳定】 湖口是一个以汉族为主的地区，全县汉族人口占99.96%，少数民族占0.04%。上次人口普查统计，全县常住少数民族群众有132人，其中农业人口97人，城镇人口35人。分别有回族、蒙古族、土家族、布依族、藏族、苗族、壮族、满族、傈僳族、瑶族、彝族、傣族、黎族、水族、布朗族、仡佬族等。他们大多是由于工作或婚姻关系落户，随着时间的变化，部分原少数民族家庭的晚辈身份已转换为汉族。少数民族流动人口48人，主要是满族、回族、苗族、土家族、彝族、壮族、新疆维吾尔族等12个少数民族。他们主要来自辽宁、云南、四川、湖南和省内其他县区。大部分在县工业园区就业，主要居住在公司（或企业）集体宿舍和生活区，住房由公司企业提供。

国民经济和社会发展状况

【概况】 2018年，全年地区生产总值（GDP）、财政总收入、城镇和农村居民可支配收入持续增长。地区生产总值（GDP）158.58亿元，按可比价格计算，比上年增长8.4%。其中第一产业增加值14.18亿元，增长3.8%，第二产业增加值110.33亿元，增长8.7%，第三产业增加值34.08亿元，增长9.6%。三次产业结构比为8.9 : 69.6 : 21.5，第三产业占GDP的比重比上年略有增长。人均GDP55685元，增长7.8%。非公有制经济稳步发展，实现增加值113.71亿元，增长8.0%，占GDP比重为71.7%。

全年财政总收入41.30亿元，比上年增长36%，其中各项税收收入37.77亿元，增长36.8%。全年地方一般预算收入20.05亿元，增长21.1%，其中增值税8.58亿元，增长7.4%；企业所得税4.13亿元，增长23.0%；个人所得税9257万元，增长51.2%。财政总收入占生产总值的比重为26.0%；税收收入占财政总收入的比重达到91.4%，提高0.5个百分点。全年财政支出30.66亿元，增长10.2%，其中农林水事务支出3.09亿元，下降11.4%，科教文卫体等支出9.9亿元，增长1.5%。

城镇居民全年人均可支配收入34657元，比上年增加2757元，增长8.6%，城镇居民人均生活消费支出13822元，下降5.6%。年末城镇居民人均拥有住房面积56平方米。农村居民全年人均可支配收入15920元，比上年增加1301元，增长8.9%；农村居民人均生活消费支出9838元，下降11.5%。年末农村居民人均拥有住房面积56平方米。

城镇化率由2017年的47.9%提高到2018年的49.3%，提高1.4个百分点。全年实现新增城镇就业3510人，城镇就业率98.5%；困难群体就业531人，新增转移农村劳动力4218人，其中省内转移3110人。“零就业家庭”安置率100%。

物价水平温和上涨。居民消费价格总指数（CPI）

2017年102.3%，2018年101.7%，下降0.6个百分点。以居民生活必需品、劳动力市场、生猪价格、全县矿产品和重要生产资料为重点，加强价格实时监测分析。2018年全县有3个月居民消费价格指数CPI同比涨幅达到3%，达到了规定的启动联动机制条件。即对城市特困及农村低保人员实行价格临时补贴，补贴标准为城市每人每月15元，农村每人每月9元。

【农业】 2018年农林牧渔业总产值22.9亿元，比上年增长3.7%。其中农业产值10.3亿元，增长4.4%；林业产值1.26亿元，增长5.2%；牧业产值2.48亿元，下降2.2%；渔业产值7.96亿元，增长4.5%；农林牧渔服务业0.9亿元，增长5.3%。

全年粮食种植面积23.59万亩，比上年增加0.07万亩；粮食总产量8.69万吨，比上年增长3.2%。棉花种植面积7.55万亩，增加1.08万亩；棉花产量6828吨，下降16.0%。油料种植面积20万亩，较上年持平；全年油料产量2.49万吨，与上年基本持平。蔬菜种植面积3.06万亩，下降0.01万亩；蔬菜产量6.87万吨，下降5.8%。年末果园面积2.23万亩，比上年下降0.21万亩；水果产量5330吨，下降18.8%。

全年肉类总产量6699吨，同比下降29.4%。生猪出栏7.13万头，同比下降26.5%；生猪存栏3.27万头，同比下降41.8%。家禽存栏45.08万只，同比下降20.0%；禽蛋产量3100吨，同比下降42.2%。水产品产量4.27万吨，同比下降6.6%。

全年人工造林面积6950.2亩（其中油茶2000亩；花卉苗木1734.2亩），年末实有封山（沙）育林面积2000亩，森林抚育面积10000亩；森林覆盖率达28.1%。

全县有效灌溉面积达27.96千公顷；水土流失综合治理面积12.55千公顷，新增0.2千公顷。年末农业机械总动力7万千瓦，其中农用排灌动力机械2.34万千瓦；联合收割机达194台。农用化肥施用量（折纯）1.2万吨，同比下降31%。

2018年，新引进农业亿元以上项目1个，3000万元以上项目4个。“6+1”产业发展工程新增主导产业面积2万亩，新增休闲农业示范点3个，新增“三品一标”7个，新增农业新型经济组织56个。

【工业和建筑业】 2018年全县规模以上工业企业104个。全年规模以上工业实现增加值同比增长8.8%，其中：国有控股企业增加值增长1.2%。规模以上工业中，私营企业增加值增长4.6%，股份制企业增加值增长5.0%，港澳台和外商投资企业增长50.6%。规模以上工业中，重工业增加值增长5.1%，轻工业增加值增长33.3%。全年工业产品销售率99.8%。全年规模以上工业实现主营业务收入完成466.3亿元，同比增长23%；实现利税总额85.4亿元，同比增长25.6%，其中实现利润70.3亿元，增长31.3%。工业经济效益综合指数470.1%，比上年下降14.2个百分点。万元产值能耗0.85吨标准煤。

主要工业产品钢材完成579万吨，发电量58.8亿千瓦时，化学纤维28万吨，硫酸26.56万吨，有色金属20.5万吨，中成药1.8万吨。

江西湖口高新技术产业园（简称园区），开发建成面积20.02平方千米，入园企业达到110余家，年末投产企业67家，其中规模以上（年主营业务收入2000万元以上）工业企业达到59家，从事工业生产活动人数15697人，园区企业完成主营业务收入414.4亿元，完成工业增加值78亿元，实现利润总额64.8亿元，园区2018年经济总量位居全省省级工业园区第5位。在建项目31个，固定资产投资额超900亿元。园区高新技术企业发展到15家，年纳税1000万元以上企业13家。

全社会建筑业完成增加值10.12亿元，同比增长6.5%。具有资质等级的建筑企业完成营业收入9.51亿元，同比增长22.2%，营业税金及附加4802万元，同比增长15.5%，实现利润367.9万元，同比增长208.4%。全年房地产开发投资3.3亿元，同比下降1.9%；其中商品住宅投资2.6亿元，同比增长49.4%。商品房施工面积65万平方米，同比下降5.0%；竣工面积0.9万平方米，同比下降96.0%；商品房销售面积12.9万平方米，同比下降40.5%；商品房销售额6.1

亿元，同比下降 44.9%。

【固定资产投资】2018 年全年固定资产投资同比增长 9.9%。固定资产投资中，亿元以上项目 115 个，完成投资 156.3 亿元，其中当年新开工亿元以上工业项目 12 个，完成投资额 3.6 亿元。当年竣工亿元以上项目 17 个，完成投资额 41.3 亿元，其中工业项目 13 个，完成投资额 3.7 亿元。在固定资产投资中，第一产业投资下降 55.6%，第二产业投资同比增长 31.3%，第三产业投资同比下降 20.4%。固定资产投资施工项目 180 个，其中本年新开工 61 个，本年投产项目 36 个，项目建成投产率为 20.7%。

【国内贸易】2018 年社会消费品零售总额 30.98 亿元，同比增长 11.5%。分城乡看，城镇消费品零售总额 16.46 亿元，同比增长 5.6%，乡村消费品零售额 14.52 亿元，同比增长 12.5%。从行业看，批发业销售额 18.64 亿元，同比增长 11.7%；零售业销售额 35.16 亿元，同比增长 14.1%；住宿业营业额 1.14 亿元，同比增长 16.2%；餐饮业营业额 4.86 亿元，同比增长 14.4%。

【对外经济】全年实际利用境外资金 16661 万美元，同比增长 9.9%，外贸出口（出口值）20.02 亿元，比上年增长 5.6%。

全年引进市外 2000 万元以上项目 38 个、合同总投资 198.92 亿元，其中亿元以上项目 34 个、合同总投资 141.63 亿元。当年进资（含续建项目）142.17 亿元，同比增长 16.5%。

【交通、邮电和旅游】全年道路货物运输量 21906 万吨，比上年同期下降 17.6%；铁路货物装卸量 2.7 万吨，比上年同期下降 35%；港口货物吞吐量 4477.22 万吨，比上年同期增长 3.2%，占九江港货物吞吐量的 38%，位居全市第一。公路旅客运输量 419.73 万人（县际客运班线客运量 42.16 万人次、乡际班线客运量 377.57 万人次），同比增长 99.4%；铁路客运量达 27.3 万人，同比增长 317%。

年末移动电话用户 29.2 万户，其中 4G 用户 12.4 万户。宽带用户 7.35 万户，LTV 高清电视 33877 户，宽带电视 2.43 万户。

全年接待旅游总人数 318.32 万人次，同比增长 9.5%；其中国内游客 312.19 万人次，同比增长 9.6%；旅游总收入 28.21 亿元，同比增长 8.7%。

【金融保险业】2018 年末全县金融机构各项存款余额 164.29 亿元，比上年末增加 12.67 亿元。其中，住户存款 89.36 亿元，增加 8.27 亿元，非金融企业存款 39.3 亿元，增加 3 亿元，广义政府存款 36.63 亿元，增加 2.39 亿元。金融机构各项贷款余额为 115.69 亿元，同比增加 4.22 亿元。其中，住户贷款 35.7 亿元，增加 3.95 亿元；非金融企业及机关团体贷款 79.97 亿元，增加 0.27 亿元。

保险公司保险收入为 13375.68 万元，同比增长 15.7%；其中财产保险保费收入为 5019 万元，人寿保险保费收入为 8358.68 万元。全年赔款支出为 4669.93 万元，其中财产保险赔款支出为 4452.06 万元，人寿保险赔款支出为 217.87 万元。

【科学技术】2018 年全县研究与试验发展经费投入 3.22 亿元，占 GDP 的 2.1%，县财政直接投入资金 1323 万元。全县共建成高新技术企业 15 家、工程技术中心 7 家及各类研发机构近 20 家。全县共引进博士人才 37 人，其中全职引进 10 人，柔性引进 27 人。柔性聚集院士、博士等高层次创新人才和高技能人才 220 余人。引进九江学院首批 2 名博士到湖口挂职。全县 1 人入选国家“万人计划”，1 人入选省“能工巧匠”，4 人入选市“双百·双千”计划。大力推进院士工作站建设，为人才施展才华、发挥作用搭建优良平台，3 家院士工作站全部升级为省级院士站，新增创新实践基地 1 家。

高新技术企业完成主营业务收入 81.37 亿元，比上年增长 76.4%，高新产业总量与全县工业总量占比达 17.45%，比上年提高了 8.85 个百分点。

【教育体育】2018 年全县普通高中 2 所，招生 2209 人，在校学生 6663 人，毕业生 2222 人，平均每万人拥有高中在校生 224 人。全县普通初中 7 所，一贯制学校 9 所，初中招生 3533 人，在校学生 10089 人，毕业生 2797 人，初中阶段适龄人口入学率 100%。全县共有普通完全小学 14 所，普通小学招生 3363 人，在校学生 19285 人，毕业生 3651 人，小学学龄儿童入学率 100%。学前教育幼儿数 7834 人，入园人数 2673 人，离园 3315 人。

2018 年，湖口县新增注册三级社会体育指导员 26 人。全县有社会体育指导员国家级 7 人、一级 23 人、二级 24 人、三级 283 人。完成 44 个新农村建设点农民体育健身工程，完成体育彩票销售 5000 余万元，筹集到彩票公益金 200 余万元。利用彩票公益金 70 万元为各乡镇的 34 个行政村（居）配备体育器材。全县群众体育运动稳步推进，民间各业余单项体育运动协会保持经常活动，全县体育运动场所天天有人健身，月月安排赛事活动。

【文化卫生】 全县共有艺术表演团体 100 余个，其中专业剧团 1 个，业余剧团 20 余个；文化馆 1 个，文化站 13 个，公共图书馆 1 个，9 个分馆及 6 个基层服务点，博物馆 1 个。广播电视台 1 个，有线电视用户达 2.53 万余户，电视人口覆盖率 100%。广播人口覆盖率达 100%。

2018 年，围绕实施创建国家公共文化服务体系重大惠民工程，强化县文化馆、乡文化站、村文化室三级网络平台服务功能，全年开展各类演出活动 120 场次、文化艺术作品汇展 35 场次、各种讲（论）坛 14 场次，送文化下（乡）基层 144 场次、电影 2084 场次，各自举办文体活动 80 场次。

2018 年末，全县各类医疗卫生机构 195 个，其中县直医院 3 家、其他卫生单位 4 家，乡镇卫生院 13 家，村卫生室 122 个、社区卫生室 15 个，学校医务室 2 个、厂矿医务室 1 个，私立医院 1 家，个体诊所 34 家。公立医疗卫生机构编制总人数为 1021 名（县直 709 名，乡镇 312 名）。实际在编在岗人员 802 名，临时人员 644 人，退休人员 414 人，空编 219 名（县直空编 142 名，乡镇空编 77 名）。在岗卫技专业人员 1234 人（县直 948 人、乡镇 286 人）；其中正高职称 4 人，副高职称 36 人（县直 34 人、乡镇 2 人），中级职称 340 人（县直 293 人、乡镇 47 人），初级及以下 854 人（县直 617 人、乡镇 237 人）。公立医疗机构设置床位数 1322 张，其中县直医院 942 张，乡镇卫生院 310 张，全县平均每千人拥有医疗床位 4.4 张。

【人民生活和社会保障】 2018 年城镇居民全年人均可支配收入 34657 元，比上年增加 2757 元，增长 8.6%，城镇居民人均生活消费支出 13822 元，同比下降 5.6%。年末城镇居民人均拥有住房面积 56 平方米。农村居民全年人均可支配收入 15920 元，比上年增加 1301 元，增长 8.9%；农村居民人均生活消费支出 9838 元，同比下降 11.5%。年末农村居民人均拥有住房面积 56 平方米。

全县城乡居民养老保险参保人数为 11.5 万人，执行城镇企业职工基本养老保险参保人数 3.76 万人；执行机关事业单位养老保险参保人数 5361 人。参加基本医疗保险年末人数为 282055 人。参加工伤保险年末人数 3.3 万人。参加失业保险年末人数 1.85 万人。参加生育保险年末人数 20458 人。全县共有 1219 户 2047 名城镇居民得到政府最低生活保障，5251 户 10310 名农村居民得到政府最低生活保障。全县各类收养单位 12 家，拥有床位 680 张，年末在院人员 395 人（不含民办石钟情养老城）。

【资源、环境和安全生产】 2018 年全县自产地表水资源量 3.1 亿立方米（不含过境水），比上年下降 51.2%，比多年平均值下降 30.3%。地下水资源量 0.94 亿立方米，比上年少 12.4%。年平均降水量 1251 毫米，较多年平均值减少 188.5 毫米。2 座中一型水库年末蓄水总量 400 万立方米，比上年末少 850 万立方米。

县级环境监察站 2 个，环境监察部门一个。2018 年县城区空气质量优良天数为 319 天，比 2017 年增加了 46 天，其中空气质量为优的天数增加 44 天，重度污染天气 2 天；空气质量优良率从 2017 年的 76% 提升至 87.6%。饮用水水源水质不达标，湖口县水厂全年水质为Ⅳ类水，主要污染物为总磷，离优于或符合Ⅲ类水的目标有差距。

2018年，全年共发生各类安全生产事故4663起，死亡31人。其中全县发生生产安全事故1起，死亡2人（九江中伟科技2·10生产安全事故），同比分别下降75%和50%，实现了“双下降”。全年发生道路交通事故4662起，亡人事故29起，死亡29人，受伤人数328人，经济损失54万元。

（编辑部）

政治文明建设

【全面推进法治湖口建设】2018年，为加快推进“法治湖口”建设进程，县委印发了《关于在全县农村实施“法律明白人”培养工程的方案》，成立了全县实施农村“法律明白人”培养工程领导小组，把实施“法律明白人”工程作为推进法治湖口建设的重要内容，进一步整合资源和力量，强化相关工作的统筹衔接，充分发挥好“法律明白人”在宣传政策法规、引导法律服务、化解矛盾纠纷、参与社会治理中的积极作用，着力形成强大工作合力，有力推进了全县扫黑除恶专项斗争纵深发展，为聚力“一核三带”，建设“五个湖口”提供良好的法治环境。

【加强人大监督工作】县委出台了《关于健全人大讨论决定重大事项制度、政府重大决策出台前向本级人大报告的实施办法》（湖发〔2018〕8号），依法健全人大讨论决定重大事项制度、政府重大决策出台前向本级人大报告制度，保障重大决策科学化、民主化、法治化水平。对全县贯彻实施《中华人民共和国大气污染防治法》《中华人民共和国道路交通安全法》及《江西省实施〈道路交通安全法〉办法》情况分别开展执法检查。在人大会议期间表彰了2017年度人大工作先进集体和先进个人。

【强化人民政协民主监督】县委出台了《中共湖口县委关于进一步加强和改进人民政协民主监督工作的实施意见》（湖发〔2018〕3号），印发了《政协湖口县委员会2018年度协商工作计划》（湖办字〔2018〕34号），要求加强政协队伍建设，强化委员意识，积极发挥作用，立足湖口实际，多务调研之功，多出发展之力，努力为“聚力一核三带，建设五个湖口”作出新的更大贡献。在县政协会议期间，下发了《关于表彰县政协九届二次会议以来优秀委员、优秀提案以及政协工作先进单位、提案承办先进单位特约民主监督员工作先进单位的决定》（湖字〔2018〕2号）。

【加强统一战线工作】县委高度重视学习贯彻习近平总书记关于统战和宗教工作的系列讲话精神，认真落实中央和省、市统战工作全面部署，结合湖口实际，进一步将统战工作抓细抓实，持续推进宗教场所专项整治，切实抓好宗教管理，全力维护发展稳定大局，最大限度凝聚“湖口力量”。2018年12月14日，县委书记李小平主持召开全县民营经济座谈会，深入学习贯彻习近平总书记在民营企业座谈会上的重要讲话精神和全省、全市民营企业座谈会精神，听取企业家的意见建议，齐心协力推动全县民营经济高质量、跨越式发展。

（肖文波　江　昆）

精神文明建设

【概况】以培育践行社会主义核心价值体系为主线，坚持更贴近实际、更贴近群众、贴近需求，不断提高创建工作实效，打造独具特色的湖口精神文明创建品牌。凝神铸魂树新风，精神文明建设成绩斐然。

文明创建。开展文明单位创建和好人线索推荐。评出了湖口县第四届道德模范10人、文明单位82个、文明家庭10户、文明校园10个、文明村镇14个。向上推荐申报市级文明单位16个，省级文明单位11个。6月29日晚，“文明振奋精神，道德凝聚力量”——湖口县庆祝建党97周年暨精神文明创建成果颁奖晚会在县艺术中心成功举办。对全县道德模范、文明单位、文明家庭、文明校园、文明村镇进行了奖励。积极开展江西省文明城市提名城市创建。成立创建工作领导小组，聘请党的十九大代表向东为湖口县创建江西省文明城市形象大使，设立了向东爱心驿站和工作室，制订了向东工作室三年计划，系统指导创建周期的工作措施、内容，积极宣传推介湖口创建省级文明城市工作。

思想道德建设。县委办、县政府办联合印发了《湖口县道德模范礼遇帮扶实施办法（试行）》（湖办字〔2018〕73号），切实加强公民思想道德建设，提升市民道德新境界。全年向上推荐了6万条好人信息，全市排名第一，其中付垅乡一甲村孙火龙当选为2018年第一期江西好人。发布了四期诚信红黑榜，将10家"放心消费示范店"、14家2017年A级诚信纳税企业、1家江西省首个国家级循环经济标准化试点企业、6家江西省守合同重信用单位列入"红榜"；将1家2017年度劳动关系不和谐企业（欠薪逃匿）、1家虚假企业及110名失信被执行人列入"黑榜"。

未成年人思想道德建设。多举措关注未成年人思想道德建设。抓好春节、清明、六一、七一、国庆等传统节日活动，开展网上祭英烈、评选推荐新时代好少年、讲好"社会主义核心价值观"故事、国旗下敬礼等活动，营造未成年人健康成长的良好环境。积极开展未成年人保护工作调研，依托"新时代读经典育新人"教材，持续深入开展跟着习爷爷学国学经典主题教育实践活动，构筑社会、家庭、学校三位一体共同关注关爱未成年人工作大格局，确保人生的扣子从小就扣好。

志愿服务工作。唱响"有爱湖口"志愿服务品牌。9月1日在鄱阳湖大市场举行"我背社会主义核心价值观，关注'湖口发布'微信公众号赢神秘大奖"活动。3月22日在凰村学校、5月31日在第三小学、9月21日在第一小学分别开展"关爱留守儿童——微心愿"志愿服务活动，发动社会志愿者争当"圆梦使者"，传递爱心正能量，为161个困难群体圆梦微心愿。3月8日开展"共饮长江水，同护母亲河"志愿活动，在长江、鄱阳湖水面清理垃圾、渔网；4月22日志愿者与湖口巡护队一起在屏峰矶嘴水域一起巡护、宣教、劝阻排污——留住江豚的微笑；5月20日志愿者服务联合会联合残联、扶贫办、教育局（特殊学校）开展特教孩子手工制品义卖活动；8月1日建军节之际，志愿者赴流泗镇红枫村为抗战老兵彭心林送上表演，带去关爱；10月17日，湖口县志愿服务联合会成员齐聚城山镇敬老院，开展"定格幸福生活照，情暖空巢老人"志愿服务活动；全年在开展交通路口文明劝导等志愿服务活动，弘扬了志愿服务精神，引起了社会强烈反响。

【精神文明创建成果颁奖】 6月29日晚，"文明振奋精神，道德凝聚力量"——湖口县庆祝建党97周年暨精神文明创建成果颁奖晚会在县艺术中心成功举办。对全县道德模范、文明单位、文明家庭、文明校园、文明村镇进行了奖励，颁发奖金30余万元。

【第四届湖口县道德模范】 均桥镇江桥村文书殷雨华（见义勇为类）、城山镇横山村6组退役士官曹智丹（诚实守信类）、舜德乡屏峰村造湖卫生所医生屈论龙（助人为乐类）、张青乡张青村12组村民张少群（助人为乐类）、特教学校校长葛小鸾（爱岗敬业类）、舜德乡屏峰学校副校长徐焕杰（爱岗敬业类）、县委机要局局长高玉林（爱岗敬业类）、大垅乡管垅村上廖湾理事长廖敬军（爱岗敬业类）、付垅乡一甲村4组村民孙火龙（孝老爱亲类）、武山镇西桥村村民沈辅汉（孝老爱亲类）获"第四届湖口县道德模范"称号。

【首届湖口县文明家庭】 流泗镇棠山村周衍娥家庭、城山镇牌楼村张初林家庭、张青乡长塘村吴世平家庭、马影镇海山社区朱海燕家庭、湖口县公安局李镕钢家庭、湖口县卫计委刘先华家庭、舜德乡油垅村王利刚家庭、湖口中学段佛波家庭、流芳乡流芳村余爱红家庭、湖口县供电公司黄金泉家庭获首届湖口县文明家庭称号。

【湖口县文明村镇】 大垅乡、凰村乡获文明乡（镇）称号。城山镇陈岭村、舜德乡舜德村、均桥镇文桥村、武山镇五里社区、付垅乡一甲村、张青乡青龙村、马影镇海山社区、凰村乡新丰村、流泗镇基垄村、双钟镇大岭居委会、流芳乡流芳村、武垦场庆大村获文明村（居、社区）称号。

【湖口文明校园】 湖口中学、湖口二中、第二小学、第四小学、金砂湾学校、湖口四中、武山学校、屏峰学校、特教学校、第二幼儿园获首届湖口县文明校园称号。

【湖口县文明单位】 县委办、信访局、石钟公司、科技局、组织部、高新技术园区、宣传部、发改委、二轻总公司、政法委、物价局、交通运输局、统战部、台办、农工部、公安局、市容执法局、档案局、司法局、外贸公司、编办、交警大队、党校、森林公安局、科协、商务局、二中、团委、财政局、进修学校、妇联、工商联、卫计委、总工会、人民医院、残联、中医院、民政局、人武部、人大办、市场监管局、电视台、政协办、石油公司、中小企业局、旅发委、金融办、防震减灾局、旅游总公司、安监局、环保局、水务局、房管局、扶贫和移民办、供销社、商管办、流泗镇、水产办、移动公司、文广局、体育局、大垅乡、林业局、凰村乡、马影镇、农发办、渔政局、张青乡、国土局、均桥镇、农机局、长运公司、付垅乡、网络公司、武山镇、流芳乡、舜德乡、运管局、城山镇、南北港、武垦场、九江市公路管理局湖口分局等获2017年度县文明单位称号。

【第十二届市级文明单位（申报）】 中共湖口县委机关、湖口县人大机关、政协湖口县委员会、湖口县人民政府办公室、湖口县统计局、湖口县人民检察院、湖口县行政服务中心、湖口县民政局、湖口县工业和信息化委员会、湖口县规划建设局、湖口县大垅乡人民政府机关、湖口县双钟镇人民政府机关、湖口县气象局、中国邮政储蓄银行湖口县支行、江西湖口高新技术园区管理委员会、湖口县审计局等16个单位被推荐为市级文明单位。

【第十五届省级文明单位（申报）】 湖口县纪委监委、湖口县教体局、中国电信湖口分公司、省鄱阳湖液化天然气有限公司、江西新华发行集团湖口县分公司、国网湖口县供电分公司、九江市港口管理局湖口分局、湖口县人社局、湖口县法院、湖口县税务局、九江市港航管理局湖口分局等11个单位被推荐为省级文明单位。

（周小存）

生态文明建设

【概况】 2018年，中共湖口县委十四届五、六次全体（扩大会）上提出，坚持以长江“共抓大保护、不搞大开发”为导向，树牢“生态优先、绿色发展”理念，把生态环保摆在压倒性位置，扎实开展“清岸”“绿岸”行动，规范整治“小散低”码头，加快推动“小散乱污”化工企业关停并转，以更大力度推进生态文明试验区建设，高标准打造沿江“十里休闲风光带”，全域推进“最美岸线”建设。全力完成“国家大考”的“湖口考题”。为此，县委成立了湖口县生态文明建设领导小组，县委书记任组长；调整了湖口县生态环境保护委员会，由县长一人为主任调整为县委书记及县长双主任抓环保；县委、县政府出台了《关于贯彻落实〈中共中央国务院关于全面加强生态环境保护坚决打好污染防治攻坚战的意见〉的实施方案》等14个文件；召开了领导小组会、常委扩大会、工作部署、推进、座谈等会议26个；县委书记李小平，县委副书记、县长鲍成庚10余次督察生态文明建设相关工程进度和质量，县人大和县政协多次组织执法检查和视察。全年湖口县生态文明建设取得可喜成就，全市城乡环境综合整治工作现场推进会在湖口召开，获“全省鄱阳湖湿地候鸟保护工作先进县”称号，武垦场成功创建“全省美丽休闲乡村”，舜德乡高桥村、屏峰村成功创建“省级生态村”。5月15日，由中央网信办、生态环境部主办，江西省网信办等十一省市网信办联合承办的2018“美丽中国长江行——共舞长江经济带·生态篇”网络主题采访活动走进湖口，8月6日，由中宣部组织的“大江奔流——来自长江经济带的报道”大型主题采访团走进湖口，就文化旅游工作和江豚协助巡护的典型做法等进行采访，并在中央电视台、新闻联播、焦点访谈、新闻直播间节目及新华每日电讯等中央媒体报道推介。

【长江“最美岸线”打造】 8月15日，中共湖口县委十四届六次全体（扩大）会议召开，会议审议并通过了《关于融入长江经济带建设绿色发展示范区的实施意见》。出台了《湖口县长江经济带共抓大保护攻坚行动工作方案》《湖口县打造长江“最美岸线”的实施意见》等文件，成立湖口县打造长江“最美岸线”领导小组。按照“堤外生态绿化带、堤内园林景观带”标准，着力打造长江“最美岸线”，沿江沿湖非法码头全部拆除到位，整合提升“小散低”码头12个。大力实施“绿岸”工程，启动沿江裸露山体生态修复，完成生态复绿面积100万平方米。大力推动化工企业“三年出清计划”，关停取缔小化工企业5家。污染防治攻坚战全面打响，大力整治“四尘、三烟、三气”，实施涉气涉水企业“一企一策”改造27家。建成金砂湾园区集中供热中心，全面淘汰园区10蒸吨以下燃煤锅炉。

【城乡环境综合治理】 出台《湖口县交通干线沿线及城区和城乡接合部环境集中整治行动方案》《湖口县加快美丽乡村建设促进实施乡村振兴战略行动计划》《湖口县农村人居环境整治三年行动实施方案》，致力实现“环境美”。大力开展城乡环境综合整治，拆除违章建筑10万平方米、铁皮屋53.4万平方米，美化外立面153.4万平方米，打造了梅兰小镇、均桥高速连接线、秀雅园中心村、李敬湾、武垦旅游风情小镇等一批示范点，成功承办全市首次城乡环境综合整治工作现场会，顺利通过农村生活垃圾治理国家考核验收。持续整治城市“四尘”“三烟”“三气”，加大力度整治燃煤小锅炉、治理城市扬尘、禁止秸秆焚烧、禁限烟花爆竹燃放，大幅降低PM2.5浓度，全年空气质量优良天数达319天，同比增加46天。全力打造河长制升级版，全面推行湖长制，饮用水源地保护、沿江沿湖排污口整改、水库养殖退养工作基本完成，关停并拆除畜禽养殖企业67家，建成农村污水处理示范点15个。全面开展领导干部自然资源资产离任审计，实行最严格的生态环境保护制度。新增造林绿化1万亩。大垅邹涧、付垅金鑫达矿山生态改造基本完成。打好环保督察整改攻坚战，环保七大重点专项整治取得积极成果，一批环境遗留问题得到有效解决。

【“四城”同创】 在上年成功创建国家园林县城的基础上，大力推进国家卫生县城、国家森林城市和省文明城市的创建工作。出台《湖口县创建国家卫生县城实施方案》《湖口县创建国家森林县城实施方案》《湖口县创建江西省文明城市实施方案》，总投资22.4亿元的31个重大基础设施项目全面铺开，实施“四创双修”项目118个，新建雨污管网8.7千米，台山新区和洋港片区污水管网连通、台山片区亮化、石钟山片区亮化等项目全面建成。4月18日，全县创建国家卫生县城省专家组反馈整改调度会议召开，会上，县创建办负责人安排部署了省爱卫专家组反馈意见整改工作。5月18日，国家林业局宣传办公室下发相关文件，同意江西省林业厅推荐湖口县申请创建国家森林城市，对湖口县创建国家森林城市予以备案。30日，县委、县政府召开全县“四城同创”工作推进暨创建国家卫生县城、国家森林县城动员大会，加强城市创建，继续实施一批“四城同创”项目，确保创建成功。

（编辑部）

组织机构及负责人名录

中国共产党湖口县委员会

书　记：李小平

副书记：鲍成庚　张　南

常　委：史　文　查忠平　梅　媚（女）
桑蓬来　柯景坤　邱玉林
沈天华　刘　奇
李光华（2018年2月离任）

副县级干部：周小喜

湖口县人民代表大会常务委员会

主　任：阮　洋

副主任：吴继新　沈昭（女）　李珊琦
欧阳舲　周利雄

湖口县人民政府

县　长：鲍成庚
副县长：史　文　刘　奇　张水兰（女）
叶　子　刘　强　卢伟俊
李水木　何晓菁（女）
副县级干部：骆　成　杨柳青

中国人民政治协商会议湖口县委员会

主　席：杨小林
副主席：刘雍祥　赵勇萍（女）　李宏川
洪海峰　周月喜
秘书长：胡玉霞（女）

湖口县人民武装部

部　长：李光华（2018 年 2 月离任）
董　明（2018 年 2 月到任）
政　委：颜龙生（2018 年 2 月离任）
马海燕（2018 年 2 月到任）
副部长：束　伟（2018 年 4 月到任）

中国共产党湖口县纪律检查委员会

书　记：查忠平
副书记：谢云侠（女）　杨志斌　郑小刚
常　委：秦　钊　王朝彬　石　静（女）
郭海兵　董文钦　沈　阳

湖口县监察委员会

主　任：　查忠平
副主任：谢云侠（女）　杨志斌　郑小刚
委　员：王朝彬　沈　阳　郭海兵
李　全　马舒平

湖口县人民法院

院　长：曹　斐
副院长：黄志超　柳桃喜（2018 年 7 月离任）
蔡海涛　张　勤
纪检组长：蔡　皓（2018 年 8 月离任）
党组成员：王　俊
刘淑红（女，2018 年 9 月离任）
余新民
审判委员会专职委员：
徐新民（2018 年 8 月离任）

湖口县人民检察院

检察长：王文琴（女）
副检察长：黄义声　陈　喆　柳　林
党组成员：周　萍（女）

县委机构

县委办公室

主　任：周党号（2018 年 7 月到任）
副主任：邓　坚（2018 年 7 月离任）
张伟初　罗科文
县国家保密局局长：
副局长：贺小文
县委机要局局长：高玉林
县委督查室主任：何　健
县国家密码管理局局长：王　辉
县委民声通道工作室主任：周阳华

县委改革办

主　　任：周小喜
专职副主任：余　波

县委政研室

主　任：张伟初
副主任：肖文波

县委组织部

部　长：梅　媚（女）

常务副部长：张伟初

副部长：夏忠亮　程彰铭

主任科员：潘江保（2018 年 10 月到任）

县委正科级组织员：周志学（2018 年 9 月到任）

人才办主任：涂　益（2018 年 4 月到任）

村建办副主任：张彩峰（2018 年 8 月到任）

县委非公有制经济组织和社会组织工委专职副书记：段林风（2018 年 8 月到任）

县委老干部局

局　长：夏忠亮

直属机关工委

书　记：程彰铭

副书记：陈　洁

县编办

主　任：柳水林

副主任：胡中华

事业单位登记管理局局长：周　妮（女）

县委宣传部

部　　长：邱玉林

常务副部长：王玉初

副部长：王夕腾

新闻中心主任：李学华

县委统战部

部　　长：沈天华

常务副部长：刘向云

副部长：陈爱水

县委非公有制经济组织与社会组织工委副书记：李　廉

县委政法委

书　记：桑蓬来

常务副书记：杨明德

副书记：崔建华　胡国勇

维稳办主任：杨明德

副主任：盛月强（2018 年 4 月到任）

综治办主任：崔建华

政法办主任：胡国勇

610 办主任：夏斌庆

综治中心主任：沈友华

县委农工部

部　长：陈少波

副部长：周华谦（2018 年 7 月离任）

　　　　谢　安

县信访局

局　长：葛虎兵

副局长：周　伟　曹　淳

县委党史办公室

主　任：余国星

副主任：张　旺

县档案局

局　长：程小红（女）

副局长：徐冰松

县委台湾工作办公室

主　任：叶　晖

县委县政府接待办公室

主　任：邓　坚（2018 年 7 月离任）

　　　　周平平（2018 年 7 月到任）

副主任：刘健

县委党校

常务副校长：许先庆

副校长：夏　玲（女）沈　鹿　曹伟内

校委委员：何　峰　张小英（女）

县人大常委会机构

办公室

主　任：袁　晓（女）
副主任：辛正一

内务司法工作委员会

主　任：徐升华

农业和农村工作委员会

主　任：沈小年
副主任：王　锋

选举任免联络工作委员会

主　任：夏春雷

环境资源保护工作委员会

主　任：夏华斌

教科文卫工作委员会

主　任：周卫红（女）
副主任：桑仙红（女）

预算审查工作委员会

专职副主任：骆巧月

县政府机构

县政府办公室

主　任：梅慧菊（女）
副主任：袁扬波　张海平
经研室主任：王　维

县应急办

主　任：梅慧菊（女）
专职副主任：童金明（2018 年 8 月离任）

县法制办公室

主　任：袁扬波
副主任：王宇茹

县人防办

主　任：郑　文
副主任：姚天伟

县政府电政办

主　任：徐　斌（2018 年 7 月到任）
副主任：许奇胜　黄　璟（女）

县金融办

主　任：张飞中
副主任：曾孝龙

县外事侨务办公室

主　任：汪　月（女）

县机关事务管理局

局　长：张晓燕（女，2018 年 8 月到任）
副局长：张晓燕（女，主持工作，2018 年 8 月离任）
　　　余先华

县地方志办公室

负责人：张海平

县行政服务中心

主　任：李浪波
副主任：万　辉　周　凡
湖口县公共资源交易中心主任：李小康（女）

督查室

主　任：饶绘宇

县发展和改革委员会

主　任：周晓庆
副主任：喻振亚（2018 年 7 月离任）　曹　明
周卫华
鄱湖办主任：周晓庆
常务副主任：曹　明

沿江办主任：杨小宏

县物价局

局　长：潘学军

副局长：沈松林

县公安局

公安局党委书记、局长、督察长：刘　强

党委副书记、政委：潘新华

局党委委员、副局长：杨华贵　王小刚
吴　存　周　昆

局党委委员、副政委：王小兵（2018 年 9 月到任）

局党委委员、纪委书记：
王小兵（2018 年 9 月离任）
余海波（2018 年 9 月到任）

局党委委员、特巡警大队大队长：
胡国春（2018 年 10 月到任）

国内安全保卫大队大队长：
周旭东（2018 年 10 月离任）
徐　佚（2018 年 10 月到任）

国内安全保卫大队教导员：
徐　佚（2018 年 9 月离任）
殷月球（2018 年 9 月到任）

经济犯罪侦查大队大队长：
周旭东（2018 年 10 月到任）

经济犯罪侦查大队教导员：
巢双金（女，2018 年 9 月离任）
谭清华（2018 年 9 月到任）

治安管理大队大队长：
袁　波（2018 年 10 月到任）

治安管理大队教导员：
黄玉波（2018 年 9 月离任）
巢双金（女，2018 年 9 月到任）

刑事侦查大队大队长：
李先清（2018 年 10 月离任）
黄玉波（2018 年 9 月到任）

刑事侦查大队教导员：
沈文祥（2018 年 9 月离任）

禁毒大队大队长：曹　剑（2018 年 10 月离任）

禁毒大队教导员：葛　晖

水上治安管理大队大队长：
柳效松（2018 年 10 月离任）
曹　剑（2018 年 10 月到任）

特巡警大队教导员：张会中（2018 年 9 月离任）
柳效松（2018 年 9 月到任）

湖口县看守所所长：彭江波（2018 年 9 月到任）

湖口县看守所教导员：
程广松（2018 年 9 月到任）

湖口县公安局拘留所所　长：梅立新

湖口县公安局拘留所教导员：王海水

督察大队大队长：王双保（2018 年 9 月离任）
刘虎平（2018 年 10 月到任）

督察大队教导员：李小平

法制大队大队长：李镕刚

法制大队教导员：徐晓兵（2018 年 9 月离任）

指挥中心主任：宛求云（2018 年 10 月离任）
时景峰（2018 年 10 月到任）

指挥中心教导员：时景峰（2018 年 9 月离任）
董海东（2018 年 9 月到任）

警务保障室主任：曹　干

警务保障室教导员：陈金刚

政工监督室主任：余海波（2018 年 10 月离任）
宛求云（2018 年 10 月到任）

政工监督室教导员：李先清（2018 年 9 月到任）

三里派出所所长：胡国春（2018 年 10 月离任）

三里派出所教导员：徐振亚（2018 年 9 月离任）
游长健（2018 年 9 月到任）

流泗派出所所长：袁　波（2018 年 10 月离任）
徐恩洋（2018 年 10 月到任）

流泗派出所教导员：王　健（2018 年 9 月离任）
李代峥（2018 年 9 月到任）

马影派出所所长：蒋　华（2018 年 10 月到任）

马影派出所教导员：蒋　华（2018年9月离任）
杨立祥（2018年9月到任）
文桥派出所所长：王　健（2018年10月到任）
文桥派出所教导员：沈瑞胜（2018年9月离任）
周　鑫（2018年9月到任）
舜德派出所所长：徐　波（2018年10月到任）
舜德派出所教导员：叶敏祥（2018年9月离任）
杨书兵（2018年9月到任）
流芳派出所所长：徐恩洋（2018年10月离任）
叶敏祥（2018年10月到任）
流芳派出所教导员：徐波（2018年9月离任）
金砂湾派出所所长：
秦金波（2018年10月离任）
沈文祥（2018年10月到任）
金砂湾派出所教导员：
蔡勇彧（2018年9月离任）
肖　青（2018年9月到任）

交管大队

大队长：王小刚
教导员：王　津
副大队长：朱　涛　曹喜洋
纪检组长：李　斌

县司法局

局　长：周永锋
副局长：周江湖　熊次生　彭海源
公证处主任：黄晓金
律师事务所主任：叶宏明
双钟司法所长：徐　纲
城山司法所长：欧阳长乐

县工业和信息化委员会

主　任：周小匀
副主任：高　彦　柳　军（2018年10月离任）
谢洪涛

县中小企业局

局　长：高　彦
副局长：葛利友　周爱月

江西湖口高新技术产业园

党委书记：柯景坤
副书记：夏敏谦　周建波　饶江晓
陈　杰（2018年7月离任）
张运鸿（2018年10月到任）
管委会主任：夏敏谦
副主任：张运鸿　姜黎国　彭　虹（女）
党委委员：张云峰（2018年10月离任）
副主任科员：王银华（2018年10月到任）

县手工业合作联社

主　任：杨赣琦
副主任：陈雄

县农业局

局　长：杨水平
副局长：郭小青
农业技术中心主任：周　雍
党总支委员：王龙泉

县水产局

局　长：柳守清
副局长：殷彦林　袁青春

县鄱阳湖渔政局

局　长：娄剑平
副局长：吴红波　杨　卫（2018年8月到任）
副主任科员：任　建

县农业综合开发办公室

主　任：吴小军
副主任：杨　峰
主任科员：刘卫文（女）

县农机局

局　长：付　剑

副局长：陈金武　晏小华（女，2018 年 7 月离任）
　　张　坚

县林业局

局　长：刘凤君

副局长：程　明　王清初　陈　晓

县绿委办副主任：张　翔

总工程师：舒　敏

县防火办副主任：屈敏泉

公益林场场长：周衍斌

县扶贫移民办公室

主　任：骆晓南

副主任：欧阳鼎敏　杨小伟

县旅游发展委员会

主　任：吴林东

副主任：杨　卫

旅游总公司总经理：王　峥

副总经理：王　玮　曹玉华　林　立

县商业管理办公室

主　任：周恺雨

副主任：曹玉香（女）　夏美贵

县粮食局

局　长：彭长征

副局长：余　宝　董志松

县供销社

理事会主任：王新平

监事会主任：夏德智

理事会副主任：喻俊超　周　剑　晏小华（女，2018 年 7 月到任）

县商务局

局　长：柳　云

副局长：沈　胤（2018 年 7 月离任）胡争辉

主任科员：沈　胤（2018 年 7 月到任）

招商一局局长：樊　坚

招商二局局长：张勋伟

招商三局局长：汪意兵（2018 年 8 月到任）

招商四局局长：曹佛星（2018 年 8 月到任）

县财政局

局　长：许剑波（2018 年 7 月离任）
　　吴小锋（2018 年 7 月到任）

副局长：颜　鑫　陈　林

乡镇财政管理局副局长：葛　昕

总会计师　陈建晓

政府采购办主任：周　晔

财政国库支付中心主任：徐　斌

非税征收管理局局长：陈　闽

财政监督管理局局长：王敏英（女）

国有资产管理局局　长：周时勇

县交通运输局

局　长：何青春

副局长：李再军　周艳喜（女）　徐宣华

战备办主任：李再军

总工程师：柳　浪

县市场监督管理局

局　长：汤国辉

书　记：黄　明

副局长：刘朝晖　沈华峰　徐　静（女）
　　徐子墨（女）秦　杰　陈治亚（女）

食药专职副局长：肖建雄

食安办专职副主任：高龙春

总工程师：邹厉律

县统计局

局　长：周　航

副局长：张启明　廖庆阳

主任科员：段志华

农调队队长：沈宝乐

县审计局

局　长：张　萍（女）

副局长：余泽新　柳小华（2018 年 7 月离任）

　　柳丹茜（女）

总审计师：张晓霞（女）

经责办主任：李　辉

县安全生产监督管理局

局　长：孙浔波

副局长：杨秋林　周　华

总工程师：殷若云

园区安监分局局长：吴美峰

监察大队大队长：陈晓锴

县防震减灾局

局　长：蔡文艳

副局长：谭　勋　陈媛媛（女）

县规划建设局

局　长：汤　勇

副局长：周月喜　曹泓波　骆江峰

总工程师：欧阳鹤松

副主任科员：熊安珍（女）

县自来水公司经理：邢应龙

乡镇技术指导站长：吴吉奎

县房地产管理局

局　长：周红斌

副局长：周爱民　周清华

　　吴华兵（2018 年 7 月到任）

总工程师：夏革华

县市容执法局

局　长：刘小平

副局长：余锦平　吴华兵（2018 年 7 月离任）

市容监察大队大队长：彭晓健

县水务局

局　长：刘益华

副局长：潘超中　徐华斌　余秀英（女）

防汛办主任：陈贤平

总工程师：杨　波

河长办副主任：周爱球

县环保局

局　长：张　腾

副局长：黎　明　周新平　邹乐刚

　　胡华南（九江学院副教授，挂职，2018 年 9 月到任）

县科技局

局　长：李勇兵

副局长：崔国平　陈清宇（2018 年 9 月到任）

县教育局

局　长：许剑松

副局长：郭晓斌　刘丁未

教育工会主席：谭东良

主任科员：栾仁厚

县政府教育督导室主任：石　萍

湖口县第四中学校长：谢　俊

湖口县第一小学校长：黄晓萍（女）

湖口县第二小学校长：郑望龙

湖口县第三小学校长：李清华

湖口县第四小学校长：吴琳（女）

湖口县第五小学校长：陈永腾

湖口中学

校　长：殷秀生

书　记：周国勇

副校长：周国勇　涂新满　冯家庆

张瑞珍（女）　梅伯深

湖口第二中学

校　长：杨　健

书　记：徐亿虎

副校长：吴晓冰　徐日新　周丽华　张　勖

湖口教师进修学校

校　长：彭子桢

书　记：夏小元

副校长：董翰春　谢法律

校长助理：梅更元

县体育办公室

主　任：余　红（女，2018 年 7 月离任）
　　　　周华谦（2018 年 7 月到任）

副主任：栾仁厚（2018 年 7 月离任）
　　　　喻伟华（2018 年 7 月离任）

老年人体育协会办公室主任：
　　　　喻伟华（2018 年 7 月离任）

县文化广播影视局

局　长：张水凤（女）

书　记：余　红（女，2018 年 7 月离任）

副局长：王月初　施永成　周　君
　　　　陈美清

广播电视台

台　长：陈美清

副台长：龚　丹　董小海

县卫计委

主　任：曹大勇

书　记：施水任

副主任：杨　翀　屈　欣　王　芬（女）
　　　　王艳全　王　恺　朱佑权

执法大队大队长：欧阳志平

协会办公室主任：廖亦萍（女）

县人民医院

院　长：董　海

书　记：黄　旭

副院长：徐继东　黄　胜　柳阳娟（女）
　　　　李晓斌

工会主席：黄　明

县中医院

院　长：柯阳春

书　记：屈新云

副院长：殷玉应　陈志海　王清华

工会主席：程建云

县妇幼保健医院

院　长：陆　萍（女）

书　记：李　慎

县疾控中心

主　任：叶国勤

书　记：周永明

县民政局

局　长：邓　坚（2018 年 7 月到任）

副局长：李　斌　周小波　骆丛生
　　　　彭志彬

老龄办主任：沈小鹏

副主任科员：柳翔旻

县人力资源和社会保障局

局　长：陈　文

副局长：彭德锦　伍奇生　余　成

主任科员：彭德锦

社保局局长：彭德锦

党支部书记：周斌斌

劳动就业局局长：

党支部书记：曹　滨

人才交流服务中心主任：沈江波

劳动监察局局长：曹春华

医保局局长：李　涛

党支部书记：洪　波

劳动人事争议仲裁院院长：殷卫东

县政协机构

办公室

主　任：秦　杰

副主任：赖雅宏

经济科技委员会

主任：曹银庆

提案委员会

主　任：沈曼隐（女）

委员工作委员会

主　任：刘淑敏（女）

教文卫体委员会

主　任：张海林

社会和法制委员会

主　任：周生光

港澳台侨和外事委员会

主　任：周艳喜（女）

人口资源环境委员会

主　任：彭　虹（女）

文史和学习委员会

主　任：周江湖

群众团体

湖口县总工会

主　席：吴继新

副主席：余锦霞（女）　徐华忠

共青团湖口县委

书　记：蔡　亮

副书记：伍　洋　陈　颖（女）

湖口县妇女联合会

主　席：林　玲（女）

副主席：董小勇（女）

县妇女儿童工作委员会办公室副主任：

　　　　穆　雪（女）

湖口县工商业联合会

主　席：张海林（2018 年 10 月到任）

党组书记：陈爱水

副主席：余新华（女）　郭思美（女）

湖口县残疾人联合会

主　席：张水兰（女）

副主席：李干生　张海平

执行理事会理事长：李干生

副理事长：陶　涛　方伟兵

湖口县科学技术协会

主　席：刘小贵

副主席：罗爱华

湖口县文学艺术届联合会

主　席：王夕腾

湖口县社会科学联合会

主　席：胡晓霞（女）

副主席：邵松林

湖口县红十字会

会　长：张水兰（女）

常务副会长：何文燕（女）

副会长：朱文晟

驻县机构

湖口县国家税务局

局　长：彭堂荣（2018年7月离任）

党组副书记、纪检组长：

石君贵（2018年7月离任）

副局长：游祖恩（2018年7月离任）

雷群峰（2018年7月离任）

梅　翕（2018年7月离任）

杨忠林（2018年7月离任）

湖口县地方税务局

局　长：汪华春（2018年7月离任）

党组副书记、纪检组长：

沈晓斌（2018年7月离任）

副局长：刘晓波（2018年7月离任）

余江华（2018年7月离任）

国家税务总局湖口县税务局

联合党委书记、局长：

彭堂荣（2018年7—10月）

联合党委副书记、副局长：

沈晓斌（2018年7—10月）

联合党委副书记、纪检组长：

石君贵（2018年7—10月）

党委委员、副局长：

游祖恩（2018年7—10月）

雷群峰（2018年7—10月）

刘晓波（2018年7—10月）

杨忠林（2018年7—10月）

余江华（2018年7—10月）

党委书记、局长：

彭堂荣（2018年10月到任）

党委副书记、副局长：

沈晓斌（2018年10月到任）

党委副书记、纪检组长：

石君贵（2018年10月到任）

党委委员、副局长：

游祖恩（2018年10月到任）

雷群峰（2018年10月到任）

刘晓波（2018年10月到任）

杨忠林（2018年10月到任）

余江华（2018年10月到任）

湖口县国土资源局

局　长：黄水龙

副局长：柳益平　胡雄燕　肖松林

总工程师：周松喜

工委主任：刘群初

土地交易中心主任：夏　越

不动产登记中心主任：刘小波

矿山资源管理局局长：段　恒

矿山资源管理局支部书记：周　霞（女）

湖口县气象局

局　长：吴慧峻

副局长：刘　玲（女）

武警湖口消防大队

大队长：金盛强

教导员：陈　佳

武警湖口中队

中队长：温　泉

指导员：黎传清

广电网络公司

总经理：张理农

江西新华发行集团有限公司湖口分公司

经　理：叶新南

副经理：孟　飞　黄林娇（女）

国家电网湖口县供电公司

经　理：徐　武

党委书记：肖汉民

纪委书记、工会主席：唐小甲

副经理：张晓峰　胡茂盛（2018 年 6 月离任）

　　　　涂晓雷（2018 年 6 月到任）

九江市公路局湖口公路分局

局　长：丁芝仁

书　记：邱荣文

副局长：陈伏宇　夏青苗　杨松斌

总工程师：杨文清

九江市道路运输管理局湖口分局

副局长：王小明（主持全面工作）

　　　　何艳华

九江长运集团湖口公司

经　理：廖谨青

副经理：李喜林

　　　　魏建国（2018 年 4 月离任）

　　　　曹勇波

经理助理：叶　翔　廖林瑞（2018 年 4 月到任）

九江市港航管理局湖口分局

局　长：龚海斌

副局长：虞东升　王卫东

　　　　伍红斌（2018 年 4 月离任）

九江市港口管理局湖口分局

局　长：沈华雄

党支部书记：罗小兵（2018 年 2 月离任）

党支部负责人：汪平贵（2018 年 6 月到任）

副局长：罗　平　左　文

湖口地方海事处

副处长：陈影彬（主持全面工作）

　　　　徐　康

九江海事局湖口海事处

处　长：王应明

政　委：孟凡强

副处长：殷　雷

湖口火车站

站　长：左　斌

联合党支部书记：黄建新（2018 年 8 月离任）

　　　　魏道煌（2018 年 8 月到任）

副站长：张昌平（2018 年 11 月离任）

　　　　黄华正（2018 年 11 月到任）

　　　　罗运喜（2018 年 2 月到任）

中国电信股份有限公司湖口分公司

总经理：张华芳（2018 年 4 月离任）

　　　　高国洋（2018 年 4 月到任）

副总经理：杨　辉　陈　江　钱　锋

中国移动湖口县分公司

书　记、总经理：曹以安

副总经理：魏静松

　　　　　回　剑（2018 年 5 月离任）

　　　　　黎　江

中国联通湖口县分公司

总经理：彭海峰（2018 年 10 月离任）

　　　　晁淑杰（女，2018 年 10 月到任）

集团总监：张爱玲（女）

中国邮政集团公司江西省湖口县分公司

总经理、党支部书记：王　剑

副总经理、纪检委员：李　钢

中国人民银行湖口县支行

行　长：梅建平

副行长：葛精辉

纪检组长：张练中

中国银监会九江分局湖口办事处

主　任：秦兆华

中国工商银行股份有限公司湖口支行

行　长：吴红泽（女）

副行长：熊红林（女）

行长助理：刘欢乐

中国农业银行股份有限公司湖口县支行

行　长：龙绪广（2018 年 7 月离任）
　　　　黎泳州（2018 年 7 月到任）

副行长：程远青　肖建军　蒋辉龙

中国建设银行股份有限公司湖口支行

行　长：查代东

副行长：王清清（女）　吴集霞（女）
　　　　陈志刚（2018 年 10 月离任）

中国银行股份有限公司湖口支行

行　长：田莉云（女）

副行长：江　荣　熊维谦

中国农业发展银行湖口县支行

行　长：赵守富

副行长：黄　斌　刘少丰　袁新凤（女）
　　　　冯　榆

江西湖口农村商业银行股份有限公司

董事长、党委书记：李明

行　长：余建平（2018 年 3 月离任）
　　　　汤爱军（2018 年 11 月到任）

副行长：邹时武　唐　刚（2018 年 2 月到任）

监事长（兼任纪委书记）：熊响根

中国邮政储蓄银行股份有限公司湖口县支行

行　长：张　民

副行长：郑通文

江西银行股份有限公司九江湖口支行

行　长：潘少清

副行长：喻石明

九江银行股份有限公司湖口支行

行　长：何晓箐（女）

行长助理：廖立群　石冶川

招商银行股份有限公司九江湖口支行

行　长：邹　斌

副行长：余　翔

湖口九银村镇银行股份有限公司

董事长（行长）：田玲玲（女）

行长助理：杨　莉（女）

首席独立授信审批官：李　劲

中国人民财产保险股份有限公司湖口支公司

经　理：骆雪初

副经理：汪　前

经理助理：梅锋（2018 年 3 月到任）

见习经理：吴侃（2018 年 4 月到任）

中国人寿保险股份有限公司湖口县支公司

总经理：邹卫华

中国人寿财产保险有限公司湖口支公司

总经理：孙立平

烟草专卖局（分公司）

局长、经理：徐国栋（2018 年 9 月离任）
　　　　　　江　伟（2018 年 9 月到任）

副局长：陈朝晖

副经理：余四清

湖口盐务局
九江江盐华康盐业有限公司湖口分公司

局长、经理：吴年生

副局长、副经理：葛亚娟（女）

乡（镇、场）

双钟镇

党委书记：王彩东

党委副书记、镇长：李红波

党委副书记：李　斌

人大主席：宁志杰

党委委员、纪委书记：许　屏

党委委员、副镇长：沈少华　何　登

党委委员、武装部长：陶涵雅

人大副主席：许先德

主任科员：张良义　夏建武
　　　　　戢园花（女，2018 年 10 月离任）

副科级干部：黄满年　崔立波　饶和生
　　　　　　欧阳卫平　李春水

流泗镇

党委书记：吴小锋（2018 年 7 月离任）
　　　　　邹细阳（2018 年 7 月到任）

党委副书记、镇长：王　琳

党委副书记：骆欢庆

人大主席：王　敬

党委委员、纪委书记：余永辉

党委委员、副镇长：王银华（2018 年 10 月离任）
　　　　　　　　　李福奎

党委委员、武装部长：曹龙敏

主任科员：柳小武

人大副主席：陈　锋

马影镇

党委书记：邹细阳（2018 年 7 月离任）
　　　　　朱江浪（2018 年 11 月到任）

党委副书记、镇长：朱江浪（2018 年 11 月离任,其中 2018 年 7 月—2018 年 11 月主持马影镇党委、政府工作）

党委副书记：许芳

人大主席：（缺）

纪委书记：陈　前

党委委员、副镇长：沈晓萍（女）　吴　强

党委委员：张　伟

副镇长：刘　琪

人大副主席：李　事

武山镇

党委书记：李　波

党委副书记、镇长：潘　江

党委副书记：王江帆

人大主席：周　勇

党委委员、纪委书记：饶　铭

党委委员、常务副镇长：曹　笋

党委委员、副镇长：骆小平

党委委员：裴慧华（女）

副镇长：陈　推

人大副主席：王国军（2018 年 9 月到任）

城山镇

党委书记：王雨春

党委副书记、镇长：周　俊（女）

党委副书记：柳　林

人大主席：杨小伟

党委委员、纪委书记：柳洪波

党委委员、副镇长：蔡军兵　王飞南

党委委员、武装部长：陈　通

副镇长：陈牡华

人大副主席：吴　晟（2018年9月到任）

副主任科员：张金平

均桥镇

党委书记：周党号（2018年7月离任）

　　　　　柳守平（2018年7月到任）

党委副书记：镇长：周志锋

党委副书记：李德斌

人大主席：沈新建

党委委员、纪委书记：邹　义

党委委员、副镇长：骆小波　张　莉（女）

党委委员、武装部长:胡行隆（2018年3月离任）

副镇长：崔　凯

人大副主席：曹亮亮（2018年10月到任）

主任科员：柳清华　王　智　张　伟

副主任科员：张　宪

凰村乡

党委书记：柳守平（2018年7月离任）

　　　　　陈凤华（2018年10月到任）

党委副书记、乡长：陈凤华（2018年10月离任）

党委副书记：龚辛孙

人大主席：董海波

党委委员、纪委书记：周裔成

党委委员、副乡长：周　琦　徐　纲

党委委员、武装部长：王　强

副乡长：周良玉

人大副主席：叶忠明（正科）

主任科员：殷金奇

副主任科员：周松林

大垅乡

党委书记：饶正勇

党委副书记、乡长：王庭芳（女）

党委副书记：余能牛

人大主席：彭　剑

党委委员、纪委书记：王细平

党委委员、副乡长：夏　胜

党委委员：陈　亮

副乡长：查剑英（女）

人大副主席：沈玲玲（女，2018年11月到任）

主任科员：刘龙江

副科级干部：张保喜

张青乡

党委书记：柳效强

党委副书记、乡长：王雷

党委副书记：陈效文

人大主席：周戊平

党委委员、纪委书记：曹纯瑜

党委委员、副乡长：崔佛水

党委委员、武装部长：陈潜心

副乡长：冯世丹

副科级干部：曹　军（2018年10月到任）

付垅乡

党委书记：曹利平

党委副书记、乡长：张志伟

党委副书记：左　筠（女）

人大主席：李清华

纪委书记：柯凌云

党委委员、副乡长：陈火鹏

党委委员、武装部长：万迪荣

副乡长：潘　洁（女）

副主任科员：饶　海

舜德乡

党委书记：周　漯

党委副书记、乡长：谢胜彬

党委副书记：田彪春

人大主席：秦　沅

党委委员、纪委书记：何　翔

党委委员、副乡长：黄金星　欧阳长乐

党委委员、武装部长：

曹仙焰（2018年9月离任）

党委委员：曹仙焰（2018年9月到任）

副乡长：陈丁璐（女）

人大副主席：余艳阳

流芳乡

党委书记：欧阳清华

党委副书记、乡长：吴波

党委副书记：赖海燕（女）

人大主席：屈玉军

党委委员、纪委书记：张叶

党委委员、副乡长：时伟　朱鸿雁

党委委员、武装部长：王建民

南北港水产场

党委书记：徐　斌（2018年7月离任）

沈　翔（2018年7月到任）

场　长：沈　翔

党委副书记：余国椿

党委副书记：沈　揆

党委副书记：徐　超（2018年10月到任）

场党委委员、纪委书记：黄森艳

场党委委员、常务副场长：周裔福

场党委委员、副场长：陶　云

副场长：唐海霞（女）

副场长：李　明（2018年10月离任）

武山垦殖场

党委书记：夏帅文（2018年8月到任）

党委副书记、场长：夏帅文（2018年8月离任）

徐学伟（2018年8月到任）

党委副书记、人大联络处主任：王炎勇

党委副书记：余志杰

党委委员、纪委书记：李明（2018年10月到任）

副场长：李霞军（2018年10月到任）

石钟山（李学华　摄）

本栏编辑　王学仁

大事记

1月

1日，截至2017年12月31日零时，湖口县2017年财政收入完成30.38亿元，同比增长23%，成为全市首个财政过30亿元的县。

同日，湖口最低月工资标准由1340元/月调整为1470元/月，同时非全日制用工由13.4元/小时调整为14.7元/小时。

2日，县委书记李小平到县高新技术产业园区，对五星纸业、赛得利（二期）、容汇锂业、塑星材料、大家食品、嘉远科技等全县重点项目的推进情况进行调度。

3日，张青乡召开脱贫攻坚贫困户脱贫表彰大会。会上，11位先进典型脱贫户受党委、政府表彰。据了解，该乡共有贫困户197户720人，已有110户406人成功摘掉贫困帽。

4日，政协第九届湖口县委员会常务委员会第七次会议召开。

同日，市委全面深化改革核实督查组到湖口督查。

5日，国家发改委基础司副司长周小棋带领调研组一行到湖口调研生态示范园区建设情况。

同日，2018年《戊戌年》特种邮票首发式暨《江湖两色 石钟千年》个性化邮票揭幕仪式在湖口县石钟山景区举行。

7日，市人大常委会副主任、党组副书记夏兴到参加市人大第十五届人大会第二次会议的湖口代表团，与广大代表一同审议市政府工作报告。

8日，国家统计局江西调查队农业处处长刘根兰带领省脱贫攻坚考察组到湖口就脱贫攻坚工作成效进行考核。

9日，九江学院与湖口县人民政府战略合作框架协议在九江学院举行。根据协议精神，大力推动九江学院科研、人才优势与湖口资源、产业优势结合，实现互利共赢。

10日，湖口县人大常委会第九次会议召开。

12日，省卫计委到湖口对创建“2017年省级优质服务示范县”工作进行抽查复核。

同日，县委副书记、县长鲍成庚到学士路、江铜生活区、金砂大道钢厂生活区及马影镇、张青乡等地，实地调研城乡环卫一体化PPP项目运营情况，并在张青乡召开座谈会。

同日，湖口县石钟山文化旅游发展集团有限公司和金砂湾工业投资公司成立大会暨揭牌仪式在县财政局举行。

同日，双钟镇柏树村李敬湾村民李海清，在清理泥塘中发现一颗比拳头稍长的“铁疙瘩”，经鉴定系日本侵华时遗弃的手雷。

13日，湖口首届“九银杯”创新创业大赛落下帷幕。15支参赛团队，经过6个多小时的路演，最终，医疗器械云服务系统、云田智慧农业、萌萌体育分获前三名。

同日，付垅乡举行第五届道德模范评选表彰大会。会上9名道德模范受到表彰。

14日，湖口县土地开发领导小组在张青乡组织召开全县土地开发项目验收评审会。与会人员深入城山、舜德、流芳等7个乡镇60个项目点地块施工现场进行检查验收。

15日，中共湖口县委十四届五次全体（扩大）会议召开。全会审议并通过了《中共湖口县委常委会2017年度工作报告（审议稿）》和《中共湖口县委关于深入学习贯彻党的十九大精神奋力开创聚力“一核三带”建设“五个湖口”新局面的意见（审议稿）》。

同日，全县村（社区）“两委”换届选举工作会召开。

16日，政协第九届湖口县委员会第三次会议开幕。

17日，湖口县第十六届人民代表大会第三次会议开幕。县委副书记、县长鲍成庚代表县人民政府做《政府工作报告》。

同日，湖口县松材线病疫区专家评审会召开。会上，国家林业局森林病虫害防治总站检疫处处长崔永三在评审时指出，2016—2017年连续两年对枯死树和松褐天牛检测，均未发现松材线虫活体，松材线虫病防治成效显著，达到国家林业局《松材线虫病疫区和疫木管理办法》中关于松材线虫病疫区拔除标准。

18日，省工信委主任杨贵平一行到中佳实业有限公司、付垅乡敬老院和双钟镇低保户慰问。副市长、经开区党工委书记罗文江陪同慰问。

同日，县十六届人大常委会第十次会议召开。

19日，县委书记李小平同县委常委、县纪委书记、县监委主任查忠平到县委、县政府大门口，为县监察委员会揭牌，标志着县监察委员会正式成立。

同日，市政府教育工作综合督导评估组到湖口督导检查工作。

同日，中船九江工业公司考察团到湖口考察。

同日，全县重大项目调度会召开。会议听取了湖口县2018年园区基础设施、城建和民生类重大项目建设推进情况及问题反馈。

同日，湖口县工业经济联合会第二次理事会在园区晨光新材料有限公司召开。

同日，在九江参加“新时代·江西旅游教育”论坛与会代表到湖口武山垦殖场旅游风情小镇考察。

22日，湖口县政府召开专题会议，部署国家三类城市语言文字评估督查工作。

23日，北京大学赣文化交流学会“文化传承与发展”主题社会实践调研活动到湖口。调研组一行召开座谈会，并到湖口中学向高三学生传授语数外、理综、文综等学科的学习经验和方法。

26日，九江市环境保护协会成立大会暨第一届第一次会议在湖口县行政中心召开。

同日，5辆运钞车载着重达两吨2.78亿元人民币驶入方大九钢厂区，为5000多名员工发放“红包”。

28日，县委书记李小平深入江新路口、三里大道、大岭头、高速转盘、石钟山大道绿化工程路段、马影铁路桥涵洞、富达实业等地，实地调度雨雪冰冻天气应急应对工作，并就城乡环境综合整治工作进行了再强调、再部署。

30日，县委书记李小平走访县人武部、武警中队和双钟镇，看望部队官兵，慰问困难党员群众。

同日，县委副书记、县长鲍成庚到城区、园区及保障部门一线，现场调度冰雪灾害天气应对工作。

31日，县委副书记张南到海军后勤基地和城区，走访慰问部队官兵和困难党员、困难职工，并送上慰问金。

同日，全县2018年春运工作部署会召开。

同日，“《跟着习爷爷学国学》进校园”专题工作部署会在教育局召开。历经近三个月，湖口精心组织编写的“十九大精神进校园”辅导读本《跟着习爷爷学国学》在寒假前夕走进学校课堂，与师生见面。

2月

1日，湖口涉农项目资金监管平台上线试运行。

3日，省司法厅党组成员、纪检组组长胡兴平到挂点帮扶村湖口张青乡青龙村走访慰问。

4日，全市县域经济发展现场观摩团走进湖口。观摩团先后视察了赛得利（九江）二期、荣汇锂业、科创中心和置地远大装配式建筑（PC工厂）项目现场。

同日，省广播电视台举办中国亲子阅读大会小年夜颁奖盛典，湖口第二小学获省级“全省亲子阅读基地”称号。

5日，县规划委员会2018年第一次会议召开。会议对九钢生态化工厂建设、九江顶塑新材料、荣华科技、前发精细化工、大家食品厂5个工业项目，高新广场（园区之门）规划方案、工业服务中心（工业展示馆）装修方案、火车站站房提升方案等11个城建项目进行了审议。

同日，在教育部召开的第四场新春系列新闻发布会上获悉，湖口县获评第二批“全国中小学校责任督学挂牌督导创新县”称号。

同日，红色文艺小分队暨2018年春节送文化下基层系列活动在鄱阳湖大市场举行。

6日，县委副书记、县长鲍成庚先后到县消防大队、叶家舍安置小区和城山镇，走访慰问消防官兵及困难党员群众，向他们致以新春的祝福，送去党和政府的关怀与温暖。

7日，全省农村工作会议暨新农村建设现场推进会在上饶市召开。县委书记李小平在主会场参加会议。县委副书记、县长鲍成庚，县委副书记张南，县政协主席杨小林等县四套班子在家领导在湖口分会场收听收看。

8日，全县老干部经济形势通报会召开。

同日，市人大常委会副主任李润金、市中级人民法院院长鄢清员率慰问组到湖口慰问困难群众。

9日，2017年度全县基层党建工作述职评议会召开。

同日，高新园区（金砂湾片区）集中供热签约仪式在县政府举行，会上，县委常委、常务副县长史文与赛得利公司代表签约。

同日，全县春节期间烟花爆竹禁限放工作部署会召开。

11日，县委常委班子召开2017年度民主生活会，市政协主席杨小华到会指导。

同日，市政协主席杨小华一行先后到九江天赐高新材料有限公司和江西晨光新材料有限公司，向企业家和职工致以新春祝福，并以政企茶话会形式，了解企业情况，协调解决问题。

12日，中共湖口县纪委十四届三次会议召开。

同日，县委书记李小平到县高新技术产业园区向各企业家和广大企业员工致以新春的祝福，对各企业为湖口经济社会发展作出的突出贡献表示衷心的感谢。县委副书记、县长鲍成庚一同走访。

13日，县委书记李小平到武山镇敬老院，为老人们送去新春的祝福，并通过他们向全县老人致以新春的问候。

同日，县委书记李小平实地检查指导交通安全和社会治安工作，并看望慰问仍然坚守在工作岗位的一线民警，向他们送上新春祝福。

同日，县委副书记、县长鲍成庚率相关部门负责人先后到火车站、长途汽车站、鄱阳湖大市场、星程大酒店等地检查春节市场供应和安全保障工作。

14日，全县安全生产工作专项调度会召开。会议对当前全县安全生产工作进行了再强调、再部署。县委书记李小平主持会议并讲话。县委副书记、县长鲍成庚出席并讲话。

15日，受李小平书记委托，县委副书记、县长鲍成庚代表县委、县政府向全县人民和各界朋友致新春贺词。

22日，春节长假后上班的第一天，县委书记李小平，县委副书记、县长鲍成庚，县人大常委会主任阮洋、县政协主席杨小林等县四套班子领导与县人武部、县法院、县检察院以及县委各部门、县直各单位干部职工一起到洋港湿地公园参加义务植树活动。

同日，节后上班第一天，县委副书记、县长鲍成庚到长途汽车站和西门渡口，现场调度春运安全工作。

同日，湖口县铭铉医疗有限公司、晨光新材料有限公司、嘉远科技有限公司等 3 家企业分别入选 2018 年度瞪羚企业和潜在瞪羚榜单。瞪羚企业指跨越死亡谷，商业模式得到了市场认可，进入爆发式成长期的创新型企业。

23 日，彭泽县人大常委会主任查秋玲率考察团一行到湖口参观考察。

23—24 日，在县行政中心举办全县正科级主要领导干部学习贯彻党的十九大精神专题培训班。

25—26 日，全县“巡回看变化”观察考察组深入全县 14 个乡（镇、场）看现场，听汇报，详细了解各地 2017 年以来经济社会发展等情况。

同日，国家发改委经济研究院副院长、研究员吴晓华率领调研组到湖口，调研绿色发展示范区建设工作。

27 日，全市项目建设动员大会传来喜讯：湖口获得 8 个单项奖，分别为外资招商三强奖、平台建设促进奖、2017 年度市十大企业领军人物、十强新企业奖、企业贡献奖、目标任务奖、园区发展奖、工业升规组织奖。

3 月

1 日，从 3 月 1 日零时起，长江流域等重要水域进入为期 4 个月的春季禁渔期。鄱阳湖及长江江西段禁渔范围为：鄱阳湖湖体水线及五河干流入湖口以内水域。长江江西段上起瑞昌市码头镇江西岭，下至彭泽县马当镇牛矶山水域。禁渔时间：长江江西段为 3 月 1 日 0 时至 6 月 30 日 24 时；鄱阳湖为 3 月 20 日 12 时至 6 月 20 日 12 时。

同日，全市涉农项目资金监管平台正式上线运行视频会议在市财政局召开。县委副书记、县长鲍成庚，县领导史文、查忠平、李水木等在湖口分会场出席。

同日，全市信访维稳安全生产视频会召开。县委书记李小平，县委副书记张南，县委常委、高新园区党委书记柯景坤在湖口分会场出席会议。

3 日，全县安全生产警示教育暨专项整治大会召开。会议主要贯彻落实全国、全省、全市安全生产电视电话会议精神，通报分析 2017 年以来全县安全生产相关事故情况及原因，全面安排部署 2018 年全县安全生产工作。县委书记李小平，县委副书记、县长鲍成庚出席会议并讲话。

5 日，湖口县城山镇、武山镇弘盛药业、付垅乡凤凰山荣获“江西省现代农业示范园”称号。

5—6 日，县委副书记、县长鲍成庚率队先后到上饶市横峰县、信州区、上饶县和景德镇市昌江区、珠山区、陶瓷工业园区，考察学习秀美乡村建设、乡村旅游和生态修复、城市修补工作。

7 日，由省交通厅副厅长严允带队的省安委会督察组到湖口，就全国“两会”期间安全生产工作进行督查。

8 日，省发改委主任张和平到湖口调研经济社会发展情况。张和平先后到神华九江电厂、园区生态化停车场和科创中心等地，实地了解湖口近年来高新园区发展历程和发展成果。市委常委、常务副市长董金寿等陪同调研。

9 日，全县项目建设暨作风大整治服务大提升动员大会在县艺术中心召开。会议全面贯彻全市项目建设动员大会精神，认真落实县十四次党代会和县委十四届五次全会决策部署，动员全县上下进一步统一思想、提高认识，转变作风、真抓实干，围绕“重大项目见效年”推进“作风大整治、服务大提升”，迅速掀起新一轮项目建设热潮，为聚力“一核三带”、建设“五个湖口”提供更强支撑。会议对 2017 年全县目标管理考评先进的乡镇、单位和纳税贡献大户及优秀企业家进行了表彰。

同日，市委副书记熊永强一行深入湖口武山镇、流芳乡和城山镇，实地调研“乡村振兴”战略实施情况。

同日，全县农村工作暨城乡环境综合整治推进会议在县行政中心召开。会议传达了国家、省、市相关会议精神，部署了2018年全县乡村振兴及城乡环境综合整治工作。

12日，全县2017年度县级领导班子和领导干部年度考核述职测评会召开。市政府党组成员、市纪委常务副书记、市监察委副主任邵丹波到会指导。

12—13日，省爱卫办副调研员张保华带领专家组一行，对湖口创建国家卫生县城进行现场评估指导。并于3月13日下午在县行政中心九楼会议室召开湖口县创建国家卫生县城专家组反馈会。县委副书记、县长鲍成庚，县委副书记张南，副县长张水兰出席反馈会。

15日，省卫计委医政医管处副处长梁斌带领专家组一行，对湖口精神卫生综合管理试点工作进行现场评估指导。在汇报会上听取了县政府副县长张水兰汇报。会后，实地察看了精神病人的诊疗情况，了解了在校学生的心理健康状况和学校相关教育情况，了解了派出所民警对于患有精神疾病人群的登记以及如何处理其所产生的社会纠纷情况。高度肯定湖口对精神卫生综合管理试点的重视和投入力度。

15—17日，2017年县（市、区）党政领导干部履行教育职责督导评价省级督导组到湖口督导。督导组通过听汇报、查资料、现场提问、走访单位、实地查看等形式，对县党政领导干部履行教育职责进行详细考核和评估。省督学、省委党建工作领导小组办公室专职副主任汤乐毅、省督学、省委组织部研究室副主任谭卫平、县委书记李小平、县委副书记、县长鲍成庚等出席汇报会或反馈会。

16日，全县党务政法信访工作会召开。县委书记李小平出席会议并讲话。县委副书记张南主持会议。

同日，濂溪区区委常委、常务副区长徐翔带领考察团到湖口参观考察。

同日，湖口第36个“3·15国际消费者权益日”活动启动仪式在鄱阳湖大市场广场举行。

20日，市政府副市长孙金森带队到湖口，就鄱阳湖水环境保护及水站建设工作进行实地调研。

同日，2018年鄱阳湖春季禁渔暨水生生物增殖放流活动在湖口西门渡口码头进行。

22日，县委书记李小平，县委副书记、县长鲍成庚带领相关部门负责人，实地督查九景高速湖口段、景湖路、牛湖路等道路沿线的环境综合整治工作，对均桥高速口、文桥秀水广场、武垦庆大村、新汽车站旁的城乡接合部、梅兰小镇等重要节点提出了具体整改要求。并于当晚召开城乡环境综合整治工作调度会，听取各责任单位汇报，部署下一步整改工作。

同日，县人大常委会对九江钢厂、神华电厂、环保局大气环境监测点、养老城二期工地、县垃圾压缩站进行《大气污染防治法》执法检查。县委常委、常务副县长史文代表县政府进行了汇报。

同日，由省农业厅主办的“江西12316专家服务进村入户宣传月”第四站活动在湖口舜德乡进行。

23日，全县领导干部会议召开。会议强调，全县上下要把学习贯彻全国“两会”和全省、全市领导干部会议精神作为当前一项重要的政治任务，迅速把思想和行动统一到中央、省委和市委决策部署上来，切实增强贯彻落实的自觉性和主动性，紧密联系各自实际，抓好贯彻落实。

同日，全县乡村振兴战略“春风行动”暨城乡环境综合整治推进会召开。会议动员全县广大干部群众统一思想、合力共为、迅速行动，全力以赴打好城乡环境综合整治攻坚战。县委书记李小平出席并讲话。县委副书记、县长鲍成庚主持会议。

同日，全省防汛工作电视电话会议召开。县委副书记、县长鲍成庚，县领导史文、沈天华在湖口分会场出席会议。

同日，全县公安工作暨作风大整治大提升动员大会召开。

24日，由武山镇人民政府主办、县旅发委、农业局、文广局协办的湖口县第二届油菜花暨乡村文化旅游节在武山镇武前村油菜高产高效示范基地举行，12支广场舞队进行了表演。

26日，晚上，全县城乡环境综合整治工作调度会在县政府召开。县委书记李小平，县委副书记、县长鲍成庚，县委副书记张南和相关乡镇及县直单位负责人参加会议。

同日，全县创建国家公共文化服务体系示范区推进暨文广系统工作会召开。

29日，县委书记李小平到县高新技术产业园区实地督查企业安全生产和环保工作整改落实情况，并对进一步做好安全生产和环保工作提出相关要求。

同日，县委副书记、县长鲍成庚先后到流泗中学、湖口中学，专题调研全县教育工作。

同日，湖口县文明办、县市场和质量监督管理局、县人社局、县人民法院发布湖口县2018年第一期红黑榜。湖口县程运运金银首饰店等10家为“放心消费示范店”，湖口县九普药材生产专业合作社为2017年度劳动关系不和谐企业（欠薪逃匿），4人为失信被执行人。

同日，湖口县［青·悦读］线上青年读书分享栏目正式上线。

30日，全县2018年教育工作会召开。会议深入贯彻党的十九大和全国“两会”精神，认真落实国家及省市教育工作会议精神和县委十四届五次全会精神，总结工作，部署任务。县委书记李小平，县委副书记、县长鲍成庚分别做出批示。

同日，县扶贫开发领导小组（扩大）会召开。会议传达了习总书记关于脱贫攻坚工作的重要讲话精神及省、市脱贫攻坚会议精神，对全县脱贫攻坚相关文件进行了说明。县委副书记、县长鲍成庚出席会议并讲话。

31日，湖口县冬泳协会在县文体中心正式成立。

同日，方大九江钢厂邀请全国人大代表、方大萍钢员工温菲宣讲“两会”精神。

当月，湖口县历时两年半新编的《石钟山志》出版。

4月

1日，县委常委、副县长刘奇督查清明防火工作并慰问清明防火巡查人员。

2日，省委书记刘奇在湖口调研。刘奇察看了海山科技创新试验区、园区生态化改造工程、污水处理职能监控系统、九江钢厂，听取了老城棚户区改造、脱贫攻坚、城乡环境综合整治等工作情况汇报，强调要以习近平新时代中国特色社会主义思想为指导，深入贯彻落实党的十九大精神，坚决贯彻习近平总书记关于长江经济带“共抓大保护、不搞大开发”的重要要求，统筹稳步推进产业升级、生态保护、环境整治和城乡建设，努力实现长江沿线“水美岸美产业美”，致力让人民群众“生活美”。省委常委、省委秘书长刘捷随同调研。市委书记林彬杨，市委副书记、代市长谢一平，县委书记李小平，县委副书记、县长鲍成庚陪同调研。

4日，县委召开常委（扩大）会议，传达省委书记刘奇视察调研时的重要讲话精神，研究贯彻意见。

同日，县十六届人大常委会第十一次会议召开。

8日，全国政协副主席、农工党中央常务副主席何维到湖口进行“长江大保护与可持续发展”专题调研。何维一行视察了非法码头整治及复绿工程、“长江江豚拯救行动计划协助巡护”示范点，肯定了湖口县在长江流域生态修复与环境保护工作方面作出的贡献。

同日，政协第九届委员会常务委员会第九次会议召开。

9日，2018年一季度全县重大项目调度推进会召开。会议传达了全市一季度工业推进会议精神，对全县下一步如何抓好项目推进工作进行部署。县委书记李小平主持会议并讲话。县委副书记、县长鲍成庚，县委副书记张南等县领导和县直及驻县各单位负责人参加会议。

同日，下午，省委常委、常务副省长毛伟明到湖口，深入高新技术产业园区，实地察看沿江环境整治、码头整治、生态修复等项目，详细调研长江岸线保护利用情况。市委副书记、市长谢一平，市政府秘书长吴照友，县委书记李小平，县委副书记、县长鲍成庚，县委常委柯景坤分别陪同调研。

同日，湖南省政协副主席张大方一行到湖口考察调研鄱阳湖生态环境治理工作。市政协副主席邓君安陪同考察。

同日，全县一季度招商引资调度会召开。会议通报了全县一季度招商引资工作情况。各驻外小分队、各招商攻坚组成员单位分别就招商引资工作做了汇报。对可签约项目、在谈项目重大信息和驻点招商信息进行了逐一梳理。县委书记李小平主持会议并讲话。县委副书记、县长鲍成庚等县领导和各招商攻坚组相关成员单位负责人参加会议。

同日，全县档案工作会议召开。

同日，全市农机化工作会在湖口召开。

同日，就职于工信部中国信通院的湖口中学优秀学子夏华回到母校，为学弟学妹们作报告。夏华2002年毕业湖口中学，在当年高考中以全市理科第二名683分的成绩被北京大学录取，北大毕业后，被保送到清华大学读研。

10—11日，全县规划委员会2018年第二次会议召开。会上对湖口火车站站房提升方案、疏港通道规划方案、新增高速出口、台山组团景观亮化等13个城建项目，中星医药用地红线调整1个工业项目和部分用地选址方案分别进行了审议。

10日，由市文学艺术界联合会、市美术家协会、县文广局主办，县美术馆承办的九江市美术家协会首届理事优秀作品展（湖口展区）在县美术馆举行。

同日，由省政协人口资源环境委员会副主任樊欣率队的全省城乡环境综合整治巡察组到湖口，实地检查指导城乡环境综合整治工作。副市长孙金森，县委书记李小平，县委副书记、县长鲍成庚，县委副书记张南等领导分别陪同巡察。

同日，副市长张荣先带领督察组到湖口督查乡村振兴战略“春风行动”开展情况，副县长李水木陪同督查。

同日，市政协秘书长洪华率工作组一行到挂点帮扶村舜德村调研驻村帮扶工作并走访建档立卡贫困户。

11日上午，城山镇获省级特色商贸小镇称号举行揭牌仪式。县委副书记、县长鲍成庚为城山镇荣获省级特色商贸小镇揭牌。

同日，由省人大常委会副主任郑为文带队的调研组到湖口，就优化实体经济发展环境情况进行实地调研。调研组一行先后深入神华九江电厂、九江天赐高新材料有限公司、江西晨光新材料有限公司等企业，详细了解优化实体经济发展环境情况。随后在县行政中心三楼会议室召开座谈会听取专题汇报。市人大常委会副主任李润金，县委副书记、县长鲍成庚等县领导陪同调研。

同日，省人大常委会委员，环资委副主任委员陈松远率领调研组到湖口开展河长制实施情况调研。

12日，全省长江经济带“共抓大保护”攻坚行动动员大会在南昌召开。县委书记李小平在南昌主会场参加会议。县委副书记、县长鲍成庚等在湖口分会场出席会议。

同日，《当代江西》杂志社到湖口调研宣传思想文化工作。

同日，江西省工商联系统优化营商环境和民间投资政策落实情况评估座谈会（湖口站）在九钢公司举行。副县长叶子出席座谈会。

同日，湖口县2018年公共租赁住房（廉租住房）实物配租公开摇号活动在县行政服务中心举行。

同日，江西省人民政府决定授予30家企业首届“江西省模范劳动关系和谐单位”称号，江西晨光新材料股份有限公司获此称号。

13日，湖口组织收看省委理论学习中心组集体学习视频会。县委书记李小平，县委副书记、县长鲍成庚，县人大常委会主任阮洋等县四套班子在家领导在湖口分会场出席会议。

16日，湖口县劳动监察局获2017年度全省劳动保障监察工作先进单位，王腾获全省劳动保障监察工作先进个人。

17日，由省委农工部、省委宣传部、省旅发委联合发布《关于对评选为“江西省百个最具乡愁村庄”

的通报》。湖口武垦场庆大村获“省最具乡愁村庄”称号。

同日，湖口召开涉农项目资金监管工作第二次联系会议，并在县鄱阳湖大市场举行涉农项目资金监管平台宣传月活动。

18日，下午，湖口召开中央环保督查暨生态环保审计整改工作部署会。县委副书记、县长鲍成庚主持会议并讲话。

同日，全县创建国家卫生县城省专家组反馈整改调度会议召开。县委副书记张南主持会议并讲话。会上，县创建办负责人安排部署了省爱卫专家组反馈意见整改工作。创卫主要责任单位负责人进行了发言。县城市创建领导小组有关成员单位负责同志参加会议。

同日，省教育厅教育管理信息中心主任徐峰一行到湖口调研教育信息化工作。

同日，全县血防工作会召开。

同日，2018年全县食品安全暨创建市级食品安全示范县工作会召开。

19日，全县创建国家卫生县城省专家组反馈整改调度会议召开。

同日，湖口2018年民营企业招聘周活动在鄱阳湖大市场举行。

20日，县委书记李小平到县纪委监委机关调研并召开座谈会。

21日，投资约2700万元的国道G351台小线（原为S304景湖线，2017年升格为国道线）湖口段新汽车站铁架桥至文桥加油站道路“白改黑”升级改造工程破土动工。

22日，下午，县委副书记、县长鲍成庚实地调研饮用水源地保护工作，并召开座谈会。

同日，中国作物学会油料专业委员会组织有关专家对湖口“旱地‘油菜三熟’新型绿色高效生产模式”油菜季示范区进行了现场测产验收并召开座谈会。县农业局业务站、乡（镇）农技站负责人和种粮大户共50余人进行了现场观摩。

23日，全县水产工作会召开。

同日，湖口“乡音古韵”戊戌谷雨诗会在石钟山梅花厅举行。

同日，国家林业和草原局造林绿化局管理司回复了《关于继续省林业厅申请撤销九江市湖口县松材线虫病疫区》的函：湖口松材线虫病疫区已连续三年无病死树，符合《松材线虫病疫区和疫木管理办法》规定的疫区拔除标准，符合撤销疫区管理要求。

24日，市政协主席杨小华到湖口实地督办信访积案化解工作并召开座谈会，实地督查重点项目建设推进情况。

25日，市人大常委会副主任、市委秘书长周美祥带领调研组到湖口，对创建国家公共文化服务体系示范区建设情况进行实地调研。

同日，全县人才工作专项述职会召开。县委书记李小平出席会议并讲话。

同日，来自中国水产科学院淡水渔业研究中心并擅长病害防治、虾蟹养殖、稻鱼共作、贝类养殖的何进义等四位专家，在湖口南北港水产场现场为养殖户解疑释惑。

25—26日，县委书记李小平督查铁路和交通干线沿线城乡环境整治工作。

26日，市政协副主席梅武林带领市政协书画联谊会一行10余名书画家到湖口，开展“翰墨丹青·魅力九江”书画交流活动。

27日，县委理论中心组学习会议举行。会议的主要任务是：传达学习中共江西省委《关于认真学习贯彻习近平总书记全国“两会”期间重要讲话精神的通知》、中共江西省委《关于认真学习宣传和贯彻中华人民共和国宪法的通知》；传达学习《中华人民共和国监察法》《中央巡视工作规划（2018—2022年）》；传达学习中央办公厅印发的《地方党政领导干部安全生产责任制规定》；传达学习《习近平总书记在打好精准脱贫攻坚战座谈会上的重要讲话精神》；学习《新时代面对面》。县委书记李小平主持会议并讲话。

同日，市人大常委会副主任李润金带领调研组到湖口，就现代服务业发展情况进行实地调研。

同日，湖口组织收看国务院、省、市廉政工作视频会议。县委副书记、县长鲍成庚，县领导史文、刘奇、叶子、刘强、李水木、骆成、杨柳青等在湖口分会场出席。

同日，县委书记、县委深改组组长李小平主持召开十四届县委深改组第六次会议。

28日，县委召开常委会议，传达学习习近平总书记在深入推进长江经济带发展座谈会上的重要讲话精神和全省长江经济带"共抓大保护"攻坚行动动员大会精神，并研究贯彻落实意见。

同日，全省安全生产十大专项整治行动推进电视电话会议召开。会议贯彻落实习近平总书记关于安全生产工作的重要指示精神，传达省委书记、省长刘奇关于做好安全生产工作的批示精神，通报十大专项整治行动第一阶段"扫雷"行动工作情况，安排部署"清零"行动，研究部署近期安全生产工作。县委副书记、县长鲍成庚，县领导柯景坤、叶子等在湖口分会场出席。

同日，湖口县政府教育督导委员会第二次会议召开。

同日，全县教育扶贫工作调度会及学校预防溺水工作会议召开。

同日，县江豚保护协会30余名志愿者齐聚鄱阳湖大市场广场，真情呼吁市民拯救江豚、呵护长江。

5月

2日，全省脱贫攻坚"夏季整改"行动视频会议召开。县委书记李小平，县委副书记、县长鲍成庚等在湖口分会场出席会议。

3日上午，县委书记李小平，县委副书记、县长鲍成庚带领四套班子部分领导和相关部门负责人对湖口沿江岸线及腹地进行实地调研，并在县高新技术园区召开专题座谈会，研究部署"共抓大保护、打造长江最美岸线"相关工作。

同日，全县饮用水源地保护和备用水源取水口选址调度会召开。

4日，省发改委党组成员、省生态文明办专职副主任刘兵带领省污染防治攻坚课题调研组到湖口就贯彻落实长江经济带"共抓大保护、不搞大开发"情况进行专题调研。

同日，省政协常委、教科文卫体委员会副主任余少良带领部分委员就医联体建设推进情况到湖口进行实地调研。

同日，湖口县教育系统首届文化艺术节在县第二小学启幕。

5日，县委副书记、县长鲍成庚到乡镇对景湖公路、均流公路、牛湖公路沿线城乡环境综合整治进行现场督查。

同日，中国少年先锋队湖口县第一次代表大会在第二小学召开。会议听取讨论通过了题为《听党话跟党走，争当湖口好少年，为建设活力、实干、秀美、富裕、幸福新湖口时刻准备着》的工作报告；选举产生了全县第一届少工委。县委副书记张南出席开幕式并讲话，县政协副主席李宏川出席会议，县关工委、团县委、县教育局、县群众团体相关负责人及来自全县各地的130名少先队代表参加会议。

同日，由县农业局、文广局、旅发委、舜德乡主办，江西舜叶生态农业发展有限公司、湖口县黄梅戏剧团、湖口职工收藏协会协办，湖口在线承办的第三届庐山云雾"石钟杯"茶评会在舜德乡举行。

6日，市人大常委会原副主任周锦元带领九江市湖口经济发展促进会成员一行30人，到湖口实地感受家乡面貌巨变，共谋家乡发展大计。

8日，省人大常委会委员、农委主任委员阎钢军带领调研组到湖口调研农业产业化发展情况。

同日，由省廉政办、省纠风办、江西广播电视台主办，江西广播电视台综合新闻广播承办的《党风政风热线》户外直播节目在县第二中学举行。县委书记李小平带领县党政部分班子成员做客直播节目，并现场就经济社会发展、民生和沿江绿色发展等方面问题与广大听众、网友进行广泛交流。

同日，湖口县由省政府配备的食品安全快速检验车正式投入使用。

9日，副省长吴晓军到湖口，就工业转型升级和安全生产工作进行调研。副市长、九江经开区党工委书记罗文江陪同调研。

同日，县老科协第三次会员代表大会召开。县委副书记张南出席会议并讲话。县委常委、副县长刘奇出席会议。

同日，全县农机化工作暨创建全国"平安农机示范县"动员会召开。

10日，县委书记李小平参加全省作风建设工作视频会议并分组讨论。县四大家在家领导分别参加讨论。

同日，省安委会第二巡查督导组组长、省安监局正厅级巡视员程应田带领督导组到湖口，对安全生产工作巡查督导。

11日，全市城乡环境综合整治工作现场推进会在湖口召开。市委副书记熊永强，市委常委蹇侠，市人大常委会副主任戴晓慧，副市长孙金淼，市政协副主席邓君安参加观摩或出席推进会。县委书记李小平，县委副书记、县长鲍成庚等参加活动。

同日，湖口组织收听收看省中央一号文件电视电话宣讲会。

同日，县防震减灾局联合县民政局、县人防办以及气象局在县二中开展预防地震应急疏散演练活动。

同日，省社科院党组成员、副院长孔凡斌带领省社科院生态文明建设与打造长江最美岸线调研组到湖口进行专题调研。

12日，县委书记李小平主持召开城乡环境综合整治工作调度会。县委副书记、县长鲍成庚等出席会议。

同日，县委书记李小平调研打造长江最美岸线工作。县委副书记、县长鲍成庚等陪同调研。

14日，县委书记李小平调研第三小学校园扩建工程。

同日，县人大常委会调研《江西省地质灾害防治条例》贯彻落实情况。副县长李水木汇报贯彻实施情况。

同日，县人大就贯彻执行《中华人民共和国道路交通安全法》及《江西省实施中华人民共和国道路交通安全法办法》情况进行执法检查。

14—18日，县委副书记、县长鲍成庚带队到深圳、香港等地开展精准对接招商活动，并参加第17届赣港经贸合作活动暨首届赣深经贸合作交流会。活动期间，对接客商近30人，洽谈项目20余个，达成合作意向10余个。并在赣港经贸合作交流会上，成功与日本硝子株式会社签约总投资2亿美元的新型锂盐项目。

15日，以景德镇政协副主席王国华为组长的省脱贫攻坚督查组到湖口督查脱贫攻坚工作。县委书记李小平，县领导沈天华、李水木、骆成出席汇报会。

同日，市委常委蹇侠到湖口，对"三农"工作进行实地调研。

同日，市委老干部局组织40余名市政府离退休老党员到湖口参观考察。

15—16日，省政协副主席李华栋带领调研组到湖口，就乡风文明建设工作进行专题调研。

同日，由中央网信办、生态环境部主办，江西省网信办等十一省市网信办联合承办的2018"美丽中国长江行——共舞长江经济带·生态篇"网络主题采访活动走进湖口。

16日，由九江天赐高新材料有限公司与日本中央硝子株式会社共同投资建设的江西天赐中硝新材料有限公司揭牌仪式在科创中心举行，县委书记李小平，天赐材料公司董事长徐金富，江西天赐中硝新材料公司董事长徐三善以及日方企业代表前田一彦、辻冈章一出席仪式并共同为新公司揭牌。

同日，全县电力和油气长输管线安全专业委员会会议召开。

同日，市委常委张新龙到湖口，对商贸物流业发展情况进行实地调研。

同日，修水县委副书记欧阳明华率考察团一行到湖口参观考察城乡环境综合治理工作。

16—18日，市委书记林彬杨在湖口督导打造长江“最美岸线”工作，强调全线出击，全面发力，确保中央和省委决策部署在九江落地见效。市委常委、常务副市长董金寿，市委秘书长吴照友随同调研，县委书记李小平等陪同调研。

17日，市政协调研组到湖口开展“引导企业加大研发投入”工作调研并召开座谈会。

同日，九江市仲裁委员会法律宣传与服务座谈会在县行政中心召开。市仲裁委员会主任祝先进，市仲裁委房地产建设工程与PPP争议仲裁院院长杨焱林，市仲裁委员会副主任周照华，县委书记李小平，县委常委、常务副县长史文出席会议。

18日，中共湖口县委、湖口县人民政府发布《关于在全县范围内开展扫黑除恶专项斗争的通告》。

同日，国家林业局宣传办公室下发相关文件，同意江西省林业厅推荐湖口县申请创建国家森林城市，对湖口县创建国家森林城市予以备案。

同日，县人大常委会主任阮洋带队调研农机化服务工作。

同日，县委常委、常务副县长史文带领考察团到永修县，就政府性投资融资平台建设、房地产开发和城市建设等工作情况进行考察学习。

同日，湖口召开全县旅游安全暨特种设备安全专业委员会工作会。

同日，县劳动监察局在县人社局一楼会议室举行拖欠农民工工资发放仪式。现场为81名农民工发放追回欠薪60余万元。

同日，全县计划生育推进会召开。

22日，县委书记李小平到县行政服务中心，实地调研“放管服”行政审批制度改革工作情况。县委副书记、县长鲍成庚一同调研。

23日，县委副书记、县长鲍成庚调研全县保障房安置区后续工作。

同日，县委副书记、县长鲍成庚主持召开县政府党组会议，专题学习全省作风建设工作会议精神，研究贯彻意见。

24日，县委书记主持召开县委常委（扩大）会议，传达学习中央和省市有关会议及指示精神。

同日上午，县政府廉政工作会召开。会上，县财政局、县市场和质量监管局分别做了表态发言。

24—26日，湖口县第六届职工健身体育运动会举行。

25日，县委书记李小平主持召开2018年全县生态文明建设领导小组第一次会议。

同日，湖口组织收看省市县三级重大项目推进动员会。县委副书记、县长鲍成庚等在湖口分会场出席会议。

26日，湖口召开全县规划委员会2018年第三次会议。会上，对豪杰家具、清华研发、诚宇物流公共码头等6个工业项目，2018年城建EPC项目、派出所及岗亭建设等6个城建项目，划行规市、建筑垃圾处理、彭泽马当220V输变电工程路由3个选址项目进行了审议。

27日，湖口县第一届校园艺术节“扬帆新时代，共筑中国梦”文艺会演在艺术中心举行，县委副书记、县长鲍成庚，县委副书记张南，县政协主席杨小林，县委常委邱玉林等观看演出。

28日，2018年度全县高考、中考、学考安全工作调度会召开。

同日，市政协副主席、九江学院化环学院院长严平带领30余名博士到湖口，就“政校企”合作对接进行调研考察。

29日下午，县委副书记、县长鲍成庚到园区、城区，深入工地现场，督导重大项目建设情况。县人大常委会主任阮洋，县政协主席杨小林等陪同督导。

30日，全县“四城同创”工作推进暨创建国家卫生县城、国家森林县城动员大会召开。会议的主要任务是：传达学习全市创建“全国文明城市”“国家卫生城市”“国家历史文化名城”动员大会精神，总结全县“四城同创”工作，安排部署全县创建省级文明城市、国家卫生县城及国家森林县城工作。湖口县城市创建领导小组办公室发出《致全县居民的一封信》。

同日，是全国第二个科技工作者日。副市长李军一行到湖口同方江新造船有限公司看望慰问科技工作者，为科技工作者送上节日祝福。

同日，省长江经济带“共抓大保护”专项执法检查问题反馈会在县政府召开。专项检查组第七组组长刘冬梅，县委常委、常务副县长史文出席反馈会。

同日，省社科联副主席汤水清带领调研组到湖口调研社科普及基地建设情况。

同日，全县“作风大整治、服务大提升”工作推进会召开。

同日，县委书记李小平以临时定地点、不事先通知的方式，深入部分乡镇，突击检查党员干部作风建设情况。

同日，全县脱贫攻坚“夏季整改”工作调度会召开。

同日，由县委组织部、团县委联合主办全县“学习新思想・建功新湖口”青年朗诵大赛决赛在县行政中心举行。县公安局代表队获一等奖，县农商银行、县一小、县中医院代表队获二等奖，九钢公司、大垅乡、县供销社、县财政局代表队获三等奖。

31 日，湖口组织收听收看全省生态环境保护大会。县委书记李小平，县委副书记、县长鲍成庚，县委副书记张南，县人大常委会主任阮洋，县政协主席杨小林等四大家领导在湖口分会场参加会议。

同日，湖口组织收听收看贯彻落实《地方党政领导干部安全生产责任制规定》电视电话会。县委副书记、县长鲍成庚等在湖口分会场参加会议。

6 月

1 日，湖口组织收听收看全市迎接配合中央环保督查组“回头看”工作部署会。县委书记李小平，县委副书记、县长鲍成庚，县人大常委会主任阮洋，县政协主席杨小林等四大家领导在湖口分会场参加会议。

同日，县委书记李小平先后到石钟山大道、火车站周边地区、金砂南大道和梅兰小镇等地，实地督查城乡环境综合整治工作进展情况。

同日，江西省第十五届运动会群众比赛项目山地自行车比赛九江市预选赛在湖口县开幕。

同日，湖口第二小学学生王子晗荣获“九江市最美少先队员”称号。

1—2 日，省民政厅厅长刘金接到湖口调研民政工作。他先后到石钟养老城、付垅乡敬老院等地实地调研社会养老服务、留守儿童管理、精准扶贫、殡葬改革等工作开展情况。

4 日，副市长罗文江带领调研组到湖口，调研化工产业发展及安全生产工作。

5 日，县委副书记、县长鲍成庚带领相关单位负责人，先后到湖口中学、湖口二中、县教育局及考点周边的海正明珠、莲湾等小区，检查全县高考各项准备工作情况。

同日，县委副书记、县长鲍成庚到均桥镇横山采石场和苏官渡景康牧业，就环保问题整改落实情况进行实地督查。

同日，以市发改委调研员彭松华为组长的市生态扶贫督察组到湖口，对生态扶贫工作进行督查。

同日，全县脱贫攻坚“夏季整改”业务培训会在县艺术中心举行。市扶贫和移民办副主任朱云带领的脱贫攻坚业务指导者 5 位成员，分别就脱贫攻坚政策、驻村帮扶、结对帮扶、精准识别、精准退出、档案管理、就业扶贫、教育扶贫、健康扶贫、雨露计划及产业扶贫、小额信贷等脱贫政策、工作进行了讲解。

同日，湖口举行首届基层党员干部生态环境保护知识竞赛。舜德乡获一等奖，大垅乡、均桥镇获二等奖，城山镇、流泗镇、马影镇获三等奖。

同日，从第二届中国（南昌）国际茶业博览会暨第五届庐山问茶会上获悉，由湖口一家公司选送的华名山毛尖获金奖。

6 日，县创建办、县爱卫办抢抓病媒生物防治有利季节，在鄱阳湖大市场广场开展除“四害”公益宣传活动，倡导市民关注创卫、参与创卫。

同日，县人民法院、人民检察院、县公安局联合下发《关于敦促被执行人依法主动履行人民法院判决裁定的通告》，拉开了“执行风暴大会战”集中攻坚行动的序幕。

7日，县委书记李小平到长江干堤湖口段、高新技术产业园海山科技园区等地就打造长江最美岸线及项目建设等工作进行实地调研。

同日，县委书记李小平到流芳乡老山乌石包非法采石点和苏官渡景康牧业，实地督查环保问题整改落实情况，并紧接着召开落实中央环境保护督查“回头看”工作调度会。

同日，湖口组织收听收看全省钢铁行业化解过剩产能防范“地条钢”死灰复燃工作会。县委副书记、县长鲍成庚，副县长李水木在湖口分会场参加会议。

7—8日，2018年度高校招生全国统一考试举行。全县设湖口中学、湖口二中2个考点、83个考场，2240名考生参加高考。

8日，全县防汛、河长制工作调度暨水利重点工作推进会在付垅乡召开。

同日，湖口组织收看全省城镇贫困群众脱贫解困动员部署会。县委书记李小平在湖口分会场参加会议。

同日，全县安全生产工作会在县金砂湾派出所召开。

同日，湖口组织收听收看全省城镇贫困群众脱贫解困工作动员部署视频会。县委书记李小平，县领导张水兰、李水木在湖口分会场参加会议。

9日，县委书记李小平实地调研“四好农村路”建设工作，并主持召开座谈会。

同日，县委副书记、县长鲍成庚先后到均桥横山采石场、牧园生态家庭农场、宏升页岩砖厂、张青乡黄平采石场、大垅乡邹涧采石场、舜德乡皂湖水产场等处，再次就环保问题整改落实情况进行实地督查。

同日，下午，县委副书记、县长鲍成庚先后到城山镇九房涧和二房涧水库、南北港、双钟镇小岭涧水库等地，实地调研督查防汛备汛工作。

10日，湖口一彩民喜中5注双色球一等奖，共获得奖金3411万元。

11日，市委书记林彬杨深入湖口均桥镇横山采石场整改一线，调研督导、现场协调中央督查组反馈的环保问题整改落实情况，要求认真抓好矿区清场填坑和矿山复绿工作。县委书记李小平陪同督查。

同日，国家发改委环境司副巡视员赵鹏高一行到湖口调研节水项目情况。

12日，下午，2018年市级总河长电视电话会召开。县委副书记、县长鲍成庚，县委副书记张南，副县长李水木在湖口分会场参加会议。

同日，县十六届人大常委会第十二次会议召开。

同日，山东省聊城市政协副主席孙凌云带队到湖口调研学前教育工作。

同日，上午，从全国“安康杯”竞赛表彰电视电话会议上传来喜讯，湖口公路分局城山道班获2016—2017年度全国安全生产“安康杯”竞赛优胜班组称号。

同日，下午，省人大常委会委员，环资委副主任委员陈松远带领省人大执法检查组到湖口，对贯彻实施《中华人民共和国大气污染防治法》情况，进行执法检查。

13日，县委书记李小平，县委副书记、县长鲍成庚到长江干堤、神华码头、洋港湿地公园等地，实地调研打造长江“最美岸线”工作。

14日，全县国家公共文化服务体系示范区创建推进会在行政中心召开。

15日，省委常委、副省长刘强就推进中央环保督查整改工作到园区“一企一管一池一阀”3片区控制中心和方大九钢公司进行督导。市委书记林彬杨，市委副书记、市长谢一平，副市长孙金森，市委秘书长吴照友，县委副书记、县长鲍成庚陪同督导。

同日，省委宣传部副部长黎隆武带领调研组到湖口调研长江经济带绿色发展示范区建设情况。

同日，为落实环保信访投诉转办件的问题整改，县委常委、常务副县长史文约谈存在环保问题的金鑫达实业企业负责人，指出当前存在的环保问题，明确提出整改要求。

同日，市委组织部老干部史之汉、周锦元、叶平一行先后到九钢公司、县科创中心、颐高双创基地，实地调研湖口县工业发展、科技创新、创新创业以及园区非公党建工作。

17—19日，2018年江西省中考考试进行。全县设2个考点、90个考场，2659名考生参加考试。

19日，县委书记李小平主持召开环保整改专题调度会。

20日，国家能源集团国华九江电厂举行一期工程首台机组一次顺利通过168小时试运行暨2号机组生产移交仪式。国家能源集团副总经理王树民，省能源局局长郑沐春，副市长罗文江，县委书记李小平，县委副书记、县长鲍成庚，县领导柯景坤、叶子、周小喜出席仪式。

同日下午，县委书记李小平现场调度创建国家卫生县城工作。

21日，市人大常委会主任冯静带领视察组到湖口，就区域性航运中心建设情况进行视察。

同日，县委书记李小平在县公安局会议室出席第二巡察组巡察县公安局情况反馈会。

同日晚上，全县二季度招商引资调度会在县行政中心召开。

同日，均桥镇桂垅村刘富湾90后优秀军人刘丹参与利比里亚维和荣立一等功，副县长张水兰前往送喜报并看望慰问其家属。

22日，县委副书记、县长鲍成庚在县财政局出席县委第一巡察组巡察财政局反馈会。

23日，国开行江西分行党委书记、行长吴守华一行到湖口考察。

26日，由县政法委主办，县公安局、各乡（镇、场）、县综治办、县禁毒办协办的“湖口县万人签名禁毒活动”在鄱阳湖大市场举行。

同日，县委书记李小平，县委副书记、县长鲍成庚等出席青少年禁毒宣传教育活动。

同日，县委书记李小平先后到张青乡、大垅乡和武山镇，调研乡镇纪委标准化建设情况。

同日，全县产业扶贫暨金融扶贫推进会在县农业局召开。

27日，县委书记李小平先后到离休老党员徐昌阶和困难老党员张淑勤、饶水保家中走访慰问。到结对帮扶的月亮村困难户崔汉生、赵祖应、李海祖家中，详细询问生产生活及各项扶贫政策落实情况。

28日上午，湖口县2018年列入省市县三级联动新开工重大项目集中开工仪式在县高新技术产业园科创综合体项目现场举行。

同日，全县二季度重大项目调度会在行政中心召开。

同日，全国深化“放管服”改革转变政府职能电视电话会议召开。县委副书记、县长鲍成庚等在湖口分会场收听收看。

29日上午，县委书记李小平到城市基层党建联系点——双钟镇大岭社区，实地调研城市基层党建工作。

同日，全省促进非公有制经济发展电视电话会议在南昌召开。县委副书记、县长鲍成庚等在湖口分会场收听收看。

同日，湖口县文明办、湖口县市场和质量监督管理局、湖口县国税局、湖口县地税局、湖口县人民法院等部门发布湖口县2018年第二期“诚信红黑榜”。江西晨光新材料等14家为2017年A级诚信纳税企业，九江金清药业有限公司为虚假企业，37人为失信被执行人。

同日，由水利部副部长魏山忠带队的调研组到湖口，就长江最美岸线打造工作进行调研。

同日，晚上，“文明振奋精神，道德凝聚力量”——湖口县庆祝建党97周年暨精神文明创建成果颁奖晚会在县艺术中心举行。县委书记李小平致辞。县委副书记、县长鲍成庚，党的十九大代表、湖口创建江西省文明城市形象大使向东，县委副书记张南，县人大常委会主任阮洋，县政协主席杨小林等出席晚会并为获奖者颁奖。

7月

2日，全市打造“5+1”千亿产业集群培育新动能现场会在湖口召开。参加会议的100多位人员，现场观摩湖口县培育经济发展新动能工作。市委常委陈和民讲话。县委书记李小平做经验交流。

3日，县委书记李小平到鄱阳湖口国家森林公园，实地查看自然景观保护情况。

4日，县委书记李小平先后到北棉场、武山镇、城山镇和南北港水产场等地，实地调研水生态治理工作情况。

5日，县委书记李小平先后到城区部分在建项目工地和园区长江干堤，实地督查重点城建项目和打造“长江最美岸线”工作进展情况。

同日，《湖口工业史》编纂委员会第二次会议召开。

5—6日，湖口县政协召开2018年调研成果研讨会。

6日，县委书记李小平先后到流泗镇红星村、大垅乡大垅村、付垅乡大山村和武山镇武前村，实地调研实施乡村振兴战略和农业产业化发展情况。

同日下午，湖口组织召开了江西农业大讲堂下基层宣讲动员会，并开展了第一期宣讲。

7日，国家能源集团国华九江电厂第二台机组168小时试运行一次成功，标志着国华九江电厂一期工程两台100万千瓦超超临界清洁高效燃煤发电机组竣工投产。

同日，湖口县首届西瓜文化旅游节在张青乡长塘村长运扶贫基地举行。

8日，湖口召开石钟山景区创AAAAA暨旅游景区整改提升工作调度会。

9日，县委副书记、县长鲍成庚在城区调度创建国家卫生县城工作。

同日，由江西人民出版社总编辑游道勤，江西师大著名文化学者、教授王东林组成的专家组到湖口调研《跟着习爷爷学国学》学习读本修订情况。

10日，下午，县委副书记、县长鲍成庚与九钢公司董事长黄智华一道，到城山镇团墩村，实地调研商讨贫困村结对帮扶工作。

同日，副市长彭敏到湖口，对重大交通安全隐患整改工作进行现场督办。

11日，湖口县委、县政府发布《湖口县履行教育职责五级责任制度》。

同日，湖口长江经济带审计及执法检查反馈问题整改工作会在行政中心召开。

同日，湖口县第十四届县委全面深化改革领导小组第七次会议召开。

12日，湖口县人民政府与南京安元科技有限公司就九江市安全产业园项目进行签约仪式。

同日，省工信委副主任江明成带领省节能减排考察组一行到湖口考核检查。考察组先后到江铜铅锌、方大九钢公司，分别召开座谈会，详细了解企业节能减排工作情况。

15日，2018年全市从“三方面人员”中选拔乡镇（街道）机关副职领导干部考试湖口县考点笔试开考。湖口共设3个考场，77名符合条件人员参加考试。县委常委、纪委书记查忠平，县委常委梅媚参加巡考。

同日下午，县委副书记、县长鲍成庚到舜德乡王燧村中共江西省第二次代表大会旧址，实地调研红色旅游AAA景区创建工作，并召开座谈会。

同日，由县文联、文广局主办，县文联音乐舞蹈协会、文化馆、湖畔山庄承办的湖口庆祝改革开放40周年“湖畔山庄杯”声乐大赛在湖畔山庄举行。参赛选手100余名，12名选手分获一、二、三等奖，13名选手获优秀歌手奖。

16日，县委书记李小平先后到县高新技术产业园区远能机器人、钟山食品、中冶环保、英翔实业等企业，专题调研闲置资源盘活工作情况。

同日，全县校园安全专业委员会工作会、旅游安全专业委员会工作会、特种设备安全工作会、夏季农村集体用餐食品安全工作会召开。

同日，下午，县安委会第三次全体扩大会议召开。

同日，受国家标准委、国家发改委委托，由江西财经大学、华东理工大学、南昌高新区市场监管局的5位专家组成的考核评估组对力山环保科技有限公司“废弃物综合利用循环经济标准化试点项目”进行评估验收。专家组认为该项目构建了符合行业特点的循环经济标准化工作模式，并以94分的高分审核通过了项目验收。

17日，上午，县委副书记、县长鲍成庚先后到县图书馆、文化馆、流泗镇、凰村乡的综合文化站及基垅村、四官村的文化活动中心，实地调研全县国家公共文化服务体系示范区创建工作。

17—18日，全市行政审批工作座谈会在湖口召开。

18日，上午，县委副书记、县长鲍成庚做客市广播电视台《党风政风热线》节目现场，与广大听众互动交流，解答提出的问题。县人社局、教育局、房管局、交通局、环保局等5个与群众生产生活密切相关的单位负责人共同参加节目。

同日，下午，县委副书记、县长鲍成庚先后到第三小学项目工地、园区生态停车场及九钢货运码头，看望慰问奋战在高温环境下的一线职工。

同日，晚上，县政府办公室党支部“学典型、读红书、践初心”主体党日活动举行。县委副书记、县长鲍成庚出席并上党课。

同日，全县建筑施工安全质量标准化示范工地现场观摩会暨扬尘治理工作推进会召开。

19日，省级非物质文化遗产——湖口木船“入居”九江市非遗展示馆。

20日，上午，新组建的国家税务总局湖口县税务局举行挂牌仪式，原湖口县国家税务局、湖口县地方税务局正式合并。县委书记李小平出席仪式并为新机构揭牌。县委副书记、县长鲍成庚致辞。

20—21日，县委书记李小平到石钟山景区，就景区环境和质量整改提升工作进行督查。

同日，由县体育局主办、象棋协会协办、马影镇承办的县首届象棋精英赛在马影镇举行。潘先艳夺冠，沈腾飞、梅林获第二、三名。

22日，双钟镇在临川一中就读学子何宇燊被北京大学录取。

23日，政协第九届湖口县委员会常务委员会第十次会议召开。

同日，上午，省安委会巡查反馈意见整改落实推进会在行政中心召开。

24日，上午，市政协主席杨小华到湖口宣讲习近平总书记关于加强和改进人民政协工作的重要思想。下午先后到天赐高新材料、晨光新材料等企业，现场办公，协调解决问题。

同日，湖口组织收听收看全省党员领导干部警示教育视频会议。

同日，湖口县新的社会阶层代表人士联谊会成立大会在行政中心举行。县委副书记张南出席会议并授牌。九江市委统战部副部长陈钢，县委常委、统战部长沈天华出席会议并讲话。

25日，省委组织部第六谈心组到湖口开展实地查访活动。先后到国华九江电厂、长江最美岸线（牛脚芜示范段）、天赐新材料产业园、园区生态化停车场、科创中心等地，详细了解社会经济发展情况。

同日，中共湖口县委、县人民政府向湖口中学、湖口二中发贺信，祝贺高考取得优异成绩。2018年一本上线180人，二本及以上上线750人，较上年净增66人，增长9.65%。600分以上30人，是上年的3.33倍。特别是湖口中学殷子烨同学以681分名列全省117名被清华大学录取。湖口二中黄泽煊同学以677分排名全省161名被浙江大学录取，实现了湖口16年来高考名校录取的重大突破。

26日，县委理论中心组学习会在行政中心召开。会议传达学习习总书记在中央政治局第六次集体学习时的重要讲话和《关于新形势下党内政治生活的若干准则》；传达学习中共中央、国务院，省委、省政府，市委、市政府有关文件精神。

同日，上午，县委书记李小平，县委副书记、县长鲍成庚分别到县消防大队、县人武部和县武警部队、海军后勤部队，代表县四套班子和全县人民向他们致以节日祝贺。

同日，县委副书记、县长鲍成庚主持召开石钟山景区问题整改工作汇报会。

同日，县委常委、常务副县长史文带领检查组先后到舜德乡屏峰村、城山镇污水处理厂、生态观光园等处，对鄱阳湖生态经济区的生态保护和修复及污水处理等工作进行检查。

同日，晚上，县委办党支部“学典型、读红书、践初心”主题党日活动举行，县委书记李小平参加活动并上党课。

27日，湖口组织收听收看全国全省安全生产电视电话会议。会后，就贯彻落实会议精神进行专题部署。

同日，县人大常委会调研全县安置房及保障性住房建设与管理情况。听取了县政府的工作汇报，调研组一行先后到莲湾、黄新华、新塘、海山、石塘、江新、洋港等安置小区，实地了解各安置小区建设和管理情况。

同日，央视二套第一时间专题节目《坐着火车去旅行》摄制组到湖口拍摄取景。

28日，湖口举办首届非遗保护暨青阳腔培训班。全县省级以上传承人、各乡（镇、场）文化站长、各青阳腔剧团演职员共110人到付垅乡夏畈村参加青阳腔培训。

30日，市创建办主任、市文广局局长石峰带队到湖口就国家公共文化服务体系示范区创建工作进行督查。

31日，湖口举行高新技术产业园工商联分会（企业商会）成立大会。

同日，团省委副书记潘建文带领全省共青团2018年年中巡回拉练第五小组到湖口，就共青团工作进行指导。

同日，2018年二季度九江市政协宣传和社情民意信息工作调度会在湖口召开。

同日，湖口召开完善小微企业金融服务政银企对接会，举行银行机构与小微企业达成贷款意向签约仪式。

8月

1日，省政协副主席、长江江西段省级河长陈俊卿率督导组到湖口黄茅潭和九钢码头，就水域养殖污染问题整改情况进行现场督导。

同日，湖口县扫黑除恶专项斗争领导小组办公室发出《致全县人民群众开展扫黑除恶专项斗争的一封信》。

同日，市人大常委会副主任夏兴带队到湖口调研司法公证工作。

同日，县教育系统“面对面”答复政协委员提案座谈会在县教育局召开。县政协主席杨小林出席并讲话。

2日，县政府召开党组会议，传达学习习总书记在中共中央政治局第六次集体学习会上的讲话精神、省委十四届六次全体（扩大）会等会议精神，集中学习了《关于新形势下党内政治生活的若干准则》等文件。

同日，市人大常委会副主任、市总工会主席周美祥一行到均桥镇饶塘村、江西晨光新材料有限公司及大岭社区，实地调研基础工会组织建设及职工活动中心建设情况。

3日，县委召开常委会议，传达学习省委十四届六次全体（扩大）会议精神，并研究贯彻落实意见。

同日，全县2018年二季度招商引资暨重大项目调度会召开。

4日，中国城市规划设计研究院副院长李讯带领的长江经济带国土空间规划调研组和省国土厅厅长张圣泽到湖口县调研。副市长孙金森，县委副书记、县长鲍成庚，副县长卢伟俊陪同调研。

6日，县委书记李小平深入高新园区安元安全产业园、清研新视科技、科创综合体、天赐沙湾锂电绿色循环产业基地、中红普林医疗、五星纸业等重点项目现场，实地督导调研重点工业项目进展情况。

同日，由中宣部组织的“大江奔流——来自长江经济带的报道”大型主题采访团走进湖口。采访团分为两组，先后前往石钟山景区和湖口县江豚协助巡护点，就文化旅游工作和江豚协助巡护的典型做法等进行采访。

同日，县十六届人大常委会第十三次会议召开。

7 日，全县规划委员会 2018 年第四次会议召开。会上，对台山组团亮化项目规划方案、园区山体修复规划方案、梅兰小镇改造项目设计方案（调整）、水文站办公楼外墙装修方案、人民医院、中医院改扩建方案等 11 个城建项目，富达总部研发大厦规划方案、九江天祺攀森地块物流门规划方案、九钢固废处理厂规划方案 3 个工业项目进行了审议。

8 日，2018 年“新时代全民健身动起来”暨湖口县全民健身日启动仪式在县文体中心举行。

同日，晚上，城山镇生态文明建设示范基地暨特色商贸小镇乡村游启动仪式在该镇现代农业生态观光园开幕。启动仪式后，进行了文艺演出，举行了城山镇省级生态农业示范园授牌和九钢公司帮扶团墩村结对仪式。

同日，湖口县“多彩非遗，美好生活”非遗展在县文化馆二楼非遗展厅开展。

9 日，省发改委党组成员、省生态文明办专职副主任刘兵带领督察组到远大装配式建材 PC 工厂项目现场，就落实中央巡视“回头看”反馈意见整改工作进行实地督查。

同日，县委副书记、县长鲍成庚到石钟山景区，现场督查景区环境和质量整改提升工作。

10 日，由团县委、县总工会、县体育局主办的湖口首届“农商银行杯”男子篮球联赛闭幕。二本道、友情岁月一、湖口教育、鑫路沥青获甲组前四名，古井贡、湖口中学、湖口公安、农商银行获乙组前四名。

同日，市政府调研组先后到浔朋化工、中伟科技、园区生态化停车场、九钢公司码头项目（最美岸线）和宏科化工等项目现场实地了解工作进展情况。

同日，为庆祝首个“中国医师节”，县卫计委在县中医院举行“尊医重卫，共享健康”主题演讲比赛。共有 21 名选手参加比赛。

13 日，全省首家县级药事管理质控中心在湖口成立，省药事管理质控中心副主任余晓耕、省人民医院药学部临床药师组组长童凌斐出席成立大会。

同日，第六次全国公共图书馆评估定级结果出炉，湖口县图书馆被评为国家一级图书馆。

14 日，上午，县委召开常委会议，传达学习贯彻市委十一届六次全会精神。

同日，省林业厅鄱阳湖国家自然保护区管理局副局长周云南一行 4 人到湖口检查考评 2017—2018 年度鄱阳湖越冬候鸟和湿地保护工作。

同日，县旅发委联合县市场监管局、交通局、物价局、安监局、消防大队等部门对石钟山景区及鄱阳湖大酒店、君安大酒店等涉旅企业开展旅游安全大检查。检查发现安全隐患 12 处。当即下发安全隐患限期整改通知书责令限期改正。

15 日，中共湖口县委十四届六次全体（扩大）会议召开。全会确定当前和今后一个时期的工作重点和奋斗目标是：围绕跨入全省十强县行列的目标，着力在转型升级上迈出更大步伐，在绿色发展上取得更多突破，在城乡一体上起到更好示范，在从严治党上坚持更高标准，为九江融入长江经济带、振兴江西北大门、打造区域率先发展战略高地做出“湖口贡献”、体现“湖口担当”、做好“湖口示范”，奋力争创长江经济带绿色发展示范区的“湖口样板”。

16 日，以陕西省政府参事、陕西省作家协会原常务副主席蒋惠莉为组长的国家公共文化服务体系示范区创建验收组先后到流泗镇基垅村文化活动中心、凰村乡四官村文化活动中心和综合文化站、双钟镇大岭社区文化活动中心、县图书馆等地对湖口创建工作进行实地检查验收。

同日，湖口组织收听收看全市“七五”普法中期检查暨全市实施农村“法律明白人”培养工程电视电话会。

同日，市科协主席周光灿带队到湖口调研。

同日，湖口召开高新技术产业园环境保护工作座谈会，中佳、中星、富达、安利达、力山、江铜、普荣、晨光、天赐、赛得利、金元莱、宏科等12家企业相关负责人参加会议。

17日，上午，湖口组织收听收看全省实施乡村振兴战略暨改善农村人居环境工作推进视频会。县委书记李小平，县委常委沈天华在湖口分会场参加会议。

同日，湖口县召开2018年全民科学素质工作会。

19日，县委书记主持召开全县重大项目和重点工作调度会。会上，逐一听取了环鄱阳湖东大道、大垅出口至银砂湾疏港公路、火车站扩建、新增高速出口等28个重点项目及打造长江“最美岸线”、沿江山体复绿、四城同创、石钟山景区创AAAAA等20个重点工作的推进情况及问题反馈。李小平对各项目逐一梳理、逐一调度，并明确了建设进度和时间节点。

同日，晚上，湖口县在艺术中心举行“尊医重卫、共享健康”文艺晚会，庆祝首个中国医师节。

20日，湖口中学优秀学子殷子烨在2018年高考中以优异成绩被清华大学录取，县委、县政府为他颁发10万元奖金和课外书。

同日，省旅发委督查组到湖口开展旅游安全检查。

21日，全市工信系统工作座谈会在湖口举行。市工信委主任陈南桥出席会议，县委书记李小平出席并致辞。

22日，县委书记李小平到鞋山和石钟山景区，实地督查景区环境和质量整改提升工作。

同日，县委书记李小平深入石钟山廉政文化示范点和大岭社区居委会，调研党风廉政建设工作。

同日，市政务服务办就“一网通办”解决群众堵点问题到湖口调研。

同日，湖口县在教育局召开首批援疆支教教师座谈会，欢送刘南茜和王飞录两位教师前往新疆支教。

23日，县委书记李小平到流泗镇，就乡镇干部绩效考核试点工作进行现场调研。

同日，县政协举行2018年“扬帆助学”行动捐助仪式。县政协已连续7年开展“扬帆助学”活动，先后为80名困难大学生提供爱心资助，累计捐赠爱心助学资金130万元。

26日，县委书记李小平到高新技术产业园区和县城突击督查项目建设和企业生产情况。

27日，湖口县委巡察办发出《关于开展十四届县委第六轮巡察工作的公告》。这轮巡察单位有舜德乡、商务局、流芳乡、物价局、武山镇、农机局、张青乡、文广局8个。

同日，湖口召开全县“双提升”暨扫黑除恶专项斗争工作推进会。会议传达省市扫黑除恶专项斗争有关精神，通报了2018年上半年湖口县公众安全感和政法部门满意度及扫黑除恶知晓率和满意度情况，宣读了《提升全县扫黑除恶专项斗争满意度和知晓率的工作方案》。

28日，省司法厅厅长王国强到挂点帮扶村——张青乡青龙村调研脱贫攻坚工作。

同日，省政协常委、省政协社会和法制委员会主任傅卓成带领调研组到湖口，就打造长江最美岸线、园区环境治理、城乡环境综合整治等工作进行实地调研。

同日，县委副书记、县长鲍成庚到方大九钢、赛得利（九江）纤维、中星医药等园区企业，现场督查环保问题整改情况。

29日，全县经济发达镇试点培育工作推进会召开。会上宣读了《省委办公厅　省政府办公厅关于湖口县流泗镇深入推进经济发达镇行政管理体制改革实施方案的批复》。

同日，省人大常委会副主任冯桃莲带队到湖口，开展2018年环保赣江行检查采访和全国人大代表专题调研活动。

同日，县委副书记张南现场调度推进“四城同创”环境整治工作。

30日，湖口组织收听收看省委十四届六次全会精神宣讲报告会。

同日，县总工会举行2018年“金秋助学金”发放仪式。共向49名困难职工和农民工子女大学新生发放助学金15.9万元，其中向6名困难大学新生每年发放助学金5000元，实行四年跟踪助学。

同日，湖口中学初中部、湖口第五小学、流泗镇第一幼儿园竣工并投入使用。

9月

1—2日，全县驻村督导员和村纪检委员业务工作培训班在县艺术中心举行。

2日，县委副书记、县长鲍成庚深入张青乡刘瑞村、竹山村，马影镇石山村，凰村乡双桥村、新丰村，流泗镇流泗桥社区、红枫村和莲花村等地，重点就产业扶贫、基础设施建设、就业扶贫等工作进行调研。

3日，湖口召开全县第四次全国经济普查工作动员会。

3—9日，湖口赴台考察团一行5人在县委副书记张南带领下，应台湾瑞大鸿科技材料股份有限公司等多家台资企业邀请，到台湾进行实地考察与招商。

4日，县委书记李小平先后到发改委、统计局、工信委和中小企业局，调研宏观经济运行情况。

同日，黄石市工商联考察组一行到湖口就如何以“共抓大保护、不搞大开发”为导向推进长江经济带发展工作进行考察。

5日，湖口召开全县规划委员会2018年第五次会议。会上，就九钢跨河桥规划方案、富达总部研发大厦规划方案（调整）、江西佳美鼎盛体育产业公司规划方案等5个工业项目，长江最美岸线湖口段景观提升改造总体规划概念方案、湖口县非物质文化遗产保护传承基地设计方案、2018安置房用地选址及规划方案等6个城建项目，洋港污水处理厂尾水处理项目、自来水厂扩建方案及排涝口下迁选址项目、“三大专业市场”等项目进行了审议。

同日，九江学院与湖口“校地战略合作”挂职博士见面会在行政中心进行。九江学院副院长查振华，县委书记李小平，县委副书记、县长鲍成庚出席见面会。

同日，湖口召开2018年度全县棚户区改造工作培训会。

6日，全县实施乡村振兴战略暨城乡环境综合整治工作现场推进会在流芳乡召开。

同日，省政协常委、人口资源环境委员会副主任谭文英带领调研组一行到湖口洋港垃圾中转站、县大型生活垃圾压缩站、景泰牧业有限公司、均桥镇秀雅园中心村、武垦场旅游风情小镇、城山镇生活污水处理厂、流芳乡王叔遐新村等地，察看农村生活垃圾处理、生活污水处理及畜禽养殖污染防治等情况。

同日，全县2018年度棚户区改造选聘评估公司现场会在市容执法局召开，县棚改被征收户代表、有关乡镇社区和单位共70人参加会议。

同日，教育部网站公布2018年全国青少年校园足球特色学校名单，湖口第四中学、张青中心小学获“全国青少年校园足球特色学校”称号。

7日，在第34个教师节即将到来之际，县委书记李小平先后到湖口中学、第五小学、第三小学和第一幼儿园，走访看望奋战在教育教学一线的教师职工，代表县委、县政府向全县广大教师和教育工作者致以节日的问候。

同日，县人大常委会主任阮洋带领人大调研组到大垅乡马步村苗木基地、张青乡竹山村稻虾养殖、青龙村油茶种植及长塘村产业扶贫基地，实地了解扶贫产业规模、效益及贫困户参与等情况。

同日，县卫计委、流泗镇、县妇幼保健院、流泗镇中心卫生院联合组织26名志愿者到国华九江发电厂，开展“企业发展、健康同行”为主题的流动人口卫生计生服务进企业活动。

8日，由江西省农业科学院作物研究所国家大豆产业技术体系南昌综合试验站组织的“夏大豆绿色优质高产栽培实验观摩暨测产会”在流芳乡举行。中国农业科学院作物科学研究所研究员常汝镇，河北省农业科学院粮油作物研究所研究员张孟臣、杨春艳等国家级大豆产业专家参加了现场观摩和测产活动。

10日，为纪念毛主席《七律二首·送瘟神》诗篇发表60周年，湖口县血防站在鄱阳湖大市场开展主题接力签名活动。

11日，县委副书记、县长鲍成庚带领县直相关单位负责人到武山镇王常村，实地调研指导乡村振兴战略推进工作。

同日，市委农工部副部长帅锦耀率市委全面深化改革第六督察组，对湖口全面深化改革工作进行督察。

12日，县委常委班子组织观看《为了政治生态的山清水秀——江西近年来查处省管干部典型案例警示录》警示教育专题片。

同日，上午，县委副书记、县长鲍成庚带领工信委、安监局、环保局等部门负责人到园区，就小型化工企业关停并转工作现场调研。

同日，县发改委和县城建局、交通局、水务局、农工部、矿管局、环保局、城投公司等部门在发改委与中冶地质一局洽谈项目投资建设合作事宜。

同日，经省人民政府审批，湖口中学教师彭乐群获“江西省第八批特级教师”称号。

13日，省委以视频形式召开县（市、区）委书记座谈会，请11位县（市、区）委书记晒成绩、比做法、谈体会、找不足。县委书记李小平、县委副书记、县长鲍成庚等四套班子在家领导在湖口分会场参加会议。

同日，下午，市政协主席杨小华到湖口，就脱贫攻坚工作和企业发展情况进行实地走访调研。

同日，湖口县人民政府发布《湖口县“9·18”防空警报试鸣通告》。

14日，湖口县被授予全省2017—2018年度“鄱阳湖区越冬候鸟和湿地保护工作先进县”称号，这是湖口县连续第八年获此称号。

同日，湖口组织收听收看全市城乡环境综合整治百日攻坚“净化”行动暨长江岸线、交通干线、景区沿线“三线”环境整治提升动员部署会。会后，紧接着召开会议贯彻部署。

同日，晚上，湖口青年读书会第一期活动在颐高双创基地举办，全县各行业20余青年参加活动。

15日，县委书记李小平到高新技术产业园区调研重点项目推进情况。

16日，从中国旅游协会传来消息，九江石钟山豆制品有限公司生产的石钟山豆豉及香辣酱系列商品，获“2018中国特色旅游商品大赛”入围奖。

17日，县人大常委会调研组一行先后到舜德乡舜德生态村、屏峰昌泰养殖场、黄茅堤养殖场、流泗港改造项目点及园区一企一管华雄片区污水收集中心实地察看调研。

18日，省统计局总统计师曾永生带队的调研组一行先后到国华九江电厂、赛得利（九江）纤维和方大九钢等企业调研工业经济运行情况。

同日，上午10时，湖口举行防空警报试鸣。

19日，县委副书记、县长鲍成庚到石钟山景区周边地区，调研景区周边及“三线”环境整治提升工作。

20日，省交通厅副厅长王昭春带队到湖口武山镇王常村、均桥镇南港村等地，围绕“四好农村路”建设工作进行调研。

同日，县农村老科协工作现场会在付垅乡召开。

21日，九江市环境保护教育培训基地——九江南大环保创新中心揭牌仪式在湖口科创中心举行。

23日，湖口首届“中国农民丰收节”美丽豆乡活动在流芳乡王叔遐村举行。县委副书记、县长鲍成庚，县委副书记张南，县人大常委会主任阮洋，党的十九大代表、九江电信向东班班长、湖口县创建省级文明城市形象大使向东，县领导邱玉林、张水兰、李水木、洪海峰出席活动。

24日，中秋佳节，县委副书记、县长鲍成庚先后到石钟山景区旅游码头、鄱阳湖大市场、大垅乡定垅线公路和县政府应急值班室，实地督查节假日期间安全生产工作。

26日，湖口召开旅游安全专业委员会第三次会议暨国庆假日旅游安全工作会议。

同日，晚上，县委副书记张南在湖口青年读书会第二期活动上主讲“苦难辉煌”。

同日，县公共就业人才服务局联合县扶贫办举行贫困村创业致富带头人培训活动。全县8个乡镇9个贫困村共51名创业致富带头人参加培训。

27日，湖口组织收听收看全省脱贫攻坚工作电视电话会议。县委副书记、县长鲍成庚在南昌主会场参加会议。

27—28日，由县妇联、教育局主办，江西省家庭教育指导中心承办的“关爱女童·呵护成长”公益讲座活动在湖口县城乡12个小学进行。

28日，湖口县红十字会联合县环保局在高新园区内举办救护员培训班。来自34个企业的安全生产员及企业干部职工近100人接受培训。

同日，湖口县文明办、湖口县市场和质量监督局、湖口县人民法院发布2018年第三期诚信红黑榜。九江力山环保科技有限公司获江西省首个国家级循环经济标准化试点企业，10人被列为失信被执行人。

29日，九江市金融知识全面纳入中小学教育体系推进会暨新编课本启用仪式在湖口第三小学举行。

同日，湖口组织收听收看省委理论学习中心组集体学习会。县委书记李小平，县委副书记、县长鲍成庚等四大家在家领导在湖口分会场参加会议。

30日，上午，湖口举行烈士公祭活动。县委书记李小平，县委副书记、县长鲍成庚，县委副书记张南，县人大常委会主任阮洋，县政协主席杨小林等县四套班子在家领导及部分机关干部、学校师生、部队官兵、烈士遗属代表、劳模代表共300余人，到革命烈士纪念碑前寄托哀思，告慰英灵，深切缅怀革命先烈的丰功伟绩。

同日，湖口县人民政府颁发森林防火禁火令。

同日，市委十一届六次全会金色宣讲团在县行政中心宣讲。市委宣讲团成员、市委非公有制组织与社会组织工作委员会书记张鹏作专题报告。

10月

1日，县委书记李小平，县委副书记、县长鲍成庚到西门取水口建设及饮用水源保护、洋港污水处理厂提标改造及尾水处理、三里大道“雨污分流”等重点生态环保项目现场督察。

2日，县委书记李小平先后到城山镇团墩村、富源村及付垅乡凰山村调研脱贫攻坚及殡葬改革工作。

同日，县委书记李小平到赛得利纤维、九江钢厂、江铜铅锌、劲农化工、富达实业等企业督察企业的环保和安全生产工作落实情况。

4日，县委书记李小平到石钟山景区，就景区旅游安全和内部管理工作进行现场督察。

5日，县委副书记张南带队用一天时间走遍全县14个乡（镇、场），就城乡环境综合整治百日攻坚“净化”行动暨“三线”环境整治提升工作进行实地调研督察。

6日，县委书记李小平带领相关部门负责人先后到大垅乡、流泗镇、均桥镇，实地察看了玉岩矿业作业区、黄茅潭、宏升页岩砖厂，对矿山复绿、水体治理、砖厂改造、畜禽养殖整治等工作进行抽查督导。

8日，湖口县委召开常委（扩大）会议，专题研究部署全县环境保护专项整治工作。

9日，湖口县十六届人大常委会第十四次会议召开。会议听取和审议了《湖口县人民政府关于提请审议凰村乡撤乡建镇的报告》，同意凰村乡撤乡建镇。

同日，县政协围绕“加强生态保护建设秀美湖口”，开展专题视察。政协主席杨小林一行先后到神华九江电厂、黄茅堤、园区污水处理厂、赛得利（九江）、方大九钢等处，了解生态保护建设工作情况。

9—16日，同方江新造船有限公司一周内下水2艘在建船舶。一艘是河北海事局“海巡0432”巡逻船，10月9日完成下水；一艘是辽宁海事局“海巡0313”巡逻船，10月16日完成下水。

10日，省政协常委、教科文卫体委员会主任洪三国带领调研组到湖口石钟水厂和柘矶水厂，围绕“饮用水水源地违法违规项目整改落实情况”进行专题调研。

同日，团省委副书记罗华带领调研组到湖口金砂湾学校和湖口二中，实地调研共青团工作开展情况，在金砂湾学校为“少年团校”揭牌。

同日，九江学院副院长杨耀防一行到湖口县开展鄱阳湖血吸虫病防控工作调研。

同日，晚上，湖口县委统一战线及全县宗教工作领导小组（扩大）会议在行政中心召开。

11日，市委副书记、市长谢一平一行先后到天赐高新材料循环产业园、晨光新材料有限公司、锂电材料产业基地、远大装配式建材PC工厂等处实地调研，详细了解经济社会发展情况。他强调，湖口县要着力在转型升级上迈出更大步伐，在绿色发展上取得更大突破，为九江融入长江经济带、振兴江西北大门、打造区域率先发展战略高地做出“湖口贡献”。县委书记李小平，县委副书记、县长鲍成庚等陪同调研。

同日，晚上，湖口县委召开专题会议传达贯彻市委副书记、市长谢一平到湖口调研园区重点企业时的讲话精神，研究贯彻落实意见，并对全县环保专项整治工作进一步做出部署。

同日，市政协副主席、工商联主席陈世勇带领调研组到方大九钢、晨光新材料、神华九江电厂等处，围绕“弘扬劳模精神和工匠精神，打造高素质职工队伍”进行专题调研。

12日，湖口县召开江西湖口高新技术产业园区环保“清废”工作安排部署会。

同日，湖口召开全县农业农村环境专项整治工作会。

同日，省人大常委会副主任、省总工会主席龚建华带领调研组到湖口方大九钢、晨光新材料、县总工会，开展《江西省工会劳动法律监督条例》立法质量评估调研。

13日，县委副书记、县长鲍成庚就湖口长江最美岸线打造工作到神华码头、原新康达码头、牛脚芜坝堤、园区山体复绿现场及恒运码头等地进行调研。

同日，大垅乡在全县率先成立新时代文明实践中心，并在大垅村举行新时代文明实践中心和民间技艺坊揭牌仪式。

同日，县政府副县长叶子带领县工信委、环保局等相关单位负责人先后到双钟镇彩厦新型建材厂、流泗镇鸿盛水泥砖厂、园都商砼、凰村乡宏兴机砖厂等处，督查全县水泥砖生产企业环保专项整治工作。

同日，全国少工委办公室微信公众号报道湖口流泗中心小学、大垅中心小学开展纪念少先队69周年活动。

16日，县委书记李小平到县公安局，就扫黑除恶工作进行专项调研。

同日，县政府召开党组会议专题学习传达省纪委《关于6起顶风违反中央八项规定精神典型问题的通报》《关于10起扶贫领域腐败和作风问题典型案例的通报》文件精神。

同日，县政府举行法治政府专题讲座。省政府法制办机关党委专职副书记陈欢欢应邀授课。

同日，湖口县第九届老年人庆“重阳”健身体育项目展示活动在县文体中心进行。

17日，县委书记李小平到园区中星医药、中伟科技和普荣高新材料，实地检查指导园区环保专项整治及部分停产企业环保整改落实情况。

同日，政协第九届湖口县委员会常务委员会第十一次会议召开。

同日，县扶贫办联合就业局、教育局在第五个国家扶贫日在鄱阳湖大市场举行脱贫攻坚成果展览，集中展示精准扶贫、精准脱贫工作成果。

同日，县文明办、县民政局（老龄办）、志愿服务联合会等单位在城山镇敬老院开展“定格幸福生活照 情暖空巢老人”志愿服务活动。

17—20日，省血地办、寄研所、林业厅等单位相关专家组成评估验收组对湖口县达到血吸虫病传播阻断标准情况进行评估验收。专家组一致认为湖口血防工作组织得力、措施得当，形成了一套具有本地特色的血防组织管理和行之有效的工作运行机制，予以通过血吸虫传播阻断达标考核验收。

18日，省政协常委、社会和法制委员会主任傅卓成带领调研组到湖口海山科技创新试验区远大装配式工厂，调研湖口打造长江“最美岸线”情况。

同日，晚上，县政府召开2018年棚改工作调度会。

19日，县委书记李小平先后来到大步山安泰陵园和马影镇，实地调研全县殡葬改革工作情况。

同日，湖口十四届县委全面深化改革领导小组第八次会议召开。

20日，县委书记李小平到园区长江干堤牛脚芫段，实地督察长江“最美岸线”打造工作。

同日，县委书记李小平一行先后到海山小区、梅兰小镇、学士路沿线及石钟山景区等地，实地督察“三线六边”环境整治提升工作。

同日，县委副书记、县长鲍成庚一行先后到城山镇丰泰养殖场、城山镇泊洋湖养殖场、城山镇森旺养殖场、城山镇伍德平养殖场、均桥镇陈荣辉养殖场、武山镇展鸿养殖场等处调研禁养区、限养区内畜禽养殖场关停整治情况。

同日，湖口召开脱贫攻坚“秋冬会战”行动推进会。

22日，湖口组织收听收看省政协传达贯彻全国政协理论研讨会精神视频会。

22—27日，抚州市政协副主席徐建辉带领省脱贫攻坚第五督察组，先后到大垅、均桥、付垅、武山、城山、流芳、舜德等乡镇，对湖口脱贫攻坚工作开展情况进行专项督察。

23日，国家发改委基础司副司长马强带领调研组到湖口九江天赐、晨光新材料、海山科创中心等处，围绕长江经济带绿色发展情况进行实地调研。

同日，上饶市弋阳县委书记谢柏清带领弋阳县党政代表团到湖口考察。

同日，舜德灰山采石有限公司将舜德乡灰山水域违规建设的码头和相关设施自行拆除，并开展后期岸线复绿工作。

24日，晚上，县委书记李小平先后到第三小学扩建工程、城市道路“白改黑”改造项目（鄱阳湖大市场段）、五星纸业、中红医疗等在建项目工地，现场督察项目建设推进情况。

25日，流泗镇经济发达镇行政管理体制改革动员会召开。

同日，湖口县共青团新时代文明实践中心揭牌。

26日，县委书记李小平先后到舜德乡和城山镇，实地调研乡镇纪委标准化规范化建设等工作情况。

同日，湖口县浙江商会第二届会员大会暨银企对接座谈会召开。

同日，湖口校外培训机构综合治理动员会召开。

27日，全国脱贫攻坚先进事迹巡回报告会在南昌举行。湖口县四套班子领导在湖口分会场收听收看。

同日，县委书记李小平先后到柘矶水厂临时取水口施工现场及海事、恒达、长峰、供销社等沿江码头，就集中饮用水水源地环境保护整改落实情况进行现场调度。

28日，湖口县选送的造湖水产场螃蟹在彭泽太泊湖现代农业示范园举行的九江市第二届鄱阳湖清水大闸蟹文化艺术节获“金蟹奖”。

29日，生态环境部国家环境保护督察专员周宪政带领调研组到湖口西门塘排涝口改建工程、石钟水厂饮用水水源地保护工程及柘矶水厂取水口改迁工程现场，实地调研集中式饮用水水源地保护工作。

30日，湖口餐饮店陆续安装油烟净化装置。县市容执法局联合环保局、卫计委、市场监督管理局等部门结合“七大重点专项整治”开展餐饮业油烟排放整治。对11月1日之前还没有整改到位的露天烧烤摊点，依法取缔。

同日，湖口召开全县非法码头整治暨砂石集散中心建设工作推进会。

31日，县委书记李小平，县委副书记、县长鲍成庚到县高新园区，实地督查园区环保专项整治工作情况。当晚召开环保七大重点专项整治工作专题调度会。

同日，湖口县殡葬改革工作领导小组办公室颁发《致全县人民群众的一封信》。

11月

1日，晚上，湖口县召开第三季度招商引资调度会。县委书记李小平主持会议并讲话。

同日，湖口召开全县乡镇干部绩效考核试点扩面工作推进会。

同日，张青乡张青村李源前村老党员李志雄过世，其家属遵照其遗嘱将对其遗体进行火葬，用骨灰盒安葬。这是湖口实行惠民殡葬6项基本服务免费政策以来的首例村民。

1—2日，湖口公务员普通话水平测试在第二小学举行。全县500余名公务员参加测试，县委副书记、县长鲍成庚等深入现场指导工作，并带头参加测试。

2日，湖口县召开全县深化殡葬改革工作动员大会。县委书记李小平出席会议并讲话。县委副书记、县长鲍成庚主持会议。在家的四套班子领导和县委各部门、县直及驻县各单位主要负责人，各乡（镇、场）党委书记、乡（镇、场）长、分管领导和各村（居）委会支部书记参加会议。

同日，湖口正式启动2018年棚户区改造房屋拆除工作，位于工业园区棚改范围的房屋迎来首拆。

3日，县残联举办农村贫困残疾人实用技术培训班，聘请身残志坚的养殖能手周小明授课，全县40余名残疾人参加培训。

4日，武山镇武山村育种基地，500亩航天二塘毛笔糯谷喜获丰收。

5日，县委书记李小平主持召开全县重点项目调度会。会上听取了五星纸业、一德油料、清研新视、工业综合体、天赐新材料产业园、科创综合体等34个重点项目的建设推进情况汇报。

同日，县委书记李小平到双钟镇月亮村，看望慰问结对帮扶贫困户，实地调研脱贫攻坚工作。

同日，原浙江省金华市政协副主席，金华市政协书画之友社社长、金华书画院院长吴战堡带领10余名书画家到湖口开展书画联谊活动。

同日，湖口县召开“五型”政府建设工作推进会。县委副书记、县长鲍成庚出席会议并讲话。

6日，湖口县人民政府办公室发布《关于征集湖口县2019年重点民生工程的公告》。

同日，省政府政策研究室副主任彭峰带领调研组到湖口，开展《政府工作报告》起草工作调研。

同日，县委书记李小平到县棚户区改造指挥部，实地调研棚改工作进展情况。

7日，九江市军分区副司令员封志宏带队到湖口进行党管武装考评检查。县委书记、县人武部党委第一书记李小平向考评组汇报了党管武装履职工作情况。

同日，湖口召开县委理论中心组学习会。会议传达学习习近平总书记关于扫黑除恶以及统战和宗教工作的重要论述及党的民族和宗教政策精神。传达学习有关文章和省、市有关文件精神。

同日，湖口召开“总林长”“总河长”“总湖长”会议。县委书记李小平主持会议并讲话。县委副书记、县长鲍成庚部署工作。

同日，湖口召开2018年全县安委会第四次全体成员会议，县委副书记、县长鲍成庚出席会议并讲话。

8日，下午，县委副书记、县长鲍成庚先后到双钟镇胜利村、均桥镇象山村、城山镇陈岭村及大塘社区、马影镇董埂村、凰村乡新丰村等地，随机抽查暗访城乡环境综合整治工作推进情况。

同日，流泗镇老年体协创编的《打莲箫》，在2018年全省老年人健身体育（创新、创编）优秀项目展示交流活动中获最佳创编奖和体育道德风尚奖。

9日，县语委办会同县公安局、市场监督局、县民政局、县市容执法局、县教育局组成湖口社会用字综合整治检查组，对县城大中路、云亭路、三里大道、石钟山大道的户外广告、媒体广告、招牌、交通指示牌等进行全面检查。经检查发现不规范用字用语20余处，下发《湖口县社会用字整改通知书》，对整改的要求和方法进行了指导，并要求11月20日前完成整改。

10日，下午，县委副书记、县长鲍成庚先后到马影镇江西大家食品有限公司、付垅乡九江鑫路沥青混凝土工程有限责任公司、付垅乡湖口县天桥石灰场、武山镇武山宏盛新型建材有限公司等地，随机抽查“小、散、乱、污”企业专项整治整改工作情况。

同日，由团省委组织开展的2018年度江西省共青团“送培训进中学”湖口县专场活动在湖口二中举行。此次活动邀请了江西省团校、江西青年职业学院魏宿玢老师授课。

12日，湖口创建省级文明县城和国家级卫生县城工作调度会召开。

13日，县委书记李小平以不打招呼、临时抽查的方式，到舜德乡青竹村现场抽查该村反馈问题整改落实情况，并仔细询问了脱贫攻坚中形式主义、官僚主义突出问题立行立改情况。随后随机抽查均桥镇均桥村环境综合整治工作，实地检查道路两旁和房屋前后的卫生保洁、垃圾清理等情况。督查中，还详细了解了殡葬改革和扫黑除恶工作情况。

同日，湖口县召开全县烟花爆竹安全专项整治推进会。

14日，湖口县召开全县退伍军人和其他优抚对象信息采集工作动员会。

同日，县农机局在均桥镇组织无人机植保现场演示会。

15日，湖口召开县非煤矿山、危险物品、工业制造、商贸安全专委会推进会。

同日，市政协副主席吴锋刚带领调研组到湖口围绕“环保产业与科技”召开专题调研座谈会。

15—16日，市级审核组到湖口技术审核创建国家卫生县城工作。审核组对城区环境卫生、基础设施、环境保护、食品安全、市场秩序、病媒生物防制、健康教育、爱国卫生组织管理等工作进行了系统检查。县委副书记张南，副县长张水兰陪同检查或出席反馈会。

同日，九江基层医疗卫生机构新会计制度培训会在湖口召开。

16日，县委副书记、县长鲍成庚带领相关部门再次沿着江堤仔细查看建设中的生态修复工作。

同日，县委副书记、县长鲍成庚到城山镇大塘社区和团墩村调研脱贫攻坚情况。

同日，县政协主席杨小林带领驻县的市政协委员、县政协“石钟文艺”协会书法家前往神华九江电厂开展“文化进企业”活动。

同日，上午，省科技厅副厅长赵金城到湖口九江高科制药技术有限公司和湖口县科创中心，就企业在科技创新、技术创新、人才培养等方面情况进行调研。

17日，县委副书记、县长鲍成庚带领相关部门负责人先后到大垅乡、张青乡、凰村乡和流芳乡，实地调研“大棚房”问题排查清理工作。

19日，县委书记李小平到高新园区、梅兰小镇、洋港湿地公园、九钢公司等地调研打造长江“最美岸线”、城乡环境综合整治、饮用水源地保护等工作。

同日，上午，县委书记李小平到县扶贫办听取工作汇报，下午到张青乡张青村和青龙村看望省司法厅新任驻村“第一书记”。

同日，湖口县委、县政府发布《湖口县教育事业发展五年行动计划（2018—2022）》。

20日，县人社局、卫计委、公安局、市场监督局等四部门联合召开专题会议，部署对全县定点医疗机构，定点药店，参保人员骗、套取医保基金行为进行为期2个月的专项检查。

同日，全市100余位渔业渔政培训班学员到湖口江西大家食品有限公司参观。

同日，县人大常委会调研职业教育发展情况。县人大常委会主任阮洋等参加调研。

21日，湖口鄱阳湖大市场农贸市场历经50天的高标准改造重新开业。

同日，湖口组织收听收看全省安全生产警示教育视频会。县领导柯景坤、杨柳青在湖口分会场出席会议。

同日，县总工会举办全县工会干部培训班。

22日，市政协主席杨小华带队到湖口，实地走访部分重点企业，到市政协机关扶贫联系点舜德乡舜德村调研脱贫攻坚工作。

同日，县委副书记、县长鲍成庚主持召开全县安全生产集中约谈会，传达学习全省安全生产警示教育视频会和全省安全生产集中约谈会议精神，部署贯彻落实意见。

同日，县委副书记张南先后到南北港水系部分湖库所在地，就南北港水系水生态文明建设进行实地调研。

同日，县人大常委会主任阮洋带领调研组先后视察了凰村法庭、县人民法院各功能室，实地了解基础设施配置和运行情况。

同日，党的十九大代表向东到湖口指导文明城市创建工作。

23日，全县政务公开及政务服务工作推进会召开。

24日，省委书记刘奇利用周末时间到湖口县调研长江沿线环保整治提升工作。他强调，要深入贯彻落实习近平生态文明思想，牢固树立“四个意识”，坚决做到“两个维护”，牢牢把握“共抓大保护，不搞大开发”战略导向，提高政治站位、强化使命担当、狠抓整改提升，努力打造水美岸美产业美的长江“最美岸线”。省委常委、省委秘书长赵力平随同调研。市委书记林彬杨陪同调研。

同日，市委书记林彬杨到湖口，深入高新园区的江西晨光新材料有限公司和天赐高新材料循环产业园，实地调研民营经济发展情况。

同日，湖口召开全县扫黑除恶专项工作推进会。会上，传达贯彻全国和省、市扫黑除恶专项斗争推进会议精神，总结了前阶段工作，进一步动员全县上下深入推进扫黑除恶专项斗争工作。

26日，湖口县委召开常委（扩大）会议，传达贯彻省委书记刘奇和市委书记林彬杨到湖口视察时的重要指示精神，并研究贯彻落实意见。

27日，湖口召开全县2019年度党报党刊征订工作部署会。

同日，全县扫黑除恶专项斗争集中督导动员会召开。市扫黑除恶专项斗争第四督导组组长、市法院副院长叶萍做动员讲话。

同日，县老年大学庆祝改革开放40周年书法诗词摄影作品巡回展在石钟公园广场开展，为期4天。

同日，县政府副县长李水木一行先后到城山镇九房涧水库、流芳乡沙港水库，实地调研水环境保护情况，并就皂湖水系治理工作在舜德乡召开座谈会。

28日，县委书记李小平到县高新技术产业园区，实地督察园区环境整改提升工作情况。

同日，县人大常委会主任阮洋带队视察2018年民生实事实施情况。先后视察了石钟山周边环境整治、县第三小学扩建、县第五小学和园区生态化改造及打造长江最美岸线等项目。

同日，中共湖口县委发布《关于市委第四巡察组对我县脱贫攻坚巡视巡察“回头看”暨扫黑除恶、作风建设专项巡察的公告》。

29日，省公路局局长曾晓文到湖口马影镇柯观村、均桥镇南港村、付垅乡水车村、武山镇王常村实地调研“四好农村路”路域环境整治、安全生命防护工程、建制村窄路面改造、产业扶贫基地及公交候车亭建设情况。

30日，县委书记李小平一行先后到五星纸业、神华码头（最美岸线项目）、中红医疗、天赐新材料循环产业园、天祺新材料、清研新视等项目现场调研项目推进情况。

同日，县委副书记、县长鲍成庚带领相关部门领导到部分重点城建项目工地进行调度。

同日，县委副书记、县长鲍成庚带领相关部门领导先后到西门渡口、老城门球场、石钟山景区门口、梅兰小镇、永济桥、土管小区路口等施工现场，详细了解项目建设进度，并就饮用水源地保护、老城雨污分流、老城立面改造、污水处理提标、水渠贯通、道路“白改黑”等工作存在的困难，进行现场调度并提出指导性意见。

同日，湖口中学入选教育部公布的2018年全国青少年校园特色学校。

12月

1日，广东省政协副主席邓海光率“生态环境保护情况”考察调研组一行到湖口考察调研。省政协秘书长汪爽，省政协人资环委副主任郭家，市政协主席杨小华，市政协副主席邓君安、王丰鹏等陪同调研。

同日晚上，战旗文工团在湖口艺术中心举办以“传承红色基因，凝聚强军力量”为主题的全民国防教育专题文艺晚会。

2日上午，县委副书记、县长鲍成庚先后到县粮食局第二粮库、湖口国家粮食储备库等处，实地调研全县粮食收储工作。

同日，湖口组织收听收看全国（全省）危险化学品安全生产专题视频会议。县委副书记、县长鲍成庚，县领导柯景坤、叶子在湖口分会场出席会议。

3日，下午，市委第四巡察组巡察湖口县委工作动员会召开。市委第四巡察组组长鄢藜出席会议并做动员讲话。

4日，湖口组织收听收看全市立法工作暨《九江市城市湖泊保护条例》《九江市城区烟花爆竹燃放管理条例（修正案）》实施动员大会视频会。县委书记李小平，县人大常委会主任阮洋，县领导查忠平、吴继新、沈昭、李珊琦、欧阳舲、周利雄、刘强、曹斐在湖口分会场出席。

同日，国家统计局江西调查总队总队长方正亚到湖口县富欣农业专业合作社、神华国华九江发电有限责任公司、长江“最美岸线”整治现场和方大九江萍钢钢铁有限公司现场调研，在方大九钢召开座谈会。

5日，省教育厅专家组到湖口第二幼儿园开展“省级示范幼儿园”复评检查。

同日，湖口组织收听收看全省污染防治攻坚战推进视频会。会后，县委副书记、县长鲍成庚就贯彻落实会议精神，做好下一步工作提出具体要求。

7日，湖口县文明办、县市场和质量监督管理局、县人民法院发布2018年第四期诚信红黑榜。江西舜叶生态农业发展有限公司等6家为江西省守合同重信用单位，59人为失信被执行人。

8日，县委书记李小平，县委副书记、县长鲍成庚先后到石钟水厂、江铜、博林矿粉、一德油料、万年青水泥商砼等项目现场，详细了解环保问题整改落实情况。

9日，县委副书记、县长鲍成庚先后到城山镇南湖村、舜德乡灰山采石码头和鑫璞建材码头，实地督察鄱阳湖岸线非法码头清理整治工作情况。

10日，湖口召开县委常委会议，传达贯彻中央、全省、全市有关环保、危险化学品安全生产、城乡环境综合整治等会议精神，并研究贯彻落实意见。

12日，县委书记李小平到石钟山景区，就景区整改提升工作进行现场调度。

13日，湖口县收听收看全国道路交通安全专题视频会议。

同日，中国地震局公布2018年全国市县防震减灾工作考核结果，湖口县防震减灾局获“全国防震减灾工作先进单位”称号。

13—16日，金砂湾学校女子足球队代表湖口县，在九江市第二届校园足球精英赛女子U15的比赛中获冠军。

14日，湖口召开民营企业座谈会，深入学习贯彻习近平总书记在民营企业座谈会上的重要讲话精神和全省、全市民营企业座谈会精神，听取企业家的意见建议，16位企业家代表参加会议，九江萍钢集团董事长兼总经理颜建新，九江天赐高新材料有限公司总经理徐三善，九江富达实业有限公司董事长邵卫龙，江西晨光新材料有限公司总经理丁冰，铭铉（江西）医疗净化科技有限公司总经理朱文华，江西五星纸业有限公司总经理徐喜中等先后发言。

同日，全县规划委员会2018年第七次会议召开。会上，就九江富达实业有限公司、江西力举重工、海山科技创新试验区等6个工业项目，城市之门、火车站广场、乡镇振兴示范村、大步山陵园改扩建等9个城建项目，九钢金砂湾消防站、第三幼儿园、石钟山景区公厕3个选址项目进行了审议。

同日，副市长孙金森带领市环境问题整改落实情况督察组到湖口九钢公司大气减排、石钟水厂饮用水源地保护整治和中星医药有限公司环保整改等项目现场，就中央环保督察及“回头看”、省环保督察和长江经济带生态环境专项审计等环保问题整改推进情况进行现场调研。

同日，湖口召开解决企业拖欠工资联席工作会议。

同日，湖口农业产业精准扶贫带头人培训班开班，50余位农业产业精准扶贫带头人、新型职业农民、农机手参加培训。

同日，由国家卫生健康委员会指导，中华预防医学会主办的“寻找全国血防卫士”系列活动结果公布。湖口县血吸虫病防治站工会主席崔双喜被评为“全国血防卫士”。

15—16日，世界教育机器人大赛（WER）2018赛季世界锦标赛在上海国家会展中心举行。湖口第二小学王璐俊、吕旻孝等学生进入总决赛，并获全国一等奖。

16日，湖口二中举行建校60周年校庆活动。校庆前夕，县委书记李小平，县委副书记、县长鲍成庚多次就校庆筹备和学校发展等工作进行指导。县委副书记张南和邱玉林、马海燕、沈昭、张水兰、李宏川、周月喜、周小喜等领导出席校庆活动。

17日，晚上，县委书记李小平主持召开全县乡（镇、场）党委书记座谈会，就乡村振兴、生态环保、安全生产、脱贫攻坚、扫黑除恶、城乡环境综合整治、加强党的建设等工作进行交流。

18日，上午十时，湖口县四套班子领导集中收听收看庆祝改革开放四十周年大会盛况。

同日，湖口县庆祝改革开放四十周年成就展在县艺术中心开展。市委第四巡察组正县职巡察专员方霞及巡察组成员受邀参观。县委书记李小平，县委副书记、县长鲍成庚，县委副书记张南，县人大常委会主任阮洋，县政协主席杨小林等在家的县四套班子领导参观展览。

同日，晚上，县委书记李小平主持召开环保问题整改调度会，强调提高站位，强化调度，分类施策，确保全面完成环保整改工作任务。

19日，湖口县武山镇王常村有声图书馆暨“党群红色空间”建成投入使用。

同日，晚上，全县扶贫开发领导小组会议暨城乡环境综合整治百日攻坚“净化”行动调度会召开。

同日，市委常委、常务副市长董金寿一行到湖口江西晨光新材料有限公司调研指导企业上市工作。

同日，科技部对第三批国家级星创天地备案名单进行公示，湖口县流芳豆谷星创天地获“国家级星创天地”称号。

同日，下午，副市长罗文江先后到天赐循环产业园、浔朋化工、中伟科技、劲农化工等企业，调研化工企业转型升级和清理整顿工作。

21日，上午，湖口召开全县环境保护问题警示大会。会议集中观看环保警示教育片，传达中央、省、市相关会议精神，对全县环保工作进行再部署、再强调。

同日，湖口县十六届人大常委会第十五次会议召开。

21—23日，湖口象棋代表队在江西省第二届智力运动会象棋比赛中获公开组团体第三名，20岁的年轻选手周迎涛获公开组个人亚军。

23—24日，在鄱阳湖南北港水域先后发现16只白琵鹭死亡，湖口县委、县政府高度重视，相关负责人第一时间赶到现场，核实情况，并立即成立专案组展开调查。

24日，晚上，中共湖口县委召开常委会议，市委第四巡察组正县职巡视专员方霞及巡察组成员列席会议。会议传达学习相关文件精神，研究部署湖口贯彻落实意见。

25日，县政协“石钟文苑”、第二中学、书法协会在县二中联合举办书法公益讲座，中国书法协会会员、九江市书协副主席桂相文以《书法欣赏与书写技术》为主题，为湖口书法爱好者讲授书法艺术理论。

26日，湖口县高新技术产业园金融创新服务中心正式启动。

同日，湖口召开2019年“两节”期间计划生育优质服务活动动员会。

27 日，湖口组织收听收看深入学习浙江千村示范万村整治工程经验全面扎实推进农村人居环境整治视频会。

30 日，县委书记李小平先后到均桥镇罗垅村、文桥派出所、城山镇团山村、张青乡青龙村、大垅乡芦岭村和流泗派出所走访慰问。

同日，县委副书记、县长鲍成庚先后到鄱阳湖大市场红绿灯处、县自来水公司、县石钟水厂、县供电公司、县公安局等地，现场调度全县低温雨雪冰冻天气保畅通保供电保供水保安全等工作。

31 日，从县政法委办公室获悉，2018 年，全县共打掉恶势力集团 4 个，恶势力团伙 7 个，其中 2 个恶势力团伙已经一审判决，4 个恶势力团伙已移送检察机关，一个恶势力集团正在侦办。共破获涉恶类团伙案件 26 起，抓获涉恶类犯罪嫌疑人 100 余名。

本栏编辑　王学仁

鄱阳湖铁路大桥（李学华 摄）

荣誉录

年度先进集体

教育部授予湖口县“第二批全国中小学校责任督学挂牌督导创新县”称号。

农业农村部、应急管理部授予湖口县“全国平安农机示范县”称号。

中国地震局授予湖口县防震减灾局“全国防震减灾工作先进单位”称号。

国家生态环境部授予湖口县第二小学“2018年度国际生态学校项目绿旗”称号。

司法部、民政部授予湖口县张青乡青龙村“全国民主法治示范村”称号。

中华全国总工会、中华人民共和国应急管理部授予湖口县公路分局城山道班“全国安全生产竞赛优胜班组”称号。

科技部对第三批国家级星创天地备案名单进行公示，湖口县流芳豆谷星创天地获“国家级星创天地”称号。

国家版权局授予湖口县文化市场综合执法大队“有功单位三等奖”。

第六次全国公共图书馆评估定级发布，湖口县图书馆被评为国家一级图书馆。

省委、省政府授予湖口县“全省市县科学发展综合考评先进县”称号。

省委、省政府授予湖口县“2018年度江西省工业经济高质量发展先进县”称号和“2018年度江西省工业崛起年度贡献奖”。

江西省人民政府森林防火总指挥部授予湖口县“全省森林防火平安县”称号。

江西省人民政府授予湖口县“全省计划生育工作三等奖”。

江西省信访工作联席会议授予湖口县“全省信访三无县”称号。

江西省人民政府办公厅授予湖口县“2017—2018年度鄱阳湖区越冬候鸟和湿地保护工作先进县”称号。

省委、省政府授予江西省新华发行集团有限公司湖口分公司“第十届省级文明单位”称号。

省委农工部、省委宣传部、省旅发委联合发布《关于对评选为“江西省百个最具乡愁村庄”的通报》，湖口县武垦场庆大村获“省最具乡愁村庄”称号。

江西省妇女联合会授予湖口县人民医院重症医学科“江西省巾帼文明岗”称号。

省军区授予湖口县人民武装部“2018年度军事

训练先进单位”称号。

湖口县武山镇获“全省‘七五’普法中期先进集体”称号。

省司法厅、省民政厅授予湖口县双钟镇江阀社区和凰村乡新丰村“民主法治示范村（社区）”称号。

九江晨光高新材料有限公司获全国科技发展优秀民营企业奖。

湖口县马影司法所获2018年度“全省‘五好司法所’”称号。

市委、市政府授予湖口县“新农村建设、农村清洁工程、农村生活污水治理等工作全市先进县”称号。

市军分区授予九钢公司武装部“全市先进基层武装部”称号。

晨光伽马车间获“全国工人先锋号”称号。

年度先进个人

中华预防医学会授予湖口县血吸虫病防治站崔双喜“全国血防卫士”称号。

2018（第八届）中国公益节组委会授予湖口县均桥镇均桥村蔡艳球“第八届中国2018年度公益人物”称号。

国家版权局授予湖口文化市场综合执法大队李跃“有功个人三等奖”。

省军区授予湖口县人民武装部马海燕“2018年度军事训练先进个人”称号。

九钢公司王徽获江西省“五一劳动奖章”。

江西省红十字会授予湖口县红十字会何文燕“2018年度优秀县级红十字工作者”称号。

市委宣传部授予湖口县第二小学教师邹时兵“九江市‘岗位学雷锋标兵’”称号。

媒体专访

“三园一中心”催生湖口发展新动能

以科技创新引领全面创新 从单点单面走向多维多极

面对经济大环境的变化，近年来，湖口县在做大主导产业的同时，围绕龙头项目，着力培育推进纤维素纤维产业园、新材料循环产业园、装配式建筑产业园和科技创新中心等“三园一中心”新兴产业。以科技创新引领全面创新，从单点单面走向多维多极，力求多轮驱动求发展，着力改变“一钢独大”产业格局，走出了一条“企业集聚、产业集群、发展集约”的工业发展提质路，催生了湖口发展新动能。2017年，湖口县紧紧围绕“聚力一核三带、建设五个湖口”目标，完成生产总值142亿元，同比增长9.4%；财政收入在全市率先跃上30亿元台阶，总量和增幅均位列全市第三，税比全市第二；规模以上企业主营业务收入首破500亿元，达到538.2亿元，增长20.9%；全县纳税过亿元企业2家、过千万元企业11家，主要经济指标继续稳居全市“第一方阵”。

纤维素纤维产业园 纵向整合实现产业集群发展

总投资100亿元、年产100万吨纤维素纤维的赛得利纤维项目是新加坡金鹰集团赛得利中国投资有限公司在湖口县投资的重特大项目。项目一期通过兼并原龙达化纤实现12万吨规模达产达标。二期于2017年初启动建设，投资15亿元，新建两条生产线，年产能增加16万吨。目前，二期热电厂、污水处理、酸站、纺练、原液等车间已全面建成，相继顺利投产。项目全部建成后，预计可实现年产值100亿元，税收5亿元。

湖口县依托该项目龙头优势，招引下游关联产品企业，重点发展纺织及高端生活卫生用品等纤维素纤维中高端环节产品，着力推进上下游产业集群发展，致力打造纤维素纤维特色产业园。

新材料循环产业园 关联循环产生链式裂变效应

新材料循环产业园以产业关联循环为目标，以天赐高新材料、晨光新材料、富达新材料为龙头，重点发展锂电池、日化护理、硅烷偶联剂、塑料助剂等四个系列的高新材料产品。目前拥有产业关联企业近20家，2017年实现主营业务收入26亿元，税收突破2亿元。由于项目之间产品相互循环利用，发展相互关联拓展，产生巨大的链式裂变效应，短期内即可形成产值过100亿元的新材料循环产业集群。

总投资5亿元的容汇锂业项目是新材料循环产业园的新入园项目之一，由江苏容汇通用锂业股份有限公司与九江天赐高新材料有限公司共同投资兴建，年产1万吨氢氧化锂和1万吨碳酸锂。项目利用双方优势，共同打造核心价值链，致力打造“锂盐－六氟磷酸锂－电解液”全产业链，构建“工艺互联、产品互供、链接共生、资源共享”的循环产业体系。项目实现当年开工、当年建成、当年投产。目前拥有国家专利3项，达产达标后可实现年产值8亿元，利税1亿元。

装配式建筑产业园 跨界融合引领建材“绿色革命”

湖口县沿江钢铁产业集群是省级重点产业集群，上下游聚集了钢铁、水泥等20多个关联配套企业。该县在充分发挥这一优势的基础上，积极响应住宅建筑工业化、绿色化革命，引进置地远大装配式建筑项目，变“产能加法”为“产业乘法”，跨界横向整合钢铁、水泥等产业资源。

项目一期投资10亿元，建设4万平方米大型现代化工业厂房，采用远大住工自有知识产权的自动生产装置和流水线，规模化生产装配式建筑构部件，年产产业化住宅建筑100万平方米。全部建成并达产达标后，可实现年产值10亿元，利税1.5亿元。项目二期将延伸产业链条，集房屋研发、设计、生产、施工于一体，实现配件生产和总装同步推进，致力打造国家中部地区装配式建筑产业和国家新型住宅产业化基地，实现装配式建筑体系工厂化、规模化、产业化、集成化，形成年产值可达100亿元的装配式建筑产业园和特色产业集群。

科技创新中心 创新驱动点燃发展强力引擎

湖口县坚持创新驱动，深入推进“湖口创谷”计划，使之成为转型发展的强力引擎。采取市县共建模式，高起点规划建设5.6平方千米的海山科技创新试验区，先行重点建设1平方千米的核心区。

2017年7月26日，核心区的科创中心正式揭牌运营。已入驻中科院新材料协同创新中心、南京大学环保创新中心、天赐新材料研究院等科研机构和科技孵化器。中心现有博士18名，硕士34名，在孵科技型企业近20家。科创综合体、工业综合体、天赐新材料大厦、清华大学清研新视科技产业园、国防科大军民融合智能科技等一批项目相继落户建设。在科创中心的引领带动下，湖口高新技术企业“大孵化器”集群加速形成，成为海山科技创新试验区的“发动机”和“加速器”，湖口成功迈出“以科技创新引领全面创新”的历史性一步。

（李学华）

从“轮渡过江”到“高铁时代”
——看湖口交通40年巨变

二十世纪八九十年代，轮渡过江；2000年，鄱阳湖大桥“一桥飞架南北、天堑变通途”，步入“高速时代”；2008年，铜九铁路开通，湖口结束没有铁路出行的历史；2017年，九景衢铁路通车，湖口正式迈入“高铁时代”。纵观湖口交通40年，出行方式翻天覆地的变化，也是湖口经济社会发展的生动写照。

繁忙渡口难再现

曾几何时，交通出行成为湖口人的烦心事。湖口因地处鄱阳湖与长江交汇处，都昌、景德镇、湖北黄梅、安徽东至等地的商旅须经渡口坐轮渡才能过江。

西门渡口（资料图片）

20世纪90年代西门渡口达到鼎盛时期，沿路商铺林立，车流不息，叫卖声此起彼伏，俨然是一个热闹的集市。谈到当时的繁忙，时任赣公路渡602号船长彭孝群介绍说，西门渡口是全省当时最大的渡口，轮渡的规模从当初的木制船，到最后24车道的钢制轮渡船。从1991年开始有夜渡后，每天往返的车辆增至4000多辆。可遇到大风大浪、冰冻、洪涝等灾害天气，为确保车辆及行人的生命财产安全必须停渡，开渡后还要加班加点，仍不满足交通要求。“当时，我在轮渡最后一船车辆后，心情放松了好多。现在回顾过去，虽然有辛苦，但快乐占多，我还是非常怀念那段时光。”彭孝群感慨万端。

鄱阳湖大桥

直到2000年，繁忙了几十年的湖口轮渡渐渐式微。鄱阳湖大桥修通，天堑变通途，靠每天来回等渡坐船的时代一去不复返。现在的西门渡口，每天至少有九班轮渡往返梅家洲，给来往的行人和非机动车辆提供方便。“遇到特殊情况，加班加点。还会对残疾人或菜农实行免费或半票，方便出行。”西门渡口轮渡负责人沈艳松如是说。

一桥飞架通南北

曾因一湖江水相隔，如遇大雾、雨雪等恶劣天气，过江轮渡只能靠岸停航，一停就是两三天。正是如此，在波光粼粼的鄱阳湖建座桥，让南来北往的旅客畅通无阻，成为越来越迫切的现实需求。

2000年11月18日，雄跨鄱阳湖口、横空出世的鄱阳湖大桥，与九景高速公路同时竣工通车，湖口人梦想成真，从此告别“靠天过江”的历史。“首次过大桥，心情比较兴奋的。以前要过渡去九江，加上开车最少一个多小时。现在过大桥，开车不到30分钟。方便旅客出行、来回便捷。”谈到鄱阳湖大桥刚刚通车，在九江长运集团湖口公司工作了30年的刘建新仍显激动。

交通干线

大桥及高速的通车，也促使了该公司开通九江、武汉、珠海等省市外的班次和车辆剧增。当时仅九江至湖口汽车28辆、每天班次140余次，高峰期来往运送旅客3000多人次。现在，随着交通出行方式变化，对客运市场冲击较大，转换经营理念势在必行，该公司总经理廖谨青表示，他们希望得到上级相关政策支持，更换新能源汽车、实行公交化运营，使湖口至九江的旅客出行更方便。

交通出行的便利，极大促进了人流和物流，促进了我县经济社会的发展。园区工业、商贸物流业、现代服务业、休闲娱乐业等如雨后春笋般出现，湖口发展驶入快车道。

从家门口开过的高铁

“在家门口坐上高铁，从湖口到九江站才十几分钟。不仅车厢宽敞，干净整洁，关键是速度快，它像小白龙一样飞驰而过。去武汉等大城市，我们更方便了。”回忆乘坐高铁的感受，市民刘女士感触颇多。

2017年12月28日，九景衢铁路正式通车，标示着湖口迈入“高铁时代”。现在，明显的变化是人们出行更便利。旅游、探亲、工作……即使“君住长江头，我住长江尾”，千里之外也能朝夕相见。据湖口火车站相关负责人介绍，每天从湖口站去九江、景德镇、衢州等方向的动车累计20趟，方便旅客从湖口即可乘坐或转乘动车组列车可达南昌、武汉、杭州、上海等地，实现“千里一日还”的梦想。

一列动车快速通过鄱阳湖铁路桥

展开湖口地图，横纵湖口境内的长江、鄱阳湖航道，彭湖高速、九景高速和九景衢铁路、铜九铁路等交通要道，犹如人体的大动脉，源源不断输送新鲜活力。不仅把湖口与长江经济带及京广沪地区实现时空连接，打通了湖口腾飞的“任督脉”，也为湖口发展聚集更多的人流、物流、信息流、资金流等，成为湖口发展的“神来之笔”。

（文、图／李学华　郑飞华）

40亿元背后的绿色支撑！解码湖口高质量跨越式发展之路

在湖口县的发展历程中，有一组数据极为抢眼：2018年全县完成财政总收入41.3亿元，是全市首个过40亿元的县，同比增长36%，增幅全市第一。

1978年，湖口县财政税收308万元，一般预算支出近410万元；40年后，湖口县财政收入增幅过1000倍，同比增长超40亿元。2004年，湖口县财政税收首破亿元大关，达1.048亿元；14年后，湖口县用高质量跨越式发展将数据刷新了近40倍。

优质“成绩单”的背后，是湖口县坚决贯彻落实长江经济带“共抓大保护、不搞大开发”重要要求，走高质量跨越式发展之路的孜孜以求，是用绿色谱写的一曲最美生态发展之歌。

绿色发展交上优质成绩单

杨柳新枝绿，石楠嫩芽红。这个春天，湖口县境内24千米的沿江岸线，移步换景，生机盎然。

全域化、系统化推进长江最美岸线建设，致力打造“湖口样板”。湖口县扎实开展沿江“绿岸”工程、裸露山体修复、非法码头整治、“小散乱污”企业整治等一系列治理工程，全力推进园区雨污管网、固废危废等七大重点专项整治。该县累计投入资金近10亿元，沿江沿湖非法码头全部拆除到位，整合提升“小散低”码头12个，关停取缔首批小化工企业5家，完成裸露山体生态复绿100万平方米。“一企一策”改造涉气涉水企业27家，建成金砂湾园区集中供热中心，全面淘汰园区10蒸吨以下燃煤锅炉，关停并拆除畜禽养殖企业67家，建成农村污水处理示范点15个，饮用水源地水质达标率100%。

与此同时，加快转型升级步伐。2018年，该县工业增值税、工业用电量、港口货物吞吐量总量均列全市第一，分别占全市的1/5、1/4、1/3强。新增规模以上企业18家，全年完成规模以上工业主营业务收入466.3亿元，同比增长23%，增速全市第一。装配式建筑首位产业和新材料、纤维素纤维两大主导产业工业总产值完成 314 亿元，同比增长 22.3%。战略性新兴产业增加值突破 10 亿元，战略性新兴产业增加值和高新技术产业增加值占规模以上工业增加值比重分别达到 11.6% 和 15.9%。

低碳管理激活改革新动能

湖口县深入推进“放管服”改革，致力优化经济发展环境再升级。2018 年全面梳理“一次不跑”事项 178 项、“只跑一次”事项 194 项，编制政务服务标准化清单 4490 项，企业开办时间压缩至 2.5 个工作日。该县还创新模式，结合当前党政机构改革工作，全面梳理整合各类涉企职能，组建园区工业服务中心，按照“能放尽放”原则，将县级涉企职能全面下放到园区，统一纳入园区工业服务中心集中办公，基本实现涉企服务“一次办”，着力提升园区服务项目建设、推动项目见效、管理园区企业、引导产业发展能力，有效简化服务流程、减少服务环节、优化发展环境。

同时，高起点规划建设 5.6 平方千米的海山科技创新试验区。该县坚持创新驱动，实施“1 个科创中心 +1 平方千米科技创新试验区”做法，将科技研发平台与产业发展平台深度融合，促进科技成果在湖口孵化、转化和应用。目前，16 万平方米的科创综合体、3 万平方米的天赐科创大厦、1.5 万平方米的富达研发检测大厦等重点创新平台加快推进，新动能产业培育示范基地和大健康产品产业转化基地成功培育，清研新视、安元安全产业园、嘉远科技等一批科技型企业成功落户，海山科技创新试验区 1 平方千米核心区基本成形。2018 年 R&D 经费投入 3.2 亿元，同比增长 20%，占 GDP 比重达 2.1%，新认定省级科技型企业 10 家，获批高新技术企业 10 家。

厚实民生提升人民幸福感

增进民生福祉是湖口高质量跨越式发展的出发点和落脚点。扫黑除恶专项斗争取得重大战果，全年实现减贫 231 户 787 人，完成“四创双修”项目 118 个，建成新农村点 260 个，拆除违章建筑 10 万平方米、铁皮屋 53.4 万平方米，美化外立面 153.4 万平方米，教育、社会保障和就业、医疗卫生、城乡社区事务等领域支出分别达到 6.22 亿元、3.34 亿元、2.92 亿元、3.72 亿元……2018 年，湖口县民生投入 20.7 亿元，占财政总支出的 67%。

“四城同创”提升功能品位，殡葬改革实现绿色惠民，“四好农村路”助力乡村振兴……当前，湖口县倾力办好民生实事，努力提升民生福祉。该县还以“两业”扶贫为工作重点，以“志智”双扶为内生动力，实施精准帮扶“十大行动”。有序推进“三民五优”民生工程，2018 年实施重点民生项目 36 个，新建改建学校 9 所，启动县人民医院和县中医院改扩建，改造农村公路 170 千米。

雄关漫道真如铁，而今迈步从头越。湖口县正围绕“跨入全省十强，争当四个标杆”奋斗目标，紧抓既沿江又沿湖的独特双重优势，着力打造“江湖明珠、魅力之城”，全力推动湖口由“沿江时代”走向“江湖时代”，奋力争当全市建设长江经济带绿色发展示范区和高质量跨越式发展排头兵。

（李学华　姚　远）

专　记

辉煌四十年　改革再出发

1978 年，改革开放如一股春风，吹拂大江南北。从乡村到城市，从沿海到内地，中国开启了改革开放的新征程。四十年披荆斩棘，风雨兼程，砥砺前行；四十年凤凰涅槃，沧桑巨变，巨龙腾飞。中国人民从“站起来”到“富起来”，正大步走向“强起来”。

四十年春风化雨，沐浴着改革开放阳光雨露的鄱阳湖边小城——湖口，更是发生了翻天覆地的巨变，呈现出经济繁荣、社会和谐的欣欣向荣美景。湖口这 40 年来的变迁，是中国改革开放的一个缩影。湖口全县人民在中共湖口县委、县政府的坚强领导下，紧紧抓住改革开放这一关键一招，解放思想、实事求是、锐意创新、艰苦奋斗，坚持四个全面，实现五位一体，高举习近平新时代中国特色社会主义思想伟大旗帜，在政治、经济、文化、社会、生态等方面取得了极不平凡的成就，实现了从“养家糊口”到“闯荡江湖”的华丽转身。

本次成就展以“辉煌四十年，改革再出发”为主题，通过数字、图片、文字、音视等多种形式，生动展现了湖口县四十年来，尤其是党的十八大、十九大以来，在政治、经济、社会、文化、生态等方面的辉煌成就。展览多视角、宽领域地展示了全县人民、社会各界的生活变化、精神风貌。本次展览一定会更加凝聚起全县上下广泛共识，极大地振奋人民的精神，激励和鼓舞全县人民继续在党的领导下，共同朝着“聚力一核三带，建设五个湖口”的宏伟目标阔步前进！

领导我们事业的核心力量是中国共产党。改革开放40年，特别是党的十八大、十九大以来，湖口县委用习近平新时代中国特色社会主义思想武装头脑、指导实践、推动工作，牢记为人民服务宗旨，全面加强党的自身建设，党的各级组织的战斗力、凝聚力、向心力日益增强。

一是旗帜鲜明讲政治。把党的政治建设摆在首位，不断增强“四个意识”，坚决践行“两个维护”，切实做到绝对忠诚不动摇、锤炼党性不放松、令行禁止不含糊。

二是实干担当抓落实。聚焦“怕、慢、假、庸、散”等作风顽疾，严格实行问题责任倒查制，切实解放思想、狠抓末端落实。

三是狠抓基层强基础。深入推进“三派三服务”活动，大力推进“党建+”创新，持续打响“红色引擎”驱动绿色发展特色党建品牌。

四是铁心硬手正风气。进一步增强规矩意识，强化纪律执行，用好监督执纪“四种形态”，加强对重要事项、重点工作的立项监察和执纪问责，让党员干部知敬畏、存戒惧、守底线。充分发挥巡察利剑作用，坚决整治群众身边不正之风和腐败问题。全面彻底肃清苏荣余毒，持续巩固风清气正的政治生态。

从养家糊口到闯荡江湖的华丽转身

改革开放40年来，尤其是党的十八大、十九大以来，湖口县委、县政府带领全县人民，深入贯彻落实“创新、协调、绿色、开放、共享”五大理念，致力于发展经济，大力开展招商引资，经济总量持续增长，生产总值由1978年的0.56亿元增加到2017年的140.73亿元。全县财政总收入由1978年的308万元增加到2017年的30.38亿元，增长了986倍。全县工业增加值由1978年的917万元增加到2017年的87.98亿元，年均增长19.3%，占GDP比重由1978年的16.4%提高到2017年的62.5%。全县职工年平均工资由1978年的505元增加到2017年的89671元，年均增长14.2%。农民人均纯收入由1978年的112元增加到2017年的14619元，年均增长13.3%。全县社会消费品零售总额由1978年的0.22亿元增加到2017年的28.5亿元，年均增长13.3%。1978年至2017年，全县固定资产投资由185万元增加到261.97亿元，年均增长27.8%，实现了从曾经的“养家糊口”到“闯荡江湖”的华丽转身。

“三民五优”惠民生

改革开放40年，特别是党的十八大、十九大以来，县委、县政府致力加快发展，切实改善民生。突出“三民五优”工程，倾力创造高品质美好生活。一是加快推进脱贫攻坚，严格执行“两不愁三保障”扶贫标准，深入实施脱贫攻坚三年行动计划，确保如期完成脱贫攻坚任务。二是扎实办好民生实事，扎实推进民生领域供给侧结构性改革，合理配置公共服务资源，加快实施城乡供水一体化、“四好农村路”、棚户区改造等重大民生工程，持续改善民生条件。坚持面向群众、服务基层，推行全民健身运动，不断完善群众体育公共服务体系。三是用于民生的投入逐年提高。2007年全面实行免费义务教育，2012年在全省率先免除高中学费。逐步完善医疗基础设施，医疗救助资金不断提高。四是着力维护安全稳定，狠抓安全生产责任落实，深入推进安全生产十大专项整治，确保实现全年“安全生产零责任事故”的目标。深入推进扫黑除恶专项斗争，确保一方平安，进一步提升公众安全感和群众满意度。

坚定文化自信 创建文化强县

改革开放40年，湖口县委县政府带领全县人民坚定文化自信，创建文化强县。湖口县荣膺了“中国民间艺术之乡”“中华诗词之乡”“江西省戏曲之乡”称号。“湖口青阳腔”“湖口草龙制作技艺”列入国家级非物质文化遗产名录，湖口粑俗、湖口木船制作技艺、湖口豆豉、湖口糟鱼入选江西省非物质文化遗产名录。石钟山被列入国家级文物保护单位，流泗庄前潘村入选中国传统村落，杨赓笙旧居、许平甫旧居等列入省级文物保护单位。王一民创作的《乡情》获第五届大众电影百花奖最佳故事片奖和文化部优秀影片奖，《乡音》荣获第四届中国电影金鸡奖最佳故事片奖和文化部优秀影片奖。县委、县政府编修《人文湖口》《湖口县志》《石钟山志》《湖口村庄》《湖口乡音》《湖口县石钟山创建5A景区旅游文化资源》等书籍。党的十九大以来，全县上下更加自觉承担起“举旗帜、聚民心、育新人、兴文化、展形象”的使命任务，深入践行社会主义核心价值观，大力培养公民思想道德工程，大力开展精神文明创建，在全县广泛开展跟着习爷爷学国学主题教育实践活动，正式出版《新时代读经典育新人》十九大精神辅导读本，正式拍摄践行习近平生态文明思想的动画大电影《长江总动员之〈江豚笑笑的夏令营〉》。加快农村文化名人的保护与传承，不断推进文化大发展大繁荣，人民的精神风貌日益健康向上。2018年，湖口县代表九江市第三批国家公共文化服务体系示范区顺利通过省里现场验收。

实现绿色发展 打造最美岸线

改革开放40年，特别是党的十八大、十九大以来，湖口县深入践行习近平生态文明思想，以长江“共抓大保护，不搞大开发”为导向，围绕跨入全省十强县行列的目标，着力在转型升级上迈出更大步伐，在绿色发展上取得更多突破，为九江融入长江经济带、振兴江西北大门、打造区域率先发展高地做出“湖口贡献”、体现“湖口担当”、做好“湖口示范”，奋力争创长江经济带绿色发展示范区的“湖口样板”。

突出打造“最美岸线”，全力争创绿色发展“湖口样板”。一是致力实现“水美”，坚决把水环境治理好，把水生态保护好，把水优势发挥好，全力以赴打赢碧水保卫战；二是致力实现“岸美”，扎实开展“清岸、绿岸、护岸”三大行动，高标准打造沿江绿化带、园区生态带，真正把24千米沿江岸线建设成“最美岸线”；三是致力实现“产业美”，一方面加快腾退落后产能，全面治理“小散乱污”企业；另一方面加快发展绿色经济，积极构建以生态旅游为龙头的绿色经济体系。四是致力实现“环境美”，深入推进城乡环境综合整治，持续深化生态文明制度建设，坚决打好打赢污染防治攻坚战，努力让湖口的天更蓝、山更青、水更绿、空气更清新、城市更美丽。

一个个镜头凝聚动人瞬间，一组组图片展现沧桑巨变，一个个故事讲述着动人的奋斗历程。40年风雨兼程，40年砥砺图强，在改革开放的历史进程中，湖口人民创造了一个又一个发展奇迹。

时代是出卷人，我们是答卷人，人民是阅卷人。今天的湖口和40年前相比已然沧桑巨变。但发展不平衡、不充分的问题依然存在，是新时代的主要矛盾，人民对美好生活的向往是我们奋力前行的动力。

习近平总书记在2018年新年贺词中曾说过：“我们要以庆祝改革开放40周年为契机，逢山开路，遇水架桥，将改革进行到底。”站在新起点，拥抱新时代。我们要更加紧密地团结在以习近平同志为核心的党中央周围，高举旗帜、不忘初心、牢记使命，继续将改革进行到底！力争到2020年全县财政收入达到50亿元，到2025年全县财政收入达到100亿元，率先进入全省十强县前列。湖口将同全国人民一道，奋力抒写建设富强民主文明和谐美丽的社会主义现代化强国

的壮丽诗篇。 （县委宣传部）

国家能源投资集团国华九江电厂绿色发展专记

在“落霞与孤鹜齐飞，秋水共长天一色”的襟江带湖之地，在“渔舟唱晚，响穷彭蠡之滨”的石钟山旁，一群国华人用七年时光践行并证明了一个真理：绿水青山就是金山银山！

地处湖口县高新技术园区银砂湾的国华九江电厂，作为长江经济带上的重大能源项目，该厂始终以习近平生态文明思想为指引，秉承国家能源集团“奉献清洁能源建设美丽中国”的光荣使命，以打造美丽中国“江西样板”为己任，坚持生态优先、绿色发展，矢志建设低碳环保、技术领先、世界一流的数字化电站，大宗长江沿岸现代工业艺术品。实现了“天然煤发电优于天然气发电大气污染物排放的”近零排放“目标”。

品质领先：突破临界突出业绩

2018 年 7 月 7 日，国家能源投资集团国华九江电厂向“创建行业一流示范标杆电厂”发起最后冲刺全线报捷——继 6 月 20 日 2 号机组通过 168 小时满负荷运行后，1 号机组也圆满通过 168 小时满负荷运行！短短 18 天，两台百万机组先后正式移交生产！一举创下多项业内纪录，而低于国家污染排放标准十多倍的近零排放既是最光彩夺目的“桂冠”，也是全体员工的骄傲！成为全国百万机组看得见、摸得着、瞄得上、可学习的新“标杆”，绿色发电超低排放，给湖口父老乡亲送上了一座永远值得珍视的金山。

这一凝聚九江湖口和国华人企盼与心血的江西省的重点工程，这个凝聚了所有建设者汗水与创造、历经坎坷与奋斗的百万千瓦煤电工程，终于交上一份闪光的答卷——机组锅炉效率 95.25%，汽机热耗 7173.2 千焦 / 千瓦时，厂用电率 3.75%，供电煤耗 270 克 / 千瓦时，各项指标均优于设计值，达到同类型机组效率最高、煤耗最低的最优技术指标；烟尘排放每立方米 0.8 毫克、二氧化硫每立方米 5.9 毫克、氮氧化物每立方米 19.8 毫克……这一组数据，没有专业知识还真的不知道它代表着当今世界上污染物排放最少的新“低”度。仅以上述这组数据中的烟尘排放为例：美国标准是每立方米 20 毫克、欧盟标准是每立方米 30 毫克、日本烟尘排放标准是每立方米 50~100 毫克，国华九江电厂烟尘排放标准是每立方米 3 毫克，而实际排放结果是每立方米 0.8 毫克……如果不是亲眼所见，简直让人不敢相信！大气污染物的近零排放，和各项经济技术指标或优于设计值，处于同类型机组性能指标一流水平，实现了高效率与低排放的完美结合；试运期间实现厂用受电、汽机冲转、并网发电、甩负荷试验和 168 小时满负荷试运五个“一次成功”，种种数据都印证着工程建设质量之优；国内首次采用哈汽自主设计、研发、制造的拥有 100% 自主知识产权的百万机组新型技术，集成 623℃高效超超临界锅炉再热器壁温偏差控制等 23 项行业前沿节能环保和综合提效技术应用，建成目前同类型机组中百万千瓦超超临界一次再热综合参数最高、热效率最好、创新应用最多的机组，彰显着项目科技创新之力；100% 自主知识产权的百万机组，拥有自主知识产权的亚洲第一高位收水塔……这一系列关键词，见证着国华九江电厂在与行业、与国家、与社会同频共振；凸显着国华九江人对青山绿水品质保护的追求。

“九层之台，始于垒土”，蓝图变成现实，需要无数辛劳、智慧和汗水。工程全面铺开，现场施工人员多达 4000 余人。多“兵种”、大集团、全立体“作战”，给现场组织带来严峻挑战。一位有着 32 年工龄资深电业人——付秋枫同志，接下了这副重担。在工程建设进入到紧要时刻，总经理刘建海代表经营班子提出全面开展设计回头看、施工回头看和质量回头看，用夯实系统设备可靠性、经济性基础，奠定一流工程基础！

施工现场，以网格化管理的标准化工地成绩斐然，《质量管理三年行动计划》搭起了统一的质量标准管理平台，针对采用的 23 项“六新”技术，析风险，研究方案、制定措施 61 项；对照系统内外基建负面清单，梳理11个专业可能产生潜在隐患的277项“负面清单”，提前布防、提前预控。以金牌班组做金牌“作业”，精品工程赛出精品。先后有65个班次获得金牌班组称号；耐磨混凝土地面工艺、小径管二次设计等24个内在质量好、外观形态美单项工程被授予“精品示范工程”；《提高烟囱筒壁模板孔洞外观质量》《减少大直径人字柱表面“双眼皮”》双双获得2017年度电力建设优秀质量管理QC成果奖。

普遍执行的“三级检查、四级验收”制度，在把控焊接质量过程中，升级为“四级亮身份管理、五级旁站见证验收”。仅现场加工焊接的四大管道大口径焊口300多个；而锅炉受热面管排焊口更是高达115582个，要完成每个焊口至少有5道工序，单在最后的检验工序中，除了外观圆度检查与综合检查外，还有硬度、光谱、金相、射线、超声波检验5道关卡，有些特殊材质还要进行渗透检验。两台锅炉受热面一次验收合格率分别为99.96%和99.97%，这数字背后的付出，人们尽可想象……

与管道焊口精细繁复工作相似的还有遍布机炉房各平台7000余只高温高压管件和各种型号高低压阀门。既有进口的、也有国产的，既有厂供的、也有自采的，既有高温高压、也有精密低压……进到现场，必须准确对号入座。

如果说“焊口”与“管阀”让人不胜其“繁”，那么汽轮机的安装调试则充分让人感到它的“厚重”。其安装工序达20道之多，几乎无一幸免地会受到振动与瓦温高的困扰。首台全部国产技术的百万机组特殊性，加上采用高压内缸红套环、预扭叶片等多项首创新技术，此前其他百万机组消除振动与解决瓦温高的经验，几无借鉴价值。“振动不在此轴在彼轴，温高不在此瓦在彼瓦”魔咒般地存在。因此，业内通行标准是振动12.5丝（发丝）至7.6丝、瓦温在107℃至85℃，均可视为达标！然而国华九江人愣是将这两大指标分别控制在最低值以下。

进入带负荷试运关键期，调试单位、安装单位与电厂工程技术人员无缝对接、密切协同，机组从冷态起步到半负荷、满负荷、超负荷（1101MW）再到100%甩负荷归零，所有各种工况试验平稳、准确、完美。与负荷试验休戚相关的热控保护投入率、电气保护投入率、电气自动装置投入率均达到100%；而通常难以实现的100%的热控测点/仪表投入率（≥99%）和热控自动装置投入率（≥95%）竟然也全部投入。让所有参战将士深受鼓舞的是：再热汽温一次达到623℃，供电煤耗优于270.85g/kW·h的设计值，通常超超临界锅炉常规设计参数603℃，国华九江电厂一步提高到623℃，此前，虽有623℃先例，几乎都是通过大量增加煤耗降低出口温度或大量使用减温水来“达标”，不管怎样选择都是“鱼和熊掌不可兼得”，加上高温再热器受热面的安全裕度仅有10℃（正常壁温为639℃，而该材质允许的最大值为649℃），其壁温是否超限，既是再热蒸汽温度能否达到623℃的关键、影响煤耗270的关键，也是能否实现长周期安全稳定运行重要稳定因素之一。关键的指标，关键的领导亲自做。在与设计院专家、设备制造厂工程师、现场专业人员通过多种形式，反复研究讨论中，总经理提出内部增设烟气流量“调节装置”的大胆构想，工程部、运行部、生技部抽出专业技术骨干组成攻关小组，通过调研收集同类型、同等级的十数台1000MW在运机组，各工况下高温再热器金属壁温参数、测点布置、受热面积、烟气流速等诸多数据，连同高温烧损、振动脱落、膨胀变形、挡板磨损等风险点的详尽数据，进行对比分析，终于找到了可循规律，设想通过加装可操控的金属挡板来调整壁温峰值区域烟气流速在原则上是可行的。在业主统一主导下，密切配合协同作战，经过数月共同拼搏，一举实现开闭自如、操作流畅、精准控制、平稳运行的目标！623℃的难题攻克，使得“鱼和熊掌可以兼得”，为“永九270”变成“永久270”奠定了基石。

在国华九江电厂首台机组高标准通过168试运行的签字仪式上，国家能源集团副总经理王树民对项目建设给予“九江标准、九江质量、九江境界”高度评价。九江标准，就是“建设低碳环保、技术领先、世界一流的数字化电站，打造长江沿岸现代工业艺术品”的顶层设计；九江质量，就是对标一流、精益求精的工程品质；九江境界，就是全体建设者抛家舍口、顽强拼搏，在艰苦卓绝的工程建设中表现出的意志品质、道德情操和精神风貌。正是这些标注着国华基因的九江文化之魂，成就了一个高品质电站的诞生。

如今，登上锅炉平台，远处黄茅潭水库与端庄雄伟的锅炉厂房、高位水塔、环保烟囱、封闭煤仓、配套码头相互映衬，呈现出一幅现代化工业与山水林田湖水乳交融的美丽画卷。

环保领跑：出身火电超越火电

新世纪随着雾霾频繁侵扰人们的生活，火电厂作为曾经助纣为虐的“帮凶”之一，大家不愿意在享受电能带来现代化生活便利生活的同时，去原谅它的负面影响，因为对高品质美好生活的追求是人类的本能，更何况火电厂曾一度是天空浓烟滚滚、地面灰尘滚滚、地下污水滚滚。人们有理由要求火电厂环保再环保！正是带着这样的使命，将建设的第一目标定为“低碳环保”！今天，国华九江电厂如期实现“出身火电超越火电”的近零排放目标，打造出一个清洁用煤的样板！

也许有人会说，说到天上去，毕竟还是一个火电厂。那么，就从天上讲起：国华九江电厂在运行中，升腾起梦幻般蒸气云团，身高 240 米烟囱大幅提升了水蒸气出口流速，降低落地浓度，其所含污染物近乎于零，比人们日常生活使用天然气所造成的污染还要低。毫无疑问，节约是最大的环保，供电煤耗较目前已投产百万机组每度电平均煤耗低 10 克，较江西省火电机组每度电平均煤耗低 39 克；锅炉还装有低温省煤器，排烟温度由 155℃降低到 90℃，每年节约的标煤刚好可满足一台机组一天的满负荷用煤量。也就是说，国华九江电厂的起步阶段，污染物排放就“瘦身”了 15% 以上，再加上系列前沿技术的应用，环保领跑是必然的。

为了对付锅炉烟气中粉尘、硫化物和氮氧化物等污染物，采用高效静电除尘器，使出口烟气中粉尘浓度降至每立方米 20 毫克以下；对氮氧化物综合运用低氮燃烧器和烟气脱硝技术，使烟气中氮氧化物可降至每立方米 37.5 毫克以下，成为当今世界最先进水平；采用低低温电除尘器后有效提供了除尘效率到 99.9%；采用石灰石—石膏湿法高效脱硫技术，脱硫效率大于 99%；吸收塔采用三级高效除尘除雾装置。在烟囱 80 米处设置烟气连续自动在线监测装置，排污数据实时上传至国家环保自动监测网。通过环境信息公开平台，使用手机便能实时看到大气污染物排放实时监测数据。

与“高个子”烟囱构成国华九江电厂“双子星座”的另一对“高富帅”孪生兄弟——高位冷却收水塔。身高 199.7 米，底座直径 146.6 米，顶端直径 86.2 米，它们的加盟，让一次循环水系统节约 80% 用水量（年节水 58230 吨）、二次循环供水系统对长江的排水热污染影响减少了 99.97%，虽然增加了近 1 亿元的投资，国华九江电厂的人认为是值得的。而且它还将噪音可减小了 10dB，厂界噪声让人觉得是洗衣机发出的声音。工程中，直接用于节能、环保方面的投入超过 10.48 亿元，占总投资的 16.37%，无论是投入总额还是所占比重都是少有的。

火电厂是烧煤的，人们在许多电厂常常看到一座座堆得像小山似的煤堆，可是在国华九江电厂“烧煤不见煤”，来煤通过“海进江”运抵码头，自卸船后，除了煤化验人员，任何人再也见不到煤炭的“尊容”。全程全封闭管状输送方式，到了全封闭圆形煤场，再以无动力防堵抑尘设备、干雾抑尘及静电除尘器收尘，然后变成熊熊烈焰、变成蒸气、变成源源不断的绿色电能。

废水外排是个老大难问题，污染江河湖泊屡见不鲜，国华九江电厂实现了“废水不外排”。奔腾不息的长江边，有国华九江电厂的一个“窗口”——配套码头，到港船舶油污水经油水分离器自行处理后，报海事部门接收处理；码头前沿配有应急围油栏和吸油机，从根本上杜绝溢油后油膜进入长江；船舶生活垃圾和船舶生活污水同步回收处理。国华九江电厂还主动履行环保约定，连续三年进行增殖放流放生四大家鱼2200万余条。通过对自然降水、生活污水、含煤废水、含油污水以及脱硫废水实行“因水而异”处理，设计高效雨污分流系统，实现雨污分离、分质回收、梯级利用。工程开工之初，就重点将节能、节地、节水、节材和环境保护进行总体策划，大力推广封闭施工、绿色施工，重点对扬尘、废气、废水、固废、噪音等进行控制；五通一平时即投入1000余万元，对施工边坡进行生态还原处理，绿化面积约3万平方米，现在已是绿草茵茵、繁花锦簇。加之厂区所有系统杜绝了“滴、冒、跑、漏”，员工们自可在无色、无味、无尘的环境中，享受工作之余的快乐。

继往开来：政企合力明天更好

卓越的工程品质来自卓越的团队，来自滋养他们的这片土地！忘不了项目落地之初，曾促成了18天公司正式注册、两周取得市县两级政府全部支持性文件、两个月通过初可研审查、三个月获得江西省所有支持性文件、四个月向国家能源局申请路条、五个月通过可研审查……这样的成绩，其中一部分功劳来源于湖口父老乡亲的鼎力相助。拆迁安置，是众多工程的难题之一，而在湖口得到了当地政府和老百姓的全力支持。在电厂原址有45个鱼塘、300户民房、1500多座坟，还有一座庙！要做通百姓的工作，难度可想而知。当时一位副县长带队驻村，挨家挨户做工作。“在短短28天时间，就完成了土地征收和近300户的移民安置任务，打赢了湖口有史以来规模最大、时间最紧、任务最重的征地拆迁安置攻坚战。”现任湖口县委书记李小平作为当年九江项目征地搬迁安置工作的总指挥，畅想当年记忆犹新。提供“保姆般的服务”——湖口县委县政府和全县父老乡亲做到了！

从项目落地到正式开工建设，在长达五年的时间里，县政府派出一名德高望重的老干部常驻国华九江电厂，实时解决工程筹建中的困难；随着工程的进展，湖口县委和国华九江电厂党委成立政企共建委员会，明确双方职责权利和义务，并通过开展“组织共建、宣传共建、廉洁共建、和谐共建、群团共建、协商共建、公共服务共建、发展共建”8个方面24个具体项目开展政企共建，尤其是员工就医、子女就学入托和家属就业的绿色渠道的开通，解决了员工的后顾之忧；而国华九江电厂为幼儿园小朋友定向资助40万元的教学器材专款，为培养新一代湖口人，尽了一份绵薄之力。

当站在长江码头远看高高的流线型水塔、漂亮的厂房与岸边草地放牧的黄牛相映成趣……国华九江电厂，这座屹立在母亲河畔的现代化电站，以它特有的方式向世人证明：政企携手保一汪绿水、守一片青山，护一方蓝天，变成了现实！看得到美景、留得住美梦、记得住乡情，国华九江电厂与湖口人民共同迎接美好的明天！

（项恒炳）

赛得利（九江）纤维有限公司专记

万里长江奔腾到美丽江西，温柔地朝着庐山和鄱阳湖弯了弯腰。

这一弯腰，在江湖交汇处，留下一个三面环山、一面临水的天然深水良港。

当地人把这里叫作金砂湾。

重组：赛得利结缘金砂湾

2003年，湖口县金砂湾工业园建立。经过十年发展，到2012年，金砂湾工业园实现主营业务收入222.49亿元，园区拥有九江钢厂、龙达（江西）差别化化学纤维有限公司［下称“龙达（江西）”］等投资30亿元以上的特大型企业近十家。

2012年，浙江龙达集团跻身全国民企制造业500强，排名第292位。董事长卢牛根按下发展的快进键，除了在金砂湾启动龙达（江西）二期建设，还高调进军房地产行业，在浙江萧山开建263米超高建筑，号称“竖起来的CBD”。

同一年，与金砂湾隔湖相望的濂溪区姑塘老镇，同样有一家纤维素纤维企业，在悄悄酝酿着另一个方向的变革。

赛得利（江西）化纤有限公司［下称“赛得利（江西）”］隶属于新加坡金鹰集团，于2002年入驻濂溪区姑塘镇，是中国第一家外商独资的纤维素纤维企业。2012年1月3日，六西格玛黑带大师陈小荣出任赛得利（江西）总经理，通过推行精益·六西格玛生产和体系化管理，使赛得利（江西）运营成本迅速下降，产品质量从行业中游跃居榜首，当年，赛得利（江西）成功结束连年亏损，逆市飘红。

2014年，因对外投资太大，龙达集团资金链断裂，龙达（江西）宣告停产，被地方政府接管。在江西省人民政府、九江市政府及湖口县政府的牵线搭桥下，已经成为世界级纤维素纤维龙头的赛得利集团，应邀参与对龙达（江西）收购竞价。同时参与收购竞价的还有唐山三友、印度博拉等多家国内外知名的纤维素纤维生产企业。

对于此次并购，赛得利集团乃至金鹰集团管理层都极为重视，多次、反复对龙达（江西）进行实地考察、评估，就该项目合作乃至项目并购后的建设发展规划，与市、县人民政府反复磋商。经过历时长达一年多的谈判协商，最终达成一致。

2015年6月18日，在新加坡香格里拉酒店举行的中国（江西）—新加坡经贸合作洽谈会上，赛得利中国投资有限公司与九江市政府签署了投资协议，将投资人民币110亿元建设差别化化学纤维项目，项目分四期建设：一期投资12亿元收购龙达（江西）资产，在原有1100亩用地的基础上，新增用地840亩，生产规模10.5万吨差别化化学纤维；二期在一期的基础上增资扩建，投资12亿元，年产量16万吨；三期、四期投资额80亿元。项目全部建成后，总年产能将达110万吨，预计年产值150亿元，解决就业5000余人。

投资协议由金鹰集团总裁兼赛得利集团首席执行官郑伟霖和时任湖口县县长李小平签署，金鹰集团主席陈江和、时任江西省委书记强卫、时任九江市委书记殷美根共同见证。

过渡：两个人接管一家厂

2015年6月12日，赛得利（九江）纤维有限公司［下称“赛得利（九江）”］成立，于6月下旬开始接手龙达（江西）。

赛得利（九江）由赛得利（江西）总经理陈小荣兼管。为了实现从龙达（江西）到赛得利（九江）的平稳过渡，陈小荣仅仅带了一个财务总监来到金砂湾，他不想以收购者的骄傲姿态进入这家已经停产一年的工厂，只希望传递给原龙达的员工一个信号——赛得利会公正、平等地对待他们。

过渡期间，最重要的是人心稳定。为了让原龙达的员工有安全感，赛得利没有改变原龙达的生产工艺，并沿用了之前的人事薪酬制度，与员工接触最密切的工厂管理层—从生产到人事—都是原班人马。

就这样，原龙达超过95%的员工留在了赛得利（九江）。正是由于人心的稳定，工厂迅速恢复生产，并实现盈利。赛得利（九江）财报显示，2015年6月12日（公司成立日）至2015年12月31日，公司半年实现主营业务收入超6亿元。

与红火的销售情况相映衬的，是生产成本的迅速下降。

说到成本，需要特别提到赛得利管理者的一个“省钱”小窍门。赛得利会想方设法帮助供应商提高生产效率，降低运营成本，以此拿到更加优惠的原材料采购价格。比如，原来，供应商货轮将原材料送到赛得利码头后，等候卸货的时间周期为10~12天，经过科学调度，赛得利将排队卸货的等待时间缩至3天，大大节约了物流成本；又如，赛得利会尽量和原材料的供应商签订年单，方便供应商合理安排生产，提高设备运行效率。正因为这种共享价值的理念，赛得利原材料的采购价格一直在业内保持着优势。

收购龙达（江西）之后，陈小荣做的第一个大改变，就是让赛得利（江西）和赛得利（九江）合并采购。通过采购优化，以及后来一系列提质降本措施，赛得利(九江)生产成本较原龙达(江西)下降了40%左右，销售价格却提高了上千元。随着收入的水涨船高，员工的心渐渐和赛得利融到了一起。

赛得利(九江)实现了并购重组之后的平稳过渡。

融合：可持续植入价值观

吴金友，江西丰城人，毕业于中国纺织大学（后更名为东华大学），曾任原龙达（江西）生产经理。赛得利收购龙达之后，他2016年负责赛得利（九江）的生产运营，2017年负责赛得利（江西）的生产运营，2018年，又调任赛得利（九江），担任工厂厂长。

从吴金友的调动轨迹可以看出，实现平稳过渡之后，赛得利将融合提上了日程。这里的融合，既是赛得利（九江）和赛得利（江西）两家工厂的小融合，也是赛得利（九江）和赛得利集团乃至金鹰集团的大融合。

首先是人才的融合。纤维素纤维生产有100多年的历史，是一个相对古老的行业。赛得利传承的是源自欧洲的生产工艺，在产品研发方面尤其见长，著名的防火纤维产品VISIL便是赛得利（芬兰）研制开发的专利成果。和龙达（江西）并购重组之后，赛得利（九江）和赛得利（江西）、赛得利（福建）以及赛得利（印尼）通过生产骨干交流、换岗、集中研发攻关等多种方式，无论是人才素质还是工艺水平，都在融合中得到了大幅提升。

其次是理念的融合。从民营企业的思维理念转化为外企的思维理念，是赛得利(九江)最为关键的融合。

赛得利的创始人陈江和先生是一位海外华人，其父辈早年离开中国赴南洋寻求发展，从一家默默无闻的小店开始，陈江和一路打拼，一手建立了如今资产逾180亿美金的跨国工业集团——新加坡金鹰集团，而赛得利正是金鹰旗下著名的四大产业集团之一。

陈江和经常提及“我们做什么事情，从事什么行业，都要考虑‘三个有利’，也就是对当地人民有利，对国家有利，然后才是对企业有利。在持续成长中追求人、企业和自然的和谐发展”。赛得利一直秉承陈江和“保护环境、为客户创造价值，实现利民、利国、利业”的“五利”原则，致力于开发可持续利用的再生资源，注重推动区域经济发展并造福于当地人民。这也是赛得利企业文化的核心内容。

在融合的过程中，赛得利（九江）加大了对环保的投入。尽管不幸继承了未预见的龙达（江西）历史遗留环境问题，赛得利依然透明公开地积极应对环保问题，努力提高工厂环境管理水平。2016年，投入4800万元用于环保设施改造和建设；2017年，投资建设二期污水处理设施，进行废水沟改造。经过不懈的投入和改善，赛得利（九江）成为一家合法合规、管理完善、环保领先的现代纺织龙头企业。

在融合的过程中，赛得利（九江）加大了对员工的关爱。2017年4月1日起，赛得利（九江）工厂食堂正式提供员工两荤一素一汤免费工作餐，标志着赛得利（九江）员工福利与赛得利旗下各公司同步接轨。免费工作餐是赛得利为员工提供的“固定”福利项目之一，赛得利旗下赛得利（江西）、赛得利（福建）一直实行免费工作餐机制。自收购龙达（江西），成立赛得利（九江）以来，随着产量质量稳步提升，赛得利（九江）的员工待遇也在不断改善：免费班车、职工宿舍、带薪年假、节日福利、员工旅游、免费工作餐等“软福利”逐步实施，让员工感受企业的温情。

在融合的过程中，赛得利（九江）加大了对社区的回报。赛得利（九江）与金砂湾的社区邻居们积极互动，从创造就业、保护环境、扶贫济困、税收贡献等多方面与社会共创共享价值。通过“环保知识竞赛”“赛得利教育基金”“露天电影节”“金鹰小伙伴”等一系列活动，帮助周边社区居民学习、进步和成长。

无论是人才的融合，还是理念的融合，都紧密结合赛得利可持续发展的目标。赛得利（九江）在融合中，将可持续发展理念深深植入企业价值观，为后续的升级计划夯实了基础。

升级：起跑者变成领跑者

再生纤维素纤维是一种从树木中提取的天然纤维

素。纤维素纤维面料具有良好的透气性，被誉为“会呼吸的面料”，是理想的贴身织物和保健服饰产品，目前广泛运用于各类内衣、纺织、服装、无纺等领域。

2018 年 1 月 30 日，赛得利（九江）纤维有限公司二期 16 万吨纤维素纤维项目建成投产，进一步巩固了赛得利在中国再生纤维素纤维行业的龙头地位。赛得利（九江）年产量达到 30 万吨，规模居赛得利集团在华工厂之首。

与规模相匹配的，赛得利（九江）的管理和质量也得到飞速提升。

2015 年，赛得利（九江）和集团同步发布“可持续木浆采购政策”,2016 年发布“可持续发展政策”。

2017 年，赛得利（九江）获得 PEFC™CoC 产销监管链认证，并获得 ISO 9001 和 ISO 14001 质量和环境管理体系认证。

2018 年，赛得利（九江）获得瑞士 OEKO-TEX® STeP 认证，并成为全球首家获得 OEKO-TEX®颁发的 MADE IN GREEN 产品标签的纤维素纤维厂商。

2018 年 9 月，以赛得利 BV 纤维作为原材料的面料，携手知名时尚设计品牌登上纽约时装周。BV 纤维正是赛得利（九江）的主力产品。

从 2015 年到 2018 年，赛得利（九江）在湖口这片发展热土上，成立仅短短三年，完成了从起跑到领跑者的华丽转身。

未来，赛得利将继续加大投资力度，推进九江工厂三期、四期建设，为湖口经济社会发展作出更大贡献。

鞋山（李学华　摄）

本栏编辑　王学仁　沈文初

中国共产党湖口县委员会

综 述

2018年，中共湖口县委坚持以习近平新时代中国特色社会主义思想为指导，深入贯彻落实中央和省委、市委决策部署，团结带领全县各级党组织和广大党员干部群众，真抓实干、攻坚克难，全县经济社会发展和党的建设各项事业取得新成绩。

坚持讲政治、把方向，有力地推动了中央和省委、市委重大决策部署落地落实。坚持以习近平新时代中国特色社会主义思想和党的十九大精神作为做好一切工作的根本指引，牢固树立“四个意识”，切实增强“四个自信”，坚决做到“两个维护”，坚定不移地贯彻落实中央和省委、市委各项重大决策部署，特别是省委省政府、市委市政府主要领导多次视察湖口时的重要讲话精神，并结合湖口实际，确立了“一个统领、三大主题、十场硬仗”的工作思路，明确了高质量跨越式发展的前进方向，确保了中央精神和省委、市委重大决策部署落地见效。

坚持扩总量、提质量，综合实力更为强劲。全年完成生产总值158.6亿元，实现财政收入41.3亿元，总量位列全省第15位、全市第2位，是全市首个财政收入突破40亿元大关的县（市）。工业增值税、工业用电量、港口货物吞吐量总量，以及财政收入、工业主营业务收入、工业利润增幅等指标均列全市第一，主要经济指标继续保持了在高基数上的快增长。九钢、富达、赛得利等传统龙头企业经营稳定、效益良好，以天赐、晨光等为代表的战略性新兴产业发展迅速、态势喜人，战略性新兴产业增加值比重同比增长2个百分点，高质量跨越式发展的基础更加牢固。

坚持抓治理、强监管，环境保护更加有力。坚持把生态环境保护摆在压倒性位置，严格落实政府监督责任和企业主体责任“双八条”、重点企业县级领导包厂和环保人员驻厂监督、监测数据定期报告等制度，以空前的力度开展环境保护七大重点专项整治，一批环境风险隐患得到有效消除。全域化、系统化推进长江最美岸线建设，实施了沿江“绿岸”工程、裸露山体修复、非法码头整治、“小散乱污”企业整治等系列举措，强力推进柘矶片区生态化改造，沿江生态环境得到显著改善，致力打造长江最美岸线“湖口样板”。

坚持攻招商、抓推进，项目支撑更有力度。深入实施“重大项目见效年”活动，围绕全市“555”工程和“5+1”千亿产业集群，严格实行正、负面清单招商制，共引进产业项目39个。重大产业项目推进顺利，国华九江电厂、五星纸业、置地远大装配式建筑等支柱型项目建成投产。存量项目盘活工作取得新突破，天赐高新材料成功兼并攀森公司，创造了全省网络司法拍卖金额最高纪录；强荣控股集团成功兼并开元酒店，湖口没有高星级酒店的历史即将结束。这些重大项目的引入、投产、盘活，将为湖口实现高质量跨越式发展提供坚实有力的支撑。

坚持谋创新、促改革，发展动能更加充沛。坚定不移实施创新驱动战略，科创综合体、工业综合体、天赐科创大厦、富达检测大楼等一批科创平台正加快推进，新动能产业培育示范基地和大健康产品产业转化基地成功培育，清研新视、安元安全产业园、嘉远科技等一批科技型企业成功落户，海山科技创新试验区一平方千米核心区基本成形，区域创新实力不断增强。全面深化改革稳步推进，乡镇干部绩效考核试点、县域环卫“PPP”模式、城市基层党建工作等改革经验在省、市推广，高新园区“扩权强园”改革有效推进，产业转型、创新驱动、生态环保等重点领域改革工作取得新成效。

坚持惠民生、促和谐，百姓生活更加幸福。坚持以人民为中心，累计民生投入20亿元，用于保障和改善民生。坚决打好打赢脱贫攻坚战，扎实推进脱贫攻坚“春季攻势、夏季整改、秋冬会战”，实现9个贫困村全部退出、2042户6883人稳定脱贫，并全面启动城镇贫困群众脱贫解困工作。倾力办好城市“四创双修”、四好农村路、绿色殡葬改革、城区烟花爆竹全年禁燃等民生实事，切实解决了群众身边的要紧事、烦心事。坚持以产业振兴带动乡村振兴，“6+1”特色农业产业发展态势良好，打造了一批乡村振兴示范点。不断强化和创新基层社会治理，扫黑除恶专项斗争取得重大战果，社会大局保持和谐稳定，连续四年荣获全省“信访三无县”，人民群众获得感幸福感安全感不断增强。

坚持严治党、正风气，政治生态更加清明。始终把党的政治建设摆在首位，认真履行全面从严治党主体责任，县委常委会先后15次34个议题专门研究全面从严治党工作，大力推动全面从严治党向基层延伸、向纵深发展。认真贯彻新时代党的组织路线，扎实推进党建巡察调研调阅常态化制度化，大力推进非公党建标准化制度化建设，抓实城市党建“三级联动”“1+3+X”结对等“五个模式”，持续打响“红色引擎驱动绿色发展”的特色品牌。牢牢掌握意识形态工作领导权，精心组织了庆祝改革开放四十周年成就展，成功组建县级融媒体中心并挂牌运行。大力推进作风大整治服务大提升专项治理，严格落实中央八项规定及其实施细则精神和省市有关规定，大力整治形式主义、官僚主义和“怕慢假庸散”等作风顽疾，坚决全面彻底肃清苏荣案余毒，坚定不移推进党风廉政建设和反腐败工作，风清气正的政治生态持续巩固。全力支持人大、政府、政协依法依章开展工作，支持法院、检察院依法独立公正行使司法权，坚决维护法律权威。巩固和发展统一战线，加强宗教事务管理，大力开展宗教场所规范整治；深入推进群团工作改革，完成共青团、妇联、残联换届；高度重视民营经济发展，召开了全县民营企业座谈会，着力构建“亲”“清”新型政商关系，全力优化营商环境；强化党管武装建设，推进军民融合发展，全县上下谋发展、促和谐的合力更加凝聚。

（肖文波）

县委重要会议

【中国共产党湖口县第十四届五次全体（扩大）会议】 2018年1月15日，中共湖口县委十四届五次全体（扩大）会议在县行政中心九楼会议室召开。会议的主要任务是，传达贯彻党的十九大、中央经济工作会议、省委十四届五次全会和市委第十一届五次全会精神；听取和审议《中共湖口县委常委会2017年度工作报告（审议稿）》和《中共湖口县委关于深入学习贯彻党的十九大精神奋力开创聚力“一核三带”建设“五个湖口”新局面的意见（审议稿）》；研究部署深入学习贯彻党的十九大精神和当年各项工作，动员全县上下坚持以习近平新时代中国特色社会主义思想为指引，不忘初心，牢记使命，保持定力，持续发力，奋力开创“聚力‘一核三带’，建设‘五个湖口’”的新局面，为九江全面崛起、百姓更加幸福作出新的更大贡献。县委书记李小平主持会议并讲话。县委副书记、县长鲍成庚总结部署经济工作。全会审议并通过了《中共湖口县委常委会2017年度工作报告（审议稿）》和《中共湖口县委关于深入学习贯彻党的十九大精神奋力开创聚力“一核三带”建设“五个湖口”新局面的意见（审议稿）》。县委委员、候补委员，不是县委委员、候补委员的县人大、县政府、县政协领导班子成员，其他在职副县级领导，县人大、县政协内设委办主要负责同志，县纪委常委，各乡（镇、场）党委、政府主要负责同志，县委各部门、县直及驻县各单位党政主要负责同志参加会议。

【中国共产党湖口县第十四届六次全体（扩大）会议】 2018年8月15日，中共湖口县委十四届六次全体（扩大）会议在县行政中心九楼会议室召开，全会由县委常委会主持。县委书记李小平代表县委常委会做工作报告。县委副书记、县长鲍成庚总结上半年经济工作，具体部署下半年经济工作。全会书面传达了《中共江西省委十四届六次全体（扩大）会议精神》《中共九江市委十一届六次全体（扩大）会议精神》；审议并原则通过了《关于融入长江经济带建设绿色发展示范区湖口样板的实施意见》（审议稿）。县委委员、候补委员出席会议。不是县委委员、候补委员的在职副县级领导，县人大、县政协内设委办主要负责同志，县纪委常委（监委委员）；各乡（镇、场）党政主要负责同志；县委各部门，县直及驻县各单位主要负责同志列席会议。

【中国共产党湖口县第十四届七次全体（扩大）会议】 2018年10月19日，中共湖口县委十四届七次全体（扩大）会议在县行政中心九楼会议室召开。会议专题研究了凰村乡“撤乡建镇”工作。

【十四届县委常委会会议】 2018年，中共湖口县委常委会共召开22次常委会议，即十四届县委第30次至52次常委会议。县委常委会固定人员出（列）席会议。

十四届县委第30次常委会议于2018年1月11日召开。会议传达学习了省委十四届五次全会和市委十一届五次全会精神；传达学习了《九江市落实党风廉政建设“两个责任”谈心谈话暂行办法》文件精神；听取了关于《湖口县二〇一八年一般公共预算细化安排（草案）》和《社会保险基金预算安排（草案）》的情况汇报；听取了当前全县经济运行及全年经济指标预测情况的汇报；听取了关于落实九江市委第一巡察组脱贫攻坚专项巡察反馈意见整改情况的汇报；传达学习了全市村（社区）“两委”换届选举工作会议精神，并研究了全县村（社区）“两委”换届选举工作；研究讨论《湖口县委常委班子2017度民主生活会工作方案（送审稿）》；研究关于召开十四届县委五次全体（扩大）会议有关事项的请示；研究《中共湖口县委常委会2017年度工作报告（送审稿）》《中共湖口县委关于深入学习贯彻党的十九大精神奋力开创聚力“一核三带”建设“五个湖口”新局面的意见（送审稿）》和《李小平同志在十四届县委五次全体（扩大）会议上的讲话（送审稿）》。

十四届县委第31次常委会议于2018年2月8日召开。会议传达学习了全省扶贫工作会议，全国、全省安全生产电视电话会议及全省安全生产警示教育电视电话会议精神，并研究了贯彻落实意见；听取了《2018年湖口县招商引资工作实施方案（送审稿）》《湖口县交通干线沿线及城区和城乡接合部环境集中整治行动方案（送审稿）》相关情况汇报，听取了县编委提交的机构编制和流泗镇行政管理体制改革有关事项、关于《中共湖口县委常委班子2017年度民主生活会对照检查材料（审议稿）》起草情况的汇报，并进行了讨论和研究；听取了公务员职级晋升县处级副职人员有关事项、关于精神文明创建系列结果运用等有关情况的汇报，并进行了讨论和研究；传达学习了中纪委十九届二次全会、省纪委十四届三次全会、市纪委十一届三次全会精神和省委省政府《关于深入贯彻中央八项规定精神进一步改进作风的若干意见》，并研究了贯彻落实意见；听取了关于召开中共湖口县第十四届纪律检查委员会第三次全体会议、《中共湖口县纪律检查委员会工作报告（送审稿）》等有关情况的汇报，并进行了讨论和研究；听取了关于《中共湖口县委2018年度巡察工作计划（送审稿）》有关情况的汇报，并进行了讨论和研究；听取了《中共湖口县委关于学习贯彻十九大精神，开展作风建设专项整治活动实施方案（送审稿）》有关情况的汇报，并进行了讨论和研究。

十四届县委第32次常委会议于2018年2月10日召开。会议专题研究中伟科技“2·10”事故善后工作，部署调度全县安全生产工作。

十四届县委第33次常委会议于2018年3月2日召开。会议传达学习了全市项目建设动员大会会议精神，研究了贯彻落实意见；听取了《湖口县重大项目调度推进办法（送审稿）》相关情况的汇报，并进行了研究和讨论；传达了习近平总书记在打好精准脱贫攻坚战座谈会上的重要讲话精神；传达学习了中央、省、市农村工作会议精神；听取了《关于实施乡村振兴战略的若干意见（送审稿）》《湖口县加快美丽乡村建设促进实施乡村振兴战略行动计划（送审稿）》《湖口县加快农业结构调整促进实施乡村振兴战略行动计划（送审稿）》和《关于开展乡村振兴战略“春风行动”的通知（送审稿）》有关情况的汇报，并进行了研究和讨论；听取了《关于稳步推进农村集体产权制度改革发展壮大农村集体经济的实施意见（送审稿）》相关情况的汇报；传达学习全省城乡环境综合整治工作会议精神、全市信访维稳安全生产电视电话会议精神、《湖口县安全生产平安创建工作方案（送审稿）》《高新园区安全生产专项整治方案（送审稿）》和《湖口县落实企业安全生产20严禁20一律的规定（送审稿）》有关情况的汇报，并进行了研究和讨论；听取了《关于加快高新园区改革创新升级发展的实施意见（送审稿）》相关情况、2017年度全县目标管理考评有关事项、全县项目建设暨作风大整治服务大提升动员大会有关事项的汇报，并进行了研究讨论。

十四届县委第34次常委会议于2018年3月14日召开。会议传达学习了全省扶贫开发领导小组会议和省政府常务会议脱贫攻坚工作会议精神，听取了《湖口县扶贫领域作风问题专项治理实施方案（送审稿）》相关情况的汇报，并进行了研究和讨论；听取了关于省委第二巡视组对湖口县开展巡视反馈意见整改落实情况的汇报，传达学习中央、省、市组织部长会议精神，听取了《中共湖口县委组织部2018年工作要点（送审稿）》相关情况的汇报，并进行了研究和讨论；听取了《关于开展“走出去”解放思想活动的实施意见（送审稿）》《关于进一步加强年轻干部培养选拔工作的实施意见（送审稿）》和《关于实施“石钟山英才”计划加快构建区域创新高地的意见（送审稿）》相关情况的汇报，并进行了研究和讨论；传达学习了中央、省、市宣传部长会议精神，研究了贯彻意见；听取了《湖口县2018年宣传思想文化工作要点（送审稿）》相关情况的汇报，并进行了研究和讨论；传达学习了中央、省、市统战部长会议精神，听取了《中共湖口县委统战部2018年工作要点（送审稿）》相关情况的汇报，并研究了贯彻意见；传达了中央、省、市政法工作会议及扫黑除恶工作会议精神，并研究贯彻落实意见；听取了关于召开全县党务政法信访工作会议的请示、关于打好2018年“十场硬仗”等相关事项的汇报，并进行了研究和讨论。

十四届县委第35次常委会议于2018年4月4日召开。会议传达学习了省委书记、省长刘奇视察九江、湖口时的重要讲话精神和市委常委（扩大）会议精神，传达了九江融入长江经济带发展座谈会精神，并研究了贯彻落实意见；传达学习了全市脱贫攻坚工作会议精神，听取了卫计委、城山镇脱贫攻坚工作相关情况的汇报，并研究贯彻落实意见；听取了中共湖口县政协党组2017年工作情况汇报，研究了《政协湖口县委员会2018年度协商工作计划（送审稿）》和《中共湖口县委关于进一步加强和改进人民政协民主监督工作的实施意见（送审稿）》；听取了《关于进一步加强全县档案工作的意见（送审稿）》相关情况的汇报、县关工委2017年工作情况汇报和2018年工作安排，并进行了研究和讨论。

十四届县委第36次常委会议于2018年4月28日召开。会议传达学习了习总书记在深入推动长江经济带发展座谈会上的重要讲话精神、全省长江经济带“共抓大保护”攻坚行动动员大会会议精神，并研究了贯彻落实意见；听取了《关于认真落实省委书记、省长刘奇同志到湖口时重要讲话精神的责任分工（送审稿）》相关情况的汇报、县教育局和付垅乡脱贫攻坚工作相关情况的汇报、2018年第一季度经济运行情况汇报、《关于湖口县创新驱动发展的意见（送审稿）》，并进行了研究和讨论；传达了2018年全市安全生产工作暨省安委会第二巡查组入驻九江巡查督导工作动员会议精神，听取了《迎接中央环保督查整改“回头看”暨生态环保专项审计问题整改责任清单（送审稿）》相关情况的汇报，并进行了研究和讨论；听取了2017年度科级班子考核及考核初评结果有关事项的汇报，并进行了研究和讨论；传达学习了《中央纪委公开曝光七起违反中央八项规定精神问题》精神和省纪委《关于公开曝光五起顶风违反中央八项规定精神典型问题的通报》精神，并研究了贯彻落实意见。

十四届县委第37次常委会议于2018年5月24日召开。会议传达学习了赵乐际同志在贯彻落实中央巡视工作规划推进会上的讲话精神、刘奇同志主持省委理论学习中心组集体学习时的讲话精神、中央和省市关于被巡视巡察党组织配合巡视巡察工作系列文件精神和中央纪委公开曝光10起违反中央八项规定精神问题的通报精神，并研究了贯彻落实意见；传达学习了全省作风建设工作会议精神、市委书记林彬杨5月18日到湖口调研时的指示精神，并研究了贯彻落实意见；听取了关于《关于深入贯彻中央八项规定精神进一步改进作风的实施细则（送审稿）》相关情况的汇报，并进行了研究和讨论；传达学习了全省脱贫攻坚“夏季整改”行动电视电话会议精神，听取了《湖口县2018年脱贫攻坚“夏季整改”行动方案（送审稿）》有关情况的汇报和县农业局、流芳乡脱贫攻坚工作情况汇报，并进行了研究和讨论；传达了全省旅游产业发展大会会议精神，并研究了贯彻落实意见；听取了县扫黑除恶和禁毒工作相关情况的汇报，并进行了研究和讨论；传达了全省基层党建工作重点任务推进会精神，研究了贯彻意见；听取关于《县委党建工作领导小组2018年工作要点（送审稿）》相关情况的汇报，并进行了研究和讨论。

十四届县委第38次常委会议于2018年7月11日召开。会议传达学习了全国组织工作会议精神，特别是习近平总书记重要讲话精神，以及全省人才工作视频会议精神和全市人才工作会议精神，传达学习了省委办公厅《关于十四届省委第二轮巡视发现倾向性问题及中央巡视“回头看”反馈意见整改情况的通报》和省纪委《关于2起违反中央八项规定精神问题的通报》，传达学习了全市生态环境保护大会暨打造长江“最美岸线”工作推进会会议精神，并研究了贯彻落实意见；听取了关于打造长江“最美岸线”十里风光带示范段工作情况汇报，听取了《湖口县长江经济带共抓大保护攻坚行动工作方案（送审稿）》有关情况的汇报，听取了《湖口县党政领导履行教育职责督导（监测）反馈问题的整改方案（送审稿）》和《湖口县党政领导履行教育职责五级责任制度（送审稿）》有关情况的汇报，并进行了研究和讨论；听取了县人社局和舜德乡脱贫攻坚有关情况的汇报，听取了《关于开展“两员一会一公开”制度全面提升基层党内监督实效的意见（送审稿）》有关情况的汇报，并进行了研究和讨论；传达学习了中央深改委第二次会议精神、十四届省委深改组第十三次会议精神、十四届省委深改组第十四次会议精神、全省机构改革领导小组第一次会议精神、十一届市委深改组第九次会议精神和全市机构改革工作会议精神，并研究了贯彻落实意见；听取了关于湖口县深化机构改革工作近期安排情况的汇报，并进行了研究和讨论。

十四届县委第39次常委会议于2018年8月3日召开。会议传达学习了省委十四届六次全会精神，传达学习了中央纪委公开曝光七起落实管党治党主体责任和监督责任不力被问责典型案例的通报精神、全省党员领导干部警示教育会议精神和全省追逃追赃工作培训班主要精神，并研究了贯彻落实意见；听取了全县2018年上半年经济运行情况的汇报，并进行了研究和讨论；传达学习全省殡葬改革现场推进会及全市深化殡葬改革工作推进会会议精神，并研究了贯彻落实意见；听取了《湖口县关于在湖泊实施湖长制的工作方案（送审稿）》《湖口县2018年河长制、湖长制工作要点》和《湖口县2018年河长制、湖长制考核方案》相关情况的汇报，听取了贯彻落实全省旅游产业发展大会相关工作意见的汇报，听取了县金融办、均桥镇脱贫攻坚工作相关情况的汇报，听取了《省脱贫攻坚第五督察组督察反馈意见整改工作方案（送审稿）》和《市审计局扶贫审计发现问题整改工作方案（送审稿）》相关情况的汇报，并进行了研究和讨论。

十四届县委第40次常委会议于2018年8月14日召开。会议传达学习了市委十一届六次全会精神，传达学习了全市纪检监察工作座谈会暨（市、区）纪检监察工作半年报告会精神，并研究了贯彻落实意见；听取了《湖口县2018年度棚户区改造房屋征收补偿安置方案（送审稿）》和《湖口县2018年度棚户区改造工作实施方案（送审稿）》相关情况的汇报，听取了《湖口县农村生活污水治理实施方案（送审稿）》相关情况的汇报，听取了《湖口县饮用水源地防治管理工作方案（送审稿）》相关情况的汇报，听取了关于攀森资产并购重组有关事项的汇报，并进行了研究和讨论；传达学习全省“新时代传习所”建设现场推进会和全市“新时代传习所”建设推进会会议精神，并研究贯彻落实意见；听取了关于湖口县创建省级文明城市实施方案和道德模范礼遇帮扶办法（试行）相关情况的汇报，传达学习了《省委办公厅　省政府办公厅关于印发〈江西省驻村第一书记和驻村工作队选派管理办法〉的通知》的相关精神，并研究了贯彻落实意见；听取了九江学院博士挂职有关事项，并进行了研究和讨论；听取了关于召开县委十四届六次全体（扩大）会议有关事项的请示；研究《关于融入长江经济带建设绿色发展示范区的实施意见（送审稿）》和《县委书记李小平同志在县委十四届六次全体（扩大）会议上的讲话（送审稿）》。

十四届县委第41次常委会议于2018年9月1日召开。会议传达学习了全国宣传工作会议精神，传达学习了全省工业强省推进大会精神，并研究了贯彻落实意见；听取了关于扶贫资金审计问题整改情况，以及民政局、武山镇扶贫工作情况的汇报，听取了《湖口县采石行业矿山生态修复工作方案（送审稿）》有关情况汇报，听取了《关于在全县农村实施“法律明白人”培养工程的方案（送审稿）》相关情况的汇报，听取了《湖口县关于开展全县宗教场所专项整治的实施方案（送审稿）》相关情况的汇报，并进行了研究和讨论；传达学习了《关于对14个省区党委巡视工作开展专项检查的情况通报》文件精神，并研究了贯彻落实意见；听取了《湖口县加强党内监督“八项责任清单”（送审稿）》有关情况的汇报，听取了关于湖口县委常委班子“坚决全面彻底肃清苏荣案余毒持续建设风清气正政治生态”专题民主生活会筹备情况和会议安排的汇报，并进行了研究和讨论；传达学习了市委统战工作领导小组会议精神，传达学习了省、市扫黑除恶专项斗争有关会议精神，并研究了贯彻落实意见。

十四届县委第42次常委会议于2018年9月5日召开。专题听取了关于《中共湖口县委常委班子“坚决全面彻底肃清苏荣案余毒　持续建设风清气正政治生态”专题民主生活会对照检查材料（审议稿）》起草及内容情况的汇报，并进行了讨论和研究。

十四届县委第43次常委会议于2018年9月29日召开。传达学习了习近平总书记关于统战和宗教工作重要论述及党的民族和宗教政策精神，传达学习了全省宗教工作会议和市委统一战线工作领导小组会议精神；传达学习了全省县（市、区）委书记座谈会会议精神；传达学习了全省全面深化改革开放工作现场推进会会议精神；传达学习了全省脱贫攻坚工作电视电话会议精神；传达学习了新修订的《中国共产党纪律处分条例》；传达学习了《杨志军同志在市委第七轮巡察工作动员部署会上的讲话》；传达学习了全省深化扶贫领域腐败和作风问题专项治理工作推进视频会会议精神；传达学习了省纪委《关于6起顶风违反中央八项规定精神典型问题的通报》文件精神；听取了《关于强化党政同责进一步落实食品安全属地管理责任的意见（送审稿）》有关情况汇报；听取了《关于全面深化殡葬改革促进殡葬事业发展实施方案（送审稿）》相关情况的汇报；听取了《湖口县推行“林长制”工作实施方案（送审稿）》相关情况的汇报；听取了关于凰村乡撤乡建镇有关事项的汇报，并进行了研究讨论。传达学习了省委、省政府《关于打赢脱贫攻坚三年行动的实施意见》；传达学习了全省、全市乡镇干部绩效考核试点（扩面）工作推进会会议精神；听取了湖口县国家税务局、地方税务局联合党委改设湖口县税务局有关事项汇报，并进行了研究讨论。

十四届县委第44次常委（扩大）会议于2018年10月8日召开。会议传达贯彻了省、市领导关于生态环境部督察组暗访发现问题的相关批示指示精神，专题听取了“9·27”生态环境部督察组暗访发现问题情况和《湖口县环境保护七大重点专项整治工作方案（送审稿）》相关内容情况的汇报，并进行了研究和讨论。

十四届县委第45次常委会议于2018年10月19日召开。会议传达学习了省、市宣传思想工作会议精神；传达学习了市纪委关于1起违反中央八项规定精神典型问题的通报文件精神；听取了《湖口县监察委员会向乡镇派出监察机构的实施方案（送审稿）》相关情况的汇报；听取了关于迎接中央巡视组赴江西开展脱贫攻坚专项巡视工作相关事宜的汇报；传达学习了全省中央环保督察“回头看”及专项督察意见反馈会会议精神；传达学习了全省脱贫攻坚工作电视电话会议和全省深化扶贫领域腐败和作风问题专项治理工作推进电视电话会议精神，听取了《湖口县关于打赢脱贫攻坚战三年行动的实施方案（送审稿）》《湖口县2018年脱贫攻坚“秋冬会战”行动方案（送审稿）》相关情况的汇报；传达学习了省、市河长制、湖长制工作推进会及鄱阳湖生态环境专项整治工作会等相关会议精神；听取了《湖口县农村人居环境整治三年行动实施方案（送审稿）》相关情况的汇报；听取了关于《湖口县教育事业发展五年行动计划（2018—2022）》相关情况的汇报；听取了关于流泗镇经济发达镇行政管理体制改革有关情况的汇报；听取了《关于健全人大讨论决定重大事项制度、政府重大决策出台前向本级人大报告的实施办法（送审稿）》相关情况的汇报；听取了《湖口县媒体融合改革工作方案（送审稿）》相关情况的汇报；听取了《湖口县科协系统深化改革方案（送审稿）》相关情况的汇报；听取了《湖口县2018年度高质量发展评价办法（送审稿）》相关情况的汇报，并进行了研究和讨论。

十四届县委第46次常委会议于2018年10月29日晚召开。会议传达学习了全市纪念改革开放40周年座谈会精神；传达学习了2018年市级总林长第一次会议精神；传达学习了全国扫黑除恶专项斗争推进会、全省深入推进基层社会治理暨综治中心实体化建设现场会、全市扫黑除恶专项斗争暨智能安防小区建设现场推进会等有关会议精神；传达学习了全省、全市组织工作会议精神；传达贯彻了《关于对市管干部进行提醒、函询和诫勉的通知》精神；听取了《湖口县工业联合党委组建实施方案（送审稿）》等有关情况的汇报；听取了《湖口县改革开放40周年成就实施方案（送审稿）》等有关情况的汇报，并进行了研究和讨论。

十四届县委第47次常委会议于2018年11月15日召开。会议传达学习了全省促进非公有制经济民间投资现场推进会和全省民营企业座谈会会议精神；传达学习了全市建设长江经济带区域航运中心工作推进会会议精神；传达学习了全国扫黑办主任会议、全省扫黑除恶专项斗争约谈会议精神，并听取了《湖口县扫黑除恶专项斗争整改工作方案（送审稿）》有关情况的汇报；传达学习了全省扫黑除恶专项斗争监督执纪问责和监督调查处置工作推进会精神，省纪委监委、省公安厅《关于落实深挖黑恶势力“保护伞”线索签字背书制度的通知》和省扫黑除恶专项斗争执纪监察组《印发〈扫黑除恶专项斗争监督执纪问责和审查调查处置若干问题的指导意见〉的通知》等文件精神；传达学习了刘维佳、刘奇同志在中央第十一巡视组对江西省开展脱贫攻坚专项巡视工作动员会上的讲话精神和刘奇同志在《关于对脱贫攻坚中形式主义、官僚主义突出问题立行立改有关情况报告》上的批示精神，省委《关于贯彻落实习近平总书记重要指示精神，集中整治形式主义官僚主义的实施意见》《关于对脱贫攻坚中形式主义官僚主义突出问题立行立改的意见》等文件精神，以及市脱贫攻坚中形式主义官僚主义突出问题立行立改工作领导小组会议精神，听取了县立行立改工作有关情况的汇报，并研究部署了下步工作；传达学习了《江西省扶贫开发领导小组办公室关于认真学习贯彻习近平总书记脱贫攻坚重要指示和李克强总理批示精神的通知》等文件精神，通报了省脱贫攻坚第五督察组对湖口脱贫攻坚“秋冬会战”行动督察情况，研究了《省督察组脱贫攻坚“秋冬会战”行动专项督察反馈意见整改工作方案（送审稿）》，听取了县规划建设局、马影镇脱贫攻坚工作情况的汇报；传达学习了全省开发区改革和创新发展推进大会会议精神，听取了《湖口县促进高新园区改革创新升级发展三年攻坚行动计划（2018—2020）（送审稿）》等有关情况汇报；听取了2018年前三季度经济运行情况的汇报，并进行研究和讨论；传达学习了全市（县、区）党委办公室会议精神。

十四届县委第48次常委（扩大）会议于2018年11月26日召开。会议传达学习了省委书记刘奇同志和市委书记林彬杨同志视察湖口时的重要指示精神，听取了全县环境保护七大重点专项整治工作情况和全县三季度重大项目调度会落实情况的汇报。

十四届县委第49次常委会议于2018年11月30日召开。会议传达贯彻了全市县（市、区）委书记座谈会精神；听取了县委巡察办关于市委第八轮巡察相关筹备工作情况的汇报；听取了县扫黑办关于市扫黑除恶专项斗争督导组初步反馈意见情况的汇报，并研究了整改落实意见。

十四届县委第51次常委会议于2018年12月10日召开。会议传达学习了中央纪委《关于贯彻落实习近平总书记重要讲话精神严肃整治领导干部利用名贵特产类特殊资源谋取私利问题的通知》；传达学习了中央纪委《关于六起形式主义官僚主义典型问题的通报》；传达学习了全省中央环保督察“回头看”问题整改动员部署会暨全省污染防治攻坚战推进会和全市环保工作专题部署会会议精神，听取了县环保问题整改情况的汇报；传达学习了全国、全省危险化学品安全生产专题视频会和市安委会2018年第四次全体成员（扩大）暨危险化学品安全综合治理推进会会议精神；会议听取了《高新园区工业服务中心组建实施方案（送审稿）》和《高新园区人事薪酬制度改革实施方案（送审稿）》等有关情况的汇报；听取了《湖口县关于全力做好城镇贫困群众脱贫解困工作实施方案（送审稿）》等文件有关情况的汇报；听取了《湖口县农村土地“三权分置”改革试点工作实施方案（送审稿）》等有关情况的汇报；听取了2019年度重点项目计划安排等有关情况的汇报；传达学习了江西省河湖“清四乱”专项行动令精神，听取了湖口鄱阳湖流域、长江流域“清河行动”问题整改情况的汇报；传达学习了全市城乡环境综合整治暨新农村建设工作现场推进会会议精神；听取了关于年前信访问题工作情况的汇报；听取了关于召开湖口县工会第十二次代表大会有关事项的汇报；传达学习了全省市县机构改革推进会会议精神，听取了《湖口县机构改革方案（送审稿）》有关情况的汇报，并进行研究和讨论。

十四届县委第52次常委会议于2018年12月24日晚召开。会议传达学习了《江西省2018年市县党委和政府脱贫攻坚工作成效考核实施方案》等有关文件精神，听取了县委农工部和张青乡脱贫攻坚工作情况的汇报；传达学习了《九江市深化环境监测改革提高环境监测数据质量实施方案》等有关文件精神，听取了《关于贯彻落实〈中共中央国务院关于全面加强生态环境保护坚决打好污染防治攻坚战的意见〉的实施方案（送审稿）》等一系列有关情况的汇报；传达学习了全市传统产业优化升级综合试点推进大会精神，听取了《湖口县船舶产业优化升级市级试点实施方案（2018—2020）（送审稿）》等有关情况的汇报；传达学习了全市立法工作暨《九江市城市湖泊保护条例》《九江市城区烟花爆竹燃放管理条例（修正案）》实施动员大会精神，听取了《湖口县城区全面禁止燃放烟花爆竹实施方案（送审稿）》等有关情况的汇报；传达学习了中共中央办公厅印发《党组讨论和决定党员处分事项工作程序规定（试行）》的通知精神；听取了《关于进一步加强园区党建工作的意见（送审稿）》等有关情况汇报；听取了关于我县党的十九大精神辅导读本《新时代读经典育新人》正式出版有关事项的汇报，并进行了研究和讨论。

【县委中心组学习会】 2018年，共召开县委中心组学习会4次，县四套班子领导及县委中心组全体成员出席会议。

2018年4月27日，县委书记主持召开2018年度第一次中心组学习会，传达学习中共江西省委《关于认真学习贯彻习近平总书记全国“两会”期间重要讲话精神的通知》、中共江西省委《关于认真学习宣传和贯彻中华人民共和国宪法的通知》；传达学习《中华人民共和国监察法》《中央巡视工作规划（2018—2022）》；传达学习中央办公厅印发的《地方党政领导干部安全生产责任制规定》的通知；传达学习《习近平总书记在打好精准脱贫攻坚战座谈会上的重要讲话精神》；安排部署《新时代面对面》的自学工作。

2018年7月26日，县委书记主持召开2018年度第二次县委理论中心组学习会，传达学习习近平总书记在中央政治局第六次集体学习时的重要讲话和《关于新形势下党内政治生活的若干准则》；传达学习习近平生态文明思想以及《中共中央、国务院关于全面加强生态环境保护坚决打好污染防治攻坚战的意见》和《国务院关于打赢蓝天保卫战三年行动计划》等文件精神；传达学习《中共中央、国务院关于打赢脱贫攻坚战三年行动的指导意见》；传达学习省委、省政府印发的《关于推进安全生产领域改革发展的实施意见》《江西省安全生产条例》；传达学习市委办公厅、市政府办公厅印发的《关于进一步贯彻落实国家机关“谁执法谁普法”普法责任制的实施意见》的通知等。

2018年11月7日，县委书记主持召开2018年度第三次县委理论中心组学习会，认真学习《正确认识妥善应对中美经贸摩擦》；通报全国环保典型案件，传达学习省委书记刘奇在中央第四环保督察组对江西开展“回头看”情况反馈会上的讲话精神；学习人民日报《好干部是管出来的　姑息必定养奸》，中央纪委国家监委网站《中央脱贫攻坚专项巡视“专”在哪？》等理论文章；传达学习习近平总书记关于扫黑除恶工作的重要论述精神、习近平总书记关于统战和宗教工作的重要论述及党的民族和宗教政策精神，省委、省政府《关于打赢脱贫攻坚战三年行动的实施意见》；自学《人民日报》8月8日刊发的《风雨无阻创造美好生活》，8月13日刊发的《改革开放天地宽》《中华人民共和国公共文化服务保障法》《中华人民共和国公共图书馆法》。

2018年11月26日，县委书记主持召开2018年度第四次县委理论中心组学习会，传达贯彻省委书记刘奇、市委书记林彬杨视察湖口重要指示精神；传达学习《市委办公厅关于进一步严明政治纪律坚守政治规矩坚决克服形式主义官僚主义的通知》文件精神；传达学习中宣部《深刻认识美国对华政策新动向　扎扎实实做好自己的事情》等。

【县委全面深化改革领导小组会议】 2018年共召开三次县委全面深化改革领导小组会议，即十四届县委第六次、第七次和第八次县委深化改革领导小组会议。

2018年4月27日，十四届县委全面深化改革领导小组第六次会议召开。会议研究并审议了《关于贯彻落实党的十九大精神坚定不移将改革推向深入的实施意见（送审稿）》《中共湖口县委全面深化改革领导小组2017年工作总结（送审稿）》《县委全面深化改革领导小组2018年工作要点（送审稿）》《中共湖口县委全面深化改革领导小组工作规则（送审稿）》《中共湖口县委全面深化改革领导小组专项小组工作规则（送审稿）》《中共湖口县委全面深化改革领导小组办公室工作细则（送审稿）》及七个专项小组《2018年工作计划（送审稿）》《湖口县总工会改革方案（送审稿）》等文件。

2018年7月11日，十四届县委全面深化改革领导小组第七次全体会议召开。会议研究部署了全县深化机构改革工作近期安排，审议了《关于开展“两员一会一公开”制度全面提升基层党内监督实效的意见（送审稿）》等文件。

2018年10月19日，十四届县委全面深化改革领导小组第八次会议召开。会议听取了流泗镇经济发达镇行政管理体制改革工作情况汇报，研究了《关于健全人大讨论决定重大事项制度、政府重大决策出台前向本级人大报告的实施办法（送审稿）》《湖口县监察委员会向乡镇派出监察机构的实施方案（送审稿）》《湖口县媒体融合改革工作方案（送审稿）》《湖口县科协系统深化改革方案（送审稿）》等有关文件。

（肖文波）

县委重大决策和工作部署

【建设绿色发展示范区湖口样板】 2018年8月15日，中共湖口县委十四届六次全体（扩大）会议审议通过了《关于融入长江经济带建设绿色发展示范区湖口样板的实施意见》，出台了《湖口县长江经济带共抓大保护攻坚行动工作方案》。坚持长江“共抓大保护、不搞大开发”战略导向，认真践行“生态优先、绿色发展”理念，把打造长江“最美岸线”作为全年工作的统领，按照“水美、岸美、产业美、环境美”的要求，高起点规划、高标准建设，严格落实林长制、湖长制，全年造林绿化达1万亩；投入5亿元，在全市率先推行污水纳管标准和排放标准“双提升”、园区雨污管网改造升级、农村生活污水处理，扎实推进了沿江“绿岸”工程、裸露山体修复、非法码头整治等工程建设，完成生态复绿100万平方米，拆除非法码头13个，整合小散乱码头12家，关停“小散乱污”企业7家，关停并拆除畜禽养殖企业67家，建成农村污水处理示范点15个，并对60多万平方米裸露山体实施生态修复。中宣部组织的“大江奔流——来自长江经济带的报道”大型主题采访活动集中报道了湖口县共抓大保护、打造长江“最美岸线”、江豚巡护等工作，并在中央媒体新闻联播、焦点访谈、新闻直播间等重要节目中报道。

【开展“重大项目见效年”活动】 2018年3月，县委、县政府出台了《湖口县重大项目调度推进办法》，紧紧扭住“重大项目”这个牛鼻子，扎实推进“重大项目见效年”活动。3月9日，全县项目建设暨作风大整治服务大提升动员会召开，会议强调，项目是湖口的要务之要务，中心之中心，一切围绕项目干，一切围绕项目转，牢牢树立“项目为王、环境是金”理念，为项目建设保驾护航。围绕全市“555”工程，严格实行正、负面清单招商制，重点主攻智能制造、高新材料、电子信息、生物医药、现代商贸、文化旅游等六大类战略性新兴产业项目，全年共引进产业项目39个，总投资超300亿元，其中投资超10亿元以上的产业项目达11个，符合全市“555”工程的产业项目占80%以上。天赐高新材料成功兼并攀森公司，创造了全省网络司法拍卖金额最高纪录。国华九江电厂、五星纸业、置远装配式建筑等一批投资超20亿元的龙头项目相继建成投产。九江钢厂、天赐高新材料、晨光新材料、赛得利纤维、富达实业等重点企业全面提质增效。全县税收过千万的企业达13家，比去年同期增加2家，其中九江钢厂税收突破20亿元，富达实业连续两年税收突破亿元。这些项目的引进、投产、增效，为湖口发展提供重要支撑和源源动力。全市打造“5+1”千亿产业集群培育新动能工作现场会在湖口召开。

【实施城乡环境综合整治工程】 2018年2月，县委、县政府出台《湖口县交通干线沿线及城区和城乡接合部环境集中整治行动方案》，全面启动城乡环境综合整治工程，按照点优线好面洁目标和打造“沿路沿线风景带”要求，高起点编制城乡环境综合整治规划，以“一核”（中心城区）、“七线”（铜九、九景衢铁路，九景、澎湖高速，牛湖、景湖、均流公路）为重点，按照“拆、改、清、洁、绿、新”的要求，深入开展破损店招治理、管线治理、铁皮屋顶治理、违章建筑治理、固废整治、岸线整治、城区开放式小区和城乡结合部整治等一系列专项治理行动，扎实推进沿路废品回收、汽车维修、木材石材加工等行业“划行归市”，分别新规划建设3个专业市场，从根本上解决长期以来影响城乡环境的一系列“老大难”问题，拆除违章建筑10万平方米、铁皮屋53.4万平方米，美化外立面153.4万平方米，打造了梅兰小镇、均桥高速连接线、秀雅园中心村、李敬湾、武垦旅游风情小镇等一批示范点，有效地改善了城乡面貌，成功承办全市首次城乡环境综合整治工作现场会，顺利通过农村生活垃圾治理国家考核验收。

【城乡环境综合整治工作部署】 5月12日，县委书记李小平主持召开城乡环境综合整治工作调度会。县委副书记、县长鲍成庚，县领导卢伟俊、李水木、周小喜出席会议，相关部门单位负责人和乡镇场党政负责人参加会议。李小平要求一要抓好重点攻坚，二要抓好补缺扫尾，三要抓好完善提升，四要抓好安全质量，五要抓好督促问效。

【推进“四好农村公路”建设】 强力推进城乡主干道提升，实施石钟山大道、景湖路、牛湖路等“白改黑”工程27.3千米。改造张青至付垅、武山至王常、南港至兰亭等道路23千米，新增生命防护工程62千米，改造危桥10座，拓宽窄路面17千米，全县25户以上自然村基本通水泥路，全县“五横五纵七联”路网基本成型。新建、改造农村候车亭80个，完成县道绿化工程22千米，修复更新县道标牌、标线54千米，路容路貌不断提升。

【推行城乡环卫第三方治理模式】 坚持把政府“有形之手”和市场“无形之手”相结合，采用“TOT（移交—运营—移交）+DBFOT（设计—建设—融资—运营—移交）”模式，以政府购买服务的方式，把城乡环卫保洁推向市场，组建了一支覆盖城乡、延伸村居的专业化环卫管理作业队伍，推进城乡生活垃圾统一清扫、统一收集、统一转运、统一处理，实现了“一把扫帚扫城乡”。2018年，全县新增各类环卫车辆56辆，作业设备3200余件，县城和园区机械化清扫率已达60%，全域道路机扫覆盖率达100%，日均垃圾清运量较原先增长80%。同时采取“互联网+”，构建智慧环卫模式，投入100万元建成环卫智慧管理系统，实现了环卫工作全过程的“信息化、智慧化”调度管理，有效地提升环卫设施运营效率，降低运营成本，提高环卫质量。

（肖文波）

县委重要活动

【书记调研】 2018年，县委书记李小平分别就重点项目建设、生态环保、城乡环境综合治理、干部作风建设、四城同创、乡村振兴等进行调研。

重点项目建设调研　1月2日，到高新园区，对五星纸业、赛得利（二期）、融汇锂业、塑星材料、大家食品、嘉远科技等重点项目的推进情况进行调度。19日下午，召开全县重大项目调度会，会议听取了2018年园区基础设施、城建和民生类重大项目建设推进情况。5月14日，到园区五星纸业、中红医疗、天盛化学、攀森新材料、天赐新材料大厦、置地远大装配式建筑等项目现场，详细了解项目建设情况，并就建设中存在的问题进行调度。7月16日，和县委常委柯景坤先后到县高新技术产业园区远能机器人、钟山食品、中冶环保、英翔实业等企业，专题调研闲置资源盘活工作情况。8月6日，和县委常委柯景坤深入高新园区安元安全产业园、清研新视科技、科创综合体、天赐沙湾锂电绿色循环产业基地、中红普林医疗、五星纸业等重点项目现场，实地督导调研重点工业项目进展情况。8月19日，主持召开全县重大项目和重点工作调度会，会上，逐一听取了环鄱阳湖东大道、大垅出口至银砂湾疏港公路、火车站扩建、新增高速出口等28个重点项目及打造长江“最美岸线”、沿江山体复绿、四城同创、石钟山景区创AAAAA等20个重点工作的推进情况及问题反馈。8月26日，利用星期天休息时间到高新技术产业园区，突击督查项目建设和企业生产情况。9月15日，和鲍成庚、张南、史文、查忠平、梅媚、柯景坤、叶子、李水木等县领导，先后到高新技术产业园区五星纸业、神华码头、中红医疗、一德油料、天赐新材料产业园、天赐大厦、清研新视、大家食品厂、豪杰家具等项目现场详细了解项目建设进展情况。10月2日，到赛得利纤维、九江钢厂、江铜铅锌、劲农化工、富达实业等企业督察企业的环保和安全生产工作落实情况。10月24日晚上，先后到第三小学扩建工程、城市道路“白改黑”改造项目（鄱阳湖大市场段）、五星纸业、中红医疗等在建项目工地，现场督察项目建设推进情况。11月5日，主持召开全县重点项目调度会。会上听取了五星纸业、一德油料、清研新视、工业综合体、天赐新材料产业园、科创综合体等34个重点项目的建设推进情况汇报。11月19日，到高新园区、梅兰小镇、洋港湿地公园、九钢公司等地调研打造长江“最美岸线”、城乡环境综合整治、饮用水源地保护等工作。11月30日，先后到五星纸业、神华码头（最美岸线项目）、中红医疗、天赐新材料循环产业园、天琪新材料、清研新视等项目现场调研项目推进情况。

城乡环境整治调研　6月1日，先后到石钟山大道、火车站周边地区、金砂南大道和梅兰小镇等地，实地督查城乡环境综合整治工作进展情况。7日，到长江干堤湖口段、高新技术产业园海山科技园区等地就打造长江最美岸线及项目建设等工作进行实地调研，县领导柯景坤、沈天华、周小喜陪同。6月7日，到流芳乡老山乌石包非法采石点和苏官渡景康牧业，实地督查环保问题整改落实情况，并紧接着召开落实中央环境保护督查“回头看”工作调度会。县领导史文、周小喜陪同督查或出席调度会。7月20—21日，和县委副书记张南连续两天到石钟山景区，就景区环境和质量整改提升工作进行督查。8月22日，和副县长张水兰到鞋山和石钟山景区，实地督查景区环境和质量整改提升工作。10月20日，到园区长江干堤牛脚芫段，实地督察长江“最美岸线”打造工作，到海山小区、梅兰小镇、学士路沿线及石钟山景区等地，实地督察“三线六边”环境整治提升工作。11月6日，到县棚户区改造指挥部，实地调研棚改工作进展情况。12月12日，到石钟山景区，就景区整改提升工作进行现场调度。

生态环保调研　5月3日，和县委副书记、县长鲍成庚带领四套班子部分领导和相关部门负责人对湖口沿江岸线及腹地进行实地调研，并在县高新技术园区召开专题座谈会，研究部署“共抓大保护、打造长江最美岸线”相关工作。6月13日，和县委副书记、县长鲍成庚到长江干堤、神华码头、洋港湿地公园等地，实地调研打造长江“最美岸线”工作。7月3日，和县领导邱玉林、张水兰、李宏川、周小喜等到鄱阳湖口国家森林公园，实地查看自然景观保护情况。7月4日，和县领导史文、沈天华、刘奇、周小喜等先后到北棉场、武山镇、城山镇和南北港水产场等地，调研水生态治理工作情况。7月5日，和县委副书记张南，县领导张水兰、周小喜等先后到城区部分在建项目工地和园区长江干堤，实地督查重点城建项目和打造长江“最美岸线”工作进展情况。10月6日，带领相关部门负责人先后到大垅乡、流泗镇、均桥镇，实地察看了玉岩矿业作业区、黄茅潭、宏升页岩砖厂，对矿山复绿、水体治理、砖厂改造、畜禽养殖整治等工作进行抽查督导。10月17日，到园区中星医药、中伟科技和普荣高新材料，实地检查指导园区环保专项整治及部分停产企业环保整改落实情况。10月27日，先后到柘矶水厂临时取水施工现场及海事、恒达、长峰、供销社等沿江码头，就集中饮用水水源地环境保护整改落实情况进行现场调度。10月31日，和县委副书记、县长鲍成庚一同到县高新园区，实地督查园区环保专项整治工作情况。当晚召开环保七大重点专项整治工作专题调度会。12月8日，和县委副书记、县长鲍成庚先后到石钟水厂、江铜、博林矿粉、一德油料、万年青水泥商砼等项目现场，详细了解环保问题整改落实情况。

安全生产调研　2月14日上午，主持召开全县安全生产工作专项调度会。会议听取了安监、交通、规划建设、教育等相关部门关于开展安全生产排查、检查和整治等工作情况的汇报。3月29日，和县委常委柯景坤、副县长叶子一道督查园区企业安全生产工作。

党建调研　4月20日，到县纪委监委机关调研并召开座谈会，认真听取县纪委监委工作情况汇报。5月30日上午，不打招呼，深入部分乡镇，突击检查党员干部作风建设情况。6月26日，和县领导查忠平、周小喜先后到张青乡、大垅乡和武山镇，调研乡镇纪委标准化建设情况。6月29日上午，和县委副书记张南，县领导梅媚、吴继新、周小喜等到城市基层党建联系点——双钟镇大岭社区，实地调研城市基层党建工作。8月22日，和县委常委查忠平、副县长张水兰深入石钟山廉政文化示范点和大岭社区居委会，调研党风廉政建设工作。8月23日，和县委常委、组织部长梅媚到流泗镇，就乡镇干部绩效考核试点工作进行现场调研。10月26日，先后到舜德乡和城山镇，实地调研乡镇纪委标准化规范化建设等工作情况。11月13日，以不打招呼、临时抽查的方式，到舜德乡青竹村现场抽查该村反馈问题整改落实情况，并仔细询问了脱贫攻坚中形式主义、官僚主义突出问题立行立改的精准情况。

“放管服”改革调研　5月22日，到县行政服务中心，实地调研“放管服”行政审批制度改革工作情况。县委副书记、县长鲍成庚一同调研，县领导刘奇、周小喜陪同调研。

“四好农村路”建设调研　6月9日，和县领导卢伟俊、周小喜实地调研“四好农村路”建设工作，并主持召开座谈会。

“四城同创”调研　6月20日下午，和县委副书记张南、副县长张水兰带领县创建办、卫计委、规划建设局、市场监管局、市容执法局、双钟镇等相关单位负责人现场调度创建国家卫生县城工作。

实施乡村振兴战略调研　7月6日，和县人大常委会主任阮洋，县领导沈天华、李水木、周小喜等，先后到流泗镇红星村、大垅乡大垅村、付垅乡大山村和武山镇武前村，实地调研实施乡村振兴战略和农业产业化发展情况。9月2日，和县委常委沈天华先后到舜德乡、流芳乡和武山镇等地，调研脱贫攻坚和推进乡村振兴工作情况。10月2日，先后到城山镇团墩村、富源村及付垅乡凰山村调研脱贫攻坚及殡葬改革工作。11月5日，到双钟镇月亮村，看望慰问结对帮扶贫困户，实地调研脱贫攻坚工作。

宏观经济运行调研　9月4日，先后到发改委、统计局、工信委和中小企业局，调研宏观经济运行情况。强调围绕中心，主动作为，担当实干，为湖口高质量跨越式发展奠定坚实基础。

扫黑除恶调研　10月16日，到县公安局，就扫黑除恶工作进行专项调研。

殡葬改革调研　10月19日，先后来到大步山安泰陵园和马影镇，实地调研全县殡葬改革工作情况。

【学习交流】 3月16日，濂溪区区委常委、常务副区长徐翔带领考察团到湖口参观考察。5月16日，修水县委副书记欧阳明华率考察团一行到湖口参观考察城乡环境综合治理工作。10月23日，上饶市弋阳县委书记谢柏清带领弋阳县党政代表团到湖口考察。

5—6日，县委副书记、县长鲍成庚率队先后到上饶市横峰县、信州区、上饶县和景德镇市昌江区、珠山区、陶瓷工业园区，考察学习秀美乡村建设、乡村旅游和生态修复、城市修补工作。

5月18日，县委常委、常务副县长史文带领考察团到永修县，就政府性投资融资平台建设、房地产开发和城市建设等工作情况进行考察学习。

（编辑部）

上级考察调研

【刘奇在湖口调研】 4月2日，省委书记刘奇在湖口调研。刘奇察看了海山科技创新试验区、园区生态化改造工程、污水处理职能监控系统、九江钢厂，听取了老城棚户区改造、脱贫攻坚、城乡环境综合整治等工作情况汇报，强调，要以习近平新时代中国特色社会主义思想为指导，深入贯彻落实党的十九大精神，坚决贯彻习近平总书记关于长江经济带“共抓大保护、不搞大开发”重要要求，统筹稳步推进产业升级、生态保护、环境整治和城乡建设，努力实现长江沿线“水美岸美产业美”，致力让人民群众“生活美”。11月24日，省委书记刘奇利用周末时间到湖口县调研长江沿线环保整治提升工作。他强调，要深入贯彻落实习近平生态文明思想，牢固树立“四个意识”，坚决做到“两个维护”，牢牢把握“共抓大保护，不搞大开发”战略导向，提高政治站位、强化使命担当、狠抓整改提升，努力打造水美岸美产业美的长江“最美岸线”。

【毛伟明在湖口调研】 4月9日下午，省委常委、常务副省长毛伟明在湖口深入高新技术产业园区，实地察看沿江环境治理、码头整治、生态修复等项目，调研长江岸线保护利用情况。调研中，毛伟明要求精心呵护母亲河“一江清水”，努力打造长江“最美岸线”。

【刘强在湖口督导】 6月15日，省委常委、副省长刘强就推进中央环保督查整改工作到湖口高新园区“一企一管一池一阀”3片区控制中心和方大九钢公司进行督导。调研中刘强强调加强环境监测和污染治理，让更多百姓享受生态环保效益。

【吴晓军在湖口调研】 5月9日，副省长吴晓军到湖口，深入天赐新材料、九钢公司、晨光新材料等企业，就工业转型升级和安全生产工作进行调研。调研中，吴晓军强调改善环境质量，推动产业转型升级绿色发展。

【林彬杨在湖口调研】 5月16—18日，市委书记林彬杨在湖口督导打造长江“最美岸线”工作，强调全线出击，全面发力，确保中央和省委决策部署在九江落地见效。市委常委、常务副市长董金寿，市委秘书长吴照友随同调研。6月11日，林彬杨深入湖口均桥镇横山采石场整改一线，调研督导、现场协调中央督查组反馈的环保问题整改落实情况，要求认真抓好矿区清场填坑和矿山复绿工作。11月24日，林彬杨深入湖口高新园区的江西晨光新材料有限公司和天赐高新材料循环产业园，实地调研民营经济发展情况。

【谢一平在湖口调研】 10月11日，市委副书记、市长谢一平一行先后到天赐高新材料循环产业园、晨光新材料有限公司、锂电材料产业基地、远大装配式建材PC工厂等处实地调研，详细了解经济社会发展情况。他强调，湖口县要着力在转型升级上迈出更大步伐，在绿色发展上取得更大突破，为九江融入长江经济带、振兴江西北大门、打造区域率先发展战略高地作出“湖口贡献”。

【熊永强在湖口调研】 3月9日，市委副书记熊永强一行深入湖口武山镇、流芳乡和城山镇，实地调研“乡村振兴”战略实施情况。

【董金寿在湖口调研】 12月19日，市委常委、常务副市长董金寿一行到湖口江西晨光有限公司调研指导企业上市工作。

【蹇侠在湖口调研】 5月15日，市委常委蹇侠到湖口，对“三农”工作进行实地调研。

【张新龙在湖口调研】 5月16日，市委常委张新龙到湖口，对商贸物流业发展情况进行实地调研。

【孙金淼在湖口调研】 3月20日，市政府副市长孙金淼带队到湖口，就鄱阳湖水环境保护及水站建设工作进行实地调研。12月14日，孙金淼带领市环境问题整改落实情况督察组到湖口九钢公司大气减排、石钟水厂饮用水源地保护整治和中星医药有限公司环保整改等项目现场，就中央环保督察及“回头看”、省环保督察和长江经济带生态环境专项审计等环保问题整改推进情况进行现场调研。

【彭敏在湖口调研】 7月10日，副市长彭敏到湖口，对重大交通安全隐患整改工作进行现场督办。

【罗文江在湖口调研】 6月4日，副市长罗文江带领调研组到湖口，调研化工产业发展及安全生产工作。12月19日，先后到天赐循环产业园、浔朋化工、中伟科技、劲农化工等企业，调研化工企业转型升级和清理整顿工作。

【张荣先在湖口调研】 4月9日，副市长张荣先带领督察组到湖口督查乡村振兴战略“春风行动”开展情况。

【国家发改委在湖口调研】 1月5日，国家发改委基础司副司长周小棋带领调研组一行在高新园区中心服务区（生态停车场）和环保职能监测站（一企一管一池一阀）项目现场，实地调研生态示范园区建设情况。调研组指出，湖口县按照“生态优先，绿色发展”理念，园区生态化改造初见成效，下一步要强化生态工业园区建设的保障，突出环境景观化、产业循环化、企业环保化、生产安全化、配套便捷化，全域推进生态工业园建设。2月25—26日，国家发改委经济研究院副院长、研究员吴晓华率领调研组到湖口，调研绿色发展示范区建设工作。6月11日，国家发改委环境司副巡视员赵鹏高一行到湖口调研节水项目情况。10月23日，国家发改委基础司副司长马强带领调研组到湖口九江天赐、晨光新材料、海山科创中心等处，围绕长江经济带绿色发展情况进行实地调研。

【生态环境部在湖口调研】 10月29日，生态环境部国家环境保护督察专员周宪政带领调研组到湖口西门塘排涝口改建工程、石钟水厂饮用水水源地保护工程及柘矶水厂取水口改迁工程现场，实地调研集中式饮用水水源地保护工作。

【水利部在湖口调研】 6月29日，由水利部副部长魏山忠带队的调研组到湖口，就长江最美岸线打造工作进行调研。

【国家统计局江西调查总队在湖口调研】 12月4日，国家统计局江西调查总队总队长方正亚到湖口县富欣农业专业合作社、神华国华九江发电有限责任公司、长江“最美岸线”整治现场和九江萍钢钢铁有限公司现场调研，在九江萍钢召开座谈会。

【国家创建验收组到湖口检查验收】 8月16日，以陕西省政府参事、陕西省作家协会原常务副主席蒋惠莉为组长的国家公共文化服务体系示范区创建验收组先后到流泗镇基垅村文化活动中心、凰村乡四官村文化活动中心和综合文化站、双钟镇大岭社区文化活动中心、县图书馆等地对湖口创建工作进行实地检查验收。

【省发改委在湖口调研】 3月8日，省发改委主任张和平到湖口调研经济社会发展情况。张和平先后到神华九江电厂、园区生态化停车场和科创中心等地，实地了解湖口近年来高新园区发展历程和发展成果。5月4日，省发改委党组成员、省生态文明办专职副主任刘兵带领省污染防治攻坚课题调研组到湖口就贯彻落实长江经济带“共抓大保护、不搞大开发”情况进行专题调研。8月9日，省发改委党组成员、省生态文明办专职副主任刘兵带领督察组到远大装配式建材PC工厂项目现场，就落实中央巡视“回头看”反馈意见整改工作进行实地督查。

【省民政厅到湖口调研】 6月1—2日，省民政厅厅长刘金接到湖口调研民政工作。他先后到石钟养老城、付垅乡敬老院等地调研社会养老服务、留守儿童管理、精准扶贫、殡葬改革等工作开展情况。

【省工信委在湖口考察】 7月12日，省工信委副主任江明成带领省节能减排考察组一行到湖口考核检查。考察组先后到江铜铅锌、方大九钢公司，分别召开座谈会，详细了解企业节能减排工作情况。

【省统计局在湖口调研】 9月18日，省统计局总统计师曾永生带队的调研组一行先后到国华九江电厂、赛得利（九江）纤维和方大九钢等企业调研工业经济运行情况。

【省交通厅在湖口调研】 9月20日，省交通厅副厅长王昭春带队到湖口武山镇王常村，均桥镇南港村等地，围绕“四好农村路”建设工作进行实地调研。

【省科技厅在湖口调研】 11月16日上午，省科技厅副厅长赵金城到湖口九江高科制药技术有限公司和湖口县科创中心，就企业在科技创新、技术创新、人才培养等方面情况进行调研。

【省公路局在湖口调研】 11月29日省公路局局长曾晓文到湖口马影镇柯观村、均桥镇南港村、付垅乡水车村、武山镇王常村实地调研“四好农村路”路域环境整治、安全生命防护工程、建制村窄路面改造、产业扶贫基地及公交候车亭建设情况。

（编辑部）

重大项目督查和检查

【概况】 经县委、县政府研究，县委办公室、县政府办公室于2017年11月20日印发了湖口县《2018年重点项目计划安排》，将60个产业项目和70个政府投资项目列入2018年重点项目。产业项目包括神华煤电、五星纸业、一德油料、远大装配式建材、赛得利（集中供热）、天赐新材料产业园等省市重点项目。政府投资类项目包括城市建设、园区基础设施建设和社会民生等方面，总投资有10.916亿元，其中县政府投资2.378亿元。2018年3月8日，县委办公室和县政府办公室下发了《湖口县重大项目调度推进办法》，对重点项目的调度、推进、管理、督查、反馈、问责、考核以及工作要求做出了明确规定。全年共召开重大项目调度会4次，发督查专报17期，通报1期，县委主要领导亲自督查检查10余次。到年底，计划内重大项目基本完成建设任务。

【重大项目调度会】 县委、县政府全年共召开4次重大项目调度工作会，听取项目建设情况汇报，进一步部署下阶段工作，推进重大项目建设进度。

1月19日，县委书记李小平在县委常委会议室主持召开2018年第1次重点项目综合调度会。县委副书记、县长鲍成庚，县委副书记张南，县领导史文、柯景坤、刘奇、吴继新、张水兰、叶子、刘强、卢伟俊、李水木、周月喜、周小喜等参加会议。参加会议的还有公安局、园区管委会、规划建设局、房管局、教育局、创建办、交通局、林业局、环保局、卫计委、水务局、渔政局、旅发委、交管大队、市容执法局、公路局、工投公司、体育办、矿管局、河道局、电信公司、铁塔公司、双钟镇、流泗镇、大垅乡、凰村乡、马影镇等单位负责同志。会议明确急需加速推进的重点项目（A类）有科创综合体建设项目、工业园排污口规范整治项目、园区湿地修复项目、园区集中供热项目、金砂湾园区柘矶片区修补整治项目、金砂湾园区山南片区综合管廊项目、高新大道人行道、路灯及绿化项目等40个。会议明确加速推进的重点项目（B类）有园区山体复绿项目、水生态文明规划项目、2018年相关规划项目、台山片区亮化项目、学苑路向南延伸至文体南路道路及管网项目、梅兰小镇改造提升项目、海山涧吴家西区安置区扫尾项目、石塘安置区二期扫尾项目等29个项目。会议就抓好当前重点项目落实工作，要求迅速部署抓落实，加密调度抓推进，围绕要素抓保障，内外兼顾抓成效。县“重大项目联合督查办”要按照本次调度会明确的时间节点和任务要求，强化督查力度和频度。县发改委要加强与上级部门的沟通，及时、准确掌握列为省、市统一调度的重大项目入库情况，把这些项目纳入全县项目库一并调度落实。

6月29日，县委书记李小平在县委常委会议室主持召开2018年二季度重大项目综合调度会。县委副书记、县长鲍成庚，县委副书记张南，县领导史文、查忠平、柯景坤、吴继新、李珊琦、张水兰、叶子、卢伟俊、李水木、周小喜等参加会议。参加会议的单位有：县委办、县政府办、县纪委、农工部、发改委、高新园区、规划建设局、国土局、林业局、环保局、商务局、房管局、水务局、商管办、安监局、体育办、市容执法局、旅发委、公路局、港口局、法制办、项目办、工投公司、石钟公司、移动公司、联通公司、电信公司、双钟镇、大垅乡、凰村乡、马影镇、武山镇等单位负责同志。会议对五星纸业项目、一德油料项目、赛得利项目（集中供热项目）、中红普林医疗项目、九江清研新视科技项目、九钢固废处理厂项目、天赐新材料循环产业园项目、科创综合体项目（豪杰家具项目）、天赐新材料大厦项目、富达研发大厦项目、星级酒店项目等11个产业类，对工业综合体项目、高新园区控规修编及调区扩区详规项目、最美岸线项目、山体复绿项目、码头整合项目、工业服务中心项目、高新广场工程项目、棚户区改造项目、适量安置房项目、汽车修理市场、木（石）材加工市场、废品收购市场项目、城市建筑垃圾填埋场项目、新城游泳馆项目、石钟山创国家级AAAAA景区项目、农村生活污水治理项目等14个政府投资类项目，逐一明确时间节点和挂点领导及推进责任单位。会议对下一步工作，要求思想站位要更高，工作力度要更大，施工管理要更规范，推进速度要更快。各责任单位务必督促好项目方和项目承建方严格按照本次调度会的时间节点压茬推进，在建设的过程中，要合理安排、有效组织、倒排工期、挂图作战。项目办要进一步加大督查力度，对没有按照时间节点完成的项目要及时通报。

8月19日，县委书记李小平主持召开全县重大项目、重点工作调度推进会。县委副书记张南，县领导史文、柯景坤、沈天华、吴继新、李珊琦、张水兰、叶子、卢伟俊、李水木、周小喜等参加会议。参加会议的还有：县委办、县政府办、农工部、发改委、财政局、“四城同创”创建办、5A景区创建办、高新园区、卫计委、交通局、规划建设局、文广局、安监局、环保局、商务局、房管局、工信委、水务局、林业局、农业局、国土局、商管办、旅发委、水产局、港口局、市容执法局、城投公司、工投公司、文旅集团、旅游总公司、法制办、矿管局、招商四局、自来水公司、双钟镇、大垅乡、凰村乡、马影镇、武山镇、舜德乡、武垦场、项目办等单位负责人。会议明确环鄱阳湖东大道工程（一期）项目（含圩堤升级改造）、大垅出口至银砂湾作业区疏港公路项目、火车站扩建项目、新增高速出口项目、杨赓笙故居项目、老县衙（学宫）修复项目、老城滨湖大道项目、老城沿湖立面（屋顶）改造项目、城市之门项目、台山组团亮化项目、石钟山东大道绿化提升项目、梅兰小镇项目、“三大市场”项目、建筑垃圾处理厂项目、星级酒店项目、五星纸业项目、一德油料项目、中红医疗项目、天赐新材料产业园（攀森板块）、清研新视项目、安元产业园项目、工业综合体项目、科创综合体项目、豪杰家具项目、工业服务中心及高新广场项目（含亮化）、天赐大厦项目、富达大厦项目、九钢固废处理厂项目等28个重点项目要完成的时间节点和工作任务。部署了打造长江“最美岸线”、沿江山体复绿、四城同创、砂石集散中心、石钟山景区创5A、石钟山景区整改提升、上石钟山置换、自来水公司改制、棚改、安置房建设、农村生态治理、矿山整治及生态修复、砖厂、搅拌站整治、风电项目生态修复、乡村振兴示范村、城乡环境综合整治、城区控规、园区控规、园区调区扩区、盘活存量工作、取水口、排污口整治等20项重点工作。会议要求，各责任领导和责任部门要树立实干和苦干的意识，严格按照县委、县政府确定的“一个统领、三大主题、十场硬仗”工作主线的要求，对照此次调度会明确的时间节点和任务目标，狠抓推进和落实，特别是要抓好末端落实。各责任领导、责任单位要树立“交账”意识，进一步强化调度。对于此次列为调度的重大项目、重点工作，县委、县政府主要领导将实行一月一调度，责任领导和责任部门要坚持随时调度。各责任单位要于每月25日之前将本月推进情况和下个月进度安排情况报县项目办备案，原则上项目进度要细化到周。县项目办及“两办”督查室要对照会议明确的时间节点、任务目标和各责任单位报送的进度安排表，加大督查力度，确保各项目及工作按时推进。对进度滞后一个月的，要严肃通报批评；滞后两个月的，责任单位负责人做书面检讨，并在电视台、湖口报公布检讨书；滞后三个月的，由纪检、组织部门约谈单位主要负责人。

11月5日晚，县委书记李小平主持召开全县重点项目调度会。县委副书记、县长鲍成庚，县委副书记张南，县领导史文、查忠平、梅媚、柯景坤、吴继新、李珊琦、张水兰、叶子、刘强、卢伟俊、李水木、周小喜等参加会议。参加会议的还有：县委办、县政府办、县纪委、组织部、发改委、高新园区、城投公司、财政局、商务局、安监局、水务局、交通局、规划建设局、国土局、工信委、环保局、文广局、林业局、商管办、5A景区创建办、工投公司、市容执法局、法制办、港口局、自来水公司、双钟镇、流泗镇、大垅乡、凰村乡、马影镇、武山镇、武垦场、项目办等单位负责人。会议调度了五星纸业项目、一德油料项目、清研新视项目、工业综合体项目、最美岸线项目、砂石集散中心项目、天赐新材料产业园（攀森板块）、天赐新材料产业园、大家食品项目、中红医疗项目、豪杰家具项目、工业服务中心及高新广场项目（含亮化）、天赐大厦项目、富达大厦项目、安元科技项目、科创综合体项目、九钢固废处理厂项目、力举项目、沿江山体复绿项目、环鄱阳湖东大道工程（一期）项目（含圩堤升级改造）、大垅出口至银砂湾作业区疏港公路项目、杨赓笙故居项目、老县衙（学宫）修复项目、老城滨湖大道项目、老城沿湖亮化项目、老城沿湖立面（屋顶）改造项目、饮用水源地整治项目、城市之门项目、台山组团亮化项目、石钟山东大道绿化提升项目、梅兰小镇项目、“三大市场”项目、建筑垃圾处理厂项目、星级酒店项目、台山公园健身步道改造提升项目等35个项目。要求各责任领导、责任单位要切实增强项目建设的危机感和紧迫感，进一步压实工作责任，深入一线、靠前指挥，牢固树立“项目建设是在解决问题当中推进”意识，及时解决项目建设和推进中存在的问题，在确保安全、质量、环保的前提下，抢抓当前项目建设的“黄金时期”。项目督查办要严格对照本次调度明确时间节点、进度要求和困难问题，进一步加大督查力度，加密督查频次，对目标和困难完成解决情况实行“卡点督查”“一周一专报”，倒逼项目推进。要按照作风大整治服务大提升要求，强化项目建设问责问效，严肃查处在项目推进过程中落实不力、推诿扯皮等现象，纪检、组织部门要根据督查情况视情启动问责程序，确保为全县项目建设冲刺提供坚强作风保障。

【关于1—7月份全县重大项目推进情况的通报】 全县上下牢固树立“项目为王”的理念，坚持问题导向，注重形成工作合力，集中攻坚，克服外部环境和客观条件对重大项目建设的影响，确保一批重大项目按照既定的时间节点和任务目标推进，特别是神华九江电厂、置地远大装配式建材、容汇锂业、新建五小等一批重大项目相继试投产和投入使用，有效地策应了全市“重大项目见效年”活动。

列全市统一调度的重大项目情况。列入全市统一调度的重大项目总数为36个，总投资额为300.5亿元，2018年度计划投资额为73.47亿元。其中，续建项目20个，新开工项目16个，开工率为100%。截至7月底，累计完成投资额46.14亿元，占年度投资计划的62.8%。其中，续建项目完成投资额36.45亿元，占年度计划投资的64.34%；新开工项目完成投资额9.69亿元，占年度计划投资的57.61%。

列全县统一调度的重大项目情况。（1）政府投资类A类：纳入调度项目共41个，总投资额25.85亿元。其中，已实质性开工项目25个，开工率为60.98%，正在开展前期工作项目15个，暂缓项目1个（金砂湾园区山南片区综合管廊项目）。目前实际进度按月进度要求达标的有31个，未达标的有9个（金砂湾园区柘矶片区修补整治项目、高新园区控规修编及调区扩区项目、高新广场工程项目、台山新区13个管网断点堵点疏通项目、高速转盘至鄱阳湖大市场“白改黑”项目、水务码头项目、环鄱阳湖东大道（一期）工程项目、火车站扩建项目、城市建筑垃圾填埋场项目）。（2）政府投资B类：纳入调度项目共29个，总投资额6.1亿元。其中，已实质性开工项目20个，开工率为68.97%，正在开展前期工作项目9个。目前实际进度按月进度要求达标的有24个，未达标的有5个（已建安置区配套基础设施完善项目、省道S214流芳至苏山公路改线项目、园区山体复绿项目、曹家树停车场项目、洋港渔港项目）。（3）产业A类：纳入调度项目共31个。其中，已实质性开工项目24个，开工率为77.41%，正在开展前期工作项目7个。目前实际进度按月进度要求达标的有28个，未达标的有3个（中红普林医疗项目、前发精细化工项目、科润新材料项目)。(4)产业B类:纳入盘活、兼并和重组的项目共29个。其中,正在洽谈的有8个,分别是:富达实业与盈联实业,豪杰家具与德佳电缆,华芯集成电路产业园与邦德汽车,上海亿睿科技与邦德、融澳集团与金旺物流园,新德佳电缆正在洽谈融资事宜,远能机器人、众艺鞋业正在洽谈盘活部分厂房事宜,正在办理清退程序的有2个,分别是:荣乔电子项目、钟山食品项目,正在启动破产程序的有2个,分别是浔朋化工项目和强玻璃制品项目,已完成资产移交的有1个,天赐新材料收购攀森新材料项目。

两次综合调度会议落实情况。根据县委、县政府两次综合调度会明确的有关事项,项目办分别建立工作台账,实行台账销号管理的事项共157项。其中,一季度重大项目综合调度会会议纪要明确事项99项,二季度重大项目综合调度会会议纪要明确事项58项。截至目前,已完成并销号的有71项,且有15项事项需在"7月底前"完成,目前已基本完成的有11项,分别是:高新园区控规修编及调取扩区详规完成初步成果、码头整合项目完成初步方案、最美岸线完成设计方案修改、石钟山创国家级AAAAA景区项目完成上石钟山置换工作中的军产评估和规划选址方案、一德油料项目完成土方平整、九钢固废处理厂将现有堆放的钢渣清理、九钢固废处理厂项目选址设计方案、山体复绿项目优化设计方案、农村生活污水治理项目制定出2018—2020年三年的实施方案和资金概算、新城游泳馆项目招投标、石钟山创国家级AAAAA景区项目"两规划一报告"——《景区提升规划》《景区总体规划》《质量评价报告》,未完成的有4项(九江清研新视科技项目完成室内装修并投入运营、工业服务中心项目开工建设、县道改造项目张青至付垅段全面完工、城市建筑垃圾填埋场项目完成编制设计方案)。

【督查专报】 县委、县政府重大项目联合督查办公室全年共组织17批次专项督查,发《督查专报》17期。

1月21日,对县委、县政府第8次重大项目综合调度会明确的有关事项进行专项督查,发第一期《督查专报》。

1月24日上午,对县主要领导现场、会议调度的部分重大项目明确的有关事情进行专项督查,发第二期《督查专报》。

1月26日上午,对县主要领导现场、会议调度的部分重大项目明确的有关事情进行专项督查,发第三期《督查专报》。

1月29日,对县委、县政府重点项目综合调度会明确的有关时间节点进行专项督查,30日,发第四期《督查专报》。

2月初,对2018年县委、县政府第1次重点项目综合调度会明确的有关时间节点进行专项督查,8日,发第五期《督查专报》。

3月20、21日,对列2018年重大项目库项目施工现场和项目进度进行专项督查,22日,发第六期《督查专报》。

4月18、19日,对4月9日全县一季度重大项目综合调度会后项目推进情况进行了专项督查,20日,发第七期《督查专报》。

4月29、30日,对4月9日全县一季度重大项目综合调度会会议纪要明确要求在"4月底前"完成的有关时间节点和目标任务进行专项督查,此次一共督查了15个重大项目。30日,发第八期《督查专报》。

5月24日,对县委主要领导5月14日现场调度重大项目推进时明确的有关事项进行专项督查,此次一共督查了12个重大项目。25日,发第九期《督查专报》。

6月9日,对县委主要领导5月14日和县政府主要领导5月29日现场调度重大项目推进时明确的有关事项进行专项督查。此次一共督查了14个重大项目。11日,发第十期《督查专报》。

9月25日,县委督查室、县项目办对13个重点项目进度情况进行专项督查。当天,发第十一期《督查专报》。

按照11月5日晚全县重点项目调度会的要求,县委督查室、县项目办对《全县重点项目调度会会议纪要》明确的11项“一周内”需完成的事项进行专项督查。这次督查9个重大项目。13日,发十二期《督查专报》。

按照11月5日晚全县重点项目调度会的要求,县委督查室、县项目办对第12期(总第32期)督查专报中4项正在推进的事项完成情况和部分重点项目推进进度进行专项督查。20日,发十三期《督查专报》。

按照11月5日晚全县重点项目调度会的要求,县委督查室、县项目办对第12期(总第32期)、13期(总第33期)督查专报中5项正在推进的事项完成情况和纪要明确的有关其他事项推进进度进行专项督查。27日,发十四期《督查专报》。

按照11月5日晚全县重点项目调度会的要求,县委督查室、县项目办对第四季全县重点项目调度会明确的“11月底”需完成的事项及部分重大项目进度进行专项督查。12月4日发十五期《督查专报》。

按照11月5日晚全县重点项目调度会的要求,县委督查室、县项目办对部分重大项目环境整治工作和进度推进情况进行专项督查。12月11日,发十六期《督查专报》。

按照11月5日晚全县重点项目调度会的要求,县委督查室、县项目办对部分重大项目环境整治工作和进度推进情况进行专项督查。12月18日,发十七期《督查专报》。

(肖文波)

组织工作

【概况】2018年,湖口组织工作认真贯彻习近平新时代中国特色社会主义思想和党的十九大精神,坚决落实新时代党的组织路线。坚持把党的政治建设摆在首位,着力提高全县各级党组织和党员干部政治觉悟和政治能力。坚持好干部标准,紧盯素质培养、知事识人、选拔任用、从严管理、正向激励等关键环节,推动队伍建设焕发新活力。以“红色引擎”驱动绿色发展为主线,推动基层党组织全面过硬、全面进步。以全市打造“5+1”千亿产业集群和湖口融入全市长江经济带绿色发展为契机,不断深化人才发展体制机制改革,激发各类人才创新创业活力。以落实老干部的“两个待遇”为重点,做到了“让县委放心、让老干部满意”。围绕“勤学善思、提质增效、务实创新,遵规守纪”治部方针,不断提高组工干部综合素养,为从更高层次上聚力“一核三带”,建设“五个湖口”提供坚强组织保证。

政治建设。不断培厚政治文化土壤,营造浓厚的红色文化氛围,涵养风清气正的政治生态。印发《关于开展学习贯彻党的十九大精神全员集中轮训工作的通知》,举办全县科级干部学习贯彻党的十九大精神专题培训班,开展村(社区)正职、基层组织员、“第一书记”等专题轮训,邀请十九大代表向东到湖口开展宣讲活动,累计培训2000余人次,基层党组织每年开展不少于3天的专题培训。印发《2018年基层党建工作重点任务手册》《党员活动日操作手册》等操作资料,订购300余套《基层党务工作手册》赠阅全县基层党组织。对全县基层党组织“三会一课”、民主生活会、组织生活会、主题党日等党内政治生活开展经常性监督和指导。全县各级党组织召开“坚决全面彻底肃清苏荣案余毒”专题民主生活会和组织生活会。广泛开展诵读《红色家书》、“学典型、读红书、践初心”“铭记光辉历史,传承红色基因”等主题党日活动。在武山镇王常村建成全省首个村级党群红色空间“有声图书馆”。

干部队伍建设。严格遵循新时期好干部标准,注重从脱贫攻坚、扫黑除恶、环境保护等基层一线选拔干部,结合乡村振兴、脱贫攻坚、环境保护等重点工作开展干部培训。出台《湖口县干部作风建设整治行动实施方案》,重点整治“怕慢假庸散”等作风问题,坚持用好提醒、函询、诫勉等组织手段,加强对干部苗头性、倾向性问题的及时提醒,不断提高干部监督效率。认真贯彻落实中央、省、市《关于进一步激励广大党员新时代新担当新作为的意见》,深入推进乡镇干部绩效考核试点工作。圆满完成“三方面人员”考选，5名优秀基层干部充实到乡镇副职领导岗位。全年共举办各类专题培训班8次，培训1100余人。组织70名青年干部2次赴上海交大参加培训。“三定三评三结合”绩效考核模式试点乡镇由4个扩大到11个，试点经验在全省全市做典型发言，获省、市领导肯定，被《人民日报》《江西日报》《江西改革动态》等媒体刊物报道。印发《关于进一步加强年轻干部培养选拔工作的实施意见》，选派1名优秀年轻科级干部到团中央挂职锻炼。

基层组织建设。2018年全县基层党组织共有617个，其中党(工)委21个、党总支33个、党支部563个，共有党员13171人，其中新发展党员200人。年初印发《抓基层党建工作责任清单》和《重点任务清单》，组织基层党组织书记签订《党建工作承诺书》，并认真执行党建工作联席会议、清单管理、专项督查、目标考评、述职评议等责任落实机制，推动党建责任落到实处。认真贯彻落实中央新出台的《中国共产党支部工作条例（试行）》《中国共产党农村基层组织工作条例》，对9个村（社区）软弱涣散党组织进行了有效整顿。结合机构改革，同步健全县政府工作部门党委（党组），并理顺隶属关系，对部分乡镇和县直单位下属改制企业等瘫痪或名存实亡的党组织及时进行撤并调整。从118个单位选派了159名干部驻村开展帮扶工作，实现贫困村、软弱涣散村和集体经济薄弱村驻村帮扶全覆盖。圆满完成村级组织换届，配齐配强了全县148个村（社区）党组织书记和村级班子。严格落实省委、市委关于扫黑除恶打击村霸等问题的工作要求，严防黑恶势力渗入基层党组织。持续加大党建经费投入，2018年县财政全年配套落实基层党建经费1100余万元。出台《关于进一步加强园区党建工作的意见》,成立工业联合党委,打造了九钢公司、江西晨光、力山环保、颐高双创等一批非公党建示范点。依托县、乡、社区“三级联动”，推行“1+3+X”工作法，进一步推进组织共建、活动共办、资源共享。

人才队伍建设。出台《石钟山英才计划》《湖口县在外人才“归雁计划”》，结合湖口主导产业和未来重点发展产业，突出抓好尖端创新人才、高端管理人才、紧缺实用型人才和高技能产业人才的引进和培育。截至2018年底，全县共引进博士人才37人，其中全职引进10人，柔性引进27人。引进九江学院首批2名博士到湖口挂职。进一步完善县四套班子领导联系人才和企业制度，对关键人才实行“一对一”式贴心服务，帮助解决住房户口、配偶工作、子女入学和健康医疗等方面的问题。积极支持和服务高层次人才申报国家、省、市各类人才工程，2018年全县1人入选国家“万人计划”，1人入选省“能工巧匠”，4人入选市“双百·双千”计划。大力推进院士工作站建设，为人才施展才华、发挥作用搭建优良平台，2018年全县研究与试验发展经费投入3.22亿元，占GDP的2.1%，县财政直接投入资金1323万元，3家院士工作站全部升级为省级院士站，新增创新实践基地1家。截至2018年底，全县共建成高新技术企业15家、工程技术中心7家及各类研发机构近20家，柔性聚集院士、博士等高层次创新人才和高技能人才220余人。

老干部工作。湖口县共有老干部2871人，其中离休干部22人(抗日离休干部2人,离休干部20人)，退休干部2849人（行政机关退休干部1136人、事业单位退休干部1713人),全县离退休干部党支部22个。组织老干部学习党的十九大报告和习近平系列重要讲话精神，传达学习中央、省、市、县的重大会议和文件精神，通过学习使老干部“常学常新”，紧跟时代的步伐，对未参加学习的老干部，定期组织了人员送资料上门辅导。继续坚持老干部定期学习制度，坚持和完善老干部阅文、参加重大会议、订阅报刊制度，积极发挥老干部作用，大力宣传先进典型。扎实开展完成春节、寒暑假、重阳节等慰问工作，认真落实中央和省、市各项老干部生活待遇政策和规定，全面及时地实行“两费”保障的“三个机制”。

县直机关工委工作。下辖机关党委2个，党总支25个，党支部171个，离退休支部17个，隶属党员2803人，按照发展党员的要求2018年新发展党员

28人，列为入党积极分子141人。2018年，60余名机关党组织书记、92名驻村第一书记带头深入扶贫村或帮扶企业联系点，与党员群众面对面开展思想交流。8月上旬对全县驻村帮扶力量进行了调整和加强，从118个机关单位选派159名干部驻村开展帮扶工作，实现了贫困村、软弱涣散村和集体经济薄弱村驻村第一书记、驻村工作队帮扶全覆盖。7月开始，对各县直机关党组织下达了换届通知，针对粮食、供销、改制企业等党组织瘫痪或名存实亡的情况，做好撤并调整工作，全县27个机关事业党组织得到优化。及时补充完善党员信息，46名失联党员重新纳入教育管理，24名停止党籍的失联党员完善了查找纪实材料，对2007年以来的344名军队退役党员建立台账进行管理。50余个机关事业共建单位，400余名党员干部主动到社区，联合开展各类共建活动60余场次。利用“主题党日活动”，积极组织党员干部参与城乡环境综合整治、棚户区改造“大会战”。以“组织结对、党群连心”为主旨，积极开展机关党员点亮群众“微心愿”230个。以文明创建为目标，开展“彬彬有礼过马路”文明劝导活动，组织全县86个机关事业单位近300名党员干部进行志愿服务。

【村（社区）“两委”换届选举工作会召开】 1月15日下午，县委召开全县村（社区）“两委”换届选举工作会。县委书记李小平出席并讲话，梅媚、李珊琦、张水兰等县领导分别就全县村（社区）党组织换届、人大监督换届和村（居）民委员会换届做了具体安排部署。各乡（镇、场）党委书记及相关部门负责人参加会议。

【市委党建巡察组到湖口巡察】 1月16日，市委党建巡察组在市委组织部村建办主任周丹带领下，到均桥镇对基层党建工作进行巡察并召开座谈会。7月16—17日，市委组织部部务委员彭蓉茜带队到湖口开展基层党建巡察。11月27日，市委组织部副部长胡运龙、市纪委驻市委组织部纪检组组长欧阳益群到湖口开展党建巡察。县委组织部为了开展好党建巡察工作，于4月11—28日和5月16—17日，采取两级调阅、实地走访、查阅资料、谈心谈话等方式，分三个巡察调研组对各县直单位和乡（镇、场）党组织开展党建巡察调研，并将巡察调研结果书面反馈各单位党组织，督促整改到位。

【老干部经济形势通报会召开】 2月8日，县委、县政府召开全县老干部经济形势通报会，县委书记李小平出席并讲话，县委副书记、县长鲍成庚通报湖口县2017年经济形势，县政协主席杨小林出席会议，县委常委、组织部长梅媚主持会议。全县离休和副处实职以上退休老干部参加会议。

【全县基层党建述职评议会议召开】 2月9日，2017年度全县基层党建工作述职评议会召开，县委书记李小平主持会议并讲话。市委组织部部务委员彭蓉茜、干部四科科长郭宇到会指导。县委党建工作领导小组成员出席会议。

【省委组织部到湖口调研】 5月24日，省委组织部公务员办副主任甘禄星、市委组织部副部长王旭东、市公务员办主任刘琛一行到流泗镇调研乡镇干部绩效考核试点工作。7月25日，省委组织部干部四处调研员申道义带队到湖口开展谈心调研。

【干部异地调学】 6月25—29日，9月25—30日，县委组织部分两批次组织120名优秀青年党员干部到上海交通大学开展综合素质专题培训，着力提升青年干部的党性素养和专业水平，取得良好成效。

【“主题党日活动”开展】 结合“改革开放40周年”庆祝活动，广泛开展诵读《红色家书》、“学典型、读红书、践初心”“铭记光辉历史，传承红色基因”等主题党日活动。7月26日晚和7月18日晚上，县委办公室、县政府办公室党支部分别举行“学典型、读红书、践初心”主题党日活动，县委书记李小平，县委副书记、县长鲍成庚分别为办公室全体党员上党课。

【王金定一行到湖口调研】 7月31日，中国浦东干部学院副院长王金定一行调研湖口长江经济带建设情况，省委组织部干教处副处长万修猛、市委“两新”组织工委书记张鹏、县委常委、组织部长梅媚陪同调研。

【中央、省主要媒体报道湖口党建工作】 1月16日,《江西日报》以“逐梦新时代 铸就新辉煌——湖口激发城市基层党建活力纪实”报道湖口城市党建工作。2月27日,《江西日报》头版头条刊发《“红色引擎”驱动绿色发展——湖口县全面提升基层党建促转型升级纪实》。8月15日,《人民日报》以“江西湖口探索乡镇干部管理新方式奖罚结合治理庸懒散”为题报道湖口乡镇干部绩效考核工作。10月24日,《中国组织人事报》以“江西湖口‘两级’调阅规范党建工作”为题,报道湖口党建巡察“两级”调阅工作成效。

【“党群红色空间”落户武山】 12月19日,全省首家村级有声图书馆暨“党群红色空间”在湖口武山镇王常村建成投入使用。县委常委、县委组织部部长梅媚出席启用仪式并讲话。有声图书馆暨“党群红色空间”是党员群众学习知识、学习党建内容、休闲娱乐的新平台、新阵地,能有效弥补农村党支部党员年龄偏大、文化程度低带来的学习困难。

【乡镇干部绩效改革全面推进】 2018年,流泗镇乡镇干部绩效考核试点工作成功地创造了“三定三评三结合”绩效考核模式。为抓好乡镇干部绩效考核,县委将试点乡镇由4个扩大到11个,并推广流泗镇的经验做法。7月17日、9月7日,县委常委、组织部长梅媚分别在全省、全市乡镇干部绩效考核试点工作推进会上做经验交流发言。8月30日、10月9日,县委常委、组织部长梅媚两次主持召开全县乡镇干部绩效考核试点扩面工作座谈会。全县乡镇绩效改革工作稳步推进。

(付 煜)

宣传工作

【概况】 2018年,全县宣传思想文化工作以习近平新时代中国特色社会主义思想和党的十九大精神为引领,全面贯彻落实省、市、县党代会精神,围绕中心、服务大局、创新实干、担当有为,推进了宣传思想文化工作迈上新台阶,为聚力“一核三带”、建设“五个湖口”提供了强有力的思想引领、舆论引导和精神激励。

意识形态工作。县委印发了《湖口县党委(党组)意识形态工作责任制考核方案》,将意识形态工作“五个纳入”。出台了《县委宣传部、县委巡察办关于建立沟通协作机制的意见》。9月17—21日,县委常委、宣传部长邱玉林率队对各乡镇、相关文明单位开展了意识形态责任制落实的督促检查,倒逼意识形态工作责任落实。下发了《湖口县2018年意识形态工作通报》。12月18日,隆重举办“辉煌四十年、改革再出发”——湖口县庆祝改革开放四十周年成就展并开展。

中心组学习。县委理论中心组全年开展4次学习。组织学习了《习近平谈治国理政》(第一、二卷)《习近平新时代中国特色社会主义思想三十讲》《红色家书》《回望峥嵘读初心——发生在江西红土地上的100个经典革命故事》、中美贸易战、生态环保、扫黑除恶、反腐倡廉等相关内容。

理论宣讲。开展面向群众的理论宣讲,进一步推动习近平新时代中国特色社会主义思想进企业、进农村、进校园、进社区、进军营、进网络。整合各乡镇党建口组织、宣传、统战、政法等资源、力量,大胆探索,积极筹建新时代文明实践中心,打通武装党员干部,教育、服务群众的“最后一公里”。10月13日,大垅乡在全县率先成立新时代文明实践中心,11月7日共青团湖口县委新时代文明实践中心在县青年空间颐高双创基地正式挂牌。2018年12月由江西人民出版社出版发行的十九大精神进校园进课堂地方教材《新时代读经典育新人》3万册,覆盖全县中小学生及团员青年干部。开始筹划拍摄反映习近平生态文明思想电影《江豚笑笑的夏令营》。

舆论宣传工作。《湖口报》、湖口电视台县内主流媒体策划了“在习近平新时代中国特色社会主义思想指引下的新时代新气象新作为”“全面深化改革”“辉煌40年、改革再出发”“长江最美岸线打造”“五型政府建设”“脱贫攻坚进行时”“四城同创”“扫黑除恶”“城乡环境综合整治”“生态环保”等多个主题宣传。中宣部等多部门组织的《美丽中国长江行——共舞长江经济带·生态篇》和《大江奔流——来自长江经济带的报道》两次大型记者团分别于5月16日和8月6日到湖口，聚焦湖口转型升级、绿色发展、打造最美岸线、江豚保护等工作的最新成果做出报道。在中央电视台新闻联播、新闻直播间、新华社、《人民日报》《光明日报》《经济日报》《新华每日电讯》、澎湃新闻等中央级报纸电视网站等媒体上稿120篇，省级媒体上稿102条，市级媒体696条。年度外宣工作重点媒体上稿位列全市第二，名列前茅。湖口县科技创新、绿色发展经验做法在8月7日的晚间新闻联播播出，唱响了湖口好声音、展示了好形象。10月19日县委研究出台《湖口县融媒体改革方案》，依托智慧湖口平台筹建湖口县融媒体中心。

网络安全与信息化工作。处置舆情124条，突发重大舆情8条。有效应对了工业园沿江大道5人死亡交通事故、湖口中学7名中学生放石子逼停高铁、中伟科技废弃罐闪爆、宿松自媒体关注钢厂污染，特别是中星医药涉嫌污水偷排等重大舆情处置，着重问题及时全面整改，主动回应引导社会关切，社会面管控有序平稳。6月至12月，县网信办联合县公安局、县工信委等单位开展了网络安全专项检查。11月，县网信办开展了县内党政机关媒体平台和县内自媒体的摸排登记工作。加强了对民间自媒体平台的监控和监管，引导他们自觉遵守网络管理法律法规，湖口网络空间进一步清朗，环境进一步优化。

文化文艺事业。文化工作以国家公共文化服务体系示范区创建为引擎，以文化惠民工程为抓手，以一系列丰富多彩的文化活动为平台，文化事业特色鲜明精彩纷呈。代表九江市第三批国家公共文化服务体系示范区顺利通过国家现场验收并高分通过。湖口中学殷子烨同学录取清华大学，时隔十六年，实现了再次录取全国名校的新突破。3月24日成功举办第二届油菜花文化旅游艺术节、5月5日在舜德乡举办第三届文化茶品会，8月8日城山镇举办首届荷花节，9月23日在流芳乡隆重举行湖口县首届农民丰收节、10月10日在南北港场文昌府休闲山庄举办湖口县第二届农耕文化大赛，全面彰显文化魅力和风采。开展“文化送万家，欢乐你我他”活动，红色文化轻骑兵走村串户送文化下乡下基层演出达28场，深受百姓称赞。成功举办“辉煌四十年、改革再出发——湖口县纪念改革开放四十周年成就展”“最美长江岸线看湖口”摄影大赛、九江市名家优秀作品展、“湖畔山庄”杯声乐大赛及优秀童谣征集活动，受到众多媒体关注，反响强烈。成功申报并获“江西省民间文化艺术（戏曲）之乡”称号。湖口草龙成功入选第一批国家传统工艺振兴目录。湖口木船参加省多彩非遗展览，并启动冲刺申报国家级保护名录工作。湖口绣艺等项目正在申报市级非遗项目。积极开展非遗人才培养传承工程的调研，积极推动相关议题上会研究，加快对非遗传承人才保护。

【“辉煌四十年、改革再出发”展览开展】 12月18日，隆重举办“辉煌四十年、改革再出发”——湖口县庆祝改革开放四十周年成就展在县艺术中心开展，市委第四巡察组全体成员和县四套班子领导集体参观。这次成就展以“辉煌四十年，改革再出发”为主题，通过数字、图片、文字、音视等多种形式，生动展现了湖口县四十年来，尤其是党的十八大、十九大以来，在政治、经济、社会、文化、生态等方面的辉煌成就。这次成就展讲好了湖口故事，唱响了湖口好声音，凝聚了湖口力量，展示了湖口力量。

【共青团湖口县委新时代文明实践中心成立】 11月7日共青团湖口县委新时代文明实践中心在县青年空间颐高双创基地正式挂牌，这是继大垅乡新时代文明实践中心成立之后该县成立的第二个新时代文明实践中心。县委常委、宣传部长邱玉林出席揭牌仪式。县委宣传部、团县委、教育局等相关负责同志参加。

【《新时代读经典育新人》出版发行】 由县委宣传部组织编写的十九大精神进校园进课堂地方教材——《新时代读经典育新人》一书，于2018年12

月由江西人民出版社出版发行3万册，全县中小学生及团员青年干部已人手一册。

【湖口县融媒体中心筹建】 10月19日，县委第45次常委会研究决定出台《湖口县融媒体改革方案》。依托智慧湖口平台筹建湖口县融媒体中心，投资400万元，整合湖口县新闻中心、湖口县广播电视台、湖口政务网新闻版块、湖口发布微信公众号、湖口发布官方微博和江西手机报湖口版等6家媒体资源，创办湖口广播电台“江湖之音”，打造融媒体新平台中央厨房。

（饶　琪）

统战工作

【概况】 2018年，湖口县委统一战线工作，从实际情况出发，准确把握新时代统战工作规律，始终坚持把统战工作放在县委、县政府的中心工作中来谋划和推进，凝聚各方力量，不断拓展统战工作范围，在促进社会和谐、服务经济建设、培养党外干部、落实脱贫攻坚、扫黑除恶等方面做了大量工作。2018年获全市统战工作实践创新成果奖。

加强民族宗教工作。在全县范围内开展了宗教场所专项整治工作。3月12日，召开全县宗教工作联席会议，进一步建立健全县、乡、村三级网络二级责任制；在全县范围内开展了宗教场所专项整治工作，对令公庙等宗教场所违建建筑进行了拆除，关停了8处未批先建场所，将24处列为民间信仰场所进行规范管理；在宗教场所积极开展升国旗、悬挂“社会主义核心价值观”宣传牌活动，引导信教群众积极培育和践行社会主义核心价值观。5月29日，举办了“同心·六一关爱少数民族儿童爱心捐赠”活动。5月30日，举办了宗教界学习贯彻党的十九大精神暨新修订的《宗教事务条例》培训班。6月10日，举办全县村居党组织书记《宗教事务条例》培训班，邀请市民宗局领导为全县148名村(社区)党组织书记做了《宗教事务条例》专题辅导。把新修订的《宗教事务条例》纳入科级干部党的十九大精神教学内容，10月24日—26日，在全县科级干部党的十九大精神轮训班中，专门安排了解读新修订的《宗教事务条例》课。12月联合县佛教协会到大垅乡花尖村走访贫困户，为他们带去了大米、食用油及慰问金，体现了佛教人士的爱心，增进了与群众的密切关系，民族宗教领域和谐稳定。

促进非公有经济健康发展。组织开展了以“同心·百博挂百企”、百家优秀会员评比、百千万惠农工程、创建红旗商会为主要内容的“三百一创建”活动。1月21日，在上海成立了湖口县上海商会。7月24日，成立了湖口县新的社会阶层人士联谊会，组织开展了“不忘合作初心，继续携手前进”“不忘创业初心，接力改革伟业”“同心·精准扶贫行动”等主题教育活动，进一步增强了新联会的凝聚力和向心力。7月31日，成立了湖口县高新园区工商联分会，指导并圆满完成了对湖口县浙江商会的换届工作。9月份组织多家银行和企业召开了银企对接会，为企业融资难问题牵线搭桥。12月14日，召开了全县民营企业座谈会，县委书记李小平亲自出席座谈会，专门听取非公有制经济人士的意见和建议。积极引导非公有制经济人士健康成长。在县委统战部和县工商联的积极推荐下，九江萍钢原总经理黄智华获“江西省优秀中国特色社会主义事业建设者”称号。在全省促进非公经济发展表彰大会上，晨光新材料、天赐新材料获“江西省技术创新先进企业”称号。

加大对党外干部培养。按照《中共江西省委贯彻中国共产党统一战线条例实施细则》，配备了工商联主席，提拔了一批党外干部。完善党外干部人才库，建立党外后备干部队伍。加大对党外年轻干部的培养和锻炼力度，努力建设一支高素质的党外代表人士队伍。积极探索建立党外代表人士实践锻炼基地。并配合市委统战部做好科级党外干部学习贯彻十九大精神轮训工作，组织了4名县处级党外领导干部参加全省县处级党外领导干部学习贯彻十九大精神集中轮训。5月3—5日，组织全县无党派人士集体赴井冈山开展了一次参观爱国主义教育基地活动，促进党外干部与统战部门的联系，倾听党外干部的心声，帮助党外干部健康成长。

全县中心工作。把精准扶贫工作纳入统战工作重点工作之一，成立了专门帮扶工作队，在县委统战部机关人手紧张的情况下，安排专职第一书记下村扶贫，采取有效措施，扎实开展帮扶工作。8 月份开展了“同心基金·公益助学”活动，为大垅乡贫困学子送去 1 万多元的助学款。10 月份积极投入棚户区改造工作上，深入棚改一线，按照既定的时间节点，高效快速推进了棚户区各项工作开展。积极开展县“四城同创”工作。按照县里要求分片区进行文明宣传，安排专人到路口进行文明劝导，通过自身的实践和宣传，引导广大市民投身到创建省级文明城市，营造了全民创建的良好氛围。围绕县委中心工作，进一步增强了统战工作的执行力、凝聚力和向心力。

【湖口县新的社会阶层代表人士联谊会成立】 7 月 24 日，湖口县新的社会阶层代表人士联谊会成立。县委副书记张南出席会议并为新联会授牌，九江市委统战部副部长陈钢出席会议。黄智华当选为湖口县新联会第一届会员大会会长。

【湖口县高新技术产业园工商联分会成立】 7 月 31 日，湖口县举行高新技术产业园工商联分会（企业商会）成立大会。九江市工商联副调研员欧阳克，县委副书记张南出席会议并讲话。会议选举了朱文华为湖口县高新技术产业园工商联分会会长。

【全县民营企业座谈会召开】 12 月 14 日，湖口县召开了全县民营企业座谈会，县委书记李小平，县委副书记、县长鲍成庚出席座谈会并讲话。会议深入学习贯彻习近平总书记在民营企业座谈会的重要讲话精神和全省、全市民营企业座谈会精神。并听取了企业家的意见建议，齐心协力助推全县民营经济高质量、跨越式发展。

【黄石市工商联考察组到湖口交流考察】 9 月 4 日，黄石市工商联考察组一行到湖口就如何以“共抓大保护，不搞大开发”为导向推进长江经济带发展工作进行考察。考察团一行先后到九江富达、九江钢厂、九江天赐循环产业基地、江西晨光等企业，通过实地查看，听取有关负责人介绍，详细了解了各企业建设发展及环境保护等情况。县委常委、统战部部长沈天华陪同考察。

（郭思美）

政法工作

【概况】 2018 年，湖口县政法工作坚持围绕中心、服务大局，全县政法综治战线干部按照“打防并举、标本兼治、长治久安”的工作方针，围绕“一个目标”（确保全县社会和谐稳定），狠抓“三个重点”（扫黑除恶专项斗争、基层综治中心建设、社会治安防控体系），实现“四个提升”（打击黑恶犯罪能力、服务保障发展能力、社会综合治理能力、基层干部能力），为全县经济社会发展营造了和谐稳定的社会环境和公正高效的法治环境，连续 4 年被评为全省信访“三无”县，连续 3 年被评为全市社会治安综合治理目标管理先进县，获全市“平安杯”。公众安全感、政法部门满意度稳步提升。

维护社会政治安全。开展了打击“全能神”邪教专项行动，协助上级部门破获了“3·19”专案，抓获“全能神”邪教组织市级重要失控人员 1 名；开展了意识形态领域突出问题整治，新建专案 1 起，列控重点人员 1 人；全年共计收集国保情报信息 428 条，及时落地网上政治谣言 5 条、立案 3 起，行政处罚 3 人，教育训诫 2 人，破案 6 起，取保候审 1 人。全县未发生危害国家安全、影响政治稳定的重大事件。

扫黑除恶专项斗争。县委、县政府以高度的站位、鲜明的态度、坚定的决心、务实的举措、扎实的作风，有力推进了全县扫黑除恶专项斗争纵深发展。2018 年，全县共打掉恶势力集团 4 个，恶势力团伙 7 个，其中 2 个恶势力团伙已经一审判决，4 个恶势力团伙已移送检察机关，1 个恶势力集团正在侦办。共破获涉恶类团伙案件 26 起，抓获涉恶类犯罪嫌疑人

100余名。

维护社会和谐稳定。坚持做到“主动预防问题、主动发现问题、主动解决问题”。加强了涉稳情报信息分析研判，累计收集、分析、研判各类涉稳情报信息110余条，提前部署应对方案60余个，安排部署有关部门人员580余人次；开展了涉稳矛盾问题滚动摸排，共排查出各类突出矛盾纠纷、涉稳问题、疑难信访案件66起，按照“三包三定”要求，全部落实稳控化解责任；加大了涉稳矛盾问题化解稳控，共排查突出矛盾纠纷和群体性治安隐患689起，成功处置676起，妥善化解处置涉稳问题15起、紧急突发事件22次。

社会治安综合治理。依照“属地管理”“谁主管谁负责”的原则，开展了矛盾纠纷大排查、大调处活动。共计排查出各类矛盾纠纷260起，化解256起，化解成功率98.5%，未发生民转刑案件。按照“什么问题突出就重点整治什么问题”原则，集中整治突出乱点难点问题，开展了鄱阳湖水域集中整治（连续六年无省综治办重点督办整改问题）、打击非法采砂、扫除“黄赌毒”“缉枪治爆”、娱乐场所集中整治、寄递物流行业专项整治、道路交通安全整治行动、食药品专项整治行动、校园周边治安和交通安全集中整治、预防学生溺水专项整治、消防安全隐患排查整治等系列专项整治行动，全面消除治安隐患。加大了社会治安防控建设，大力推进“天网工程”四期建设，建成监控平台1个、视频监控点545个，铺设警眼线路600余处。完成了石塘安置小区“智能安防小区”试点建设，安装人脸抓拍装置8套、车牌试别抓拍装置4套、人脸门禁一体机4套，车辆道闸装置2套，人行摆闸装置2套，探针装置2套，新建高清视频探头30个。完善了鄱阳湖区治安防控体系建设，在鄱阳湖鞋山、南北港大坝、鄱阳湖大桥、铜九铁路大桥、石钟山、洋港渔港等地，高标准新建黑光、热成像双光谱视频监控点16个。全面推进了县乡村三级综治中心建设，建成县级综治中心1个、乡镇场综治中心14个、村（社区）综治中心122个，三级综治中心实现组团式办公，成为解决百姓各类诉求的综合性平台，超过95%的矛盾纠纷在这里得到就地化解，群众满意度100%。健全完善了综治信息化平台建设和网格化建设，315名肇事肇祸精神病人、93名释解教人员、79名在册社区矫正人员、488名吸毒人员、3717名农村留守青少年（儿童）等重点群体全部纳入综治信息化平台系统。全县共划分网格1420个，配备网格员560名（全部由乡、村干部兼任），纳入网格化管理的实有房屋92248户、人口294883人。

创新基层社会治理。发挥了社会治安保险在精准扶贫中的作用，鼓励党政机关、企事业单位、群团组织、社会组织等力量为建档立卡贫困户对象购买社会治安保险（200元/户），覆盖面达100%。设立了全县见义勇为基金，对见义勇为群众予以每人每次2000元奖励，大力鼓励见义勇为行为。建立健全了政府救助保险制度，开展以见义勇为、意外事故、自然灾害救助为主要内容的政府救助保险，完善多层次社会风险分散机制。加大了肇事肇祸等严重精神障碍患者救治监护管理服务工作，全年共计梳理排查各类精神病人371人、强制送治155人。为全县315名重性精神病人，按照每人每年150元的标准，购买监护人责任保险。各乡（镇、场）对辖区内全部肇事肇祸精神病人监护人签订有奖监护协议，县综治办发放有奖监护资金16.5万元。信访“三无”工作有序推进，4个乡（镇、场）、39个村（居）被评为“三无”乡、“三无”村。

【全县扫黑除恶专项斗争动员会召开】 2018年2月13日，全县扫黑除恶专项斗争动员会在县行政中心九楼东会议室召开。县委常委、县委政法委书记桑蓬来出席会议并部署工作，副县长，公安局长刘强主持会议。各乡（镇、场）、县直及驻县相关单位分管领导参加会议。

【全县党务政法信访工作会议召开】 2018年3月16日，全县党务政法信访工作会在县行政中心九楼会议室召开。县委书记李小平出席会议并讲话。县委副书记张南主持会议。会议总结了2017年党务、政法、信访工作，安排部署了2018年工作。

【省督导组督导扫黑除恶专项斗争】 2018年6月1日，省委扫黑除恶专项斗争第二督导组在组长、省委党建工作领导小组专职副主任汤乐毅带领下，对湖口扫黑除恶专项斗争进行督导。县委书记李小平，县委副书记、县长鲍成庚等县领导陪同督导。

【市督查组督查扫黑除恶专项斗争】 2018年6月27日，市委政法委督查组在组长、市委610办主任王振锋带领下，到湖口开展综治中心建设检查验收及扫黑除恶工作半年督查。县委常委、县委政法委书记桑蓬来陪同督查。2018年11月27日，市扫黑除恶专项斗争第四督导组在组长、市法院副院长叶萍带领下，对湖口县开展扫黑除恶专项斗争工作进行集中督导。县委书记李小平、县委副书记张南、县领导查忠平、梅媚、桑蓬来、邱玉林、刘强、曹斐陪同督导或出席汇报会。

【“双提升”工作推进会召开】 2018年8月27日，全县“双提升”暨扫黑除恶专项斗争工作推进会在县行政中心九楼召开。县委副书记张南出席会议并讲话，县委常委、县委政法委书记桑蓬来部署工作，副县长、公安局局长刘强主持会议。各乡镇场、县直及驻县单位负责人参加会议。

【政法领导干部政治轮训班开班】 2018年11月7日，全县政法领导干部政治轮训班（一期）在县委党校开班。全县政法部门60余名副科级以上干部参加了为期3天的封闭式政治轮训。县委常委、县纪委书记查忠平，县委常委、县委政法委书记桑蓬来，副县长、公安局局长刘强等县领导进行了授课。

【扫黑除恶专项工作推进会召开】 2018年11月24日，全县扫黑除恶专项工作推进会在县行政中心九楼会议室召开。县委书记李小平出席会议并讲话。县委副书记、县长鲍成庚主持会议。县委副书记张南，县人大常委会主任阮洋，县政协主席杨小林，县领导查忠平、梅媚、桑蓬来、邱玉林、刘强、曹斐、王文琴等出席会议。县扫黑除恶专项斗争领导小组成员单位主要领导，各乡（镇、场）党委书记、扫黑除恶专项斗争分管领导，县政法单位班子成员，县公安局各派出所所长、扫黑除恶相关科室及业务大队负责人，县委各部门、县直及驻县各单位负责人参加会议。

（盛月强）

农村工作

【概况】 2018年，县委农工部围绕全县工作大局，紧盯县域科学发展综合考评，按照“产业兴旺、生态宜居、乡风文明、治理有效、生活富裕”的总体要求，推进乡村振兴战略开好局、起好步。全县加快发展现代农业，持续推进新农村建设，狠抓农村生活垃圾治理，农业产业化水平进一步提高，农村面貌焕然一新，城乡一体化进程进一步加快。2018年，湖口县社会主义新农村建设、农村清洁工程、农村生活污水治理三项工作获“全市综合先进县”称号。

乡村振兴战略开局良好。2018年是实施乡村振兴战略的第一年。年初，由县委农工部牵头起草，经县委常委会、县政府常务会研究，以县委、县政府或办公室名义出台了关于乡村振兴的一号文件和农村人居环境整治三年行动、加快美丽乡村建设行动计划、加快农业结构调整行动计划、开展乡村振兴战略“春风行动”方案，还出台了城乡环卫一体化、农村生活污水治理2个实施方案，召开了全县农村工作暨实施乡村振兴战略大会，以“四大行动”拉开了“乡村振兴”的序幕。同时，按照全市统一安排，全力推进舜德乡舜德村、武山镇王常村2个全市乡村振兴示范点建设，县委书记李小平，县委副书记、县长鲍成庚每人挂1个点，2个示范点计划投入4000万元，重点实施产业振兴、环境提升和乡风塑造等项目，2个点乡村振兴规划设计方案已经审定，正在按照规划设计启动相关建设项目，着力打造乡村振兴支柱示范点，以示范点推动全县乡村有序振兴。

新农村建设持续推进。资金整合力度大。结合秀美乡村建设，坚持以财政资金撬动民间资金投入，累计投入1.2亿元建设了260个建设点（144个省级建设点、116个市、县自建点），取得了新农村建设“四两拨千斤”的投资乘数效应。一批“绿色生态型、休闲农庄型、民俗保护型、文化引领型、产业提升型”建设点扮靓农村，促进了农业农村和谐发展，新农村建设继续走在全市前列。项目建设速度快。克服了前期干旱天气影响，建设点全面完成“七改三网四化”工作，其中改水、改厕、改路、改沟全面完成。结合城乡环境综合整治，狠抓“拆、改、清、洁、绿、新”，高标准打造了“2+5”七条主干线（“2”：景湖公路、九景衢铁路，“5”：牛湖公路、均流公路、九景高速公路、彭湖高速公路、铜九铁路）及武垦特色风情小镇、秀雅园中心村、王淑瑕村、沈贵湾、金家湾、红徐湾、均桥中心村、殷家岭城乡接合部、李敬湾新村等一批秀美乡村建设点。产业发展后劲足。围绕“6+1”农业产业布局（“6”：花卉苗木、特种水产、庐山云雾茶、高产油茶、优质水果、道地药材，“1”：休闲农业），全力推进花卉苗木首位产业，全县85%以上的建设点落实了“一村一品”产业发展，拓宽了农民增收渠道。乡风文明内涵深。开展了“三村十星”等乡风文明建设活动，组建了一批群众性文体队伍，努力实现新家园、新生活、新风尚同步建设。

农业产业化稳步推进。2018年，大力实施乡村振兴战略，推进农业供给侧结构性改革，进一步调整优化农业产业结构，提升农业发展质量和效益，推动农业产业振兴发展。以农业招商引资为主抓手，以创建现代农业示范（产业）园为主平台，以农业项目建设为主引擎，主攻“6+1”特色农业产业发展工程（花卉苗木、特种水产、庐山云雾茶、高产油茶、优质水果、道地药材等六大主导产业发展工程和休闲农业发展工程）。努力打造沿山林果茶产业带、沿湖渔虾蟹产业带、沿路粮油蔬产业带，同时结合部分乡镇实际，做优有机豆业、莲子、瓜蒌子等地方品牌。2018年，新引进农业亿元以上项目1个，3000万元以上项目4个。“6+1”产业发展工程新增主导产业面积2万亩，新增休闲农业示范点3个。新增“三品一标”7个。新增农业新型经济组织56个。新增“互联网+农产品”直销网点20个。农业龙头企业销售收入55亿元。智慧农业平台覆盖面积3万亩。“财政惠农信贷通”平台累计发放贷款1.65亿元，贷款余额6612万元，惠及各类农业经济组织280家。

【农村生活垃圾治理】 2018年，通过PPP模式签约的城乡一体垃圾治理PPP项目，全力备战国家10部委下半年考核验收。湖口龙吉顺公司紧扣国家“五有”标准（有齐全的设施设备、有成熟的治理技术、有稳定的保洁队伍、有长效的资金保障、有完善的监管制度），抓住垃圾治理的“牛鼻子”，城乡所有生活垃圾统一运送九江填埋场进行集中处理，每月送威立雅公司稳定在3500吨以上，农村生活垃圾无害化处理率达100%。PPP项目的实施，打破了农村“户集、村收、乡转运、县处理”的传统模式，实现了城乡“统一清扫、统一收集、统一转运、统一处理”的“四个统一”，经过近一年来的运行，已步入了良性治理轨道，实现了政府职能由“运动员”向“裁判员”的有效转变，变“养人”为“养事”、变“一时”为“平时”、变“治标”为“治本”。并且，集中火力攻坚，11月上中旬半个月时间，在全县范围内推进垃圾治理“拉网式”“地毯式”清理，扎实完成垃圾治理国检任务。

【农村生活污水治理】 按照农村人居环境整治三年行动总体安排，本着“统一规划、分步实施”的原则，选择生物膜法、活性污泥法、人工湿地法等生物处理工艺，有序推进农村生活污水治理三年行动。2018年底前完成流泗镇集镇管网一体化提标升级及武山镇、舜德乡、武垦场集镇污水处理规划设计、招投标程序，完成26个新农村建设示范村庄污水处理试点工作。

【“一村一名大学生”工程】 着力培养农村实用人才和提升村居“两委”干部技能学历，继续推进“一村一名大学生”工程“六个一”建设，完成招生数54名，其中电大38名，农大16名，超额完成省市下达的招生任务。加强组织协调及教学管理工作，组建了湖口县乡村大学生创新创业协会，协会会员达52人。

（裴　平）

机构编制

【概况】 2018年，县委编委紧紧围绕党政机构改革这个核心工作，以机构职能设置核查、机构编制实名制管理、事业单位分类改革为抓手，持续深化行政审批制度改革，简政放权，认真组织落实流泗镇经济发展镇行政管理体制改革，扎实开展问题台账整改工作，稳步推进域名登记管理工作，规范有序地进行事业单位登记管理，注重加强自身建设，圆满完成全年各项工作任务。

推进党政机构改革。7月，传达学习《全市机构改革工作会议精神》，成立以县委书记为组长的县机构改革领导小组及其办公室。办公室设在县编办，由县委常委、常务副县长担任主任，从组织、人社、编办抽调人员专项负责工作开展。8月，派员参加省编办副主任廖涛主持的机构改革精神学习会，向各单位下发事业单位行政职能梳理表，分门别类理清职能及赋权依据，开展全县行政机构职能及领导职数和在编人员自查。9月，根据省、市要求和湖口实际情况，对县级机构改革提出意见建议，对涉及机构调整、事业单位更名组建等情况进行梳理。12月，按照市、县机构改革推进会精神，制定机构改革方案并上报审批；按照《省委办公厅、省政府办公厅关于九江市市县机构改革方案》的批复要求，制定《湖口县机构改革实施方案》，着手制定部门“三定”（定部门职责、定内设机构、定人员编制）方案。

做好机构调整工作。先后设立湖口县第五小学、12个县监察委员会派出乡（镇）监察办公室、卫生计生综合监督执法局等14个机构，完成县最低生活保障办公室、再就业小额贷款信用担保中心及13个乡镇卫生院更名工作，按照相关规定核定12个乡镇监察办公室主任及副主任、卫生计生综合监督执法局书记及局长等领导职数。

有序开展行政审批制度改革工作。推行“一次不跑”“只跑一次”政务服务改革，及时取消调整证明事项清单，有序推动网上审批系统的有机融合，实现线上连接党群沟通“最先一公里”，线下打通服务群众“最后一公里”，为企业及群众办事提供极大方便。湖口县委编办会同县法制办等多家部门对照县本级政务服务清单进行逐条梳理。7月24日，县政府办公室印发了《关于公布湖口县县本级第一批“一次不跑”政务服务事项清单的通知》（湖府办字〔2018〕58号），共公布了178项“一次不跑”政务服务事项清单。10月10日，县政府办公室印发了《关于公布湖口县县本级第一批“只跑一次”政务服务事项清单的通知》（湖府办字〔2018〕82号）和《关于公布湖口县县本级第一批取消调整证明事项清单的通知》（湖府发〔2018〕15号），公布了194项“只跑一次”政务服务事项清单和182项“取消调整证明”服务事项清单。

做好信息宣传工作。县编办出台了《中共湖口县委编办信息调研及奖励制度》，要求每位负责信息调研工作的干部每月上报一篇信息报道，每年完成一篇调研文章，并对信息报送及采用情况每月一小结，将干部完成信息调研工作的绩效作为干部年度考核评先评优及晋级的重要依据。全年共撰稿44篇，上市级机构编制信息网站25篇，上省级机构编制信息网站5篇，在全省上半年机构编制信息宣传工作评比中，位列县（市、区）用稿全省第一，省编办在《江西省机构编制委员会办公室关于进一步加强政务信息工作的通知》（赣编办发〔2018〕32号）中，对湖口县委编办进行通报表彰。

【高新园区职责强化】 高新园区是服务企业发展的第一阵地，随着经济社会发展，高新园区原有职能与所承担的社会需求逐渐不适应。参照市经开区审批赋权清单，县政府办公室于2018年10月10日印发了《湖口县人民政府办公室关于公布湖口高新园区审批赋权清单的通知》（湖府办字〔2018〕78号），公布42项赋权清单，对江西湖口高新技术产业园区管委会职责进一步完善。按照文件要求将推进安监、国土、环保、建设等部门入驻园区办公，实现园区联动审批一体化服务。

【流泗镇行政管理体制改革】 7月，省委办公厅、省政府办公厅下发《关于瑞昌市码头镇、修水县渣津镇、湖口县流泗镇深入推进经济发达镇行政管理体制改革实施方案的批复》（赣厅字〔2018〕56号），按照文件要求做好整合流泗镇现有党政内设机构、事业站所和成建制划转流泗镇管理的派出机构工作，综合设置8个职能机构，即党政综合办公室（挂党建办公室牌子）、经济发展局（挂应急管理办公室牌子）、规划建设局、农业农村工作局、社会事务局、财政局、行政审批局(挂便民服务中心牌子)、综合行政执法局，将国土资源局、规划建设局等22个单位下放156项权限纳入《湖口县赋予流泗镇部分县级经济社会管理权限目录》。10月，召开经济发达镇行政管理体制改革动员大会，县委办公室、县委组织部等30家相关单位负责人参会，会议要求进一步探索政务服务新模式，实行“一站式服务”“一窗通办、一人多岗”“互联网+政务服务”，提高办事效率。11月，流泗镇与县编办组建联合外出考察学习组，赴高安市八景镇、万载县株潭镇、瑞昌市码头镇，学习他们的经验做法，把流泗镇这个省级经济发达镇建设得更好。

【湖口县退伍军人事务局组建】 湖口县委编办积极落实《关于加快组建市县退役军人事务机构的通知》（赣机改办发〔2018〕7号）精神，将加快组建退役军人事务局作为重点任务。县委书记李小平，县委常委、常务副县长史文，县委常委、县委组织部长梅媚等县领导听取相关汇报，县委决定成立以分管副县长为组长，县委政法委、县民政局、县人社局分管领导为成员的湖口县退役军人事务局筹备工作组，并抽调相关人员集中办公，县委组织部、县委编办对县退役军人事务局组建筹备工作进行督导。

（周　洲）

信访工作

【概况】 2018年，共接待群众来信来访259件2053人次，其中来信12件，来访247件2041人次，件数与同期下降2%、人次下降41%，连续4年获全省信访“三无”县，继续获全市信访工作先进单位。全县信访工作呈现出平稳可控、稳中向好的态势。

以打好攻坚战为主线，着力减存量 按照上级关于开展信访矛盾化解四大攻坚战的要求，结合全县实际情况，县信访局制定下发了开展四大攻坚战的方案文件，以打好这次攻坚战为契机，推动存量矛盾化解。通过全面梳理排查，将中联办和省、市交办的信访矛盾化解攻坚重点事项，以及县级排查梳理出的重点信访案件，全部列入工作台账，通过大力攻坚化解，至10月底攻坚战结束，全县所有攻坚事项均已全部办结。中亿百联、京广和、付垅石矿等涉众型经济案件通过引导进入司法程序，基本得到化解；赣北农贸城等房地产项目通过攻坚化解，业主主要诉求已基本解决；攀森新材料、盈联实业、荣侨电子等工业项目，进行了重组盘活。此外，通过成立3个专案组依法依规专案办理全县进京非访老户，对全县进京非访形成了有力的震慑，促成了一个进京上访老户的停访息诉。全县重点涉稳矛盾和突出信访问题领导包案由2017年的70个减少到2018年的66个。

以强化责任落实为抓手，着力控增量 抓好《信访工作责任制实施办法》的贯彻落实，将“严”字贯彻到底，真正拧紧责任螺丝、提高履责效能，以责任落实推动工作落实。2018年共登记集体访85批1708人次，与上年同期批次、人次分别下降34%、48%，集体访压力得到了极大缓解，信访秩序得到了根本好转。全年赴省访50批75人次，都是个体访，没有发生集体访、非正常上访。去市访32批131人次，其中集体访5批83人次，与上年同期批次、人数分别下降了16%、49%，集体访人次下降了42.7%，未发生去市非访情况。全年进京访共10批10人次，其中非访登记2批3人次，与上年同期批次、人次均下降一半，非访登记下降70%，且非访登记均不在重点时期，没有造成任何负面影响。

以建设“三无”为支撑，着力防变量 为切实加强新形势下信访基层基础工作，县委、县政府决定出

台《湖口县建设信访工作“三无”乡（镇、场）、“三无”村（居）的实施方案》，通过建设“三无”乡（镇、场）、“三无”村（居），推动全县信访工作基层基础建设水平和化解社会矛盾能力“双提高”。县信访工作联席会议办公室加强对建设工作开展情况的督促检查，将“三无”建设工作作为全县目标管理考评信访工作考评内容，对达到信访工作“三无”标准的乡（镇、场）和村（居），由县委、县政府通报表彰；对工作落实不力、信访问题频发或造成重大影响的乡（镇、场），由县委、县政府通报批评，并列入下一年度全县信访工作重点管理单位。2018 年全县“三无”乡（镇、场）4 个，占比 28%，“三无”村（居）39 个，占比 27.2%。付垅乡和县高新园区管委会获全市信访工作先进基层单位称号，县信访局曹淳和夏劲松两同志获全市信访工作先进个人称号。

【李小平调度重点楼盘信访问题】 6 月 30 日，县委书记李小平在县委常委会议室主持召开了全县重点楼盘信访问题专项调度会，会议听取了重点楼盘信访问题情况的汇报，并对下一步工作进行研究部署调度。会议要求，要合理把握原则性和灵活性，依法依规有序化解重点楼盘存在的问题。要优先解决好涉及稳定、安全的重大问题。要依法严厉打击涉及重点楼盘的各类违法违规行为。要强化职责担当，优化协调配合，形成工作合力，不折不扣落实好县委县政府的部署要求，确保各类问题及时妥善解决到位。

【退役军人大接访活动开展】 12 月 20 日上午，在湖口县信访局视频接访室，县委书记李小平主持退役军人大接访活动，县委副书记、县长鲍成庚，县委副书记张南，县委常委、县委政法委书记桑蓬来，县政府副县长张水兰参加，县维稳办、民政局、人社局、卫计委、信访局主要负责人参与座谈。座谈会上，听取了各单位对退役军人相关事务工作的汇报，分享了做好军队退役人员有关工作的做法和经验。退役军人代表还提出了一些新的想法、意见建议和合理诉求，相关责任单位和分管领导进行了现场答复，最后县委书记李小平就维护好退役军人的合法权益进行了强调。

【信访“三无”乡（镇、场）和村（居）名录】 付垅乡、张青乡、流芳乡、南北港场获湖口县 2018 年信访工作“三无”乡（镇、场）称号。双钟镇江阀社区、洪湖村、月亮村，马影镇永桥村、坚山村，凰村乡凰村村、新丰村，流泗镇红枫村、红星村、长垅村、菱塘村、江湾社区，大垅乡大垅村，张青乡竹山村、长塘村，均桥镇兰亭村、文建村、新庄村、六甲村，付垅乡付垅村、一甲村、凰山村，武山镇长岭村、五新村、王常村，城山镇富源村、陈岭村、观塘村、南湖村、东庄村，舜德乡兰新村、荆桥村、青竹村、建设村、石岭村、灰山村、高桥村、高桥水产场，流芳乡红山村等 39 个村（居）获 2018 年度全县信访工作“三无”村（居）称号。

（曹　醇）

对台工作

【概况】 2018 年，以党的十九大精神为指针，在经贸、宣传、交流和为台胞台属台商服务等方面做了大量的工作，取得了较好成绩。

精准对接，诚意招引台商 摸清底数。定期统计落户湖口台企的生产经营数据，了解企业情况，将收集到的数据汇总后及时上报上级台办。精准服务。深入台资企业走访服务，掌握企业目前所面临的困难与问题，分别建立问题台账，具体落实解决措施。针对乔旭化工反映的因为天津港事件导致要绕道到上海码头出口，导致运输成本增加问题，通过省台联、市政协、市台办向上级有关部门反映。对于九江顶塑有限公司因周边村庄涉及征地拆迁纠纷影响开工问题，县台办多次同有关乡镇和部门共同调解，县委书记李小平、副书记张南、县委常委副县长刘奇也分别进行了协调，经过多方不懈的努力，问题得以解决。政策宣传。县台办根据上级文件精神印制了《中央、省惠台宣传手册》60 本；“中央 31 条概览”“江西省惠台 60 条概览”宣传帖；同时对一系列文件精神进行汇总、梳理，制作了宣传 PPT。结合“精准服务台企月”活动，分别向这两家企业的负责人宣讲了中央“31条惠台政策”和“江西省惠台60条措施”的相关条款，并提请他们组织内部台干认真学习领会。在“赣台会”前期，由县委副书记张南带队的招商团一行5人赴台湾招商，通过在台期间的考察、回来后的持续对接，终于引来了台湾酪多精生物科技股份有限公司的新“技术”，在景康牧业发展有限公司进行试运行，因反响良好，引起了九江养猪协会的关注，有望明年在全市范围内推广。

强基固本，完善联络平台　为全面、准确掌握台胞台属基本情况，进一步加强对台胞台属的联络服务工作，充分挖掘涉台资源，积极搭建海内外人员关注家乡平台，提供招商引资信息，不断提升对外合作交流水平。年初县台办通过深入走访调研以及通过公安、民政等部门核实，对湖口范围内的台湾籍同胞和长期定居在湖口县的两岸婚生子女的基本信息进行了全面的采集，确保范围全覆盖，人员不遗留，信息真实、准确。为加强台联会的队伍建设，县台办有针对性地对在湖口定居的台胞台属进行了走访，旨在通过进一步交流挖掘出有能力、有担当、有奉献精神且愿意投入到台联会工作的人，为下一步台联会的换届、台联活动的有效开展做好基础工作。

热情周到，促进对台联络　接待了台湾前“行政院长”郝柏村一行、高雄旅行商、台媒代表以及“赣台会”后受邀到湖口考察的客商等4批次共计37人次。在接待台湾政界人士中，做好沿途的安保工作并做好各项紧急预案，在交谈中时刻保持坚定的政治立场。在日常的接待工作中，都尽可能全面了解来访的每位客人的生活习惯、个人喜好，以此为前提来做好接待方案，从细节着手、避免“水土不服”带来的不适，竭力让每一位来湖口的台湾客人都感觉到温馨、舒心、客至如归。

真诚务实，服务台胞台属　在2018年各级新的惠台政策出台后，利用湖口在线等媒体平台宣传新的惠台政策，进而走入台胞家中让他们更好地了解惠台政策，做好答疑解惑工作。解决在落实有关政策过程中遇到的实际困难。湖口定居台胞曹纲长期卧病在床，因一直没有办理居住证，所以不能享受本地医保政策。新的惠台政策简化了居住证的办理手续，但因他的“通行证”已经过期一年多，导致不能办理居住证，县台办工作人员了解到其如需续办“通行证”需要缴纳最高100元/天的罚款，这对困难台胞来说无异于“死结”。通过协调最终免去了其经济处罚，为其上门服务，简化了后续的办证流程。台属吴春花家为棚改对象，因为老人年事已高，对政策理解不清、怕吃亏，遂向台办求助。台办工作人员协同工作组成员耐心细致地给两位老人宣讲棚改优惠政策，帮老人对比算账、协助老人挑选二手房源，最终使其满意迁入新居。与有关部门协调，上门为定居台胞柳青办理了赠予公证手续，台胞柳青将存款赠予一直赡养他的侄子得到了法律公证，圆了老人的心愿。

【组团赴台湾招商】 2018年9月3—9日，湖口赴台考察团在县委副书记张南带领下，县委常委、副县长刘奇，环保局长张腾，供销社主任王新平，双钟镇党委书记王彩东一行5人应台湾瑞大鸿科技材料股份有限公司等多家台资企业邀请，到台湾进行实地考察与招商。

【台湾郝柏村一行到湖口参观考察】 郝柏村是江苏盐城郝荣村人，1919年8月8日出生，抗日战争结束后，郝柏村1948年自辽沈战役期间从锦州前线被召回，成为蒋介石侍从官。郝柏村还曾是台当局一级上将，曾任台湾地区“行政院长”“国防部长”“参谋总长”等职。因坚决反对“两国论”，郝柏村被台湾舆论誉为“反独大将”。2014年7月，郝柏村受邀参观中国人民抗日战争纪念馆。郝柏村等长期以来坚持“九二共识”、反对“台独”、为推动两岸关系和平发展作出重要贡献，此次来到湖口，为普及抗战历史教育、传承伟大抗战精神而奔走。

【高雄考察团到湖口参观考察】 为促进海峡两岸旅游交流，10月26日，20名台湾高雄旅行商和3名媒体代表共23人抵达湖口县石钟山景区进行采风踩线活动，省、市旅发委领导、县政府副县长张水兰陪同。

高雄考察团一行参观了石钟山并船游了鄱阳湖。石钟山景区独特的自然景观和人文底蕴吸引了考察团驻足观看、拍照，来自宝岛台湾的游客们纷纷表示一定要让更多的人来领略秀美湖口的山水人情，感受湖口的历史风貌。

（柳　洁）

档案工作

【概况】 2018年底，档案总量9.699万卷（件、册），比上年末增加1600余卷（件、册），增长1.7%。其中案卷级1.652万卷，文件级6.819万件，资料1.228万册。累计开放档案5.195万卷（件、册）。年度接待利用者220人，使用1670卷（件）次。2018年，县委、县政府为加强档案工作，出台了《关于进一步加强全县档案工作的意见》，召开了全县档案工作会议，加大了档案事业的投入，促进了全县档案规范化管理工作，启动了县级数字化档案馆建设。

【《关于进一步加强全县档案工作的意见》出台】为全面贯彻落实党的十九大精神和习近平新时代中国特色社会主义思想，以建立健全覆盖人民群众的档案资源体系、方便人民群众的档案利用体系、确保档案安全保密的档案安全体系为目标，改变全县档案工作与发展大局不相适应的地方，推动全县档案事业科学发展，湖口档案局拟订了《关于进一步加强全县档案工作的意见》（以下简称《意见》），提交县委县政府专题会审议，由中共湖口县委办公室、县人民政府办公室于2018年4月10日印发到全县。《意见》紧密结合湖口县档案工作实际，重点从提高认识切实加强对档案工作的领导，加大力度提高档案工作能力水平，加强服务提升档案开发利用水平，确保安全建立健全档案安全体系等4个方面提出16条具体的措施；对档案工作责任、档案法制建设、档案资源建设、档案信息化建设、档案规范化管理建设、档案文化建设、档案安全体系建设等提出了具体要求。

【全县档案工作会召开】 2018年4月9日，湖口县召开全县档案工作暨业务培训会议。会议的主要任务是：深入学习贯彻党的十九大精神和全市档案工作会议精神，传达贯彻县委书记李小平对全县档案工作的批示精神，学习县委办公室、县政府办公室《关于进一步加强全县档案工作的意见》，表彰先进，回顾总结2017年全县档案工作，部署2018年工作任务。县委副书记张南，县委常委、常务副县长史文出席会议并讲话，县委副县级干部周小喜主持会议并宣读县委书记李小平对全县档案工作的批示。李小平在批示中指出，全县档案工作要以习近平新时代中国特色社会主义思想为指导，认真贯彻落实全国和省、市档案工作会议精神，充分发挥档案工作资政兴业、存史育人、服务民生、促进和谐的重要作用，大力推进档案工作规范整治提升，切实增强档案意识，落实档案责任，着力提升全县档案工作水平，为聚力“一核三带”建设“五个湖口”作出新的更大贡献。会议最后由市档案局业务科副科长刘颖对与会的档案专兼职人员在档案收集、归档及规范化管理、档案法律法规等方面进行业务培训。各乡（镇、场）、县直各部门各单位分管领导和档案专（兼）职人员共140余人参加会议。

【县人民检察院顺利通过省一级档案室复查】 湖口县档案局于2018年3月深入湖口县人民检察院指导档案规范化管理工作。2018年11月7日，九江市档案局及县档案局联合对湖口县人民检察院进行了全面认真的省一级档案室复查评估。复查工作分听取情况汇报、实地检查、评估并提出意见和建议三个阶段进行。听取湖口县人民检察院副检察长黄义声的情况汇报后，检查组去库房实地查看。主要检查各门类档案的收集归档情况、整理质量、档案管理软件的使用和档案安全管理情况，查看大事记、档案利用效果等档案编研资料。检查组充分肯定湖口县人民检察院档案工作，并提出了复查意见。

【方大九钢公司顺利通过省三级档案室验收】 湖口县档案局于2018年3月深入方大九江萍钢钢铁有限公司指导档案规范化管理工作。2018年12月10日，县档案局对九江萍钢钢铁有限公司进行了省三级档案室验收评估。

【县档案局赴武宁、修水考察】 为做好馆藏纸质档案数字化工作，2018 年 11 月 12 日，县档案局局长程小红带队前往武宁县档案局和修水县档案局“取经问道”。在武宁县档案局，局长熊丽丽亲自陪同程局长一行参观了各个档案库房及档案数字化工作室，并详细介绍了在数字化档案馆建设方面的经验，双方进行了深入的交流。在修水县档案局，党支部书记陈小军热心介绍了省一级档案馆和档案数字化建设方面的具体做法以及经验。通过学习，县档案局找到了与兄弟单位存在的差距，理顺了档案数字化工作思路。同时，也与兄弟单位建立了良好的沟通交流机制。

【纸质档案数字化工作正式启动】 湖口县档案局于 2017 年 10 月向九江市档案局、九江市财政局上报《关于湖口县档案局申请全省数字档案馆建设专项资金的报告》及相关材料。2018 年 3 月底，江西省财政厅下发文件《江西省财政厅关于下达 2018 年省级公共文化（档案）专项资金的通知》（赣财文指〔2018〕12 号），分配给湖口县 30 万元专项资金用于数字化。2018 年 10 月，县政府为支持档案数字化工作，下发抄告单［湖府办财拨抄字 2018 年（415）号］，给予县档案局配套数字化资金 30 万元。随后，县档案局委托九江市长盛招标代理有限公司进行政府采购。2018 年 11 月 26 日，在湖口县公共资源交易中心四楼开标厅开标（招标编号：JJCS2018-HK-JC007），最终北京量子伟业信息技术股份有限公司中标。

（周咪咪）

党史工作

【概况】 2018 年继续围绕编撰《中共湖口地方史二卷（1949—1978）》进行资料收集和编撰工作。全年对全县 10 个乡（镇）“文化大革命”期间的资料进行重点收集挖掘整理，收集相关资料 2 万字。二卷编撰工作同时进行，编撰进度至 1961 年度，共已完成初稿 17 万余字。组织好年度《党史文苑》71 份发行征订。应省党史办和市志办要求，积极提供党史资料和文献供与参考。多次陪同省市党史领导调研湖口县党史工作，为发掘湖口党史资源，宣扬湖口县情，做出积极努力。同时，与民政局、团县委、教育局等部门联合组织机关干部、全县中小学学生开展国家公祭日、清明祭扫革命烈士等祭奠活动，充分发挥好党史育人功能。坚持每月做好向《九江大事记》的党史信息上报工作，定期及时报送发生在湖口的重大事件，全年报送 320 多条信息；同时每天按时、准确编写好《湖口县委大事记》。配合指导舜德乡做好省二次党代会相关史料挖掘和布展工作，完成《鄱阳湖畔红一角（省二次党代会史料）》近 20 万字。参与县党员教育中心党史布展和县文广部门主导的杨赓笙纪念馆布展等工作。

【省党史研究室到湖口调研】 9 月 28 日，省党史研究室副巡视员汤静涛率领文献资料管理处工作人员一行到湖口调研党史和文献工作。市史志办副主任涂开荣、汪国良，县委副书记张南等人陪同。在舜德乡王燧村省二次党代会旧址，汤静涛副巡视员与当地领导干部和群众深入交谈省二次党代会革命往事，深刻缅怀了老一辈共产党员的丰功伟绩，并听取了舜德乡党委、政府关于推进省二次党代会旧址创 AAA 级景区等相关工作汇报。调研组一行还深入杨赓笙故居和县博物馆调研湖口县革命历史。

（余国星）

接待工作

【概况】 2018 年，县接待办坚持“服务热情、接待精细、务实节俭”的原则，始终秉持以人为本、“接待无小事”的理念，紧紧围绕县中心工作、服务大局，认真履职，圆满完成各项接待任务。同时积极对全县有关单位接待工作进行了指导和培训，加强对全县接待工作监督和检查，使湖口接待工作逐步走上了规范化、标准化轨道。

【接待工作流程规范】 凡属县接待办接待范围的

来宾，承接单位及时报告县委办或县政府办，并填写好《接待审批表》，报县委办公室主任或县政府办公室主任审批后，通知县接待办接待。每一次接待活动都要求做好周密的工作预案，接待任务完成后，接待办对接待情况如实记载、详细记录来宾的活动情况及对接待工作的意见、建议。对省（部）级领导及重要来宾，接待办必须及时建立接待档案（包括来宾姓名、职务、日程安排、身体状况、饮食习惯、住宿要求等），连同《接待审批表》和接待安排一并立卷存档，做到有档可查。

【接待规定执行严格】 公务接待中严格执行中央八项规定精神，厉行节约，坚持有利公务、务实节俭、严格标准、简化礼仪，做到严格控制接待范围，公务接待严格按照规定的范围开展，不擅自扩大公务接待范围；严格执行接待标准，菜品以地方家常菜为主，不上高档菜肴，不提供香烟和高档酒水，不使用私人会所、高消费餐饮场所。商务接待标准严格按照《江西省商务厅　江西省财政厅　中共江西省委　江西省人民政府接待办公室关于印发江西省党政机关商务接待管理办法（试行）的通知》（赣商务开放字〔2017〕176号）的规定执行；严格控制陪餐人数，政务接待对象在10人以内的，陪餐人数不超过3人；超过10人的，不超过接待对象人数的三分之一；严格执行公务接待清单制，接待工作结束后，如实填写《湖口县县内党政机关国内公务接待清单》，并由相关人员签字背书。

【接待任务全面完成】 2018年，县接待办承办及协办接待工作总计326批次，接待人数达0.77万人次。承办接待工作165批次，接待人数0.39万人次，共承办大型接待等重要活动8批次，分别是全市县域经济发展观摩活动，全市“5+1”千亿产业集群培育新动能工作现场推进会，全市城乡环境综合整治现场会，上海知青访亲团，市委扫黑除恶、作风建设、脱贫攻坚巡察组，省扶贫督导组及中央、国务院、省委针对环保、安全、扶贫、教育等各项督查及重要的商务接待。协办接待工作161批次，0.38万人次。主要是：省市级教育、安全、环保、维稳、脱贫攻坚、审计等各项检查督查及其他商务接待活动。在承办接待工作中，2018年共接待副部级以上领导的视察调研活动11批次。主要包括有：省委书记刘奇，省委常委、省政府常务副省长毛伟明，省委常委、省政府副省长刘强，省人大常委会副主任、省总工会主席龚建华，省人大常委会副主任冯桃莲，省政府副省长吴晓军，省政协党组副书记、长江江西段省级河长陈俊卿，省政协副主席李华栋等。接待副厅级以上领导86批次。

（曹　熠）

党校工作

【概况】 2018年，立足深化教学改革，增强教学的针对性与实效性，加大各类干部教育培训力度，培训规模、培训质量进一步扩大提升，全年共办各类培训班24期，培训2600余人次。在完成干部培训任务的基础上，积极参与全县十九大宣讲活动。以宣讲党的十九大精神为核心内容，到全县各乡（镇、场）、县直单位及企业宣讲20余场次。紧紧围绕县委、县政府中心工作和重大决策部署，着眼理论热点难点，深入基层开展调研工作，全年共撰写各类科研论文和调研文章20余篇。积极创造条件帮助教师扩展视野、丰富知识、提升素质，全年累计选派教师外出学习培训17人次，督促教师通过江西干部网络学院、“宣讲家”网站等平台在线学习，选派人员到拆迁、招商引资、精准扶贫等全县中心工作一线跟班锻炼，力求通过实践锻炼和培训学习，提升教师理论素质、授课水平、科研与班级管理水平。

【教育培训工作】 扎实办好主体班。共计举办科级干部十九大精神轮训、村（社区）党组织书记、村（社区）主任培训等主体班14期，轮训全县各级干部1590人次。组织好十九大精神宣讲。做好联合办学。与县政法委、司法局、安监局、妇联、扶贫办、就业局等单位联合办班10期，培训1090人次。

【课题研究】 在全市党校系统学习十九大精神理

论研讨中，党校教员撰写的《打赢脱贫攻坚　踏上幸福小康路》获一等奖，《创建“全域旅游”助力美丽中国》获二等奖，《加强基层组织建设　发挥战斗堡垒作用》《决胜全面建成小康社会　开启“五个湖口”建设新征程》获三等奖。校课题组撰写的调研报告《展翅高飞正当时——看沿湖生态经济带如何破题》在九江《决策咨询》刊登，论文《改革开放永远在路上》在《九江社会科学》发表，还有多篇理论文章在省市刊物上发表。

【新校区建设】党校新校区建设主体工程完工，正在内部装修。新校区占地面积30亩，建筑面积16000平方米，办学规模1000人。

（祝奉亮）

鄱湖夕照（李学华　摄）

本栏编辑　王学仁

湖口县人民代表大会常务委员会

综 述

2018年，湖口县人民代表大会及其常务委员会在中共湖口县委领导下，在上级人大常委会的指导下，深入学习贯彻习近平新时代中国特色社会主义思想和党的十九大、十九届一中、二中、三中全会精神，牢记习近平总书记提出的“人大及其常委会要成为全面担负起宪法法律赋予的各项职责的工作机关，成为同人民群众保持密切联系的代表机关”的要求，紧紧围绕“凝聚湖口力量、聚力一核三带、建设五个湖口”目标，依法行权，勇于担当，不忘初心，牢记使命，圆满完成了县十六届人大三次会议确定的各项工作任务。

一年来，共召开常委会议7次，听取和审议“一府两院”工作报告18项，召开主任会议13次，开展专题调研视察、执法检查17次，先后做出决议决定3项、审议意见15项，任免国家机关工作人员15名，开展了首次财政预算执行和其他财政收支审计查出问题整改情况满意度测评。县人大立足依法有效正确监督，有力地促进了“一府一委两院”的工作，为推进全县经济社会发展和民主法治建设做出了努力。

人大重要会议

【县十六届人大三次会议】 县十六届人大三次会议于2018年1月16—18日在县艺术中心召开，会议听取和审议了县政府县长鲍成庚做的《政府工作报告》、县人大常委会主任阮洋做的《县人大常委会工作报告》、县人民法院院长曹斐做的《县人民法院工作报告》、县人民检察院检察长王文琴做的《县人民检察院工作报告》。审议通过了关于政府工作报告的决议、关于县2017年国民经济和社会发展计划执行情况和2018年计划的报告的决议、关于县2017年财政预算执行情况和2018年度财政预算的报告的决议、关于县2017年生态文明建设情况的报告的决议、关于县人大常委会工作报告的决议、关于县人民法院工作报告的决议、关于县人民检察院工作报告的决议。

【县十六届人大常委会第九次至第十五次会议】 2018年县人大常委会共召开了7次会议，即县十六届人大常委会第九次会议至第十五次会议。人大常委会主任、副主任、委员出席会议。

县十六届人大常委会第九次会议于2018年1月10日召开，会议听取和审议了《县人大常委会工作报告（讨论稿）》《县人民政府工作报告（送审稿）》《县人民法院工作报告（送审稿）》《县人民检察院工作报告（送审稿）》《县 2017 年财政预算执行情况和 2018 年财政预算（草案）的报告（送审稿）》《县 2017 年国民经济和社会发展计划执行情况和 2018 年计划（草案）的报告（送审稿）》《县 2017 年生态文明建设情况的报告（送审稿）》《县十六届人大三次会议秘书处关于县十六届人大三次会议筹备情况的报告》，审议了《县人大常委会 2018 年工作要点及监督计划（讨论稿）》。

县十六届人大常委会第十次会议于 2018 年 1 月 18 日召开，会议表决通过了人事任免议案。

县十六届人大常委会第十一次会议于 2018 年 4 月 4 日召开，会议传达学习了十三届全国人大一次会议精神，听取和审议了县政府关于湖口县贯彻执行《中华人民共和国大气污染防治法》工作情况的报告、县政府关于湖口县公共文化服务体系建设情况的报告、县政府研究处理县人大常委会《关于湖口县河长制实施情况审议意见》办理情况的报告、县政府研究处理县人大常委会《关于湖口县贯彻执行〈中华人民共和国防震减灾法〉审议意见》办理情况的报告、县政府研究处理县人大常委会《关于湖口县社会养老保险征缴和管理情况审议意见》办理情况的报告，审议了县人大常委会关于湖口县贯彻执行《中华人民共和国大气污染防治法》的执法检查报告（书面）、县人大常委会关于湖口县公共文化服务体系建设情况的调研报告（书面）。

县十六届人大常委会第十二次会议于 2018 年 6 月 12 日召开，会议听取和审议了县政府关于湖口县地质灾害防治情况的报告、县政府关于湖口县农机化服务工作情况的报告、县政府关于湖口县贯彻执行《中华人民共和国道路交通安全法》情况的报告、县政府关于湖口县 2016 年度财政预算执行和其他财政收支审计问题整改情况的报告，审议了县人大常委会关于湖口县地质灾害防治情况的调研报告（书面）、县人大常委会关于湖口县农机化服务工作情况的调研报告（书面）、县人大常委会关于湖口县贯彻执行《中华人民共和国道路交通安全法》的执法检查报告（书面）。

县十六届人大常委会第十三次会议于 2018 年 8 月 6 日召开，会议听取和审议了县政府关于湖口县安置房、廉租房等国有资产建设与管理情况的报告、县政府关于湖口县 2018 年上半年国民经济和社会发展计划执行情况的报告、县政府关于湖口县 2018 年上半年公共财政预算执行情况的报告、县政府研究处理县人大常委会《关于湖口县公共文化服务体系建设审议意见》办理情况的报告，审议了县人大常委会关于湖口县安置房及保障性住房管理情况的调研报告（书面），表决通过人事任免议案。

县十六届人大常委会第十四次会议于 2018 年 10 月 9 日召开，会议听取和审议了县政府关于湖口县水环境保护工作的报告、县政府关于湖口县脱贫攻坚工作的报告、县政府关于 2017 年度财政决算及 2018 年公共财政预算调整情况的报告、县政府关于县十六届人大第三次会议代表意见建议办理情况的报告、县政府关于落实县人大常委会《关于湖口县贯彻执行〈中华人民共和国大气污染防治法〉审议意见》的报告、县政府关于落实县人大常委会《关于湖口县地质灾害防治工作审议意见》的报告、县政府关于落实县人大常委会《关于湖口县贯彻执行〈中华人民共和国道路交通安全法〉及〈江西省实施道路交通安全法办法〉审议意见》的报告，审议了县人大常委会关于湖口县水环境保护工作的调研报告（书面）、县人大常委会关于湖口县脱贫攻坚工作的调研报告（书面），通过了县人民政府关于提请审议凰村乡撤乡建镇的议案。

县十六届人大常委会第十五次会议于 2018 年 12 月 21 日召开，会议听取和审议了县人民法院关于湖口县执行工作基本情况的报告、县政府关于湖口县民生工程建设情况的报告、县政府关于湖口县职业教育基本情况的报告，审议了县政府关于湖口县园区生态化改造工作的报告（书面）、县人大常委会关于湖口县职业教育基本情况的调研报告（书面）、县人大常委会关于湖口县执行工作基本情况的调研报告（书面），通过了县公安局关于呈请许可对葛小泉、张晓军采取行政拘留措施的报告。

监督工作

【大气污染防治法执法检查】 2018年3月下旬，县人大常委会副主任吴继新带领部分常委会委员和基层代表，对全县贯彻实施《中华人民共和国大气污染防治法》情况开展执法检查。执法检查组现场查看了九钢、神华工业废气排放，环保局大气环境质量检测点、养老城二期工地防尘、龙吉顺公路清洁、城区餐馆油烟排放情况，并在环保局召开了汇报座谈会，县人大常委会主任阮洋参加了座谈会。

【道路交通安全执法检查】 2018年5月中旬，县人大常委会副主任李珊琦带领县人大常委会执法检查组，对全县贯彻实施《中华人民共和国道路交通安全法》及《江西省实施〈道路交通安全法〉办法》情况开展执法检查，执法检查组先后深入台山大道、石钟山大道、景湖路均桥段、学前路等重点路段实地察看，听取了县政府及相关职能部门的工作汇报，查阅了相关资料，召开了有部分市县人大代表、部分人大常委会委员及相关职能部门负责人参加的座谈会。

【文化服务工作调研】 2018年3月20日，县人大常委会副主任沈昭带领部分常委会委员和基层代表，对湖口公共文化服务体系建设情况开展调研。调研组先后到凰村乡综合文化站、凰村乡四官村文化活动室、流泗镇综合文化站以及县图书馆、文化馆、博物馆进行实地查看，并召开座谈会听取政府工作汇报。

【地质灾害防治工作调研】 2018年5月中旬，县人大常委会副主任吴继新带领部分常委会委员和基层代表，对全县地质灾害防治情况开展调研，调研组现场查看了县城双钟镇十个地质灾害点、正在治理点及隐患点，并在县矿管局召开了汇报座谈会，听取县人民政府、有关职能部门、双钟镇及社区的工作汇报。

【农机化服务工作调研】 2018年5月中旬，县人大常委会副主任李珊琦带领部分常委会委员和基层代表，对全县农机化服务工作进行了调研，调研组实地考察了武山、流芳、城山等乡镇的农机化服务工作，并召开座谈会听取政府相关部门的工作汇报。

【安置房及保障性住房管理工作调研】 2018年7月下旬，县人大常委会副主任吴继新带领县人大调研组对湖口安置房及保障性住房管理情况进行调研，县人大常委会主任阮洋亲自参加调研。调研组实地查看了十个安置房及保障性住房点，并在县房管局召开汇报座谈会，听取县人民政府、有关职能部门、双钟镇及社区的工作汇报。

【脱贫攻坚工作调研】 2018年9月7日，县人大常委会副主任沈昭带领县人大常委会调研组先后到大垅乡、张青乡，采取实地察看、听取汇报、座谈研讨等形式，对湖口脱贫攻坚工作开展专题调研，县人大常委会主任阮洋全程参加调研活动。

【水环境保护工作调研】 2018年9月中旬，县人大常委会副主任吴继新带领县人大常委会调研组，采取实地查看和座谈研讨的形式，对湖口水环境保护工作开展专题调研。

【司法工作调研】 2018年11月下旬，县人大常委会主任阮洋带领县人大常委会调研组对县人民法院执行工作情况进行了专题调研，调研组实地视察了凰村法庭、执行指挥中心和执行信息化平台建设情况，查看了相关资料，听取了法院执行工作情况的汇报，并邀请了相关单位及部分律师、人民陪审员、人民监督员和市、县人大代表进行了座谈。

【职业教育工作调研】 2018年11月下旬，县人大常委会副主任沈昭带领县人大常委会调研组，对湖口职业教育发展情况开展专题调研，调研组听取了县政府及县教育局、县高新园区、县人社局等部门的工作情况汇报，并先后前往彭泽县旅游工业中等专业学校、江苏省武进区职业教育中心学校、江苏省惠山中等专业学校进行了考察调研，并先后召开了4场座谈会，广泛听取意见建议。

选举和任免

【选举工作】 2018年1月17—18日，湖口县召开第十六届人民代表大会第三次会议，大会应到人数168人，实到154人。会上选举产生了县监察委员会，查忠平当选为县监察委员会主任。大会举行向宪法宣誓仪式，新当选的监察委员会主任向宪法宣誓。

【任免工作】 在2018年1月18日县十六届人大常委会第十次会议上，任命李永宾为县科学技术局局长，刘益华为县水务局局长；免去周志波的县民政局局长职务，秦明兴的县科学技术局局长职务。任命谢云侠、杨志斌、郑小刚为县监察委员会副主任，王朝斌、沈阳、郭海兵、李全、马舒平为县监察委员会委员。

在2018年8月6日县十六届人大常委会第十三次会议上，任命邓坚为县民政局局长，吴小锋为县财政局局长；免去许剑波的县财政局局长职务。

代表工作

【代表参加人大执法活动】 3月下旬，部分常委会委员和基层代表参加县人大组织的对全县贯彻实施《中华人民共和国大气污染防治法》情况执法检查活动，现场查看了九钢、神华工业废气排放，环保局大气环境质量检测点、养老城二期工地防尘、龙吉顺公路清洁、城区餐馆油烟排放情况，并听取了县政府的汇报。5月中旬，部分市县人大代表、部分人大常委会委员参加县人大对全县贯彻实施《中华人民共和国道路交通安全法》及《江西省实施〈道路交通安全法〉办法》情况执法检查活动，先后深入台山大道、石钟山大道、景湖路均桥段、学前路等重点路段实地察看，听取了县政府及相关职能部门的工作汇报，查阅了相关资料，参加了座谈会。

【代表建议、批评和意见办理】 县十六届人大三次会议收到代表建议共38件，县人民政府就办理情况在县十六届人大常委会第十四次会议上做了汇报说明。已得到解决或基本解决的24件，占63%；正在解决的或列入计划逐步解决的13件，占34%；因受政策、管理权限、资金等因素制约，现阶段不能解决、不好解决的1件，占3%。 （辛正一）

2018年9月7日，县人大主任阮洋调研产业扶贫工作。县人大副主任沈昭、副县长李水木参加。

（沈海斌 摄）

本栏编辑 王学仁

湖口县人民政府

综　述

2018年，全县生产总值158.6亿元，同比增长8.4%；财政收入41.3亿元，同比增长36%，增幅全市第一，是全市首个过40亿元县；固定资产投资同比增长9.9%；社会消费品零售总额31亿元，同比增长11.5%；城镇居民人均可支配收入34657元，同比增长8.6%，增幅全市第二；农村居民人均可支配收入15920元，同比增长8.9%；金融机构各项存款余额164.3亿元，同比增长8.4%；各项贷款余额115.7亿元，同比增长3.8%；港口货物吞吐量4477万吨，总量占全市1/3。

环境质量有效提升。全县贯彻落实习近平总书记关于长江经济带“共抓大保护、不搞大开发”的指示要求，按照“堤外生态绿化带、堤内园林景观带”标准，着力打造长江“最美岸线”，沿江沿湖非法码头全部拆除到位，整合提升“小散低”码头12个。实施“绿岸”工程，完成沿江裸露山体生态复绿面积100万平方米。实施化工企业“三年出清计划”，关停取缔小化工企业5家。污染防治工作全面开展，整治“四尘”（建筑工地扬尘、道路扬尘、运输扬尘和堆土扬尘）、“三烟”（餐饮油烟、烧烤油烟和垃圾焚烧浓烟）、“三气”（机动车尾气、工业废气及燃煤锅炉烟气），涉气涉水企业按“一企一策”改造27家。建成金砂湾园区集中供热中心，全面淘汰园区10蒸吨以下燃煤锅炉。全年空气质量优良天数达319天，同比增加46天。全力打造河长制升级版，全面推行湖长制，完成饮用水源地保护、沿江沿湖排污口整改、水库养殖退养等工作，关停并拆除畜禽养殖企业67家，建成农村污水处理示范点15个，饮用水源地水质达标率100%。全面开展领导干部自然资源资产离任审计，实行最严格的生态环境保护制度。新增造林绿化1万亩。大垅邹涧、付垅金鑫达矿山生态改造完成。获全省鄱阳湖湿地候鸟保护工作先进县称号。武垦场获评全省美丽休闲乡村。舜德乡高桥村、屏峰村获批省级生态村。开展环保督察整改工作，环保七大重点专项整治取得成果，解决一批环境遗留问题。

转型升级步伐快。规模以上工业增加值增长8.8%；工业固投增长29.6%；工业税收31亿元，增长62.5%，总量和增幅均列全市第一，占财政总收入75%，提高13个百分点；工业用电量33.9亿度，总量全市第一。新增规模以上企业18家。装配式建筑首位产业和新材料、纤维素纤维两大主导产业总产值314亿元，增长22.3%。战略性新兴产业增加值超过10亿元。新材料产业集群被认定省级产业集群。湖口船舶产业优化升级为省级试点县，湖口高新技术产业园确定为省级循环经济示范园区。九江富达获省级石油和化工行业“绿色工厂”称号。力山环保顺利通过国家循环经济标准化试点项目验收。江铜铅锌等2个产品获得江西名牌产品称号。建成高标准农田2.1万亩，新增“6+1”特色产业面积2万亩。智慧农业平台覆盖面积3万亩。新增“三品一标”22个，湖口螃蟹获批国家农产品地理标志。湖口豆豉获批国家地理标志产品。农村集体资产清产核资和土地承包经营权登记颁证工作全面完成，获批农村承包地“三权分置”省级试点县。大垅乡、舜德乡成功创建省级现代农业示范园，总数达到5家，位列全省第一。九江昊源成功获批省级休闲渔业基地。澜德农庄、农夫农成功创建四星级“农家乐”。服务业实现增加值34.1亿元，同比增长9.6%。石钟山创建国家AAAAA级景区有序推进，杨赓笙故居改造、景区整改提升等项目基本完成。举办农民丰收节、西瓜节、荷花节、油菜花节、农耕健身大赛等活动，发售“江湖两色·石钟千年”特色邮票，实现旅游综合收入28.2亿元，同比增长8.7%。全县电商交易额29亿元，同比增长22.7%。晨光新材料正式进入上市辅导期，新增10家企业挂牌“新四板”。设立金融创新服务中心。发行企业债券9亿元。产业引导基金组建完成并运营。

发展后劲明显增强。以改革开放40周年为契机，推进具体改革事项124项。全面梳理“一次不跑”事项178项、“只跑一次”事项194项，编制政务服务标准化清单4490项，“放管服”改革取得阶段性成效。实施“45证合一”“证照分离”改革，企业开办时间压缩至2.5个工作日。石钟投资公司、工业投资公司、文旅集团稳健运行，政府债务和金融风险得到有效防控。党政机关机构改革、事业单位公车改革、水权改革试点完成。流泗经济发达镇培育工作有序推进。国家税务总局湖口县税务局、县融媒体中心挂牌成立。全年R&D经费投入3.2亿元，同比增长20%，占GDP比重达2.1%。16万平方米的科创综合体、3万平方米的天赐科创大厦、1.5万平方米的富达研发检测大厦等重点创新平台处在建设之中。新认定省级科技型企业10家，获批高新技术企业10家。全年技贸成交额突破6000万元，同比增长42.8%。武山镇获批省级创新型试点乡镇。流芳豆产业合作社获批国家级星创天地。颐高双创基地获省级众创空间。开展“重大项目见效年”活动，全年引进产业项目39个，总投资超300亿元，其中30亿元以上项目3个，10亿元以上项目11个。国华九江电厂一期、五星纸业一期等项目建成投产，中红普林、力举机械臂等项目处在建设之中。盘活开元大酒店、盈联实业等困难项目7个，消化存量土地1500余亩，土地消化周期降至2年以内。天赐高新材料成功收购攀森项目，创造全省网络司法拍卖金额最高纪录。

城乡面貌大为改善。石钟山组团控规、台山组团控规、海绵城市专项规划等11项规划编制完成。实施棚户区三期改造，征收房屋810余户、15万余平方米。总投资22.4亿元的31个重大基础设施项目全面铺开，实施“四创双修”项目118个，新建雨污管网8.7千米，台山新区和洋港片区污水管网连通、台山片区亮化、石钟山片区亮化等项目全面建成。城乡供水一体化项目正在实施，西门塘排涝口改建工程、柘机水厂取水口改迁工程、均桥加压泵站建设等项目顺利完工。推进“整洁美丽、和谐宜居”新农村建设，编制县域乡村建设规划，启动舜德村、王常村等2个市级乡村振兴示范村建设，建成260个新农村点，创建省级卫生乡镇5个、卫生村6个。城乡环境综合整治工作中，拆除违章建筑10万平方米、铁皮屋53.4万平方米，美化外立面153.4万平方米，打造梅兰小镇、均桥高速连接线、秀雅园中心村、李敬湾、武垦旅游风情小镇等一批示范点，承办全市首次城乡环境综合整治工作现场会，通过农村生活垃圾治理国家考核验收。开展保障性住房专项整治工作，洋港、江新安置区整治工作完成，清退门店、车库等358间。数字化城市管理平台建成。城区园区园林绿化管养实现市场化运作。石钟山大道标识标牌示范工程完工。完成石钟山大道、景湖路、牛湖路等“白改黑”工程

27.3千米。推进“四好农村路”建设，改造张青至付垅、武山至王常、南港至兰亭等道路23千米，新增生命防护工程62千米，改造危桥10座，拓宽窄路面17千米，全县25户以上自然村基本通水泥路，全县“五横五纵七联”路网基本成型。开展路域环境整治，新建、改造农村候车亭80个，完成县道绿化工程22千米，修复更新县道标牌、标线54千米。

民生福祉持续增进。实施打赢脱贫攻坚战三年行动，推进脱贫攻坚“春季攻势”“夏季整改”“秋冬会战”，实现减贫231户787人，全县最后2个贫困村全部退出。启动城镇贫困群众脱贫解困工作。全年民生投入20亿元，占财政总支出67%，同比增长5.5%。城镇新增就业人员3510人。摇号分配廉租房、公租房360套。医疗救助城乡困难群众1.4万人次。残疾人“两项补贴”惠及5300人。投资2.3亿元，实施教育项目19个，第五小学、流泗镇中心幼儿园等投入使用，高考本科上线率同比增长9.6%，时隔16年，高考实现清华大学等“双一流”高校录取的重大突破。通过国家三类城市语言文字规范化建设考核验收。县级公立医院财政拨款提高到100%。村卫生计生服务室标准化建设覆盖率达80%。获全省计划生育工作先进县。成功举办首届医师节、校园艺术节和道德模范评选表彰大会。完成15所乡镇文化站提升改造，代表九江高分通过国家公共文化服务体系示范区创建验收。洋港安置小区等27个地质灾害治理项目基本完成。马影敬老院基本建成。新建改建城市公厕11座。第十届村（居）委会换届选举全面完成。新一轮殡葬改革全面启动。推进安全生产“十大专项”整治，安全生产事故起数和死亡人数“双下降”。获全国防震减灾工作先进县、全国平安农机示范县和全省森林防火平安县。落实领导干部接访下访和包案化解制度，连续四年获全省信访“三无”县。扫黑除恶专项斗争和禁毒工作取得进展，刑事发案率同比下降23%。青龙村荣获全国民主法治示范村称号。

自身建设显著加强。全面启动“五型”政府建设，落实中央精神和省委、市委、县委决策部署。接受人大法律监督和政协民主监督，落实县政府重大事项向县人大报告制度、向县政协通报制度，办结人大代表议案建议38件、政协委员提案91件，办结率100%。打造“四最”营商环境，开展“作风大整治、服务大提升”专项治理活动，“怕、慢、假、庸、散”等突出问题得到有力整治。监察委员会挂牌成立，实现对全县所有行使公权力的人员监察全覆盖。建立“两员一会一公开”制度，监督触角直抵基层“末梢”。实行行政事业单位零基预算，优化乡镇财政财务支付审核程序，开展“小金库”专项治理工作，财政资金监管水平和使用效率进一步提高。

【经济研究工作】 2018年，起草讲话稿、汇报材料、调研报告等政务文稿70余篇、30余万字。县政府研究室起草《政府工作报告》1篇，总结过去的工作情况，部署以后的工作任务。起草县长讲话稿40余篇。围绕县政府中心工作、经济发展、民生、社会热点等方面，深入乡村、企业和部门开展调查研究，撰写调研报告4篇。上报政务信息110多篇，其中，多篇信息被省政府办公厅采用，信息工作一直居全市第一方阵。

（张 展）

【政务督查】 2018年，县政府督查室将《政府工作报告》中的各项任务目标量化、细化，分解到每个责任部门和单位，定期督查。在工业发展方面，就工程进度、服务水平、问题办结等方面开展项目督查59次。同时，全县集中开展安全生产、环境保护、学生防溺水、应急值班、农村垃圾处理等专项督查100余次。

【人大代表建议与政协委员提案办理】 2018年，县人大和县政协移交政府办理的人大代表建议和政协提案共计138件，涉及城建、交通、环保、水务、教育、卫生等多个领域，县政府督查室将提案内容细化分解，并及时督查督办，138件建议提案在规定时间内全部答复完毕，答复率100%，满意率100%。

组织得力。县政府督查室接到委员提案办理工作后，立即向县政府分管领导汇报，召开建议提案办理集中交办会，邀请县人大、县政协分管领导参加，会议总结并部署建议提案办理工作，对建议提案办理工作提出要求。办理过程中，县政府领导多次听取办理情况汇报，对关键环节进行调度，承办部门按照统一部署要求，落实“一把手”负责制，主要负责人部署代表建议办理工作，层层明确办理责任，落实具体承办人员，办理工作顺利进行。

规范办理。县政府办安排分管督查的领导具体负责协调、批办，督查室具体抓交办、督办工作的落实。商讨办理工作事宜时，邀请人大选任联、政协提案委共同对提案、建议进行分类梳理、登记造册，拟定办理单位、明确办理责任人，报政府、政协分管领导审核同意后，再分别呈送县政府分管领导批示，做到提案分类准确，拟办单位责任明确，办理回复工作件件有落实。在办理答复和办理时限上，各承办单位按照年初集中交办会要求，答复函行文规范，按时完成办理工作任务。

注重实效。对涉及多个部门的建议，由主办单位牵头，协办单位配合，工作质量和效率有保障。在办理过程中，各承办单位开展调查研究，从实际出发，制定办理方案，一些问题得到解决。对于因客观因素不能及时解决和不好解决的，就与有关上级部门衔接，创造解决问题的条件，使提案办理工作取得实效。

（饶绘宇）

县政府重要会议

【县政府经济工作会】 2018年，县政府召开1次经济工作会，由县长鲍成庚主持，县政府副县长、政府党组成员出席会议，县政府各部门主要负责人参加会议。县政府直属事业单位、驻县单位主要负责人列席会议。会议主要讨论总结上年经济工作，研究和部署下步工作。

【县政府常务会议】 2018年，县政府召开常务会议15次，由县长鲍成庚主持，县政府副县长、政府党组成员出席会议，县直有关部门负责人列席会议。

1月8日，县十六届政府第16次常务会议召开。会议研究县财政局提交的《湖口县二〇一八年一般公共预算细化安排（草案）》《政府性基金预算安排（草案）》《社会保险基金预算安排（草案）》，听取县统计局关于当前经济运行和全年经济指标预测情况汇报，研究县高新园区提交的金砂湾片区集中供热特许经营等有关事项，听取县扶贫和移民办落实九江市委第一巡察组脱贫攻坚专项巡察反馈意见整改情况的汇报事宜。

2月8日，县十六届政府第17次常务会议召开。会议传达学习省十三届人大一次会议和省政协十二届一次会议精神，传达学习全国、全省安全生产电视电话会议精神，研究县委编办提交的有关机构编制和调整取消一批行政权力事项及《湖口县流泗镇行政管理体制改革实施方案（送审稿）》，研究县环保局提交的《湖口县第二次全国污染源普查实施方案（送审稿）》，研究县文广局提交的《湖口县文化广电新闻出版“十三五”（2016—2020）发展规划》，研究县商务局提交的《2018年湖口县招商引资工作实施方案（送审稿）》等事宜。

3月4日，县十六届政府第18次常务会议召开。会议传达学习习近平总书记在打好精准脱贫攻坚战座谈会上的重要讲话精神，传达学习中央、省、市农村工作会议精神并研究全县贯彻落实意见，传达学习全省城乡环境综合整治工作会议精神，传达学习全市项目建设动员大会会议精神，听取全国两会期间安全生产工作暨筹备全县安全生产工作会议情况汇报，研究县工业投资公司提交的关于收购中国银行股份有限公司江西省分行债权有关事项，研究县高新园区提交的《关于加快高新园区改革创新升级发展的实施意见》，研究县项目办提交的《湖口县重大项目调度推进办法》，研究县农业局提交的《关于稳步推进农村集体产权制度改革发展壮大农村集体经济的实施意见》事宜。

4月8日，县十六届政府第19次常务会议召开。会议传达学习省、市扶贫开发工作会议精神，听取县卫计委和城山镇扶贫工作汇报并研究全县贯彻落实意见，听取县政法委关于扫黑除恶专项斗争情况汇报，研究县市容执法局提交的《贯彻实施〈九江市城市市容管理条例〉工作方案（送审稿）》，研究县交通局提交的《湖口县创建“四好农村路”全国示范县实施方案（送审稿）》，研究县法制办提交的关于攀森公司资产处置等有关事项，研究高新园区提交的关于海纳川科技项目盘整有关事项，研究县金融办提交的《关于在工程建设领域推行银行保函的通知（送审稿）》，研究县工业投资公司提交的关于划转湖口县污水处理厂资产有关事项等事宜。

4月27日，县十六届政府第20次常务会议召开。会议传达学习2018年第一批重大工业项目集中开工暨一季度工业推进会会议精神，传达2018年全市安全生产工作暨省安委会第二巡查组入驻九江巡查督导工作动员会议精神，研究县安监局提交的《关于建立湖口县安全生产专家库的通知》《湖口县安全生产委员会工作规则》，听取县教育局、付垅乡脱贫攻坚工作情况汇报，听取县统计局关于2018年一季度经济运行情况汇报，研究县财政局提交的《湖口县进一步加强乡镇财政财务管理的暂行规定》《关于进一步加强和规范乡镇财政财务支付审核管理工作的通知》《湖口县乡镇“小金库”专项治理工作实施方案》，研究县发改委提交的《湖口县“十三五”控制温室气体排放工作方案》，研究县环保局提交的《湖口县农村生活污水治理实施方案（试行）》，研究县规划建设局提交的《城乡环境综合整治工作考核奖励办法》《湖口县城乡环境综合整治屋顶墙面拆改实施方案》《湖口县开展强弱电线路集中整治工作实施方案》，研究县金融办提交的《湖口县高新技术产业园区金融创新发展试点工作实施方案》等事宜。

5月26日，县十六届政府第21次常务会议召开。会议传达学习全省脱贫攻坚“夏季整改”行动电视电话会议精神及市委林彬杨书记在“关于全省2017年设区市、县党委政府脱贫攻坚考核结果情况说明”上的批示精神，研究全县脱贫攻坚“夏季整改”行动方案，听取县农业局和流芳乡脱贫攻坚工作情况汇报，传达学习全省旅游产业发展大会会议精神，研究县委办、政府办提交的《关于深入贯彻中央八项规定精神进一步改进作风的实施细则（送审稿）》，听取县公安局关于扫黑除恶和禁毒工作情况汇报，研究创建办提交的创建国家卫生县城有关事项，研究县文旅集团提交的《湖口县文化旅游资产划转工作实施方案（送审稿）》，研究县规划建设局提交的三里片区雨污分流污水管网等工程建设项目EPC设计施工总承包招标有关事项等事宜。

6月19日，县十六届政府第22次常务会议召开。会议研究县房管局提交的《湖口县2018年度棚户区改造房屋征收补偿安置方案》《湖口县2018年度棚户区改造工作实施方案》，传达学习全国、全市贯彻落实《地方党政领导干部安全生产责任制规定》电视电话会议精神，听取县人社局和舜德乡脱贫攻坚工作情况汇报，听取关于打造长江最美岸线十里风光带示范段工作情况汇报，研究县高新园区提交的《关于加快推进高新园区存量盘活的实施意见》，研究县工信委提交的《沿江化工企业转型升级的工作方案》，研究县发改委提交的《湖口县长江经济带共抓大保护攻坚行动工作方案》和关于废止《湖口县政府投资项目暂行管理办法》有关招投标事项，研究县物价局提交的关于对农村居民自来水安装收费统一管理和调整污水处理费收费标准有关事项，研究县环保局提交的《湖口县打赢蓝天保卫战三年行动方案（2018—2020）》等事宜。

7月16日，县十六届政府第23次常务会议召开。会议传达学习全市深化殡葬改革工作推进会会议精神，传达学习《中共中央国务院关于全面加强生态环境保护坚决打好污染防治攻坚战的意见》《国务院关于打赢蓝天保卫战三年行动计划》和全市生态环境保护大会暨打造长江“最美岸线”工作推进会会议精神，传达学习贯彻省安委会全体成员（扩大）会议精神，传达学习全省棚户区改造工作现场推进会会议精神，传达学习全市机构改革工作会议精神及湖口县机构改革近期工作安排建议，听取县金融办和均桥镇脱贫攻坚工作情况汇报，听取县消防大队关于贯彻落实《2018年消防工作目标任务》工作情况的汇报，研究县机关事务管理局提交的关于调整县直单位工作时间建议有关事项，研究县工投公司提交的《湖口县沿江“小、散、低”码头整合治理和砂石集散中心建设工作实施方案（送审稿）》，研究县高新园区提交的关于盈联实业、新德佳电缆项目用地收储有关事项，研究县教育局提交的《湖口县中小学教学质量奖励方案（试行）》和关于从农村中小学选调教师进城任教及公开招聘农村公办幼儿园编外合同制教师有关事项等事宜。

8月5日，县十六届政府第24次常务会议召开。会议传达学习市委办公厅、市政府办公厅印发的《关于进一步贯彻落实国家机关“谁执法谁普法”普法责任制的实施意见》的通知，传达全省殡葬改革现场推进会会议精神，并研究全县贯彻落实意见，听取县统计局关于上半年度经济运行情况汇报，研究县委农工部提交的《湖口县花卉苗木产业合作发展框架协议书》等有关事项，研究县水务局提交的《湖口县关于在湖泊实施湖长制的工作方案（送审稿）》，研究县环保局提交的《湖口县饮用水源地监督防治工作方案》，研究县农业局提交的《湖口县畜禽养殖场（户）综合治理三年行动（2018—2020）实施方案》，研究县委农工部提交的《湖口县农村生活污水治理实施方案（试行）》，研究县法制办提交的关于攀森资产并购重组等有关事项，研究县法制办提交的关于协调处理弘洋电子资产过户工作有关事项等事宜。

9月3日，县十六届政府第25次常务会议召开。会议传达2018年全国医改工作电视电话会议精神并研究全县贯彻落实意见，传达全省实施乡村振兴战略暨改善农村人居环境工作推进会会议精神，听取县扶贫和移民办关于扶贫审计发现问题整改情况及民政局和武山镇脱贫攻坚工作情况汇报，听取县统计局关于湖口县全国第四次经济普查情况汇报，传达省、市扫黑除恶专项斗争有关会议精神及研究全县落实《省委扫黑除恶专项斗争督导组反馈问题整改工作方案》，听取县水务局关于湖口县单退圩堤加固整治工作情况汇报，研究县民宗局提交的《湖口县关于开展全县佛道教场所专项整治的实施方案》，研究县市场监督管理局提交的九江金旺国际物流园土地收储有关事项，研究县高新园区提交的关于荣侨电子科技项目清退有关事项，研究县司法局提交的《关于在全县农村实施“法律明白人”培养工程的方案》等事宜。

9月25日，县十六届政府第26次常务会议召开。会议传达学习习近平总书记关于宗教工作的论述及党的民族、宗教政策精神，传达学习《江西省人民政府工作规则》，传达学习省委、省政府《关于认真贯彻中央有关文件精神做好下一步经济工作的实施意见》并研究全县贯彻落实意见，传达学习省领导就加大基础设施领域补齐短板力度工作的有关批示精神，传达学习全省工业强省推进大会会议精神，传达学习省委、省政府《关于打赢脱贫攻坚战三年行动的实施意见》，研究县委编办提交的《关于公布湖口县县本级第一批取消调整证明事项清单的通知》，研究县发改委提交的《关于进一步激发民间有效投资活力促进经济持续健康发展的实施意见（送审稿）》。听取县石钟投资公司关于限价商品房（安置房）建设有关情况的汇报，研究县卫计委提交的《湖口县在外卫生专业技术人员“归雁计划”实施方案》，研究县市场监督管理局提交的《关于强化党政同责进一步落实食品安全属地管理责任的意见（送审稿）》等事宜。

10月22日，县十六届政府第27次常务会议召开。会议研究县委宣传部提交的《湖口县媒体融合发展改革工作方案》；传达全省脱贫攻坚工作及全省深化扶贫领域腐败和作风问题专项治理工作推进电视电话会议精神，研究《关于打赢脱贫攻坚三年行动的实施方案》《湖口县2018年脱贫攻坚“秋冬会战”行动方案》；传达全省深化改革现场推进会会议精神，传达学习省政府全体会议精神，传达学习全省中央环保督察“回头看”及专项督察意见反馈会会议精神并研究贯彻落实意见；传达学习省“五型”政府建设领导小组办公室关于做好当前几项工作的通知和“五型”政府建设简报（1、2期）精神并研究《关于在全县政府系统大力开展忠诚型创新型担当型服务型过硬型政府建设加快推进湖口高质量跨越式发展的实施意见（送审稿）》；传达学习省市领导在河长制、湖长制工作推进会及鄱阳湖生态环境专项整治工作会等相关会议精神并研究贯彻落实意见；研究县委农工部提交的《湖口县农村人居环境整治三年行动实施方案（送审稿）》；研究县教育局提交的《湖口县教育事业发展五年行动计划（2018—2022）》《湖口县校外培训机构综合治理攻坚行动实施方案（送审稿）》等事宜。

11月12日，县十六届政府第28次常务会议召开。会议传达省十三届人大二次会议精神，传达学习省委办公厅《关于对脱贫攻坚中形式主义官僚主义突出问题立行立改的意见》文件精神，传达学习中央、省、市扫黑除恶专项斗争相关会议精神，传达贯彻全国安全生产工作视频会议精神及研究安全生产工作有关事项，传达学习省委办公厅省政府办公厅关于印发《江西省中央环保督察“回头看”暨鄱阳湖水环境问题专项督察反馈意见》和省委书记刘奇讲话的通知精神，通报全县七大环境保护专项整治进展情况，传达学习《江西省扶贫开发领导小组办公室关于认真学习贯彻习近平总书记脱贫攻坚重要指示和李克强总理重要批示精神的通知》，通报省第五督察组对湖口县脱贫攻坚“秋冬会战”行动督察情况，研究《省督察组脱贫攻坚“秋冬会战”行动专项督察反馈意见整改工作方案（送审稿）》及听取县规划建设局、马影镇脱贫攻坚工作情况汇报，传达学习全省开发区改革和创新发展推进大会会议精神并研究县高新园区提交的《湖口县促进高新园区改革创新升级发展三年攻坚行动计划（2018—2020）（送审稿）》，研究县委编办提交的关于供销社更名有关事项，研究县卫计委提交的湖口县中医医院康富大楼建设项目工程发包模式有关事项，研究县交管大队提交的关于增加4名交管辅警有关事项，研究县国土资源局提交的关于收购江西渊明实业有限公司三宗商业用地使用权有关事项等事宜。

12月6日，县十六届政府第29次常务会议召开。会议传达学习习近平总书记和省委书记刘奇在民营企业座谈会上的讲话精神以及全省促进非公有制经济民间投资现场推进会会议精神，传达学习2018年全省农业发展大会会议精神，传达学习全国全省危险化学品安全生产专题视频会议、全省安全生产警示教育视频会议和全省安全生产集中约谈会议精神，传达学习全市建设长江经济带区域航运中心工作推进会会议精神，研究高新园区提交的《高新园区工业服务中心组建实施方案》和《高新园区干部人事制度改革实施方案》，研究县民政局提交的《湖口县关于全力做好城镇贫困群众脱贫解困工作实施方案》等一系列文件，研究县农业局提交的《湖口县农村土地“三权分置”改革试点工作实施方案》，研究2019年度重点项目和民生实事计划安排，研究县规划建设局提交的洋港生活污水处理厂提标改造及尾水项目建设有关事项等事宜。

12月27日，县十六届政府第30次常务会议召开。会议传达学习《江西省2018年市县党委和政府脱贫攻坚工作成效考核实施方案》及听取县委农工部和张青乡脱贫攻坚工作情况汇报，传达学习《关于河湖“清四乱”专项行动令》，研究县水务局提交的《湖口县河湖“清四乱”专项行动方案》《湖口县劣V类水水库（湖泊）整治方案（送审稿）》，传达学习《九江市深化环境监测改革提高环境监测数据质量实施方案》，研究县环保局提交的《关于贯彻落实〈中共中央国务院关于全面加强生态环境保护坚决打好污染防治攻坚战的意见〉的实施方案》《关于进一步落实环保督察问题清单销号管理的通知》《湖口县重点企业环境安全监管领导干部驻厂安排》《关于聘请环保安全特约监督员的通知》《湖口县环境违法行为有奖举报实施办法（送审稿）》，研究县广电网络公司提交的《关于全面推进全县有线数字电视整体转换工作的通知（送审稿）》，听取县农业局关于非洲猪瘟防控工作情况汇报，传达学习全市传统产业优化升级省级综合试点推进大会精神，研究县工信委提交的《湖口县船舶产业优化升级市场试点实施方案（2018—2020）（送审稿）》，研究县委编办提交的关于调整和取消一批行政权力事项，研究县机关事务管理局提交的《湖口县事业单位公务用车制度改革实施方案（送审稿）》，研究县公安局提交的《湖口县城区全面禁止燃放烟花爆竹实施方案（送审稿）》，听取县水务局关于长江最美岸线（湖口县段一期建设）景观环境提升改造工程有关情况汇报等事宜。

（张　展）

县政府重要活动

【县长调研督查】 2018年，县委副书记、县长鲍成庚分别就重点项目建设、生态环保、城乡环境综合治理、四城同创、乡村振兴、安全生产等进行调研和督查。

1月12日，到学士路、江铜生活区、金砂大道钢厂生活区及马影镇、张青乡等地，实地调研城乡环卫一体化PPP项目运营情况。要求项目实施单位龙吉顺公司致力打造全国的标杆和示范。

2月13日，率相关部门负责人，先后到火车站、长途汽车站鄱阳湖大市场、星程大酒店等地，检查春节市场供应和安全保障工作。要求相关部门要高度重视春节期间市场供应和安全保障工作，增强责任感和紧迫感，精心组织、科学调度、合理安排，确保全县市民过一个祥和快乐的春节。

2月22日，先后到长途汽车站和西门渡口，现场调度春运安全工作。强调要提高思想认识，强化责任落实，做到警钟长鸣、常抓不懈。要全面排查隐患，完善应急预案，严防事故发生。

3月17日上午，和副县长叶子一道到安监局调研，在听取工作汇报、征求意见建议后，就如何有效化解当前面临的问题和不足，为全县经济社会发展和安监工作创造条件，提出五点要求：一要进一步强化对安监工作的重视，二要把安监工作当作事业来追求，三要强化组织保障，四要自觉提高自身职业素养和专业水平，五要创新理念和思路提高安全监管水平。

3月29日，和副县长张水兰一起先后到流泗中学、湖口中学，专题调研全县教育工作，并在湖口中学召开座谈会，分别听取县教育局、县财政局、县人社局、县国土局、县编办等部门的工作汇报，就进一步推动湖口教育发展要求，制定规划，创新理念，保障安全，推动湖口教育新一轮赶超发展。

4月22日下午，和县委常委、副县长刘奇，副县长李水木一起先后到粮库码头、中建万佳、石钟泵站等处调研饮用水水源地保护工作，随后召开座谈会。要求一要提高站位，深化认识，把此项工作作为一项政治任务抓好抓实。二要形成合力，全力攻坚，相关部门要本着对子孙高度负责的态度，合力推进。三要加快进度，提高效率，按照实际节点倒排工期，强化调度。四要加强向上级部门汇报沟通，争取上级部门的支持。

5月5日，到均桥镇、武山镇、武垦场、城山镇、流芳乡、大垅乡、凰村乡、马影镇等乡（镇、场）对景湖公路、均流公路、牛湖公路沿线城乡环境综合整治进行现场督查。就进一步做好城乡环境综合整治工作提出，一要组团式打造，要将沿路“战线”切分为不同的区块，统一设计，打造“单可成景，连可成画”的组团；二要网格化管理，要由集镇中心示范区向周边辐射，由沿路风景带向纵深推进，充分利用好“县、乡、村、组”四级管理网络，层层压实责任，抓好落实。

5月23日，带领县领导史文、刘强、卢伟俊、李水木、周月喜和相关部门负责人先后到江新、洋港、莲湾、叶家舍、李敬湾、黄新华、新塘、海山、海山涧吴家、石塘等14个保障房安置区，对各小区的基础设施、环境卫生、物业管理等方面进行实地调研，并于当晚召开全县保障房安置区集中整治工作调度会。在调度会上，要求，要坚持以人为本、以人民为中心的理念，切实增强解决保障房安置区遗留问题重要性的认识；要明确目标、坚定信心，坚决把解决保障房安置区后续遗留问题这项民生实事办好；要突出重点、强化举措，切实做好清理门店、储藏间及车库、各项工程的扫尾、综合验收、物业管理、资料收集移交统一管理、办理产权证、收取审计费等8项重点工作。要求相关部门要解放思想、创新思路切实担当为群众办实事、谋福祉的职责和责任。

5月29日下午，和县人大常委会主任阮洋，县政协主席杨小林，县领导梅媚、柯景坤、张水兰、叶子分别到园区、城区，深入工地现场，督导重大项目建设情况。先后到五星纸业、中红医疗、一德油料、合昌水泥、长江炉料、天盛化学、塑星新材料、金久高新材料、天赐新材料产业园攀森地块、仁义玻璃、大家食品、天赐新材料大厦、工业综合体、置地远大装配式建筑以及第三小学扩建项目现场，认真听取项目建设情况汇报，了解当前项目推进面临的问题和困难，进一步明确项目推进的时间节点。

6月5日，和副县长张水兰带领相关单位负责人，先后到湖口中学、湖口二中、县教育局及考点周边的海正明珠、莲湾等小区，检查全县高考各项准备工作情况。详细查看了考务办公室、监控室、保密室等地，并深入了解考场安排、摄像监控、保密管理、交通组织、安全保卫、电力保障、环境保护、医疗卫生等方面的准备情况。强调各相关部门要提高认识、各司其职、严密组织，充分做好考场等各项设施的准备工作，以及周边环境整治，确保高考期间供电、通信、交通、卫生等各方面的正常保障，特别注意考生的住宿、饮食安全，让考生充分发挥水平，取得优异成绩。

6月9日上午，和县委常委、常务副县长史文到均桥横山采石场、牧园生态家庭农场、宏升页岩砖厂、张青乡黄平采石场、大垅乡邹洞采石场、舜德乡皂湖水产场等处，再次就环保问题整改落实情况进行实地督查。在均桥镇横山采石场山体复绿工程现场，要求在赶进度的同时必须确保效果，积累经验，落实好开发与复绿相同步的规划设计方案。在牧园生态家庭农场，强调企业要加大汇报设施投入，要不折不扣地按要求整改到位。在宏升页岩砖厂和张青乡黄平采石场，针对噪音和粉尘造成的环保问题要求企业加大整改力度。在大垅乡邹洞采石场和舜德乡皂湖水产场，要求施工单位要按精品和样板工程整改，高标准、严要求、保效果。

6月9日下午，和副县长李水木先后到城山镇九房洞和二房洞水库、南北港、双钟镇小岭洞水库等地，实地调研督察防汛备汛工作。每到一处，详细了解防汛备汛有关情况。就进一步做好防汛备汛工作提出要求，一要提高认识，牢固树立防大汛抢大险抗大灾思想；二要落实预案，突出抓好信息预判、雨水情预研、精准预报和传递信息；三要加强督察，各单位部门要明确工作职责，建立责任倒查倒追机制，确保安全度汛。

6月21日下午，和副县长李水木先后到城山镇九房洞和二房洞水库、南北港、双钟镇小岭洞水库等地，实地调研督查防汛备汛工作。

7月10日下午，与九钢公司董事长黄智华一道，到城山镇团墩村，实地调研商讨贫困村结对帮扶工作。先后实地察看了豆角加工车间、种植基地及发展村集体经济的水面养殖基地，对九钢公司积极参与脱贫攻坚的善举给予充分肯定。就非公企业开展脱贫帮扶工作提出要求，一要把自身优势与贫困村、贫困户实际困难深度融合，通过切实有效参与脱贫攻坚，体现企业社会形象、社会担当和社会责任；二要充分整合资源，在帮扶对象中培育技能、增强其持续发展能力上下功夫，激发群众潜能，增强“造血”功能；三要制定切实可行的帮扶规划和具体举措，通过产业扶贫、商贸扶贫等方式，大力培植产业，完善基础设施，改变村容村貌，让贫困村有看得见的变化，贫困户尽快摆脱贫困。

7月17日上午，和副县长张水兰，先后到县图书馆、文化馆、流泗镇、凰村乡的综合文化站及基垅村、四官村的文化活动中心，实地调研全县国家公共文化服务体系示范区创建工作。在县图书馆和文化馆，细致查看每间功能室，了解馆舍使用情况。要求图书馆合理安排馆舍布局，增加开放时间空间，逐步扩充藏书体量，不断丰富书籍门类，着力营造书香氛围。文化馆要主动弘扬和传承优秀的历史文化，多创作编排一批“本土气息浓郁、群众喜闻乐见”的作品，突出湖口特色，唱响湖口声音，打造湖口精品。在流泗镇和凰村乡，针对基层站所要求各乡镇强化举措、查缺补漏、完善细节，主管部门要派骨干力量对口指导，确保通过考核验收。

8月9日，和副县长张水兰到石钟山景区，现场督查景区环境和质量整改提升工作。督查中，走遍景区每一个功能场所和旅游景点，认真细致地指出了景区在环境卫生、标识标牌、景点维护、内部管理、风格统一等方面存在的不足。强调，要进一步按照“精心规划、精致建设、精细管理、精美呈现”的要求，深入推动景区环境和质量再整改、再提升，全面促进旅游服务和旅游配套设施的升级和完善，不断提高景区吸引力和影响力。

8月27日下午，和副县长叶子到双创基地调研。在双创基地，参观了创客空间、党员之家、红色书屋等功能区域，听取双创基地运管情况的介绍。走进运通网车、宇沃科技、田园牧歌等公司，询问项目孵化成长及双创基地为企业提供帮助等情况。随后召开座谈会，详细听取他们的意见和建议。就进一步建设好双创示范基地，打造双创升级版要求努力提高颐高双创基地建设和运营水平，为创新型中小企业成长壮大创造条件；努力改善创新生态系统，提高创新成果转化效率；健全全方位创业创新服务体系，不断激发创业创新活力。

8月28日，和县委常委、常务副县长史文，县委常委、园区党委书记柯景坤，到方大九钢、赛得利(九江)纤维、中星医药等园区企业，现场督查环保问题整改情况。每到一处，详细听取企业环保治理介绍，实地检查环保设备运行情况。强调要强化认识，紧盯重点，狠抓落实，共建“最美岸线”，守护“碧水蓝天”。

9月2日，和李水木、骆成等县领导深入部分乡镇，重点就产业扶贫、基础设施建设、就业扶贫等工作进行调研。先后到张青乡刘瑞村、竹山村，马影镇石山村，凰村乡双桥村、新丰村，流泗镇刘泗桥社区、红枫村和莲花村等地，详细了解产业扶贫、基础设施建设、就业扶贫等脱贫攻坚工作和发展村集体经济中存在的问题和困难。就做好下步脱贫攻坚工作强调，要提高政治站位，增强责任意识，注重扶贫实效，坚决打赢脱贫攻坚这场硬仗。

9月11日下午，和副县长李水木带领县直相关单位负责人到武山镇王常村，实地调研指导乡村振兴战略推进工作。要求要以基础设施完善、产业特色鲜明、自然生态优美、乡风文明纯朴为目标，把王常村打造成全市乡村振兴示范点。要坚持规划先行，以“和谐、自然、统一”为标准，打造“多样美”；要扎实推进村容村貌整治，做到拆到位、清到边、洁到角；要以中药材为基础，大力发展花卉草木、稻虾共作等农业产业。

9月12日上午，和柯景坤、刘奇、叶子等县领导，带领工信委、安监局、环保局等部门负责人到园区，就小型化工企业关停并转工作现场调研。先后考察了浔朋化工、中伟科技、江西劲农、安利达化工、星成高分子、科望化工、宏科化工等7家企业，详细了解了企业生产现状及安全环保情况，随后召开座谈会。在会上强调，要进一步提高思想认识，坚定决心意志，形成工作合力，坚决做好沿江化工企业转型升级和清理整顿工作。要进一步调查摸底，区分对象，一企一策，确保2019年底前实现“三退出一升级”目标。要进一步细化工作方案，做好风险评估和矛盾化解工作，对不符合产业政策且污染严重的“小散乱污”企业要坚决取缔，同时做好产业规划，加强政策引导，推动企业集约发展、转型升级。

9月19日，和县委副书记张南及副县长张水兰、卢伟俊等领导，到石钟山景区周边地区，实地调研景区周边及“三线”环境整治提升工作。从景区停车场到水上游客码头，仔细查看沿路景观和基础设施，认真听取情况汇报。强调，石钟山景区是湖口旅游发展格局的核心区，各部门要进一步强化认识，落实责任，提高标准，精雕细刻，加快推进工程建设，不断提升旅游品位。

10月13日，和县委常委、副县长刘奇，副县长李水木一起就湖口长江最美岸线打造工作到神华码头、原新康达码头、牛脚芜坝堤、园区山体复绿现场及恒运码头等地进行实地调研。要求提高政治站位，统筹兼顾，加快进度，确保工程如期完成。

10月20日，先后到城山镇丰泰养殖场、城山镇泊洋湖养殖场、城山镇森旺养殖场、城山镇伍德平养殖场、均桥镇陈荣辉养殖场、武山镇展鸿养殖场等处调研禁养区、限养区内畜禽养殖场关停整治情况。强调提高思想认识，加快工作进度，深入宣传发动。

11月8日下午，和副县长李水木先后到双钟镇胜利村、均桥镇象山村、城山镇陈岭村及大塘社区、马影镇董埂村、凰村乡新丰村等地，随机抽查暗访城乡环境综合整治工作推进情况。要求只争朝夕，攻城拔寨，确保城乡环境发生根本性改变。

11月10日下午，和县委常委、副县长刘奇先后到马影镇江西大家食品有限公司、付垅乡九江鑫路沥青混凝土工程有限责任公司、付垅乡湖口县天桥石灰场、武山镇武山宏盛新型建材有限公司等地，随机抽查“小、散、乱、污”企业专项整治整改工作情况。强调坚决关停取缔小散乱污企业，确保城乡环境青山绿水。

11月16日上午，带领相关部门再次沿着江堤仔细查看建设中的生态修复工作。强调要严格按照“水美、岸美、产业美、环境美”的总体要求，筑牢生态屏障，守护一江清水，打造“沿江风光”，实现“景观生态”，在打造长江“最美岸线”工作中率先做出“湖口实践”，体现“湖口担当”，贡献“湖口力量”，创造“湖口样板”。

11月17日，和副县长李水木带领相关部门负责人先后到大垅乡、张青乡、凰村乡和流芳乡，实地调研“大棚房”问题排查清理工作。要求对“大棚房”问题开展拉网式、台账式排查清理，做到逢园必进、逢棚必查、不留死角，做到底数清、情况明。对查出的问题线索尤其是直接占用耕地的要坚决拆除。

11月30日，带领相关部门领导先后到西门渡口、老城门球场、石钟山景区门口、梅兰小镇、永济桥、土管小区路口等施工现场，详细了解项目建设进度，并就饮用水源地保护、老城雨污分流、老城里面改造、污水处理提标、水渠贯通、道路“白改黑”等工作存在的困难，进行现场调度并提出指导性意见。

12月2日上午，和副县长叶子先后到县粮食局第二粮库、湖口国家粮食储备库等处，实地调研全县粮食收储工作。要求强化政策落实，前后规范管理，强化业务培训，强化仓储设施，不断提升质量和管理水平。

12月9日，先后到城山镇南湖村、舜德乡灰山采石码头和鑫璞建材码头，实地督察鄱阳湖岸线非法码头清理整治工作情况。

12月30日，先后到鄱阳湖大市场红绿灯处、县自来水公司、县石钟水厂、县供电公司、县公安局等地，现场调度全县低温雨雪冰冻天气保畅通保供电保供水保安全等工作。

【学习考察】3月5—6日，县委副书记、县长鲍成庚率队先后到上饶市横峰县、信州区、上饶县和景德镇市昌江区、珠山区、陶瓷工业园区，考察学习秀美乡村建设、乡村旅游和生态修复、城市修补工作。两天实地考察了横峰县的好客王家、亭子上村和药植园，信州区的塔水村、龙门额自然村，上饶县的周石村，长江区的紫薇路、蟠龙岗社区和西河湾公园，珠山区的陶阳新村、三宝瓷谷，陶瓷工业园区的名坊园。返程途中听取了县直有关部门、各乡镇场主要负责人的感想与收获，要求要解放思想大力发展乡村旅游产业，打造一批富有湖口特色的秀美乡村，提升城市“双修”工作水平。

5月18日，县委常委、常务副县长史文带领考察团到永修县，就政府性投资融资平台建设、房地产开发和城市建设等工作情况进行考察学习。

（编辑部）

应急管理

【概况】2018年，全县应急管理工作坚持“统一指挥、专常兼备、反应灵敏、上下联动、平战结合”原则，围绕“一案三制”建设总体要求，发挥服务协调作用，推进组织体系、管理体制、运行机制建设、阵地建设，提升救援队伍能力和物资装备保障能力，做好应急值守工作，妥善处置各类突发公共事件。

2018年，湖口县先后遭受雪灾、风暴、干旱等自然灾害，涉及14个乡镇场，172881人受灾，农作物受灾面积10204公顷，绝收面积373公顷，紧急转移安置110人，损坏严重农房14户25间，一般损坏农房204户230间，直接经济损失5746万元。全县造成灾情严重的灾害主要是风暴灾和干旱灾害。全年发生生产安全事故1起，造成2人死亡。交通事故4662起，同比减少33起。其中死亡30人，同比增加6人，受伤328人，直接经济损失46万元。全年未发生一次死亡3人以上重特大交通事故。发生火灾162起，同比上升26.12%，死亡0人，受伤9人，直接经济损失430万元，同比下降了315.11%。全县消防接警419起，同比上升23.48%；出动419次（含增援），出动消防车581台次，出动消防官兵6391人次；抢救被困人员191人，同比下降5.33%，疏散人员369人，同比下降11.45%，抢救财产价值7600余万元。全年发生群体性事件10起，参与人数460余人。间接经济损失6.7万元，同比下降4.2%。其中，发生10～100人参与的10起，同比下降9%，未发生100人以上参与的大规模群体性事件，未发生金融、涉外、恐怖袭击以及其他严重的突发性群体性事件。刑事案件立案699起，同比下降23%；侦破刑事案件686起，同比上升5%。其中，主要恶性刑事案件中，八类严重暴力犯罪案件23起，同比上升28%；侦破侵财类案件427起；破获毒品犯罪案件23起。

应急管理体制建设。2018年，调整县应急委员会成员单位，由县政府主要领导担任应急委员会主任，常务副县长具体分管全县应急管理工作。建立健全县政府应急管理工作机制，完善应急管理办公室人员、设备配置，明确人员职责，发挥县应急办组织协调、统筹管理、宏观指导、应急值守、信息汇总报送等职能作用，做好突发自然灾害和公共事件的处置工作。完善应急体制建设。县委、县政府主要领导、应急分管县领导定期专题听取应急管理工作汇报。

应急预案修订完善。2018年，县政府应急办坚持预案修订“制度化、常态化、动态化”和“集中统一与单独相结合”的原则，集中培训预案管理（修订）人员，提升应急预案的针对性、实用性和可操作性。全县修订专项预案4个，预案备案率达100%。优化预案处置流程，编制预案简本（流程图），供事件处置指挥领导参考决策和成员单位有序开展处置工作。

处置能力建设。2018年，县政府应急办印发全县应急演练工作总体计划，落实具体牵头单位、总体负责人、业务经办人，成立演练工作推进组，搭建微信、QQ交流平台，组织专业人员不断细化演练工作方案。设计演练科目，采取“查设备、练队伍、考技能、看成效、找问题、评改进”的方式，开展危化品、森林防火等不同领域、不同类别应急演练120余次，5万人参演（含学校、行业），应急处置指挥水平和应急救援协同处置能力得到提升。

预警预报信息报送工作。2018年，县应急办监测预警坚持预防为主，突出行业特点，采取“传统与现代科技相结合”的原则，完善监测网络，开展风险分析，实施监测预警，收集掌握敏感性、苗头性信息。归口收集、整理、报送突发事件信息，各单位严格执行信息审签制度，全县没有“迟报、漏报”等现象。建立片区应急联络员制度，运用“微信群”、QQ群等网络平台，组建县乡村“三级”信息快速报送网络。

应急队伍建设。2018年，县救援队伍建设以公安、部队、武警等骨干队伍为主体，以基层民兵、企业、社区综合应急队伍为基础，整合原有专业救援力量，进行应急救援演练和应急处置能力培训，形成适合经济社会发展、符合地区实际的应急救援队伍格局。所有乡镇都成立民兵应急分队。建立起道路交通、危险化学品、非煤矿山、畜牧疫情、公共卫生、消防灭火、电力、通信等专家人才库。建立乡（镇）、专项指挥和应急委“三级”现场指挥体系，编制《突发事件应急响应工作手册（简本）》，落实科级领导牵头处置要求，及时应对突发事件。

应急值班制度建设。2018年，县应急办按应急值守制度，做好日常值守应急和信息汇总工作，执行重大事项报告制度和值班登记、交接班制度。应急专兼职人员严格实行24小时值班制度。全县副科级以上领导干部节日期间手机24小时开机待命；节日期间实行县委常委领导带班、县级领导值班、县应急办24小时值班制度；各乡（镇）、各部门坚持个人重大事项报告制度和请销假制度。坚持应急值守督查“常态化”，成立应急值守督查组，坚持“逢节必检、入汛常检”，对全县值班情况进行暗访督查，对督查中发现的问题立即责令相关单位限期整改。

应急宣传工作。2018年，县政府应急通过现场宣讲、设置宣传栏、印发宣传单、悬挂标语等多种形式广泛开展宣传活动。各部门和乡（镇）结合“防灾减灾日”“防灾减灾宣传周”“安全生产月”“消防日”“法制宣传日”“科技宣传周”等各种主题活动进社区、进学校、进企业开展应急科普宣教活动，发放宣传资料、普及专项应急知识。通过“屏幕有影、喇叭有声、纸面有文”等形式，宣传防灾减灾知识，全县各学校分别举行消防、避震等相关演练，各单位都根据自己的职责范围，从不同层面进行防灾减灾知识的宣传和演练。

【中伟科技储罐发生闪爆事故处置】2月10日上午8点30分，九江中伟科技化工有限公司一储罐因违规动火作业发生闪爆事故，造成1人死亡，1人重伤。事故发生后，县委、县政府立即启动应急处置预案，组织县应急办、卫计委、安监、公安、环保、消防、高新园区管委会等相关部门开展事故救援工作。对伤员杨某开展全力救治，11点40分，由于伤势过重，救治无效，宣布死亡。晚上7点，县委、县政府主要领导主持召开会议，听取事故专题情况汇报，落实省委领导批示，全面落实企业安全生产主体责任，整改所有隐患。晚上11点，与黄某家属签订工亡赔偿协议书，2月11日凌晨1点，与杨某家属达成工亡赔偿协议书，两名死者丧葬事宜均已处置妥当。

（张　磊）

法制工作

【概况】2018年，县本级收到行政复议申请15件，依法立案受理12件，审结11件，审结率91.67%。审结的11件案件中，信息公开案件2件，山林权属案件3件，土地确权2件，行政处罚案件2件，其他案件2件。省市县三级人民法院受理以县政府为被告的行政诉讼案件2件县政府全部胜诉。县政府法制办全年共审查规范性文件5件，按规定向市政府和县人大常委会进行报备。严格执行规范性文件有效期制度，做好规范性文件清理、修改和废止工作，按照省、市政府法制办的部署，对工程项目有关的规范性文件进行清理并将结果在湖口政务网站上进行公布。

【证明事项清理工作】县政府法制办制定《湖口县证明事项清理工作方案》。7月25日至9月28日，县政府法制办牵头组织对全县范围内实施的证明事项进行集中清理，清理证明事项232件，保留110件，取消122件。其中，县政府有关工作部门清理证明事项91件，保留55件，取消36件。清理意见经县政府同意，报市政府法制办审查。

【政府事务法律服务工作】县政府法制办围绕湖口经济建设中心任务，发挥作为政府领导的参谋助手及法律顾问作用，为县政府重大决策、经济管理和社会事务、行政行为、合同行为及其他法律事务等提供及时、准确、优质的法律服务。先后参与“攀森并购案”“开元国际大酒店盘活案”“盛世中央城盘活案”等重大经济类案件。在招商引资过程中，审核全县商务合同50份，按照模板完善合同内容，规范订立行为。

【法治政府建设专题讲座】10月16日，经湖口县政府法制办邀请，江西省政府法制办机关党委专职副书记陈欢欢到湖口，为全县政府系统党员领导干部作法治政府建设专题讲座，集中学习《宪法修正案》。湖口县政府党组班子成员，各有关部门主要负责人，各乡（镇、场）长等共计90余人参加专题讲座。

【“放管服”改革推进】7月17日，省委、省政府批复《湖口县流泗镇深入推进经济发达镇行政管理体制改革实施方案》，湖口县赋予流泗镇部分县级经济社会管理权限目录共156项事项清单。10月10日，县政府办印发《湖口县人民政府办公室关于公布湖口高新园区审批赋权清单的通知》，共公布42项赋权清单。

（王宇茹）

电子政务

【概况】2018年，县委常委会、县政府常务会多次研究电子政务、政务公开和智慧城市建设有关工作，先后审议通过法人库、中心机房升级改造等信息化建设项目工作方案。县委、县政府主要领导多次在网站建设及政务公开文件上做出批示，要求加强政府公开和政府网站内容保障工作。县政府成立以常务副县长史文为组长，其他相关部门负责人为成员的政府政务公开工作领导小组，由电子政务办公室具体负责全县政府政务公开日常事务。落实政府信息公开责任追究制度，将政务公开考核纳入目标管理考核内容，分值为3分。新增信息化项目建设投入700余万元，主要有投资632万元法人库项目，投入58.66万元智慧城市中心机房改造项目。对网民的建议、咨询、投诉等诉求信息，做到依法有据、严谨规范、慎重稳妥，督促责任单位在五个工作日内回复。及时回复“中国九江”网“我为九江献一策”栏目中1条网民咨询、建议和投诉。2018年，全县收到公民、法人和其他组织需要本机关主动公开政府信息公开申请34条，全部按时答复。

政务网络建设。2018年，全县召开各级视频会议135次。电政办启动机房网络安全升级改造项目。新增网上行为管理、网络安全审计两台网络安全设备，并对政府大楼内二、五、八楼设备间机房的物理线路进行安全升级改造。更换机房内旧的消防系统和空调，新做一套机房门禁系统。启动第二视频会议室建设，第二视频会议室设在九楼东会议室，可以容纳150人参会。

信息公开工作。电政办出台《进一步加强中国湖口网网站管理工作的实施意见》。县政府门户网站公开政府信息6331条，将“城乡环境整治”“扫黑除恶”“脱贫攻坚”“财政信息公开”等事关群众切身利益、社会关注度高的重点热点事项，设立专题栏目公开。全年完成以保障性住房、环保、机构改革、扶贫、五型政府、乡村振兴为主题在线访谈6期。

【智慧湖口建设】建设本级法人库项目。法人库项目是以统一社会信用代码（组织机构代码）为唯一标识，依托电子政务外网，整合机关、事业单位、企业、社会团体和其他组织的数据，为政府和社会提供法人单位权威信息服务的公共基础信息库。建立智慧湖口地理空间信息共享平台。县政府与省测绘局、市国土局合作，搭建全县统一的地理空间信息共享平台，通过航拍、实测，生产全县不同范围不同标准的数字地图、正射影像及三维模型，形成空间地理数据库、城市部件库，提供“一张图”作为各类管理与服务信息化项目的载体。建设多规合一管理应用系统。依托政务云、网上审批系统和“一张图”，共享城市环境数据库，在多规编制成果基础上，建设集多部门规划管理为一体，包括规划展示与查询、规划项目审批、违规行为查处、公众参与等功能的应用系统，该项目已投入使用，运行正常。建设天网工程四期。已经完成部署（新增）治安卡口、天网监控点、警眼等技防措施，逐年更新升级第一、二期天网设施。构建全方位多层级防控体系，县城全域覆盖。建设智慧城管系统。依托智慧指挥中心、政务云及可视化平台。涵盖（或整合）市容执法、园林绿化、道路交通、污水处理、垃圾处理等信息管理或实时调度。建设智慧教育系统。架设全县教育专网，连接城乡学校；依托智慧湖口中心机房建设教育云；以金砂湾学校为智慧校园试点，推进全县校园数字化建设。

【综合协同办公系统上线运行】2017年4月1日，全县综合协同办公系统正式上线运行，部署在政务外网上，系统包含143个单位。至2018年底，发送公文2662条，发送会议441条；已收公文73765条，已收会议10371条，待收公文7763条，待收会议353条，签收率91.2%;发送短信157280条，其中，2017年35317条，2018年121251条。

（王建鹏）

金融工作

【概况】2018年，湖口县人民政府金融工作办公室（以下简称县金融办）按照金融改革新要求，围绕构建多元化、市场化、专业化的现代金融体系目标，推进全县金融行业建设，优化金融发展环境，引进培育各类新型金融主体，补齐行业短板，促进县域金融行业有序、健康发展。全县金融机构各项存款余额164.29亿元，较年初增长12.66亿元，增长8.35%;各项贷款余额115.69亿元，较年初增长4.22亿元，增长3.79%。全县保险业总保费收入15012万元,其中，人身保险10376万元，财产保险4636万元。全县金融业保持稳中有进的发展态势。

完善金融体系。引进金融机构。3月，九江银行村镇银行正式挂牌营业；4月，九江开元融资担保有限公司正式挂牌营业。培育新型业态，以“两基金两平台”为核心，构建创新型金融体系，成立湖口县引导基金领导小组,组建湖口县引导基金管理有限公司,发起设立湖口智慧物联与高端装备产业投资基金和湖口鼎盛光科创新投资基金，筹备成立九江中科大成工业产业基金。湖口县续贷周转基金为20家企业续贷7421万元，湖口县石钟融资担保公司为14家企业担保4610万元，九江开元融资担保有限公司为15户客户担保513万元。推进金融创新试点工作，经市政府同意，湖口县成为省开发区金融改革试点县区，成立县园区金融创新试点工作领导小组，出台《关于湖口县高新技术产业园区金融创新试点工作实施方案》,高新技术产业园区金融创新服务中心正式投入使用。延伸金融服务，引导各金融机构下沉服务网点，增设自助电子机具，至2018年底，全县金融机构累计布设网点43个，自助设备ATM机64台，CRS54台，POS机1809台，村村通163台，普惠金融服务站建成9个，实现金融机构和服务乡镇全覆盖。

强化社会融资。推进“三通一保”，发挥“财园信贷通”“惠农信贷通”和“助保贷”财政担保放大功能，化解社会融资难题。通过“财园信贷通”为496户放贷230626万元，其中2018年投放50户25433万元；通过“惠农信贷通”为299户放贷16611万元，其中2018年投放39户2314万元；通过“助保贷”为12户投放6830万元，其中2018年投放2户830万元。促进银企对接，推动金融机构入园入企，提供服务上门、便利到家的金融服务。定期组织银行、企业召开银企对接会，通过政银企对接活动与55家小微企业签订授信协议，签约金额达47.36亿元，其中绿色信贷5.93亿元，实现金融资本与实体产业精准对接。

发展直接融资。推动企业上市挂牌，在全县范围内择优选取50家规模以上企业进入上市企业后备资源库，进行重点培育孵化。全县新增四板挂牌企业10家，累计实现70家企业成功挂牌。江西晨光新材料股份有限公司已进入上市辅导期。

维护金融稳定。始终把防范金融风险摆在突出位置，成立金融风险防范领导小组，出台金融稳定协调合作机制、信用激励和惩戒制度等系列文件，健全风险防范机制。执行联席会议制度，采取会议、督办、调度、通报等综合协调手段，强化责任落实。加强日常监管，实行常态化风险排查和宣传工作，推进反洗钱、金融消费者权益保护、打击非法集资、信用体系建设等工作，坚持把金融风险控制在源头、遏制在苗头，全县未发生系统性金融风险。

【省、市金融办领导到湖口指导企业上市】2月27日，省政府金融办资本市场处副处长李楠、江西证监局公司监管处副处长龚凯、省股交中心副总杨晓林、市金融办副主任张元婷等一行到湖口县重点拟上市企业江西晨光新材料股份有限公司视察、指导上市工作。他们从专业角度提出合理建议和指导意见，在上市过程中要注意业务拓展的连续性，投资的合法性，财务的规范性，要与相关部门沟通联系，组织材料，加快辅导期申报进程，遇到困难和问题及时提出，省、市金融办和省证监局将加大培训辅导等支持力度。

【深交所专家到湖口调研】 1月16日，深圳证券交易所上市推广部华中区副主任曹斌、高军，省政府金融办资本市场处副处长廖楷，市金融办副主任张元婷等一行到湖口县调研拟上市企业江西晨光新材料股份有限公司上市工作进展情况。深交所专家组介绍深交所的基本情况，肯定晨光公司的经营业绩和上市工作成效，并就晨光公司在上市过程中存在的困惑与难题进行解答和分析，并从专业角度提出合理建议和指导意见。

【小微企业金融服务政银企对接会召开】 7月31日下午，湖口县完善小微企业金融服务政银企对接会在中国银行湖口支行召开。县委常委、常务副县长史文，县人民银行、县金融办、县银监办、县税务局、县发改委、县财政局，全县11家银行业金融机构主要负责人，12家企业代表参加会议。此次对接会是县金融办、县人民银行和银行业金融机构为全县小微企业搭建的一个融资对接的平台。会上，传达了人民银行、银保监会等五部门联合印发的《关于进一步深化小微企业金融服务的意见》。各银行业金融机构分别介绍面向小微企业的各项信贷产品，并与九江泽峰实业有限公司、江西省绿景实业发展有限公司等12家小微企业签订《湖口县完善小微企业金融服务政银企对接贷款协议书》，签约金额达20.43亿元。县委常委、常务副县长史文要求各驻县金融机构和县直有关部门要贯彻落实党中央国务院的决策部署和总体要求，把为实体经济服务作为出发点和落脚地，把更多金融资源配置到全县经济社会发展的重要领域和薄弱环节，更好满足全县人民群众和实体经济发展多样化的金融需求。

【湖口九银村镇银行举行开业庆典】 3月16日，湖口九银村镇银行在星程酒店四楼会议室举行开业庆典。县委书记李小平，县委副书记、县长鲍成庚，县人大常委会主任阮洋，九江银行董事长刘羡庭，九江银行监事会主席罗新华，县委常委、常务副县长史文等100余名市、县部门领导出席开业庆典，史文主持开业庆典仪式。湖口九银村镇银行是由湖口县政府、九江银行、九江市现代钢结构有限公司、湖口县鑫山苗木专业合作社、九江景康牧业发展有限公司、九江茗香饮食文化有限公司、江西晨光新材料股份有限公司董事长丁建峰等共同发起设立，注册资本5000万元，共有股东13人，董事5人，监事3人，高管4人，员工17人，致力于立足城乡、服务三农、服务小微企业、服务湖口百姓。

【湖口县乡村振兴暨城乡发展战略合作签约仪式举行】 3月28日，湖口县人民政府与中国农业发展银行九江市分行在县政府三楼第一会议室隆重举行“湖口县乡村振兴暨城乡发展战略合作签约仪式”。县委副书记、县长鲍成庚，中国农业发展银行九江市分行行长王荣出席并致辞，县委常委、常务副县长史文，县政府副县长李水木，县政府副县长、九江银行行长何晓箐，中国农业发展银行九江市分行副行长黎凤华、廖向阳，县农工部、发改委、财政局、金融办等相关部门负责人参加了签约仪式。根据此次签约的战略合作协议，市农发行将为湖口县提供50亿元信贷额度，支持湖口秀美乡村、棚户区改造、农村公路、水利、脱贫攻坚、人居环境改善、产业发展等乡村振兴发展建设项目。

（黄晓林）

外事侨务

【概况】 2018年，县外侨办围绕服务国家总体外交和全县经济社会发展，坚持外事惠民、为侨服务，组织赴波兰、匈牙利开展友好经贸交流活动，协助办理因公出国4批次；维护归侨侨眷权益，向困难归侨送去党和政府的关心和爱护。

【鲍成庚带队赴匈牙利、波兰开展友好经贸交流活动】 8月16—23日，县委副书记、县长鲍成庚带队，赴波兰、匈牙利开展为期8天的出访活动，在波兰亚沃日诺市、匈牙利豪特万市进行调研，学习借鉴城市建设、工业发展、环境保护等方面的经验，完成出访任务。

【市外侨办在湖口举办青阳腔进校园活动】 11月28日，由市外侨办、赛得利公司主办，县外侨办、县教育局、县文广局协办的赛得利公益第三课堂——"青阳腔进校园"活动在湖口县凰村学校举行。活动中，湖口县凰村乡石钟青阳腔剧团表演青阳腔经典片段《凤仪亭》,表演结束后,学生分区域进行参观体验，亲近青阳腔，感受传统戏曲文化的魅力。

【华裔青少年"中国寻根之旅"到湖口参观】 12月6日，国务院侨务办公室和中国海外交流协会联合省海外交流协会共同举办的2018年华裔青少年"中国寻根之旅"魅力庐山冬令营活动在市外侨办组织下参观湖口石钟山。

（汪　月）

机关事务管理

【概况】 2018年，机关事务管理工作围绕建设节约型机关目标，落实公车改革管理、公共机构节能、安全保卫、会务服务、物业维修管理、后勤服务、办公用房管理等各项工作。全县公共机构节能工作综合考评分别获得省、市先进，全县事业单位公务用车制度改革和政府大楼合同能源改造工作全面完成，物业后勤保障工作稳中求进、服务水平不断提高，办公用房管理进一步加强。

【事业单位公务用车制度改革完成】 2018年7月,全县事业单位公车制度改革工作全面启动。其间，成立事业单位车改办，召开动员会1场次、车改办成员单位办公会5场次、举办业务培训8场次；全县事业单位各级保留车辆编制数47辆，实际保留车辆数47辆；取消车辆21辆，拍卖处置18辆，成交额36.6万元，溢价率149%，报废处置3辆。根据事业单位工作实际，采取不同改革措施，分类推进全县事业单位公务用车制度改革，全县参改单位及人员共涉及59个一级部门的316个事业单位共4290人,其中：县委、县政府直属非参公事业单位机关本级4个34人，县委各部门、县直各单位、各群团组织及各乡镇所属非参公事业单位239个976人，全县科教文卫体所属非参公事业单位共计73个3280人。坚持统筹兼顾，分类制定改革方案，各主管单位均制定本单位所属事业单位车改实施方案，批复及备案率达100%。全县（含乡镇）应安置司勤人员总数58人，已安置司勤人员总数58人，安置完成率达到100%。事业单位车改后较车改前共节支148.6万元，其中县委、县政府直属非参公事业单位机关本级节支2.312万元、节支率8.7%，县委各部门、县直各单位、各群团组织及各乡镇所属非参公事业单位共节支130.6651万元，全县科教文卫体所属非参公事业单位共节支15.6229万元。

【行政大楼合同能源改造完成】 县机关事务管理局同江西需求侧能源管理公司达成合作协议，需求侧能源管理公司对湖口县行政大数进行全面的节能改造，改造模式为前期由节能公司独立完成改造和设备投资，完成改造节能灯具5200余盏、节能感应水龙头32个、太阳能路灯52盏、分户计量电表28块、建成中水收集利用装置2套，项目改造完成后，全年节约116.6吨标准煤，减少二氧化碳排放291.5吨，节能经济效益190万余元。

（余先华）

地方志工作

【概况】 2018年，湖口县地方志工作，以贯彻落实《全国地方志事业发展规划纲要（2015—2020）》《江西省地方志事业发展规划纲要（2016—2020）》为要务，坚持依法修志、依法治志理念，完成《湖口年鉴（2018）》（创刊号）编修出版工作。完成向省、市编修年鉴提供资料的任务。新编《石钟山志》《湖口法院志》等出版发行。

"一纳入，八到位"的地方志工作机制逐步完善。年内，县委、县政府把地方志工作纳入全县经济社会发展规划之中。领导到位。年初，县政府调整由县委常委、常务副县长分管县志工作。调整县地方志编纂委员会，由县长任县志编纂委员会主任，副县级领导、两办主任任编委会副主任，有关部门的主要领导任编委会委员。经费到位。县政府安排《湖口年鉴 2018》（创刊号）卷编修经费 16 万元，不含年鉴出版印刷费用。机构人员到位。成立湖口年鉴编辑部，有 5 名编辑人员，其中 4 人为返聘人员。办公设施到位。县政府办为县志办安排二间办公室、一间资料室，年初，配备三台电脑和一台打印、复印一体机等工作设备。

《湖口年鉴 2018》（创刊号）编修工作完成。年内，年鉴编纂工作树立精品意识、时效意识，按照“精、快、实、新、细”的原则要求，有序推进。《湖口年鉴 2018》卷编修工作，分为三个阶段进行，2017 年 8 月至 12 月定为宣传发动阶段。这一阶段，建立完善全县年鉴资料撰稿人员联系网络，县志办设立公共联系 QQ 号等交流平台，建立全县各单位撰稿人通信网络，调整充实县志办年鉴编辑人员，成立湖口年鉴编辑部，明确主编、总纂、副主编及编辑人员职责与任务，安排落实办公设施和经费。2017 年 12 月至 2018 年 5 月底为各单位交稿阶段。此阶段，编辑部人员按任务要求实行分片负责，与所涉及的单位实行对口联系。2018 年 6 月至 9 月形成初稿，10 月底前，完成专家评审，11 月底交付出版社出版。

为部门编修专志提供指导、服务。年内，县志办履行《地方志工作条例》赋予的职能，对部门开展的专志编修工作，给予指导和服务，使专志编修工作有序进行。同时抽调专门的力量，积极配合民政部门开展全县地名普查工作，《湖口地名志》编修已完成资料收集工作。配合县工经联参与《湖口工业史》的编写工作，资料收集工作基本完成。另外反映全县地情的《湖口乡音》正处在组稿之中。同时，为社会各界来访群众提供咨询服务。县志办已成为服务社会、服务群众的窗口之一。

县地方志馆藏工作。至 2018 年底，县志办通过单位和个人赠送、县区交流、购买等途径，收集各类史志 37 部、年鉴 40 部、县内宗谱两部、地情资料 14 套，另有其他资料若干。

【新编《石钟山志》出版】 3 月，新编《石钟山志》由江西人民出版社出版，印刷 1000 册。新编《石钟山志》是在 130 年前编修的《石钟山志》的基础上历经 2 年半时间完成的。记述上限为事物起端，下限为 2015 年，全方位记述石钟山景区（包括上石钟山）、鞋山和天山景点。全书架构分篇、章、节、目、子目 5 个层级，以大事记、概述启篇，共 6 篇，总篇幅 88 万字。

【《湖口年鉴（2018）》出版】 12 月，《湖口年鉴（2018）》（创刊号）由江西科学技术出版社出版。这是湖口县建县以来首部综合年鉴，该书为多年鉴，记述 2012—2017 年湖口县自然、政治、经济、文化、社会发展的基本情况，部分内容上溯到 2011 年。全书 38 类目、232 个分目，共 130 万字，彩图 110 幅，印刷 1000 册。发各乡（镇）政府，南北港、武垦场，县政府各部门、县直及驻县等各承稿单位，送省地方志办、省方志馆、市史志办、市档案馆、县档案馆、县图书馆、县博物馆，并与其他县、区地方志部门交流。

【曹志平关心湖口县志工作】 6 月 19 日，原九江市政府党组成员、市重点建设工程指挥部指挥，在 20 世纪 80—90 年代任湖口县委书记的曹志平寄书湖口县志办，畅谈阅读《湖口县志（1989—2011）》的感受。他说获得《县志》后，“从文字、照片、图表到篇、章节”全部学完，“绝无遗漏”，“读后总的体会是：改革开放发展快，湖口面貌变化大”。同时对做好湖口县志工作提出了很好的意见建议，他提出有两位国家领导人到湖口，《县志》没有记载，一是时任中共中央委员、中国社会科学院院长李铁映于 1989 年九江龙舟赛期间在省委副书记陪同下到湖口，视察了石钟山、鞋山和鄱阳湖；二是时任中共中央政治局常委、中纪委书记乔石于 1990 年 4 月 18 日在副市长周仰文陪同下到湖口视察了石钟山，1994 年 9 月时任中共中央政治局常委、全国人大常务会委员长乔石第二次到湖口，时任省委书记毛致用、省长吴官正陪同。

（沈文初）

行政服务

【概况】2017年11月28日，湖口县行政服务中心从湖口县三里大道粮食大楼搬迁至湖口县力山世贸大厦三、四楼办公，办公面积6700平方米。2018年，县行政服务中心受理事项114120件，办结事项114120件，收费1577.83万元。工程招标79起，产权交易1起，政府采购63起。

【"堵点问题"清理工作】2018年，县行政服务中心根据《江西省人民政府办公厅关于全面解决群众办事百项堵点的通知》要求，开展"堵点问题"清理工作，解决群众办事堵点难点问题。由行政服务中心牵头，全县各单位通力合作，针对100项堵点问题，进行调查核实，立行立改，解决群众办事堵点问题71项，另外29项因受限于法律法规和上级部门规定等原因，暂未解决并已上报。

【延时预约服务启动】2018年，县政府办公室正式下发《关于进一步完善政务服务机制提升服务效能的通知》，公布《湖口县行政服务中心错时延时服务工作安排》《湖口县行政服务中心错时延时服务情况表》《湖口县行政服务中心预约服务情况表》。确定从2019年1月1日起，县行政服务中心办事大厅正式启动错时延时预约服务。目的是提升服务水平，减少群众的办事时间和办事成本，实现"让群众少跑腿"的便民宗旨，方便群众和企业办事。

【"一窗受理"工作】2018年，不动产和房管局为实现群众办理不动产登记业务"只进一个门、少跑N趟路"，在行政服务中心办事大厅，设置"不动产交易一窗受理窗口"。"一窗受理"窗口设立两个工作台，首办人员由不动产登记中心工作人员担任，另一工作台配置房管部门工作人员。实际工作中，只要是符合法律法规依据的事项和环节并纳入"一窗受理"工作流程的，当事人将所需资料交给首办人员即可。实现从"专业窗口"到"一窗受理"服务模式的转变，缩短群众、企业办事时间。

【工作作风转变】2018年，县行政服务中心开展干部作风建设活动，机关内部对照"怕、慢、假、庸、散"等突出作风问题，查漏补缺，立行立改，建设"五型"行政服务中心队伍，为窗口工作人员做出表率；在加强窗口管理上，把"企业群众满意度"作为窗口工作的出发点和落脚点，对窗口工作开展督察考核，拓宽投诉渠道，建设标准化窗口，树立良好形象。

【简政放权工作】2018年，县行政服务中心围绕"放管服"改革工作，对全县事项清单进行梳理。7月，公布《湖口县县本级第一批"一次不跑"政府服务事项清单》，列出178项"一次不跑"事项；10月，公布《湖口县县本级第一批"只跑一次"政务服务事项清单》，列出194项"只跑一次"事项。同时，按照省市统一部署，全县开展无谓证明清理工作，公布《湖口县本级第一批取消调整行证明事项清单》，对一些烦扰企业和群众的奇葩证明、循环证明、重复证明等进行全面清理。发挥行政服务中心行政审批服务事项集中办理平台优势，改革行政审批制度，优化审批流程，对全县行政许可、公共服务、其他权利事项清单逐一核对，取消行政权力事项54项，变更（含事项名称、权力种类、设定依据）22项，整合49项，承接4项。针对新增的权力事项和承接权力事项相应新增行政责任事项40项，整合、取消的行政权力事项其对应的责任事项一并整合、取消。

【网上审批优化升级】2018年，县行政服务中心持续推进网上审批工作。通过不定期网上督查的方式，督促各职能部门加快对新系统（江西政务服务网）的使用，12月，全县所有新事项清单梳理工作完成，各单位新事项及信息录入、更新中。同时，县电政办推进将各单位独立办事系统与江西政务服务网相连接，实现"网上办理"到"一网通办"转变。

【公共资源交易中心工作】2018年，县公共资源交易中心立足公共资源交易实际，按照"放管服改革"要求，围绕"交易电子化、服务标准化、监管智能化、队伍专业化”目标，提升公共资源交易服务水平，营造公平、公开、公正交易环境。全年进场交易143起。推进公共资源交易招标、开标、评标全流程电子化，凡是公开的招标的项目一律在电子平台完成所有流程。同时，推动工程监理项目、政府采购非公开招标等交易品种电子化交易。提升公共资源进场交易标准化，出台《建设工程代理机构进场交易标准流程制度》《政府采购代理机构进场交易标准流程制度》。提升投标保证金的退付效率，按照《江西省公共资源保证金管理办法（暂行）》执行。同时，建立保证金日清月结制度，建立未退保证金台账，每月核对，主动通知未退款单位前来办理退款手续。规范中介代理机构场内行为，执行中介代理机构场内考核评价工作，并将考核结果同步录入电子平台，并及时通报。规范评标专家评标行为，执行评标专家行为评价，推动《江西省公共资源交易评标（审）专家现场行为规范及评价运用规定》落地，严禁专家“坐地起价”超标准索要评标费等行为。干部职工管理规范化，树立合法合规意识，学习招投标法、政府采购法等法律法规，工作人员履职能力有提升。

（梅　影）

本栏编辑　沈文初

湖口新城区中心（李学华摄）

中国人民政治协商会议湖口县委员会

综　述

2018年，在中共湖口县委的坚强领导下，县政协常委会深入贯彻习近平新时代中国特色社会主义思想和中共十九大精神，认真学习研讨习近平总书记关于加强和改进人民政协工作的重要思想，牢牢把握团结和民主两大主题，广泛团结全体政协委员，围绕中心、服务大局，深入调查研究，积极协商议政，加强民主监督，拓展团结联谊，为推动湖口经济社会发展作出了积极贡献。

县政协常委会坚持把党的领导作为最根本的政治原则，坚持学习引领，强化政治担当，不断推动政协委员和机关干部履职能力建设。落实全国、省、市政协工作要求，深入开展“习近平总书记关于加强和改进人民政协工作重要思想学习研讨活动”，县政协党组会议、主席会议和常委会议全年共开展了16个专题的学习，组织政协委员和机关干部学习300余人次。加强对委员队伍动态调整，九届三次会议撤销政协委员资格1人，辞去政协委员19人，新增政协委员24人，11个提案共商活动小组全年开展活动30余次。

县政协常委会主动适应湖口发展的新形势新变化，坚持融入大局找位置、立足大局想问题、服务大局求作为。提案工作提质增效，九届三次会议以来共收到委员提案136件，立案96件，提案办理答复率为100%。调研视察紧扣中心。2018年围绕“森林覆盖率、村级集体经济发展、长江岸线资源开发利用、水产品生态养殖、服装产业发展、农村食品安全、青少年犯罪及社区矫正安置帮教”七个课题开展专题调研。组织委员开展生态环境保护集中视察，形成了《抓好生态环境整治，科学谋划绿色发展》的专题视察报告。县政协班子成员分别带队赴河南、山东、四川等地学习考察知名节庆活动，并综合形成了学习考察报告。民主监督有效发挥。推动统一选派政协委员担任部门民主监督员工作，民主监督员监督形式由聘任改为派驻，实现了参加委员和派驻单位的全覆盖，32个派驻民主监督小组全年开展监督活动42次，对派驻单位进行问卷调查评议120余人次。

县政协常委会坚持把传递好、维护好、发展好最广大人民群众根本利益作为履职的出发点和落脚点，千方百计增进群众福祉，满足群众民生新需求、新期待。创新社情民意信息采集渠道，全年编发社情民意信息专报2期，收集整理社情民意信息40余条。引导委员发挥优势特长，为助力民生改善、方便群众生活发挥积极作用，在“七一”深入舜德乡开展了“送医送药”义诊活动，为100余名村民提供免费体检，赠送价值千余元的免费药品；年初在富达开展了“迎新春送春联”活动，现场为园区职工书写春联200余副。继续开展“扬帆助学”行动，2018年资助了33名历届受助大学生，新增资助了10名应届大学生上大学，捐赠助学金21.5万元。

县政协常委会努力调动一切积极因素，凝聚一切积极力量，不断增强向心力、画好同心圆、汇聚正能量。全年配合省、市政协到湖口开展调研活动19次，接待外地政协组织到湖口考察学习12批次100余人。“石钟文苑”组织文化界别委员与县内外文化人士开展联谊，与浙江金华市政协书画院，市文联、九江画院、市美协、市书画协会等单位文艺工作者进行了文艺创作交流；联合县文联、县文广局开展了纪念改革开放四十周年“第二届‘文广杯·我心目中的湖口’有奖征文活动”；联合县石钟山诗词学会开展了“乡音古韵·谷雨诗会”活动。配合市政协《九江历史文化遗迹》文史资料的挖掘征集，调查提交了13处文化遗迹资料；深入挖掘湖口旅游文化资源，整理形成了《石钟山创建AAAAA景区旅游文化资源》成果资料。全年编印《湖口政协》9期，在市级以上报刊媒体刊发新闻稿件和理论文章100余篇，2篇新闻稿件、1篇理论文章分别在《人民政协报》和《中国政协》刊登，连续七年荣获“全市政协系统宣传工作先进集体”。

政协重要会议

【政协第九届湖口县委员会第三次会议】 中国人民政治协商会议第九届湖口县委员会第三次会议，于2018年1月15—18日在湖口县城举行。会议听取和审议赵勇萍副主席所做的政协湖口县第九届委员会常务委员会工作报告和刘雍祥副主席所做的政协第九届湖口县委员会常务委员会关于九届二次会议以来提案工作情况的报告；列席县人大十六届三次会议，听取和协商讨论了鲍成庚县长所做的县人民政府工作报告以及其他重要报告；县政协委员陈效文、左筠、王江帆、周良玉在大会上发言。会上表彰了县政协九届二次会议以来优秀委员、优秀提案以及政协工作先进单位、提案承办先进单位、特约民主监督员工作先进单位；审议通过政协湖口县第九届委员会第三次会议决议和提案审查情况的报告；中共湖口县委书记李小平在闭幕会上做重要讲话，县政协主席杨小林做闭幕讲话。会议收到委员提案118件。

【县政协第九届常务委员会第七至第十一次会议】

2018年，九届县政协常务委员会共召开了5次会议，即第七次至十一次会议。九届县政协委员会主席、副主席、秘书长和常务委员出席会议。

第七次会议 2018年1月4日召开。会议协商讨论了《政府工作报告（征求意见稿）》；通报了2017年委员履职考核情况；审议通过了《县政协九届二次会议以来优秀委员、优秀提案以及政协工作先进单位、提案承办先进单位、特约民主监督员工作先进单位表彰名单（草案）》；协商讨论了《政协第九届湖口县委员会常务委员会工作报告（讨论稿）》；协商讨论了《政协第九届湖口县委员会常务委员会关于九届二次会议以来提案工作情况的报告（讨论稿）》；协商讨论召开县政协九届三次会议的有关事项。

第八次会议 2018年1月17日召开。会议听取了各小组讨论情况的汇报；协商讨论了政协第九届湖口县委员会第三次会议决议（草案）；协商讨论了政协第九届湖口县委员会第三次会议提案初审情况的报告（草案）；传达学习了中共湖口县委十四届五次全体（扩大）会议精神。

第九次会议 2018年4月8日召开。会议听取了县农业局、县教育局换届以来主要工作情况的通报；协商讨论了2018年提案共商活动小组人员调整名单（讨论稿）；协商讨论了《政协湖口县委员会2018年度协商工作计划（讨论稿）》；协商讨论了《政协第九届湖口县委员会常务委员会2018年工作要点（讨论稿）》；协商讨论了《中共湖口县委关于加强和改进人民政协民主监督工作的实施意见（代拟稿）》；协商讨论了政协湖口县委员会关于统一派驻政协委员担任部门民主监督员的意见；审议通过了有关人事事项；传达学习了全国“两会”精神和湖口县项目建设暨作风大整治服务大提升专项治理动员会议精神。

第十次会议 2018年7月23日召开。会议听取了县政府关于全县上半年经济社会发展情况的通报；听取了县财政局关于2018年上半年财政预算执行情况的通报；听取了县发改委、县人社局换届以来主要工作情况的通报；协商讨论了县政协2018年七个专题调研报告（讨论稿）。

第十一次会议 2018年10月17日召开。会议听取了县人民政府关于凰村乡撤乡建镇情况的说明；听取了县委办、县政府办关于九届三次会议以来提案办理情况的通报；听取了县纪委、县监委关于全县党风廉政建设和反腐败工作情况的通报；听取了县卫计委、民政局换届以来工作情况的通报；听取了各委办工作情况的汇报；协商讨论了县政协2018年外出考察工作报告（讨论稿）；协商讨论了县政协2018年集中视察工作报告（讨论稿）；协商通过了《政协湖口县委员会关于授予“扬帆助学”活动中作出突出贡献人士“扬帆大使”称号的决定》；审议通过了有关人事事项。

政协重要活动

【何维到湖口调研】 2018年4月8日，全国政协副主席、农工党中央常务副主席何维带队，到湖口就“长江大保护与可持续发展”开展专题调研。何维一行先后视察了非法码头整治及复绿工程、“长江江豚拯救行动计划协助巡护”示范点等工作情况，高度评价了县委县政府在长江流域生态修复与环境保护工作方面做出的探索与努力，肯定了湖口为环境改善所作的贡献。

【湖南省政协到湖口调研】 2018年4月9日，湖南省政协副主席张大方一行到湖口考察调研鄱阳湖生态环境治理工作。市政协副主席邓君安，县政协副主席李宏川陪同调研。

【梅武林带队到湖口调研】 2018年4月26日，市政协副主席梅武林带领市美协、市书画协会、市文联、九江画院一行11人到湖口开展文艺创作调研活动。调研组一行先后到园区九钢、赛得利、神华等企业，武山镇芍药园等地采风观光，并在县政协“石钟文苑”与县文艺创作者开展书画联谊活动。

【余少良一行到湖口调研】 2018年5月4日，省政协教科文卫体委副主任余少良带队到湖口开展“江西医联体建设”专题调研，县政协主席杨小林，市政协教文卫体委主任潘浔，县政协副主席李宏川陪同调研。

【李华栋带队到湖口调研】 2018年5月15—16日，省政协副主席李华栋带领调研组到湖口就乡风文明建设工作开展专题调研。市政协副主席邓君安，县政协主席杨小林，副县长张水兰，县政协副主席李宏川陪同调研。调研组先后在武垦场庆大村、大垅乡管垅上廖湾等地实地调研，了解乡风文明建设工作情况，并对湖口乡风文明建设工作给予了充分肯定。

【吴锋刚带队到湖口调研】 2018年5月17日，市政协副主席吴锋刚一行到湖口开展“引导企业加大研发投入”专题调研，县政协主席杨小林、副主席洪海峰陪同调研。调研组一行先后到九江萍钢、天赐高新、九江富达、县科创中心等地实地考察，并召开座谈会听取相关工作情况汇报。2018年11月15日，市政协副主席吴锋刚带领调研组到湖口围绕“环保产业与科技”召开专题调研座谈会。县政协主席杨小林、县政协副主席洪海峰陪同调研。

【山东省聊城市政协到湖口考察】 2018年6月12日，山东省聊城市政协副主席孙凌云带队到湖口调研考察学前教育工作情况。县政协主席杨小林，县政协副主席李宏川陪同调研或出席座谈会。调研组一行先后来到县第二幼儿园和琅程幼儿园，实地了解各园园风园貌、日常活动、园所管理、教师队伍建设等情况。

【青海省西宁市政协到湖口考察】 2018年6月28日，青海省西宁市政协副主席全武一行4人到湖口学习考察“新时代发展不平衡不充分问题在城乡一体化方面的表现”相关情况，县政协主席杨小林陪同考察。

【杨小华到湖口宣讲】 2018年7月24日，市政协党组书记、主席杨小华到湖口，宣讲习近平总书记关于加强和改进人民政协工作的重要思想。县政协主席杨小林主持宣讲会，县委常委、统战部长沈天华，县政协副主席刘雍祥、赵勇萍、李宏川、洪海峰、周月喜出席。会后，参会人员还进行了习近平关于加强和改进人民政协工作重要思想理论测试。

【杨小华在湖口高新园区现场办公】 2018年7月24日，市政协主席杨小华深入湖口高新园区企业现场办公，协调解决企业发展过程中的实际问题。县政协主席杨小林，县委常委、县高新技术产业园区党委书记柯景坤陪同。杨小华先后到天赐高新材料、晨光新材料等地，与企业负责人进行交流，了解企业生产经营状况和遇到的困难和难题，共同商讨解决方案。

【陈俊卿到湖口调研】 2018年8月1日，省政协副主席陈俊卿到湖口考察调研长江河长制工作情况，市政协副主席吴锋刚，县委副书记、县长鲍成庚，县政协主席杨小林，副县长李水木，县政协副主席赵勇萍陪同调研。

【亳州市政协到湖口考察】 2018年8月6日，亳州市政协副主席李长春带队到湖口考察调研城乡环境整治工作，市政协副主席邓君安，副县长卢伟俊，县政协副主席赵勇萍、周月喜陪同调研。考察组一行实地走访了武垦场“知青小镇”，详细了解了城乡环境整治工作的举措、成果和工作过程中的问题，对湖口城乡环境工作给予了高度赞赏。

【傅卓成带队到湖口调研】 2018年8月28日，省政协社会和法制委员会主任傅卓成带队到湖口蹲点调研“‘长江最美岸线’江西段建设情况”，县委副书记、县长鲍成庚，县政协主席杨小林，县委常委、县高新园区书记柯景坤，县政协副主席刘雍祥陪同调研。

【谭文英一行到湖口调研】 2018年9月6日，省政协人环资委副主任、省工商局副局长谭文英，宜春学院党委副书记胡国瑞一行到湖口专题调研鄱阳湖生态环境综合整治重点难点问题破解对策，县政协主席杨小林陪同调研。调研组先后实地察看了湖口农业面源污染治理情况、农村生活垃圾治理情况和农村生活污水处理情况，对相关工作的创新做法表示肯定。

【洪三国一行到湖口调研】 2018年10月10日，省政协常委、教科文卫体委员会主任洪三国，省政协常委、教科文卫体委员会副主任肖为群，省政协教科文卫体委员会专职副主任招则庆一行到湖口开展“江西X个饮用水水源地违法违规项目整改落实情况的跟踪调研”子课题的调研工作，市政协副主席严平，县委副书记、县长鲍成庚，县委常委、副县长刘奇，县政协副主席李宏川陪同调研。

【陈世勇带队到湖口视察】 2018年10月11日，市政协副主席、市工商联主席陈世勇带队到湖口开展“弘扬劳模精神和工匠精神，打造高素质职工队伍”专题视察，视察组先后到方大九江萍钢钢铁有限公司、江西晨光新材料有限公司、江西神华国华九江电厂进行实地调研，县政府副县长叶子、县政协副主席赵勇萍陪同视察。

【广东省韶关市政协到湖口考察】 2018年10月24日，广东省韶关市政协副主席吴春腾带队到湖口学习考察提案工作，市政协秘书长洪华，县政协主席杨小林、副主席刘雍祥陪同考察。

【浙江省金华市政协到湖口开展联谊活动】 2018年11月5日，浙江省金华市政协原副主席、金华政协书画之友社社长、金华书画院院长吴战堡带队到湖口开展书画交流联谊活动。市政协副主席梅武林，县委书记李小平，县委副书记、县长鲍成庚，县政协主席杨小林、副主席李宏川参加或陪同活动。吴战堡一行先后到舜德乡蓼子花海、石钟山开展采风活动，并在石钟文苑与湖口县书画家开展联谊交流活动。

【广东省政协到湖口考察】 2018年12月1日，广东省政协副主席邓海光率“生态环境保护情况”考察调研组一行到湖口考察调研。省政协秘书长、党组成员汪爽，省政协人环资委副主任郭家，市政协主席杨小华，市政协副主席邓君安、王丰鹏，县政协主席杨小林，县政协副主席赵勇萍陪同调研。

（赖雅宏）

本栏编辑 王学仁

纪检　监察

综　述

2018年，全县纪检监察机关按照中央、省、市纪委和县委决策部署，落实管党治党政治责任。出台党内监督责任“八项清单”，健全完善县、乡两级干部廉政档案，建立“两员一会一公开”机制，推进巡察工作，构建监督体系。开展“作风大整治，服务大提升”专项治理，围绕“怕、慢、假、庸、散”等问题，推进作风建设“春雷行动”，开展“落实中央八项规定精神情况”专项督查。建立“每会一廉”制度，学习贯彻《监察法》和新修订的《纪律处分条例》，创建廉政文化品牌。紧盯群众关注热点，开展扶贫领域腐败和作风问题专项治理，开展“扫黑除恶”和生态保护领域监督执纪问责工作。全县纪检监察机关受理信访举报275件，处置问题线索289件，立案78件，结案78件，党纪政纪处分88人。乡镇纪委建设按照“六有”标准规范化。开展内部监督，要求纪检监察干部做到“十不准”，开展“讲忠诚、讲程序、讲规矩”作风建设和机关目标管理考核工作。

在1月17—18日召开的湖口县第十六届人民代表大会第三次会议上，选举产生了湖口县监察委员会，县委常委、县纪委书记查忠平当选为湖口县首任监察委员会主任。1月19日，湖口县监察委员会正式挂牌成立，与湖口县纪委合署办公。10月，湖口县监察委员会向12个乡镇派出监察办公室，实现乡镇监察组织全覆盖。2018年，全县有各级纪检监察机构18个（不含县委巡察机构），纪检监察人员编制99个，在职人员82人，其中县级纪检监察机构1个，编制（含事业编）57人，实有41人。县级派驻（出）机构3个，编制（含参公编制）7人，实有4人。乡镇级纪检监察机构14个，编制42人，实有41人。另，县委巡察机构4个，行政编制12个，实有12人。

重要会议

【中共湖口县第十四届纪律检查委员会第三次全体会议】 2018年2月12日，中共湖口县第十四届纪律检查委员会第三次全体会议召开。出席会议的县纪委委员19人，列席246人。县纪律检查委员会常务委员会主持会议。县委书记李小平出席全会并发表讲话。全会贯彻落实党的十九大战略部署和十九届中央纪委二次全会、省纪委十四届三次全会、市纪委十一届三次全会、县委十四届五次全会精神，总结2017年工作，部署2018年任务。审议通过查忠平同志代表县纪委常委会所做的《坚决落实党的十九大全面从严治党战略部署，为奋力开创聚力“一核三带”建设“五个湖口”新局面提供坚强纪律保证》工作报告。

【县纪委常委会议暨县监委会议】2018年，召开28次县纪委常委会议，27次县监委会议。

1月25日，十四届县纪委第38次常委会议暨县监委第1次会议，研究开展“作风大整治，服务大提升”专项治理活动。

2月7日，十四届县纪委第39次常委会议暨县监委第2次会议，审议通过《在中共湖口县第十四届纪律检查委员会第三次全体会议上的工作报告》。

3月17日，十四届县纪委第41次常委会议暨县监委第4次会议，部署开展湖口县纪委、监委机关开展“讲忠诚、讲程序、讲规矩”作风建设活动。

5月17日，十四届县纪委第45次常委会议暨县监委第8次会议，研究出版《湖口廉政故事书》相关事宜。

6月11日，十四届县纪委第46次常委会议暨县监委第9次会议，研究开展乡镇纪委标准化规范化建设相关事宜。

7月3日，十四届县纪委第47次常委会议暨县监委第10次会议，研究出台《关于开展“两员一会一公开”制度全面提升基层党内监督实效的意见》。

8月20日，十四届县纪委第50次常委会议暨县监委第13次会议，研究市监委指定调查管辖的我县第一起留置案件立案事宜。

10月15日，十四届县纪委第58次常委会议暨县监委第21次会议，研究县委巡察机构改革相关事宜。

11月2日，十四届县纪委第60次常委会议暨县监委第23次会议，研究湖口县监察委员会派出各乡镇监察办公室相关事宜。

12月29日，十四届县纪委第64次常委会议暨县监委第27次会议，研究在扫黑除恶专项斗争中建立联点包案工作机制相关事宜。

巡察工作

【概况】开展巡察工作，完成县委巡察机构设置和人员配备，开展2轮常规巡察和1轮脱贫攻坚专项巡察，完善本届历次巡察工作台账，建立问题清单和整改清单，跟踪督促被巡察单位落实整改任务，将“县委书记专题议事会听取上轮巡察整改情况汇报”和“县领导参加巡察反馈会对巡察整改工作提要求”固化为工作机制。

【扶贫工作专项巡察】3月21日，县巡察组对均桥镇罗垅村、舜德乡舜德村、张青乡青垅村、武山镇埠堰村、付垅乡凰山村等5个贫困村扶贫工作开展专项巡察，反馈倾向性问题237个，移交问题线索23条。

【第三轮巡察工作】4月12日，湖口县召开十四届县委第三轮巡察工作动员部署会，共派出4个巡察组，分别对县公安局、发改委、财政局、审计局、国土资源局、工信委、房管局、行政服务中心、安监局、科技局等10家单位党组织开展为期30天的常规巡察。

【第六轮巡察工作】8月23日，全县召开十四届县委第六轮巡察工作动员会，共安排4个巡察组，对武山镇、张青乡、舜德乡、流芳乡、商务局、物价局、文广局、农机局等8个单位进行巡察，并延伸至下一级党组织。

【巡察机构改革】10月16日，县委巡察机构成立暨人员见面会召开，标志着县巡察机构的组建正式到位。县委巡察办为正科级机构，核定行政编制3个，设主任、副主任职数各1名，编制及人员由县纪委调剂解决。12月27日，县委印发《关于设立湖口县委巡察组的通知》，全县设立3个“县委巡察组”，在县委巡察工作领导小组领导下承担研究、部署、组织、协调巡察工作，由县纪委管理。每个巡察组核定行政编制2个，核定组长1名（为正科级领导职务）、副组长1名（为副科级领导职务）和巡察专员1名（为正科级领导职务）。

【市委第四巡察组巡察湖口】12月3日，市委第四巡察组巡察湖口县委工作动员会召开，对湖口县开展脱贫攻坚巡察“回头看”暨扫黑除恶作风建设专项巡察。市委第四巡察组组长鄢藜出席会议并做动员讲话，县委书记李小平做表态发言。

廉政建设

【概况】 2018年，湖口县党风廉政建设工作，始终坚持把纪律挺在前面，全面履行从严治党主体责任，落实意识形态责任。开展党内监督，全年查处“两个责任”落实不力问题48起，问责党员领导干部14人、基层党组织25个。

落实“两个责任”。2018年，县委履行全面从严治党主体责任。将“每会一廉”纳入固定议题，先后15次34个议题专题研究党风廉政建设和反腐败工作。落实“一岗双责”，全县各级领导干部开展谈心谈话402次1839人，提醒警示谈话149次294人。开展民主生活会质量评估试点工作。将意识形态责任制纳入县委巡察内容，对出现的问题做到及时反馈和整改。严把党风廉政意见回复关口，对2人提出不予任用意见、对9人职级晋升予以暂缓、对5个单位和6名党员干部评先评优予以否决。

开展党内监督。县委出台党内监督责任“八项清单”，构建监督体系。完善县、乡两级干部廉政档案，对796名县管干部和1028名乡（镇）村干部进行动态监督，对全县6897名监察对象按照“一人一档”要求建立统计台账。建立“两员一会一公开”机制，7月25日，召开“两员一会一公开”工作动员会，会上下发《关于开展“两员一会一公开”制度全面提升基层党内监督实效的意见》。在全县148个行政村（社区）设立驻村监督员、村（社区）纪检委员，各行政村（社区）召开村情发布会261场，发布村级重大事项1118个，公示公开涉农项目资金1.2亿元。

“把纪律挺在前面”。全县把党风廉政建设方面的内容作为各地各单位党、政班子会固定议题，纳入党风廉政建设责任制考核和县委巡察的重点内容，使纪律教育、廉政教育常态化、制度化。对学习贯彻党的十九大精神情况进行监督检查，发现并督促整改苗头性倾向性问题13个。学习贯彻《中华人民共和国监察法》和新修订的《中国共产党纪律处分条例》，增强党员干部的纪律法规意识。创建廉政文化品牌，挖掘石钟山廉政文化元素，形成“两廊一厅一景”的廉文化景区；按照“一乡一品”的思路，打造城山镇农业观光园廉政文化宣传栏、武昱场知青勤廉文化示范点等一批廉政文化载体；搜集本土历史廉洁人物故事和现代勤廉典范事迹，编辑完成《湖口廉政故事》。坚持以案明纪，在1个乡镇和2个县直单位开展“三会一书两公开”警示教育活动。

【《党风政风热线》户外直播节目在湖口县举行】 5月8日，由省廉政办、省纠风办、江西广播电视台主办，江西广播电视台综合新闻广播承办的《党风政风热线》户外直播节目在湖口县第二中学举行。县委书记李小平带领县党政部分班子成员做客直播节目，并现场就湖口县经济社会发展、民生和沿江绿色发展等方面问题与广大听众、网友进行广泛交流。

【送“廉联”下乡】 送廉联进村入户，弘正气连结民心。春节临近，县纪委、监委组织开展扶贫领域监督执纪问责送“廉联”下乡活动。2月11日，县内书法家在县纪委监委组织下到挂点帮扶的张青乡长塘村为村民书写廉洁春联，深受群众欢迎。

作风建设

【概况】 2018年3月，全县启动“作风大整治服务大提升”专项治理工作，3月9日，湖口县召开项目建设暨作风大整治服务大提升动员大会，出台《关于深入开展“作风大整治、服务大提升”专项治理实施方案》，部署“严纪律、正风气，治顽疾、强执行”作风大整治、服务大提升专项治理活动。主要解决重点项目落实中“中梗阻”问题、形式主义和官僚主义中不担当不作为问题、扶贫领域作风和腐败问题、“四风”隐形变异问题。5月30日，全县“作风大整治、服务大提升”工作推进会在县行政中心九楼会议室召开。9 月 20 日，湖口县纪委监委班子召开“坚决全面彻底肃清苏荣案余毒　持续建设风清气正政治生态”专题民主生活会。全县各级党组织和党员干部对照“怕、慢、假、庸、散”开展自查自纠，召开专题组织生活会 91 次，对照 4 个方面 12 类突出问题，查找出 10 个方面 97 个问题，建立问题台账，进行整改。

监督检查。全县成立 4 个明察组，对作风建设专项治理各阶段工作开展情况进行监督检查；制定《湖口县 2018 年“春雷行动”实施方案》，成立 3 个暗访组，围绕“怕、慢、假、庸、散”进行暗访。同时，针对“四风”隐形变异问题，会同财政、审计等部门组成 6 个督查组，对全县 91 个单位进行为期一个月专项督查，督促问题整改 44 个，主动上缴违纪金额 84 万元。

查处问责。全县围绕“怕、慢、假、庸、散”等作风问题，通报单位 7 个，给予党政纪处分 6 人，第一种形态处理 67 人；查处违反中央八项规定精神问题 36 起 49 人，党政纪处分 15 人，通报曝光 24 起 33 人。

制度建设。针对存在的作风突出问题，从补齐制度短板入手，督促县财政局制定《关于严格执行标准发放政府性奖励的通知》《关于进一步规范津贴补贴发放的通知》，开展规范国库支付、完善内控机制等六个方面的业务培训，对财政直接支付资金全部实行原始发票审核，在源头上扎紧公务支出的“钱袋子”。

【乡镇纪委标准化、规范化建设】 7 月 19 日，县纪委监委组织全县 14 个乡镇场纪委书记先后到均桥镇、张青乡、双钟镇，开展乡镇纪委标准化规范化建设现场观摩活动。10 月 26 日，县委书记李小平到舜德乡和城山镇调研乡镇纪委标准化规范化建设工作情况。湖口县在加强乡镇纪委基层基础建设方面取得了一些成效，全县各乡镇纪委均按照“六有”（有队伍、有制度、有场所、有设备、有经费、有作为）要求推进监察职能向基层延伸，推动全面治党在基层落实。

查办案件

【概况】 2018 年，县纪委信访工作按照“六个受理、三个不受理”范围，从“归口受理、摘要登记、转办呈批、信访归档、信访反馈”等 5 个方面细化业务流程。县纪委监委机关全年受理信访举报 275 件，同比增长 4.6%。6 月 23 日，县纪委、监委在张青乡启动信访举报“七个一”集中宣传周活动。7 月 3 日，湖口县在鄱阳湖大市场开展扶贫领域腐败和作风问题典型案例巡回展暨信访举报宣传活动。全年通过函询处置问题线索 96 件 106 人次，占全部线索的 32.3%，较同期增加 30.2%；通过函询，用第一种形态处理 48 人，函询转初核 4 人，再次函询 2 人。每月定期召开线索分办会，全年处置问题线索 289 件，同比增长 71%；立案 78 件，同比增长 21.88%；结案 78 件，同比增长 20%；党政纪处分 89 人。运用“四种形态”

2018 年查办案件情况一览表

<table>
<tr><td rowspan="3">案件总数</td><td colspan="3">其中</td><td rowspan="3">处分人数</td><td colspan="12">其中</td></tr>
<tr><td rowspan="2">自办</td><td rowspan="2">基层办</td><td rowspan="2">审结</td><td colspan="6">党纪处分</td><td colspan="6">政务处分</td></tr>
<tr><td>开除党籍</td><td>留党察看</td><td>撤销党内职务</td><td>严重警告</td><td>警告</td><td>免处</td><td>开除公职</td><td>撤职</td><td>降级</td><td>记大过</td><td>记过</td><td>警告</td></tr>
<tr><td>78</td><td>50</td><td>28</td><td>78</td><td>89</td><td>4</td><td>4</td><td>0</td><td>21</td><td>51</td><td>1</td><td>0</td><td>0</td><td>4</td><td>0</td><td>2</td><td>5</td></tr>
<tr><td colspan="17">备注：处分人数中不含双重处分</td></tr>
</table>

处理党员干部212人，其中，第一种形态占62.26%，第二种形态占33.5%，第三、四种形态占4.24%。落实反腐败协调机制，联席会议成员单位向县纪委移送问题线索80条，其中，立案42起，同比增长323%；全县12个乡镇纪委全部消除立案“空白点”。

【群众身边腐败和作风问题整治】2018年，开展扶贫领域腐败和作风问题专项治理，查处扶贫领域问题139起，给予党纪政务处分9起10人，第一种形态处理106人，整改形式主义、官僚主义问题7个，通报失职失责问题6次15起，追回资金3.4万元。配合“扫黑除恶”专项工作开展，建立县纪委监委班子成员联点包案机制，成立“扫黑除恶”审查调查工作专班，推动公安机关对6起案件签字背书，介入调查涉嫌黑恶案件1起，排查国土、矿管等重点领域行政执法案卷484件，初核问题线索3起。对生态环保领域监督执纪问责，查处环保工作失职问题1起，给予政务处分4人，诫勉谈话2人。

纪检监察体制改革

【湖口县监察委员会成立】1月17—18日，湖口县第十六届人民代表大会第三次会议召开，在这次会议上选举产生了湖口县监察委员会。1月19日，县委书记李小平为县监察委员会揭牌，随后，召开县监察委员会成立大会，县委书记李小平出席大会并讲话。

【纪检监察内设机构改革】2018年，县纪委监委机关内设工作机构为一部十一室。具体为:办公室、组宣部、党风政风监督室（廉政办）、信访室、案件监督管理室、第一纪检监察室、第二纪检监察室、第三纪检监察室、第四纪检监察室、第五纪检监察室、第六纪检监察室、案件审理室。

队伍建设

【概况】2018年，全县进行监察体制改革后，全县纪检干部队伍通过政治家访、谈心谈话、业务培训、实战磨炼等方式推动融合，实现“1+1>2”的叠加效应。全县乡镇纪委规范化建设按有队伍、有制度、有场所、有设备、有经费“五有”要求到位。出台县纪委监委机关干部“十不准”要求，开展“讲忠诚、讲程序、讲规矩”作风建设和机关目标管理考核工作。加强机关党建，坚持“三会一课”制度，开展“主题党日”活动。对纪检监察干部发生4起问题进行处置，3名机关干部在组织生活会上做出深刻检查。

【驻村督导员和村纪检委员培训班举行】9月1—2日，湖口县驻村督导员和村纪检委员业务工作培训会在县艺术中心举行，县委常委、纪委书记、县监委主任查忠平出席开班仪式并讲话，全县新选任的村（社区）驻村督导员和村纪检委员及各乡（镇、场）纪委书记共310余人参加培训。（县纪委办公室）

山江湖城美如画（李学华 摄）

本栏编辑 沈文初

湖口县总工会

【概况】 2018年，湖口县总工会贯彻落实党的十九大精神、中国工会十七大精神以及习近平总书记关于工人阶级和工会工作的重要论述。探索符合湖口实际的工会工作新路子，完成上级工会和县委、县政府部署的各项工作任务。

坚持政治导向，构建和谐活力工会。县工会通过召开专题研讨会、全员学习会、专题宣讲、培训班等多种形式，学习贯彻习近平总书记关于工人阶级和工会工作的重要论述，以及习近平总书记10月29日同中华全国总工会新一届领导班子成员集体谈话精神，在思想上、政治上、行动上同以习近平同志为核心的党中央保持高度一致。12月7日，全县召开县政府与县总工会联席会议，出台《湖口县总工会改革方案》，解决县工会工作面临的一些问题。

模范引领，服务全县经济发展。年内，全县各级工会组织以创建“工人先锋”为载体，开展以“当好主人翁，建功新时代”为主题的劳动竞赛活动。开展职工技术比武、技术革新活动和“掌握安全知识，防范安全事故，确保安全生产”为内容的“安康杯”知识竞赛活动，参赛职工1.2万人次，参赛企事业单位80家。弘扬劳模精神、劳动精神、工匠精神。全年举办各种类型的职工劳动成果创新作品展和科技革新成果展，开展争当金牌工人、技术能手和创建劳模创新工作室等活动，营造“大众创业，万众创新”氛围。2018年，九钢自动化部计量班升为省级工人先锋号，晨光伽马车间被评为全国工人先锋号，九钢王徽获得江西省“五一劳动奖章”。湖口籍九江钢厂职工宋江涛入围“赣鄱工匠”候选人，于10月22—26日，作为能工巧匠代表出席中国工会第十七次全国代表大会。8月2日下午，市人大副主任、市总工会主席周美祥到湖口调研工会工作。10月11日，市政协副主席、工商联主席陈世勇带队，就湖口县开展“弘扬劳模精神和工匠精神，打造高素质职工队伍”进行专题调研，并对湖口工会工作及举办的各类职工劳动竞赛活动给予充分肯定。关心劳模生产生活。在方大九江萍钢钢铁有限公司和江西晨光新材料公司开展劳模创新工作室试点工作，打造以省劳模宛双和葛利伟名字命名的劳模创新工作室，以创新工作室为平台，带动一批年轻技术骨干进行科技创新和技术改造，为企业的发展提供技术支撑。关爱劳模工作。县工会对全县市级以上劳模进行逐个调查摸底，建立劳模档案，完善“连心卡”制度，对一些生活困难的劳模，尤其是现在已退休或丧失劳动能力的劳模，开展走访慰问活动，全年发放劳模津补贴及慰问金18万余元。

帮扶困难职工，完善帮扶服务机制。5月，县工会开展对困难职工和农民工进行全面调查摸底工作，完善困难职工和农民工档案，对困难职工档案实施动态管理，制订完善的帮扶工作流程和资金使用管理办法，严格依档帮扶。开展“春送岗位，夏送清凉，秋送助学，冬送温暖”帮扶活动。坚持帮扶与维权并重。健全县、乡、社区（企业）三级信访维权服务网络。县总工会投资5万元，建立劳务协调、心理咨询、法律援助和茶叙室等法律服务体系，各级工会成立劳动法律监督委员会，为职工和农民工免费提供健康、法律咨询，代写法律文书，处理劳资纠纷。成功处置峰华船厂农民工王××工伤赔偿案，得到双方当事人认可。10月12日，省人大副主任、省总工会主席龚建华一行到湖口县调研《江西省工会劳动法律监督条例》执行和开展情况，对县工会在职工维权工作中突出表现给予高度评价。

履行职责，基层工作规范化。工会组织建设开拓新领域。年内，县总工会着力构建“横向到边，纵向到底”的工会组织网络。全县有工会组织362家，工会会员55297人，其中农民工会员18000余人，村级社区工会122家，入会率95%。对全县工会会员信息，基层工会组织信息进行重新核查、登记，建立管理数据库和登记台账。至年底，会员录入55297人（任务数52219人），全县125个行政事业单位和121家企业工会会员申请登记建档工作完成，完善基层工作规范化建设，完成工会法人信用代码办理工作。民主管理和监督工作。全县国有企事业单位和民营企业组织“民主管理，政务公开”覆盖面100%。服务职工工作。县工会利用工会资源和整合社会资源，为户外劳动者提供贴心和暖心服务，高标准打造5个“爱心驿站”和2个“爱心妈咪小屋”。开展职工互助保障和职工龙卡的宣传活动，全县7934人参保，收缴保费424485元，赔付金额为583470元，发放职工龙卡8000张。职工文体活动。“五一”劳动节期间，县总工会举办第六届职工健身运动会。县四套班子主要领导及市总领导出席开幕式。来自全县各乡镇，县直单位，企业工会组织的60多支代表队近千名运动员参加十多个项目的竞赛活动。

【“春送岗位，夏送清凉，秋送助学，冬送温暖”活动开展】 县总工会对全县480户困难家庭、1200名困难职工进行精准帮扶，帮扶资金16万余元。2月24日，开展“工会就业创业服务月”活动，县总工会联合就业局举办招聘会，为下岗职工、进城农民工提供200多个就业岗位，为800多人提供就业培训，为1000多人提供就业信息，发放宣传资料20000份，提供免费就业服务10900人次。夏季，县总工会组织开展送清凉活动，为22个一线单位企业职工送去5万余元的防暑降温物品，县委副书记、县长鲍成庚及相关部门的主要领导亲临慰问。8月29日，开展金秋助学活动，为52名困难职工和农民工子女发放助学金16.8万元，对家庭特别困难的6名职工子女进行四年全程跟踪帮扶，每年资助5000元。

【第六届职工健身运动会举行】 5月24—26日，湖口县第六届职工健身运动会在县文体中心举行。市总工会常务副主席王金初，县委书记李小平，县委副书记、县长鲍成庚，县委副书记张南及县主要领导出席开幕式。开幕式由县委副书记张南主持，县委副书记、县长鲍成庚致开幕词，市总常务副主席王金初做重要讲话，县委书记李小平宣布运动会开幕。出席运动会的还有全县各群团组织和有关单位的主要领导及1500名运动员、裁判员。此次运动会历时5天，设有健身操、羽毛球、乒乓球、拔河等7个比赛项目，有来自各乡镇场、县直各单位、各企业、各学校共60多支代表队，1500余名运动员参加。此次比赛项目前八名设奖，湖口一中、方大九钢、湖口二中等单位分别获得前八名，共发放奖金5万余元。

【龚建华到湖口县调研】 10月12日，省人大常委会副主任，省总工会主席龚建华带领调研组一行到湖口县，开展《江西省工会劳动法律监督条例》立法质量评估调研。市人大常委会副主任、市总工会主席周美祥，县委副书记、县长鲍成庚，县人大常委会主任阮洋，县人大副主任、县总工会主席吴继新陪同调研。龚建华一行先后到方大九钢、晨光新材料、县总工会，通过看现场、听汇报、问情况，了解湖口县贯彻实施《江西省工会劳动法律监督条例》的修改意见。同时要求，要强化政府支持力度，凸现工会监督主体，实现法律监督的有机衔接，促进工会劳动法律监督工作在基层取得实效。

【《湖口县总工会改革方案》出台】 12月7日，县政府与县总工会在县政府第一会议室举行联席座谈会。县委副书记、县长鲍成庚，县委常委、常务副县长史文，县人大常委会副主任、县总工会主席吴继新出席会议，县政府党组成员、办公室主任梅慧菊，县财政局、县委组织部、人社局、县市场监督管理局、县工商联等部门负责人出席会议。会议听取县总工会工作情况汇报，对贯彻落实《江西省工会劳动法律监督条例》有关工作，加大财政划拨力度有关细则，县工人文化宫建设有关事项和关于招聘工会工作协理员有关问题进行专题研究。会议通过《湖口县总工会改革方案》。会议要求全县工会工作者要不忘初心，牢记使命，关注职工动态，加大职工服务力度，维护职工权益，为工会履职尽责创造更好的条件。

【“爱心驿站”建设】 为大力弘扬“奉献、友爱、互助、进步”的志愿服务精神，进一步关爱户外工作的劳动者（交警、环卫工人、出租司机、城管、快递员、送餐员）及老弱病残孕、走失儿童、考生等需要特殊关爱的群体，解决好有需求的社会公众在生活中遇到的实际困难，县总工会积极筹措资金50余万元，从4月1日开始，为时3个多月，在行人较为集中的主要路段及工业园区先后建成了五个“爱心驿站”，为推进全县文明城市创建活动，全面建成小康社会，营造“我为人人，人人为我”志愿服务氛围。

【“爱心妈咪小屋”建设】 “爱心妈咪小屋”是为身处备孕期、怀孕期和哺乳期女职工提供的一个私密、干净、舒适、安全的休息场所，同时也是为女职工安然度过特殊生理阶段提供人性化的温馨服务，为搭建这个服务平台，县总工会积极筹措资金30余万元，从5月10日起，历时两个月，完成2所“爱心妈咪小屋”的服务功能建设，分别建在工业园区和县总工会行人集中的地方，使之成为县总工会服务女职工的重要阵地，为湖口县高标准文明创建城市又添一彩。

【“当好主人翁，建功新时代”活动】 湖口县总工会围绕中心服务大局，积极稳妥地推进产业工人队伍建设改革，加快建设一支有理想和信念，懂技术、会创新、敢担当、讲奉献的新时期产业工人队伍，团结动员广大职工建功立业，为决胜湖口全面小康，实现绿色崛起更好地发挥主力军作用。3月28日，县工会主动对接工业园区核心战略，在园区、重大项目、重点产业、重点企业、新兴产业中开展“当好主人翁，建功新时代”为主题的劳动竞赛活动。并以此次活动为契机，组织开展全县职工技能竞赛。同时，以改革开放40周年纪念为题，开展系列改革开放成果展活动。如征文、摄影、办专栏等。弘扬劳模精神和时代新风，推荐评选一批省、市级“五一劳动奖章人选”。

【安康“知识竞赛”活动举行】 为深入宣传安全生产法律、法规，进一步增强广大职工的安全生产意识，提高安全生产水平和安全生产素质，全面贯彻实施《安全生产法》《安全操作规程》《安全生产责任制》《安全生产管理制度》及《应急救援预案》等各项规定，7月5日上午，县总工会在高新技术产业园区举行“安康杯”知识竞赛活动。共有40多个单位、120余人参加了竞赛，方大九钢、九江天赐、湖口供电等单位分别取得竞赛前三名。

（曹俊军）

共青团湖口县委员会

【概况】 2018年，共青团湖口县委继续将贯彻落实党的十九大精神和习近平新时代中国特色社会主义思想作为首要政治任务，宣传贯彻团十八大和省十六次团代会精神，举办多种形式宣讲活动、各类比赛等60余场次，把全县团员青年思想行动统一到党的十九大精神上来，用习近平新时代中国特色社会主义思想教育青少年，团结带领全县团员青年和少年儿童听党话、跟党走。

紧扣主题，突出特色，开展思想引领工作。3月7日，共青团湖口县委要求全县各级团组织和团员青年原原本本学习湖口地方辅导教育读本《跟着习爷爷学国学》，做到入脑入心。邀请党校老师对全县团干分批集中宣讲习近平新时代中国特色社会主义思想和党的十九大精神，邀请省团代表宣讲省十六次团代会精神。4月9日，团湖口县委邀请湖口籍优秀学子——清华大学硕士、工信部中国信通院夏华回乡举办“奋斗的青春最美丽”主题报告会。5月30日，团县委联合县委组织部主办湖口“学习新思想·建功新湖口”青年朗诵大赛，全县共有60多支队伍、200余人参加朗诵比赛。在湖口县共青团微信公众号开设“湖青·学习”“青·悦读”等专栏，不定期推送“青年大学习”相关内容，邀请青年诵读《习近平七年知青岁月》等经典名篇。6月26日，团县委将本部主办的各种大型活动进行网络直播，暑期举办的湖口县首届青年男子篮球联赛，网上点击率超过50万人次。8月份，湖口县共青团微信公众号入围全省县（市、区）团委微信公众号综合影响力排行榜榜单，位列全省第十五位，微信公众号关注人数超过9000人。9月18日，共青团湖口县委在湖口青年空间打造一个线下读书交流平台，读书会活动内容包括读书交流、图书漂流、美文诵读、好书推荐和青年讲坛五个方面，全年开展了4期读书活动。

固本强基，久久为功，加强团组织建设。全县基层团委37个，基层团工委1个，团总支1个，团支部330个；团员4245人；专职团干4人，兼职团干235人。2018年，是县级共青团改革落实之年，出台《湖口共青团改革方案》，团的领导机关组织设置和人员配置改革到位。共青团湖口县委代表大会、全委会和常委会中基层和一线代表比例分别达到80%、67%、57%；领导班子专兼挂副书记已全部到位，挂兼比例50%。团县委按照全省“基层团组织建设规范年”活动要求，开展基层团组织建设和基础团务工作。年初，为指导基层团组织换届工作，编写《湖口县乡镇团组织换届指导手册》和《湖口县村（社区）团组织换届指导手册》，4月20日，全县乡镇和村（社区）团组织换届工作完成。以党建带团建，将团建工作纳入党建工作，在全县目标管理考评办法中，占有一定分值。增强团教协作，将共青团工作和少先队工作纳入教育部门年终考评。按照《中国共产主义青年团发展团员工作细则》，严把团员入口关，做到年初申报、年中调度、年末督导。全年发展新团员478人，完成年度发展计划，所有新发展团员分配编号，团青比例得到控制。全县团干基础团务工作集中培训2次。依照《团支部工作手册》，将“三会两制一课”、团员发展、团费收缴等工作进行规范化管理。同时，联合教育团工委对全县各学校的基础团务工作进行每季度不定期抽查督导，并针对不同学校所发现的问题及时提出整改意见。

瞄准当前，展望未来，开创少先队工作新局面。5月5日，召开少先队湖口县第一次代表大会，健全全县各级少先队组织，农村学校全部配备少先队辅导员。开展“红领巾相约中国梦”“与人生对话”“我与祖国共奋进”“争做新时代好队员——集结在星星火炬旗帜下”“向国旗敬礼”等主题教育活动，开展交通知识、消防安全、防灾技能和平安自护等教育活动；落实团十八大提出的“全团抓学校”的要求，发挥团队干部在“自我管理、自我教育、自我服务”中的作用，在湖口县金砂湾学校成立少年团校。创建以全省优秀少先队辅导员、湖口县第四小学校长吴琳名字命名的“吴琳工作室”，成为全县少先队辅导员学习、交流的平台。坚持优化成长环境，提升关爱帮扶能力。依托未成年人心理辅导活动室等平台，开展各类心理健康教育16次。以微心愿征集、爱心助学等方式，服务留守儿童，征集、认领、圆梦贫困家庭青少年微心愿210个。

参与中心，服务大局，发挥生力军作用。开展“团青心连心、点亮微心愿”活动。征集、认领、圆梦贫困家庭青少年微心愿553个。巩固贫困家庭助学，通过发动各单位团组织及团员青年集中募捐、联系青年爱心企业家定期捐助等方式，形成“希望工程1%捐助”+上级专项品牌助学+爱心企业捐资助学的格局，为贫困家庭学生和募集善款16.8万元，资助54人。实施“湖青扶贫”工程，发挥共青团密切联系青年的优势，动员爱心人士、青年企业家与贫困家庭少年儿童结成对子33对，在学业方面进行“一对一”长期帮扶。成立湖口县青年企业家协会，加强企业和非公经济组织团建工作。依托青企协，开展创业沙龙、参观学习等一系列交流活动；成功创立“三服务三打造”非公企业团建品牌。在“四城同创”老城棚户区改造等工作中，通过组建青年服务队、开展“青年学雷锋进社区”志愿服务活动和“我与家乡共成长”主题活动等方式，引导青年在应对重大任务中经风雨、见世面、增才干。

【夏华回乡举办“奋斗青春最美丽”报告会】 4月9日，受共青团湖口县委邀请，湖口籍清华大学硕士、工信部中国信通院夏华回乡举办“奋斗的青春最美丽”主题报告会在湖口中学举行。整场报告会围绕学习贯彻习近平新时代中国特色社会主义思想，勉励青少年立德产志，奋民有为。报告会上，夏华分享了她在中学时期，两个最重要的决定。交谈中，夏华也介绍了自己高中时期的学习方法。平时多积累、学扎实，复习多摸索、攻专项，高考调心态、讲策略，这三个六字箴言她分别一一详细介绍，不少学生听后受益匪浅。特别是还有60天就要奔赴战场的高三学子，这一场报告会无疑给他们打了一针强心剂，让他们在参加高考时添了一分勇气。最后，夏华分享了自己的座右铭。“人生没有白走的路，每一步都算数。”你的努力和奋斗或许你自己看不见，别人也看不见，但是时间会看见。报告会上，夏华还为在二模考试中取得理科前20名，文科前10名的学生颁奖。

【“学习新思想·建功新湖口”青年朗诵大赛举行】 5月30日，由共青团湖口县委和县委组织部联合举办的“学习新思想·建功新湖口”青年朗诵大赛在县行政中心九楼会议室举行。大赛围绕“让广大青年学习领会习近平新时代中国特色社会主义思想，不忘初心、牢记使命”这一主题，朗诵歌颂党、歌颂祖国、歌颂人民等方面的优秀作品和红色家书、红色故事等经典著作，全县共有60多支队伍、200余名选手参加比赛。最终从四个预赛赛区脱颖而出的23支参赛队伍齐聚一堂，争夺桂冠。经过激烈角逐，县公安局代表队获一等奖，县农商银行、县一小、县中医院代表队获二等奖，九江萍钢钢铁有限公司、大垅乡、县供销社、县财政局代表队获三等奖。县委副书记张南、县人大常委会副主任周利雄、县政协副主席李宏川在现场观看并为获奖队伍颁奖。

【共青团县委微信公众号综合影响力排行全省第十五位】 8月，共青团湖口县委微信公众号入围全省县（市、区）团委微信公众号综合影响力排行榜单第十五位。最高关注人数达到9136人。

【少先队湖口县第一次代表大会召开】 5月5日，少先队湖口县第一次代表大会召开。县委副书记张南，团市委副书记、市少工委主任周丽敏出席开幕式并讲话。县关工委常务副主任周颖华、县政协副主席李宏川、团县委、县教育局、县关工委、县妇联等有关单位负责同志及来自全县各地的130名代表参加会议。张南代表县委、县政府对本次大会的胜利召开表示祝贺，并对广大少先队员提出了殷切期望。一要用小手牵大手，听党话跟党走。二要德智体美劳全面发展。三要有广阔的胸怀，树立正确的人生观、价值观和世界观。四要常怀感恩之心，感恩父母、感恩老师、感恩亲人朋友。会议听取讨论通过了题为《听党话跟党走，争当湖口好少年，为建设活力、实干、秀美、富裕、幸福新湖口时刻准备着》的工作报告；选举产生湖口县第一届少工委，郭晓斌当选为县少工委名誉主任，陈颖当选为县少工委主任，沈沸、黄小山、钱婧雯当选为县少工委副主任。

（欧阳子杰）

湖口县妇女联合会

【概况】 2018年，全县各级妇联组织围绕“建设五个湖口”目标，创新工作思路，夯实基层妇联组织，统筹推进城乡妇女发展，依法维护妇女儿童合法权益，引领全县广大妇女“听党话　跟党走”，为全县经济社会发展作出重要贡献。全县获全国巾帼建功标兵1人；全国巾帼文明岗1个；省巾帼文明建功标兵1人；九江市三八红旗集体1个，三八红旗手2人，九江市维护妇女儿童先进集体1个，九江市优秀基层妇女干部2人；获九江市巾帼文明岗2个，巾帼建功标兵2人，巾帼建功先进集体1家，巾帼建功先进工作者1人。县妇联获全省妇联系统宣传舆论阵地建设先进单位；获“诵读红色家书、讲述红色故事、传承红色基因”2018年度九江家庭诵读比赛优秀组织奖。获江西省“书香家庭”1户。

妇女组织建设。7月，县妇联联合县委组织部在县委党校举办全县村（社区）妇联主席培训班，对14个乡（镇、场）和148个村（社区）的妇联主席进行培训，提高换届后妇联干部的业务水平和工作能力。全面完成深化改革工作。增强县妇女代表大会和县妇联执委会、常委会的广泛性代表性；优化县妇联领导班子结构，建设专职、挂职、兼职相结合的干部队伍。湖口县妇女联合会十四届执委会二次会议召开，选举产生兼、挂职副主席各1名；全县乡（镇、场）妇联、县直机关妇委会完成换届选举工作；全县148个村（社区）已完成“会改联”工作。开展“我是妇联执委　我为妇女办实事”活动，县执委柳阳娟的先进事迹在江西女性微信公众号上播出。组织各级妇女及时收看党的十九大、全国妇女十二大、省妇女十二次会议盛况。

妇女儿童民生保障。3月，县妇联联合县总工会、县卫计委下发《关于开展2018年全县妇女疾病普查工作的通知》。6月，与卫计委、财政局联合下发《湖口县城镇贫困妇女“两癌”免费检查工作实施方案》，为城镇妇女免费检查；当月，县儿童活动中心建成。7月，与多部门联合下发《湖口县全民健康生活方式行动实施方案（2018—2025）》。全年对6700名妇女进行“两癌”免费筛查，争取“两癌”救助金20万元。在县妇儿工委的协调、督促下，婚登、婚检实现一站式服务，接受九江市婚检工作督导组督查。湖口县被列为九江市免费婚检项目县。

维护妇女儿童权益。年内，县妇联坚持开展“三八”维权周、“6·26”禁毒日、“11·25”反家暴日、“12·1”艾滋病宣传日、“12·4”宪法日等宣传活动，通过派发资料、现场咨询、签名活动等形式，引导妇女群众掌握法制、禁毒、防艾、反拐及创建平安家庭知识。同时，以基层“妇女之家”为宣传教育阵地，抓好妇女普法宣传教育。九江市城乡女性“法律明白人”培养工程项目启动仪式在湖口举办，湖口县妇联随即在各乡（镇、场）陆续开展此项活动。举办湖口县“春风送健康”暨“学急救　报平安”知识讲座。在湖口县司法局法律援助中心和双钟镇司法所建立妇女儿童维权服务站，均由有长期法律工作经验的人员担任站长，帮助妇女解决法律难题20余个。与人大内司工委一起开展《江西省家庭教育条例》宣讲活动。

妇女创业就业。县妇联联合劳动就业局等部门开展“春风行动”就业招聘活动，做好政策咨询、法律宣传、就业登记等工作，200多名妇女实现就业。推荐有能力、有意愿创业女性参加省市举办的各类学习培训班。2018年，“女当家”小额担保贷款继续推动妇女创业增收，女大学生创业首次贷款额度提高到20万元；推荐5名电商创业妇女参加省妇联举办的“魔豆妈妈”电商创业大赛，3人入围，其中，1人获江西省“魔豆妈妈”并参加全国的比赛；组织县级家政公司参加九江市家政服务比赛。培养妇女创业就业典型。全县女企业家协会择优吸收4名女企业家入会；由女企协会员自编自导自演的诗朗诵《我庆幸　我幸福　我奋斗》代表九江市女企协参加省女企协年会；发掘4个妇女创业项目，申报九江市妇女创业示范基地。县女企协参加市女企协组织的各项活动10余次。

妇女儿童教育。“6·5”世界环境日，县妇联联合县环保局、团县委、县机关事务局举办湖口县首届基层党员干部生态环境知识保护竞赛。联合卫计委举办湖口县孕妇学校授课比赛，推荐授课讲师袁莎参加九江市孕妇学校授课比赛并获得二等奖。县妇联通过向社会购买服务方式聘请江西省家庭教育指导中心在全县各中、小学校开展《陪伴的力量》《家庭教育决定孩子的一生》《关爱青春期女童自我保护公益讲座》、“安全家庭、安全学校（幼儿园）、安全社区”等为主题的专题讲座26场。开展捐书月活动，共募得图书两千余册，全部捐献到留守儿童集中的基层妇女之家，供留守儿童阅读。开展“春蕾助学”活动，募爱心款6.1万元，资助171名学生。开展“微心愿”活动，县妇联联合县文明办，3月份、6月份两次开展留守儿童“微心愿”认领活动，为101名留守儿童送去“心愿”物品，帮助他们实现愿望。开展“送教下乡”活动，组织巾帼志愿者为他们送去学习用品、图书、食品等。县妇联联合县残联、县教育局举办以“我手秀我心”为主题的残疾儿童手工义卖活动，义卖善款全部捐赠给贫困残疾人。县妇联长期结对帮扶5名贫困学生和1名特教学校的学生。在妇女中广泛开展敬老爱老活动，巾帼志愿者们每月到敬老院为老人们洗头发、检查身体、打扫房间卫生，重阳节当天，还为老人们包饺子。母亲节、中秋节，走访慰问烈士母亲谢凤英，并牵线九江市石化公司与其结对帮扶。

参与中心工作。县妇联参与“四城同创”，每星期到责任小区开展卫生清理、环保宣传等活动。参与棚户区拆迁工作，完成4户拆迁工作任务。主动对接联系招商引资工作。在精准扶贫工作中，参与帮扶村环境整治、扶贫项目、扫黑除恶、征地、新村部建设等工作。

【全县妇女工作暨“三八”表彰会召开】 3月8日，湖口县妇女工作暨“三八”表彰会在县政府召开，会议表彰县三八红旗集体5个，三八红旗手10名，妇女工作先进单位5个，优秀基层妇女工作者10名，评选县级“文明家庭”20户。会上向全县2017年度获救助的20名贫困“两癌”妇女患者发放救助资金20万元。

【“清洁家庭”创建活动】 县妇联与县新农村建设办公室联合下发《湖口县“清洁家庭”创建评选活动实施方案》，召开湖口县“乡村振兴巾帼行动”暨“清洁家庭”工作推进会，发出清洁家庭倡议书，发放5000户清洁家庭门牌和围裙；全县14个乡（镇、场）先后召开“清洁家庭”工作推进会，村级“清洁家庭”评选活动常态化开展。

（董小勇）

湖口县工商业联合会

【概况】 2018年，县工商联引导非公有制经济人士参与国家政治生活和社会事务，协助政府管理和服务非公有制经济，促进行业协会商会改革发展，在构建和谐劳动关系、加强和创新社会管理中发挥协同作用。非公有制经济稳步发展，实现增加值113.71亿元，同比增长8%，占全县GDP比重达71.7%。

【参政议政调研活动】 2018年，县工商联协助做好市、县两会非公经济人士代表、委员参政议政的工作。全年县工商联非公经济人士撰写提案20余件，其中被采纳5件。5—6月，县工商联开展年度专题调研，走访工业园70多家会员企业，听取各企业经营发展过程中遇到的问题和困难，形成专题调研报告。县委书记李小平在调研报告上做出批示，要求分管领导及相关部门逐条研究，拿出可行性意见，供县委县政府决策参考。

【经济服务全面开展】 2018年，县工商联为全县非公有制经济企业提供政策、法律、信息、融资、维权等方面的服务。利用法律咨询服务中心为企业提供维权服务6次，牵头协调有关部门调节处理劳务纠纷、工伤事故2起。县工商联建立工信、商务、工商、质监、税务、金融等部门联系制度，参与企业信用体系建设，协调和帮助非公企业融资难题等。召开营商环境座谈会1次，4月中旬，组织20家民营企业代表参加座谈，县政府分管副县长现场解答有关问题，向会员发放调查问卷100份，梳理并整理投资、执法、服务三大块18个问题，向上级有关部门反馈。5月，组织开展“万名干部进万企”帮扶活动。四大家领导以及促进非公企业发展领导小组成员单位分别到各自挂点企业走访，宣传降成本，优环境等有关帮扶企业政策。收集企业建议和意见45条，协助解决江西塑星企业反映的产品运输问题，使该企业顺利投产。

【会员发展工作】2018年，县工商联会员总数从2017年的725个，增加到1005个，增长率达到39%；其中企业会员619个，团体会员12个，个人会员374个。企业会员增加了279个。2018年初，新增1家外埠商会，即上海湖口商会。至12月，县工商联有会员1005人，执委29人，常委11人，不驻会副主席21人，秘书长1人。乡镇商会8个（双钟、马影、流泗、凰村、文桥、武山、舜德、城山）；异地商会1个，即湖口县浙江商会；行业商会1个，即湖口县恩达饮品协会；外埠商会2个，即北京湖口企业商会、广东湖口商会。

【非公经济党建工作】2018年，县工商联制定非公企业创先争优活动工作方案，指导非公企业开展创先争优活动。2月27日，《江西日报》头版头条刊登湖口县全面提升非公党建《"红色引擎"驱动绿色发展》的报道。8月，县委书记李小平在全省加强园区非公党建推进会上做典型发言。

【精准扶贫出实效】2018年，县工商联先后4次组织企业参加社会责任调研工作，发布民营企业履行社会责任报告。6月，出台《湖口县"百企帮百村"精准扶贫行动实施方案》，全县9个贫困村成为民营企业帮扶对象。打造九钢公司与九江天赐公司2个帮扶示范点，由企业党员担任贫困村"荣誉村主任"。坚持把教育扶贫、消费扶贫、产业扶贫、公益扶贫"四个轮子"并用，资金、就业、物资、线上"四个池子"兼顾，作为全县帮扶行动试金石，并将这一经验在全县推广。建立"百企帮百村"精准扶贫行动项目库，做好帮扶信息收集和台账数据填报工作。至11月底，全县民营企业筹集帮扶资金及捐资物品16.7万元。与县政协一道开展"扬帆助学"活动，资助10位贫困户子女助学金5万元。

（查宇雨）

湖口县残疾人联合会

【概况】2018年，湖口县持残疾证残疾人6952人。按残疾类别分：视力残疾713人，听力残疾545人，言语残疾114人，肢体残疾3563人，智力残疾630人，精神残疾885人，多重残疾502人。按残疾等级分：一级残疾970人，二级残疾2738人，三级残疾1698人，四级残疾1546人。全县农村建档立卡贫困残疾人数1329人，其中，一二级肢体、精神、智力残疾人729人。

残疾人康复工作。年内，转介15名0—6岁脑瘫儿童到市级以上康复机构接受康复训练和服务；转介30名智力残疾儿童少年到湖口县希望康复中心接受康复训练和服务。为87名贫困精神残疾人、33名重度肢体残疾人提供每人1000元康复救助，落实康复救助资金12万元。为165名残疾人发放轮椅、腋杖等辅助器具；装配假肢5人；配备助听器23人，实现一、二级肢体残疾人轮椅适配全覆盖。联合县卫计委、乡镇卫生院、村医疗所医生入户为贫困残疾人提供家庭医生签约服务。做好精准康复相关数据台账录入工作，为2388名贫困残疾人提供精准康复服务。争取市残联扶持资金6万元，建设双钟卫生院精神卫生社区康复站，做好精神卫生综合管理试点工作。

残疾人就业工作。举办首届盲人按摩、美容美发等实用技术培训班，培训残疾人80余人。争取市残联辅助性就业扶持资金10万元，建立县特教学校辅助性就业机构点。特教学校利用教学资源建立美容美发、烘焙制作、手工制作等培训基地，集培训、实践、营业功能为一体，帮助大龄残疾学生走出校门、融入社会。举办残疾人就业专场招聘会，介绍、推荐10余名残疾人到园区企业就业。对全县160余家企事业单位进行残疾人按比例就业年检年审，全年征收残疾人就业保障金80余万元。贯彻落实《湖口县残疾人保障金扶持残疾人就业实施办法》，投入残保金23.1万元，扶持残疾人个体经营39户、盲人按摩从业3家、养殖业1户、开展就业援助194人、淘宝网络开店3人，其中，王芬网络+实体模式个人网店，销售特色手工工艺品鞋垫，并以半成品刺绣等加工订单带动残疾人就业，形成一定的规模和影响，2018年，王芬获全省残疾人技能大赛电商项目第2名。争取市级扶持资金15万元，扶持残疾人种养业项目6个。落实民生工程公益性岗位安置残疾人20人，对全县101名农家书屋残疾人管理员进行业务培训，实行规范上岗就业。

残疾人教育工作。履行部门职责，逐一核实适龄残疾儿童少年数据和入学情况，通过特殊教育学校就读、普通学校就读、送教上门等多种方式，落实“一人一案”，实现残疾儿童少年义务教育均衡发展目标，全县37名适龄残疾儿童少年入学、特教学校在校生77人、随班就读147人、送教上门26人。为2名残疾考生高考录取向上级残联申报救助资金，其中，1人本科享受4000元、1人专科享受3000元。争取省级职业教育扶持资金8万元，用于县特教学校开展职业教育培训。

残疾人扶贫工作。县残联开展数据比对工作，掌握全县残疾人建档立卡精确情况，从县扶贫办核对数据2536条，更新比对建档立卡持证残疾人1387人、1226户；开展失能贫困重度残疾人基本信息及托养需求调查、建档立卡贫困残疾人基本信息及脱贫（兜底保障）情况调查，为精准推进残疾人脱贫攻坚提供可靠的数据支撑。将所有残疾人项目向建档立卡残疾人户倾斜，全力推进全县残疾人脱贫攻坚。

残疾人社会保障工作。落实低保残疾人生活补贴2236人，重度残疾人护理补贴3122人。农业户口“两项补贴”残疾人均每人每月50元；非农户口“两项补贴”全部提标扩面，护理补贴为每人每月70元，生活补贴为每人每月60元。落实动态调整机制以及残疾人两项补贴信息管理平台建设要求，两项补贴改一年一发放为一季一发放，保持和民政低保调整的一致性，做到精准发放，并将两项补贴数据按时报送涉农资金监管平台，方便残疾人查阅和两补资金接受社会监督。将“阳光家园”残疾人居家托养项目和脱贫攻坚驻村帮扶工作结合起来，确定由县残联扶贫挂点村均桥镇高塘村为项目承接主体来执行，完成托养指标40人，落实项目资金6万元，为帮扶村和周边贫困残疾人实实在在解决生活困难。

残疾人维权信访工作。办理残疾人来电、来信和来访，对残疾人提出的问题均做出妥善答复和处理，做到件件有回复，确保残疾人满意。围绕残疾人基本服务状况和需求，对6986名持证残疾人开展数据动态更新调查，了解他们在生活救助、社会保障、康复服务、辅具服务、接受教育、就业帮扶、托养照料、扶贫开发、住房保障、无障碍改造、权益维护等方面的状况，为政府决策提供依据。主动与县公交公司沟通、协调，累计为980人次残疾人免费办理乘坐城区公交车证。为50户贫困残疾人家庭实施无障碍设施改造，每户扶持3500元。落实残疾人机动轮椅车燃油补贴124人，发放燃油补贴资金3.224万元。开展为残疾人送温暖活动，在春节、助残日、干部驻村帮扶活动期间走访慰问贫困残疾人100余户，发放慰问金5万余元。

残疾人宣传文体工作。开展第二十八次“全国助残日”活动，以助残日为契机，与《湖口报》、县电视台、县政府网等媒体合作，开展助残日等系列活动。举办湖口县第二届残疾人手工作品义卖活动，筹得爱心善款12555元。总结周小明、王芬、饶新攀等人事迹材料，组织九江电视台、《浔阳晚报》等新闻单位，宣传残疾人自强不息的典型事迹，营造扶残助残氛围，动员社会力量为残疾人做好事、办实事、解难事。开展残疾人文化进社区活动。争取省特奥项目经费2万元，用于县特教学校开展形式多样的趣味艺体特奥活动。开展残疾人群众体育工作，实施残疾人康复体育关爱家庭计划，为双钟镇100户重度残疾人开展每户送500元康复体育器材进家庭活动。为江阀社区争取省级自强健身示范点创建扶持资金3万元，改善残疾人体育健身条件。

【市残联到湖口走访慰问贫困残疾人】 2月6日，市残联副理事长许锦旗带领有关人员到湖口县均桥镇高塘村，走访慰问贫困残疾人饶彭建、徐汗喜、徐旭明等家庭，每户发送慰问金800元。县政协副主席洪海峰，县残联理事长李干生等陪同。

【省假肢中心专家到湖口为残疾人装配假肢取模型】 4月26日，省假肢中心专家一行5人到湖口县残联，为流泗镇杨山村村民江红全左右前臂、大垅乡管垅村村民张凤娥左小腿、均桥镇南港村村民杨细录右大腿截肢残疾人装配假肢取模型。

【湖口县首届盲人按摩培训班开班】 5月14日，湖口县首届盲人按摩培训班顺利开班，来自全县20余名视力、肢体残疾人参加培训学习。开班仪式上，市残联就业中心和县残联领导分别做开班动员讲话，聘请九江市资深盲人按摩培训师贾东浔对按摩技能方面知识进行全方位讲解和传授。

【“阳光家园计划”启动仪式举行】 5月15日，“阳光家园计划”启动仪式在均桥镇高塘村举行，落实项目资金6万元，将为高塘及周边村40名智力、精神、重度肢体残疾人提供居家托养服务。

【农家书屋残疾人管理员培训班开班】 6月22日，湖口县农家书屋残疾人管理员培训班在县残联五楼会议室举办。全县14个乡（镇、场）的86名对象参加上岗培训，县残联领导做专门培训动员讲话，县图书馆副馆长郑安红就农家书屋图书验收、登记、分类、编码、排架、保管等具体操作事项一一进行讲解指导，使参训残疾人全面掌握农家书屋建设、管理和服务等多方面的知识、岗位要求和业务技能。

【王芬获全省残疾人技能大赛电商项目第2名】 11月12日，湖口县肢体残疾人王芬、饶新攀等在南昌参加江西省残疾人职业技能比赛。王芬获全省残疾人技能大赛电商项目第2名。

【残疾人美容、美发培训班开班】 11月15日，县残联、县公共就业人才服务局联合举办残疾人职业技能（美容、美发）培训班开班。培训班为期两个月，22名残疾学员的培训费、资料费、食宿费用全免。此次培训班特聘请理发师张红超进行授课，采取理论讲解和实践操作相结合的方式，培训内容涉及美发的洗、剪、烫、染以及如何美容等方面。

【残疾人就业专场招聘会举行】 12月7日，县残联、江西蓝天玻璃制品有限公司在县残联二楼会议室联合举办残疾人就业专场招聘会，自全县14个乡（镇、场）的22名残疾人现场参与，有10名残疾人找到满意的就业岗位。

（方伟兵）

湖口县科学技术协会

【概况】 2018年，县委出台《湖口县科协系统深化改革方案》，对科协系统深化改革的总体要求、服务科技工作者的体制机制、学会治理结构和治理方式、创新面向社会提供公共服务产品机制、加强和改进党对科协工作的领导等五大方面进行明确，提出10项具体改革任务、4项创新工作和3项工作要求。

做好全民科学素质工作。新组建成立湖口县全民科学素质工作领导小组和办公室，印发《湖口县全民科学素质行动计划纲要实施方案》，召开全县全民科学素质工作会议，明确各牵头单位和责任单位工作任务和职责要求，并按时间节点抓好五大人群科学素质工作落实。新建“科普湖口”微信公众号，定期向社会推送科普知识。新增3个科普e站，全县科普e站总数达到6个，加强对e站运营管理，确保全天向公众开放，使大众能够接受更多的科普知识。在武山镇五里街社区开展科学让生活更美好——“2018年度江西省百场科普报告进社区（湖口县）”和“全国科普日”等活动，向社区居民传授科普知识，提高居民生活质量。

提高服务“双创”水平。组织全县10家石化企业14名科技工作者参加2018长江经济带（九江）石油化工产业绿色发展峰会，与到会的8位院士和100余名石化专家进行技术交流，九江天赐高新材料有限公司赵经纬总经理作为全市石化企业代表宣读《打造长江“最美岸线”，促进石化产业绿色发展倡议书》，峰会促成湖口县合作成果1项。推动企业院士工作站提升实效，九江天盛塑料助剂有限公司院士工作站经省人才工作领导小组考核升格为省级院士工作站，获省财政奖补资金20万元，湖口县省级院士工作站达到3家，都在中国科协注册。借助企业院士工作站平台，全年实行与院士及专家团队直接面对面交流8次，达成合作项目2个。积极开展科技信息服务企业工作，新安装企业专利信息数据库5家，安装总数达26家，先后4次深入企业进行科技信息服务对接，产生科技信息利用成果1项。经省、市、县三级科协逐级推荐，九江晨光高新材料有限公司获全国科技发展优秀民营企业奖，九江市获此奖项的仅此一家。

着力培训农村实用人才。服务乡村振兴，开展科技助力精准扶贫工作，在科协驻村帮扶点开展贫困户特色产业技术培训，帮助贫困户发展产业。湖口县舜德联盛油茶专业技术协会拿出11万元资金给全乡231户贫困户分红，每户分红400余元。全年举办农民特色产业培训班3期，培训技术农民267人次。

全力攻坚县重点工作。县科协全年外出招商2次，上报有效招商信息3条，超额完成年上报招商有效信息2条以上任务。派出1名副科级干部担任驻村第一书记专抓脱贫攻坚工作，挤出科普经费5万元帮扶新丰村建设科普示范村。全面完成县棚户区改造分配给县科协4户的拆迁任务。

加强科协组织自身建设。建立和完善机关各项制度。实行党风廉政建设一岗双责。坚持党的民主生活会制度和“三会一课”制度，加强干部的教育培训，全面提高干部素质。

【“科普湖口”微信公众号上线】 9月11日，“科普湖口”公众微信号正式上线，针对现代居民普及智能手机的特点，利用手机公众微信号新媒体面向全县公民推出最新科学思想、最新科技成果和当前科技动态，以及大众喜闻乐见的各种日常实用科普知识，目的是促进公众理解科学，掌握科学技术，提高科学素质。至年底，共推送各类科普文章及工作动态三十余篇，受惠居民几百余人。

【九江天盛塑料助剂有限公司院士工作站升格】 2018年10月，江西省人才工作领导小组办公室牵头，组织省工信委、发改委、省科协等单位的专家，对全省20余家申报省级院士工作站的单位进行实地考核复检，通过现场查看、调阅资料、听取汇报、当场提问等方式，对企业建立院士工作站运行、管理、实效等方面进行考核。湖口县九江天盛塑料助剂有限公司院士工作站在这次考核复检中升格为省级院士工作站，获省财政奖补资金20万元。

【九江晨光高新材料有限公司获全国民营企业奖】 2018年，为表彰全国民营企业在民营科技事业发展中作出的重大贡献，促进民营科技人员在产业技术创新取得卓越成果的突出贡献，中国民营科技促进会在全国民营企业中下发组织申报“2017年度民营科技发展贡献奖”的通知，全国1000多家民营企业进行申报，经过一年多的逐级申报和专家评审，于2018年底产生“2017年度民营科技发展贡献奖”获奖名单，湖口县九江晨光高新材料有限公司获“全国民营企业奖”。

（刘小贵）

湖口县文学艺术界联合会

【概况】 2018年，县文联学习贯彻落实党的十九大精神和习近平新时代中国特色社会主义思想，坚持“二为”方向，贯彻“双百”方针，围绕“聚力一核三带，建设五个湖口”的目标，开展优秀童谣征集推广活动，邀请水彩画家李杏来湖口写生，开展声乐、摄影、征文等优秀作品展览和比赛及丰富多样的群众文化艺术活动。

【优秀童谣征集推广】 为丰富广大少年儿童的精神文化生活，引导未成年人培养和践行社会主义核心价值观，3月7日，县委宣传部、县文明办、县文联联合下发湖宣字〔2018〕4号文件，决定在全县开展2018年优秀童谣征集推广活动。要求各地各部门将组织创作的作品，编成电子档报送集中，然后组织专家评审，从中择优选取一批优秀作品，一报送省市，二在全县新闻媒体刊登、展示，且编印成册下发各学校传唱。

【李杏到湖口写生】 5月17日起，水彩画家李杏先后走进流泗镇庄前潘家、喻家和金山柳家，北门街码头、城山镇南湖村、石钟山、九钢、江边，以湖口最美长江岸线、石钟山风景、非遗、美丽乡村和企业生产等为主题进行创作。

【“湖畔山庄杯”声乐大赛举行】 为唱响爱国主义旋律，传承中华优秀传统文化，选拔优秀声乐人才，6月1日，县文联和文广局联合下发湖文广字〔2018〕17号文件，决定举办湖口县庆祝改革开放四十周年“湖畔山庄杯”声乐大赛。大赛分为县城片和乡镇片，县城片又分为四个小组：少年组、青年组、中年组、老年组。7月15日，决赛，评出获奖选手16名。7月18日，举办颁奖晚会。

【“长江最美岸线看湖口”摄影展览】 为充分展示湖口县委、县政府贯彻落实习总书记关于长江“共抓大保护、不搞大开发”的指示精神，打造“水美、岸美、产业美、环境美”的“湖口样板”，建设长江“最美岸线”的生动实践，11月底，举办“长江最美岸线看湖口”摄影大赛和展览。本次活动共收到298幅作品，评出97幅获奖作品。作品充分展示湖口长江岸线整治前后鲜明的对比以及天蓝水清岸绿的沿江风光。

【“我心目中的湖口”征文比赛】 11月，县文联邀请县政协、石钟文苑、湖口作协联合举办“我心目中的湖口”征文比赛，共收到稿件三百余篇。

（县文联）

湖口县社会科学联合会

【概况】 2018年，全县社科重点课题研究成果有《打造沿鄱阳湖生态经济带的探索与实践》《湖口建设九江城市副中心的机遇与挑战》。参与编写党的十九大精神进校园进课堂辅导读本《新时代读经典育新人》一书。读本从阅读经典、品味金句、讲好故事、领悟思想、躬身践行五个方面内容编排，用耳熟能详的精辟金句和中国故事对社会主义核心价值观进行阐述。10月31日，在县青年空间新时代文明实践中心，举行2018年社科普及宣传周暨“百名理论专家进新时代文明实践中心”活动，活动主题是“新时代读经典育新人”，县委宣传部、团县委、教育局等部门的200余人参加。

【汤水清到湖口调研】 5月30日，省社联党组成员、副主席汤水清一行5人到湖口县，调研湖口县博物馆、石钟山纪念馆社科普及基地建设情况。市社联党组书记、主席胡吉陪同。

【湖口县博物馆成为省社会科学知识普及宣传基地】 2018年10月，湖口县博物馆获批成为江西省社会科学知识普及宣传基地。博物馆占地面积10000平方米，建筑面积3000平方米，展厅面积2000平方米。陈列内容包含湖口县历史文化、非物质文化遗产、民俗风情、名人名作等四个方面。展线长度400余米，展出藏品160余件，图片180余幅，造景10余处，制作模型200余个，投影6处。2014年，在三楼临时展厅增设湖口县森林湿地展，展示湖口县多样的生态类型和丰富的森林动植物资源以及林业产业成果。

（邵松林）

湖口县红十字会

【概况】 2018年，湖口县红十字会对全县妇女干部和园区企业安监员开展应急救护知识培训，在全县中小学校开展“珍爱生命，预防溺水”暨生命健康安全教育专题讲座，中小学生防溺水知识普及率100%。春节期间，开展“博爱送万家”活动。重阳节期间，走访慰问敬老院孤寡老人；开展九九公益日募捐活动，将万元捐款为困难环卫工人购买“城市美容师暖心包”。5月8日——世界红十字日，开展“人道、安全——为了你的微笑”主题宣传活动。湖口县获全市“2018年度无偿献血先进县”称号，何文燕获江西省红十字会“2018年度优秀县级红十字工作者”称号，夏崇华获“2018 年度全市无偿献血先进个人”称号。

【湖口首例人体器官捐献】 1 月 29 日，张青乡张青村二十三组村民付雄英在县人民医院病逝，在 6 小时之内捐献眼角膜，成为湖口县首例眼角膜捐献者。付雄英，女，1989 年 6 月生，初中文化，2016 年 7 月患左肩甲软骨肉瘤（肺转移），2018 年 1 月 29 日在县人民医院病逝。清明期间，县红十字会组织志愿者到大步山陵园开展“文明寄哀思，大爱永相传”为主题的悼念追思活动，缅怀湖口县首例眼角膜捐献者付雄英。

【王芬当选全省“十佳魔豆妈妈”】 3 月，省红十字会、省妇联在全省范围内举办“魔豆妈妈”创业扶贫大赛，确定全省前 13 名魔豆妈妈参加中国红十字会淘宝公益基金全国“魔豆妈妈”创业扶贫大赛。“魔豆妈妈”是一项旨在帮助自强自立的困境妈妈改变命运的电商创业就业工程。这次大赛由各单位发动、组织具有自强不息精神的困难妈妈，通过申报淘宝网店、妇女手工、种养殖等个体项目和微型企业项目参加大赛。经过申报、选拔、评审等程序，评选出优秀“魔豆妈妈”，分别给予奖金、无息贷款、培训支持等奖励。4 月 13 日，江西大赛有来自全省各地的 110 名魔豆妈妈报名，经省红十字会与省妇联、全城电商联席会和魔豆妈妈评审小组确定 30 名魔豆妈妈入围。湖口县的王芬、王瑛、曹晓云入围。5 月 12 日，“魔豆妈妈”创业扶贫大赛江西赛落幕。湖口县均桥镇王芬等 10 位选手被评为“十佳魔豆妈妈”，省红十字会专职副会长戴莹、省妇联发展部副部长龙小琴，分别为他们颁发荣誉证书及由中国红十字会淘宝公益基金支持的现金大奖。

【应急救护培训班开课】 9 月 28 日，县红十字会联合县环保局在县工业园区内举办救护员培训班，主要讲授如何提高安全防范意识和自救互救能力。来自园区 34 个企业的安全生产员及企业干部职工近 100 人参加培训。培训结束后，进行考试，给予 88 名考试合格者颁发江西省红十字会制发的《红十字救护员证》。

（夏崇华）

7 月 7 日，湖口县首届西瓜文化艺术节在张青乡举行（李学华　摄）

本栏编辑　沈文初

军 事

湖口县人民武装部

【概况】 2018年，湖口县人民武装部学习贯彻十九大和习主席系列重要讲话精神和省军区、军分区党委（扩大）会议精神，适应新编制体制，把握强军主题、改革主线、备战主业、动员主责、稳定主调，抓好应急应战准备，将“军委主席负责制”、习主席治国理政等重大思想贯之于行，将以战备训练和国防动员建设为重心的各项工作落到实处，履行国防动员系统“六部”职能，推动人武部全面建设创新发展。被省军区评为2018年度军事训练先进单位。马海燕被评为省军区2018年度军事训练先进个人。

思想政治建设。强化政治意识、核心意识、大局意识、看齐意识，推进政治建军、改革强军、依法治军，把握部队建设正确方向。巩固“两学一做”教育整顿成果，开展“学习井冈山市人武部先进事迹报告会”和“传承红色基因，担当强军重任”主题教育活动；用“四铁”“六部”“五个不动摇”等重大思想教育引领部队。开展安全教育、战备教育、防间保密教育、使命任务教育和党委机关理论学习。组织基层武装部制作征兵暨国防教育宣传专栏。开展一人一事思想工作，掌握干部职工和专武干部思想动态；开展军地隐蔽斗争协作工作，实现“三个不出”（不出事故、案件、严重违纪问题）。全面彻底肃清郭伯雄、徐才厚、房峰辉、张阳流毒影响。完善军营文化建设。投入经费30万元，对营区军营文化建设进行科学设计，添加文化娱乐活动设施和健身器材，构建主题鲜明、色彩浓厚、品位高雅、生态文明的军营文化。

军事斗争准备。按照“平时服务、急时应急、战时应战”的标准要求，加强常态化动员准备。着眼遂行非战争军事行动任务实际，修订完善9个战备和19个非战争军事行动方案；投入经费9万元，升级改造会议视频系统；规范人武部管理运行机制、战备制度，在春节、清明、五一等节日期间，组织前指带战备值班分队拉动演练，检验值班分队应急应战能力。2月，组织全体专武干部利用三天时间进行武装工作业务培训。4月，结合“条令学习月”组织人武部干部、职工和专武干部开展队列训练、轻武器操作训练、实弹射击考核。5月中旬，组织防汛骨干共60余人开展舟艇操作、水上救护、排险作业和堤坝防护等演练训练，并选派专武干部和民兵分队骨干参加军分区组织的舟艇分队集训。结合民兵调整改革，开展新组建分队基础训练和应急分队实兵实装集结、拉动、演练。规范民兵情报信息工作，狠抓情报信息日常管理监督，每周通报各单位上报信息情况，杜绝重大问题漏报、误报、迟报等问题；对所属干部和民兵情报信息员进行教育培训，会同地方电信部门，规范民兵情报信息助手系统操作使用，把民兵信息员队伍培养成正面发声的“网军”。

民兵基层建设。加大基层帮建力度，突出抓好“一线指挥部”建设，制定武装部党委常委帮带基层人武部计划，每名委员帮带2~3个基层人武部。巩固民兵基层党组织建设成果，落实专武干部资格认证工作，强化职能使命教育，规范民兵工作，提升基层建设水平。坚持教育引导不松劲，做到会议有分析、活动有部署、教育有内容、交班有强调。狠抓人员的请销假，坚持敏感问题不麻痹，定期召开安全形势分析会，组织营门处突应急演练，确保一有情况，能及时有效应对。强力推进民兵营（连）“整乡整村达标”。为解决好基层营（连）建设基础弱这个长期制约武装工作发展的瓶颈问题，以双钟镇民兵基层建设为试点，取得初步成效，以永修县基层规范化建设为参照，全面推开24个基层武装部规范化建设。做到基本场所规范适用、基本队伍训练有素、基本装备实在管用、基本活动有形有色、基本作用有效发挥。

国防后备力量建设。围绕国防动员需求，按照新标准推进国防后备力量调整改革。强化“一季征兵、四季准备”意识，使征兵工作常态化。春节过后，开展兵员潜力调查摸底和征兵宣传，做好大学生的摸底和宣传工作。所有行政村、组都有固定征兵宣传标语，乡镇都制作征兵宣传专栏；每月召开一次征兵工作推进会，完成×××名征集任务，其中，大学生兵员×××人，直招士官1人，2名定向委培士官，大学生比例达到64%。围绕动员准备和辖区特点，向行政单位、事业单位和大型民营企业单位拓展，探索创新军民融合路子，完善后备力量建设体系。

军民共建，参与地方经济建设。加强专武干部和民兵干部队伍建设。6月中旬，对新录用和新调整的专武干部和民兵骨干进行岗前训练，强化“专武”“尚武”意识，提高专武干部和民兵骨干的军事素养。支援地方经济建设。做好精准扶贫工作。落实军分区扶贫联席会议精神，采取点对点、1+1的办法，坚持每月为扶贫村（付垅乡夏畈村）办一件实事，在2017年投入5万元的基础上，2018年投入资金8.38万元，为贫困村安装路灯28盏，给村颐养之家送去空调5台和安装窗帘，支持贫困大学生夏智每学期3000元生活补助直至其完成学业。

后勤保障。全面停止有偿服务。县人武部副食品基地由第三方进行资产评估，以15万元补偿给承租方，款项由县财政托底解决。落实职工编制及“五险一金”，解决职工后顾之忧。按照改革要求，职工编制移交地方，保障科与地方政府、编制办、人社局、财政局沟通协调，完成职工编制及“五险一金”落实工作。营房翻新和升级改造。按照营区正规化建设要求，对办公楼、宿舍楼外墙进行翻新，对值班室和食堂进行改造，项目改造完成后，全部通过县审计局审计。

【郭伯雄、徐才厚、房峰辉、张阳流毒影响肃清】 县人武部开展肃清郭伯雄、徐才厚、房峰辉、张阳流毒影响活动。武装部党委和全体干部职工按照除恶务尽、不留隐患的要求，突出领导干部重点，人人把自己摆进去，采取普遍查与重点查、网上查与网下查、人工查与技术查相结合等方法。主要针对纸质资料（图书、期刊、报纸）和办公电脑媒体介质，特别是2015年以前的资料以逐本过逐页看的方式进行清查，对保密室、文印室、资料室、阅览室等进行清理，重点对涉郭涉徐信息的大事记、历史年鉴、百科全书、史料传记、文献汇编、音视频资料、图书画册纪念册等资料，以及荣誉室陈列内容中涉郭涉徐的信息，进行彻底清除，做到在重大问题上站稳立场，在是非问题上划清界限，在根本问题上立起遵循。

（杨盛波）

湖口县消防救援大队

【概况】 2018年，全县发生火灾178起，直接财产损失2367万元。与上年相比，火灾起数下降0.8%，损失下降1.2%。湖口县消防救援大队（简称县消防大队）出动281次（含增援、抢险救援），出动消防车523辆次、消防官兵3520人次，抢救被困人员87人，疏散人员263人，抢救财产价值3560万元。2018年，消防大队获2017年度九江市“青年文明号”称号，在全市消防部队岗位练兵比赛中成绩排在前列。

思想政治工作。县消防大队以党委中心组学习、政治教员集中授课等形式，学习宣传十九大会议精神，将会议精神传达到每名消防指战员。全年，召开党委会18次，集中学习25次，集中讨论13次。把基层党组织、团组织、武警委员会建成“一强带两强，班子更坚强”组织建设模式。有2人加入中国共产党组织、1人考上消防指挥学院。军队改革期间，开展经常性思想教育和谈心活动、编发励志微信、心理健康教育活动。年初，开展体会式教育笔记活动和强军主题教育活动。设立营院文化墙，将习总书记“四句话、十六字”总要求在大队部悬挂。开展党风廉政教育活动，召开党风廉政教育动员部署会，制定活动方案，成立以主官为组长的领导小组。将《中国共产党纪律处分条例》《中国共产党廉洁自律准则》的相关内容放在LED显示屏上循环播放，让全体消防指战员做到将“学党纪、明底线、守规矩”入脑入心。开展消防执法“一项一评议”活动，将建审验收、开业前检查、重点单位监督检查、火灾调查和行政处罚等经办项目及时通过现场回访、电话回访、“指尖监督”平台等形式进行执法评议，受访群众无投诉意见。

消防宣传工作。按《九江支队“一警六员”消防基本技能实操实训工作方案》要求，召开全县消防安全重点单位“一警六员”消防安全培训会，培训5345人，普遍达到“会报警、会疏散、小火会用灭火器、大火会用消火栓”的要求。推进消防宣传教育“七进”工作，在车站、码头、歌舞厅、影剧院、商市场等人员密集场所，落实消防安全“三提示”。运用广播、电视、报纸、网站、微信等媒体，集中发布春夏火灾防控工作动态，播放消防安全公益广告，播出消防安全提示，营造浓厚的宣传氛围。

安全管理工作。县消防大队先后完成春节、清明、端午、国庆等节假日安全保卫任务。青岛上合峰会安保期间，圆满完成各类灭火救援和安全保卫任务。对专职消防队上门指导，对物业保安进行消防培训。推进消防安全重点单位微型消防站建设，重点单位配备基本消防设施及3名以上义务消防队员。针对小区居民火灾堵塞消防车通道、电动车私拉乱接电线充电等问题，县消防大队联合公安、房管等部门对小区物业管理及小区电动车充电站设置进行整治。开展全县消防安全重点单位户籍化管理工作。县消防大队召开重点单位会议5次，开展消防知识培训10个课时，上门指导重点单位户籍化工作16次。全县81家重点单位“三项备案”制度全部完成。3月，县政府对全县14个乡（镇、场）落实消防安全责任制工作考评组进行考评，县公安局7个派出所就落实消防监督工作进行考评，督促乡镇政府和派出所消防工作责任制落到实处。4月8日，县消防大队开展消防安全重点单位调整摸底工作，按照标准筛选出符合重点单位条件名单，再将上一年度确定的消防安全重点单位中停产、停业、改变单位名称及用途的单位进行核销和变更，确定81个消防安全重点单位，由县公安部门向社会公布。落实乡镇、社区（行政村）、责任片区三级“网格化”排查机制，排查火灾隐患。对未排查整治的区域和单位场所、小单位及“三合一”场所、人员密集场所及高层、地下建筑等区域，明确检查组人员、任务及工作责任。对网格内社区、乡村、单位场所建立“户籍化”台账，每个小单位填写消防行政指导卡，记录单位基本情况、存在隐患及隐患整治情况，做到单位场所及火灾隐患底数清楚。

后勤管理工作。县消防大队制定全年后勤工作计划，坚持固定资产管理与预算经费相结合，在财务、装备器材、车辆、伙食、农副业生产等方面管理上规范化。所有器材装备实行个人负责制，实行每日检查，每周保养制度，定期进行擦拭、维护保养，使器材装备时刻处于良好的战备状态。加强车辆和救援牌证管理，车辆由专人负责，车辆外出必须“三证齐全”、有派车单，严禁无证驾驶。制订招待、油料、修理、电费、电话费、医疗费用等管理制度。规定来人来客在中队食堂用餐。油料施行购置票，支付令牌分人管理制度。修理费采取由干部携同驾驶员同去，由干部签字制度。电话、医疗费用采取相应措施进行人为控制。按照营房普查和建设项目管理规定，以及《基层后勤管理条例》《基层后勤建设若干规定》中关于硬件建设标准，落实厨房改建工程，不欠外债。健全公用物资登记和移交制度，做到奖罚分明。每月开展防病教育，严把食品采购关，杜绝采购腐烂变质的食品或未经检验的食品，对买回的食品在操作之前进行消毒和清洗，对厨房餐具坚持餐后消毒。安排大队全体指战员做一次健康检查。管理好消防员的个人卫生、饮食饮水卫生、营区室内外卫生、厨房卫生、厕所卫生，培养全体指战员良好的卫生习惯。经常检查卫生，保持环境整洁，防止传染病流行和食物中毒事件发生。

整治重点场所火灾隐患。县消防大队开展春夏火灾防控专项行动，由政府主要领导带队，采用部门联查、“零点夜查”等方式，到辖区人员密集场所、易燃易爆等火灾易发高发单位开展监督检查，整治各场所消防安全责任不实、消防设施故障停用、安全出口不畅等火灾隐患，打击消防安全违法行为。全年，县消防大队检查社会单位1531家，发现火灾隐患1565处，整改1516处，发责令改正通知书638份，处罚33家，查封20家，罚款94500元。县消防大队先后多次联合安监、工商、社区、公安部门对全县小型服装厂开展联合检查，对小型服装厂的火灾隐患建立台账。同时，开展消防宣传进单位，配合政府推动落实服装厂“退城入园”工作，加强火灾防范措施，消除大批社会单位潜在的火灾隐患。各派出所排查“九小场所”4106家，出动人数8399人，日常监督检查4106次，举报投诉检查0次，发现火灾隐患12处，整改火灾隐患12处，下发责令整改通知书7份。

【大货车相撞救援】 2月2日凌晨4点16分，湖口县联盛超市路口两辆大货车相撞追尾，一名人员被困。县中队立即出动一辆抢险救援车、一辆泡沫水罐车、14名指战员火速赶往现场。到达现场后，只见事故现场一片狼藉，两辆货车隔开一段距离，后面车辆驾驶室面目全非。由于驾驶室左侧严重变形导致被困人员腿部被卡在里面，无法行动，正焦急地等待救援。见此情况，指挥员随即下达救援任务分工，一是派专人对伤者进行安抚和观察，二是利用液压顶杆对卡住司机脚的位置实施扩张，经过六分钟的紧张救援，伤者被成功救出，并交给现场救护人员送往医院救治。4时43分归队。据现场询问，是由于后面货车司机疲劳驾驶，导致两辆货车追尾。

【蓝天玻璃厂火灾救援】 2月1日22时58分，位于湖口县蓝天玻璃厂厂房发生火灾。县消防大队调派3辆水罐消防车20名官兵赶赴现场。23时19分，县消防大队到达救援现场。23时56分，现场火势基本得到控制。00时41分火灾全部扑灭。

【高新园区沿江路方向车祸救援】 5月21日下午14时47分，九江钢厂往沿江路方向发生车祸，车内有一人被困，急需救援。县中队派调两辆消防车14名官兵赶赴现场。15时06分，中队官兵到达现场后，经侦查发现，两货车相撞，一辆货车横在路上，车头已经严重变形。货车司机困于驾驶室内，双腿已经被变形的车头夹出了血；意识有点模糊。由于车体变形严重，被困人员深深卡在座椅上无法动弹，指挥员命令利用液压剪扩钳对车门进行剪扩，扩大救援空间。10分钟后，车门整体被成功破拆，指挥员发现被困人员脚部被卡在变形的副驾驶与后排座之间，一时难以救出。现场指挥员立即命令利用液压顶杆在车辆内部进行作业，将被困人员脚部被卡位置顶开。12分钟后，被困人员被消防官兵成功救出，移交给现场医护人员进行救治。

【雁列山隧道火灾救援】 2018年11月30日12时35分，湖口县高速隧道内车辆起火，现场火势较大。县消防中队调派2辆水罐消防车，14名队员赶赴现场前往处置。12时57分，中队人员到达现场后，见隧道口已是浓烟滚滚，大量车辆和人员滞留。中队指挥员立即下令由1名消防员做好现场警戒，迅速疏散周围的车辆，同时，与高速交警取得联系开启隧道内排烟设施，带领2名经验丰富的消防员进隧道内侦查情况。发现1辆货车的车头燃烧，现场火势较大，车内无人员被困。随即，进隧道侦查人员先期利用隧道内的消防设施对火势进行控制，并且联系隧道外驾驶员把消防车开入隧道进行灭火，13时20分，火势被成功扑灭。

【黄晓军一行到湖口检查消防工作】 1月22日下午，市民政局调研员黄晓军、市公安消防支队主任金捷一行到县消防大队考核2017年度消防监督工作完成情况，并对今冬明春火灾防控工作进行督导。督导组随机抽查石钟情养老城、金砂湾派出所、双钟镇人民政府等单位，现场了解各单位管理责任制落实情况，对消防控制室、微型消防站等重点部位进行检查，随机抽查单位员工火灾报警、人员疏散、火灾扑救等消防安全知识掌握情况，查阅单位消防档案、微型消防站运行记录等台账资料。

武警湖口中队

【概况】 2018年，武警湖口中队坚持以习近平强军思想为指导，学习贯彻武警总部、总队及支队三级党委扩大会议精神，按照《纲要》建设部队，依据条令管理部队，坚持抓经常，着力抓士官，注重抓落实，切实改进作风，推动中队建设发展。干部以身作则，责任心强；骨干作用明显，带头表率；官兵思想稳定，士气高昂；执勤秩序正规，中心任务完成圆满；开展“学训词、开新篇”专题教育活动、开展“传承红色基因、担当强军重任”主题教育；协调目标单位，在支队率先完成“智慧磐石”工程；部队管理严格，正规化建设成效明显；后勤工作重视，综合保障能力不断增强。高标准实现“确保目标绝对安全、确保人民安居乐业”的目标。

【张力强到湖口视察】 11月7日，总队政治工作部副主任张力强大校到中队检查指导工作。张主任先后深入哨位、装备库室及班级宿舍等场所，听取中队近期工作汇报，对中队近期工作提出表扬，并鼓励中队官兵要充分利用好现有先进的硬件设施，高标准、高质量抓好部队建设工作。

【智慧磐石建设完成】 7月，中队在支队协助推进下，集中支队信息通信股、晨鹰公司员工及中队网管员共6名技术人员耗时两周，先后完成改造大屏拼接显示、改造哨位集成箱、改造供电系统、改造高清预警机，接入目标周界和社会面天网监控，升级执勤大数据分析系统等工作。通过改造升级，执勤哨位具备智能报警联动、语音对讲、弹箱管理，拓展监控互控、前置操作等功能，中队可实时掌握社会面动态情况，当发生监管羁押对象脱逃时，根据中队追逃方案，调取兵力部署位置及周边监控，提高预警预判预处能力。

（洪佳超）

人民防空

【概况】 2018年，湖口县人民政府人民防空办公室（简称县人防办）贯彻落实省、市人防工作会议精神，坚持依法行政，确立“打基础、保运转、求突破”的工作思路，在指挥通信建设、人防工程建设中成绩优异，（其中人防工程维护管理和考评被市办列为特色创新工作），人防宣传教育有进步、准军事化建设有提升。2018年被评为全市目标考核优秀单位，人防工程维护管理优秀单位。

指挥通信建设。县人防办按照军事斗争准备需要，建设人防通信指挥系统。定期加强对三级网设施设备的维护管理，坚持按要求每周三与市人防办通联，出联率和连通率为100%，及时完成与市、省级联调的各项任务，定期维护保养，升级设备安全。购买军用短波电台，全程参加省国动委“赣盾–2018”指挥演练。

人防工程建设。以不断增强城市防空防灾能力为重点，县城人防工程总量和质量稳步提升，完成2018年度市人防办下达的目标任务。出台《湖口县人民防空工程平时管理和维护管理手册》并下发人防工程维管单位考评细则以及人防宣传手册，以社区人防工作站为依托，管理辖区内的人防工程。6月底召开2017年度湖口县人防工程维管表彰暨2018年维管学习培训大会，与人防工程业主单位负责人签订2018年度人防工程安全生产责任状。

人防宣传教育。湖口县人防办继续开展“进社区、进机关、进党校、进学校、进网站”五进宣传教育活动。重点开展人防进社区工作，3月1日国际民防日、5月12日防灾减灾日、10月31日人民防空创立日，县人防办通过移动短信平台，发布关于人防法规及防灾减灾知识的短信2万余条，扩大了人防的覆盖面。印制6000本《人防宣传手册》，及时发放到学校、机关和社区。广泛开展“百万网民学人防法”活动，发动城区学校师生、政府机关干部积极参与，县人防办1名同志获得全省二等奖。

人防财务管理。严格执行年初预算要求，按工作进度衡量支出，规范易地建设费的收缴，做到审批程序清晰，入库及时。与财政部门保持良好的沟通。

扶贫工作。年内，县人防办对辕门村脱贫质量不高、后续发展乏力的建档立卡贫困户，通过召开党员组长会议，安排2户就业。全村享受教育扶贫政策共计11户16人，各项教育扶贫政策都已到位。26户享受健康扶贫政策。全村共计新建房屋8户、维修2户，2018年按照改造计划完成新建1户。完成改水5户，改厕11户，户户通建设12户。

【县人防工程维管表彰暨学习培训大会召开】 6月20日，县人防办召开2017年度湖口县人防工程维管表彰暨2018年维管学习培训大会。会上对2017年度人防维管工作先进业主单位方大上上城等三家业主单位进行表彰。市维管中心领导给工程维管业主讲授如何做好工程维管工作。同时，县人防办负责同志与人防工程业主单位签订2018年度人防工程安全生产责任状。出台《湖口县人民防空工程平时管理和维护管理手册》并下发人防工程维管单位考评细则以及人防宣传手册。

【柘矶社区人防工作站成立】 11月，湖口县第三个人防工作站在柘矶社区挂牌成立。县人防办按照人防宣传教育工作“五进”要求，在社区内设立合署办公室，制作宣传图板，配备应急救援包，宣传资料柜等设施设备。同时，组建30人的人防志愿者队伍。柘矶社区人防工作站成为社区人防宣传教育工作、监管辖区内的人防工程、疏散演练等工作的平台。

（许　斐）

队员训练（张玉　摄）

本栏编辑　沈文初

法治

公安

【概况】 湖口县公安局以习近平总书记“四句话、十六字”总要求为指引，维护全县社会稳定。被评为“2018年度全市县区公安（分）局目标管理考评先进单位”“2018年度全县高质量发展绩效考核优秀单位”“2018年度县级文明单位”。

严厉打击犯罪。县公安局开展“盗抢骗”“亮剑”等专项行动，2018年，共破获刑事案件686起，处理716人，先后侦破系列“溜门入室盗窃案”、系列“废铜换土诈骗案”、系列“跨省盗窃医务人员财物案”“鄱阳湖区盗捕候鸟案”，侦破一起故意杀人案。开展扫黑除恶专项斗争，县公安局抽调专人组成打击专业队，投入60万元专项经费，全年打掉恶势力集团4个、恶势力团伙7个，破获涉恶类团伙案件26起，抓获涉恶类犯罪嫌疑人100余名。开展缉枪治爆专项行动，全年收缴枪支14支，管制刀具90把，子弹561发。打击“黄赌毒”违法犯罪，对“黄赌毒”违法犯罪行为保持“零容忍”态度，查处涉赌案件22起、行政拘留47人、收缴赌资11万余元；查处涉黄案件9起、行政拘留17人、刑事拘留23人，关停涉黄场所9家；开展“双百”缉毒会战、“秋季扫毒风暴”专项行动，查处涉毒案件23起，摧毁团伙4个，社区戒毒31人，缴获毒品60余克。打击妨碍公务违法犯罪行为，全年办理妨碍公务案件14起，其中，行政案件8起，刑事案件6起。开展“三电”（电力、电信、广播电视设施）专项整治行动，协调有关职能部门，与开展废旧金属收购业、机动车修理、拆解和旧货（寄售）交易业专项整治工作结合，进行全面摸排整治，全年，清查废旧金属回收站点38家，取缔违规收购站点1处。开展涉众型经济犯罪专项排查行动，7月，联合县金融办、县市场管理局开展非法集资专项排查，排查各类民间投融资中介机构20余家。10月份，联合县烟草专卖局查处销售假冒注册商标商品案，现场查获17个品种220余条假冒伪劣香烟，抓获1名犯罪嫌疑人，涉案金额20余万元。

完善立体治安防控体系。推进“天网”“警眼”工程建设。全县天网平台共接入监控点2519个、新增监控点554个，累计投入资金2346万元。完善立体治安防控体系，在城区开展网格化巡逻，在农村广泛开展群防群治，在边界巩固跨县域合作机制，在水域推进联合共治。

推进“放管服”工作。出台交管、户政出入境“放管服”改革措施11条，整合城区派出所户政业务窗口，完成公安行政服务大厅建设，购置出入境自出签注一体机、自助照相机等一批便民设备，实行“一站式”办理，坚持开展“延时＋错时”服务，提高群众满意度。全年办理各类证照3万张、车驾管业务4万次。

民爆物品管理。将民爆物品采购、运输、储存、使用、回库等环节纳入信息化管理系统，坚持系统巡查与现场巡查相结合，消除民爆物品管理盲区盲点，使民爆物品规范化管理。全年民爆物品信息化管理建设投入经费36万元，建成集中管理民爆物品信息化管理监控系统，实现“不流失、不炸响”目标。

禁毒工作。建设禁毒机构设施，完成梅兰广场禁毒教育园地、6·26服务中心建设，印制禁毒宣传品5000份。督促指导开展社区戒毒社区康复工作。开展禁毒宣传教育“六进”活动，即进社区、进学校、进单位、进家庭、进场所、进农村。开展在校学生毒品预防教育“五个一”活动，推动在校学生关注禁毒公众号和参与禁毒知识竞赛。指导企业管理易制毒化学品，对全县22家化工企业开展检查，办理易制毒化学品购买备案证明74张、易制毒化学品运输备案证明107张，全部建档登记。

应急处置工作。县公安局特巡警大队（应急处突队）坚持工作对接实战，修订《巡逻防控实施细则》《应急维稳实施方案》《特巡警队员管理考评细则》等规章制度，提高队伍正规化水平。12月，“湖口—都昌—彭泽”三县特巡警“冬训”在湖口县举行。全年，妥善处置兴湖豪庭业主上访、鄱阳湖大酒店欠薪工人集访、工业园沿江大道交通事故等紧急突发事件22次。

交通安全管理工作。县公安局将交通安全管理作为社会治安管理的重要环节，坚持“压事故，保畅通”工作理念，充分发挥“两站”“两员”作用，对“酒驾”“毒驾”、飙车扰民等重点违法行为常态化查处。全年排查道路交通隐患236处，查处交通违法行为4526起，立刑事案件13起，刑拘13人，移送起诉16人，交通肇事逃逸案100%侦破。建立矿山运输车辆管控平台，压降大型车辆事故。

户籍管理工作。县公安局落实市公安局出台的8项便民利民户政管理措施，释放改革红利，畅通户政办理“快车道”，改进流程、简化手续、丰富服务内容。对大中专院校、技工学校毕业学生和参军退役进入城镇人员落户政策予以放宽和明确。适应社会发展，放宽户籍管理权限，对符合当地落户政策，居住在租赁房屋或其他无落户地址的群众，可在当地公安派出所申请登记社区集体户。落实出具销户证明、出具户口登记项变更证明、申领临时居民身份证、居民户口本补领、居民户口本换簿等网上户籍全流程办理服务。县公安局办证大厅全年办理临时身份证3329个。实有人口管理水平不断提高。推进实有人口管理社会化、系统化、信息化。到2018年12月31日，县公安局登记全县总人口297884人，其中男性155601人，女性142283人。十六周岁以上人像采集比率达到99.94%，超过全市99.86%的平均水平。

公安队伍建设。县公安局贯彻落实党中央关于进一步强化党内监督、严肃党的纪律、改进党的作风、不断加强自身作风建设工作措施，配合县委巡察组开展巡察工作。开展“传承红色基因、筑牢时代警魂、锤炼过硬作风、树立江西形象”教育实践活动和主题党日活动，举办“贯彻党的十九大精神暨党务工作”培训班，开展党支部改选活动。举行民警职业荣誉仪式、召开外市籍民警座谈会，开展文体活动。推进“暖警”工程建设，完善民警备勤休息用房，马影派出所、文桥派出所新办公业务用房动工建设。

脱贫攻坚。县公安局把脱贫攻坚作为最大的政治任务和第一民生工程抓紧抓实，挑选政治可靠、作风过硬、农村和群众工作经验丰富的党员民警进驻马影镇罗岭村、观桥村担任第一书记。全局安排包括局领导班子成员和副科级干部在内的17名领导干部作为帮扶人，帮扶对象33户。

【“110，守护新时代美好生活”宣传活动开展】

1月，县公安局举办“110，守护新时代美好生活”宣传活动，通过摆放展板、发放资料、提供咨询等方式与群众“零距离”接触、面对面互动，宣传公安机关在维护社会稳定、打击犯罪、服务群众、灾害救援、应急处突等方面发挥的重要作用。发放资料2800份，回复群众咨询130次。

【“溜门入室盗窃系列案”侦破】1月12日，县公安局侦破一起系列入室盗窃案，带破案件80余起，抓获1名犯罪嫌疑人，涉案金额60余万元。

【“废铜换土诈骗系列案”侦破】5月16日，金砂湾派出所经过缜密侦查，在九江市局技侦支队、宜春市上高县警方和本局各兄弟单位支持配合下，迅速侦破系列“废铜换土”（在废铜交易过程中用土调包）诈骗案，带破案件80余起，抓获3名犯罪嫌疑人，涉案金额5万余元。

【“跨省盗窃医务人员财物系列案”侦破】8月14日，县公安局成功破获系列“跨省盗窃医务人员财物案”，带破案件30余起，抓获1名犯罪嫌疑人，涉案金额5万余元。

【“盗窃摩托车系列案”侦破】9月10日，县公安局侦破系列盗窃摩托车案，抓获犯罪嫌疑人吴某某，男，30岁，湖口县人，有盗窃前科，破获摩托车被盗案10余起，追回3部被盗摩托车。

【“湖口—都昌—彭泽”特巡警演练】12月11日，湖口县、都昌县、彭泽县三地公安机关特巡警队伍60余人在湖口县集中开展“冬训”联合演练，进一步提升特巡警队伍反恐防暴和维稳处突能力，提高区域联防水平。

【民警职业荣誉仪式举行】12月13日，县公安局在五楼会议室为4名退休老同志和4名新入职民警，举行民警退休暨新警入警职业荣誉仪式。

【交通动态管理】1月，对通站大道、学士路、梅澜口周边、五处红绿灯路口等城区部分道路施划标线，施划道路标线12000平方米，增加标志牌20块。在梅澜口周边新增交通违停监控系统并启用。2月，三里大道、洋港大道新增禁止大货车通行监控系统，并启用。3月，在泗垅线、银砂大道两条主干增设区间测速装置，8月正式启用。9月，在第五小学周边道路进行施划村线、安装标牌，共施划标线500平方米，增加标志牌6块。11月，在海张线、马柯线两条主干增设两处测速装置。建成矿山运输重点车辆监管后台，对全县各矿山运输车队车辆进行管理；新增路边停车泊位150个。全年发生道路交通事故4662起，亡人事故29起，受伤人数328人，经济损失54万元。

【车辆登记和驾驶员管理】2018年，全县有机动车辆28925辆，驾驶员46398人。办理机动车业务36187辆，其中：注册登记3985辆、转移登记1314辆、变更登记553辆、抵押登记1910辆、注销登记6780辆、转入413辆、档案更正269辆、其他14161辆；办理驾驶人业务员9466人次。其中：初领38人次、增驾55人次、转入72人次、补换证5575人次、满分学习403人次、注销登记84人次、驾证转出84人次、异地审验5人次、其他3150人次，完成率100%。

【省、市领导检查督导湖口公安工作】1月11日，江西省公安厅经侦总队总队长胡建强一行到湖口县公安局检查指导工作。九江市公安局党委委员、副局长李彤，九江市公安局经侦支队支队长张晓林等陪同检查。3月10日，省厅警务保障部主任马建山在市局党委委员、副局长陈祥滔陪同下，到湖口县公安局调研指导警务保障工作。10月2日，九江市副市长、公安局长张荣先到湖口县检查督导国庆安保和扫黑除恶工作。

（陈　骋）

检　察

【概况】2018年，湖口县检察院围绕“讲政治、顾大局、谋发展、重自强”的检察工作总体要求，以办案为中心，各项检察工作平稳有序开展。2月，被江西省综治委授予2017年度“全省公众满意政法单位”称号，被九江市综治委评为2017年满意度测评公众满意政法单位，有9人次受到省、市、县级表彰，2名青年干警在全市优秀公诉人比赛中获“全市优秀公诉人”称号。

审查逮捕起诉　受理公安机关提请批准逮捕案件145件219人，经审查批准逮捕125件192人；受理公安机关提请公诉案件165件277人，审结158件

263 人，移送法院起诉 127 件 195 人，不诉 29 件 41 人，移送其他检察机关管辖 2 件 27 人。在审查逮捕起诉工作中，突出打击聚众斗殴、寻衅滋事等涉众型影响社会稳定的严重刑事犯罪，针对被江西省公安厅确认为全省三起恶势力犯罪集团案件之一的“7·17”聚众斗殴案，县检察院从严从快审查批捕，逮捕 37 名犯罪嫌疑人，均提起公诉，其中 26 人做出一审判决。

扫黑除恶　成立扫黑除恶专项斗争工作领导小组，开展扫黑除恶宣传。检察官以案释法，向群众发放公开信，设置宣传栏，营造扫黑除恶氛围；畅通举报渠道，电子显示屏滚动播放十八种黑恶势力行为标准，开设举报箱，公布举报电话和电子邮箱，向县扫黑办移送黑恶势力线索 7 件；立足检察职能，对涉黑涉恶案件由专门办案组办理，对黑恶犯罪坚持依法严惩方针，从严、从快批捕起诉，对 4 件恶势力犯罪案件提起公诉。与公安机关会签《关于检察机关提前介入涉黑涉恶刑事案件侦查活动的工作规定》，依法依规适时介入涉黑涉恶案件。公安机关以涉嫌恶势力犯罪提请批准逮捕的沈某某等七人寻衅滋事案，经检察院审查，该案件事实构成犯罪，但将此案定性为恶势力犯罪证据不足，县检察院通过多次沟通，引导公安机关补充补强涉恶证据，将该案以涉嫌恶势力犯罪向法院提起公诉。

侦查活动监督　以审查逮捕案件为主线，及时发现和纠正侦查活动中的违规、违法行为。对情节较轻的不规范行为，及时口头告知公安机关办案人员，督促其立整立改。对违反法律规定的执法行为，书面发出纠正违法通知书，并跟踪后续处理结果，全年追诉漏犯 6 人。县检察院在审查谢某某等 4 人盗窃案时，发现收购赃物的孙某某涉嫌构成掩饰、隐瞒犯罪所得罪，但公安机关没有将孙某某作为犯罪嫌疑人立案侦查。县检察院立即向公安机关发出追诉函，要求对孙某某收购赃物的行为移送审查起诉，公安机关将孙某某移送县检察院，该案被法院做有罪判决。

审判活动监督　围绕法院刑事判决开展审查，坚持“实体与程序”并重和量刑“畸轻与畸重”并重理念，落实“起诉意见书、起诉书、判决书同步审查”制度，进行刑事审判监督，全年审查法院刑事判决书 109 份。强化对审判组织的监督，落实“两高”《关于人民检察院检察长列席人民法院审判委员会会议的实施意见》要求，检察长列席县法院第六次审委会，为促进司法公正提出意见和建议。开展民事审判监督，县检察院审查 5 件不服法院民事判决案件，对其中 2 件民事案件提请市检察院向市中级人民法院提出抗诉。开展虚假诉讼监督，向公安机关移送涉嫌虚假诉讼案件线索 1 件。

刑事执行监督　针对湖口县看守所未成年人与成年人混管混押及“牢头狱霸”等问题向公安机关提出书面建议 3 次，口头建议 20 余次，均得到采纳或回复。对罪行较轻、社会危害性小、初犯、偶犯、未成年人犯罪或犯罪时年龄较大、患有严重疾病有可能不诉或被判处缓刑的犯罪嫌疑人，进行羁押必要性审查，对 7 人提出改变强制措施意见，被办案机关采纳；对患有严重疾病又不适合取保候审、释放的在押人员，县检察院建议看守所送往监管医院进行治疗。联合公安机关、武警中队对看守所安全进行检查，对安全隐患问题发出整改通知书，督促看守所整改。

控告申诉　坚持运用法治思维方式参与化解涉检信访矛盾纠纷，探索新时代检察版的“枫桥经验”，成立 12309 检察服务中心，为群众来访提供一站式服务。全年受理各类来信来访 183 件，协调乡镇化解 2 件多年信访积案，妥善应对“京广和”会员来访。办案中，对符合救助条件的当事人，报市人民检察院进行司法救助，发放司法救助金 2 万元。在黄某某拒不支付劳动报酬案中，为农民工追回工资 60 余万元，并促进另外两起相关民事执行案件的审结。

公益诉讼　新增公益诉讼职能，成立公益诉讼案件办案组，在全市率先开展“保障千家万户舌尖上的安全”专项监督活动，对群众反映强烈的早餐食品中违规添加食品添加剂问题开展专项调查。经抽样检测发现，部分早餐店制作的馒头、包子等食品中存在违规添加糖精钠问题，县检察院就此问题向市场监督管理局发出检察建议，要求加大对早餐食品的监管力度。县市场监督管理局在收到检察建议后，在全县开展“放心早餐”专项治理活动，增加监管执法频次力度，对违规添加食品添加剂的违法行为进行查处，发放《致全县早餐经营户的一封信》，举办全县早餐经营户教育培训班，增强早餐经营者的食品安全意识。探索公益诉讼助推生态保护路径，对涉及危害生态环境保护的犯罪，在依法对其予以刑事处罚的同时，充分运用公益诉讼手段，督促行政执法机关责令犯罪嫌疑人对已经破坏的生态环境予以修复。7月，县森林公安局将张某某等三人滥伐林木案移送县检察院审查起诉，县检察院认真审查后，不仅起诉追究张某某等三人的刑事责任，还向林业局发出检察建议督促张某某等三人进行生态修复。接到检察建议后，县林业局责令张某某等三人补种树木1045株。

2018年，县检察院政法专项编制干警28人（空编1人），司法体制改革要求对人员进行分类管理。分类定岗之后，86%的司法人力资源直接投入办案工作，其中检察长、副检察长亲自办案99件，案件类型涵盖审查逮捕、审查起诉以及诉讼监督业务。9月，县检察院遵照最高人民检察院要求，实行“捕诉一体”办案机制（即由同一办案组或检察官全过程负责同一刑事案件的批捕、审查起诉、出庭公诉、侦查监督、审判监督和相关案件的补充侦查、刑事申诉工作），办案检察官通过互学互助、专业化培训方式进行沟通衔接，内部联动，注重办案质效。县检察院对轻微刑事犯罪、未成年人犯罪、初犯、偶犯和过失犯，综合考虑嫌疑人主观恶性、悔罪态度、被害人是否谅解等因素，依法做出对27名犯罪嫌疑人不捕决定、41人不诉处理，做到罚当其罪。办案中注重对未成年嫌疑人实行教育、感化、挽救，坚持教育为主、惩罚为辅的原则。李某某聚众斗殴案，检察官考虑到李某某是未成年人，又系在校学生，主观恶性和社会危害性较小，根据其平时表现，充分听取老师、同学和家长意见，依法对李某某做出附条件不起诉决定，让李某某能够顺利完成学业。县检察院按照全省三级检察机关非涉密网和应用平台建设要求，每人按工作需要配备计算机终端，实现专机专人专用，提升工作效率。11月，通过政府采购，检察工作网项目工程建设完成。切实加大检务公开工作力度，注重案件信息公开，全年公开案件程序性信息328件，公开法律文书153份，发布重要案件信息19条。成立“两微一端”湖口检察新媒体工作室，“湖口检察”微信公众号每周推出一到两篇原创稿件，讲好检察故事，转发司法体制改革、检察高层动态，展示检察工作新成就。7月，“湖口检察”微信公众号首次登上全国“互联网+检察”指数排行榜，位列检察微信区县第三名，连续一度榜上有名，至第三季度排名第九。县检察院把十九大精神和习近平新时代中国特色社会主义思想作为“两学一做”学习教育常态化制度化的一项重要内容，开展诵读红色家书、青年干警上党课等党建活动。抓业务能力建设，安排各类培训30余人（次）。抓纪律作风建设，开展“作风大整治、服务大提升”专项治理活动，解决工作中“怕、慢、假、庸、散”五个方面问题。贯彻从严治党新要求，深化检务督察，及时学习上级有关问题通报，做到警钟长鸣。全年开展检务督察16次，学习各类通报文件12次33份。

【《检察机关内设机构改革方案》出台】 2018年，县检察院按照中央深化司法体制改革精神和《江西省检察机关内设机构改革指导意见》要求出台《内设机构改革方案》。将办公室、政工科（挂法警大队牌子）、侦查监督科、公诉科、反贪污贿赂局（下设预防职务犯罪科、侦查科、综合科均为股级内设机构）、渎职侵权检察科（后更名反渎职侵权局）、民事行政检察科、监所检察科、控告申诉检察科（挂举报中心、刑事赔偿办公室牌子）、检察技术科及案件管理中心等11个内设职能部门，在反贪污贿赂局、反渎职侵权局相关部门职能、机构、人员转隶至县监察委基础上，以湖检院党组字〔2018〕2号文件《关于湖口县人民检察院内设机构整合的决定》形式，将余下9个未转隶的内设机构按“大部制”模式，整合为刑事检察部（合并侦查监督科、公诉科）、诉讼监督部（合并控告申诉检察科、监所检察科、民事行政检察科）、检务保障部（合并办公室、检察技术科）、政治部（原政工科）、综合业务部（原案件管理中心）等“五部”。年末，县检察院编制数35个，其中政法编29个，职工编6个，配备执法执勤用车8辆。

【司法行为规范化建设】 2018年，县检察院持续开展规范司法行为专项整治工作，围绕实现从办案人员司法行为规范向全体检察人员工作行为规范迈进目标，邀请县人大代表、政协委员对县检察院提起公诉的案件进行庭审观摩，对检察官起诉书制作、仪表语言、庭前准备和庭审应变能力等出庭公诉情况现场打分、评议，接受代表、委员意见和监督。开展自身案件评查工作，评查结果与检察官业绩考核挂钩，对被评定为不合格的案件，由检察长约谈案件承办人及分管领导。通过考核督查，使全体检察人员工作行为规范化。2018年，县检察院法律文书流转签发工作得到上级肯定，市检察院将湖口法律文书流转签发“五个到位”经验做法在全市检察系统进行推广。

【精准脱贫攻坚】 2018年，县检察院派出2名干警担任武山镇长岭村、武垦场庆大村第一书记驻村帮扶，并选派5名干警担任12户贫困户帮扶人。年末，庆大村6户贫困户脱贫5户，长岭村9户贫困户脱贫7户，江桥村4户贫困户脱贫2户。

【非公经济服务】 2018年，县检察院采取措施服务非公企业，开展“万名干部进万企”活动，在九江嘉远科技有限公司和江西辙炜新材料科技有限公司进行走访调研，为公司新项目引进做好参谋助手。整治危害企业发展的盗窃、重大责任事故等犯罪行为。对造成九江富达实业有限公司经济损失717.6万元的郭某某重大责任事故案、秘密窃取江西晨光新材料有限公司财务室资金10万元的潘某某盗窃案做到快捕快诉。

【领导视察】 7月25日，省检察院专委冯祖强、市检察院党组副书记、副检察长吴一敏等一行到湖口县检察院就法律政策研究业务工作进行调研指导。10月11日，市检察院分管领导一行到湖口县检察院专题调研基层院队伍建设工作，县检察院党组书记、检察长王文琴及相关部门负责同志陪同调研并参加座谈。

【“湖口检察”首次登上“互联网＋检察”指数排行榜】 8月9日，发布2018年7月全国“互联网＋检察”指数排行榜，湖口县检察院“湖口检察”微信公众号首次登上该指数排行榜，位列检察微信区县第三名。“互联网＋检察”指数由正义网研制，是衡量检察机关利用“两微一端”等开展检务公开、检民互动和法治宣传等工作效果的数据评价标准，2016年4月11日，正义网发布首份2016年第一季度“互联网＋检察”指数排行榜，“互联网＋检察”指数排行榜由“互联网＋检察”指数总榜、检察微博排行榜、检察微信排行榜、检察头条号排行榜四个排行榜组成，各取排名最靠前的20名进行公布。

【12309检察服务中心成立】 9月28日，湖口县检察院12309检察服务中心揭牌成立。开通“12309”检察服务热线（电话），受理案件程序性信息查询、国家赔偿、国家司法救助等事项，接待律师，统一受理群众控告、申诉和举报，提供法律咨询，收集、反馈人民群众意见建议等。该中心成立后，受理公安机关移送案件242件371人，接待律师阅卷60余人次，群众来信来访16人次。

【《女干警情牵困难老人》作品在省获奖】 为庆祝改革开放40周年，检察机关恢复重建40周年，江西省人民检察院推出主题为“新时代新使命新作为”的首届手机“微”摄影大赛，通过手机摄影作品，展现全省检察机关为建设富裕美丽幸福现代化江西，共绘新时代江西物华天宝人杰地灵新画卷的新使命与新作为。投票截至2018年11月25日，湖口县检察院干警赖青青拍摄的作品《女干警情牵困难老人》获2018年江西检察首届“微”摄影大赛二等奖。

（张小滨）

审 判

【概况】 湖口县人民法院围绕“努力让人民群众

在每一个司法案件中感受到公平正义”目标，坚持司法为民公正司法，履行宪法和法律赋予的审判职责。2018年，审理各类案件2748件（含旧存），同比增长27.99%，结案2563件，同比增长29.31%，结案率93.27%，同比上升0.96个百分点。“争创”工作取得全面突破，多项创新工作得到省高院、市中院的肯定，群众满意度继续保持全市法院前三。获2018年度全市“公众满意政法单位”“九江市维护妇女儿童权益先进集体”等称号。

服务工作大局。出台《为推进“重大项目见效年”活动提供保障指导意见》，服务保障经济高质量跨越式发展。审理石祥建材、盛鑫置业、金清药业等十多件破产案件，数量占全市基层法院总数1/3以上，引导两千多名涉案当事人理性合法表达诉求。配合政府部门盘活清退开元大酒店、盈联实业、金旺物流等困难项目，仅攀森公司重组案件，就盘活土地78.822公顷、资产4.77亿元。依法审理马某某等组织、领导传销活动案等重大案件，该案涉及全国28个省（市、自治区），涉及人员10多万人。大力推进扫黑除恶专项斗争，积极开展工作宣传和线索摸排，营造浓厚社会氛围。参与开源怡景、兴湖豪庭、巴黎春天、学苑景城等楼盘纠纷化解，避免大量诉讼案件进入司法程序。服务保障乡村振兴战略实施，打通司法为民“最后一公里”。凰村人民法庭投资70余万元高标准完成“全面双达标”改造，并被省高院评选为首批“示范法庭”。延伸司法服务职能，参与脱贫攻坚、“四城”同创、春蕾助学、关爱留守儿童等工作。

提升审判质效。完成诉讼服务中心新一轮升级改造，整合多项服务功能，让信息多跑腿，群众少跑路。深化司法公开，发挥“四大平台”主阵地功能，利用网站、微博、微信公众号等平台加强司法宣传。2018年，上网公布生效裁判文书1802份，网络直播庭审160件，公开率均位居全市法院前列。受理刑事案件134件，审结126件，结案率94.03%。生效判决126件，给予刑事处罚173人。贯彻新修订实施的《刑事诉讼法》规定和精神，坚持“罪刑法定”原则，落实量刑规范化和“宽严相济”的刑事政策，尊重和保障人权。结合扫黑除恶专项斗争，依法从严从重审理相关案件82件，打击黑恶势力的嚣张气焰。受理民商事案件1277件，审结1227件，结案率96.08%。办案过程中坚持调解优先，耐心化解矛盾，共调解、撤诉642件，占50.27%。实施繁简分流，依法适用简易程序审理案件946件，适用率77.1%。审慎办理涉项目企业和涉民生案件，注重矛盾化解和办案实效。

基本解决执行难。2018年6月6日，湖口县人民法院、湖口县人民检察院、湖口县公安局三家联合下发《关于敦促被执行人依法主动履行人民法院判决裁定的通告》，开展“执行风暴大会战”集中攻坚行动。全年受理执行案件1188件，执结1062件，结案率89.39%。到位执行标的5.19亿元，实际到位率61.44%。其中，首次执行案件实际执行到位率、实际执结率等核心指标分别位列全市第1位和第3位。通过完善综合治理执行难工作格局，形成一个由党委领导、政法委协调、人大监督、政府支持、法院主办、部门配合、社会参与的综合治理“执行难”的工作局面。利用网络查控系统等平台，实现快速、精准、全面查控被执行人的财产信息，有效破解查人找物难题。灵活高效处置涉案资产，攀森公司固定资产网络拍卖成交4个多亿，创造江西省司法拍卖单笔成交新纪录。完善失信联合惩戒体系，开展“夏季风暴”“猎赖行动”等专项集中执行，依托“法媒银”等平台，加大失信曝光力度，加强与公安机关、检察机关等配合，联合打击规避执行、抗拒执行行为。发布失信被执行人黑名单4期，曝光133人，依法限制高消费427人，以涉拒执罪移送公安机关2人。规范执行权运行管理，开展规范执行行为专项整治活动，严格“终结本次执行程序”适用，整治消极执行、选择性执行、乱执行等问题。依法依规开展司法救助，为43名特困申请执行人申请司法救助37.5万元。深化执行信息公开，依托中国执行信息公开网，落实财产查处告知、执行流程、执行文书、规范性文件公开，确保执行权在阳光下运行。

推进改革创新。按照上级统一部署，稳妥推进法院内设机构改革。推进“分调裁”改革。2018年7月，县法院正式组建速裁审判团队，按照繁简分流原则，推动多元调解、简案速裁，实现同类案件、简易案件快立、快审、快结，全年审理速裁案件286件，结案284件，结案率99.3%，办案质效大幅提升。发挥“家事调解室”的特殊作用，开展家事纠纷调解工作。2018年，家事调解员参与调解各类纠纷268件，减少进入诉讼程序案件200件以上，减轻一线法官的办案压力。法院干警结合此项工作撰写的论文《基层法院推行家事调解及其成效的实证分析》荣获第十一届“中部崛起法治论坛”二等奖，创县法院在全国性学术论文评选的最好成绩。建成全市首个标准化驻看守所法庭以及配套羁押室、羁押通道，开庭可实现随时提押、随时还押，庭审效率大幅提升，此举获《江西法院信息》刊文推广。

【“京广和”网络传销案】2015年至2016年期间，被告人马某等人依托京广和公司运营模式，设计以高额回报为诱饵的网购返利规则，并以此为基础，推出直接或间接以发展人员数量为计酬依据的运营模式，在全国各地发展会员及加盟店。截至2016年12月，京广和公司在全国20余个省（自治区、直辖市）共发展会员224层11万余人、加盟店701个。截至2017年4月20日，京广和公司资金流入总额为2048558769.26元。本院受理此案后，依法组成合议庭于2017年9月19日公开开庭进行审理，七被告人均当庭表示自愿认罪。2018年，该案仍在审理当中，因案情复杂，最高人民法院批准四次延长审理期限，九江市中级人民法院批准一次延长审理期限。

【《湖口法院志》出版】2018年5月，湖口法院建院以来首部志书——《湖口法院志》付梓问世。该志是湖口历史上首部专门司法审判志书，上限自1950年5月22日设立湖口法院开始，下限至2016年12月31日。全志共设17章57节，共计725千字。

【扫黑除恶专项斗争启动】2018年1月23日，中央政法委召开全国扫黑除恶专项斗争电视电话会议，全国扫黑除恶专项斗争开始。根据中央部署，全国扫黑除恶专项斗争自2018年1月开始，至2020年底结束，为期3年。2018年，县法院结合扫黑除恶专项斗争，依法从严从重审理故意伤害、敲诈勒索、聚众斗殴、寻衅滋事、开设赌场、贩卖毒品等群众反应强烈、社会影响较坏的案件82件。

【执行突击“猎赖”行动】2018年7月24日夜间，九江中院组织两级法院开展“猎赖行动”专项执行活动，邀请人大代表、政协委员和省市十多家媒体一同现场见证，九江融媒体和九江中院微信平台对此次行动同步开展直播。湖口法院出动法官、警力近20人，共执结完毕案件3件，执结标的10余万元，行动期间抓获“老赖”2人（后2人均履行完毕）。

【攀森公司资产拍卖创纪录】2018年7月，县法院执行处置江西攀森新材料有限公司固定资产网络拍卖，最终成交4.00524773亿元，创造江西省司法拍卖新纪录。

【凰村法庭入选全省首批“双达标”示范法庭】

2018年4月，凰村法庭启动“双达标”改建项目。改造后的凰村法庭实现了基础设施规范化、开庭办案科技化、诉讼服务便民化、文化建设特色化、驻庭生活庭院化“五化”要求。8月，江西省高级人民法院下发《关于全省第一批“双达标”法庭考核结果的通报》，湖口法院凰村人民法庭等50个法庭被推选为全省首批“双达标”示范法庭。

【驻看守所科技法庭建成】2018年8月，九江法院首个标准化驻看守所法庭——湖口县法院驻看守所科技法庭建成使用。驻看守所法庭包括审判法庭、羁押室、专门羁押通道等配套设施，其中法庭面积近100平方米，羁押室可同时关押4名被告人，总投资约45万元。该法庭位于看守所内，开庭时可实现随时提押、随时还押，实现“一天多庭”甚至“半天多庭”。

【诉讼服务中心升级改造完成】2018年11月，县法院投资近20万元对诉讼服务中心进行升级改造，新的诉讼服务中心集合诉讼引导区、诉讼辅导区、立案受理区、调解速裁区、收转发E中心、综合事务区、执行服务区、自助服务区等多项服务区域，能为当事人提供全方位的高效便捷诉讼服务。

（蔡海涛　余华新）

司法行政

【概述】2018年,湖口县全面推进法治湖口建设。成立由县长鲍成庚任组长的湖口县普法依法治县领导小组。完善法治湖口建设制度，把领导干部学法守法用法情况纳入领导班子和领导干部的年度考核内容，制定“七五”普法规划,启动和实施“七五”普法工作。开展“法律六进”活动。全县36所中、小学校配备法治副校长、法治老师和法治辅导员，实现中小学法治教育教材、师资、计划、课时“四落实”。青少年法治教育基地成为集文字、图片、漫画为基础，同时匹配音响、全息投影、电子翻书、抢答系统等高科技的全方位、立体化平台，为青少年学生提供专业的成长法律指引。推进法治湖口建设。县司法局在完善县级法律服务中心建设的基础上，加强法律服务平台建设，12个乡镇建立公共法律服务工作站，各服务平台建设做到“场地、人员、活动”三落实。武山镇获“全省‘七五’普法中期先进集体”称号，城山司法所副所长徐军获“全省‘七五’普法中期先进个人”称号，双钟镇江阀社区、凰村乡新丰村被省司法厅、省民政厅授予“民主法治示范村（社区）”称号，马影司法所获2018年度“全省‘五好司法所’”称号，舜德乡石岭村、城山镇团山村被评为“市级民主法治示范村”。张青乡青龙村获“全国民主法治示范村（社区）”称号。

基层法律服务规范化。推进“校所合作”专项行动，九江职业技术学院教师黄长木挂职湖口县双钟司法所。开展“特色司法所”争创活动,打造双钟和城山、流泗样板司法所，三个司法所先后投入经费10万元，购置软硬件设备，配备专业人员从事司法所工作。人民调解工作作用明显，全县人民调解委员会171个，人民调解员520名。全年受理各类纠纷案件394件，涉及当事人948人，调解成功386件。全县建有2个基层法律服务所，有9名法律服务工作者。县司法局获2018年度高质量发展考评县直单位“服务中心工作奖”“接受民主监督工作先进单位”称号。

提供高效优质法律服务。湖口县法律援助中心开展精准法律援助专项行动，成立湖口县精准法律援助专项行动工作领导小组及精准法律援助服务团，将贫困人员列入精准法律援助对象。全年办理法律援助案件343件。其中，刑事法律援助46件，民事法律援助241件，调解非诉讼法律援助56件，接待各类法律咨询2890人次，挽回经济损失486万元。2018年，获“江西省精准法律援助服务年”活动先进单位称号。

社区矫正工作实行科学控管。运用移动定位、指纹签到等信息技术，社区服刑人员电子档案建档率达100%，符合条件的人员手机定位率、指纹报到率、电子业务开展率均达到规定标准。湖口县社区矫正信息化监管平台累计录入社区服刑人员信息总数为315人，已解除矫正人员信息录入227人，社区矫正终止对象7人，在册社区服刑人员信息录入81人。过渡性安置帮教贴心便民。湖口县对刑释解教人员接送工作采取“无缝对接”制度，省内监狱和看守所释放人员均由其户籍所在地司法所工作人员联同其村（居）委会工作人员一同去接，送回原籍安置，全年接送刑释人员94人。全县过渡性帮教途径主要有两种：安排有意愿的刑释人员到县城郊一处作为安置帮教基地养猪场工作；对暂时没有工作且无收入来源的刑释人员，发放六个月的生活补助。全年发放接送经费74600元、生活补助费176815元。开通远程会见中心，在司法局，可以与省内任一监所的罪犯戒毒人员进行远程视频会见。亲属或帮教者可以通过远程在线方式，为罪犯戒毒人员进行亲情点餐、查询教育改造信息、提供法律援助等便民服务，为罪犯戒毒人员家庭、社会帮教组织提供“一站式”的帮教会见服务。全年远程帮教会见116人次。

公证事务不断拓展。2018年，全县办理公证658件，经济类公证374件，涉及标的约30亿元。全县公证办理涉及方方面面，其中，经济合同业务较多。

年内，为全县路桥工程、公共租赁房屋（廉租住房）实物配租公开摇号仪式、社会福利彩票有奖活动、南北港改制承包合同、九江萍钢钢铁有限公司证据保全、码头抵押、渔业资源增殖放流等事项办理现场公证。

推进人民调解工作。2018 年，全县排查各类矛盾纠纷共 769 起，预防矛盾纠纷 99 起，调解案件 402 起，调解成功 394 起，调解成功率达 98%。其中，调处道路交通事故 64 件，接受法律咨询 336 次。2014—2018 年，县医患纠纷调处中心调处各类医患纠纷 30 多起。

持续推进“放管服”改革。至 2018 年 11 月 27 日，全县先后进行 5 次动态调整，有 4490 项权力事项。其中，199 项行政许可事项，2882 项行政处罚，176 项行政强制，14 项行政裁决，46 项行政征收，58 项行政奖励，64 项行政给付，81 项行政确认，其他行政权力事项 970 项。赋予流泗镇县级经济社会管理权限目录 156 项事项清单。赋予湖口高新园区 42 项审批权限。证明事项清理工作中，全县清理证明事项 232 件，保留 110 件，取消 122 件。规范性文件制定及管理工作中，加强规范性文件审查管理。司法局全年向县人大、市政府法制办报备规范性文件 5 件，先后开展 4 次规范性文件清理，清理规范性文件 97 件，审查政府合同 126 份。

加强行政执法监督。对行政执法行为进行监督检查，发现和纠正行政执法工作中存在的问题，对有违法或不当执法行为的执法部门和执法人员进行问责。制定执法检查计划并报备，录入执法检查人员 658 名和执法检查对象 1278 个。完善行政执法与刑事司法机制，建立两法衔接联席会议制度，落实专人对“两法衔接”平台进行管理。

履行行政复议职责。出台《湖口县行政调解工作意见》，完善行政调解、人民调解、司法调解制度，简化调解程序，规范调解行为，化解行政争议。畅通复议渠道，规范复议规程；运用听证、座谈、案卷审查与实地查验相结合等方式，提升复议办案质量，行政复议决定正确率 95%；适时公开行政复议信息。全年收到行政复议申请书 12 份，受理 11 件，已全部按时办结。收到以县政府作为被告的案件 13 件，均以胜诉或者协调和解的方式，依法依规成功结案。

为县政府参谋法律事务。为县政府重大决策、经济管理和社会事务、行政行为、合同行为及其他法律事务提供法律服务。全程参与“攀森并购案”“开元国际大酒店盘活案”“盛世中央城盘活案”等重大经济类案件处置。

【人民陪审员选任工作启动】 2018 年 10 月 28 日，按照最新发布的《人民陪审员选任办法》的规定，成立以湖口县司法局局长周永锋为组长的湖口县人民陪审员选任工作领导小组，协同湖口县人民法院和湖口县公安局完成湖口县 54 名人民陪审员的选任工作。

【“校所合作”工作推进】 九江职业技术学院青年教师黄长木挂职湖口县司法局双钟司法所。总投入 10 万余元购置软硬件设备，并配备专业人员从事司法所工作，开展“特色司法所”争创活动，打造双钟和城山、流泗样板司法所。

湖光山色 （李学华 摄）

本栏编辑 沈文初

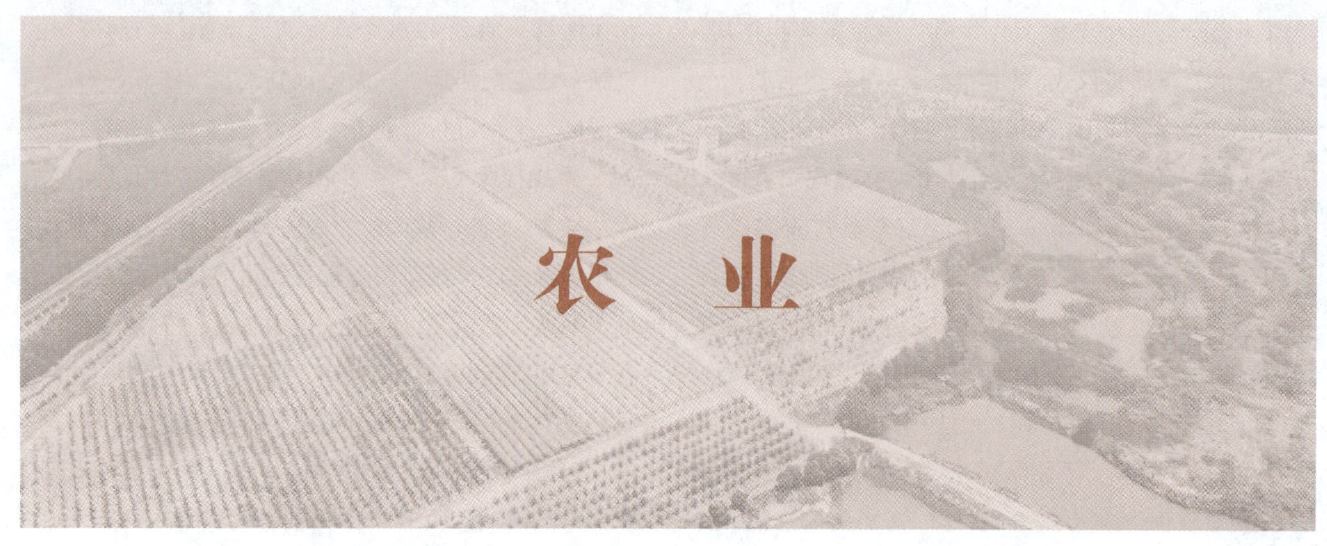

农业

综述

湖口县农业围绕“136”（聚焦1个目标、贯穿3条主线、推进6项工作）的工作思路，推进国家级农业示范园建设。大力引进培育农业龙头企业，重点支持发展乡域农产品加工产业集群，以产业振兴带动乡村振兴。2018年走绿色生态环保农业之路，着力打造品牌农业、智慧农业、绿色农业、工厂农业；走产业扶贫发展之路，积极培育农民专业合作社、家庭农场、种养大户，发展农业产业化联合体，启动鄱阳湖水产集团组建工作，创建湖口优质大米品牌，创“一乡一业”“一村一品”；走宜居环境整治之路，以“四清二改一管护”为抓手，推进农村人居环境和面源污染整治，提升人居环境。

农村综合改革稳步推进。2018年农村土地确权登记颁证工作全面完成，确权数据库汇交通过农业部验收；农村土地“三权分置”试点工作分步开展；农村集体资产清产核资工作全面启动，部分乡镇基本完成。2013年探索出的土地流转大户以经营权证抵押贷款解决融资难问题成效日显，截至2018年底，共向102户土地流转大户发放了《土地流转大户经营权证》，其中，32户凭《土地流转大户经营权证》办理抵押贷款1527万元。放活农业土地经营权促进土地流转。截至2018年底，农用土地流转15.3万亩，土地流转率59.3%。深化农产品供给侧改革，在保持传统农产品粮、棉、油产量基本稳定的基础上，合理调整产业结构，大力发展优势产业，大力培育新型农业经营主体。至2018年底，培育50亩以上种粮大户136户，农民专业合作社、家庭农场450家。18个农民专业合作社获省级示范社称号，3个农民专业合作社获部级合作社称号。建成益农信息社55家。加快各类现代农业示范园建设，以示范园区建设带动全县现代农业产业快速发展。深入推进集体林权制度配套改革，全面加强天然林保护。着力推进集体林地三权分置，引导和规范集体林权流转，搭建县、乡、村三级林权服务平台，提升林权管理服务水平。2018年，完成集体林地流转400亩，协助不动产登记机构办理林权抵押贷款72万元。

品牌战略成效显著。湖口县扶持鼓励农民专业合作社进行基地建设、申报“三品”（无公害农产品、绿色食品、有机农产品）认证、办理商标注册。2018年“三品一标”认证农产品23个，认证农产品总数90个；获批“三品一标”无公害水产品基地3个，基地总数23个；获批全国健康养殖示范场14家。2018年12月“湖口螃蟹”被农业农村部批准为农产品原产地地理标志。经过近几年打造，至2018年末，建成湖口高速路出口处海正路“鄱阳湖大闸蟹”品牌专卖店一条街，共有螃蟹专卖店43家，其中2018年新增21家；开通网店17家。以“生态鄱阳湖、绿色水产品”为主题，加快建立全县水产品品牌培育、发展和保护体系，全力打造“愚哥”和“鞋山”2个江西省著名商标“湖口糟鱼”品牌。加大名牌产品申报宣传力度，开展优质大米品牌创建，建成优质大米品鉴中心并挂牌运营，成功举办首届优质大米品鉴会。2018年，各乡镇按照“一乡一园”的要求，精心规划、整合项目、着力打造，建成一批现代农业示范园。大垅乡、舜德乡被认定为省级现代农业示范园；舜叶生态、联盛生态、农夫农、付垅茶叶、大垅、四季青被认定为县级农业示范园。

智慧农业已成雏形。2017年，湖口县农业局引进广州大气候农业科技有限公司为该县建立农业大数据平台。广州大气候农业科技有限公司利用自主研发的农眼、虫感知、农眼全景、智能灌溉系统等智能硬件，与气候云AOS、农眼APP、农眼溯源、物联网电商平台、政府三农大数据服务平台等软件系统及面向种植模型、产量预测、虫害预警、精准气象预警等场景的AI算法，为该县农业的精准种植和政府农业部门监管，以及农产品质量安全全程可视化追溯提供有效帮助。至2018年底，全县共有13家农民专业合作社安装该公司的农眼智能监测系统。时任省长刘奇、农业部副部长张桃林、省农业厅厅长胡汉平先后到湖口视察智慧农业，给予充分肯定。继2017年智慧渔业“1+4”平台建成后，2018年分别在湖口德祥公司和圣旺水产养殖专业合作社各投资20万元建立水上水下在线监控、鱼病远程诊断以及水产品质量追溯体系，为智慧渔业推广和健康养殖打下坚实的基础。

休闲农业发展迅速。成功举办第三届庐山云雾茶“石钟杯”茶评会、湖口县城山镇首届荷花节、湖口县首届西瓜文化旅游节、首届“中国农民丰收节”美丽豆乡活动、第二届农耕健身大赛。以九江昊源农业科技生态发展有限公司为核心，以南北港水域、江桥港“一港两岸”水产养殖企业（大户）为半径，投资3000万元打造渔文化展示区、生态养殖垂钓区、果园采摘区和水上游乐区、餐饮住宿区5个旅游观光功能区，形成湖口环境优美渔业休闲示范园区；以江西汇川普恒农业开发有限公司为主体，在殷山水库投资5000万元开发建设集生态养殖、直供销售、水上游乐、餐饮住宿等于一体的生态秀美休闲渔业基地。

农田水利建设投资加大。2018年继续加大农田水利基本建设投入，总投资3400.85万元，其中政府投资3245.28万元、撬动农民投入资金155.57万元。实施土地治理项目3个、产业化发展项目3个，建设高标准农田2700亩、健康养殖鱼池950亩，建设地包括双钟镇除外的全县13个乡（镇、场）及县（江桥）棉花原种场；建设“武山水”，九房涧、二房涧灌区，包括城山镇横山村等5个行政村的农田高效节能灌溉设施。

农业行政执法到位。加大农资检查监督力度，2018年抽查农药标签60个，送检农药省里抽检6个、市里抽检5个、县里抽检35个。对经营假冒伪劣农资产品进行坚决打击，查处违法案件11起，规范了农资市场秩序。完善农产品质量安全监管体系，县级设立湖口县农产品质量安全监测站，乡镇设立农产品质量安全监管站。在现代农业示范园的建设中，江西弘盛药业、城山生态、凤凰山农庄建立农产品绿色生产追溯体系，配备农产品检测设备，在园区内部进行农产品内检。强化对农产品的抽检，2018年，定性检测农产品1954批次，定量分析454批次，抽检合格率100%。

加强畜禽产品质量安全和动物及动物产品检疫。全县14个乡（镇、场）实行畜禽检疫申报制，做到有运必检，检必规范。加大对畜禽加工、储存、运输、销售等环节的检查力度，未经检疫或检疫不合格的畜禽产品一律不得运输、屠宰、销售，未持检疫证明及证物不符的动物及动物产品一律不准上市交易。2018年共出具检疫证明8400余份，其中产地检疫890份，屠宰检疫7500余份。加强饲料、兽药等投入品监管，不定期开展兽药、饲料市场执法检查，彻底清理无兽药GSP证和兽药经营许可证的兽药经营者；在加强对兽药、饲料经营企业监管的同时开展养殖环节投入品监管，抽样检测养殖场是否按规定使用饲料、兽药等投入品，严厉打击违法添加“瘦肉精”“三聚氰胺”等违禁物质的违法行为。2018年开始建立兽药经营企业上传经营信息至兽药追溯系统。

加大林业执法力度。2018年督查发现的76件案件线索全部移交县森林公安局和相关权属管理部门立案查处。全面完成省市下达的3678亩国有天然林保护任务，依规发放天然林保护资金16.86万元，实现天然林全部禁伐目标。

渔政执法在抓好宣传教育、政策法规培训的同时重拳出击，严厉打击各类违法捕捞行为。2018年，渔政部门单独或联合长航公安派出所、江豚协巡队对辖区水域开展执法检查69次，出动执法人员1188人次，其中夜间突袭行动6次，驱离外籍渔船14艘，查获违法捕捞渔船12艘，清理鄱阳湖密眼定制网300余部，收缴其他违禁渔具121件，做出行政处罚决定7个、处罚11人，查处刑事案件4起、涉案4人。

产业扶贫取得实效。全县共有农民专业合作社450个（其中村集体统一经营的27个）、益农社55个、家庭农场115个，与贫困户建立利益联结机制的合作组织有114家。2018年，县财政投入农业产业奖补资金110万元、直补资金225.5万元扶持与贫困户建立利益联结机制的合作组织。向2107户贫困户发放小额信贷880.78万元，建档立卡贫困户授信评级覆盖率达91.2%。培育电商扶贫点35个，其中2018年新建16家农村电子商务服务站点，通过电商促成农产品销售额314万元，带动72户贫困户增收，户均增收480元。通过引导、规范贫困户进行土地承包经营权流转，鼓励和支持种养大户、家庭农场、农民专业合作社、龙头企业吸纳更多的贫困户参与其中，以与贫困户结成利益共同体的方式来扩大产业扶贫渠道。这样，龙头企业不仅与贫困户建立利益联结机制，还吸纳贫困户到企业务工，使贫困户不仅能参与分红，还能按月领到工资报酬。经过近2年的打造，全县涌现一批产业扶贫示范典型，如流芳“幸福豆田”基地、大垅马步苗木基地、舜德小甘薯基地、武山黄花基地、张青稻虾共作基地等。部分乡、村、组通过发展一些短、平、快项目（如西瓜、小甘薯、稻田养虾、养鱼、莲藕等）帮助贫困户脱贫，部分项目已见效。大力开展农业技术培训，帮助贫困户就地就业或直接参与产业经营。2018年该县产业扶贫覆盖率由上年的28%提高到100%，在湖口报、湖口电视台等新闻媒体报道产业扶贫典型事例68件，在《九江日报》报道产业扶贫典型事例24件。

种植业

【概况】 湖口县农业产业主攻的“6+1”（“6”：花卉苗木、特种水产、庐山云雾茶、高产油茶、优质水果、道地药材，“1”：休闲农业），产业布局基本形成。2018年新增休闲农业示范点3个，主导产业面积2万余亩；新增新型农业经济组织56个、“互联网+农产品”网点20个，农业龙头企业销售收入55亿元；智慧农业平台覆盖面积3万余亩；“财政惠农信贷通”平台累计发放贷款1.65亿元，惠及各类农业经济组织280余家。

2017年的高标准农田建设任务至2018年全面完成并通过省市验收。2018年，万亩油菜示范基地项目全面开工，农业综合开发项目和产业化财政补助项目建设按时实施，“稻油轮作”试点项目顺利推进，粮食质量检测体系项目建设全面完工。

粮食生产。2018年，全县粮食作物总播种面积235886亩、总产量86895吨。全县粮食作物总播种面积比上年的235200亩增加686亩，增长0.3%；全县粮食总产量比上年的84200吨减少2695吨，减少3%。

油料生产。2018年全县油料作物总播种面积195410亩、总产量24937万吨。全县油料作物总播种面积比上年的200137亩减少4727亩，减少2.4%；

全县油料总产量比上年的 24846 吨增加 91 吨，增加 0.4%。

棉花生产。2018 年全县棉花播种面积 75480 亩、皮棉总产量 6828 吨。全县棉花播种面积比上年的 64744 亩增加 10736 亩，增加 16.6%；全县皮棉总产量比上年的 8132 吨下降 16%。

蔬菜瓜果生产。2018 年全县蔬菜瓜果总播种面积 34469 亩、产量 73997 吨。全县蔬菜瓜果总播种面积比上年增加 256 亩，增加 0.7%；全县蔬菜瓜果产量比上年减少 3796 吨，减少 4.9%。

农业科技服务。基层农业技术推广体系改革与建设成效显著。农业科技服务紧紧围绕现代农业强县建设，建立运行高效、服务到位、支撑有力、农民满意的基层农技服务综合站；构建以专家、技术员队伍为主体、以示范户为基础、以示范基地为阵地的农技推广平台。着力强管理、提效能，农技人员工作主动性、自觉性及责任感明显增强，在农技推广中的主导地位明显提升。全县土地确权登记颁证、土地流转、测土配方施肥、农作物病虫害专业化防治、粮棉油高产创建、农业与气象信息为农服务、农民培训、农业科技进村入户等方面亮点纷呈，服务对象满意度大幅度提升。2012—2018 年全县县乡两级共完成各类科技培训 164 期，培训农民 1.9 万人次，发放各类科技资料 21 万余份、科普书籍 2.6 万册；建成各类示范点 158 个，完成各类试验示范项目 112 项。全县农作物优良品种普及率 98%，新技术应用率 95%。新品种、新技术的推广应用，为农业增产、农业增效、农民增收作出了重要贡献。

农业信息化。2018 年，湖口县加大农业信息建设力度，县政府出台《湖口县整县推进信息进村入户工程工作方案》，将益农信息社建设任务列入政府工作考核体系。至 2018 年底，全县建成益农信息社 55 家，覆盖全县 40% 的行政村。

【江西 12316 专家服务活动在湖口举行】 3 月 22 日，由省农业厅主办的“江西 12316 专家服务进村入户宣传月”第四站活动在湖口县舜德乡举行。全县各乡镇农技站站长、专业合作社负责人、益农信息社社长、农业示范户、种养大户参加活动。活动主要以现场咨询、专家授课、实地指导等方式进行。咨询现场还进行了农机展示、有奖知识竞答，发放了农技资料。

【九江市新型肥料示范推广现场观摩会在湖口县召开】 11 月 7 日，九江市新型肥料示范推广现场观摩会在湖口县召开，九江市农业局土肥站专家、九江市各县（市、区）农业局土肥站派员参加现场观摩会议。参会人员参观了均桥镇均桥村二晚氮肥减施增效试验田和武山镇双季稻配方肥应用效果研究示范田现场，参观后进行了座谈交流。

【第三届庐山云雾茶“石钟杯”茶评会】 5 月 5 日，湖口县第三届庐山云雾茶“石钟杯”茶评会在舜德乡举行，省市农业部门、茶叶协会等相关部门领导和专家应邀出席活动。全县 17 家茶叶企业（合作社）选送 24 个茶样参加评审。经专家评审，大垅联丰横峰山茶叶专业合作社的花尖雾绿、江西舜叶生态农业发展有限公司的舜叶青、付垅东涧野茶生产专业合作社的东涧欣野野茶获绿茶金奖，天泉茶叶种植专业合作社的天泉高山有机红茶获红茶金奖，流芳乡勇明白茶专业合作社的有机白茶获白茶金奖。

【湖口首届西瓜文化旅游节】 7 月 7 日，湖口县在张青乡举办首届西瓜文化旅游节。活动现场开展的瓜王争霸赛、西瓜拍卖、扶贫捐赠等活动吸引众多游客关注。现场拍卖西瓜所得的 2.8 万元现金全部捐给张青乡的贫困户。此次活动由张青乡主办。

【湖口首届荷花节】 8 月 8 日晚，湖口县首届荷花节在城山镇益城生态园举行启动仪式。市农业局受权现场向该镇授省级现代农业示范园牌，县领导为九钢挂钩城山镇精准扶贫助力生态园发展授牌。启动仪式结束后进行了精彩的文艺（戏曲）表演。

【湖口首届“中国农民丰收节”美丽豆乡活动】 9 月 23 日，湖口县首届“中国农民丰收节”美丽豆乡活动在流芳乡举行。首届“中国农民丰收节”美丽豆乡庆祝活动在流芳乡王叔遐村设主会场，以“庆祝丰收、弘扬文化、振兴乡村”为宗旨，以庆丰收、话丰收、晒丰收、享丰收为活动主题。活动安排的农耕比赛和文艺演出，给农民朋友带来丰收的快乐；组织的农副产品展示展销，让农民朋友分享丰收的喜悦。

【湖口第二届农耕健身大赛】 10月10日，湖口县第二届农耕健身大赛在南北港水产场文昌府休闲山庄举行，各乡镇派代表队参加此次活动。赛事包括推媳妇回娘家、同心锯木、晒场收谷、车水抗旱、户外狩猎、鱼塘抓鱼、稻田捕鱼等7个趣味性、娱乐性、技巧性的比赛项目。经过一整天的激烈角逐，双钟镇、流芳乡、南北港水产场获团体一等奖；凰村乡、流泗镇、城山镇、舜德乡获团体二等奖；武山镇、大垅乡、均桥镇、付垅乡、武山垦殖场获团体三等奖。

【旱地“油稻三熟”模式测产】 4月22日，中国作物学会油料专业委员会组织有关专家对“旱地‘油稻三熟’新型绿色高效生产模式”油菜季示范区进行了现场测产验收并召开座谈会。副县长李水木出席这次活动，县农牧局业务站负责人、各乡镇农技站负责人、种粮大户共50余人参加了现场观摩。“旱地‘油稻三熟’新型绿色高效生产模式”由中国农科院油料作物研究所、上海天谷生物科技股份有限公司和湖口县农业局共同实施，示范地点选在武山镇、城山镇、流芳乡，总面积1000亩。采用“油菜—节水抗旱稻—再生稻”模式，油菜品种采用“阳光131”。“阳光131”全生育期180天，田间种植密度每亩4.1万株，平均每株角果数81.1个，每角16.2粒，千粒重3.51克，经测产，理论亩产达160.7千克，达到了预期目标，试验取得初步成功。

（刘萧顺）

畜牧业

【概况】 2018年年末生猪存栏3.3万头（其中能繁母猪存栏3600头），牛存栏1200头，羊存栏1300头，家禽存笼45万只。全年生猪出栏7.1万头，同比下降28.3%；肉牛出栏1300头，同比增长24.6%；羊出栏1800头，增长82.3%；家禽出笼70万只，增长30.6%。肉类总产量6699吨，下降33.3%；禽蛋产量3100吨，增长23.5%。湖口县严格依照相关法律法规和政策抓好动物防疫、家畜血吸虫病防控、畜禽产品质量安全、畜禽养殖污染治理、草地调查等方面工作，保障全县居民的食品安全。

重大动物疫病强制免疫。按照省市要求，湖口县3月份开始组织防控工作，按照“明确责任主体、细化考核机制、强化监管职责、落实保障措施、规范操作流程、提高工作效率”的思路，进一步创新防疫工作机制，制定防控工作方案，召开动员会议，做好技术培训，强化免疫效果评估，开展全程督查，并层层签订防疫责任状、承诺书，确保全县猪瘟、口蹄疫、高致病性禽流感3种重大动物疫病的免疫密度、免疫效果监测达到国家规定要求。经市畜牧兽医局检测，湖口县2018年春季禽流感H5抗体合格率98%、禽流感H7抗体合格率95%、口蹄疫抗体合格率91%、猪瘟抗体合格率100%，秋季3种强制免疫疫病抗体合格率均为100%。

非洲猪瘟防控。8月7日全国非洲猪瘟疫病防控工作视频会后，县委县政府领导多次做出重要批示，要求各乡（镇、场）和农业、市场监督、市容执法等相关部门要认真抓好非洲猪瘟防控工作。9月份成立非洲猪瘟防控应急指挥小组，县长鲍成庚任指挥长，副县长李水木和农业局局长杨水平任副指挥长，县政府办公室、县委宣传部发改委、林业、公安、财政、交通、卫计、市场监督、市容执法、民政、电信等部门为成员单位。防控应急指挥小组召开多次防控工作协调会，将各项防控措施落到实处。加大非洲猪瘟防控知识的宣传力度。召开专门防控知识培训会，切实提高养殖场（户）防控非洲猪瘟技术水平；累计发放非洲猪瘟防控明白纸1000份、挂图100余份，非洲猪瘟现场排查手册300份。落实日排查制度。各乡镇农技站以多种方式进行非洲猪瘟排查，每日将排查结果报县畜牧兽医局，县畜牧兽医局汇总后及时报市畜牧兽医局。2018年累计排查场点2629个、生猪

108.25 万余头次。自 9 月份开始，要求停止使用泔水喂猪。11 月 12 日，县政府下发《关于严禁使用泔水喂猪的告知书》，同时与各养猪场（户）签订停止使用泔水喂猪承诺书。经统计，全县使用泔水喂猪的 39 家养殖户，在签订承诺书后，24 家停养，15 家转为饲料饲喂。加强技术指导和服务。县畜牧兽医局多次组织技术人员到各养殖场、屠宰场进行消毒灭源技术指导，全年累计出动百余人次、发放消毒技术方案 200 余份，累计消毒 2196 场次、消毒面积 200 余万平方米。严格执行农业农村部《非洲猪瘟疫情防控八条禁令》，认真落实生猪产地检疫，对不符合标准的生猪坚决不予出场。同时严格按照屠宰检疫流程开展屠宰检疫，全县无一头病死猪流入市场。为保障疫病防控需要，县政府下拨 20 万元防控经费用于非洲猪瘟防控，共储备消毒药 4 吨、防护服 500 套、口罩手套 1000 副、各类采血器材 3000 份、消毒机 2 台及其他防疫物资。县畜牧兽医局每季度至少一次对全县所有规模畜禽养殖场进行巡查，乡镇农业技术推广站则每个月至少一次对辖区内畜禽养殖场进行检查，检查养殖场畜禽免疫、日常消毒、规范用药、档案管理等情况。

家畜血吸虫病防控。县畜牧兽医局与卫生部门同步，采取春季普查普治、秋季重点查治的方法对血吸虫病疫区的家畜进行检查和扩大化疗。2018 年对均桥、舜德、武山、流泗、城山、流芳、双钟、马影、南北港水产场等 9 个乡（镇、场）存栏的牛、羊进行查治。全年查病 2465 头次，扩大化疗 1740 头次，任务完成率 100%。

病死畜禽无害化处理。2018 年，湖口县进一步加强江河湖泊、交通要道等重点区域的巡查，健全监督举报机制，严厉打击乱抛乱扔和经营病死畜禽等违法行为。各养殖场及屠宰场出现病死猪后，第一时间向当地农技综合服务站或驻场检疫员报告，在农技综合服务站兽医和检疫员的监督下对病死猪实行深埋、焚烧、厌氧化尸窖等无害化处理，杜绝病死畜禽产品流入市场。2018 年共对 3935 头病死生猪进行无害化处理。

畜禽养殖污染治理。禁养区畜禽养殖场退养关闭拆除。根据《关于印发〈湖口县禁养区畜禽养殖场退养关闭拆除行动方案〉的通知》（湖府办发〔2017〕69 号）要求，2018 年拆除或关闭 5 家规模畜禽养殖场和 7 家散养户，退养生猪 3068 头，拆除畜禽栏舍面积 9879.58 平方米，共补偿 955 余万元。限养区、可养区畜禽养殖场整改。在完成禁养区畜禽养殖场整治后，为落实限养区和可养区畜禽养殖场整治工作，该县多次组织对畜禽养殖场粪污处理情况进行调查，制定《湖口县畜禽养殖场（户）综合治理 3 年行动（2018—2020）实施方案》，与限养区内 55 家畜禽养殖场（户）签订退养或拆除协议。2018 年规模畜禽养殖场粪污综合利用率 92.44%，规模以下畜禽粪污综合利用率 85%。预计 2020 年底全面完成全县畜禽养殖场综合治理。

【全国第二次污染源普查】 5 月份开始，开展全县畜禽养殖场污染源普查工作。经过调查，全县有 28 家畜禽养殖场纳入普查范围。在 10 月份入户调查中，发现 1 家养殖场因畜禽粪污治理工作需要进行拆除，未列入调查，其余 27 家养殖场完成全部入户调查和表格填报工作。

【草地调查】 2018 年 6 月，湖口县召开草地资源清查工作动员会暨技术培训班。县农业局安排专人积极配合第三方机构开展草地资源样地调查。7 月 19 日，全县 30 份入户调查任务完成。

【疑似非洲猪瘟疫情处置】 11 月 29 日，县农业局杨水平局长接到九江市农业局李清局长电话。电话告知马回岭有一养猪场发现疑似非洲猪瘟，经市局调查 11 月 25 日至 29 日有部分生猪调运湖口县均桥屠宰场。接到通知后，湖口县立即启动应急预案，第一时间封锁现场、清单存栏、查验台账及采样检测。11 月 30 日，对屠宰场存栏的 187 头生猪及 15.5 吨冻肉进行无害化处理。

（刘 杰）

水产业

【概况】 2018年，湖口县水产工作按照省政府《关于加快农业结构调整行动计划的通知》要求，紧紧围绕县委、县政府提出的“6+1”特色农业产业发展思路，以实施乡村振兴战略为契机，以“项目建设、品牌创建、产业融合、科技支撑、依法治渔”为抓手，大力发展特色水产业，努力打造沿湖“鱼虾蟹”产业带，培植壮大水产品加工龙头企业；大力实施品牌战略，创建省级现代渔业示范园，持续推进全县水产绿色、生态、健康、安全发展，把水产业培植成全县的支柱产业。2018年全县水产品总量4.27万吨，其中特种水产品1.62万吨，水产品加工6600吨；渔业总产值7.9亿元。

科技兴渔。2018年积极开展送科技下乡活动，向渔民发放宣传资料，现场解决渔民养殖技术疑难问题。为提高“一虾一蟹”养殖技术，全年举办3期水产养殖技术培训班，培训200余人次。聘请中国水产科学院淡水渔业研究中心专家技术团一行4人到县进行科技指导服务，与水产养殖大户面对面进行技术服务指导。积极争取高科技水产养殖项目。投资近30万元，在湖口华雨公司试点建设5条槽、660平方米的循环水养鱼项目，设计50亩水面可养殖9万公斤鱼。2018年12月投入运营。

健康养殖。为进一步巩固2017年获批“全国渔业健康养殖示范县”的成果，策应乡村振兴战略、加快推进“生态养殖、绿色发展”步伐，确保养殖水体和水产品质量安全，切实做好渔业安全生产工作，县水产局根据《渔业法》《江西渔业条例》等法律法规，在全县乡（镇、场）和行政村部所在地、大水面周边村庄和学校等公共场所张贴《举报公告》，发动全县群众监督100亩以上规模的水产养殖基地严格执行有关法规制度；开展多次渔业安全生产及养殖水体环境大检查，对存在安全隐患的养殖企业下达整改通知书，责令限期整改到位；投资40万元在大湖种草投螺，对造湖水产场进行养殖生态修复；给县水生动物防疫站购置配备检测设备和药品，为全县水产养殖户提供更加优质的水产养殖及病害防治服务。

特色渔业。2018年围绕调结构、转方式，大力推广稻渔（虾）综合种养，建成张青乡竹山村和均桥镇六甲村2个千亩连片稻虾种养基地。全县稻虾、稻蟹综合种养和小龙虾、螃蟹主养发展迅速，稻虾共作面积4000余亩，小龙虾和螃蟹主养面积3000余亩，螃蟹套养面积5万亩。县政府一次投资40万元用于购买蟹苗投放“四大湖”及全县重点水产专业合作社，大大提高了特种水产养殖在水产养殖中的比重。2018年收获小龙虾200余吨、螃蟹100余吨，创湖口虾蟹产量历史新纪录。

水产加工业。“湖口糟鱼”是该县历史悠久的水产品传统加工品牌，江西大家食品有限公司新上自动化流水作业生产线，达到年生产6000吨以上“愚哥”牌系列酒糟鱼产品；江西东坡实业有限公司通过技术升级改造，达到年生产2000吨“鞋山”牌系列酒糟鱼产品。

【《湖口县养殖水域滩涂规划（2018—2030年）》编制完成】 依据农业农村部和省、市渔业主管部门要求，编制《湖口县养殖水域滩涂规划（2018—2030）》，10月18日县政府常务会通过。编制速度和质量排全省第五、全市第一。

【“湖口螃蟹”获农产品原产地地理标志】 2018年，湖口县水产局积极组织材料向国家农业农村部申报“湖口螃蟹”农产品原产地地理标志。通过层层审核，专家评审，“湖口螃蟹”于2018年12月被农业农村部批准为农产品原产地地理标志。

【江西大家食品有限公司整体搬迁】 2018年江西大家食品有限公司依托全省一二三产业融合发展试点项目615万元资金，投资近2亿元，将厂区整体搬迁至轻工业园区。厂区占地面积80余亩，新建厂房1.6万平方米，新上自动化流水作业生产线，分设生产区、办公区、仓储物流区、职工宿舍区和“糟鱼”文化展示区，建立电商平台。

（夏华木）

渔政管理

【概况】 湖口县鄱阳湖渔政局属参公事业单位，2013年由“省垂直管理”改为“县级属地管理”，单位经费由县财政全额拨款，现有工作人员12人，配备渔政执法船1艘，执法快艇3艘，执法车1辆。主要承担辖区长江湖口段和鄱阳湖湖口水域的渔政管理、渔港监督、渔船检验、渔业生态环境保护、渔业水域污染防治、水生野生动物保护等职能。下设机构有江西渔业船舶检验局湖口检验站、长江湖口白鳍豚保护站、长江渔业资源与环境监测湖口站、江西省江豚救护中心湖口站。

协助巡护。2017年6月，湖口县组建了一支以渔民为主体的江豚协助巡护队。湖口江豚协助巡护队设2个巡护分队——长江分队和湖区分队，有队员8人（80%以上是本县各渔业村的渔民）、巡护船2条。巡护路线和范围根据湖口区域江豚分布状况设定，长江分队主要巡护石钟山至红光、江州头（含张南水道、张北水道）；湖区分队主要巡护石钟山至屏峰、马鞍山。为填补渔政部门管理的时空差，巡护队每周巡护5天，每天巡护40平方千米，星期三、四作为机动时间。巡护方式方法采取单独巡护和配合渔政、公安联合行动相结合；水上巡护和岸上巡护相结合，以水上巡护为主，如遇连续恶劣天气不能出船，就以车载人或步行岸边巡护；日常巡护和重点驻守相结合，屏峰水域有一个较大（约50头）的江豚种群，这里3县交界，渔政管理相对薄弱，电鱼情况时有发生，为加强对这片水域的保护，冬季协巡队派出湖区分队驻守屏峰。2018年，协巡队共巡护452航次，航行29780.4平方公里，观察记录江豚901头次，善后处理死亡江豚8头。在湖口鄱阳湖大市场开展大型宣传活动一次，播放保护宣传片5小时，发放宣传单2000余份。结合巡护工作，对51人次进行法规教育。协助渔政、公安部门大型清网、抓捕电捕鱼联合行动12次；协助渔政管理部门清除定置网28部、割网片16825米、割网兜446个；协巡队单独抓获电捕鱼3起，查获禁渔期违法作案3起，交由渔政、公安部门没收虾笼433个，罚款3.8万元，刑事拘留4人。

春季禁渔。2018年的3月1日至6月30日，是长江和鄱阳湖实施为期4个月春季禁渔期的第17年。禁渔期间，渔政局利用多种媒体和手段广泛宣传春季禁渔期的重要性和惩戒措施。禁渔期共出动宣传车船36批次，张贴禁渔、打击非法捕捞和渔船安全生产等通告200余份，向渔民发放宣传单400余份、短信800多条，悬挂横幅20余条。召开6次渔民座谈会，与渔民面对面进行交流，引导渔民正确处理好当前利益与长远利益，经济效益与社会、生态、环境效益的关系，增强他们服从湖区渔政管理的自觉性。

增殖放流。湖口县每年在鄱阳湖湖口水域举行鱼类人工增殖放流活动。放流活动由县人民政府主办，渔政局承办。县政府每年安排一定数额的苗种资金，保障鱼类资源增殖放流苗种数量。2018年超历史投入放流资金50万元，共放流子一代“四大家鱼”冬片83.36万条，夏花660万条。

保护区建设。加大对“长江八里江段长吻鮠鲶国家级水产种质资源保护区”管理力度，在省、市主管部门的大力支持下，县渔政局投资8.5万元全面制作设立保护区的“四牌一标一册”。截至2018年，保护区的宣传牌、指示牌、警示牌、界桩、宣传手册等的制作全面完成。在鄱阳湖铁路大桥至江铜码头的核心保护区，沿岸线10余千米的十几个鄱阳湖及长江的入口处，设有保护区指示牌和警示牌。印发宣传手册1000余份，广泛宣传人民大众，动员全社会参与到大保护中来，形成强烈的社会舆论氛围，为增强全民参与大保护意识起到极大的促进和推动作用。

【何维视察湖口江豚协巡工作】 2018年4月8日，全国政协副主席何维专程到湖口江豚协巡队视察工作，听取汇报。随后，新华社记者3次采访报道湖口江豚巡护，《新华每日电讯》刊登《鄱阳湖上的江豚保镖》，中央电视台《大江奔流》系列报道专门拍摄湖口江豚巡护。 （任　建）

农业综合开发

【概况】 2018年，立项实施国家农业综合开发土地治理项目3个，分别为湖口县2018年度国家农业综合开发土地治理第一批资金项目、湖口县2018年度国家农业综合开发第二批资金土地治理项目以及湖口县2018年度市级农业开发项目。2018年度立项批复并实施农业综合开发产业化发展项目3个，均为财政补助项目。

【农业综合开发土地治理第一批资金项目】 湖口县2018年度国家农业综合开发土地治理第一批资金项目工程主要分布在大垅乡、付垅乡、马影镇、城山镇、均桥镇、舜德乡、张青乡、流芳乡、武山镇及武山垦殖场、北港农业分场等地。项目主要建设任务为建设土地治理项目2000亩，主要建设内容为小型蓄水工程加固砌护20座处，建设机耕道3条（2150米），渠道衬砌1900米。项目总投资327万元，其中财政投资305.2万元（中央资金218万元，地方财政配套87.2万元），项目受益群众投劳折资21.8万元。

【农业综合开发土地治理第二批资金项目】 湖口县2018年度国家农业综合开发第二批资金土地治理项目工程主要分布在大垅乡、流泗镇、凰村乡、城山镇、均桥镇、武山镇等地。项目主要建设任务为建设土地治理项目700亩，主要建设内容为小型蓄水工程加固砌护8座处。项目总投资117万元，其中财政投资109.2万元（中央资金78万元，地方财政配套31.2万元），项目受益群众投劳折资7.8万元。

【市级农业综合开发项目】 湖口县2018年度市级农业综合开发项目：项目计划总投资为30万元，均为市级财政专项投资。项目分布于均桥、舜德两乡镇，主要建设内容为机耕道建设及渠道衬砌等。

【翘嘴鲌生态高效养殖基地扩建项目】 湖口县400亩翘嘴鲌生态高效养殖基地扩建项目：项目建设地点位于均桥镇南港村，主要建设内容为50亩鱼种池改造，外围拦水坝加固，路面硬化及生产管理用房建设等。项目计划总投资为173.66万元，其中财政补助资金84万元（中央财政补助资金60万元，地方财政配套24万元），项目建设单位湖口县东华苗木种植专业合作社自筹89.66万元。

【彭泽鲫养殖基地扩建项目】 湖口县200亩彭泽鲫养殖基地扩建项目：项目建设地点位于湖口县均桥镇坝桥村，主要建设内容包括整修道路500米，清池清淤200亩，建彭泽鲫孵化温室260平方米，改造输变电线路1800米等。项目建设总投资71.2万元，其中财政补助资金35万元（中央财政补助25万元，地方财政配套10万元），项目建设主体水产养殖大户陈德松自筹36.2万元。

【翘嘴鲌养殖示范基地扩建项目】 湖口县2016—2017年被终止的项目重新申报农业综合开发产业化发展财政补助项目——湖口县100亩翘嘴鲌养殖示范基地扩建项目。项目建设地位于湖口县棉花原种场（江桥农场），主要建设养殖基地内主干道路硬化180米，池埂支路硬化460米，工作房前场地硬化300平方米，池埂支路铺设碎石垫层1200米，中转场地碎石垫层1200平方米等。项目计划总投资57.71万元，其中财政补助资金28万元（中央财政20万元，地方财政配套8万元），项目建设主体水产养殖大户李淼初自筹29.71万元。

（许小安）

农业机械化

【概况】 2018年，湖口县先后投入50万元资金，打造江西省、全国“平安农机”示范县。县农机局与乡（镇、场）、行政村、农机大户签订农机安全生产责任状600余份，组织开展农机安全系列活动30余场，在全县营造良好的农机安全生产氛围。通过一年努力，湖口县于2018年12月份通过省“平安农机”示范县创建领导小组考评，获江西省“平安农机”示范县、全国“平安农机”示范县称号。

农机培训扎实开展。湖口县以提升农机手操作农机的技能为目标，采取3种方式对全县农机手进行全面技能培训。结合中央启动的“阳光工程”定点定时对农机手进行免费农机技能培训；开办每期为期7天的农机手培训大讲堂，请专业农机讲师和农机操作师授课，培训350人次；结合下乡调研，深入农机大户、专业合作社、家庭农场进行辅导，与农民进行一对一现场技术交流，为农机手解答疑难技术问题，全年农机技术人员下乡100人次，与40多户农机大户、家庭农场进行技术交流，得到农机户的好评。通过湖口农机微信群，按照农机作业季变化，及时在群里发布相应的技术知识，提醒全县农机手养成规范的作业习惯。

农机应用全面推广。2018年新增大中型拖拉机23台、收割机8台、大型粮食烘干机18台、高速插秧机5台、无人植保机41架。至2018年末，全县农机总动力7万千瓦。通过农机新技术、新机械的推广应用，全县机耕、机播、机收面积分别达到12万亩、12万亩、15万亩。近几年，特别是2018年大力推广粮食烘干机，解决了粮食丰收后最后一里路上的粮食安全问题。2018年全县主要粮食作物耕、种、收综合机械化水平达到75.8%，较上年提高1个百分点；水稻生产基本实现全程机械化。

农机补贴足额到位。在实施农机补贴过程中，县主管部门严格按照“阳光、公正、公开、公平”原则精心组织实施，认真把握补贴工作的每一个环节，明确责任，严格纪律，规范操作程序。通过制定方案、宣传政策、组织报名、资格审查、机具核查、张榜公示、补贴资金结算以及整理完善补贴档案等工作，使补贴落到实处。2018年争取到惠农补贴资金230.73万元，补贴各类农用机械136台（套），受益79户。通过实施农机补贴，调动农民购机用机的积极性，拉动农民投入农机购置资金800余万元。2014—2018年，全县共补贴大中型拖拉机135台、收割机62台、大型烘干机77台（987吨）、高速插秧机和大型植保机共12台、无人植保机73架，大大提升了全县农机装备水平，有效改善了农业生产条件，促进了全县现代农业发展。

农机监理步步到位。湖口县以创建“平安农机”示范县为契机，广泛开展农机安全生产宣传。农机局在全县12个乡镇张挂和粉刷农机安全生产标语60幅；春耕期间，农机局技术干部、乡镇农机员进村入户、深入田间地头宣讲农机安全政策，向农民发放农机安全生产宣传单900余份；通过“湖口农机”微信群、省农业厅12316短信平台，向全县农机手和农村工作人员发送6500余条农机安全生产信息和技术短信；通过江西省农业信息网、九江市农业信息网、湖口县政府网、湖口发布、湖口报、湖口新闻等新闻媒体平台进行平安农机宣传报道，在全县营造“创建平安农机，打造秀美乡村”氛围。加大农机安全生产监管，制定实施方案，强化平安农机责任制管理。县农机局与12个乡镇、乡镇与辖区内行政村、乡镇农技综合站与农机大户分别签订农机安全生产责任状。通过层层签订农机安全生产责任状，农机安全生产责任落到实处，确保了农机生产安全，全年无一例安全事故发生。

【平安农机进校园】 县农机局与均桥镇政府于6月6日在均桥中心小学开展平安农机进校园活动，现场发放900份《中小学农机交通安全》宣传单，全方位宣传创建“平安农机”示范县。

【“平安农机”示范县创建】 湖口县政府下发《湖口县“十三五”时期创建“平安农机”活动实施方案》，对创建“平安农机”示范县进行规划、动员和部署，规划全县创建“平安农机”目标为:全县打造5个“平安农机”示范乡镇、15个“平安农机”示范村、30个“平安农机”示范户。县农机局主动作为，于1月、5月、6月分别召开全县平安农机创建动员大会、全县“平安农机”示范县创建工作部署大会、全县平安农机创建培训会议；创建“平安农机”示范乡镇分别召开各乡镇平安农机创建动员会、推进会、调度会；县政府召开多次“平安农机”示范县创建推进会推动创建工作。2018年12月份，湖口县先后获江西省“平安农机”示范县、全国“平安农机”示范县称号。

（葛 伟）

扶贫和移民

【概况】县委县政府高度对标习总书记脱贫攻坚的系列重要指示，始终把脱贫攻坚作为一项必须完成、交账、兑现的重大政治任务和第一民生工程精准发力，强力推进。截至2018年，全县9个“十三五”贫困村，实现全面退出（2018年退出2个村）；全县建档立卡贫困户2915户9351人，脱贫2042户6883人，（2018年脱贫231户787人），贫困发生率降至0.82%。

三项工作在全省超前部署。由乡（镇、场）党委副书记兼任乡镇扶贫工作站站长；县财政给每个乡（镇、场）扶贫工作站拨付5万元工作经费，兜底为9个“十三五”贫困村和9个“十二五”贫困村建设100千瓦光伏电站，为38个非贫困村建设30千瓦光伏项目，给村集体带来长期、稳定的“阳光收益”；压实乡镇扶贫工作站、包村领导、行业分管领导、驻村第一书记（工作队员）、结对帮扶责任人和村“两委”责任，并出台《基层基础工作主要责任清单》，在全市属首例。

县级配套力度超大。2018年6月，按照省有关县级财政专项扶贫资金不再列支健康、保障、教育等扶贫项目支出的最新精神，该县将县本级财政扶贫资金调整为720.95万元，调整后的县本级配套资金仍远高于省定“不低于省级财政专项资金10%”的要求。

坚持高位推动，健全责任体系。2018年开始，县委常委会和县政府常务会每次都调度1个乡镇和1个部门的扶贫攻坚工作进展情况，研究、解决存在的问题和困难；建立县四套班子领导联系帮扶有脱贫攻坚任务的行政村制度，其中9个“十三五”贫困村继续实行县委常委联系帮扶全覆盖；坚持县分管领导“一月一调度”十大行业扶贫工作机制。县政府先后2次为县扶贫和移民办增加编制共6个。乡（镇、场）继续实行党委副书记专抓脱贫攻坚并兼任乡（镇、场）扶贫工作站长。全县共选派134位第一书记（其中省派1名，市派4名，县派129名），24位驻贫困村工作队员。第一书记将组织关系转到所驻村，驻村人员每季度驻村时间不少于50天，帮扶干部每年上门、电话沟通各不少于6次。9个“十三五”贫困村都安排结对帮扶企业。按照“县级负总责，乡村抓落实”的原则，县与乡、乡与村层层签订脱贫责任书，立下“军令状”，自上而下逐级逐部门细化明确责任，形成一级抓一级、层层抓落实的工作格局。2018年，全县各级共签订责任书147份。出台突出问题立行立改实施方案，排查出3方面7个具体问题，完成整改销号问题3个，长期坚持问题4个。出台《湖口县扶贫领域作风问题专项治理实施方案》。县纪委共查处扶贫领域问题237起293人（单位），立案19起，涉案科级干部43人，其中给予党纪政纪处分21人，第一种形态处理272人（单位）。

强推“春季攻势”，主攻“夏季整改”，打好“秋冬会战”。出台《湖口县2018年脱贫攻坚“春季攻势”行动方案》《湖口县2018年脱贫攻坚工作计划》《湖口县扶贫领域作风问题专项治理实施方案》。扎实开展“三项活动”，严格按照“两不愁三保障”标准，对五类“档外”人员进行再摸底、再核实。新一轮的贫困户精准识别“查漏补缺”新识别116户399人，原户内人口自然增加85人，自然减少233人，补录33人，整户清退34户119人，户内人口清退30人。在2018年末动态管理中，新识别贫困户6户23人，自然增加91人，自然减少210人，整户清退12户43人，识别退出精准到位。春季攻势期间，全县帮扶领导和帮扶干部走访慰问贫困户6000余人次，发放宣传资料2.3万余份。县委、县政府主要领导和分管领导分别下到乡村进行专题调研并撰写调研文章。2018年4月20日，“春季攻势”行动结束。

出台《湖口县2018年“夏季整改”行动方案》。夏季整改期间，扎实开展近3年来中央、省、市、县四级各项巡视巡察、巡察检查、审计考核中反馈问题的整改。共纳入台账整改问题95类252个，完成销号94类243个，长期坚持9个。建立台账17套，佐证材料 22 本。夏季整改取得明显成效。

出台《湖口县关于打赢脱贫攻坚战三年行动实施方案》《湖口县 2018 年脱贫攻坚“秋冬会战”行动方案》，共梳理出任务清单 4 类 41 项。县委书记、县长遍访贫困村，并且每月至少有 2 个工作日专门用于扶贫。2018 年，国扶系统数据质量该县位列全省第七、全市第一。

资金项目管理。扶贫项目库已全部录入国扶系统，已安排资金项目全部纳入县涉农项目监管平台管理。2018 年度中央、省、市资金和县级配套资金共 2737.95 万元，其中中央资金 665 万元、省级资金 913 万元、市级资金 439 万元、县级资金 720.95 万元，共安排扶贫项目 203 个。截至 2018 年 12 月 20 日，资金结余率 1.95%。没有一例用于非生产性支出和还款逾期情况发生。

【就业扶贫】 全县贫困劳动力 5530 人，技能培训贫困劳动力 187 人，实现转移就近就业 3290 人；建立扶贫就业车间 31 个，开发扶贫公益岗位 626 个。2018 年“春季攻势”行动期间，举办“春风行动”暨脱贫攻坚大型人才招聘会、迎春暨脱贫攻坚大型网络招聘会和民营企业大型招聘会，对接 10 多家企业开展为贫困户送岗位、送服务、送爱心活动，119 名贫困劳动力在高新技术产业园就业。

【保障扶贫】 狠抓教育扶贫再对接工程。严格落实校长、园长与乡镇属地双负责制，对贫困学生实行全学段精准资助帮扶。2018 年累计发放各类资助金额 1213.5 万元。其中资助贫困学生金额 379.9 万元，资助 1662 人，实现从学前到大学建档立卡贫困户子女就学资助全覆盖。义务教育阶段“零费用”就学，普通高中阶段免除学费，并免除建档立卡户子女教辅材料、校服、保险等其他费用。对在县外就读的 280 名学生，由户籍乡镇向就读学校寄发联系函，确保在学籍地享受教育扶贫政策。同时，协调市县相关部门和社会爱心人士对接资助贫困学生 330 人次，资助金额 64 万元。2018 年，该县“雨露计划”培训共发放补助资金 148.6 万元，其中根据大数据比对核实补发 88.6 万元。狠抓健康扶贫再提升工程。统一为贫困人口代缴新农合、购买重大疾病商业补充保险，真正构筑起“四道保障防线”。2018 年度，全县建档立卡贫困人口住院 7795 人次，医疗总费用 2896.24 万元，共计补偿 2670.95 万元，贫困人口自付 225.29 万元，自付比例 7.78%。狠抓住房安全再落实工程。对贫困户住房状况进一步摸排和核定，建立健全危房改造台账。2018 年共投入 558.2 万元，为 305 户贫困户改善居住条件。狠抓兜底保障再推进工程。向低保贫困户 2252 户的 5106 人发放低保金 1428 万元，向分散供养五保户贫困户 394 人发放五保金 117.9 万元，县财政投入 62.3 万元兜底为全县建档立卡贫困户代缴养老保险。

【村庄整治扶贫】 “十三五”贫困村 9 个，自然村 117 个，67 个 25 户以上自然村 100% 完成新农村建设，22 个 25 户以下自然村完成新农村建设，完成率 40%。2018 年，安排新农村建设点 260 个，其中贫困村 41 个；村庄整治项目 159 个，其中贫困村 59 个；共投入资金 6864 万元。同时投资 45.4 万元，解决 227 户贫困户饮水问题。

（沈 来）

林 业

【概况】 湖口县以“打造长江最美岸线”、保护鄱阳湖越冬候鸟和湿地为目标，大力造林，狠抓森林、湿地资源培育和保护，成效显著，连续 8 年被评为全省春季森林防火平安县、全省越冬候鸟和湿地保护先进县。2018 年，该县以森林资源培育为重点，全力打造长江最美岸线，创建湖口县国家森林城市。

精心打造长江“最美岸线”。推进重点区域“绿化、美化、彩化、珍贵化”生态建设。在市林业局的指导下，2018 年完成“长江最美岸线”规划；对沿江低效林补植补造闪楠等珍贵树种 1.3 万株，引进北美橡树等彩化树种在沿江山地造林，使沿江山体面积质量提升 1536 亩；投资 310 万元的沿江湿地修复及投资

170万元的山体复绿示范点建设项目快速推进，山体复绿化主体工程建设基本完成；投资5800万元的沿江10千米山体复绿工程，面积达60万平方米，采取EPC模式，完成招投标并进入施工阶段，预计2019年初主体工程完工；在工业园区沿江栽植树木6000棵，栽植绿化树木1.3万株，铺设草皮7800平方米，全面完成复绿牛脚芜滩涂任务。

大力营造林。以长防林、现代农业油茶林、农业开发名优特经济林、低产低效林改造、风景林示范村建设等林业项目为支撑，以发展油茶、花卉苗木、木本中药材、乡村风景林等特色林业产业为抓手，大力营造林。全年累计营造林6950.2亩，其中油茶2000亩、森林药材289.5亩、特色花卉苗木1734.2亩，封山育林2000亩，森林抚育约1000亩；全面完成低产低效林改造任务，其中更新造林224.5亩，补植补造1800亩，抚育改造250.5亩。

着力推进“林长制”工作。印发《湖口县推行“林长制”工作实施方案》《湖口县林长制县级会议制度》等5项制度，建立县、乡、村三级林长制组织体系，构建“一长两员”森林资源源头管理架构，有序开展“林长制”日常工作。

持续加强森林资源管理。全面开展“森林督查”，更新2017年度林地变更调查暨森林资源数据工作全面完成，并通过省市验收。组织抽调15名技术骨干组成7个工作组，对全县范围内165个变化图斑开展森林督查，及时制止涉林违法行为。对各乡（镇、场）森林资源保护和管理责任制进行考核，将督查发现的76件案件线索移交县森林公安局和相关权属管理单位立案查处，并建立移交问题线索台账，实行销号管理，确保案件查处到位。

严格商品林采伐审批。2018年发放商品林采伐许可证1件、面积68亩，采伐蓄积量720.35立方米；发放“服务重点项目建设”林木采伐许可证7件、面积40.5亩，采伐蓄积量326.53立方米。

森林防火工作创佳绩。2018年森林防火工作坚持“预防为主、积极消灭”的方针，全面加强森林防火保障体系、预防体系、扑救体系建设，全力提升森林火灾防控能力，圆满完成本年度森林防火责任目标任务，实现无重大特大森林火灾、无群死群伤事故、重点防范区不发生森林火灾“三个确保”的目标，全年度森林火灾发生率为零，获全省2018年春季森林防火平安县、全市2017—2018年度森林防火责任目标考核三等奖。2018年投入32万元，造林321亩营造13千米生物防火林带。营造的生物防火林成活率高，苗木生长良好，在火源管控方面具有显著功效。

鄱阳湖越冬候鸟和湿地保护成效显著。湖口县稳步推进鄱阳湖区越冬候鸟和湿地保护工作,实现了“三无一杜绝”（湖中无天网和毒饵、路上无越冬候鸟非法运输、市场无候鸟交易和经营，杜绝严重破坏越冬候鸟资源和湿地资源环境违法犯罪案件的发生）和“两个确保”（确保湖区无越冬候鸟大量死亡、确保媒体不出现大量负面报道）的管理目标。

屏峰自然保护区中央财政湿地补贴项目全面实施。该县2017年起启动连续10年在保护区内湖水域生态放养，制定湿地植被恢复方案，在沿湖滩涂地逐年人工种植一定面积的水杉、池杉、柳树、芦苇、灯心草等植物，促进湿地植被恢复，使湿地像“污水处理厂”“净化池”一样净化水体。在境内屏峰县级自然保护区距离地面3.5米以上的乔木树干枝杈上悬挂200个2种规格的人工鸟巢，为鸟儿建“安置房”，项目建设全面完成。项目的实施，湿地和候鸟保护工作得到进一步加强，湿地周边居民的生活环境得到进一步改善，出现“人鸟共和鸣”景象。2018年连续8年获鄱阳湖越冬候鸟和湿地保护先进县。

深入推进集体林权制度配套改革，全面加强天然林保护。着力推进集体林地三权分置，引导和规范集体林权流转，搭建县、乡、村三级林权服务平台，提升林权管理服务水平。2018年,集体林地流转400亩，协助不动产登记机构办理林权抵押贷款72万元。全面完成省市下达的3678亩国有天然林保护任务，依规发放天然林保护资金16.86万元，实现天然林全部禁伐目标。

加强“七五”普法宣传，推进“放管服”改革。按照“谁执法谁普法”要求，压实各部门的责任，加大《森林法》《森林法实施条例》等林业法律法规的学、教、传。对林业局的权责清单进行全面梳理，将12项林业行政审批事项全部纳入服务大厅“一站式”受理，确保“三集中、三到位”；开展减证便民服务，取消证明事项1项；推行“一次不跑”或“最多只跑一次”服务，简化流程，压缩时限，为民便民；完善“双随机一公开”平台和企业信用平台建设，加强事中事后监管，努力推进信息平台数据共享服务工作。

【湖口县国家森林城市总体规划获通过】 2018年9月26日，湖口县县委副书记张南、县政府副县长李水木及林业局局长刘凤君等人赴北京参加“湖口县国家森林城市总体规划”专家评审会，9月27日，《总体规划》经国家及省专家评审，获得一致通过。

【义务植树活动】 2018年全县植树节义务植树共栽植湿地松、红叶石楠、樟树等6600余棵，面积60余亩。

【松材线虫病疫区县摘除】 2018年1月17日，以国家林业局森林病虫害防治总站检疫处崔永三处长为团长的专家评审团，对湖口县拔除松材线虫病疫区县进行论证，通过防治现场调查、听取工作汇报、查阅有关材料、质询具体情况和讨论，达成一致意见。认为湖口县松材线虫病防治成绩显著，达到国家《松材线虫病疫区和疫木管理办法》中关于松材线虫病疫区拔除标准。2019年元月，国家林业和草原局发布2019年第5号公告：撤销湖口县14年之久的松材线虫病疫区县。

【领角鸮放飞森林公园】 4月2日上午，湖口县野生动物保护站工作人员将一只国家二级重点保护陆生野生动物领角鸮在城郊鄱阳湖口国家森林公园放飞。4月1日下午，县委机关一曹姓干部下乡清明祭祖，途经林区凰村乡西山村，发现路旁菜园地拦鸡鸭用的丝网上缠着一只小鸟，于是找来剪刀剪断丝网，将小鸟救起立即送往县野生动物保护站。经鉴定这只小鸟为国家二级重点保护陆生野生动物领角鸮，正处幼龄。通过检查，小鸟未受伤，但由于粘网太久，体力消耗过大，又十分饥饿，当时飞不起来。工作人员及时用生理盐水和精肉对其精心护理和喂养，待次日上午小鸟体力恢复后放归大自然。

（吴先祖）

粮食流通和储存

【概况】 2018年，湖口县粮食工作以“紧扣‘一个主题’（保障粮食安全），落实‘两个责任’（党风廉政建设主体责任和监督责任），建设‘三个中心’（信息监控中心、粮食质检中心、产后服务中心）”为目标，真抓实干，管理和服务水平再上新台阶。

县级储备粮规模落实到位。2018年，通过向农发行申请县级储备粮收购贷款和县财政垫付收购资金共计1000余万元（农发行贷款504万元，县财政资金500万元），积极腾仓并容，全力组织收购，按质按量完成350万公斤县级储备粮入库收购任务，结束湖口县无县级储备粮的历史，为保障县域粮食安全奠定了物质基础。粮食安全保障能力夯实，应急处置能力提高。按照《湖口县粮食应急及质量安全突发事件应急预案》《粮食应急及质量安全突发事件应急预案演练计划》，6月5日10时30分准时进行粮食应急保障配送实战演练，有效检验湖口粮食应急处置和保障配送能力。全面落实粮食安全省长责任制。县粮食安全成员单位粮食、农业、国土、水务、财政等部门对照粮食安全省长责任制考核目标任务，各司其职，积极沟通、协调、配合，逐条逐项落实工作任务，同时做好粮食安全省长责任制考核相关材料的收集、整理、归档。粮食安全省长责任制工作顺利通过省、市检查，年度考评获全市第二名。

实施“优质粮食工程”，全力推进粮食质量安全检验监测项目建设。投资561万元（中央补助300万元，县财政配套155万元，企业自筹160万元），在湖口国家粮食储备库内，按要求完成600平方米2层粮食质量检测中心大楼主体工程建设、内部设计装修、附属建筑的维修改造。通过招投标采购的300万元质检仪器设备按规定时间到货并调试到位，部分质检仪器在2018年中晚稻收购中投入使用。积极筹建粮食产后服务体系。按照分步实施、有序推进的原则，成功申报以湖口国家粮食储备库、第二粮库为主体的2个粮食产后服务中心项目。分2批派送相关人员参加“中国好粮油”产后服务体系建设业务培训；召开全县种粮大户征询意见座谈会，组织种粮大户分赴浙江湖州、湖北黄梅等地与当地粮食经销企业建立联系，签订粮食产销合作协议，为推进粮食产后服务中心建设做好充分的前期准备。倾力打造“五位一体”粮食经营体系建设平台。投资30余万元建成300余平方米军粮供应、“放心粮油”、应急保障配送、“网络＋粮食”、信息化服务“五位一体”粮油产品展示区，当年建成并试运营。

储粮安全管理逐步强化。进一步完善粮食安全管理责任制。建立健全储粮安全管理制度，明确管理责任，层层签订储粮安全责任状，实行粮食收储质量、数量出入库终身负责制。深入推动“科技创新，强业兴粮”工程。在推广“双低”结合保温毯（谷壳）压盖储粮的基础上，争取项目资金135万元，实施2个储粮库点智能化、信息化管理建设项目，有效提升了粮食仓储管理水平。大力实施“人才兴粮”工程。组织开展储粮安全知识培训和消防安全实战演练，一线粮食保防人员培训面95%以上，进一步提高粮食职工和粮食保防人员安全消防知识、科学储粮理论水平和实践操作技能；分2批派送粮油质量检验、储粮保防人员到江西省商贸学院进行科学储粮保管及粮油质量检验理论知识和操作技能培训，派送3名粮食质量检测人员到九江市粮油质量检测中心进行为期一个月的跟班实践，以适应“智慧粮库”建设及科学储粮新要求。加强储粮安全防控。2018年全面实行粮食出入库现场监管，安排专人驻库全程掌握粮食库存情况；定期组织开展春、秋季全县储粮安全大检查和储粮实物库存自查，准确掌握全县储粮安全状况。持续加大储粮设施维修改造投入，2018年，共投入仓储维修改造资金62万元，对储粮库点的仓库、围墙及储粮设施设备进行维修改造，有效消除储粮安全隐患，保障了国家储粮和国有资产安全。

【粮食质量检测中心竣工】 2018年11月16日，湖口县粮食质量检测中心通过省项目专家组验收。该项目为江西省粮食质量安全检验检测体系建设项目，总投资561万元，其中中央补助资金300万元（仪器检测设备），县财政统筹资金155万元，企业自筹资金160万元。建设的检测中心主体大楼及附属设施建筑面积共600平方米，地处湖口县最大产粮镇武山镇，坐落在湖口国家粮食储备库院内。该项目完成后，在当年中晚稻收购中投入使用，对入库粮食的重金属、水分、出糙率、杂质等指标开展检测，有效地保证了粮食入库质量。

新建湖口县粮油质量检测中心大楼

【县级储备粮收购储存首次落实】 10月20日，湖口县县本级储备粮开称收购，12月30日结束。收购价格252元/100公斤（最低收购价），共收购中晚籼稻4023吨，收购储存主体为湖口国家粮食储备库、第二粮库，入库3500吨，全面完成市政府下达的任务，并通过县政府组织财政、粮食、农发行等部门联合检查组入库验收。结束了湖口县无县级储备粮实物库存的历史。

2018年年末粮食储存总量一览表

储粮性质	数量（单位：吨）
省级储备	2500
县级储备	3500
托市粮	30955
周转粮	523
总　量	37478

【粮食系统西门片区棚户改造启动】 2018年度湖口县（三期）棚户区改造启动，原粮食局下属企业粮油工业公司大米加工车间、原粮仓库、成品粮仓库、面条面粉和油脂加工车间，第二粮库老库区粮食仓库、粮油储运站、粮油供应公司、粮食车队办公室、临街门店，储运大楼等均列入三期棚改范围。涉及棚改居民住户100户（私房60户，公房私住40户），粮食企业门店，（仓库、厂房）18间，建筑面积1.44万平方米。至2018年12月底，完成60户私房、18间企业门店的拆迁补偿工作。

【棚户区改造中粮食企业门店置换】 在2018年湖口县（三期）棚户区改造中，位于三期棚户区改造范围内的西门粮食企业门店被征收，粮食局以征收补偿款在新城叶家舍安置区购置门店7间（31栋015、016、017、018、019、021、022号），总面积1359.52平方米，价值718.53万元。置换后的门店由粮食局国有资产管理公司负责管理经营。

（杨又喜）

本栏编辑　张浩迅

加快发展现代农业（郑毓敏 刘涛）

综 述

湖口县加快工业转型升级，深入推进“重大项目见效年”活动，全力打造长江经济带绿色发展示范区湖口样板。2018年，新材料产业集群被认定省级产业集群，九江富达获省级石油和化工行业“绿色工厂”称号，力山环保成功通过国家循环经济标准化试点项目验收，九江天赐被认定国家高新技术企业，江铜铅锌2个产品获得江西名牌产品，九江天赐收购攀森项目创造了全省网络司法拍卖金额最高纪录。2018年，湖口县获江西省工业经济高质量发展先进县和江西省工业崛起年度贡献奖。成功获批船舶产业优化升级省级试点县。高新园区成为省级循环经济示范园区。

经济运行稳中有升。2018年，全县规模以上工业企业完成工业增加值84.81亿元，同比增长8.8%；完成主营业务收入466.3亿元，同比增长23%；实现利润总额70.3亿元，同比增长31.3%。工业固定资产投资132.04亿元，同比增长29.6%，全县工业用电量33.89亿千瓦时，同比增长14.15%，排全市第一。全县工业增值税14.9亿元（其中规模以上企业12.25亿元），同比增长25.2%，排全市第一。入库税金31.31亿元（其中规模以上企业29.84亿元），占全县财政收入的75%。新增规模以上工业企业户数18户，总户数达到104户。

项目建设扎实推进。2018年，湖口列入重大项目库项目31个，总投资超900亿元。其中，列入省重大项目2个，列入市重大项目7个。新建、续建项目24个，总投资81.66亿元。其中，重大项目有：投资50亿元的南通一德新型油料加工项目、投资40亿元的天赐高新砂湾锂电绿色循环产业基地项目、投资12亿元的浙江豪杰户外休闲家具产业园项目，投资6亿元的中红普林医疗用品生产线项目。全县工业技改项目29个，总投资额12.74亿元，占工业投资比重10.6%。

新兴产业快速增长。2018年，全县战略性新兴产业规模以上企业达到38家，其中高新技术企业15家。钢铁冶金产业和新材料、纤维素纤维产业完成工业总产值314亿元，同比增长22.3%，战略性新兴产业完成工业增加值突破10亿元。

产业集群效应明显。2018年，全县进一步加快工业转型升级，产业集群效应明显提升。依托天赐高新材料着力引进锂电池、日化用品等产业延伸项目，以天赐新材料为龙头的化工新材料循环产业园已聚集上下游关联项目19个，项目全部建成后，可形成全球最大的锂离子电池材料和日化护理材料生产基地；

依托赛得利纤维素纤维，着力引进无纺布和高端卫生用品等下游产业链项目。大力培植装配式建筑部品部件产业集群，围绕九江钢厂引进远大集团在湖口投资10亿元的装配式建材项目建成投产，以钢结构装配式建筑业为龙头，五金加工、水电暖通、门窗部件等补链壮链项目陆续落户湖口。

科技创新增添活力。2018年，成功申报省级智能制造企业1个（天赐高新材料）、市级企业技术中心2个（江西辙炜新材料、金元莱高新材料）。组织申报省级两化融合试点示范项目1个（富达实业）、省级两化融合试点示范企业1个（天赐高新材料）。全县工业企业拥有各级认可的创新、研发平台35个，其中工信系统建立的平台14个。晨光新材料有限公司董事长丁建峰入选国家“万人计划”科技创业领军人才，嘉远科技和铭铉医疗入选江西省首批瞪羚企业名录。

企业上市蓄势待发。多次召开中介机构协调会，推动晨光新材料有限公司上市。国元证券和江苏苏亚会计师事务所已完成对江西晨光新材料股份有限公司财务审计，并出具年度审计报告。8月30日，省证券局对晨光新材料进行了上市业务辅导，该公司有望于2019年成为湖口首家上市企业。

企业环境集中整治。按照县委、县政府关于城乡环境集中整治行动工作方案的要求，工信委负责交通干线沿线厂矿企业和砖瓦厂专项整治工作，对全县沿交通干线所有砖厂开展专项整治，并限期整改。通过开展整治，全县墙材、预拌混凝土行业环境明显好转，厂区面貌焕然一新。全县25家实心黏土砖生产企业已全部关停，双钟镇五桥砖厂（湖口县彩厦新型建材厂）整治到位、依法拆除海山安置房旁非法搅拌站、金沙湾小学对面非法自拌站；通过供电部门拆除铭仕尊尼旁非法自拌站供电设施；对五星纸业自建站下达限期整改通知书，要求停止生产、限期拆除。同时，对新型墙体材料生产企业从脱硫设施安装运行、除尘设施、厂区道路硬化、烟囱安全拆除等方面开展督促检查，全部按照时间节点整改落实到位。根据市、县化工企业清理整顿退出工作方案要求，2018年9月中旬经县化工企业清理整顿领导小组研究，决定关闭浔朋化工、中伟科技、劲农化工、永恒科技、宏科化工等5家企业。由工信委和国土局牵头负责拆除的原浔朋化工厂房、设施已全部拆除（泽美硅租用场地除外），杂物已基本清理完成并植树复绿。

【国华九江电厂第一期工程竣工投产】 2018年6月20日，国家能源集团国华九江电厂举行第一期工程首台发电机组一次顺利通过168小时试运暨2号机组生产移交仪式，国家能源集团副总经理王树民，省能源局局长郑沐春，副市长罗文江，县委书记李小平，县委副书记、县长鲍成庚等出席仪式。7月7日，第二台发电机组168小时试运行一次成功。两台机组移交并网发电，标志着国华九江电厂一期工程2台100万千瓦超超临界清洁高效燃煤发电机组竣工投产。

【湖口被列为省、市船舶产业优化升级试点县】 2018年，湖口造船业被省工业强省建设办公室和市传统产业优化升级办公室列为省、市船舶产业优化升级试点县，船舶制造龙头企业同方江新加大科技创新和技术改造力度，计划投资3000万元进行展厅改造、智能车间改造、新建人才公寓、厂区环境整治，道路白改黑等工程。展厅选址及设计效果图已定，正在装修，车间改造及环境整治正在进行。华东船业投资2600万元进行环境整治、技改创新、智能制造等优化升级项目正在实施中。同方江新、华东船业、九江萍钢、九江富达、天赐新材料、盟兴造船等企业已初定为九江市传统产业优化升级试点企业。

【全市船舶工业发展推进会在湖口召开】 3月21日，全市船舶工业发展推进会在湖口召开，会议总结了过去一年全市船舶工业发展工作情况，共同探讨了船舶行业存在的问题，规划了2018年发展蓝图。市工信委副主任朱小凡、市船舶行业协会全体会员出席会议，各县（市、区）工信委分管船舶工业领导及全市船舶企业领导参加了会议。

【江西天赐中硝新材料有限公司揭牌仪式举行】 5月16日上午，由九江天赐高新材料有限公司与日本中央硝子株式会社共同投资建设的江西天赐中硝新材料有限公司揭牌仪式在科创中心举行。县委书记李小平、天赐高新材料有限公司董事长徐金富、江西天赐中硝新材料有限公司董事长徐三善以及日方企业代表前田一彦、过冈章一出席仪式，并共同为新公司揭牌。

【全市技改投资暨项目推进工作会在湖口召开】 6月20—21日，2018年全市技改投资暨项目推进工作会在湖口召开，市工信委党委委员、中小企业局局长姜展戎等市工信委领导及各县（市、区）工信委技改负责人等55人出席会议。会议期间还专门召开了为期半天的专家评审会议，大会通报了全市上半年项目推进和技改投资情况，并研究部署了下半年的重点工作。14个县（市、区）的工信委代表依次发言，交流工作经验并提出问题和建议。

【全市工信委主任暨中小企业局局长工作座谈会在湖口召开】 8月21日，全市工信委主任暨中小企业局局长工作座谈会在湖口召开。市工信委党委书记、主任陈南桥出席会议并讲话，各县（市、区）工信委和中小企业局党、政负责人和相关科室负责人参加会议。会上，县委书记李小平致欢迎辞，全市各县（区、市）工信委、中小企业局负责同志先后进行了发言。

【规模以上工业企业2018年经济指标完成情况】 全县规模以上工业企业完成工业增加值84.81亿元，同比增长8.8%；完成主营业务收入466.3亿元，同比增长23%；实现利润总额70.3亿元，同比增长31.3%。

湖口县规模以上工业企业2018年经济指标完成表

单位：千元

序号	企业名称	主营业务收入	利润总额	实现税金（增值税）	入库税金
	全县合计	46632551	7030269	1224986	2984649（不含退29048）
1	九江萍钢钢铁有限公司	22930154	4752984	980811	2413000
2	江西铜业铅锌金属有限公司	4317230	690	0	13000
3	赛得利（九江）纤维有限公司	3269447	52038	0	-21000
4	神华国华九江发电有限责任公司	1931611	454438	0	46000
5	九江富达实业有限公司	1258744	370171	47490	102200
6	九江天赐高新材料有限公司	1105370	50478	10929	22100
7	九江方大科技有限公司	617000	199161	43246	46000
8	江西晨光新材料有限公司	559482	153607	78	51200
9	湖口县付垅乡大山采石厂	472597	91998	0	500
10	江西联达金砂湾冶金有限公司	453073	10347	8994	11000
11	国电湖口风力发电有限公司	448537	11336	13456	50
12	九江鑫路沥青混凝土工程有限责任公司	389546	79448	0	200
13	江西杭氧萍钢气体有限公司	389294	53930	18248	34000
14	九江荣昇实业有限公司	376869	13170	1315	43160
15	九江市冰能量服饰织造有限公司	373968	5017	7559	370

续表

序号	企业名称	主营业务收入	利润总额	实现税金（增值税）	入库税金
16	江西仁义新能源有限公司	313448	10124	0	100
17	湖口县舜德灰山采石有限公司	312480	12884	9374	100
18	九江华雄化工有限公司	299076	82422	1514	280
19	湖口广集金属材料有限公司	290102	18956	320	25900
20	九江市华盛服装织造有限公司	279011	45630	11252	0
21	江西湖口万年青水泥有限公司	266512	12688	0	11500
22	江西天赐中硝新材料有限公司	249534	12762	0	/
23	九江天盛塑料助剂有限公司	243348	9183	5495	8350
24	九江力山环保科技有限公司	221543	10001	3838	13500
25	江西意哥尔科技股份有限公司	210034	53638	1013	100
26	湖口天然气有限公司	192530	7012	6096	800
27	九江盛平宏鑫新型建材有限公司	174565	9568	0	100
28	九江中冶环保资源开发有限公司	162137	10706	1225	9700
29	九江兴迪机电工程有限公司	158952	30934	0	10900
30	江西庐亭园林景观工程有限公司	154852	31384	0	2
31	江西省鄱阳湖液化天然气有限公司	149791	38961	0	1230
32	九江中星医药化工有限公司	135183	30089	350	15724
33	江西铭铉坤泰自动化设备有限公司	134235	20767	0	169
34	湖口县宜山矿业有限公司	134086	2986	320	650
35	湖口县东升机电加工有限公司	123164	2047	810	172
36	湖口县宏青矿业有限公司	121788	3065	320	1115
37	九江迎航船舶工程有限公司	119826	23082	0	2500
38	江西大家食品有限公司	108227	24278	0	382
39	江西金元莱高新材料有限公司	102473	-10096	0	-2780
40	江西省科望化工有限公司	102130	31195	0	644
41	九江康辉实业有限公司	96566	2564	220	47
42	九江普荣高新材料有限公司	95600	17562	228	289
43	九江嘉诚玻璃制品有限公司	93470	2624	140	2521
44	江西蓝天玻璃制品有限公司	90663	-4530	1974	3123
45	九江泽美硅材料有限公司	83958	14456	4385	8886
46	湖口县鼎立建筑材料有限公司	83524	2501	332	919

续表

序号	企业名称	主营业务收入	利润总额	实现税金（增值税）	入库税金
47	九江积加板材加工有限公司	83457	5593	0	15
48	湖口共大型砂实业有限公司	78500	18239	220	1354
49	九江中天药业有限公司	72869	631	1226	267
50	九江盟兴造船工程技术有限公司	71256	4802	0	706
51	湖口恒兴建材有限公司	70390	9137	1462	95
52	乔旭（九江）企业有限公司	70016	4274	3361	3900
53	湖口县万年青商砼有限公司	66835	1917	570	/
54	九江天祺氟硅新材料科技有限公司	66778	8356	0	–5268
55	江西钟山药业有限责任公司	64375	9825	1076	1292
56	润发燃气集团有限公司	64356	–7357	0	1083
57	湖口县钟山铁塔有限公司	64026	8679	1388	574
58	九江永发实业有限公司	63985	2280	3396	813
59	九江市金砂湾金城实业有限公司	62067	1616	1874	2751
60	九江市美景水处理科技有限公司	60652	1423	84	190
61	湖口县伊美纺织有限公司	59685	2019	2296	627
62	江西赛瓷材料有限公司	59015	6485	2548	4406
63	九江嘉远科技有限公司	56730	2891	1899	4300
64	九江市中佳实业有限公司	55891	7673	0	2285
65	九江三本化工有限公司	54660	86	0	859
66	中广核湖口文桥风力发电有限公司	50224	17457	0	182
67	湖口县鑫圣建材有限公司	48562	9818	0	72
68	九江宏科化工实业有限公司	48362	9630	0	141
69	湖口县嘉润纺织有限公司	48236	5563	0	535
70	江西园都混凝土有限公司	47818	6650	1392	1137
71	江西铭铉精密钣金加工有限公司	46486	743	2065	288
72	湖口宏盛石灰有限公司	45745	–136	150	2056
73	九江博林高新材料有限公司	44441	–2473	851	1746
74	江西劲农化工有限公司	43245	854	590	384
75	铭铉（江西）医疗净化科技有限公司	42098	886	2715	3078
76	九江诚新文具制品有限公司	42029	36	926	770
77	九江丰钰混凝土有限公司	38571	–882	1158	1684

续表

序号	企业名称	主营业务收入	利润总额	实现税金（增值税）	入库税金
78	江西辙炜新材料科技有限公司	38482	3877	475	1790
79	江西安利达化工有限公司	37719	1574	594	636
80	九江市英翔矿产有限公司	36766	1568	1810	2066
81	湖口县自来水公司	36157	1201	286	2554
82	江西华东船业有限公司	34094	–22502	203	497
83	湖口县茂云船舶构件加工安装有限公司	32453	1574	2314	3330
84	九江浔医生物科技有限公司	31957	2238	387	1242
85	湖口县荣成纺织有限公司	31245	3310	0	/
86	江西祥大实业有限公司	29084	1926	39	32
87	江西永芳科技有限公司	27605	3264	828	/
88	九江高科制药技术有限公司	26814	5940	1231	1583
89	湖口县鑫源新型建材有限公司	26618	2461	372	56
90	湖口县众邦实业有限责任公司	24100	3690	14	2157
91	湖口县鸿鑫实业有限公司	22651	2877	0	/
92	九江高林机电科技有限公司	19885	3128	0	4628
93	江西威德利汽车零部件有限公司	19632	914	596	16020
94	湖口县鑫璞建材有限公司	19526	895	0	73
95	江西润科实业有限公司	19102	1093	0	/
96	九江鋆喆船舶机械有限公司	18015	2690	912	5160
97	九江皓昇纺织有限公司	17869	1863	0	/
98	湖口元亨船舶工程有限公司	17621	2685	300	2623
99	九江润江船舶工程有限公司	17396	2664	1612	10
100	江西新农村米业有限公司	17331	975	54	/
101	江西弘萱堂生物科技有限公司	17025	827	380	303
102	湖口县宏强建材有限公司	13451	3557	0	/
103	九江友邦光电科技有限公司	12863	1009	0	116
104	九江船厂	0	0	0	0

【工业技改项目完成情况】 全县工业技改项目29个，总投资额12.74亿元，占工业投资比重10.6%。其中九江萍钢钢铁有限公司投资2.04亿元的原料场环保改造项目、投资2亿元的七机七流连铸机项目、投资2493万元的新增脱硫项目和投资1610万元的西区三次除尘项目等节能环保技改项目，九江天赐高新材料有限公司投资14042万元锂电池新材料车间智能化改造项目，为企业的发展增添了后劲。

2018年湖口县工业技改项目一览表

序号	项目名称	项目实施企业	项目建设主要内容	企业总投资（万元）	计划开完工时间	形象进度
1	炼铁厂西区 $238m^2$ 烧结新增脱硫塔改造项目	九江萍钢钢铁有限公司	1. 新建70m高脱硫吸收塔一座；2. 配设烟气管道，补浆系统、脱石膏系统管路和氧化风机管道系统；3. 新建循环泵房、高压配电室和低配室一栋；4. 配套建设高低压配电系统，仪控系统和烟气监测系统。	1636	2017.11—2018.4	已完工
2	炼铁厂东区 $180m^2$ 烧结新增脱硫塔改造项目	九江萍钢钢铁有限公司	在炼铁厂东区原有脱硫塔的基础上，新建设浆液制备及输送系统一套，烟气系统（新增两台增压风机）一套，SO_2 吸收系统一套，电气、热控、土建、暖通、消防一套等。	2493	2017.6—2018.1	已完工
3	2000t/a 双氟磺酰亚胺锂扩建项目	九江天赐高新材料有限公司	利用现有的厂房和生产技术，购置反应釜8台/套，中间产品罐11台/套，换热器24台/套，真空机组2台/套，脱酸塔6台/套，达到年产2000吨的产量。	11068.66	2017.12—2019.12	在建
4	年产3.7万吨高档分散染料及高档活性染料技改扩建项目	九江富达实业有限公司	将采用清洁生产工艺，对资源进行循环利用，生产线采用自动化程度高的新型设备，产品质量好、收率高、能耗低，符合国家节能减排的要求，新增压滤机18台，蒸馏釜5台、反应釜10台，新增建筑面积 $14000m^2$，其中仓储面积为 $4000m^2$。	2330	2017.1—2018.12	在建
5	锂电池新材料智能车间改造项目	九江天赐高新材料有限公司	建设以锂电池新材料现场智能仪表设备、自动控制系统、OTS系统、先进控制系统和优化软件系统、基础信息化及数据综合集成管理平台、生产制造执行系统（MES）、资源经营管理系统（ERP）、安全应急指挥信息系统、智能物流系统、基础网络设施等为主要内容的企业内部网络硬件、软环境，构成数控信息统一共享平台。	14042.1	2018.1—2020.1	在建
6	七机七流连铸机和轧钢棒材线改造项目	九江萍钢钢铁有限公司	利用现有场地，采用当前国内较成熟工艺、紧凑布置，选用一台七机七流连铸机，采用快速热送辊道，多线切分轧制工艺，并设蓄热步进梁式加热炉1座、粗中精轧机组、飞剪、步进齿条式冷床、精整收集、新增收集行车、新建精整车间厂房、水处理等设备。要求设计产能达到100万吨/年以上建筑用热轧螺纹钢筋。	20408	2017.11—2018.6	已完工

续表

序号	项目名称	项目实施企业	项目建设主要内容	企业总投资(万元)	计划开完工时间	形象进度
7	炼钢厂西区三次除尘技改工程	九江萍钢钢铁有限公司	按照“成熟、可靠、先进、实用”的原则，选用成熟可靠的技术和产品，新增一套除尘系统用于三次除尘，选址于西区渣跨马路旁边与现有二次除尘系统并行安装，除尘工艺采用低阻系统工艺，捕集罩采用烟气诱导捕集技术，除尘器采用低阻脉冲离线清灰袋式除尘器，要求三次除尘系统设计总风量100万Nm^3/h。	1610	2017.9—2018.4	已完工
8	炼铁厂原料场环保改造项目	九江萍钢钢铁有限公司	在炼铁厂东区一次料场、二次料场、焦炭料场以及西区料场进行棚化密封改造、棚化封闭总面积191583m^2，有效控制原料场粉尘对大气污染以及雨水天气造成原料的流失和对水质污染，东区原料一次配料室新增3个料仓改造。	20398	2018.1—2018.10	已完工
9	年产2200吨均三甲基苯甲酸生产线技改项目	江西省科望化工有限公司	利用原有设备及厂房及公用工程，购置搪瓷釜12台、缓冲罐6台、列管式冷凝器1台、原料储罐3台、水喷射真空泵2台、板框式压滤机3台、水吸收塔8套，改造1000平方米厂房，最终达到年产2200吨均三甲基苯甲酸产能。	800	2018.3—2019.3	在建
10	江西杭氧萍钢气体有限公司技改新建2万空分项目	江西杭氧萍钢气体有限公司	购置KDON20000/40000空分1套，0.8mpa低压氧气透平压缩机1台/套，0.8mpa低压氮气透平压缩机2台/套，新增35kV变压器2台/套及供电线路，配套厂房1012m^2，将原有供气管网进行节能改造，对安全、消防、环保等设施进行重新规划设计改造。	14000	2018.3—2019.11	已经完成招投标
11	年产1.5万吨高纯度化学试剂技改项目	九江天盛塑料助剂有限公司	利用现有公用设施，对原试剂生产线技术改造，新增生产设备反应釜、粉碎机、烘房、干燥器等设备。新建厂房4500m^2，生产试剂级七水硫酸亚铁、试剂级无水硫酸钠、试剂级无水磷酸氢二钾、试剂级草酸钠等，新增仓库3000m^2。	10000	2018.3—2019.12	正在进行安评、环评
12	100t/a环氧嘧磺隆、100t/a甲基二磺隆、100t/a啶氧菌酯技术改造项目	江西安利达化工有限公司	将原有年产100吨丙环唑和年产200吨解毒喹原药的设备改造成生产环氧嘧磺隆、甲基二磺隆、啶氧菌酯原药的设备，并添加4台3000L和4台5000L反应釜。	1673.38	2016—2018	正在环评

续表

序号	项目名称	项目实施企业	项目建设主要内容	企业总投资（万元）	计划开完工时间	形象进度
13	物流运输部废钢场改造项目	九江萍钢钢铁有限公司	在物运部东区废钢场（面积 9360m^2）及西区废钢场（面积 14922m^2），进行棚化密封改造，棚化封闭总面积 24282m^2，有效减少粉尘对大气的污染，以及由于雨水天气，雨水冲刷造成的物料对水质污染。	5126	2018.3—2018.10	已完工
14	山体生态修复工程	中广核湖口文桥风力发电有限公司	湖口文桥风电场一期道路挡墙、护坡修复，绿化工程等相关辅助工程	1760	2018.6—2018.12	正在施工
15	环保改造项目	九江鑫路沥青混凝土有限责任公司	引进 PLB3000 环保改造设备，改用天然气，提高热量，控制粉尘和恶臭气味的散发	1000	2018.6—2018.12	正在施工
16	烟气脱硫除尘技改项目	湖口县鑫源新型建材有限公司	脱硫塔的安装、旧烟冲的拆除、除尘设备的添置、公路硬化、绿化。	510	2018.6—2019.2	正在施工
17	江西正天港务发展有限公司货运码头技术改造项目	江西正天港务发展有限公司	新购置 2 条带式输送机，共 218.18m，装船滑板四台，每台长均 21.2m，卸船皮带一套，长 105m，新增堆场面积 38311 ㎡，从而减少扬尘对大气的污染，达到节能环保的目的。通过改造后，使码头年吞吐量由原来的 170 万吨达到 290 万吨。	560	2018.7—2020.7	已完工
18	炼铁厂烧结脱硫烟气精除尘项目	九江萍钢钢铁有限公司	西区烧结 2# 脱硫塔、东区烧结 1# 脱硫塔配套建设一套完整的湿电除尘系统，系统包含湿电除尘器本体、烟道、电源、电气系统、仪控系统及相关土建基础建设等。	2397	2018.7—2018.12	已完工
19	废水集中处理扩容升级改造项目	九江萍钢钢铁有限公司	1. 新建一座 6000m^3 和一座 4800m^3 雨水调蓄池；2. 增加 900m^3/h 规模的预处理系统；3. 新建 300m^3/h 规模的废水深度处理系统。	4447.5	2018.7—2018.12	正在施工
20	炼铁厂东、西区烧结机头除尘改造项目	九江萍钢钢铁有限公司	炼铁东区 2# 烧结机原有电除尘器北侧空地新建一套 1080000m^3/h 烟气量处理能力（截面积为 300m^2）的二室四电场 3# 除尘器；西区烧结机原有 2# 电除尘器北侧空地新建一套 750000m^3/h 烟气量处理能力（截面积为 230m^2）的二室四电场 3# 除尘器。	3338	2018.7—2018.12	已完工
21	页岩砖厂新建脱硫塔	湖口县鑫圣建材有限公司	拆除原有烟囱，将场内道路硬化，同时新建脱硫塔一座，布袋除尘等。	1080	2018.8—2018.12	已完工

续表

序号	项目名称	项目实施企业	项目建设主要内容	企业总投资（万元）	计划开完工时间	形象进度
22	新增脱硫塔烟尘净化改造项目	湖口县宏盛新型建材有限公司	1. 新建 65m 高脱硫塔一座；2. 改造生产设备，对隧道窑鼓、引风加装隔声罩；3. 重建仓库设备；4. 硬化出厂公路。	1080	2018.9—2019.3	已完工
23	烟气脱硫除尘技改项目	九江恒升曲轴有限公司	购置冲天炉、除尘器、拉光机、热处理电炉、剪板机等设备，拆除旧式冲天炉、安装新型冲天炉及配套除尘器等环保设施，通过造型、熔炼、毛坯拉光、热处理、剪切等，形成成品。	1320	2018.11—2019.11	已完工
24	年产 50 万片光学镜片	九江市鑫华光电有限公司	购置镀膜机 3 台、全自动清洗机 2 台，车间改造 800 平方米，采用新的镀膜及清洗技术，将产品的良率由 50% 提高到 75%。	570	2018.11—2019.12	正在施工
25	碎石厂生态修复	湖口县张青黄平碎石厂	修建沉淀池与排水沟，改变雨季地表水排泄；将排土场内堆放的表土转运至各平台，用于植被重建、复绿。	590	2018.11—2019.5	正在施工
26	山体生态修复升级改造工程	国电湖口风力发电有限公司	皂湖风电场道路挡墙、护坡修复，绿化工程等相关工程	1110	2018.11—2019.5	正在施工
27	采矿区生态修复工程	湖口县舜德灰山采石有限公司	灰山采石厂矿区生态修复；边坡治理；修建排水沟、沉淀池；矿区内实施绿化工程。	820	2018.11—2019.5	正在施工
28	年产 10 万吨水洗砂生产线	江西园都混凝土有限公司	新建水洗砂生产线	500	2018.12—2019.4	正在施工
29	修造船舶技改项目	江西华东船业有限公司	将原有的 1 座 6 万吨滑道船台改造成 4 座 1.5 万吨船台，新建 3 座维修仓库及油漆仓库，购入 2 台 32 吨卷扬机、2 台装卸机、3 台水喷砂成套设备及 1 台涂装废水净洁设备等。	800	2018.12—2019.5	未开工
合计				127467.64		

【全年成功申规企业名单】 全年成功申请规模以上企业 18 家。其中，付垅、均桥、武山、城山、张青、流泗、大垅等乡镇各 2 家；马影、舜德、双钟、流芳等乡镇各 1 家。

湖口县 2018 年全年成功申规企业名单

申报时间	企业所在地	企业名称	2018 年预计主营业务收入（万元）	负责申报单位
5 月	均桥镇	湖口广集金属材料有限公司	25320	均桥镇
8 月	付垅创业园	九江兴迪机电工程有限公司	5100	付垅乡
	武山镇	湖口伊美纺织有限公司	9500	武山镇

续表

申报时间	企业所在地	企业名称	2018 年预计主营业务收入（万元）	负责申报单位
9月	工业园	神华国华九江发电有限公司	155309.2	流泗镇
	马影镇	江西祥大实业有限公司	3560	马影镇
	城山镇	九江浔医生物科技有限公司	4100	城山镇
	工业园	九江方大科技有限公司	61564.9	城山镇
	付垅乡	江西庐亭园林景观工程有限公司	3800	付垅乡
	张青乡	湖口县嘉润纺织有限公司	4200	张青乡
10月	工业园	江西永芳科技有限公司	2887	舜德乡
	流泗镇	湖口县荣成纺织有限公司	2385	流泗镇
	工业园	江西天赐中硝新材料有限公司	12873	张青乡
	工业园	九江星成高分子材料有限公司	2460	武山镇
	工业园	江西韦柏科技网业发展有限公司	2815	双钟镇
	工业园	湖口县合昌水泥有限公司	2500	流芳乡
	工业园	江西正天港务发展有限公司	12255	均桥镇
	大垅乡	湖口县联丰建材有限责任公司	2500	大垅乡
	工业园	湖口县长宏精制硅砂有限公司	2800	大垅乡

【工业项目集中开工情况】 2018 年，全县有 13 个总投资 94.84 亿元工业新项目分 3 批集中开工。第一批集中开工项目有：南通一德新型油料加工项目、电子零部件项目、户外实木古建产品生产项目。第二批集中开工项目有：医疗用品生产线项目、投资兴建板桩项目、菊花加工等农产品加工项目、9 万吨 / 年特种环保增塑剂、5 万吨 / 年生物基增塑剂、200 吨 / 年吡唑醚菌酯环保处理及中水回用技术改进项目、七机七流连铸机和轧钢棒材改造项目。第三批集中开工项目有：兴建精细化工项目、兴建户外休闲家具产业园、2000 吨 / 年双氟磺酰亚胺锂扩建项目、江西杭氧萍钢气体有限公司技改扩建 2 万空分项目。

湖口县 2018 年集中开工工业项目一览表

序号	开工批次	企业名称	项目名称	项目建设内容	总投资（亿元）
1	第一批	南通一德实业有限公司	南通一德新型油料加工项目	项目建设国内一流的新型油料加工基地，形成年加工大豆 400 万吨、年产饲料蛋白 300 万吨、食用植物油 80 万吨、膨化大豆 20 万吨的规模、项目建成后，实现年产值 150 亿元，年利润 4 亿元，年税收 2 亿元。	50
2		九江嘉远科技有限公司	电子零部件项目	该项目主要生产电子零部件，形成年产 1 万台套智能机械手臂，50 万只供料器，1 万副智能刮刀的规模。	3.2
3		江西庐亭园林景观有限公司	户外实木古建产品生产项目	该项目主要生产古建花旗松木实木凉亭、长廊、实木别墅等产品。	1.9

续表

序号	开工批次	企业名称	项目名称	项目建设内容	总投资（亿元）
4	第二批	中红普林医疗用品股份有限公司	医疗用品生产线项目	建设48条目前最先进的高档PVC手套生产线，主打美国医疗级手套、高弹手套、仿乳胶手套	6.0
5		九江盛平宏鑫新型建材有限公司	投资兴建板桩项目	建设100万米板桩生产线	2.5
6		江西金地园农业生物科技有限公司	菊花加工等农产品加工项目	优质苗圃特种水产养殖，水产品苗种繁育，水产品养殖及技术推广咨询服务，渔需物资、包装制品销售，药材、山林、果木、花卉、苗木、茶叶、蔬菜、莲子种植销售，药材、苗木、花卉、蔬菜培植，园林绿化工程，艺术品、工艺品加工、销售。	1.6
7		江西塑星材料有限公司	9万吨/年特种环保增塑剂、5万吨/年生物基增塑剂	利用原10万吨/年脂肪酸甲酯生产车间改建为9万吨/年特种环保增塑剂生产车间和5万吨/年生物基增塑剂车间，利用原氯化石蜡的氯化氢压缩装置区改建为3万吨/年氯甲醚生产车间，车间改建面积2710平方米，罐区及库区改建面积2500平方米，增加制冷机组、反应釜、塔、换热器、罐62台，在公司原址进行建设，不新增土地；新增用水量112万吨/年，使用原有配置的公用工程，不超过原公司节能评估报告的耗能量，单位产品能耗均低于国家标准定额要求。	2.6
8		江西金元莱高新材料有限公司	200吨/年吡唑醚菌酯环保处理及中水回用技术改进项目	1. 新建500吨污水处理水池及配套工程；2. 新增MVR蒸发设施及三效蒸发设施各一套；3. 新增工艺废气及无组织废气收集处理设施三套；4. 新增中水回用设施一套。	1.7
9		九江萍钢钢铁有限公司	七机七流连铸机和轧钢棒材改造项目	利用现有场地，采用当前国内较成熟工艺、紧凑布置	5.04
10	第三批	吴江荣华化工染料有限公司	兴建精细化工项目	该项目主要生产磺化对位酯和K酸	3.8
11		浙江豪杰金属家具有限公司	兴建户外休闲家具产业园	该项目主要生产家具200万套/年	12
12		九江天赐高新材料有限公司	2000t/a双氟磺酰亚胺锂扩建项目	该项目主要生产2000t/a双氟磺酰亚胺锂	2.1
13		江西杭氧萍钢气体有限公司	江西杭氧萍钢气体有限公司技改扩建2万空分项目	该项目主要生产氧气、氮气、氩气等工业气体	2.4
合计					94.84

（冯火平）

国家电网供电

【概况】 国网湖口县供电公司管辖10千伏线路56条1230千米，低压线路1924千米，公用配电变压器1224台，各类电力用户12.27万户。2018年供电量累计完成5.7675亿千瓦时，同比增长10.04%；售电量5.5230亿千瓦时，同比增长10.02%。低压供电量累计完成1.8531亿千瓦时，同比增长15.6%；售电量1.7843亿千瓦时，同比增长15.9%。综合线损率4.24%，同比下降0.02个百分点。资产总额2.05亿元，同比增加0.03亿元；全口径劳动生产率135.71万元/人·年，同比增长1.41%。公司企业负责人业绩考核全省第一，同业对标排名A段第十八名，市县专业化管理排名位居全市第二。

【安全生产局面稳定】 公司始终将安全生产管理作为公司第一要务。制定《安全管理奖惩考核细则》，压实各级安全责任，组织实施“三种人”考核认证，全面提升班组长、“三种人”、项目经理安全履职水平。突出现场作业安全管控，严格“计划+组织+现场”三大环节管控，做到每项工作必须有施工方案、作业指导书、工作票，现场安全措施做到位，员工熟知“十个不干”和“十个严禁”。严格生产现场到岗到位监督管理，明确现场检查重点和工作标准。提前完成省、市公司“三跨”线路治理任务，彻底消除湖口区域跨越高压线对高速路网的安全隐患。严格网络信息、信访、保密、综治安全责任落实，确保公司和谐稳定局面。成功应对两场雨雪冰冻天气考验，圆满完成省委书记刘奇调研等重要保电任务。截至2018年12月31日，公司实现连续安全运行7136天。

【电网建设提质提速】 做好项目前期准备工作，协调县政府完成项目产权办证、线路路径落实等工作。成立营配调贯通数据治理小组，结合图实相符核查工作，完成56条10千伏线路关系核查工作，10千伏线路分线线损合格率得到显著提升。完成屏峰、城山、武山、流泗四座35千伏变电站设备防腐处理、全站预防性试验工作，结合“一停多检”完成城屏线电流互感器安装等综合性大检修工作，对四条35千伏线路更换悬瓶1800余片、更换拉线200余根，有效提升了电网安全运行水平。做实业主项目部，明确相关职责，强化配电网工程建设力量，加大资源调配力度，完成2018年农网工程投资2330万元，子项281个，完工时间全省第三。

【营商环境全面优化】 精心服务县域工业园区，挂牌成立金砂湾园区供电所，全面对接园区供电服务业务，及时解决和反映企业发展难题。制定《改善营商环境、强化优质服务十九项重点举措》，优化业扩报装模式，缩短接电时长30%。全面落实江西省发改委降低一般工商业电价政策，配合物价部门清理转供电加价行为，保障惠民政策落实到位。全面取消低压业扩报装收费，清退临时接电费178.33万元，电价调整累计降低客户用电成本2465.45万元。力促天赐、富达等24家用电大户加入市场化，电量占比52%，进一步降低了用能成本。积极推进电能替代，实现了码头岸电的100%全覆盖，年替代电量44.64万千瓦时。全力做好光伏扶贫电站接入并网工作，投入专项资金30余万元，确保18个贫困村光伏电站的及时接入。

【经营管理质效提升】 持续开展“降损增效”专项行动，充分发挥运营监测、营销稽查、效能监察等手段作用，堵塞“跑冒滴漏”，累计追补电费及违约使用电费合计51.18万元。大力开展重复跳闸线路整治，加强用户设备管理，开展长期不用电专变排查，10千伏配电线路故障停运率较去年年底降低70.2%。开展综合类清单梳理工作，全面核实、归纳和整理内外部监督发现问题，全面综合反映公司经营管理潜在隐患和风险。小型基建、车辆运行、办公用房管理更加规范有序，公司档案规范化管理获评“省特级”单位。创新创效成果丰硕，其中《基于一体化电量与线损管理系统的同期线损协同管理》课题荣获省公司管理创新三等奖，《档案管理创新与服务模式》《坚持问题导向、健全管控机制、夯实资金本质安全》两项课题入选省公司典型经验库。 （陈 诚）

钢铁冶金

【概况】2018年钢铁冶金产业完成主营业务收入308.36亿元，占全县总量66.17%。主要企业有：九江萍钢钢铁有限公司、远大置地装配式建筑有限公司、江铜铅锌金属有限公司、江西杭氧萍钢气体有限公司、江西联达金砂湾冶金有限公司等26家企业，已形成九江沿江钢铁产业集群。

【九江萍钢钢铁有限公司】2018年，九江萍钢钢铁有限公司（简称九钢公司）炼铁工序、炼钢工序、轧钢工序产量分别完成495.248万吨、592.667万吨、579.443万吨；实现销售收入225.12亿元，同比增长9.68%；实现税金24.82亿元，同比增长5.03%；上缴税金24.13亿元，同比增长100%；实现利润47.52亿元。公司吨材利润居全国同行业前三；钢铁机烧矿成本540元/吨，较行业平均低133元/吨，名列全国第二；非合金钢方坯成本2327元/吨，较行业平均低366元/吨，名列全国第二；低合金方坯成本2458元/吨，较行业平均低288元/吨，名列全国第二；非合金板坯成本2470元/吨，较行业平均低185元/吨，名列全国第四；低合金板坯成本2542元/吨，较行业平均低225元/吨，名列全国第二；非合金钢线材成本2527元/吨，较行业平均低511元/吨，名列全国第二；Ⅲ级钢筋成本2539元/吨，较行业平均低324元/吨，名列全国第三；非合金板材成本2686元/吨，较行业平均低219元/吨，名列全国第二；低合金板材成本2769元/吨，较行业平均低263元/吨，名列全国第一。月均长协合同量58.53万吨/月，较2017年的52.59万吨/月提升5.94万吨/月；签订工程客户21家，工程有效订单量达到了30万吨以上。通过降铁耗增产增效，炼钢平均铁耗（铁水加生铁块）841.75公斤/吨，较2017年下降了26.75公斤/吨，铁耗降低炼钢全年增产16万吨。根据建筑材、板材市场形势，快速调整产品结构，7、8月份板材产量创年内最高水平，9月份后，建筑材月产量创历史新高。全年向员工发放月度盈利奖12次，连续两个月发放孝敬父母金，全年累计投入资金2636.47万元用于福利支出，2018年九江钢铁员工人均收入121893元（不包含拿年薪的中、高层管理人员），同比增长16.95%。长期困扰九江钢铁的板材质量问题在2018年下半年得到彻底解决，板材非正品率从2017年平均2.08%下降到平均0.73%，通过全面清理板材工序问题，完善操作规程，修订石灰质量检测制度，完善钢中的气体含量检测控制，重新制订考核规定，外请专家指导等一系列措施，板材质量得到质的提升，获得建发（成都）有限公司等重要客户的认可。已开发并生产7个不同规格的新产品（Q345B保探伤、Q235B厚度90~100mm保性能、Q345C、Q345D保-20°C冲击、45号钢、铁标螺纹钢）共8715.5吨，其中：2018年7月份为建发（成都）有限公司开发完成859吨Q345B保探伤钢板；2018年8月份为上海欧冶材料技术有限责任公司生产215吨保性能和探伤钢板；2018年9月份开发生产新产品2210吨，其中有300吨Q345D钢板为九江钢铁首次生产；2018年10月份开发新产品1255吨，其中方大特钢热风炉用Q345B保探伤钢板355吨，高铁专用铁标螺纹钢900吨。重点做好了4号高炉的护炉工作，组织中国宝武钢铁集团有限公司、湖南华菱钢铁股份有限公司等企业高炉专家对4号高炉护炉诊断，结合九江钢铁专业技术人员经验，确定新的操作思路，4号高炉安全运行水平得到根本改观，基本进入正常生产状态。投入2.3亿元，相继实施了绿化升级改造工程、文化墙工程、沟道盖板工程、沥青化改造工程及厂区亮化工程，现场环境发生了翻天覆地的变化。启动了国家4A级旅游景区的创建工作，邀请了专业设计公司完成了《九江萍钢钢铁有限公司创建国家4A级旅游景区和江西省工业旅游示范基地创意设计》，该项目正在实施中。2018年实现了工亡事故为零、重伤事故为零、重大交通事故为零、重大火灾事故为零、重大设备事故为零、职业病发病率为零、重大环境污染事故为零的目标。

（凌守红）

附：九江萍钢钢铁有限公司领导名录

董事长：黄智华（2018 年 11 月离任）

颜建新（2018 年 11 月到任）

总经理：徐　伟（2018 年 5 月离任）

颜建新（2018 年 5 月到任，2018 年 12 月离任）

饶东云（2018 年 12 月到任）

党委书记：汪春雷（2018 年 5 月离任）

徐向阳（2018 年 8 月到任）

党委副书记、工会主席：杨　旭（2018 年 10 月离任）

方大集团总裁助理：徐　伟（2018 年 2 月到任）

副总经理：常　健（2018 年 2 月到任第一副总经理，2018 年 8 月离任）

刘　韫（2018 年 1 月到任，2018 年 4 月离任）

刘君晖（2018 年 5 月离任）

徐　伟（2018 年 5 月到任）

汪春雷（2018 年 5 月到任）

刘继生（2018 年 6 月到任）

【江西铜业铅锌金属有限公司】 2018 年，生产铅锭 99492 吨，生产锌锭 105449 吨，生产硫酸 265609 吨，生产粗金 339.63 公斤，生产粗铟 4392 公斤，全年共实现销售收入 45.99 亿元，在消化冷修费用 4850 万元的基础上实现利润 156.74 万元，各项经济指标超额完成，连续三年实现盈利。全年铅、锌、金、银冶炼回收率分别为 98.97%、97.70%、98.41%、97.76%，同比分别提高 0.6、0.91、1.1、1.5 个百分点；基夫赛特炉、烟化炉、沸腾焙烧炉作业率分别为 99.29%、97.97%、98.43%，同比分别提高 3.86、1.39、3.96 个百分点。

安全生产。对重点关键设备坚持动态监测，实行劣化倾向管理，有效杜绝了重大设备故障的发生，为生产稳定顺行提供了坚实的保障。强化企业主体责任，健全全员安全生产责任清单，抓实员工安全教育培训，完善安全风险分级管控，狠抓隐患排查治理，积极开展十大专项整治行动，全力打好年修攻坚战，进一步夯实了安全基础管理，继续保持了安全状况平稳态势。

节省能耗。全年锌金属综合能耗、铅金属综合能耗、铅金属综合电耗同比分别下降 1.16、0.01、8.99 个百分点，节约标煤 8937.92 吨，完成集团公司下达的考核指标。完成沸腾炉排风机、动力、制氧循环水泵等三个节能改造项目，节约电费 99.7 万元。

增产节约。对透平发电机精密检修后，月平均自发电量达 457 万千瓦时，创历史最好水平，同比多发电 462 万千瓦时。对全公司压缩风实行精细管理，动力中心空压机节约电费 214 万元。多余氧气实现外销，为公司创利 1300 万元。巧用用电需量申报政策节约基本容量费 200.85 万元，实现中断负荷奖励 28.08 万元。各单位主动加压、积极作为，设备和备件进行修旧利废，节约成本 611.8 万元；拓展加工制作范围和维修自修，实现增效 232.83 万元；积极落实国家、省、市降成本、优环境政策，主动争取直购电、养老工伤费率下调等方面的优惠政策，减少支出 503.99 万元；提升弃渣销售效益，全年弃渣销售同比增效 679 万元。

质量管理。全年 1# 铅锭、1# 银锭产品合格率保持 100%，0# 锌锭合格率提升为 97.97%；铅锭、锌锭获得“2018 年江西省名牌产品”荣誉称号。一期项目工程审计顺利完成。铅锌冶炼及综合回收项目合计审定投资 284121.06 万元，比送审金额核减 545.43 万元，较投资概算节约 720.34 万元。全年组织实施完成 21 项技改工程，其中：10 项限上技改项目、11 项限下技改项目，已完成的项目正逐步发挥效益，工程质量合格率 100%。

创新创效。全年上报 4 项科研立项项目，一级项目 2 项，二级项目 2 项。完成科研项目结题 3 项，申报专利 3 项。11 个项目入围集团公司科技进步奖、管理创新奖和全员创效奖。2018 年 3 月，自主研发的国内第一台铅锭自动扒渣机器人入列江铜铅锌公司，并且运行良好。2 项成果转化项目实现效益 740 余万元。

优化环保。重点加大了环保基础设施的资金投入，分步实施了烟化炉渣场防护棚、中间物料中转库、雨污分流、工业垃圾堆场、锌浸出槽洗涤塔等一批环保项目。持续推进清洁生产，不断采取节能、降耗、减污、增效措施，并顺利通过当地环保部门的验收。积极响应国家提出的“全面推动绿色制造”的重大战略任务，贯彻落实集团公司提出的全面打造“绿色冶炼”的号召，制定了绿色工厂建设实施方案及实施规划，坚持环境保护和生产经营两手抓的思路，着力从管理、技术、生产、经营、产品几个方面推进绿色发展工作。

（张胜峰）

附：江西铜业铅锌金属有限公司领导名录

总经理：彭国诚

党委书记：姜国敏

党委副书记、纪委书记、工会主席：李跃新

总会计师：欧阳忠

副总经理：李样人　赵　尹　李　健
　　　　　刘湖滨　熊友泉　吴建平

【江西杭氧萍钢气体有限公司】 江西杭氧萍钢气体有限公司是杭州杭氧股份有限公司与江西萍钢实业股份有限公司合资组建的一家专业气体生产公司，于2012年7月成立，坐落在湖口高新技术产业园金砂湾园区，总投资4.2亿元，主要产品有气氧、气氮、气氩，液氧、液氮、液氩（高纯氩）。2018年，完成主营业务收入2.88亿元，纳税3404万元。

气态产品主要供应九江萍钢钢铁有限公司，液态产品销往江西、湖北、安徽、浙江、广东等省。为了进一步开发拓展其他业务，在具备医用液态氧产品生产的资质和能力下，公司正在申办药品（医用液态氧）生产许可证。

（周　琴）

附：江西杭氧萍钢气体有限公司领导名录

总经理：许成忠

【江西联达金砂湾冶金有限公司】 坐落于九江市湖口县金砂湾工业园内，总占地面积为230余亩，注册资金为人民币3000万元。是一个融球团矿生产、矽（粗）砂开采、汽车运输、港埠作业经营、物流等于一体的综合性民营企业。联达总公司设在萍乡，现有员工205人。公司拥有三座8㎡球团竖炉，年生产球团矿能力为120万吨，生产的主要产品球团矿用于炼铁高炉冶炼的原料；公司拥有岸线450米长的机械化码头一座、三个泊位，年吞吐量为300万吨。2018年，完成主营业务收入5亿元，实现利润0.6亿元，上缴税金1168万元。

2018年，企业加大对环保项目的投入力度，对陈旧设备进行全面升级。更换了长期困扰生产的引风管道，烘干炉烟气接入脱硫塔，厂房彩瓦修补，厂区、矿山绿化整治复绿，环境大有改观。码头内部平整区域铺设了草坪，播撒草籽共76.24亩；采区平整复绿区域园林植树（湿地松）42447株，其中2米高大叶女贞3013株，1米高大叶女贞3013株；矿区区域播撒草籽5600斤；种植草皮4285平方米。对原开采面进行作业平台堆积，防止砂源倒塌，逐步实现新采区分层开采，达到安全生产标准；根据年度制定的矿山绿色及生态修复方案，完成方案所有项目设计，矿区复绿面积564.56亩，完成计划的124%；新泥浆沉淀系统投入使用，采用泥浆泵抽取循环沉淀，确保洗砂生产用水。11月26日由县安监局组织专家对铁球团现场进行安环大检查，发现一些问题隐患点，公司按照整改要求立即整改到位，并且通过安全文化和精益安全宣教培训、安环警示标识牌等形式，营造公司安全文化氛围，公司全年实现安全事故为零。

（刘　青）

附：江西联达金砂湾冶金有限公司领导名录

总经理：彭　楚

电力能源

【概况】 2018年湖口电力能源产业企业8家，以神华国华九江电厂为龙头，包括中广核文桥风电、国电湖口风电、鄱阳湖液化天然气储备、中石油库、弘达油库、润发燃气、润科生物柴油等。

【神华国华九江发电有限责任公司】 神华国华九江发电有限责任公司（简称国华九江电厂）成立于

2011年4月10日，已安装2台国产100万千瓦发电机组，分别于2018年6月、7月投产并网发电。2018年，国华九江电厂资产总额67.22亿元，发电装机容量200万千瓦，设备利用5608小时，年发电量57.14亿千瓦时，综合厂用电率4.59%，供电煤耗279.75克/千瓦时，完成增加值2.93亿元，主营业务收入19.31亿元，实现利润4.54亿元，入库税金4600万元。2018年国华九江电厂完成一期工程投产发电的建设任务。机组额定工况供电煤耗实现“近零排放”，机组工程单位造价2978元/千瓦，全国同类最优，23项投产期内最领先的火电节能环保和创新综合提效技术转化为现实成果。项目获得国家能源集团“工匠精神铸造精品奖”。

6月5日，江西省能源局组织召开国华九江电厂新建工程项目合规性再确认会议。

6月20日，国华九江电厂新建工程2号机组一次通过168小时试运行。

7月7日，国华九江电厂新建工程1号机组一次通过168小时试运行，一期两台100万千瓦机组竣工投产。

8月21日，江西省委副书记、代省长易炼红到国华九江电厂视察。

8月30日，国华九江电厂一期工程两台100万千瓦机组成功取得由国家能源局华中监管局颁发的发电业务许可证，该厂正式取得发电运营的资格。

9月19日，国华九江电厂一期工程两台100万千瓦机组环保电价获江西省发改委赣发改商价〔2018〕850号文批复，1号机组于2018年7月9日起享受环保电价，2号机组于2018年6月30日起享受环保电价。

10月14日，国华九江电厂建设历程宣传片获“电力奥斯卡”奖。

11月24日，江西省委书记刘奇在省委常委、省委秘书长赵力平陪同下到国华九江电厂调研。

12月31日，国华九江电厂档案专题片《见证》荣获国家档案局建设项目专题片优秀奖，是国家能源集团唯一获奖的火电建设项目。

（刘　超）

附：神华国华九江发电有限责任公司领导名录

党委书记、执行董事：刘建海

党委副书记、总经理：彭永红

副总经理：付秋枫　曹思江

党委副书记、纪委书记、工会主席：姚振

总会计师：刘晓超

总工程师：李新友

【国电湖口风力发电有限公司】 2018年，国电湖口风力发电有限公司（简称湖口公司）完成发电量8100万千瓦时，实现利润1000万元。年初，江西公司调整了风电的管控模式。湖口公司在短时间内完成了职能部门调整和人员选调，努力实现“一人多岗、一专多能”。修订完善了福利费等管理办法，落实职工正常福利，皂湖风场职工食堂、宿舍改造相继完成，生产生活条件持续改善。积极推进皂湖二期扩建项目，争取早日核准，同时对原设计方案进行了优化，做好风机技术经济性比选等前期工作。利用“一系统两平台”的建设契机，开展风机间发电能力差异性分析，提高低效风机的发电能力。针对58只风机叶片裂纹重大隐患，制定专项修复方案，统筹协调检修时段及检修节奏，利用低风时段完成多台次叶片检修，最大限度减少检修弃风。公司积极与税务机关沟通协调，确保风电企业所得税及增值税方面的优惠政策执行到位。增值税进项留抵减少销项税现金支出610万元，企业所得税减免减少税金支出181万元。同时努力加强增值税税率调整后合同签订工作，积极与中标的五家供应商进行多次沟通协商，最终将合同总价按新的税率政策进行调整，从而减少了合同费用支出。年初出现极端冰冻天气导致风机叶片结冰停运，湖口公司全力做好皂湖风场3条集电线路及风机设备隐患检查，在最短的时间内恢复了风机运行，成为江西省最快恢复发电的风场之一。全力推进安全生产标准化建设，于7月、9月开展了两次标准化查评工作，经过整改落实完善，实现了连续安全运行671天。11月顺利通过了江西公司安全文明生产标准化验评。

（冯火平）

附：国电湖口风力发电有限公司领导名录

总经理助理：曾文涛

【中广核湖口文桥风电发电有限公司】 中广核湖口文桥风电发电有限公司（简称湖口文桥风电公司）2018年，累计上网电量8494万千瓦时，比2017年减少688万千瓦时。完成主营业务收入5022万元，实现利润1745万元。2018年5月22日湖口文桥风电公司申请江西省水利厅开展水保验收工程，5月24日收到“江西省水利厅关于中广核湖口文桥风电场工程水土保持设施自主验收证明的函”，完成湖口文桥风电场工程水土保持设施自主验收。由于湖口文桥风电场一期集电线路与梨头尖矿区安全距离不能保证300米，梨头尖矿区无法办理安全生产许可证，使梨头尖矿面临无法开发的局面，经县政府协调，将集电线路移出矿区安全距离以外。湖口文桥风电公司组织开展集电线路迁改工作，施工单位已于2018年4月进场施工，9月份施工完成。为避免冬季发生因跌落保险熔断造成集电线路跳闸事件，湖口文桥风电公司采购新型防风式跌落保险，并已全部更换。

（李英伦）

附：中广核文桥风电有限公司领导名录

总经理：邓东

【江西省鄱阳湖液化天然气有限公司】 2018年，江西省鄱阳湖液化天然气有限公司（简称天然气公司）完成销气量14243.46万方，完成主营业务收入1.5亿元，实现利润3896万元，入库税金123万元。天然气公司面对竞争激烈的市场形势，加大开拓力度，提升议价能力，增加竞争优势。在做好江西天然气板块内部液化天然气（LNG）用户服务的基础上，加大与江西区域内的华润燃气，港华燃气等大型LNG用户合作，增大优质终端客户数量与占比。利用市场淡季，加强龙口胜通、大唐双龙等物流单位合作，增强业务黏度。在源头争取市场竞争优势，扩大LNG业务版图。8月份鄱阳湖天然气公司通过莆田、黄冈、启东、如东、延长液厂采购了8000吨LNG进入储罐储备，用于开展LNG贸易业务，提供终端客户以及江西天然气管网的应急保障。为了提升安全生产应急处理能力，解决当班员工应急人数不足，应急力量距离远的问题，按照保障安全生产的总体要求和上级有关部署，公司上半年启动了生活楼工程，并于2018年6月底全面完成施工并投入使用，11月23日完成工程竣工验收；下半年，为确保完成2018年冬季全省天然气稳定供应的保供任务，公司完成了气化返输系统技术改造，气化反输能力由30万Nm^3/d提升至60万Nm^3/d，各项设备调试正常，已具备气化反输条件。为了落实码头建设事项，2018年9月30日省住建厅上报给省政府办公厅的赣建办函2018）157号文件《关于报送全省重大项目建设工作座谈会意见研究办理情况的函》，确认市、县两级规划部门出具的项目选址意见书合法有效，无需补办省级选址意见书，项目规划问题得到解决。公司先后两次向省政府报告，请求协调支持码头防洪评价事项，省政府常务副省长毛伟明在报告上做了批示，省发改委、能源局、水利厅、省港航局等部门多次召开专题会议积极落实。6月6日省水利厅吴厅长带队、九江市水利局、湖口县人民政府等部门领导前往长江水利委员会沟通汇报，取得一定成果。11月15日省水利厅、长江规划设计院、湖口县人民政府在鄱阳湖天然气公司召开专题会研究码头防洪事宜，并已委托省水利规划设计研究院编制防洪影响评估报告。2018年在天然气公司协办的江西投资集团有限公司（天然气板块）技能比武中，生产运营班组员工郝鑫代表鄱阳湖天然气公司在投资燃气QC活动中获得第二名。在湖口县安监局组织的“卓越班组”建设考评中，获得了评审专家充分肯定。在网络投票环节，面对员工少的劣势，全体员工踊跃参与，积极发动，获得了7546票，在20个班组中位居第四。为了提升槽车卸液过程的安全性和准确性，7月份完成4台卸车位质量流量计技改，彻底排除了超装风险，减少BOG消耗。7月份启动了压缩机提压技术改造，将由原来的0.8MPa提升至1.2Mpa，增加两台螺杆压缩机，已按期完成调试、验收并投入平稳运行。积极组织员工参与气化反输增量技改项目，在方案审定、技术监督、调试等工程中组织员工学习参与，员工通过在技改过程中的学习，提高了动手能力。技术改造项目获得新奥集团技术创新三等奖及优秀奖。按照安全标准化体系建设13级要素，年初与各部门签订安全生产责任状和责任书，每月开展安全生产学习日和总经理安全检查活动，定期开展安全隐患排查和节假日专项检查，接受省专业委员会和特种设备委员会检查，5月份完成职业卫生体检，11月完成职业卫生检测，6月份联合湖口县应急办、安监局、消防大队等14部门开展应急演练桌面推演和模拟演练，7月份完成安全生产应急预案的更新与备案，11月份完成环保应急预案评审与备案。2018年全年装卸车数744辆，无一起安全事故，在湖口县2018年年终安全考评中获得99分的高分。

（沈江泉）

附：江西省鄱阳湖液化天然气有限公司领导名录

总经理：黄国栋

副总经理：沈江泉

【中国石油湖口油库】 2018年，油品入库239131吨，其中汽油85886吨，柴油153245吨。油品出库265858吨，其中汽油101273吨，柴油164585吨。

中国石油湖口油库（简称湖口油库）从夯实安全管理基础、抓好隐患治理、落实安全生产责任制、营造安全氛围等方面，明确了油库2018年的安全工作目标。根据上级公司印发的《2018年安全环保工作要点》及《江西省安全生产“党政同责、一岗双责”暂行规定》要求，湖口油库所有员工逐一签订安全环保责任书和和“一岗双责”岗位职责，从而将公司全年安全环保工作着实地落实到每一位员工身上，落实直线责任。根据安监局的相关要求，湖口油库对16项专项应急预案进行了修订，重新修订后的专项应急预案通过了专家的审核，并在安监局备案。开展安全培训与事故经验分享，湖口油库每月都认真完成公司年初制定的安全培训计划。组织员工认真学习了《江西省企业安全生产体责任履职报告与检查暂行办法》《江西省加强省重点行业领域安全生产若干规定》《江西省安全生产条例（新修订）》以及县委、县政府《关于进一步加强安全生产责任体系建设的意见》等安全生产法律法规，每月开展1次安全事故经验分享活动，让每一位员工在活动中总结发言，强化员工的安全生产意识。2018年湖口油库组织开展安全培训14次，安全事故经验分享14次，共计300余人次参与。开展应急演练，油库全年共组织开展了反恐、罐区火灾、付油现场溢油、库区防山火、油罐冒顶、触电、防汛等12期应急演练。扎实开展十大专项整治活动，根据“五个一”和“十查十核”的要求，全面开展安全风险辨识、隐患排查工作，并建立相关台账，对排查出来的隐患，严格按照“五落实”要求进行治理。认真贯彻落实《江西省生产安全事故隐患排查治理办法》，推动构建油库安全风险分级管控和隐患排查治理预防机制，完善隐患排查治理闭环管理机制。结合地方安监要求落实《江西省安全风险分级管控管理办法》对油库264项岗位危害因素进行重新识别，四色管理，按要求落实油库“一图一牌三清单”。结合2018年上半年HSE体系审核反馈情况，对业务流程进行梳理，对水路装卸油、公路作业传板等根据实际使用情况进行修订，并组织全体员工参与岗位操作规程的完善。同时开展标准化现场活动，设置了油库区域承包责任人，明确了责任，通过定期和不定期的检查，督促员工保持现场规范以及办公场所的整洁。

通过努力改变了生产现场脏、乱、差的现象，员工的精神面貌也随之有了较大的改观和提高。夏季，码头定期观测长江水位并上报。当温度达到35度油库12:00—15:00停止收发作业，同时加强管道的泄压处理，加强对法兰垫片、阀门及密封件的检查，及时发现老化和渗漏现象，有问题立即更换。做好冬季“八防”工作，班组人员放空罐区及码头所有消防水管线，对罐区和付油台上下扶梯安装防滑垫。重要节日前，油库组织安全员及各班组负责人开展“安全生产大检查”活动，同时要求门卫人员要严格执行出入库管理制度，对外来车辆及提油车辆做好入库安全检查，发现可疑人员及时向值班管理人员报告。严格值班值守，确保值班人员到位，值班电话畅通。通过严密的防范措施，湖口油库2018年平稳度过了汛期、高温、冰冻天气，重要节日期间未发生任何安全事故。在县委、县政府各部门的大力指导和帮助下，湖口油库通过安全生产主体责任的落实、安全生产月、安全风险分级管控、隐患排查治理、十大专项整治等一系列活动确保了油库的安全生产，从而使湖口油库2018年未发生一起安全事故，油库的整体安全生产水平也得到了大幅提升。

（刘 虹）

附：中国石油湖口油库领导名录

主任：辛 鸿（2018年6月离任）

王福军（2018年6月到任）

化工化纤

【概况】 湖口化工化纤产业有赛得利（九江）纤维有限公司、天赐高新材料有限公司、晨光新材料股份有限公司、富达实业有限公司、力山环保科技有限公司、天盛塑料助剂有限公司、中佳实业有限公司、天赐中硝新材料有限公司、天祺氟硅新材料有限公司、泽美硅材料有限公司、赛瓷材料有限公司等规模以上企业25家。2018年，共完成主营业务收入82.21亿元，比2017年增长19.23%，占全县规模以上企业总量17.6%。2018年九江天赐高新材料有限公司被评定为国家高新技术企业、九江富达实业有限公司获得江西省第一批省级“绿色工厂”称号，九江力山环保科技有限公司顺利通过国家废弃物综合利用循环经济标准化试点验收，成为江西省唯一一家验收通过的企业。

【赛得利（九江）纤维有限公司】 赛得利（九江）纤维有限公司［以下简称赛得利（九江）公司］位于湖口县高新技术产业园，占地1008亩，注册资本金10.17亿元人民币，现有员工1112人。公司隶属于新加坡金鹰集团，属外商独资企业。2015年6月，赛得利集团完成对龙达（江西）化纤有限公司资产收购，成立赛得利（九江）纤维有限公司，并计划投资110亿元。这是金鹰集团策应九江市政府进一步带动上下游相关产业发展，把九江市打造成为全国差别化纤维的重要生产基地而布局的重点项目之一。2018年，赛得利（九江）公司面对宏观经济下行和行业竞争加剧的不利环境，紧握精益六西格玛和体系化管理这两件“武器”，保持了良好的发展势头。一期项目产量超额完成任务，比上年提高9.5%。新建二期16万吨差别化化学纤维项目顺利投产，自开机以来，产量和质量超过预期。随着二期项目的投产，以及一期提升改造项目的推进，在九江地区的产量突飞猛进。2018年完成主营业务收入32.69亿元，实现利润5204万元。赛得利（九江）公司推行品牌战略，推出的BV纤维、菁彩纤维和抗菌纤维深受市场好评，以赛得利纤维素纤维为原料制作的衣服，登上了纽约时装周，并获得了瑞士Oeko-tex纺织品鉴定证书，确认其产品不含有害物质，成为中国首家获得STeP认证的纤维素纤维企业，符合欧盟人类生态学的要求。2018年，赛得利（九江）获得高新技术企业证书，跻身高新技术企业行列。为了培养人才，赛得利集团将企业大学——赛得利学院设立在赛得利九江工厂。学院落户后，制定了周密的培训计划，为12619（人次）提供了203499（人·时）有针对性的培训，每个人都有70多个小时的学习时间。这些学习既包括新员工的入职培训，也有老员工的能力提升训练。为进一步落实好江西省大气污染防治条例，加快落实湖口高新技术产业园分散燃煤小工业锅炉关停方案，提高能源利用效率，保护生态环境，减少资源浪费，实现节能减排目标，投资 1.2 亿元，新建湖口高新技术产业园金砂湾区域集中供热项目。项目建设供热管网、管道 10 千米，为园区 20 余家用热能企业提供热能。该项目于2018年5月12日开工建设，2018 年底建成正式供气。

（王腾飞）

附：赛得利（九江）纤维有限公司领导名录

总经理：陈小荣

【江西晨光新材料股份有限公司】 江西晨光新材料股份有限公司创建于 2006 年，注册资金 13800 万元，位于江西湖口高新技术产业园。至 2018 年，建成了氨基硅烷、环氧基硅烷、氯丙基硅烷、含硫硅烷、乙烯基硅烷、烷基硅烷、含氢硅烷等 9 大类产品 30 条生产线，是国内有机硅烷偶联剂行业全产业链生产厂商之一，也是目前国内专注于硅烷偶联剂、偶联剂单体、中间体的研发和生产的龙头企业之一，是一家融科研、生产、经营为一体的有机硅烷偶联剂高新技术企业。2018 年完成主营收入 5.59 亿元，利税 1.83 亿元。公司现有职工 520 人，其中：大中专学历以上人员 436 人；拥有科研人员 71 名，其中博士 2 人，硕士 13 人，高级工程师 5 人，工程师 12 人。先后承担了“江西省重点成果转移转化项目”“江西省发明专利产业化项目”等多项省、市科技计划项目的实施。开发的“氯丙基三乙氧基硅烷”“3- 氯丙基三烷氧基硅烷清洁生产方法”等 8 项成果获得江西省科技成果证书。共申报专利 45 项，其中 8 项发明专利和 24 项实用新型专利获得授权。公司年产 6 万吨有机硅烷偶联剂项目一期工程竣工验收，项目二期工程正在建设中。2018 年 9 月中国证监会江西监管局受理江西晨光 A 股上市辅导备案申请，公司筹建“年产 6.5 万吨有机硅新材料技改扩能项目”作为企业主板上市后融资主体项目，该项目已经通过备案，并完成前期环评工作。2018 年公司相继获得江西省科技创新示范企业、江西省模范劳动关系和谐企业、九江市先进党组织、中国技术市场金桥奖、科技部优秀民营科技企业等荣誉。

（葛利伟）

附：江西晨光新材料股份有限公司领导名录

董事长：丁建峰

总经理：丁冰

【九江天赐高新材料有限公司】 九江天赐高新材料有限公司（以下简称“九江天赐”）成立于 2007 年 10 月，注册资金 40700 万元，位于湖口高新技术产业园，是一家拥有自主知识产权、核心竞争力的国家高新技术企业。公司占地面积从 300 亩发展到 2000 余亩，现有职工总人数 1300 人，拥有 20 多条生产线，产品涉及锂离子电池材料、日化及特种化学品和有机硅功能材料三大业务板块。围绕新材料、新能源主导产业，重点布局从锂辉石到碳酸锂再到正极材料及电解液的全部锂电新能源材料产业链。九江天赐子公司九江天祺成功收购攀森新材料有限公司。通过兼并重组、盘活存量等方式，打造新能源材料循环产业基地，逐渐形成“一个基地、三大地块、一个研发中心的‘1+3+1’”发展格局。2018 年规模全球领先的 29000t/a 阳离子调理和氨基酸绿色表面活性剂生产线成功投产，30000t/a 磷酸铁项目试产成功，2000t/a 固体六氟磷酸锂项目正在建设中，500 万吨 / 年锂辉石选矿工程正在试生产。全年完成主营业务收入 11.05 亿元，实现利润 5047 万元，入库税金 2210 万元。

九江天赐的主营业务产品有卡波、氨基酸、表面活性剂、阳离子淀粉等日化材料；有六氟磷酸锂和锂离子电池电解液等锂离子电池原材料。九江天赐始终坚持以研发引导技术、以技术推动产品的发展理念，每年科研经费投入占销售总收入的3%以上，先后组建了科研体系平台，省级院士站1个、省级博士后站1个、省级企业技术中心1个，省级工程技术研究中心1个，是全国首批达成“锂离子电池行业规范条件”的8家企业之一，3月顺利通过CNAS中国合格评定国家认可委员会认定，2018年被评定为“国家高新技术企业”，“高能量密度锂离子动力电池电解液”获江西省科技进步三等奖，第九届中国技术市场金桥奖，被批准为“江西省智能制造试点示范项目”和“江西省两化深度融合示范企业”。

（崔　跃）

附：九江天赐高新材料有限公司领导名录

总经理：赵经纬

【九江富达实业有限公司】 九江富达实业有限公司是一家高新技术企业，由浙江福隆纺织染料有限公司控股。主要从事分散染料、染料中间体和其他化工产品的研发、生产、销售。现有分散染料B-77、B-73、B-56、染料中间体、硝化、偶氮、后处理、硫酸铵八条生产线，年产量1万吨以上，产品技术达到国内领先、国际先进水平。公司产品覆盖国内三十几个省市，自治区，并远销日本、韩国、美国、东南亚、墨西哥、瑞士等多个国家和地区，与国际多家著名染料公司有着长期、紧密的技术合作与贸易往来关系。拥有2项发明专利，10项实用新型专利，是出口工业产品一类企业，是国家化工行业HG/T4966-2016（C.I分散蓝77）的第一起草单位，“艳棱”是企业的注册商标。2018年年末，公司总资产达8.2亿元，销售收入12.5亿元，利润总额3.9亿元，税收1.02亿元。

2018年4月，公司采购的消防车正式入驻富达厂区，经组织相关人员验收及培训，已现场验收合格，可正式投入使用。

2018年10月，国家发改委领导、专家到该公司调研绿色发展情况。

2018年10月，荣获第九届中国技术市场金桥奖，并受邀参加颁奖典礼。

2018年10月，第一批省级绿色制造名单中共评出了36家“绿色工厂”，九江富达实业有限公司成为江西省第一批获此殊荣称号的企业。

2018年12月，公司以1210万元成功竞得原江西浔朋化工有限公司破产财产。

（郭钟炜）

附：九江富达实业有限公司领导名录

总经理：潘海标

【九江力山环保科技有限公司】 九江力山环保科技有限公司（简称力山环保公司）位于湖口高新技术产业园金砂湾园区，占地面积300亩，2006年建成投产，注册资本9411.76万港元，员工300人。2015年中粮集团收购公司51%的股份，下辖全资子公司江西隆昌生物能源科技有限公司。公司以油酸、二聚酸、单体脂肪酸、硬脂酸、脂肪酸甲脂、植物沥青业务为主，年加工废植物油40万吨。产品主要出口欧美及东南亚二十多个国家和地区，其中二聚酸产品出口份额占中国出口的50%以上。2018年已完成主营业务收入2.23亿元，实现利税1684万元，入库税金1350万元。

公司拥有多项自主知识产权，各种专利27项，新产品、新工艺、技术合作等研发项目达26项，2018年获得江西科学技术进步三等奖。通过了LSO9001质量管理体系、LSO14001环境管理体系、清洁生产、安全生产标准化三级及国家鼓励的资源综合利用的认定，为江西省省级企业技术中心、江西省油脂化工工程技术研究中心、国家循环经济标准试点企业。2018年12月获得江西农业农村厅认定为“江西省农业产业化省级龙头企业”称号，顺利通过国家废弃物综合利用循环经济标准化试点验收。力山环保公司为了企业发展，在完成了油酸三期扩建改造后，2000T/D污水处理工程，构筑物及综合厂房已进入收尾阶段，周边道路及地面硬化辅助工程已完成，污水处理工艺设备以及管道等已安装结束，11月开始调试；锅炉烟气脱硫除尘工程已完工、焗炉车间两台导热油炉及1台蒸汽炉已点火试运行；10千伏供电专线已完工，并经供电公司验收已正式送电，水解系统成功试车。

（余家家）

附：九江力山环保科技有限公司领导名录

副总经理：刘建成　吴中将

【九江天盛塑料助剂有限公司】 九江天盛塑料助剂有限公司（简称天盛助剂公司），主要从事PVC热稳定剂产品的研发、生产和销售，2018年已形成年产4万吨塑料助剂生产能力，当年完成主营业务收入2.43亿元，实现利润918万元，入库税金835万元。

天盛助剂公司2016年建立了国内首家塑料助剂院士工作站，由国内新材料领域权威——中国工程院院士蹇锡高教授担任首席科学家，该院士工作站2018年被评为省级院士工作站。天盛助剂公司是全国重要的PVC热稳定剂生产基地之一，被行业推荐为中国塑料加工协会塑料助剂专业委员会副理事长单位和全国热稳定剂分会副会长单位，是全国塑料助剂行业知名企业，是三盐基地硫酸铅、二盐基亚磷酸铅产品行业标准的起草单位。2018年，为了贯彻落实绿色发展理念，投资2000万元，实施了厂区、道路、厂房、仓库等公司环境的绿化改造，实施了设备更新、"三废"污染物治理的改造，并且当年全部竣工。

（巫书刚）

附：九江天盛塑料助剂有限公司领导名录

总经理：阮文响

电子信息

【概况】 湖口电子信息产业是在培育的战略性新兴产业。主要企业有嘉远科技、仁义新能源、健诚电子、友邦光电、富盈科技、德佳电子等10余家。

【九江嘉远科技有限公司】 九江嘉远科技有限公司（简称嘉远公司）注册资本1500万元，主要从事陶瓷吸嘴的生产。员工总人数为60人，其中大专以上学历人员比例占总人数的25%。2018年完成主营业务收入5673万元，缴税总额为430万元。

嘉远公司共申报了26项专利，其中获得授权的发明专利2项，实用新型专利15项、外观专利4项，还有2项发明专利、3项实用新型正处于实质审查阶段。2018年6月，市委书记林彬扬到嘉远公司视察，2018年8月被评定为高新技术企业，获得了潜在瞪羚企业称号，11月份通过了国家ISO9001：2015质量管理体系认证，12月获九江市优秀企业和优秀厂长称号。嘉远公司投资1500万元，于2018年元月将企业搬迁到湖口高新技术产业园海山科技园区原友邦光电的厂区。

（唐雪华）

附：九江嘉远科技有限公司领导名录

总经理：冯斌

生物医药

【概况】 到2018年，从事生物医药和医疗器械生产的企业有中星医药、钟山药业、利泰制药、铭铉医疗器械、铭铉坤泰、铭铉精密钣金、高科制药等7家。

【九江中星医药化工有限公司】 九江中星医药化工有限公司位于湖口高新技术产业园，是一家集研发、生产、销售呼吸道类、心血管类和氨基酸类医药中间体的高新技术企业。2018年，完成主营业务收入1.35亿元，实现利润3000万元，入库税金1572万元。

公司注重新产品、新技术、新工艺的研发和创新，研发费用累计投入2400余万元，拥有技术专利26项，完成成果转化应用23项，并且有11项已经产业化。其中：自主研发的DL-巯基丁氨酸，既是专利保护产品，同时获得省级“重点新产品”称号。公司是全球第一大DL-巯基丁氨酸生产商，占全球市场总额的90%以上。2006年开始与意大利埃德蒙公司合作，先后还与韩国、印度等厄多斯坦生产企业紧密合作。2013年开始与美国第一大化工企业“巴斯夫”公司合作，共同开发4，4-二羟基二苯砜、双份S，用于生产特种工程塑料聚醚砜树脂（PES）,用于航空、航天领域，近年开始用于人造骨骼。产品出口至欧洲、美国、韩国、印度、日本等国家。

2018年下半年，中央环保督查组到湖口督查后，公司投资5800万元，对各生产车间及废水、废气、废渣的处理系统实行全面、彻底升级改造，历时3个月，全部竣工，实现了厂区雨、污分流，车间清、污分流，尾气集中处理，清水循环利用，达到了源头控制、过程管理、末端治理的环保要求，经省环保厅组织专家组验收，该环保提升改造工程达到了国家环保要求。2018年下半年，投入500多万元对长江岸线九江中星医药化工有限公司段进行升级改造，完成沿江岸线护坡300多米，江堤绿化面积6000多平方米。（赖立冬）

附：九江中星医药化工有限公司领导名录

行政总监：张银生

【江西钟山药业有限责任公司】 江西钟山药业有限责任公司位于湖口高新技术产业园，占地42亩，注册资本5000万元，现有员工120人，拥有产品品种41个，中药提取能力1.8万吨/年，2018年主产品有片剂7500万片、胶囊12500万粒、颗粒剂860万包、糖浆剂500万瓶、口服液7000万支、小容量注射针剂6250万支。其中：小容量注射针剂：野菜花针剂、蒲公英针剂属原企业独创产品，现成为九江市最大的中成药生产企业。全年完成主营业务收入0.64亿元，实现利润982万元，入库税金129万元。

2018年，投入1000万元，重点实施针剂车间和前处理车间质量规范要求（GMP）的改造，到年末，改造工程已全面完成并且进行设备安装调试，预计2019年即可通过国家定期的GMP认证验收。

（周积如）

附：江西钟山药业有限责任公司领导名录

董事长：张桐生

【九江高科制药技术有限公司】 九江高科制药技术有限公司坐落于湖口高新技术产业园区，占地50亩，建筑面积37000余平方米，注册资金1000万元，现有员工70余人，是一家集医用生物质医用材料研发、生产和销售为一体的高新技术企业，是江西省战略性新兴产业重大项目，是农工党中央同心圆基金会“同心圆工程”全国乡村医生培训独家承办单位。2018年完成主营业务收入1.28亿元，实现利税580余万元。2018年获得“科技型中小微企业”“江西省专精特新企业”“九江市专精特新企业”等称号，获得“九江市生物质医用材料工程技术研究中心”依托单位和“江西省节能减排科技创新示范企业”称号。

公司拥有自主知识产权的发明专利1项，独占式授权许可发明专利1项，实用新型专利12项，2018年申报发明专利1项，实用型专利5项，授权专利3项。已建成1400余平方米、十万级净化贴剂生产车间，主要生产产品为具有国家二类医疗器械批准文号的远红外透皮治疗型贴剂。公司柔性聘请了澳门科技大学副校长姜志宏教授、国家中药现代化工程技术研究中心主任曹晖博士、主任助理高进博士、南方医科大学张东淑教授等专家学者，为公司技术指导，公司技术团队共有21人，其中研究生学历6人，其余拥有大专及以上学历的占80%。

2018年11月3日，“同心圆工程走进江西湖口”基层医生培训和大型义诊活动启动仪式在江西省湖口县中医医院举行。

2018年11月16日，江西省科技厅副厅长赵金城、国家中药现代化工程技术研究中心主任助理高进博士等专家组一行，到九江高科制药调研指导生物医药创新、科技项目申报等工作，并就生物医药创新、科技项目申报工作等进行了座谈交流。

2018年12月27日，公司执行董事、副总经理屈乾斌与澳门科技大学副校长、澳门药物及健康应用研究院院长姜志宏在珠海签订了技术创新专家顾问协议。

（屈乾良）

附：九江高科制药技术有限公司领导名录

董事长 / 总经理：屈乾良

执行董事：屈乾斌

【铭铉（江西）医疗净化科技有限公司】 铭铉（江西）医疗净化科技有限公司坐落在湖口高新技术产业园台山工业区，占地28亩，注册资本3380万元，现有员工100人，主要生产数字化洁净手术室配套产品，用于ICU病房、血液病房和中心供应室。2018年完成主营业务收入0.42亿元。实现利润88.6万元，入库税金307.8万元。

产品重点销售沈阳、北京、成都、长沙、九江、昆明、广州、香港等主要城市。其中中国内三甲医院的销售额达到60%。同时还远销东南亚、南非、澳洲、印度、朝鲜及欧美多个国家和地区。该公司拥有3个生产基地，60多项知识产权专利，2018年获江西省科技厅颁发的“瞪羚企业”称号。

铭弦（江西）产业园初成体系。近年来，以铭铉（江西）医疗净化科技有限公司为龙头，配套新建了3家企业：江西铭铉坤泰自动化设备有限公司、江西铭铉精密钣金加工有限公司、镁陶新材料钣业有限公司。江西铭铉坤泰自动化设备有限公司，主要从事医疗净化设备的制冷站、制热站、舒适性空调、厂房洁净空调、手术室中央空调、温度、电机起动、配电及工业自动化等控制系统的生产。江西铭铉精密钣金加工有限公司，主要从事医疗净化设备的钣材加工。2018年，创办的镁陶新材料钣业有限公司，主要从事医疗净化设备镁、陶等新材料加工。至2018年，铭铉（江西）产业园医疗手术室安装年综合产能达到5000间，当年实际完成产量2000间，完成主营业务收入2.22亿元，入库税金353.50万元。

（夏春林）

附：铭铉（江西）医药净化科技有限公司领导名录

总经理：朱文华

船舶工业

【概况】 2018年，湖口造船企业有同方江新造船有限公司、华东船业有限公司、中船阀门有限公司、迎航船舶有限公司、盟兴造船工程有限公司、茂云船舶构件加工安装有限公司、鋆喆船舶机械有限公司、云亭船舶工程有限公司、润江船舶工程有限公司、九江船厂有限公司等10家。其中同方江新造船、中舶阀门2家企业改制前是国防“三线”工业。

【同方江新造船有限公司】 同方江新造船有限公

司（代号 9318 厂）坐落在湖口高新技术产业园。公司前身为军工企业，是同方股份旗下的全资子公司，注册资本 5.35 亿元，占地面积 500 亩，现有员工 600 人，2018 年实现主营业务收入 27298 万元，完成工业产值 24389 万元，完工交付船舶 9 艘，实现利税总额 1500 万元，新签合同 13076 万元。

同方江新造船有限公司已具备的资质能力 2 万吨级，主要生产设备完好率为 98.9%，是全国 60 家符合《船舶行业规划条件》重点造船企业之一。2018 年，公司在制船舶 6 型 22 艘，交付船舶 9 艘。其中，温州市海洋与渔业执法支队 300 吨级渔政船——“中国渔政 33026”是国内渔政执法船标准型升级为高速船后的首制船舶，该船各项性能全部达到或超过合同的技术水平要求。2018 年在制军品 1 型 15 艘，分别为 28 米 22#–24#、25#–36#，28 米 22#–24# 已按期交付海军，28 米 25#–27# 正在系泊试验阶段，31#–33# 正在密性试验阶段，28#–30# 正在试水件安装阶段。年初，公司按省国防工办下发《转发省发改委关于组织申报 2018 年省军民融合产业发展引导资金项目的通知》要求，呈报了在建项目 6081，3 月份，顺利通过江西省军民融合产业发展引导资金入围企业名单，并获得了政府 100 万专项奖励。6 月份，按照《江西省船舶产业优化升级实施方案》，湖口县被定为江西省船舶产业优化升级试点县，同方江新造船公司作为一家有着 50 多年船舶建造历史的军工企业，为了实现传统产业优化升级，从厂区生态环境到新产品、新技术、新工艺的研发做了详细具体规划。同方江新造船公司坚持科技创新为龙头，强化创新驱动发展。全年申报新产品 2 项，分别为 8 米型溢油回收船和 12 米小型溢油回收船项目；申报各类技术专利 9 项，其中已授权 2 项，实用新型专利共 11 项，涵盖船体、电机、轮机、电气、内装等各个专业；全年在各类科技刊物发表论文 7 篇，1 人成功入选九江市“双百·双千”高端人才工程。

4 月 28 日上午，九江职业技术学院院长曾青生，与同方江新总经理祝建华，在九江共同签署了“同方江新造船有限公司—九江职业技术学院”校企战略合作协议。5 月 30 日，是“全国科技工作者日”。九江市副市长李军一行到同方江新造船有限公司院士工作站，代表中共九江市委、九江市人民政府，实地走访慰问同方江新技术中心 10 余名科技工作者代表，为企业全体科技工作者送上节日慰问。九江市科协主席周光灿、副主席欧阳长茂、陈冬青、黄建华、湖口县委副书记张南、县科协主席刘小贵等随同走访。

6 月 29 日上午，“温州市海洋与渔业执法支队 300 吨级渔政船接水仪式”，在同方江新码头隆重举行，该艘温州 300 吨“中国渔政 33026”船顺利完成下水。

7 月 12 日上午，清华大学深圳研究生院试验母船“清研海试 1”号船，以及中国长江电力股份有限公司“长江工程船 1 号”下水仪式，在同方江新江边万吨级船坞旁分别举行。下水仪式由副总经理代其国主持，党委书记钱叶平致辞。清华大学深圳研究生院、长江电力检修厂、武汉长江船舶设计院、CCSI 武汉分公司等领导和嘉宾，出席了下水仪式并分别致辞。

8 月 20 日，保利科技有限公司与同方江新造船有限公司军贸战略合作协议签署仪式在北京同方总部举行。同方股份副总裁、同方军民融合产业本部总经理、同方江新造船有限公司董事长张兴虎先生，出席了本次签约仪式。同方江新总经理祝建华与保利科技总经理助理孙矢赫共同在战略合作协议上签字。同方江新副总经理胡宪友主持了签约仪式。

9 月 13 日，“山东海事局 40 米级 B 型巡逻船下水仪式”在同方江新江边码头隆重举行。上午 10 时，山东海事局 40 米 B 型巡逻船——“海巡 0526”号滑入长江顺利接水。

9 月 27 日至 28 日，中共中央政治局常委、国务院总理李克强乘坐由同方江新造船有限公司制造的中国“渔政 33111”高速渔政船，在浙江舟山、台州等地考察。中国“渔政 33111”高速渔政执法船是同方江新造船有限公司为浙江舟山市普陀区海洋与渔业局建造的，是国内 300 吨级渔政船中航速最快、装备最先进的精品船。该船总长 49.8 米，型宽 7.8 米，型深

3.8米，采用双机、双桨推进形式，机舱自动化程度高，可在驾驶室集控室遥控主机，最高航速大于25节，具有航速快、机动性能好、反应能力强等特点。

10月9日及10月16日上午，同方江新造船有限公司建造的“海巡0432”40米级B型巡逻船及“海巡0313”巡逻船分别下水。

11月9日，经教育部批准的现代学徒制船舶工程技术大专班（试点）开班典礼暨拜师仪式在同方江新造船有限公司举行。九江职业技术学院副校长汪永根、同方江新常务副总经理孙水明，分别在本次开班典礼暨拜师仪式上做了主旨讲话。

11月19日，全国政协委员、中国船舶工业行业协会会长郭大成一行专程到同方江新造船有限公司考察调研。江西省工信厅航空船舶处副处长邹东宇，省船舶工业行业协会会长、同方江新总经理祝建华，省船舶工业行业协会秘书长余永波，同方江新党委书记钱叶平，副总经理刘道艳、代其国等陪同。

12月19日，省级船舶产业优化升级试点调研工作会议在同方江新造船有限公司召开，湖口县委副书记、县长鲍成庚出席并讲话。经江西省政府决定，在九江市开展为期三年（2018—2020）的传统产业优化升级省级综合试点，在湖口县开展船舶产业省级试点。

12月25日，同方江新造船有限公司建造的“海巡0526”巡逻船，在烟台芝罘海事局码头顺利签字交付，同方江新党委书记钱叶平与山东海事局装备处韩吉阳处长分别在交船证书上签字。同日，上午9时许，辽宁海事局“海巡0313”和河北海事局“海巡0432”巡逻船从同方江新舾装码头解缆起航，自航前往目的地港交船。该3艘海事巡逻船具有较强的巡航和执法能力，主要承担北方海事系统重要航道、重点水域的海事巡逻、监管和应急反应任务。

12月28日，由同方江新造船有限公司为长江电力股份有限公司建造的“长电工程船1号”在长江电力检修厂正式交付。长江电力股份有限公司电力检修厂副厂长胡毅力与同方江新副总经理胡宪友，分别在交船确认书上签字。“长电工程船1号”是为葛洲坝和三峡工程检修的关键设备，总长54.8米，型深3.5米，具备自航、浮吊、供水、供电、供气、清淤功能，双桩定位和四锚定位双定位，以及最大跨距达33米/40吨浮式起吊能力，主要用于葛洲坝枢纽电站水下检修，满足三峡电站和大坝全方位检修作业需要，提高了长江电力公司核心检修能力。

（陈庆华）

附：同方江新造船有限公司领导名录

总经理：祝建华

党委书记：钱叶平

副总经理：孙水明、代其国、刘道艳、胡宪友

【江西华东船业有限公司】 2007年9月，由福建石狮华东船务有限公司和浙江乐清市长虹船舶制造有限公司“强强联合”选址落户到湖口，坐落在湖口高新技术产业园，占地约500亩，注册资本1亿元，现有员工400人，拥有年造船能力10万载重吨。2018年公司资产总额达22387万元，主营业务收入5297万元，完成税收228万元。

华东船业公司建造的21000DWT（1330TEU）多用途集装箱船，是江西省最大的集装箱船，公司技术中心对主机中央冷却系统节能优化研发，达到每日（24小时）降低0.5T燃油消耗，年节约70万元的效果。与杭州中铁钢构集团合作开发制造的桥梁项目，解决当地就业人员250余人。技术中心研发的6700m不锈钢化学品船，可装载600多种化学品，无人机舱。计划新建4个1.5万吨船台，可修理与建造内河船舶。共研制实用新型专利30个，为造船业精工创新。通过省级船舶办及专家评估取得了三级一类船舶修理企业生产条件资质证书。在安全方面投入37.19万元，中秋和国庆两节及汛期等期间，行政部门主管领导轮流值班，查询生产过程中环节的突出位置，并组织安全应急管理小组进行复查、分层查，全面排查，排除隐患105条，全部整改到位，消除事故隐患。

（张兰荣）

附：江西华东船业有限公司领导名录

总经理：朱寿丰

装配式建筑部品部件

【概况】 装配式建筑部品部件产业，是湖口新兴的产业，县政府决定把装配式建筑部品部件产业列为湖口首位培育的新兴产业。

【九江市置地远大建筑工业有限公司】 坐落于湖口高新技术产业园海山科技园区，占地102亩，项目投资10亿元，计划建设4万平方米大型现代化工业厂房，采用远大住工自有知识产权的自动生产装置和流水线，实现规模化、集成化。生产装配式建筑构部件，年产住宅面积80~90万平方米，2016年11月3日签约，年内开工建设，2018年5月25日首个项目建成投产。全年已生产装配式建筑构件2019.48立方米。其中，外挂板670.09立方米，楼板1045.09立方米，楼梯332.25立方米，梁62.03立方米。产品质量合格率达到97.82%至98.94%。

承接的第一个装配式建筑项目是湖口县第三小学扩建工程。7月26日在湖口县第三小学举行开工仪式，第一块装配式预制构件开始吊装。该项目占地24.1亩，建筑面积11155.24平方米，项目总工程量3362.13立方米，含教学楼、学生食堂、综合楼各一栋及校门、装配式建筑供货构件有叠合楼板、叠合梁、外墙板、预制楼梯、空调板，装配式建筑预制率36%，采用装配式建筑PC构件1217.07立方米。2018年末，主体工程全部完工。2018年在承接湖口县第三小学装配式建筑工程后，陆续承接了湖口县第五中学新建项目、中红普林有限公司新建项目、瑞鑫智慧城新建项目、科创基地创建项目和九江市八里湖第一小学扩建项目，所有项目均采用装配式建筑构件生产。

（李 伟）

附：九江置地远大建筑工业有限公司领导名录

董事长：韩俊文

总经理：董少清

其他产业

【江西五星纸业有限公司】 江西五星纸业有限公司（简称五星纸业）坐落于湖口高新技术产业园银砂湾园区，占地面积1500亩，注册资金1.5亿元，是一家从事格拉辛纸、转移印花纸、食品卡纸等特种纸生产和销售的民营企业。公司现有员工266人，年产110万吨特种纸项目中1号机年产15万吨格拉辛纸生产线主体工程于2018年10月底已完成，11月份完成安装调试并试生产，同时启动2号机、3号机生产线建设。五星纸业热电联产项目总装机90兆瓦，分期建设，其中1台130/h高温高压循环流化床锅炉，配套背压式汽轮发电机组于2018年10月份建成并调试生产。项目全部建成后，年可实现主营业务收入100亿元，利税10亿元。五星纸业以100%优质进口漂白木浆作为原料，采用先进的自动化工艺设备，生产作业过程实现了标准化、程序化管控。产品畅销国内沿海、韩国、东南亚、中东等地区，与康师傅、香飘飘等知名企业建立了长期合作伙伴关系。

（徐喜忠）

附：江西五星纸业有限公司领导名录

总经理：徐喜忠

【江西大家食品有限公司】 江西大家食品有限公司（简称大家食品）坐落在江西湖口高新技术产业园（海山一支路），是一家集水产品加工、销售为一体的并且拥有国家外贸自营权的食品加工企业。依托鄱阳湖淡水鱼丰富的资源和湖口历史悠久的淡水鱼加工技艺，生产具有传统特色的酒糟鱼系列产品。核心产品是酒糟型凤尾鱼、豆豉鱼、小溪鱼等。产品包装有礼品食品、旅游食品、方便食品、休闲食品等四大类型。大家食品已成功向国家商标注册局注册了“愚哥”“吉阿婆”等十多个产品商标，其中“愚哥”牌商标被江西省工商管理局及江西省著名商标认定委员会认定为江西省著名商标。“愚哥”牌酒糟鱼被江西省商务厅授予“江西老字号”产品称号。大家食品先后被评为“江西省肉禽食品行业十佳企业”“江西省农业产业化省级龙头企业”“全国食品工业质量竞争力卓越企业”。“愚哥”“吉阿婆”系列产品通过农工商及全国各省级食品批发市场走向全国各地。销售主渠道覆盖江西及全国10多个省、市和地区。2018年，生产“愚哥”“吉阿婆”酒糟鱼4000吨，完成主营业务收入1.08亿元。

大家食品为了做大做强企业，2018年6月16日开始实施扩建技术改造项目，总投资1亿元，在江西湖口高新技术产业园（海山一支路），占地80亩，新建厂房41200平方米，购置了国内先进的食品烘烤、杀菌、冷藏等加工设备40多台（套），新增三条罐头自动生产线，另建办公楼、宿舍楼、展示厅等配套设施。为了传承“江西老字号”企业文化，在生产车间主体厂房内建设游客观光平台800平方米和1栋1400平方米的鄱阳湖水产博物馆，供游客参观。

（周衍霞）

附：江西大家食品有限公司领导名录

董事长：骆保华

本栏编辑　柳爱平

江西湖口高新技术产业园

综　述

江西湖口高新技术产业园（简称园区），规划面积40平方千米，截至2018年末，开发建成面积20.02万平方千米，已经形成金砂湾园区、银砂湾园区和海山科技园区“一园三区”的分布格局。入园企业达到110余家。其中规模以上（年主营业务收入2000万元以上）工业企业达到59家，已经初步形成新材料产业园、纤维素纤维产业园、装配式建筑产业园“三大”产业园。园区坚持生态优先，绿色发展理念，自2018年启动了打造长江最美岸线工程。园区在建项目31个，固定资产投资额超900亿元。其中：单项投资10亿元以上项目21个，列入省重大项目2个，列入市重大项目7个。园区高新技术企业由2017年12家发展到15家，年纳税1000万元以上企业13家。2018年，园区企业完成主营业务收入414.4亿元，完成工业增值78亿元，实现利润总额64.8亿元，三项经济指标增速位于全市前列，工业用电量排全市第一位，港口货物吞吐量占九江港38%，园区2018年经济总量位居全省省级工业园区第5位。

【年纳税1000万元以上企业13家】 2018年，江西湖口高新技术产业园内有九江萍钢钢铁有限公司、九江富达实业有限公司、神华九江电厂、方大科技有限公司、晨光新材料股份有限公司、九江天赐高新材料有限公司、赛得利（九江）纤维有限公司、万年青水泥有限公司、杭氧气体有限公司、力山环保科技有限公司、中星医药化工有限公司、金砂湾联达冶金有限公司等13家企业年纳税在1000万元以上，其中有九钢和富达在1亿元以上。九钢2018年纳税24.13亿元。

建设长江最美岸线

【概况】 湖口县牢牢把握长江“共抓大保护、不搞大开发”战略导向，按照打造长江“最美岸线、建设长江经济带绿色发展示范区”的要求，以水美、岸美、产业美、环境美为目标。2018年启动打造长江最美岸线工程，县财政主导投入近5亿元，撬动九江钢厂，神华九江电厂等重点企业投入10亿余元，对24千米长江岸线湖口段进行高起点规划、高标准建设。

实施“绿岸”工程。按照“堤外生态绿化带、堤内生态景观带”的要求，对沿江岸线实施绿化、美化提升。

推进山体修复。采用石笼防护挡墙、边坡整理、原生树木移植、挂网喷播等技术措施，对沿江30处共60.7万平方米的裸露山体进行生态修复。

开展非法码头整治。拆除沿江沿湖非法码头13个、规范提升码头泊位9个。

推进沿江化工企业去清。关停拆除5家“小、散、乱、污”化工企业。

推进园区生态化改造。在全市率先开展了生态化改造、清洁化整治、绿色化生产“三大”专项行动，园区生态环境得到明显改善提升。

实行沿江排口“三化”整治。对沿江13个排口按照“环境生态化，建设标准化，监管智能化”的要求全面整治提升。

开展沿江矿山砂山整治。采用回填复垦方式，共平整矿区1500余亩，覆绿矿区3000亩。

完成沿江固废清理。对19个长江岸线固废点进行核查清理，共清理固废138444.5吨，废旧船体17艘、废旧加工机组9套，皮带机14条、破碎机7台、临时办公用房19间。

实行砂石码头整治。对12家沿江“小、散、低”砂石码头进行整合治理，其中：拆除码头8座，同时成立湖口县长江港务有限公司，建设综合性砂、石集散中心。

开展绿色工厂创建。九江钢厂、神华九江电厂、天赐高新材料、晨光新材料等8家企业，累计投入4.53亿元，对厂区环境进行整体绿化，美化提升，打造了一批生态绿色示范工厂。

【最美岸线项目建设】 为策应打造长江最美岸线，由园区投资改造项目12个，总投资10456万元。其中：2018年已实施项目4个，总投资5107万元。湖口段景观环境提升改造项目，投资1109.8万元，外运种植土、平整场地栽种乔木、灌木，2018年11月开工，当年12月竣工；银砂湾园区团山路及绿化工程，投资2361.14万元。新道路、路灯、栽种香樟，2018年7月开工，当年12月竣工；高新大道人行道及绿化工程，投资704万元，2018年6月开工，当年11月竣工；柘矶路修整及绿化工程，投资932万元，2018年10月开工，当年12月竣工。

【生态化改造项目建设】 2018年，已实施完成21个标段单体项目，累计投资3亿元。聘请南京大学环保研究院、江苏环境科学研究院两个专家团队、对园区重点企业继续进行“一企一策”环境改造。改变污水管网地埋方式，在全市率先推行综合管廊建设，实行“一企一管一池一阀”，26家化工企业污水管道全部采用明管高空动力输送，工业园污水处理设施出水达到《城镇污水处理厂污染物排放标准》中的一级B标标准。围绕装配式建筑、纤维素纤维、化工新材料循环产业园三大专业特色产业园区、已逐步形成“工艺互联、产品互供、链接共生、资源共享”立体化产业生态。

【5家“小、散、乱、污”化工企业被清退】2018年9月中旬，经县化工企业清理整顿领导小组研究决定，对浔朋化工、中伟科技、劲农化工、永恒科技、宏科化工等5家化工企业进行整治关闭。由工信委和国土局牵头，负责清退拆除浔朋化工有限公司，厂房、设施已全部拆除，杂物已基本清理完毕，并且进行了植树覆绿；由高新园区和环保局牵头，负责清退拆除中伟科技有限公司，并且聘请了具有化工拆除资质的江苏孝通建设工程有限公司进场处置拆除，当年已拆除了一、二期设备，预计2019年上半年可以处置、拆除完毕；由县安全监督局和农业局牵头，负责清退拆除劲农化工有限公司，当年已拆除部分车间和厂房，并且进行了土地平整，预计2019年5月之前可以实施生态覆绿；由县人社局和科技局牵头，负责清退拆除永恒科技有限公司，当年，厂区已全部拆除并完成平整；由市场监督局和商务局牵头，负责清退拆除九江宏科化工有限公司，当年已完成危房、固废的处置和清退。

【园区闲置用地盘活1500余亩】 为缓解园区用地紧张局面，进一步发挥园区土地使用效益，暨2017年推进园区土地二次开发后，2018年，继续推进闲置用地、闲置厂房和“僵尸企业”的清理工作。当年，已完成彬鑫、佳宝、安防、新德佳电子、盈联实业、攀森的清退盘整工作。盘活土地1520亩。并且启动对荣侨电子、海纳川、金旺国际物流、远能机器人等企业的清退工作。

高新产业

【高新产业企业发展到15家】 2018年，湖口工业企业中高新技术企业由上年12家发展到15家。15家高新技术企业分别是：九江天赐高新材料有限公司、江西晨光新材料股份有限公司、九江富达实业有限公司、九江天盛塑料助剂有限公司、赛得利（九江）纤维有限公司、钟山药业有限责任公司、九江中星医药化工有限公司、江西金元莱高新材料有限公司、铭铉（江西）医疗净化科技有限公司、江西赛瓷材料有限公司、九江普荣高新材料有限公司、九江泽美硅材料有限公司、九江嘉远科技有限公司、九江高科制药技术有限公司、湖口县东升机电加工有限公司。2018年，高新技术企业完成主营业务收入81.37亿元，比上年46.13亿元增长76.4%，高新产业总量与全县工业总量占比比上年提高了8.72个百分点。

【九江天赐高新材料有限公司获批为国家高新技术企业】 九江天赐高新材料有限公司主要从事锂电池材料及个人护理品材料的生产，其自主研发的高倍率电解液、动力电解液、高容量电解液的配方技术，打破了日、韩企业在这一领域的长期垄断，使企业成为国内首家，全球著名的晶体六氟酸锂规模化生产的供应商。2012年，是湖口首家，经省科技厅认定的高新技术企业。2018年8月经省科技厅、省财政厅、省税务局认定为国家高新技术企业。

【海山科技创新试验区建设】 县政府与市科技局在湖口高新园区内共建海山科技创新试验区。规划面积5.6平方千米，重点建设1平方千米的核心区。构建试验区是湖口县实施“湖口创谷”计划的重要内容，其目标是创建国家高新区。采用模式是“政府引导，企业主体，协同创新”，建成科技服务中心、金融服务中心、人才服务中心，培育一批创新主体和创新平台。2017年入驻的创新中心和在孵科技型企业13户，2018年在孵科技型企业达到30户，其中：福美纳水剂、增溶调理等2个孵化项目已成功实现科研成果转化应用。南京工业大学安元科技产业园、清研新视高端制造产业园、湖口县大建康产业转化基地、湖口县新动能产业培训基地基本成型。新建13万平方米的科创综合体、3万平方米的天赐科创大厦，1.5万平方米的富达研发检测大厦正在加速建设，九江嘉远科技等项目已竣工投产。全县已柔性聚集院士、博士等高端科创人才52人，建有院士工作站5家，拥有“国家千人计划”、“国家万人计划”、国家创新创业人才“赣鄱英才”和“双百·双千”等领军人才近30人，高技能创新人才153人，建成市级人才示范点2个。

园区建设

【概况】 为更好地服务园区企业的发展，2018年，园区基础建设、产业服务以及服务功能得到了进一步完善和提升。高标准打造完善了基础设施，建设主、次道路26条共50余千米，4万吨污水处理厂1座、公共码头1座、供水、供电、供热、供气、网络、雨污管网等基础设施实现了园区全覆盖。公租房、学校、医院及中央商务区、星级酒店、文体中心等生活设施配套完善，随着神华九江发电厂的建成投产及直供电政策的逐步实施，工业电价更具优势。

【金砂湾园区集中供热中心建成】 为了加快推进园区绿色发展，帮助企业节能减排，2018年，在金砂湾园区以赛得利（九江）纤维有限公司的富余热能为供热源，建成了金砂湾园区集中供热中心，当年竣工投产，已提供20余家用热能的企业，同时，在金砂湾园区已全面淘汰10蒸吨/小时及以下燃煤锅炉。

【“一次办”服务机制建立】 继续推行项目用地服务、前期审批、报建验收、企业融资、码头建设等5个专业协调小组工作机制，完善“两基金、两平台”投融资模式和“工业110”快速反应服务平台。全面完成驻园区分局（分支机构）赋权清单，由园区分局（分支机构）行使或受理代办，切实做到园区项目审批服务“一窗受理，并联审批，限时办结”，服务对象只跑一次，实行“一次办理”，最大限度方便企业办事。

【三级联动新开工重大项目开工仪式举行】 6月28日上午，湖口县2018年列入省、市、县三级联动新开工重大项目开工仪式在县高新园区科创综合体项目现场举行。县委书记李小平出席并下达开工令，县委副书记、县长鲍成庚出席讲话，县委副书记张南、县人大常委会主任阮洋、县政协主席杨小林、县领导史文、柯景坤、邱玉林、叶子、刘强、李水木、洪海峰、周小喜出席开工仪式，并共同为科创综合体项目奠基。

（周利君）

本栏编辑　柳爱平

九江天赐研发中心

交通　邮政

综　述

湖口县交通运输行业的主管部门是县交通运输局。县交通运输局还具体负责全县县级、乡级、村级公路道路的建、管、养。负责县城公路道路的管理机构有2家，即九江市公路管理局湖口分局、九江市道路运输管理局湖口分局。负责水运管理的机构有4家，即九江港航管理局湖口分局、湖口县地方海事处、九江湖口海事处、九江市港口管理局湖口分局。从事铁路运输企业有1家即湖口火车站。湖口县按照“打通外循环，优化内循环，疏通微循环”的交通发展思路和“五横五纵七联”交通运输总体布局，初步建成了以铜九铁路、九景衢铁路、九景高速公路、彭湖高速公路、长江和鄱阳湖水运及国、省干道公路为骨架，以农村公路为脉络的互联互通现代交通网络。全县公路里程达1190.289千米（国道45.419千米，省道35.651千米，县道134.406千米，乡道311.333千米，村道662.451千米，专用公路1.029千米）。全年道路货物运输量21906万吨，比上年同期下降17.6%。县际客运班线客运量42.16万人次、乡际班线客运量377.57万人次。水域岸线共54千米，其中：鄱阳湖岸线30千米，长江岸线24千米。水运码头33座，泊位43个。全年完成货物吞吐量4477.22万吨，比上年同期增长3.2%，占九江港货物吞吐量的38%，位居全市第一。铁路运输持续发展。全年铁路货物装卸量2.7万吨，比上年同期下降35%，铁路客运量27.3万人次，比上年同期增长317%，其中：动车客运量达到20万人次。

湖口县交通运输局

【概况】湖口县交通运输局立足于建好、管好、护好、运营好农村公路(四好农村路),实现县道、乡道、村道养护全覆盖，严格按照《湖口县公路治超治限治污染工作实施方案》《湖口县货运车辆超限超载污染公路治理实施办法》文件要求，加大执法力度，维护路产路权，集中整治“以路为市、乱堆乱放、挖掘路肩、毁坏行道树”等违法违规行为。

县乡道路升级改造。全年已实施县道升级改造20.84千米，项目总投资6540万元。其中：凰村至高桥（张青至付垅路段）公路县道升级改造工程付垅路段8.94千米已完成路基工程，张青路段9.2千米已完成招投标和征地拆迁工作，舜德路段9.2千米已经实施了路基土方工程施工。全年已实施170.13千米窄路面拓宽改造。覆盖全县12个乡、镇的73条乡道，按四级公路（路基宽8米，路面宽5~6米，路面采用沥青混凝土）标准建设，项目总投资49498.98万元。至年末，已完成17千米建设工程。其中，张青至竹山1.8千米、文桥至曹官仁1.7千米、兰亭至南港1.28千米。均桥、付垅、城山、舜德、流芳、武山等乡、镇的路面拓宽工程已经开工，流泗、凰村、大垅、马影等乡、镇的路面拓宽工程已经完成勘察设计。全年已实施安全生命防护工程82千米，至年末，县道安全生命防护工程已全部完成，乡道完成80%。

公路养护。至年底，公路养护里程达1099.475千米（县道128.853千米，乡道311.333千米，村道659.289千米）。全年完成养护大中修13千米，小修保养75千米，共投入资金545万元。

路政管理。全年累计出动执法人员5982人次，出动执法车辆1206辆次，检测车辆85011辆次，查处超限超载车辆307辆次，卸载超限超载货物4784.78吨，驾驶证扣分987分，处罚金额52.37万元，查处和自行切割加高栏板车辆22辆，形成了“源头管、路面巡、站点测、全程控”的高压态势，县域内超载率已有效控制在1%以下，为保障公路、桥梁完好、畅通和人民群众生命财产安全创造了良好的交通运输环境。

路域环境整治。全年共出动各类车辆、机械600余台次，发动民工6000余人次，投资1500余万元，对5条县道（41千米）进行整治；重点整治路面破损、边沟、路肩、违规搭建等现象，完成绿化工程8.2万平方米；全面完成生命防护工程，完善标识、标线、标牌，及公路里程碑、百米桩、路口警示桩；新建候车亭45个，改建旧候车亭33个；完成水毁防治53处，总投资1100万元。目前形成以公路为依托集愉悦性、观赏性和效益性为一体的绿色长廊，切实实现了整治一条路，巩固一条路的效果。

危桥改造。组织实施葛家桥、沙港桥、沈天字桥、四官桥、竹庄桥、沈仙桥、吴家嘴桥、赵家桥、夏畈桥、屏峰桥危桥改造工程建设项目10个，总长204.84米，总投资1000万元。其中7座桥完成招投标，2座桥正在财政预审阶段，1座桥正在建设阶段。

【疏港公路建设】全年组织实施了两个疏港公路项目建设。第一个项目是屏峰作业区至三里疏港公路（环鄱阳湖旅游公路），全长43.627千米，沥青混凝土路面，项目总投资22924.67万元。2018年5月，确定PPP项目第三方服务机构。启动《实施方案》《物有所值评估报告》《财政承受能力报告》编制工作，已完成《可行性研究报告》编制并通过行业批复，着手启动勘察设计及招标工作。9月份完成工程项目《环境影响评价报告》《水土保持方案》《地质灾害评估报告》编制及审批工作。10月至12月完成PPP项目招投标工作，确定中标单位，完成了征地拆迁工作。预计2019年3月可以正式开工建设。建设周期两年。第二个项目是银砂湾作业至彭湖高速大垅出口疏港公路项目。道路长13.176千米，沥青混凝土路面，道路路基宽21米，路面宽17.5米，桥梁高度24米，项目总投资11983万元。已完成初步设计，并已通过专家评审，按照EPC模式启动招投标工作，2018年9月已完成招投标，10月份开工建设，建设周期15个月，预计2020年元月建成通车。

【“四好农村路”全国示范县创建】4月14日，全县“四好农村路”全国示范县创建动员会暨路域环境综合整治推进会在县行政中心三楼会议室召开。11月8日，省交通运输厅副巡视员吴铭汉及市交通运输局副局长吴照新等一行到湖口县复核2018年“四好农村路”省级示范县级建设及交通扶贫工作。11月29日，省公路局局长曾晓文到湖口实地调研“四好农村路”建设情况。

【水上交通安全大检查】为确保湖口县水运安全有序，交通、海事、港航、港口、安监等部门于5月23日至24日联合对湖口水上交通安全开展联合大检查。

（曹浩楠）

九江市公路管理局湖口公路分局

【概况】九江市公路管理局湖口分局主要承担国

道黄湖线G530（原省道湖双线S301）、台小线G351（原省道婺桃线S304）和省道马都线S214（原县道均流线X265）三线总计51.394千米“建、管、养”等职能。完成路面改造升级10.7千米，建设“四好农村路”4.2千米，建成停车场6500余平方米，完成整修路肩、清理边沟、修补油路坑槽等工作，公路好路率达84.1%。路政管理工作执法规范化、业务精细化、管理标准化。

【公路建设】 全年完成台小线大中修路面改造升级10.7千米；完成政府性投资约1400万元，其中建设“四好农村路”4.2千米，建成石钟山景区停车场6500余平方米（2个），建设长江岸线品质提升工程3.77千米，完成台小线路面拓宽及预埋管道项目。

【公路养护】 全年完成整修路肩141800平方米，清理边沟153600米，新建标准和石砌水沟1000米，新修补油路坑槽1683平方米，处理裂缝131100米，埋置千米/百米桩543个。划设道路标线6820.8平方米，增设/修复波形护栏3578米，安装警示柱845根、警示标牌52块，极大地提升了管养三线的安全通行能力。2018年公路好路率84.1%，MQI值（路况整体指标）87.5。

【路政管理】 路政管理工作围绕执法规范化、业务精细化、管理标准化，全面落实目标责任，强化监督检查，全年共出动执法人员3514人次，出动执法车辆1400辆次，查处超限超载车辆400辆次，查处切割“改装”车辆20辆，卸载货物4876.91吨，拆除大型“龙门架”8座，非公路标牌800余块，清理各类公路沿线堆积物1600余立方米和“菜地”30余处，实现了管养路段大型广告牌“零”的目标。

（曹浩楠）

九江市道路运输管理局湖口分局

【概况】 九江市道路运输管理局湖口分局主要职责是负责道路货物运输经营行政许可，道路客、货运站（场）经营行政许可，机动车维修经营行政许可，机动车驾驶员培训机构培训，道路旅客运输经营行政许可，道路运输市场经营秩序监督管理。2018年，登记注册的货运企业70家，客运企业3家，出租公司3家，驾驶员培训学校4家，机动车维修企业10家（二类维修企业5家、三类维修企业5家），全县营运车辆拥有量为2552辆，其中货车2265辆，客车287辆（大中型客车27辆，小型客运出租车113辆，公交车55辆）。客运班线15条（县、市际班线5条，营运客车27辆；县内班线10条，营运车辆客车为92辆），行政村通班车率达100%。

【道路运输量】 2018年全县道路运输量21906万吨，较2017年下降17.6%、县际客运班线客运量42.16万人次，乡际班线客运量377.57万人次。

（曹浩楠）

九江长运集团湖口公司

【概况】 江西九江长途汽车运输集团有限公司湖口公司，经过结构调整和企业改革，各项制度日趋完善，管理模式规范化、标准化。通过减员增效，堵漏保收，控制成本。全年完成客运量42.16万人次，实现营收1382.4万元，利润160万元。8月份，完成了GPS监控系统从3G到4G的升级改造，监控技术更加先进，有效遏制了各种违法违规行为，全年安全责任等级事故为零。

【车站班线】 2018年九江长运集团湖口公司客运班线共7条。即湖口至九江、湖口至萍乡乡东、湖口至福建石狮、湖口至浙江温州、九江至上海（停靠湖口）、湖口至都昌、湖口至安庆。

（曹浩楠）

湖口县安泰运输服务中心

【概况】 湖口县安泰运输服务中心，经理：杨冬平，是道路客运三级企业。截至2018年，客运车辆94辆（含2辆公交），客座数为1796座。全年完成客运量 377.57 万人次，旅客周转量 8306.5 万人千米。

【客运班线】 中心拥有客运班线 10 条，分别是：县城—流泗、县城—大垅、县城—张青、县城—武山、县城—付垅、县城—舜德、县城—屏峰、县城—流芳、县城—东庄、县城—兰亭；公交线路 1 条：中医院—钢厂宿舍。下设 8 个车队：流泗车队、张青车队、武山车队、付垅车队、舜德车队、流芳车队、东庄车队、兰亭车队。候车亭 41 个，车站 3 个。

（曹浩楠）

九江市港航管理局湖口分局

【概况】 九江市港航管理局湖口分局是九江市港航管理局派驻到湖口县负责港航管理的职能部门。主要职责是依据《中华人民共和国港口法》《国内水路运输管理条例》对辖区内水路运输及鄱阳湖区港口经营行使审批，服务和监督职责，维护水路运输和港口经营安全有序、健康发展。2018 年，严把水运经营资质关，严格落实安全生产责任制，层层签订责任状，明确各自职责，圆满完成水路经营资质年度核查。对非法码头专项整治，全年共拆除非法码头四座，所有非法码头已全部取缔。

【行业运力发展】 水运企业共有 5 家。其中货运企业 4 家（湖口恒驰物流有限公司、九江港航船务有限公司、九江弘茂航运责任有限公司、江西省远舟物流有限公司）；客运企业 1 家（湖口县江湖水上旅游有限公司）；共计核查船舶 28 艘，取缔 4 艘，分局船舶运力 29 艘 26836 载重吨，净增 4505 载重吨。

【非法码头专项整治】 按照全面修复长江生态环境的指示要求，对坐落在舜德乡屏峰区域的恒鼎、灰山、鑫璞三座砂石生产码头进行强拆和企业自拆，拆除其港口作业设施；全面取缔辖区内非法码头，全年共拆除非法码头四座，分别为恒鼎公司、鑫璞建材、灰山采石场及灰山村废弃码头，沿公路桥至屏峰地段，

（曹浩楠）

九江市港口管理局湖口分局

【概况】 九江市港口管理局湖口分局主要负责对湖口长江岸域 24.08 千米的港口行政管理，对港口岸线、港口建设项目、港口经营、港口安全、港口环境保护、港口危货作业实施监督管理；接受上级主管部门及地方政府交办的其他工作。湖口港区岸线 24 千米，可利用岸线 17.41 千米，可利用率 72.5%，已用岸线 5407.1 米，共有港口企业 22 家（港口经营资质 17 家、非经营的 5 家），码头 33 座、泊位 43 个。湖口港区共有港口经营人 28 个，其中临时经营 4 个。全年累计完成货物吞吐量 4477.42 万吨，进出口总量较去年同期增加了 138.52 万吨，同比增长 3.2%，占九江港货物吞吐总量的 38%，位居全市第一。根据江西省港航管理局关于 2018 年全省港口经营资质核查工作的精神，经分局初审，原则上同意 24 个长期港口经营人通过核查。4 家临时经营人，弘达公司已延续。合昌、正天港务、茂源三家临时经营人，分局根据《赣交规划字〔2017〕144 号》文件精神，下达不予延续告知书。神华国华九江发电厂码头试运行到期，由于没达到港口经营要求，延续试运行 6 个月，待符合港口经营条件后，再办理港口经营许可证。为提升港口集疏运能力，探索推动长江港口岸电建设和使用实施，推动绿色港口发展。分局联合九江市国电、湖口县供电公司对辖区内符合安装岸电的 19 家企业全部安装岸电。实现港区岸电全覆盖，其中正天港务岸电设施受到国家电力部门认可。荣获 2018 年江西省港航管理局“港航工作目标管理”先进集体。

【非法码头整治】 列入湖口沿江港区的 9 个非法码头、泊位全部自行拆除，列入湖口港区的 3 家 7 个规范完善类码头、泊位规范提升到位，并发放港口经营许可证，拆除非法码头腾出港口岸线空间 1366 米，完成了复绿滩涂 133395.63 平方米，有效规范了港口经营秩序和维护港口线资源。

【“小散低”码头整治】 年初分局起草报送《湖

口县“小、散、低”码头整治整合实施方案》，为湖口港区小散低码头整治整合提供行动方案。同时，主动与市局、县政府领导汇报，与市局机关科室、县职能部门对接合作。已按照时间节点全面完成小、散、低码头整治整合12家，整合后拆除码头8家、规范提升4家，并进行全面复绿工作。

【砂石集散中心建设】 加快推进湖口县砂石集散中心项目建设，相关规划、设计已基本完成，集散中心码头岸线申报工作正按相关程序进行。因砂石集散中心建设项目建设需要时间过程，按照县委、县政府有关“小、散、低”码头整合工作要求，在现有的历史码头岸线的基础上进行规范提升设置两个砂石通道，分别为金砂湾作业区柘矶片区四个泊位和银砂湾作业区晨光码头一个泊位，作为砂石集散中心建设期的砂石通道。

【非法占用岸线案件结案】 九江萍钢钢铁有限公司涉嫌非法占用岸线一案及码头、装卸设施未经验收合格擅自投入使用一案审结。根据《中华人民共和国港口法》和《江西省交通行政处罚自由裁量权细化标准》依法启动处罚程序，2起案件均已完结。此次重点整治有效维护了规范有序的港区经营环境，港口执法的影响力不断提升。 （汪知华）

湖口县地方海事处

【概况】 湖口县地方海事处依法履行湖口县行政水域（除长江外）水上交通安全监督管理职责，防止船舶污染，船舶法定检验工作。属江西水上北大门，所辖水域15千米（长江和鄱阳湖交汇处至濂溪区姑塘灯塔），辖区内：建有两座跨湖特大桥（鄱阳湖公路大桥、铜九铁路大桥），船舶流量日均近千艘；两处水上旅游景区（石钟山、鞋山），年均游客近10万人次；另有渡口3道，其中西门渡口年渡运量约20万人次，水上加油站1座，水上过驳作业区2处。日常监管点多、面广，是全省水上交通安全监管任务最重、难度最大的水域。多年来，未发生一般及以上水上交通事故、船舶污染事故、内部矛盾纠纷和内部安全事故，辖区安全形势持续稳定和单位内部和谐平安。

【海事管理】 全年共开展节前安全隐患排查9次，现场整改安全隐患2项、缺陷58项，辖区安全发送旅客近30万人次；落实西门渡口、客运码头等重点水域每日巡航检查制，发现并督促整改安全隐患1项、缺陷8项；发布恶劣天气预警32次，下发书面预警通知330余份，微信、短信等预警信息60余条；与湖口通航管理处合署办公，实施24小时超限船舶进湖电话报告受理和24小时现场巡航检查，受理1100余艘超限船舶进湖电话报告；为超限船舶过桥进行安全护航200余艘次，及时制止20余艘次超限船舶冒险过桥行为；严厉打击各类船舶违章运输行为，全年及时查处船舶突出违章行为34起。

【“平安港航”建设】 开展船舶检验质量专项检查活动，持续推进“平安港航”建设，巩固“平安港航”专项行动成果，进一步提高船舶检验质量和船舶检验技术条件，保障辖区水上安全形势持续稳定，全年共检查300余艘船舶，行政处罚违章船舶14艘。

（曹浩楠）

九江湖口海事处

【概况】 九江湖口海事处管辖长江干线官场过河标至永和洲沿岸标共21千米水域，范围涉及赣皖二省三县一区（九江、湖口、宿松、庐山）七个乡镇场（新港、江洲、新洲、双钟、凰村、汇口、洲头）。辖区渡口13处，渡船13艘，现有渡线6条。辖区有张南、张北、湖口三个水道，一处干支交汇区，一处横驶区，断面日均船舶流量800艘（干线和进出湖、上水和下水各占一半）。拥有海事执法人员34名，下辖2个执法大队，以及VTS雷达站、AIS基站、全方位CCTV系统等科技监管手段。

【危险品船舶作业现场检查】 近几年湖口沿江经济发展迅速，港区建有船厂5个，码头33个、泊位43个，主要企业是九江钢厂、赛得利等。全年危险品船到港 1036 艘，现场检查 974 艘，现场作业检查率 94%，载运一类、二类危险货物船舶装卸作业现场检查率 92.4%；对到港 C 类危险品船实行三必查。继续推进危险货物分类管理措施落实，盯屏和现场维护进入辖区危险货物船舶。

【重点水域监管】 落实水域分类监管措施，学习探索符合湖口辖区的六圩安全监管模式，改善交汇水域和横驶区通航秩序，提升交汇水域科学监管含量。持续突出"航行过江不抢头、设备正常不失控、恶劣天气不开航"三个重点，抓住"航次报港、高频使用、安全预警"三个环节，强化部"9 号令"和渡船"116"长效机制落实，安全渡运无险情。

（曹浩楠）

湖口火车站

【概况】 湖口铁路运行区段，由于开通了动车，客运车次（客运线路经过湖口）猛增，2018 年达到 70 车次，比上年车次增加了 50 车次。在湖口区段办理客运（在湖口靠站上、下旅客）达到 20 车次，比上年增加 15 车次。全年发送旅客 27.3 万人次，比上年增加 20.7 万人次，同比增长 317%。完成年度计划的 138%。其中：动车客流约 20 万人次。全年完成货运量 2.7 万吨，同比下降 35%。全年完成运输收入 1982.9 万元，同比增长 29%。货运量下降原因是货运场地比较小，受市场及铁路调价的影响。

安全生产。截至 2018 年 12 月 31 日，车站实现了行车安全 3835 天。随着动车组开行密度的不断加大，调车作业难度进一步增加，新的作业要求，盯控难点增多。管控涉及《技规》第 301 条及接发动车组列车对邻线调车的限制。制定调车作业安全卡控措施，特别加强对穿越正线调车作业及现场调车作业动态防溜安全把关，严格实现调车作业现场把关制度，每批调车作业把关人未签字不得动车，强化了调车联控执行。对存在的轨道电路分路不良区段、高站台等问题进行管控，从而有效地保证了调车作业安全。车站自始至终把劳动人身安全放在与行车安全同样重要位置，加强劳动安全知识学习，进一步规范劳动安全卡控措施，加大了检查力度。建立并落实好防护体系，对上道清捡白色垃圾等高危作业，站(副)长亲自参加。对涉及高站台、电气化区段调车，调车作业前进行安全预想，作业中加强盯控。对重要岗位借助视频、行车室录音笔通报，要求作业人员积极参入录音笔抽听，了解自己工作过程，与标准找差距。从而确保了车站各岗位劳动安全，实现了全年劳动人身安全无事故。

节能降耗。车站始终把节能工作贯彻到日常工作岗位中，针对各岗位生产用电，车站实行岗位责任制，坚决杜绝浪费一滴水、浪费一度电现象。同时加大对用电转供户的电费催交，从而有效控制车站能源消耗，保证节能工作有效实施。

综合整治。结合车务段文件要求，车站每月开展综合整治检查，特别对治安问题及消防安全工作进行重点检查，按规定值班领导每天两次检查站场防护网，并结合季度变化特点加大检查力度，协同公安部门做好站车安全工作，确保全年车站综合整治安全稳定。

【湖口区段办理客运达 20 车次】 在湖口区段办理客运（在湖口靠站上、下旅客）达到 20 车次，比上年增加 15 车次。在湖口靠站的列车方向有：G9814 九江—福州、D4173 黄山北—武汉普速场、K752 信阳—上海南、D6252 南昌—景德镇北、K1371 上海南—九江、D6265 婺源—南昌、D6262 九江—婺源、D9872 南昌—婺源、K1192 南宁—南京、G1462 南昌西—杭州东、D3283 景德镇—武汉普速场、K1218 南昌—宁波、K1326 南昌—苏州、K424 成都—宁波、D2106 南昌—衢州、D9871 婺源—南昌、K423 宁波—成都、D6263 婺源—南昌、G9813 福州—九江、D2105 衢州—南昌。

（左　斌）

城市公交

【湖口县鄱湖公交有限责任公司】 湖口县鄱湖公交有限责任公司现有公交车辆 53 台，员工 78 人，营运公交线路8条，线路总里程76千米。年运送乘客730余万人次。公司围绕“安全生产、文明服务”，以“安全第一、乘客至上、诚信服务”为宗旨，按照政府的要求，运行线路进行了大幅度的调整和优化，由原来7条线路调整为8条，并加密班次，拓展公交车辆覆盖面，实现了城市中心区与工业园区公交通行无换乘的格局。改制“益优化”为“服务优化”，使公交企业的公益性得到了充分体现。

【九江长运出租车公司】 九江长运出租车公司，隶属于九江长运集团湖口公司，拥有出租车50辆。公司本着安全、文明、便捷的运输理念，为群众提供优质的运输服务，极大地方便了群众的日常出行，既创造了经济效益，又带来了良好的社会效益。

【湖口石钟汽车出租租赁有限公司】 湖口石钟汽车出租租赁有限公司为股份制企业。现有职工128人，营运车55辆，年客运量约21万人次，客运周转量619万人次。税收每年约5.5万元。

（曹浩楠）

中国邮政集团公司江西省湖口县分公司

【概况】 中国邮政集团公司江西省湖口县分公司（简称湖口县邮政分公司），下设经营生产部门6个，即综合办公室、市场营销部、金融业务中心、集邮与文化传媒中心、寄递事业部、渠道平台中心。农村干线邮路服务覆盖全县6个镇、6个乡、122个村民委员会、15个居民委员会；全县共有邮储台席5个，电子化支局台席12台，ATM取款机2台、CRS存取款一体机1台。各类生产用车6部。2018年，湖口县邮政分公司围绕企业发展，牢记“情系万家，信达天下”的企业使命，开拓创新、真抓实干，服务质量和经营效益明显提升。全年累计完成业务收入1240.3万元，比上年同期增长11.13%。其中金融业务完成576.2万元，中邮保险业务（代办）完成183.85万元，快包、包裹、速递融合联动发展，全年累计完成279.6万元，比上年同期增长23.9%，湖口糟鱼已经面向全国推广上线。分销业务全年完成102.4万元，比上年同期增长58%。函件业务中毕业生纪念册5万元，安全读本50余万元，书信比赛9万元。报刊业务全年累计完成113.6万元，比上年同期增长10%。大收订流转额完成430万元，政务图书完成4.9万元。获2018年度九江邮政“品质发展杯”劳动竞赛优胜单位、全市邮政“先进基层工会”、全市“邮政服务质量（普遍服务）竞赛三等奖、九江邮政“平安邮政安全生产”竞赛三等奖、九江邮政“平安邮政、综合治理”竞赛三等奖等称号。

【校园报刊服务】 围绕各季度主题营销方案，对校园报刊、安全读本、畅销报刊实施项目营销。以10种重点畅销报刊、40种畅销报刊为重点，按“年年月月日日”抓收订的思路，持续开展“扫楼”“洗街”活动，扩大发行规模。把握开学的关键时段，以校园报刊为主，主动走进校园，加强与教师的沟通，做大做强校园报刊业务。

【“双创”机制加快推进】 全县8个非金融网点建立收入“双创”机制，全年共完成收入62.43万元，比上年同期增长15%。完成较好的单位有：武山所完成11.02万元，同比增长62.64%；马影所完成8.76万元，同比增长28.68%；凰村所完成6.56万元，同比增长16.59%。

【“服务质量落实年”活动开展】 2018年深入开展“服务质量落实年”活动，加强专业客服和协同客服队伍建设。全年多频次、多范围同步开展生产安全服务大排查活动和服务质量大检查共计23次，专业培训10次，工单处理、服务投诉率同比大幅度下降，网络学习参与率、合格率均列全市第一方阵。在对外服务上，职工着装整齐，态度和蔼，文明服务、礼貌待客，对用户热情周到，杜绝了用户有理由申告，邮政信誉不断增强，服务质量荣获全市先进单位。

【经营架构改革推进】 按照市分公司组织架构改革机构设置要求和人员编制规定，制定县分公司各部门职责、岗位及人员调整实施方案，坚持人岗匹配、稳定为先的原则，对部分岗位进行了分流，对专业部门人员进行了妥善安排，确保了干部员工队伍稳定和业务发展、生产经营正常运行，实现了改革和发展“两不误、两促进”。

【员工获得感提升】 公司始终坚持以人为本的发展理念，认真倾听职工的意见和建议，制订各项发展业务的措施和办法，首先考虑职工是否拥护、是否能充分调动职工的积极性，重奖励、轻考核，努力提高职工福利待遇，让职工在企业经营效益提高中享受到实惠，全年人均工资较上年多增收12000元，工资性支出同比增长21.9%。

【安全生产活动扎实开展】 扎实开展“安全生产月”活动，做到制度到位，责任落实到位，检查工作到位，保证了公司的各项工作安全运行，未发生经济案件、安全事故、违规经营行为。根据省、市公司相关文件的要求，成立了两个专项检查领导小组，认真开展了人员排查和邮政业务稽查等工作。坚持每季度召开一次储汇资金安全例会和邮政通信质量分析会。

（吴芳冰）

本栏编辑　柳爱平

均桥高速出口“大变脸”（周煜虎 摄）

信息服务

中国电信股份有限公司湖口分公司

【概况】 中国电信股份有限公司湖口分公司（以下简称电信湖口分公司），至2018年末，天翼55833部，其中当年净增5844部，目标完成进度排全市第二。宽带32003户，其中当年净增3949户，目标完成进度排全市第一。LTV高清电视33877户，其中当年净增5782户，目标完成进度排全市第三。固话1300部。完成年度主营收入排全市第五，全年净计费排全市第三，全年欠费率排全市第三，移动发展排全市第十位。宽带发展排全市第五位，LTV发展排全市第六位。2018年荣获江西省文明单位、九江电信全业务支持先进单位和全业务服务支撑竞赛一等奖，荣获湖口县支持地方经济建设工作奖和脱贫攻坚工作奖。

【县级装维管理体系优化】 将客户服务调度岗、装维工单综调岗纳入网络部统一管理，客户服务调度岗创建“装维故障管理”易信群，此群将所有厅店店员、客户经理、渠道经理、营业部主任和综调岗入群，群中设有一名智慧家庭工程师。客户反映的问题，通过厅店和综调录入服保系统，形成工单纳入880时限管控；强化规划和工程建设管理。顺利完成了2017年至2018年城区光网补盲、驻地光网建设，完成了农村营业部FTTH对赌建设任务，完成了“两高一地”“灭红减黄”的建设任务，突击完成了湖口公安局四期近200个天网点的跳纤应急开通任务。

【弱电杆线实施改造】 为配合农村“秀美乡镇”建设，实施了弱电杆线改造，在妥善处理通信线路下地改造不长时间中断的同时，为通服公司打开外部市场，在全市起到了示范作用。完成了无线光网核心设备的防脱管主动维护工程。4月份启动了所有OLT成环、双上行光路改造工作，并于9月完成，9月底完成了所有D类机房动环检修和孔洞封堵，10月中旬完成了目标节点OLT扁平化改造等主动性预防工作，使湖口OLT被动性中断为零次。

【县级广域教育智慧校园网开通】 创新开通了全省第一个县级广域教育智慧校园网。省教育厅、县政府和县教育局相关领导以及兄弟单位到湖口现场观摩，并表示高度认可。

（何本富）

中国移动湖口县分公司

【概况】 中国移动湖口县分公司（以下简称湖口移动），2018年收入同比增幅11.5%；移动用户总数到达14.7万户，较上年增长3.5%；4G用户数到达

10.4 万户，较上年增长 12.7%；宽带用户数 2.92 万户，较上年增长 55.3%；宽带电视用户数 2.43 万户，较上年增长 47.7%。2G 基站数 272 个，4G 基站数 581 个。在通信行业激烈的市场竞争中，湖口移动仍处于行业领先地位。

【率先实现家庭宽带全免费】 2018 年 8 月 18 日，江西移动发布公告："为进一步响应国家'提速降费'号召，感恩回馈老客户、科技引领新发展，公司决定从 2018 年 8 月 18 日开始，江西移动宽带无条件全免费。江西移动 3 年及以上网龄客户送 100M 宽带，其他客户送 60M 宽带。"湖口移动按照上级公司的决定自 2018 年 8 月 18 日起全面贯彻执行宽带全免费政策。此政策一出，湖口移动宽带业务迅猛增长。一时间，到营业厅窗口办理宽带业务的客户络绎不绝，每天都有上百条宽带安装工单，宽带安装人员每天加班加点为用户安装宽带，时常忙到深夜才下班。宽带全免费政策对移动用户来说，可充分享受固网宽带发展的红利，减轻用户入网成本。

【中国移动获得 IPTV 牌照】 2018 年 6 月，中国移动获得 IPTV 牌照，自此中国移动用户可以依照国家广播电视总局的相关规定，通过中国移动 IPTV"魔百盒"产品体验直播电视、时移电视和视频点播等服务。也就是说，办理了移动宽带业务的家庭用户，不仅可以在家里使用手机免费上网，还可以方便地体验和使用移动宽带电视业务。可以说，宽带免费给移动用户带来了非常好的网络体验。

（翟春艳）

中国联合网络通信有限公司湖口县分公司

【概况】 中国联合网络通信有限公司湖口县分公司（简称湖口联通）主要经营通信业务、移动语音、数据、无线上网、宽带接入、移动办公、沃云服务、大数据等多项业务。并与县城及各乡镇多家代理商建立了长期稳定的合作关系，企业实力雄厚、重信用、守合同、保证产品质量，赢得了广大客户的信任，2018 年新增 4G 基站达到 108 个，发展移动用户数 5000 多户，其中 4G 用户数 4000 多户，宽带用户数 3264 户。

【公众业务】 2018 年，新建合作代理商 5 家，宽带合作商 4 家，至此全县 11 个乡镇已全面覆盖联通移动网络及宽带网络，实现了在农村也可以安装联通宽带，让广大群众有了多家运营商的选择范围。"家庭亲情系列"在宽带装维服务领域，向用户推出"宽带装维慢必赔"三大服务准则，同步打造"智慧家庭工程师"服务团队，向用户提供延伸服务并以此为契机在乡镇发展宽带用户。

【集团业务】 2018 年集团业务涉及广泛，从单一的号卡业务发展到多元化业务，针对不同行业提出个性化服务，为紧跟时代步伐，推出智慧党建、智慧农业、智慧医疗、智慧交通、智慧小区等业务，同时针对一些小规模业务单位推出企业展示、电商小程序、房产、驾校等各类小程序，带头落实惠民政策。在首波"惠民服务系列"举措中，全面升级消费者权益保护热线和异地服务，并多重举措推进"提速降费"。公司以"连通世界，赢在中国"为服务宗旨；"以客户为中心，用服务促发展"为服务理念。以为用户提供优质通信服务及促进社会和谐为己任，倾力做到"消费请客户放心，服务让社会满意"，为全县人民带来更优惠、更便利的服务。

（晁淑杰）

本栏编辑　柳爱平

旅 游

综 述

湖口县认真贯彻《中华人民共和国旅游法》，坚持按照“旅游发展规划”实施“创建全省旅游强县”战略，发展大旅游，开拓大市场，形成大产业。2018年，大力推进石钟山创国家AAAAA级旅游景区活动，把湖口打造成“江西一流、中国经典、国际知名”的江湖型休闲度假胜地。

旅游宣传

【概况】 2018年开通“读千古名篇《石钟山记》赏江湖奇峰石钟山”过境短信；与九江广播电台合作，开通“跟着广播去旅行”栏目；1月5日，与市邮政局联合举办年《戊戌年》特种邮票首发式暨《江湖两色　石钟千年》个性化邮票揭幕式（全国三个，江西唯一）。连续举办油菜花暨乡村文化旅游节、采茶节、啤酒节、农耕旅游休闲赛事。举办首届荷花节暨乡村旅游文化节、首届西瓜节等活动。

【《江湖两色石钟千年》邮票举行首发式】 1月5日上午，2018年《戊戌年》特种邮票首发式暨《江湖两色石钟千年》个性化邮票揭幕仪式在石钟山景区举行。仪式上，县委副书记、县长鲍成庚致辞，九江市邮政分公司总经理杨国庆，县委书记李小平，县人大常委会主任阮洋，县政协主席杨小林，县领导邱玉林、卢伟俊等出席。2018年戊戌狗年生肖邮票是第四轮生肖邮票的第三枚，由周令钊设计，全套共两枚，第一枚为“犬守平安”，第二枚为“家和业兴”。邮票采用角雕套印，全套售价2.4元，小本票售价12元。

【旅游产品推介活动】 4月，参加西北旅游营销大会、全国旅游商品大赛和商品展销、九江旅游（深圳）推介招商会等，宣传推介湖口美景与美食，提升湖口旅游产品在外影响力。通过有影响力的媒体平台，进一步提升知名度和美誉度。在央视《第一时间》节目播出《坐着高铁去旅行　江西湖口：游石钟山　听打击乐赏江湖两色奇景》、在新华网刊登《江湖两色》、在经济晚报刊登《弘扬华夏工匠精神　做大湖口豆豉产业》，联系中国华艺音像实业有限公司与台湾“中视”联合制作的电视片《大陆寻奇》摄制组到湖口进行采风等。

品牌创建

【石钟山创建国家AAAAA级景区】 继上年县旅发委下文，石钟山创建国家AAAAA级景区，2018

年8月，进一步调整创建领导小组，组建石钟山创AAAAA办公室，由财政局、旅发委、文化局等单位组成。

【旅游业态建设】 乡村生态旅游建设。大力推动乡村旅游点发展，一大批集现代农业观光、采摘垂钓、旅游休闲等功能于一体的现代农业观光园、百果园、生态茶庄在各乡镇场涌出。红色旅游项目建设。充分发挥红色革命优势，开发舜德乡省二次党代会旧址红色旅游项目建设。特色旅游产品开发建设。进一步加大旅游商品研发，推动农副产品转化为旅游商品。县“大家食品”旅游商品（酒糟鱼）正在建设，签约九江石钟山豆制品有限公司投资1亿元的中华老字号“湖口豆豉”特色产业园项目。旅游设施建设。结合老城棚户区改造，石钟山景区象山旅游公路建成通车，将洋港新区打造成旅游城市综合体，实现湖口景区、城区、园区三区互动、协调发展，构建一体多元化旅游格局。完善旅游厕所建设。全县共有34座A级旅游厕所，其中新建24座、改建10座。

旅游安全

【概况】 重视旅游安全，牢固树立“安全稳定责任重于泰山”的思想，从讲政治、保稳定、促发展的高度抓好旅游安全生产工作。5月，成立县政府副县长为第一主任的县旅游安全生产专业委员会，进一步明确各成员单位职责，切实把旅游安全生产工作抓细、抓实、抓出成效，确保全县旅游形势安全稳定。为确保广大游客和旅游从业人员的生命财产安全。多次组织开展旅游安全隐患大排查和市场秩序综合大检查。

【旅游安全大检查开展】 8月14日，县旅发委联合县市场监管局、交通局、安监局、消防大队等部门对石钟山景区及鄱阳湖大酒店、君安大酒店等涉旅企业开展了一次旅游安全大检查。通过这次安全检查，共发现安全硬化隐患12处。对检查发现的问题，当即下发安全隐患限期整改通知书，责令其限期改正。

【省旅发委督查湖口旅游安全工作】 9月初，省旅发委信息和培训中心副主任黄玲一行到湖口检查旅游安全生产工作，副县长张水兰陪同检查。黄玲一行先后对水上“江湖两色”、石钟山景区进行了实地检查，查阅了安全演练应急预案、值班记录和视频监控等，对湖口旅游安全工作给予肯定。

（张　辛）

谁削青芙蓉，独插彭湖里（木子　摄）

本栏编辑　骆句久

商贸服务

综　述

2018年全年社会消费品零售总额309871万元，比上年增长11.5%。城镇消费品零售总额164619万元，增长5.6%，乡村消费品零售总额145252万元，增长12.5%。从行业看，批发业销售额186469.6万元，增长11.7%；零售业消费额351634.3万元，增长14.1%；住宿业营业额11450.8万元，增长16.2%；餐饮业营业额48633.9万元，增长14.4%。全县商贸流通业发展迅速，市场建设日趋完善，消费市场繁荣活跃。

规模以上服务企业2018年完成营业收入40665.3万元，比上年增长27.1%。其中交通运输、仓储和邮政业30564.8万元，增长20.1%；房地产2330.6万元，增长25.2%；水利、环境和公共设施管理业3905.4万元，增长136%；居民服务、修理和其他服务业883.9万元，增长96.4%；教育、卫生、文化、体育、社会工作和娱乐业完成2980.6万元，增长15%。

商业管理

【概况】 2018年度，以强化内贸职能为核心，努力搞活流通，积极扩大消费，狠抓内贸管理，实行优质服务，在规范市场秩序、加强市场建设、搞好商贸服务等方面取得了较好的成效。

【入统企业培育】 加强全县商贸流通限上企业的培育和发展，积极打捞符合条件企业入统。2018年完成8家企业入库，其中3家企业、5家大个体。

【成品油市场监管】 湖口县成品油市场管理工作于2012年由原管理部门湖口县经贸委向湖口县商业管理办公室进行移交，管理工作移交以后，由原省经贸委核发的经营许可证改为由省商务厅统一核发的江西省成品油经营资格批准证书。2018年度，湖口县新建加油站1家，新建设的加油站是中石化所属的湖口县金沙湾加油站。到2018年12月底，湖口县成品油零售企业由22个减少为20个。其中，中石化所属加油站6个，中石油所属加油站1个，中长燃所属加油船1艘，高速加油站2个，中化加油站1个，民营加油站9个（减少的加油站分别是中石化湖口第四加油站、中油港燃湖口水上加油站）。按坐落位置分为：高速加油站2个，国、省道加油站6个，城区加油站4个，县、乡道加油站7个，流动加油船1艘。2018年成品油零售总量5.0425万吨，按零售量分为：年加油量1万吨以上的加油站2个，年加油量5000~10000吨的加油站2个，年加油量3000~5000吨的加油站1个，3000吨以下的加油站15个。2018年汽油消费23389吨，同比下降4.7%，柴油消费27036吨，同比下降31%。2012—2018年期间，湖口县已建成成品油油库2家，位置坐落在金砂湾工业园区内，销售市场均面向省内外。其中：中石油湖口油库库容量为5.4万方，码头吨位5000吨，2018年批发量为40万吨；弘达公司油库库容量为6.2万方，2018年批发量9.6万吨，2家企业油品输送管线长度2500米。

按照国家环保部的要求，湖口县成品油经营企业已于2018年底前，全面完成了加油站地下油罐的防渗改造工作。共完成19个陆地加油站65个（改造后保留63个）地下油罐的防渗改造任务。

【市场建设】2018年取得省级农贸市场改造资金（新城菜市场）50万元，该市场按国家标准化建设规范实施，经营面积2300平方米，摊位112个，为周边居民提供了舒适、整洁的购物环境，是九江东三县最好的农贸市场。2018年申报农贸市场改造项目2个（即北门菜市场、梅兰菜市场），可实施改造面积共3820平方米。2018年11月份启动北门菜市场的改建和洋港菜市场的扩建工作。原有的洋港市场规模小，设施陈旧，环境较差，新建的洋港菜市场建筑面积为1820平方米，主体为钢架结构，总投资620万元。2018年8月开展了汽车销售维修服务、石材木材加工、再生资源回收三大市场的调查，湖口现有汽车销售店21家，二手车销售店8家，汽车修理厂32家；石材加工厂18家，木材加工厂5家；再生资源回收企业38家。

【老字号品牌建设】2018年9月新增九江老字号企业两家，分别是：九江天泉生态农业发展有限公司、九江湖口一甲香食品有限责任公司。至此，湖口县老字号发展为7家，其中：中华老字号2家（九江石钟山豆制品有限公司、江西省九江市浔阳楼封缸酒厂）、江西老字号3家（湖口东坡实业有限公司、江西大家食品有限公司、江西舜叶生态农业发展有限公司）、九江老字号2家（九江湖口一甲香食品有限责任公司、九江天泉生态农业发展有限公司）。除江西省九江市浔阳楼封缸酒厂停产外，其他老字号企业都正常经营。

提升“老字号”工作。中华老字号“石钟山”品牌特色文化产业园项目选址于洋港路，项目用地20亩，已对外推介招商；江西大家食品有限公司从304省道搬迁至轻工业园区，新厂项目总投资1亿元，总建筑面积4.12万平方米，包括生产车间、员工宿舍、游客观光平台、鄱阳湖淡水鱼加工博物馆等，工程完工后预计产值达亿元。2018年，为支持老字号发展，政府拨付专项资金20万元。

商业活动

【五一促销活动开展】根据商务部的部署，“五一”前后组织了以多家商超、家电、装饰建材流通企业参与的促销活动。选取一批规模大、信誉好、有影响力的大型商贸企业联合起来开展联展活动，参加企业60余家，活动期间增加销售额6000余万元。

【参加推介会】积极引导湖口县企业参加市级以外的各种形式推介展销会，把本地产品推向外地市场。成功推荐湖口万家发超市参加了首届中国国际进口博览会。组织绿景实业文昌府超市参加了“四川造”食品产销对接会暨“四川扶贫”产品宣传推介会，会议期间与多家四川生产企业达成意向供货协议。2018年组织参加各种会展18次，参展企业5家，派出参展人员50人/次。地点包括省内的南昌、九江、上饶、高安等地，省外的上海、南京、长沙、济南、乐山等地。销售产品近百万元。

【家政技能培训】引导全县家庭服务行业向专业化、规范化、多元化方向发展，2018年举办了9期家政技能培训班，开展了月嫂、烹饪、育婴护理、保洁、养老护理等技能的培训，共培训430人次。

【特色商贸小镇建设】2017年度经省商务厅评审，湖口县城山镇被认定为首批“江西省特色商贸小镇”。2018年该镇在建设特色商贸小镇上持续发力，进一步将特色产业、商贸流通、观光旅游、红色旅游文化有机融合，打造商旅文融合发展创新、开发新产品、培育新业态、建设商旅文融合发展示范功能的商贸特色小镇。该镇还依托独特的生态优势，大力推进秀美乡村建设，培育一乡一品，把荷花、菊花的种植、加工与乡村旅游有机结合，投资600万元建设农业生态观光产业园，投资400万元建设当地民俗特色产品和农副产品加工基地。2018年8月举办了湖口县城山镇生态文明建设示范基地暨特色商贸小镇乡村游启动仪式，活动取得良好效果。

电子商务

【概况】 2018年新建电商农村服务站点16家，其中扶贫村站点1家，截至年底全县电商服务站点共35家。依托服务站点电商扶贫促成农产品销售额314万元，带动贫困户78户，户均年增收480元。全年共采集规模以上电商企业19家，2018年实现网络实物零售额4.53亿元，占2018年社消比重为14.61%。

【电商人才培训】 2018年湖口瑞鑫电子商务有限公司和湖口县颐高双创基地共开办电子商务培训班5期，主要授课内容为电子商务知识及操作技能等，共培训155人。

【电商农产品推广】 2018年10月16日对接淘宝“兴农扶贫”频道，推荐“石钟山”牌豆豉和“愚哥”牌酒糟鱼两个县域代表性产品入驻。

【电商政策支持】 2018年8月6日开展电子商务发展扶持资金项目的申报工作，全年投入电商产业发展扶持资金32.2万元，共支持电商物流企业12家，电商创业个体5人。

【电商项目建设】 争取到省级电商资金发展项目三个，分别为九江农夫农生态发展有限公司申报的电商龙头企业项目，湖口流芳乡青年村、湖口城山镇东庄村申报的电商扶贫站点建设项目，共获得项目资金14万元。赣北电商城项目按计划推进建设。电商城建筑面积为3万平方米，总投资3.5亿元，已完成投资2.3亿元，其项目主楼——电商大厦共26层，大厦主体于2019年元旦封顶。大厦建成后将成为合电商政府服务中心、电商企业基地、电商展示中心、电商延伸产业研发中心为一体的赣东北最大的电商产业园。

物　流

【概况】 到2018年底，湖口从事物流的企业共167家，港口货物吞吐量达4477万吨，占全市总港口货物吞吐量的三分之一，“四通一达”及邮政等快递公司2018年实现包裹总投递量达888.8万件。

【物流项目建设】 按照九江市人民政府〔2018〕9号文件《关于进一步加快物流业发展的实施意见》的要求，银砂湾作业区疏港公路项目已完成初步设计，于2018年10月25日已完成EPC模式招标；湖口县工业物流园项目拟占地800亩，待金砂湾高新园区土地调规后，确定园区用地选址。 （谢熙文）

供销合作

【概况】 湖口县供销社按照政府的授权对重要农副产品、农业生产资料、烟花爆竹和社办工业及农村商业、服务业的经营进行指导，大力开拓农村市场，促进城乡经济一体化、农业产业化的进程，完善社会化服务体系，引导农民有组织进入市场；负责指导本系统供销社组织、队伍建设和人才资源开发，不断提高农民社员和职工队伍素质，贯彻民主办社原则，加强系统的组织联合与合作；负责社属企业和基层供销社社有资产的经营管理，保障社有资产的保值增值。2018年供销社主要经济指标持续增长，荣获全市供销系统综合业绩考核“一等奖”、综合目标考评“一等奖”、综合目标管理先进单位、县级文明单位等称号。

【深化供销系统综合改革】 按照中共中央、国务院及省、市关于深化供销合作社综合改革实施意见等一系列文件要求，为了建立适应市场经济需求的社有资产管理体制，加快推进社有企业运营体制建设，供销社以改革为动力，整合资源，创新管理，成立了湖口县供销社资产经营有限责任公司，加强社有资产管理、防止社有资产流失，确保社有资产保值增值。通过资本联合、经营合作、招商引资等举措，对原有15个基层社进行综合改革全覆盖，2018年，已经组建了武山、凰村、流芳、舜德四个中心社，使之成为农副产品购销、农资、日用消费配送、电子商务为一体的综合服务基层社。

【鄱阳湖大市场升级改造完成】 鄱阳湖大市场是县供销社下属单位，是全国供销系统百强企业和九江市人民政府“农业产业化龙头企业”。经过多年的培育和发展，市场规模不断扩大，已形成包含农副产品、服装、五金、百货、副食、餐饮、建材、机修、冷库、停车场等多功能专业市场。鄱阳湖大市场是湖口县市场龙头产业，2018年投资120万元对鄱阳湖大市场的农贸市场进行了标准化的升级改造，使鄱阳湖大市场的农贸市场成为新型的超市型集贸市场。通过改造后，整个大市场功能齐全、商品充裕、顾客如织，达到了农民得收入、市民得实惠、企业得市场、政府得民心的效果。

【老城供销系统三家企业完成整体搬迁】 湖口老城棚户区改造二期工程，涉及供销系统的转运站、工业品公司、再生资源公司三家企业，湖口供销社机关积极响应县委县政府的号召，按要求及时完成了整体拆迁。在完成供销系统本身拆迁的同时，还成立工作组做好县里分配的第三期棚改工作任务。涉及拆迁房屋共118栋，其中：公房83栋，私房35栋，供销社将人员划分为三个工作队，深入开展政策宣传，入户测量等工作，及时完成所有房屋的丈量登记和35户私房拆迁协议的签订。 （周登珞）

烟草专卖

【概况】 2018年，全县城乡卷烟零售共有1117户，组建成67个“幸福家”小组，每个小组推选管理员和助理、签订《卷烟零售客户幸福家诚信经营公约》，分公司配备物流专车3辆，确保每天送货上户，全年销售卷烟41566.68件，销售额26592万元，实现税收1625.21万元。在全县2018年度目标管理考评先进单位表彰会上，分公司荣获“支持地方建设奖”。

【专卖法规宣传】 依托“党委、政府领导、部门联合，多方参与，密切合作”的卷烟打假打私队伍体系建设，大力开展卷烟市场打假打私宣传，元旦、春节期间，在县城以及各乡、镇主要路口和办公场所悬挂横幅标语、滚动电子屏等形式进行法规宣传，利用“3·15”消费者权益日在鄱湖大市场等开展烟草法规宣传，发放宣传单及印有打假举报奖励政策的名片共400余份。

【专卖执法】 县烟草专卖局既要监管县域内卷烟市场，又要承担南来北往的过境卷烟运输例行稽查执法。2018年，查获各类烟草违法案件124起，查缴各类卷烟6649条。其中5万元以上大要案6起，总案值119.88万元，刑拘4人，逮捕1人。在九江市烟草专卖局统一调度下，开展了假烟公开销毁，共销毁各类假烟1500余条。 （张 甜）

盐业管理

【概况】 湖口县盐务局和九江江盐华康盐业有限公司湖口分公司是两块牌子，一套人马，合署办公，全面负责湖口辖区内的盐业执法和食盐销售及工业盐的供应。2018年已实行食盐配送制，全县食盐销售网点达600余个，遍及全县各个乡、镇、行政村，同时也满足了湖口县金砂湾工业园区厂、矿企业的工业用盐的需求。全年销售盐品3076.15吨，其中小包装食用盐销售为753吨，各类散盐销售为2323.15吨，全年完成盐品销售额300余万元。2018年元月遭遇多年未遇的恶劣冰冻天气，公司保障了化雪用盐的供应。

【盐业执法】 为了食盐安全和让湖口人吃上放心合格碘盐，2018年盐务局稽查大队，与县工信委、县市场监督局、县公安局联合开展了多次执法行动，查扣各类非法经营食盐近5吨，保证了全县人民的食盐安全。 （葛亚娟）

本栏编辑 柳爱平

对外贸易与经济合作

综　述

湖口县全力落实市委“新工业十年行动”，牢固树立“项目为王”的发展理念，坚持把招商攻坚作为“头号工程”，进一步统一思想行动、凝聚智慧力量、集中资源要素，进一步明确招商任务、完善招商构架、强化招商保障，全力以赴抓招商，心无旁骛抓发展；坚定不移走“转型升级、创新驱动、集约节约、绿色发展”的新工业路子，突出“三园一中心”、“海山科技园”抓招商，加快产业向中高端转型，促进产业集聚集群集约发展；坚持“领导带头、多方联动、专业主攻、信息共享、成果共摊”的招商思路，以更浓的氛围、更大的力度、更准的举措抓招商；继续遵循“三引三不引”原则，执行“三步走”程序，致力“三突出”招商，引进了一批技术含量高、投资规模大、产出效率高、成长性好的产业项目，提高招商质量和效率。在开展招商攻坚行动，大力开展招商引资的同时，积极承接产业转移，努力发展对外贸易，进一步扩增量、调结构、促升级，放大优势、补齐短板，全速推进工业“双量”提升，2018年开放型经济工作成效显著。

2018年，共签约项目42个，总投资329.58亿元，其中亿元以上项目36个，10亿元项目11个，30亿元以上项目3个，战略性新兴产业项目34个。内资方面：2018年共认定2000万元以上项目38个，亿元以上项目34个，5亿元以上项目14个，认定实际进资142.17亿元，同比增长16.5%，全市排名第三；外资方面：实际引进外资总额为16600万美元，同比增长10.3%，全市引进外资前三强；外贸方面：2018年外贸出口201658万元（30589万美元），完成目标的102.5%，其中生产型企业出口57339万元（11598万美元），较2017年增长8.6%，流通型出口144319万元，全市排名第三。

招商引资

【概况】2018年，由2017年原来的八大招商攻坚组扩增至九大招商攻坚组，每个招商攻坚组有明确的产业招商方向，县四套班子领导挂点招商攻坚组，4个招商分局驻点苏、浙、沪、粤等产业聚集地招商，全县110个部门单位和14个乡（镇、场）归口九大招商攻坚组，实行专业招商。2018年全年共引进签约项目42个，总投资329.58亿元，合同资金同比增长86.34%；其中亿元以上项目36个，10亿元项目11个，30亿元以上项目3个，战略性新兴产业项目34个。当年进资（含续建项目）142.17亿元，同比增长16.66%。

【一季度招商引资调度会召开】 4月9日，县委县政府召开全县一季度招商引资调度会。县委书记李小平主持会议并讲话，县委副书记、县长鲍成庚出席会议并部署工作，县领导柯景坤、邱玉林、刘奇、吴继新、欧阳舲、李水木、洪海峰、周小喜出席会议，各招商组相关成员单位负责人参加会议。会议通报了一季度招商引资情况，各驻外小分队、各招商工作组成员单位分别就招商引资工作做了汇报，对可签约项目、在谈项目重大信息和驻点招商信息进行了逐一梳理。

【二季度重大项目集中签约大会召开】 8月3日，县委、县政府召开2018年二季度重大项目集中签约大会。会议通报了1至7月份全县招商引资工作情况，24个招商引资项目进行了集中签约，签约总投资172.28亿元。县委书记李小平出席会议并讲话，县委副书记、县长鲍成庚主持会议，县委副书记张南、县人大常委会主任阮洋、县政协主席杨小林等县四大家在家领导出席会议。

【三季度招商引资调度会召开】 11月1日晚，县委、县政府召开三季度招商引资调度会。会议听取了全县三季度招商引资工作情况的通报，各驻外小分队、各招商攻坚组分别就招商引资工作做了汇报，对可签约项目、在谈项目等重大信息进行逐一梳理、逐一调度。县委书记李小平主持会议并讲话，县委副书记、县长鲍成庚，县领导柯景坤、刘奇、吴继新、叶子、李水木、洪海峰出席会议，各招商攻坚组相关成员单位负责人参加会议。

对外贸易

【概况】 2018年，全县出口总额30589万美元，同比增长1.5%；全县实际利用外资16661万美元，同比增长9.9%。

鼓励出口，对生产型进出口企业，当年取得自营进出口权且实现出口的企业进行奖励。湖口县有6家企业（赛得利、晨光、力山环保、天赐、乔旭、富达）达到相关文件要求，共出口6703万美元。帮助企业积极申请外经贸各类专项资金扶持。2018年江西省外经贸发展专项资金，有申请和出口信用保险补贴。晨光获得境外展项目支持举办2018年美国涂料展览会，力山环保、晨光新材料获得出口信用保险扶持。

争取数据不外流，积极为企业外贸经营搜集信息，帮助企业根据本国和外国现有政策，调整经营思路、经营方向、经营方式，努力扩大企业进出口规模。特别是对自主经营权不在湖口的企业进行调研，积极宣讲国家、省、市、县扶持出口的各项政策措施，使得数据不外流。之前，富达、晨光等企业并非所有数据都留在湖口县，富达、晨光2018年的出口额呈100%增幅。特别是新招的企业中红普林医疗手套项目、益盟服饰项目等都已经在湖口办理了“对外贸易经营者备案”。

【对外贸易总额增长】 2018年，全县出口总额30589万美元，同比增长1.5%，完成全年目标101.7%，在全市外贸出口排第三位。其中生产型出口11598万美元，生产型企业占比13.5%。企业出口产品为日用品原料、化工染料、新材料等，出口量呈稳定增长趋势。

【进出口企业增加】 2018年，全县共有进出口企业36家，其中生产型企业15家。目前全县生产型出口企业有赛得利、天赐、富达、晨光、力山环保等。2018年培育新增自营出口企业共11家，其中有6家内销企业首次拓展海外市场。

【实际利用外资扩大】 2018年，全县实际利用外资16661万美元，同比增长9.9%，完成全年目标100.37%，其中现汇1565万美元，现汇比9.39%。截至2018年全县外资企业共12家，新增1家。

区域经济合作

【外贸进出口合作】 借助第三方平台广茂天下的综合服务平台，推动生产型外贸出口。2018年11月，与市商务局、广茂天下积极对接，首次组织30余家境外服装采购企业到湖口县考察太子岁、益盟服饰等服装企业，取得500万美元订单的可喜成绩，并促成生产型外贸出口企业与境外公司长久战略合作。同时积极参加省市组织的“赣深会”“赣港会”“泛珠大会”“上海跨国企业交流会”“亚布力夏季论坛”“第五届绿发会”等重大招商活动。

【赴上海参加中国首届进口博览会】 为积极响应“一带一路”政策号召，2018年11月5日至10日，组织十余家企业赴上海参加中国首届进口博览会，在江西省配套活动(江西省采购需求发布暨现场签约会)上，江西五星纸业有限公司与UPM（芬欧汇川集团）签约了600万美金的合作协议，并达成了近5年的采购意向。

【以政策宣讲推动区域商贸交流合作】 2018年5月，在市商务局的组织下，湖口承接“都、湖、彭”三县外贸合作及政策宣讲活动，邀请了彭泽县和都昌县以及湖口近100家企业进行海关、外管等政策宣讲。

（谢熙文）

本栏编辑 柳爱平

中硝科技动力电池材料项目

财政　税收　审计

财　政

【概况】 2018年，湖口县财政局紧紧围绕稳中求进总基调，全力稳增长、促改革、调结构、惠民生、防风险，财政管理工作取得了新成绩。全县财政收入首次突破40亿元大关，完成413001万元，同比增收109198万元、增长36%，总量居全市第二位，增幅较上年同期（23%）提高13个百分点，高于全市平均增幅（10%）26个百分点，居全市第一位。地方一般公共预算收入200516万元，同比增长21%。2018年荣获全省高质量发展考评县综合奖第三名。财政支出不断优化。加大脱贫攻坚、生态环保、民生保障等方面的支出力度，财政支出增幅仍然保持两位数增长。全县公共预算支出完成306610万元，同比增支28288万元，增长10.2%，其中涉及教育、社会保障与就业、医疗卫生、城乡社区等八项重点支出完成250031万元，增长16%，占支出比重达82%。涉及教育、社会保障和就业、医疗卫生、节能环保、城乡社区事物、农林水事物、交通运输、住房保障等民生支出达204000万元，占总支出的67%。

【财政预算监管改革】 2018年由县财政局编制权责发生制政府综合财务报告和政府财务报告成编工作。专门聘请了专业的公司对县直94家县本级预算单位详细讲解政府财务报告的编制方法及相关软件系统的操作，通过两个月的努力，圆满完成了2017年政府综合财务报告及政府部门财务报告工作。从2018年7月份开始对直接支付凭证的原始发票进行全面审核。全年共办理了直接支付46208笔计25.43亿元，占集中支付的93.79%。通过直接支付审核共退回不合规支付申请800多万元；全面推广使用公务卡结算公务消费，全县180个单位共使用公务卡结算20260笔，金额达到3479万元，同比增长67.66%；进一步优化业务流程，启动国库集中支付电子化改革，积极组织了全县财务人员支付和新政府会计两期培训，提升了单位财务管理水平；进一步推进部门预算改革、政府支出经济分类科目改革。对全县行政事业单位的编制、人员、收支、资产等基本信息进行了全面清查摸底工作，结合全县财力状况，报经县政府研究同意，印发了《湖口县2018年政府一般公共预算与部门预算编制方案（试行）》，对全县行政事业单位进行分类和分档并制定了基本公用经费定额标准（试行），同时重新修订了全县收费、罚没综合管理办法（试行），并依照《方案》进行2018年政府一般公共预算和部门预算的编制；成立了湖口县财政局财政扶贫资金动态监控系统工作推进领导小组，出台了《湖口县财政局财政扶贫资金动态监控系统工作实施方案》，将重点工作分解、明确了职责分工。列出县级扶贫资金清单7项，及时处理相关扶贫指标业务，按要求完成了扶贫项目的绩效评价相关工作。2018年，县政府先后出台了《湖口县进一步加强乡镇财政财务管理的暂行规定》和《湖口县关于进一步加强和规范乡镇财政财务支付审核管理工作的通知》两份文件，为开展乡镇财政财务支付审核工作提供了法理依据和制度保障。6月，全县各乡镇全面铺开财政财务支付审核工作。

【专项资金管理】 2018年共计支出新增债券4.68亿元，主要用于县乡道路改造项目、土地开发及收储项目、扶贫光伏发电项目、洋港小区在建及江湾安置区基础设施等工程项目、党员教育基地及省第二次党代会旧址提升项目、城乡环境综合整治项目、工业园区沿江绿岸及供电基础设施工程、棚户区改造工程等。全年累计从大平台拨付资金7.2亿元；通过“一卡通”发放的财政惠农补贴项目共计16个大项、39个小项、全县共计发放补贴资金1.38亿元；中央财政于2018年下达湖口县2016年、2017年棉花目标价格改革中央财政补贴资金。其中下达2016年棉花种植面积65340.44亩，标准为450元/亩，补贴资金2940.32万元。经进一步核实棉花种植面积为64548.18亩，实际发放补贴资金2904.6681万元；下达2017年棉花种植面65340.44亩,标准为250元/亩，补贴资金1633.51万元。经进一步核实棉花种植面积为64513.63亩，实际发放补贴资1612.84万元。

【非税收入征管改革】 2018年是中央各项改革进入重点阶段的关键年，涉及政府非税收入征管方面的改革主要有两项：一是征管职能划转改革。按照改革方案要求，国地两税合并，政府非税收入征管职能将划入税务部门，8月20日全国职能划转改革视频动员会召开，9月10日江西省职能划转改革视频动员会召开，9月19日九江市职能划转改革视频动员会召开，湖口县于9月27日召开了职能划转改革动员会，按要求的时间节点推进。二是全面实施财政票据和非税收入收缴电子一体化管理改革。财政部11月8日印发《关于全面推开财政电子票据管理改革的通知》(财综〔2018〕62号)。12月13日省财政厅印发《江西省全面实施财政票据和非税收入收缴电子一体化管理改革方案》(赣财非税〔2018〕12号)，正式启动江西省财政票据和非税收入收缴电子一体化管理改革工作。

【财政监督】 2018年共组织参加财政监督干部培训3次，聘请财政监督员32人，与社会中介机构建立联系点2个，与审计、纪检密切配合协作，为高质量、高效率完成各项财政监督工作提供了人才保证。不断拓展财政监督检查面，在开展会计信息质量检查的基础上，把检查面扩大到民生资金、强农惠农资金、“小金库”、扶贫资金等多个领域。2018年开展了全县乡镇“小金库”专项治理工作和会计信息质量检查工作。检查发现32个“小金库”和10个其他违规问题，违规资金共538.53万元。追缴财政资金102.35万元，追回其他违规支出9.63万元，调账处理426.55万元，有效地维护了财经秩序。查处违规案件4件，移交纪检机构处理1件，9人受到党纪政纪处分。财政监督、评审工作得到了进一步规范和加强。县政府为加强“小金库”防治长效机制，出台了规范性文件，从源头上防止和杜绝乡镇“小金库”问题的发生；开展了财政投资项目预算评审工作。全年共完成评审项目184个，预算评审金额72897.35万元，审定金额66345.20万元，为政府节约财政性资金6552.15万元，平均节约率8.99%；建立了涉农项目资金监管平台。自2018年3月份，上线运行到年底共发布惠农补贴资金信息28.74万条，涉及20个补贴类别，37个补贴小项，共计补贴资金2.63亿元，发布涉农项目2110条，涉及项目资金3.14亿元。全年收到群众咨询投诉信息24条，预警信息4361条，累计查实100条，追回资金3.43万元。涉农项目资金监管平台的运行，让涉农项目资金在阳光下运行，接受了群众监督，有助于保障农民群众合法权益。

【社会保障投入】 2018年，社会保障和就业支出

33386万元，比上年增长22.8%，医疗卫生支出29200万元，比上年略有增长。至2018年底，社保基金滚存结余13.92亿元，比2017年新增2.38亿元。2018年连续14年提高企业职工基本养老金待遇。城乡居民医保财政补助从2017年450元提高到490元。城乡居民基础养老金从月人均80元，提高到105元，城镇低保月人均补差水平从2017年的350元提高到380元。农村低保人均补差水平从225元提高到255元。继续发放困难残疾人生活补贴和重度残疾人护理补贴，每人每月分别补贴50元，全年共发放残疾人“两项补贴”资金375万元。继续贯彻落实独生子女父母奖励政策，按每人每月100元的标准，新增发放城镇居民独生子女父母奖励资金127万元。继续提高优抚对象抚恤和生活补助标准、继续提高特困人员供养和困难群众补助标准、调整健康扶贫“第五道保障线”政策，对建档立卡贫困人口住院医疗费用经各类补偿后，个人自付费用超过住院总费用10%以上的部分由财政予以兜底保障，取消县内自付费用超出2000元以上的部分由财政兜底政策。深化改革，做好老年人权益保障和照顾服务工作。对10个新建居民养老服务中心每个给予一次性奖补5万元的财政补助，对71个现有居民养老服务中心给予每个运营补贴2万元，民办养老机构运营财政补贴1200元/床位，全年共投入资金200万元。建立经济困难的高龄失能老人补贴制度。对80岁以上的高龄老人、城乡低保和特困供养中的失能老人发放养老服务补贴、护理补贴和高龄津贴共计500万元。基本形成保障标准和保障水平自然增长机制。

【财园信贷通融资】 2018年利用“财园信贷通”融资平台累计为50户中小微企业发放无担保、无抵押、低利率贷款25433万元，有力地帮助了中小微企业解决融资难、融资贵等问题，促进了企业的发展。

（吴晓阳）

税　务

【概况】 2018年，县税务局按照“三定”方案要求履行新机构职能，采取区域管理、行业管理、分类管理相结合的管理模式进行税源管理，对原国税地税两套“金三”系统9616户进行管户分配。完成“统一工作平台”运用和两套“金三”系统所有岗位、职责调整。完成国地税“金三”基础数据核对，确认了“疑似同一登记户”国地税正常758户、注销621户。在顺利推进国税地税征管体制改革的同时，加强收入调度，保持了收入高质量稳定增长。2018年全年共完成全口径税收38.05亿元，同比增收10.16亿元，增长36.43%。其中：原国税口径税收26.63亿元，同比增收5.75亿元，增长27.54%；原地税口径税收11.42亿元，同比增收4.41亿元，增长62.91%。多项收入指标增幅居全市领先位置。实体经济税收总量达30.82亿元，占比由2017年的73.17%上升到81.06%，增长7.89个百分点。共计入库乡镇税收6.91亿元，占比由2017年的33.35%下降为18.16%，下降15.19个百分点。

【设立联合党委】 2018年，全面完成了国税地税征管体制改革。为做好这一时期的工作，国、地两家按照组织程序设立了联合党委。新的湖口税务局成立后规范设立了县税务局机关党委、机关纪委、工会、团委、妇委组织，成立了10个支部。2018年，湖口税务系统开展了“不忘初心牢记使命”主题教育活动，举办了“善待你所在的单位”主题演讲比赛；与九江钢厂共同开展了“诵《红色家书》营亲情关系”主题党日活动，持续开展了“党员义务宣讲”活动；开展了以“共建生态文明、共享绿色未来”为主题的青年志愿者活动。组织全体党员干部参观了湖口县看守所，观看《为了政治生态的山清水秀》等警示教育片。围绕严守机构改革“六项纪律”，落实“四个确保”。对县税务局班子成员和中层干部进行了专题约谈，对20名担任新机构主要负责人进行了任前集体廉政谈话，并签订了《“三定”履新廉政承诺书》。制定完善了《财务管理》《公务接待》等多项规章制度，严格落实税务机构改革违规违纪“负面清单”，明确7项30条纪律红线，以铁一般的纪律为改革顺利推进保驾护航。2018年，违反工作纪律约谈10人次，违反值班纪律约谈1人次。

【征管体制改革完成】 按照国家税务总局的统一部署，湖口县启动了国税地税征管体制改革工作，打好了新机构挂牌、“三定”暂行规定落实、社保费和非税收入征管职责划转三场主攻仗，完成了机构改革任务。县税务局成立了改革工作组和综合、人事等七个小组，召开了3次国税地税联席会议、22次党委（联合党委）会，研究改革方案和具体工作。拟定了挂牌方案、舆情应对预案等预案办法，制定了改革过渡期财务报销管理暂行办法、财务工作方案、征管业务工作具体实施方案、车辆管理、财务管理等各项制度规章，以及“金三”系统应急工作预案、挂牌应急预案、信访维稳预案。接收市局联络（督导）组推送改革任务清单23期499项，制定了县税务局改革任务书、路线图，对标认领，对表推进，确保改革平稳有序开展。县税务局班子成员严格按照“三个谈心全覆盖”要求，扎实开展了谈心谈话活动，推行了局长接待日制度，为来访干部职工、纳税人和缴费人解决思想问题、工作难题。“三定”暂行规定落实前，县税务局主要领导与部门负责人谈话29人次，县税务局分管领导与分管部门副职谈话21人次，部门负责人与本部门工作人员谈心130人次，谈话面达100%。“三定”暂行规定批复后，县税务局党委把合适的人用到合适的岗位上，做到了“人岗相宜”。对涉及进退留转的干部，局领导除做好个人思想工作外，还主动上门走访家属，听取他（她）们的意见和诉求，尽全力为他们解决了一些困难和问题。先后向县委、县政府主要领导呈报了8期《税收专报》，及时汇报国税地税征管体制改革推进情况。提请县政府成立了税务改革专项组，召开了专项组第一次会议、座谈会和全县社保费和非税收入征管职责划转工作推进会。县委、县政府主要领导对税收改革工作高度重视和关心。7月20日，县委书记李小平，县委副书记、县长鲍成庚和县委常委、常务副县长史文同时出席挂牌仪式。9月17日特事特办批准联合党委改设党委，11月5日，县委副书记、县长鲍成庚，县委常委、常务副县史文亲临县税务局调研税收工作。拨付县税务局改革专项经费100万元。同时，还得到了县委组织部、编办、财政等部门的支持和配合，建立了部门定期联席会议制度。改革期间，县税务局领导主动联系县委宣传部、公安局网监大队、县网信办、政法委维稳办、信访局、湖口电视台等部门，得到了各部门对税务机构改革期间宣传及舆情应对等工作的大力支持，为湖口县税务机构改革稳步推进提供了有力保障。

【税收营商环境优化】 坚持以“机构改革、服务先行”为指导，开展“便民办税春风行动”，举办“问需求、优服务”座谈会和实体纳税人培训，推行“五增强、五提升”，开展“五个一”专项活动，走访纳税人5326户次，发放调查问卷5786份，征求意见建议44条。全面推进“一窗通办”，新增清税注销、个税、社保费业务专窗，全面实行免填单服务和“一次不跑”“最多跑一次”，落实“容缺受理”机制和“套餐服务”，提供“一次清”服务，落实领导值班、首问负责、延时服务、预约服务等各项服务制度，最大限度便利纳税人。全年接受纳税咨询2100余人次，落实首问责任1200余人次，引导纳税人办理业务2180余次，提供延时服务372人次，预约服务89人次，受理“免填单”业务10472起，纳税人网领票14.9万份。纳税人办税综合等候时间缩短了65%，纳税人满意度达96%。顺利完成2017年度纳税信用评价工作，开展信用评价2394户，完成复评纳税人2户。设立诚信“红黑榜”，在办税服务厅为A级纳税人设立“绿色通道”，对A级、B级、D级纳税人在系统中兑现奖惩。开展“银税互动”，与多家银行签订合作协议，加大对守信纳税人融资授信的扶持力度，引导纳税人依法诚信纳税。加强与县法制、公安、检察、法院、工商等部门的协作配合，充分发挥税收职能优势，积极配合政法机关依法调查取证，开展湖口县扫黑除恶线索征集，为优化地方经济发展环境作出了积极贡献。

【减免税收政策落实】 全年为1547户小微企业减免增值税504.9万元，减免企业所得税1060.84万元，

10户企业研发费加计扣除金额5269.7万元，7户企业享受资源综合利用即征即退优惠退税2594万元，4户企业的增值税期末留抵退税6569.67万元。扩大出口退税无纸化试点，自愿签署无纸化承诺书、完成无纸化标识变更备案操作企业6户，基本实现全覆盖，出口退税3692万元，纳税人享受到了实实在在的政策红利。

【税收法治能力提升】 贯彻落实《国家税务总局江西省税务局关于做好涉及国税地税征管体制改革有关税收法制工作的通知》精神，扎实开展“法治税务”建设，落实领导干部会前学法制度，分类学法网上考试全部优秀，干部法治能力显著增强。实行了行政许可目录化管理，目录外一律不准审批，严格按照法定权限、范围、条件、程序实施行政许可。根据变更、调整的行政权力事项，向同级机构编制部门备案。做好了江西省政务网新机构湖口县税务局政务服务事项清单录入公示工作。清理废止规范性文件31份，提请政府修改规范性文件中税务机构名称6份，新机构挂牌后，对外发布税收规范性文件清理结果的公告和新制发的税收规范性文件公告1份；“三定”到位后，发布新制定的税收规范性文件公告2份、同时废止1份。继续聘请九江市惟民律师事务所、江西中银律师事务所专业律师担任法律顾问，为税务部门对某酒店有限公司申请行政复议、对某置业有限公司破产申请债权等提供法律援助，有效防范执法风险，维护了纳税人合法正当权益。开展了一次个人所得税改革专项执法督查，全面监督税收执法行为。按照总局《税收执法考评与过错责任追究暂行办法》要求，进一步完善执法岗位体系及考核办法，加强对重点部门、重点环节的监督，加大对违法、违规执法行为的整治力度。运用“税务系统内部控制监督平台”，加大对税收执法和行政管理全流程的动态监控，有效预防和化解税收执法风险、行政管理风险、廉政建设风险。

【税制改革平稳推进】 顺利实施了个人所得税改革、费改税、增值税改革等多项改革任务。严格落实一般纳税人转登记和增值税新税率政策，共办理一般纳税人转登记36户。涉及税率调整的企业开票系统全部升级到位，并能按照税率开具发票。按照有关部署要求，制作完成个税改革时间表、路线图，组织开展了税收业务人员的政策培训和扣缴软件操作培训，对重点企业、行政机关和事业单位开展上门辅导278户次，组织开展个人所得税专门培训300余人次。自2018年1月1日环保税开征以来，55户纳税人缴纳环保税565.57万元。开展了环境保护税改革运行情况及效应分析，同期排污费征收减收724.64万元，减幅56.2%。开展了水资源费改税情况摸底。

【脱贫攻坚成效突出】 县局21名党员干部结对帮扶46户贫困户。拨付专项帮扶资金11.4万元，走访慰问69户次，发放慰问金、慰问物资1.5万余元，投入7.4万元为贫困户改善了生活环境，党员干部微心愿捐款2000余元。建成光伏电站1座，扶持电商1户，争取产业发展补贴，帮助32户农户成立特种水产养殖合作社，实行产业扶贫，自力脱贫。至2018年底，已推荐44人就业，60户贫困户中已有42户成功实现脱贫。进入县委年度考评先进行列。

【国家税务总局湖口税务局成立】 7月20日上午，新组建的国家税务总局湖口税务局举行挂牌仪式，原湖口县国家税务局、湖口县地方税务局正式合并。县委书记李小平为新机构揭牌，县委副书记、县长鲍成庚致辞，县委常委、常务副县长史文主持仪式。国家税务总局湖口税务局组建后，原国税、地税机构职责和工作由继续行使其职权的新税务机构承接。纳税人在综合性办税服务厅、网上办税系统可统一办理所有税收业务，享受“一厅通办”“一网通办”等优质服务，12366纳税热线同步实现涉税业务“一键咨询”。

（阮雅平）

审　计

【概况】 2018年湖口县审计局共完成审计项目130个，其中投资审计项目103个，其他审计项目27个，投资审计送审金额50532.73万元，审定金额45828.67

万元，核减 4493.06 万元，核减率 8.93%。提出审计建议 90 条，圆满完成了年度审计任务。并获得九江市审计局颁发的在实施“瑞昌市 2015—2017 政府债务审计项目”被评为 2018 年度全市审计机关优秀审计项目、2018 年度扶贫工作和政府性债务审计先进集体等荣誉证书。

【政策落实跟踪审计】 对全县开展政策跟踪审计，审计项目涉及供给侧结构性政策、简政放权、“放管服”（简政放权、放管结合、优化服务）改革、精准脱贫、重大项目建设、创新驱动发展战略、基层医疗卫生服务能力建设、各部门与各乡镇全面对口帮扶等方面政策的落实情况，审计发现相关单位存在政策措施执行不到位问题，资金不到位或使用不规范问题，通过审计限期整改，推动相关政策落地，有效发挥作用，促进经济平稳运行、健康发展和转型升级。

【财政预算执行审计】 对 2018 年县级预算执行和其他财政财务收支进行审计，在密切关注湖口县财政收支质量的同时，开展对县委办、县政府办、县人大办、县政协办，县国土局等七部门预算执行情况审计，审计发现县财政预算执行方面存在预算收支管理不规范，县部门预算执行方面存在上缴预算收入不及时，县本级部分非税收入未缴入国库等问题。通过审计，规范财政资金使用和管理，促进提高预算执行效果和财政资金使用绩效。

【妇幼保健院新建工程审计】 对湖口县妇幼保健院新建工程项目进行了审计。该工程送审造价为 42263003.01 元，审核总价为 35311939.2 元，核减 6951063.81 元。审计结果表明该项目行为违反了财政部、建设部《建设工程价款结算暂行办法》的规定，依据审计署、国家计委等六部委颁发的《建设项目审计处理暂行规定》，建议湖口县妇幼保健院对工程结算价予以调整，在竣工验收合格后以审定的工程结算价作为工程款支付。

【经济责任审计】 2018 年县审计局共组织实施经济责任审计项目 16 个，其中离任审计项目 15 个，经济责任和自然资源资产任中审计结合项目 1 个，涉及审计领导干部 2 名，部门领导干部 15 名。已完成的经济责任审计项目中，共查出管理不规范等问题金额合计 11670.88 万元，出具审计移送处理书 2 份，出具审计决定书 2 份，提出审计建议共 32 条，被审计单位已整改问题 30 条，促成被审计单位落实整改并出台内控制度 1 项，撰写审计信息 3 篇，江西省审计网站录用 1 篇次，九江市审计网站录用 2 篇次。

（柳朕兴）

本栏编辑 柳爱平

经济管理与监督

综合管理与宏观调控

【概况】2018 年，湖口县发展和改革委员会牢固树立创新、协调、绿色、开放、共享的新发展理念，以推动项目建设、推进生态文明建设和打造长江“最美岸线”等工作为主抓手，全力服务于经济社会发展，各项主要经济指标位于全市第一方阵。全县完成地区生产总值 158.6 亿元，比上年增长 8.4%；实现财政总收入 41.3 亿元，比上年增长 36%，是全市首个过 40 亿元县；固定资产投资比上年同期增长 9.9%，其中工业固投增长 29.6%；社会商品零售总额 31 亿元，比上年同期增长 11.5%；城乡居民人均可支配收入分别为 34657 元、15920 元，分别增长 8.6%、8.9%；一、二、三产业比例为 9.0 : 69.5 : 21.5，第三产业占比保持在 20% 以上。

编制发展规划。2018 年，县改革和发展委员会坚持以生态优先、绿色发展的原则，编制了 2018 年度国民经济和社会发展计划，制定了全年预定目标，提交县人民代表大会审议通过，为县委、县政府经济决策提供了依据；为加强生态文明建设，通过规划的编制，先后出台了《湖口县关于深入落实〈国家生态文明试验区（江西）实施方案〉的实施细则》《湖口县“十三五”节能减排综合工作方案》《关于严格实行能源消耗总量和强度双控方案》《湖口县推进生态文明先行示范区建设五年行动纲要》《湖口县生态文明先行示范区建设年度工作计划》，出台了《湖口县打赢蓝天保卫战三年行动方案（2018—2020）》《湖口县打造长江“最美岸线”的实施意见》。编制了全县农村生活污水治理专项规划，将农村污水排放提升到城镇一级 B 类标准，致力打造全国知名的山江湖文化名城，创建全省绿色发展示范区，为全县推进生态文明建设提供了强有力的政策依据和制度保障。

精选项目入库。按照项目建设程序的规范要求，县发展和改革委员会以做强支柱产业、创新发展战略性新兴产业、推进传统产业转型升级，着力激发民间投资为主抓手，精心筛选了一批产业类、基础设施类、社会事业类、政府和社会资本合作类项目纳入重点项目储备库。2018 年全县列入国家重大建设项目储备库项目 85 个，总投资 38.2 亿元；列入国家重大建设项目三年滚动计划项目 120 个，总投资 248.17 亿元。其中当年列省重大项目 2 个，总投资 100 亿元；省大中型项目 18 个，总投资 169.87 亿元；省市县三级联动项目 18 个，总投资 127.88 亿元；列市重大项目 47 个，总投资 301.5 亿元。

争取项目资金。2018 年，县发展和改革委员会通过积极主动与上级相关部门汇报沟通，在保障性安居工程、农业农村基础设施、交通、能源、水利、社会事业、节能减排、生态保护、结构调整以及长江经济带建设、鄱阳湖生态经济区建设、沿江开放开发及保护、政府与社会资本合作等方面为湖口县争取到一大批国家、省、市政策扶持项目资金。

推进项目建设。建立健全规范化、制度化、常态化的项目推进工作机制。实行领导联系包保重点项目，按照“一个重大项目、一名责任领导、一个责任部门、一个实施主体、一张时间进度表、一本推进台账”的要求，压实包保责任。坚持定期、定向、分级调度制度，保证了项目建设的扎实推进。九江钢厂、联达冶金、赛得利纤维等工业企业的脱硫脱硝减排项目顺利推进；园区以赛得利纤维为供热源，已实行集中供热企业达到20余家；九江神华200万千瓦两台火电机组成功并网发电；远大装配式建筑100万平方米产能项目、投资50亿元的年产110万吨五星纸业特种纸项目、投资1亿元的大家食品搬迁扩建项目成功投产；中红普林医疗、天赐循环产业园、力举机械臂等一批重点工业项目正在建设中。石钟山创五A景区工作有序推进，全县景区管理得到有效提升。湖口港成功纳入重要支点港区，货物吞吐量突破4477.42万吨，占全市港口货物量的38%。

生态文明建设。牢固树立生态优先、绿色发展理念，围绕国家生态文明试验区（江西）实施方案提出的建设任务，因地制宜、大胆探索、先行先试，提升生态文明建设制度化、法治化水平。打好蓝天保卫战，坚持“污染总量只减不增，减排设施只增不减”的原则，2018年度化学需氧量、氨氮、二氧化硫、氮氧化物分别削减至3117吨、371吨、5233吨、7617吨，全面完成市政府下达湖口的“十三五”减排任务；扎实开展“四尘三烟三气”专项治理，全年空气质量优良天数达319天，同比增加46天，城区空气质量达到国家二级标准；投入5600余万元，对园区污水管网、污水处理厂进行了全面升级改造；城区实施雨污管网建设项目37个，累计建设雨污管网37.8千米，城区园区基本实现雨污分流；大力建设山水林田湖草生命共同体，深入推进绿色发展，加快打造生态文明重大支撑平台，按照“拆、改、清、洁、绿、新”的要求，在全市率先推进沿湖沿路沿线景观化提升。以城乡环境综合整治、城市“四创双修”、园区“三化”行动为抓手，以“一核”（中心城区）、“七线”（铜九、九景衢铁路，九景、澎湖高速，牛湖、景湖、均流公路）为重点，深入开展破损店招治理、管线治理、铁皮屋顶治理、违章建筑治理、固废整治、岸线整治、城区开放式小区和城乡结合部整治等一系列专项治理行动，城乡环境有效整治，禁养区、限养区范围内67家规模养殖场退养拆除，率先在全市成功引入城乡生活垃圾市场化运作模式，从根本上解决长期以来影响城乡环境的一系列“老大难”问题，城乡环境面貌得到大力改观。

深化“放管服”改革。依托“江西省投资项目在线监管平台”和“江西省政府权力清单运行平台”两个网上审批系统，全面推行网上办理，项目单位可以随时随地获取窗口办理事项的办理指南，了解业务办理流程、所需材料等，变“群众跑腿”为“信息跑路”，进一步缩减审批时间，提高审批效率，切实为企业“减负”。对备案类项目，取消所有前置要件，最简到企业可以不到窗口，直接在网上申报、上传资料、查看进度、打印结果、评议服务，并最终完成备案，切实做到“一次不跑”。2018年共审备各类项目151个，其中审批108个，备案项目43个，招投标核准105个。完善“两基金两平台”投融资模式和“工业110”快速反应平台，为企业提供优质服务；园区项目审批实行“一窗办理、并联审批、限时办结”制度。科技创新获得新突破，全年科技经费投入3.22亿元，同比增长20.1%，占GDP比重达2%。

农村集体资产清产核资和土地承包经营权登记颁证工作全面完成，入选农村承包地“三权分置”省级试点县。

脱贫攻坚。按照文件要求，扎实开展政策宣讲、政策落地、问题整改等各项工作。派出专职人员担任常驻坝桥村的第一书记，专门抓脱贫攻坚工作。在脱贫攻坚工作中，多次到帮扶村和其他农村进行调研、走访、慰问贫困户，先后投入帮扶资金近10万元，切实帮助解决农村遇到的实际困难和问题。

【打造长江最美岸线】 为认真贯彻落实习近平总书记长江“共抓大保护、不搞大开发”重要指示，严格落实全省打造长江“最美岸线”、全市建设长江经济带绿色发展示范区等重大决策部署，按照“水美、岸美、产业美、环境美”的要求，扎实推进产业转型升级、码头规范整治、岸线生态修复等工作。因地制宜将24千米沿江岸线，分为城区景观带（2千米）、沿江绿化带（9千米）、园区生态带（13千米）进行规划提升。坚持城区景观带与石钟山5A级景区创建相结合，以“旅游观光、亲水休闲、城市运动”为主题，分枯水期、平水期、丰水期进行多层次景观化设计，致力将其打造成“四季皆有景、四季景不同”的城市生态游园。按照“自然生态为主、修补提升为辅”的原则，建设沿江绿化带，规划打造一条长9千米、宽50米以上的生态林带，形成沿江“绿色生态长廊”。坚持园区生态带与园区生态化改造相衔接，分堤外、堤顶、堤内三大区域对长江堤坝进行生态改造，全力打造空中、江面、堤内多角度立体式的“休闲风光带”；突出全域治理，以最有力的措施打造长江最美岸线。先后投入近5亿元，用于推进园区“三化”行动、沿江山体修复、沿江岸线复绿、砂石集散中心建设、畜禽养殖专项治理等一系列工作。2018年沿江堤顶道路“白改黑”、堤内绿地升级改造、堤外生态修复、生态停车场建设等工作全面完成，沿江景观焕然一新；完成了牛脚芫示范段堤顶道路“白改黑”、边坡整理，进行生态复绿工作；神华码头示范段全长3.5千米，按照景观化的设计方案，已全面完成施工；拆除沿江沿湖非法码头13个，规范提升码头泊位9个；关停“小散乱污”化工企业5家；投资近1亿元启动了工业园区6千米的“两个绿带”建设；对沿江10千米沿江段道路南侧边坡，共30处面积约60.66万平方米，存在地质灾害隐患及大面积裸露的山体坡面进行生态修复。在打造长江“最美岸线”上做出了“湖口示范”、创造了“湖口样板”，为全市争创长江经济带绿色发展示范区作出了湖口贡献。

【高新园区第二轮“扩区调区”工作启动】 园区“扩区调区”《可行性研究报告》已通过省发改委专家评审，其中：环境评价已经得到正式批复，省工信厅、科技厅、林业厅、统计局、商务厅已经出具正式支持性意见，省住建厅、国土厅正在对项目规划和用地情况进行评估，项目正式获批后，可增加用地指标9000余亩，将为湖口高新园区持续发展提供用地保障。

【全市城乡环境综合整治现场推进会在湖口县召开】 2018年5月11日，全市城乡环境综合整治现场推进会在湖口县召开。参会的100多位人员，现场观摩湖口开展城乡环境综合整治带来的喜人变化，观看了全市城乡环境综合整治专题片，通报了全市城乡环境综合整治工作推进情况，市委农工部、市行政执法局、武宁县、德安县、濂溪区做了交流发言。市委副书记熊永强在会上提了三点要求，一要深化认识，增强自觉；二要把握关键，强力实施；三要精心组织，确保成效。市领导蹇侠、戴晓慧、孙金森、邓君安参加观摩或出席推进会。湖口县委书记李小平，县委副书记、县长鲍成庚，县委副书记张南等领导参加活动。

（梅志斌）

市场监督管理

【概况】 2018年，县市场监督管理局从严守安全底线、优化营商环境、促进高质量发展等方面加大工作力度，严格落实食品安全“四个最严”，严抓全县特种设备和工业产品质量安全，倾力打造“四最”营商环境，服务好全县各类市场主体，放宽市场主体准入效率，简化准入程序，构建信用监管机制，净化市场秩序，营造公平竞争的市场、安全放心的消费环境。全县登记注册的各类市场主体累计发展到13106户，其中各类企业4114户，个体工商户8992户。分别比上年同期增长17.6%、15.3%。当年新开办市场主体1812户，其中企业618户，个体工商户1194户。12315、12331、12365消费投诉平台当年受理投诉举报150起，提供咨询408人次，为消费者挽回经济损失127万元。

【食品药品安全监管】 2018年开展了“珍爱生命、拒绝毒蘑菇”百日宣传大行动、“12331助力健康中国梦、食药安全伴你行”“小手拉大手拒绝毒蘑菇”、食品安全宣传周、食品安全知识讲座、食品小作坊监管人员与从业人员培训班等宣传教育活动13场次。与基层分局、食品经营户层层签订《食品安全责任状》，抽检食品药品500余批次，抽样送检药品20批次。开展了校园及周边食品安全、早餐行业、食用油、“五毛食品”、食品、保健食品欺诈和虚假宣传、中药材、中药饮片和冷链药品、疫苗等专项整治27次。进行了食品药品安全风险排查，实施了医疗器械生产企业分类分级监管，有效推进了“洁厨亮灶”、创建市级食品安全示范县等工作。购置食品安全快速检测车1台，食品巡查电动车7台。办理食品药品违法案件27起；做好了江西省第15届运动会自行车赛九江预选赛，高、中考食品安全保障等重大活动中的群众饮食和用药安全工作。全面完成食品药品质量监测指标，并全部在政府网站和微信公众号进行了公示；签订责任状700余份，发布警示信息1600多条，举办培训班5场次，培训人员400多人。

【市场主体发展服务】 2018年，县市场监管局承接了原由省局、市局核准的企业申请冠省、市行政区划名称的核准权限。10月份，通过网络申报平台开通企业自主查询、自主择名登记业务，已核准冠市名企业64户。全面推进“多证合一”“证照分离”改革，在原“三证合一”“五证合一”“30个证合一”的基础上，又增加到“45个证合一”，并在10月份全面实施了“证照分离”。将企业办证时间压缩至2.5个工作日，一般申请件当场、即时办理。持续开展“减证便民”行动。取消调整“公司住所使用证明”，“非公司企业法人资金信用证明，验资证明”等16项证明事项。建立完善企业信用信息公示制度，通过广泛宣传、服务上门、分户落实、责任到人等多种方式，加强企业个体年报工作，至6月30日，全县已完成年报的企业占93.6%，完成个体年报占98.3%。开展20批次258户企业“双随机、一公开”抽查，对未年报的809户，视为经营异常的企业并被列入经营异常名录，对三年未年报的119户，被省工商局统一列入严重违法黑名单。在部门协同监管平台已归集全县30家相关部门各类信息15361条。清除与“江西省工商企业登记网络服务平台”的对接障碍，使企业名称、开业、变更、注销、备案登记等实现企业自主申报，登记机关在网上完成受理、审核、发照，当年，通过网络申报审批的企业占发照总数的一半以上。

【商事制度改革】 加大商事登记改革力度，推进“放管服”改革。进一步梳理权责清单，将前置条件改为后置条件，放宽市场准入，个体工商户登记和食品经营行政许可工作全部下放到基层；推进“双随机、一公开”工作机制，完善“企业信用信息监管平台”，让市场主体“一处违法、处处受限”；推行工作流程标准化和“码上办、微注册”，实施商事登记全程电子化改革，让企业登记的申请、受理、核准、发照、公示等各环节均可通过网上电子数据交换来实现，突破了地域和时空的限制，使群众办事更为便捷。群众若需领取纸质营业执照，再到办事窗口领取，真正实现了从“最多跑一次”到“一次都不跑”。6月28日，江西省海姆达尔贸易有限公司法定代表人李某通过手机终端微信平台领取了全县首张全程无纸化电子营业执照。标志着湖口企业设立登记全程电子化工作取得成功。2018年，全县企业年报率达到93.6%，个体年报率达到98.3%，农专年报率达到95.7%，分别比上年提高了1~4个百分点。

【监管执法加大力度】 加强成品油市场监管，没收不合格柴油13.55吨。抓好流通领域商品质量监管，抽检58批次。加强网络监管，巡查各类网站、网店1436次，监测网站网页121个，纠正和规范网店经营行为36户次，指导56个网店申请电子标识。开展

"重合同、守信用"企业评定活动，6家单位被评定为3A企业，5家单位被评定2A企业。对殡葬行业不正当竞争、垄断等损害消费者权益行为进行专项整治，查处强制消费违法行为1起。对非法集资风险进行专项排查，约谈涉嫌非法集资企业10户次。净化广告市场，办了广告从业人员培训班，开展广告监测520次，查处违法广告案件1起。

【特种设备安全管理】 制定了《特种设备安全大检查实施方案》《特种设备专项整治宣传工作方案》，下发了《关于特种设备安全专业委员会成员单位职责分工的通知》，明确了特种设备安全监管职责。选派9人参加特种设备安全监察人员培训，充实安全监察人员队伍，并把特种设备安全监管责任落实到基层，形成横到边、纵到角的监管网络。3月份，联合安监、消防、环保、气象等部门，对园区企业开展特种设备安全、质量标准化监督检查，检查特种设备1512台，发现安全隐患87处，下达安全监察指令书30份，立案查处2起。5月份，联合城建、安监、消防等部门开展液化气瓶和液化气供应站整治，发现和消除安全隐患9处。开展了"电梯安全知识进校园"活动，推进了电梯应急平台建设。开展燃煤锅炉专项整治，办理燃煤锅炉报废手续12台。

【品牌质量提升】 2018年将质量强县的工作纳入全县目标考核体系。市场监管部门大力实施江西名牌产品战略，积极推进名牌培育，制定了名牌培育发展规划，明确名牌发展目标，出台了培育扶持举措。指导帮助九江富达实业有限公司、江西铜业铅锌金属有限公司、铭铉（江西）医疗净化科技有限公司、九江赛得利纤维有限公司、天赐高新材料有限公司等5家企业申报江西名牌产品。九江富达的分散蓝，江铜的铅、锌等3个产品获得江西名牌产品。开展了江西名牌产品企业的跟踪调查和中小企业质量技术服务活动。采取问卷调查、企业调研、召开座谈会等多种形式开展中小企业质量需求摸底调查，并形成了产品质量分析报告。举办了新质量管理体系标准培训班，积极引导帮助晨光、泽美硅、天赐、中佳等四家企业申办了工业产品生产许可证。7月，天赐高新材料有限公司作为代表参加了九江市长质量会。

【商标申请】 至11月12日，全县完成商标注册申请1032件，超过前30年商标申请总量，呈"井喷式"发展状态。

【民生计量】 推进民生计量工作，对农资经营户进行了计量检定，对食品安全、贸易结算、医疗卫生、加油设备、环境保护等与人民群众切身利益和身体健康相关的重点领域进行计量检测。帮助企业建立计量管理制度，免费为大型企业的强检压力表进行了检定，与省院、市所一起对各企业的强检计量器具进行免费的周期检定。

【力山环保成功通过循环经济标准化项目验收】 2018年，九江力山环保有限公司成功通过了国家循环经济标准化试点项目验收，这是江西省第一家参与试点并顺利通过验收的企业。

【湖口豆豉成功通过国家知识产权局的审查】 湖口县石钟豆制品有限公司生产的湖口豆豉于2018年7月成功通过国家知识产权局的审查，国家地理标志产品申报取得实质性突破。

【"重合同、守信用"企业评定】 开展"重合同、守信用"企业评定活动，6家单位被评定为2017年度3A企业5家单位被评定2A企业。10家商店被评定为"放心消费示范店"，1家企业被评定为劳动关系不和谐企业。6家AAA企业是江西舜叶生态农业发展有限公司、九江远能智能设备有限公司、铭铉（江西）医疗净化科技有限公司、九江石钟山豆制品有限公司、九江市小蜜蜂保洁有限公司、中国人民财产保险股份有限公司湖口支公司，5家AA企业是九江嘉远科技有限公司、湖口澜德家庭农场、江西富创新材料有限公司、湖口豪泰贸易有限公司、江西赛瓷材料有限公司，10家放心消费示范店是程运运金银首饰店、百家福超市文桥集镇连锁店、七里香餐饮服务有限公司湖口映像酒店、舜德乡春林商店、鹏泰广场购物中心、雪妈餐饮管理有限公司时态茗湖店、大垅牌骆瓜蒌种植专业合作社、欣兴意汽车销售有限公司、好优惠生活超市、流泗客多购物中心，1 家被评定为劳动关系不和谐企业是九普药材生产专业合作社。

（熊瑞明）

国有资产管理

【概况】湖口县国有资产管理局为县财政局下属副科级事业单位。主要负责管理和经营全县国有资产，包括清产核资、资产保值增值、搭建融资平台以及产权界定、资产处置、产权纠纷调处、产权登记、资产报表、登记台账等基础性管理工作。

国有资产监管。为进一步加强国有资产管理，2018 年出台了两个文件。《湖口县财政局关于编报 2017 年度行政事业单位资产报告的通知》（湖财资发〔2018〕1 号）、《关于转发〈财政部开展地方政府性债务投资项目资产清查登记工作的通知〉的通知》（湖财资发〔2018〕2 号）。10 月份，对部分单位国有资产管理情况进行了抽查，按照《湖口县行政、事业单位国有资产使用和处置管理办法》要求进行有效监管。

规范资产评估管理。在国有资产处置和政府性项目工作中，对评估机构进行了多家公开竞选。首先，将有资质的机构进行审查备案，建立评估机构资源库。其次，在开展评估时，从资源库中随机抽取三家以上评估机构，由业主方根据评估机构资质、业绩及代表人口头陈述等情况当场计分并公布结果，公开选定得分最高的评估机构。确保国家资产评估科学、公平、公正、公开。2018 年 5 月 21 日，完成了湖口县自来水公司资产评估。2018 年 6 月 26 日，完成了湖口海军基地资产评估。2018 年 7 月 19 日，完成了工投公司牵头的沿江“小、散、低”码头评估。

推进国企改革。积极推进国企改革，加快供水、供电、供气的“三供一业”分离移交改革工作。为贯彻落实《国务院办公厅转发国务院国资委、财政部关于国有企业职工家属区“三供一业”分离移交工作指导意见的通知》（国办发〔2016〕45 号）、《江西省政府办公厅关于印发全省加快剥离国有企业办社会职能工作实施方案的通知》（赣府厅字〔2016〕96 号）文件精神，多次与中船集团留驻湖口的两社区沟通，深入企业职工家属生活区摸查情况，加快推进“三供一业”及企业职能分离移交工作。根据省、市相关文件精神，积极参与推进县供水市场化改革工作。对县供水市场改革项目实施方案初稿、湖口县自来水公司资产评估报告初稿、城乡供水一体化项目合作协议书送审稿等，进行严格审核把关，并提出修改意见，报县政府审定。为促进江西水务集团接收县自来水公司为旗下企业发挥了应有的作用。

整合国有资产。按照县政府的要求，县国资局先后向县文旅集团、县工业投资公司注资 1 亿元，同时大力配合县国有资产划转工作领导小组，充分整合县石钟山鞋山旅游总公司、兴湖山庄、县金砂湾污水处理厂等资源，发挥好各自特色优势，着力推动相关产业发展壮大。

经营资产管理。2018 年进行交通工具处置共 19 宗。其中，车辆处置 32 辆、渔上辅助船 1 艘。2018 年无偿划拨 8 辆，划拨处置船 1 艘，价值 3.5 万元。处置报废办公用品 12 宗，处置政府拆迁房屋 1 栋。

【国有企业职工家属区社区社会职能分离移交】2018 年 8 月县国资局与中船九江工业公司、九江市湘城浔达物业管理服务有限公司签订了《社区物业分离移交及维修改造实施协议》。2018 年 12 月 28 日县人民政府与中船九江工业公司签订了《江新社区管委会及社区管理职能移交属地管理协议》，标志着驻湖口国有企业职工家属区“三供一业”及社区社会职能分离移交工作取得阶段性成果。

【“浔阳楼”注册商标得到保全】九江封缸酒是江西省传统特产，“浔阳楼”注册商标驰名中外。通过招商引资，“浔阳楼”注册商标随九江封缸酒企业落户湖口。2016 年 12 月 19 日由安徽红和顺酒业销售有限责任公司恶意制造“浔阳楼”注册商标侵权案。为了保护好国有无形资产不流失，县国资局围绕寻找商标使用证据、组织答辩材料等，展开了大量的调查、取证、细致入微的民访，并且积极参与初审、复审和答辩。历时三年，于2018年9月6日终于赢得国家商标评审委员会“复审商标予以维持”的决定，保全了国有无形资产。

（杨　红）

国土资源管理

【概况】2018年，县国土资源局认真履行职责，服务发展，保护资源，维护权益，全县国土管理工作取得了新的成绩。全年挂牌出让国有建设用地使用权19宗，面积735.16亩，成交价款33408.66万元。收缴房地产项目陈欠土地出让金3182.662万元。完成了老城区棚户区改造项目中700余征迁户的土地丈量与补偿款核查。为县交通运输局、第一幼儿园、九江萍钢三期生活区共征地135亩，核定督促发放征地补偿款1120万元，并完成了第五中学等6个项目扩征前期准备工作。全面完成了2018年度开发区土地集约利用评价工作，技术单位成果已提交。全年共收储土地8宗，面积577.994亩，已出让储备土地4宗，面积104.04亩。第三次全国国土调查前期筹备工作已完成。全县依法立案查处违法用地6宗，没收罚款51.5万元。切实做好中央环境保护督查“回头看”涉及国土资源部门整改工作。全面排查矿山环境和安全风险隐患，对各类突出环境问题查处到位，整改到位，并建立健全监管执法长效机制。编制完成了《湖口县国土资源局政务服务标准化清单》，编制完善了“一次不跑”“只跑一次”事项清单，编制提交《2018年湖口国土资源局高新园区赋权清单》并报县审改办进行备案。开展了“改作风、提效能、优服务”和“作风大整治、服务大提升”专项整治活动，组织观看教育片两场，学习党纪条规10余次，开展谈心谈话80人次，明察暗访20余次，发现问题15个，通报批评47人，提醒谈话6人，书面检查9人，促使作风建设明显得到好转。积极配合县委巡察工作，通过召开专题民主生活会、党组会、局长办公会及工作部署会等，扎实推进整改工作，积极完成县委第三巡察组反馈的6个方面11项问题落实整改任务。统筹安排资金6万元，用于贫困户补助和慰问金1.8万元，用于沿线整治3.2万元，用于工作队经费1万元。为均桥镇争取高标准农田整治项目4273亩、投资1069万元，已经完成外业施工和项目验收。

【耕地保护责任目标通过核查】严格保护耕地和永久性基本农田保护的各项制度，按照耕地保护责任考核的要求，将耕地保有量31.42万亩和基本农田保护面积28.27万亩任务指标层层分解落实责任，签订了县、乡、村三级耕地保护责任状，全面修缮更新了耕地保护和永久基本农田保护标志界牌，顺利通过了市国土局、农业局、统计局联合开展的2017年度县级政府耕地保护责任目标考核实地核查。

【用地计划制订】制定了湖口县2018年度国有建设用地供应计划。全县国有建设用地供应总量控制在2500亩以内。其中：工矿仓储用地2000亩，住宅用地140亩（其中：棚改房用地30亩，商品房用地110亩），公共管理与公共服务用地160亩，交通运输用地200亩。省自然资源厅下达湖口新增建设用地指标1040亩（含奖励120亩），县国土局共组卷5个批次用地报批面积803.661亩（耕地553.065亩），均已获得上级批复。其中：第一批次集镇（耕地不实整改用地）262.4265亩；第二批集镇（民生教育用地）157.4595亩；第三批集镇（2017年卫星图片违法整改用地）115.044亩；第四批次城市（耕地不实整改用地）260.3625亩；第五批次为农民建房8.3685亩。

【土地开发项目推进】通过前期踏勘选址，全年共立项52个土地开发项目，建设规模5950亩。开工项目34个，已有19个项目已全部完成外业施工，实测建设规模1717.01亩，新增耕地1534.69亩（其中新增水田68.8亩），正在组织该项目的验收报备工作。2014年增减挂项目在2018年7月份均已完成项目的施工，全县共实施16个砖瓦窑，建设规模482.988亩，并且已完成项目初验工作。

【存量土地消化】全年完成消化未用土地1420亩，实时批而未用土地面积降至3146.7亩，实时批而未用率降至19.2%，实时消化周期降至1.8年，排全市前列。在消化批而未用土地工作上，湖口在全省2017年度节约集约利用土地考核中取得排名第一的好成绩，受到省自然资源厅通报表扬，并获得120亩新增建设用地指标奖励。

【卫星图片执法检查】 2017年度下发土地卫星图片监测图斑161个，矿产卫星图片7个，通过实地核查和省市审核，最终核定土地违法图斑18宗，违法用地整改率达到了100%，矿产违法图斑5个，已全部移送公安机关立案调查处理。全面完成了2018年例行督察下发疑似问题的举证和整改工作，顺利通过南京督察局的审核，实现“不约谈、不问责”目标。

【违法占用基本农田清查整改】 为做好2017年10月份以来违法占用基本农田清查整改工作，2018年4月，县政府下发了《关于严禁违法占用和破坏基本农田的通知》及卫星图片领导小组下发的《关于土地卫片整改和严控新增违法用地的紧急通知》两个文件。并成立了由执法监察大队牵头的工作组，督促各乡、镇先行自查自纠，建立专项台账，并形成书面材料报县政府，同时依法依规追究相关人员的责任。积极组织开展“大棚房”摸底排查工作，通过联合农业局和乡镇场对全县所有的设施农用地情况进行全面摸底排查，未发现设施农用地违法行为。积极组织开展打击河、湖水域，沿线码头及商贸等领域国土资源违法行为专项行动。通过利用无人机对沿江沿湖45千米岸线的纵深一千米进行测量，没有发现新增违法行为。

【不动产登记】 全年共受理办结不动产登记业务6335宗，其中发放不动产证书3950本，不动产登记证明2385份，收取不动产登记费88.5万元，代收取土地出让金38808.5万元（其中：挂牌土地出让金38403.5万元），土地交易服务费102.3万元（其中土地挂牌交易服务费48.9万元），开具家庭住房状况证明4800余份。协助县扶贫办对全县2800余户贫困家庭住房情况进行核查，配合县建设局对全县730余户危房改造完成核查，受理法院查询、查封400余份，处理历史遗留的集资房分户发证40余宗。为提高不动产登记效率，制定了压缩不动产登记时间工作实施方案，取消交易确认书、告知单、房屋确权单等环节及证明，实行交易、办税一窗受理工作，减少办事环节，真正做到办事“进一个门，跑一次路”。

【地质灾害防治】 全县有地质灾害隐患（危险）点124处，2018年通过两次地质灾害隐患排查，发现了5处新增的隐患点，核减了通过治理和搬迁避让34处地灾隐患点，对排查前后的情况一一进行了登记，建立了台账，确定了责任人和监测人，建立了县、乡、村、组、点五级群测群防监测网络，做好预案，加强预防。全年投资2000多万元对双钟镇洋港安置区东侧山坡滑坡、第四小学边坡、第一幼儿园滑坡、旅游公路边坡等地灾项目治理工程开工，同时，对全县乡、镇22处小型地灾点也开展了治理工作。县政府安排35套安置房，用于安置地质灾害搬迁避让户居住。

【矿政管理执法】 按照矿山“缩点、减量、限期、增效”的要求，全县矿山企业由2016年前的47家减少到18家，2018年的矿山关停任务5家，已完成4家，完成比例80%，还有1家在办理注销、关停等相关手续。2018年在生产的18家矿山企业，按照绿色矿山建设要求，边生产、边治理、边复绿。在42家废弃矿山中，开展了复绿、复垦矿山有22家，复绿、复垦面积达865.8亩，超额完成市局下达湖口县的计划。2018年，按照“四定”（定界、定量、定开采方式、定开采时限）要求，联合了公安机关、乡、镇政府先后侦破了舜德乡涂仲金、高海斌等非法采砂案，逮捕1人，网上追逃一人，查明盗采砂3万余吨，涉案价值近73万元。打击了崔小剑非法采矿案，逮捕8人。

【农村房地一体确权登记发证】 全县农村房地一体确权登记发证项目外业调查全部完成，房屋总数115312幢，数据属性入库达到100%，武山镇等6个乡、镇已公示外业调查结果。武山镇、舜德乡的发证材料已经审核，这两个乡镇的农户将领到全县颁发的首批农房不动产证书。同时开展国有土地确权登记发证工作，在武山垦殖场发证14本，面积为7520亩。

【宅基地管理试点取得成效】 2018年在付垅、

均桥、双钟三个乡镇的饶林山、陈官垅、大饶家三个自然村进行农村宅基地管理试点，取得初步成效，并实行宅基地有偿退出机制，推进土地节约集约，实现宅基地有效利用，美化村庄环境。

（李 敏）

统计管理

【概况】 县统计局负责组织全县国民经济数据的采集、核算、指导、协调及发布，并组织实施专项调查和大型普查活动。履行信息、咨询、监督三大职能，更加及时、准确地反映和揭示湖口经济运行态势和社会发展状况，为县委、县政府科学决策提供有力的统计保障。2018年，湖口县国民经济整体运行良好，实现地区生产总值158.58亿元，同比增长8.4%；其中：第一产业增加值14.18亿元；第二产业增加值110.33亿元；第三产业增加值34.08亿元。三产比为8.9∶69.6∶21.5。县统计局按时发布了湖口县国民经济和社会发展统计公报，编写了统计提要和统计月报，出版发行了《湖口统计年鉴（2015—2017）》。组织实施了江西省地方统计局局队部分业务分工调整优化实施细则，确保了湖口统计局局队分工改革有序推进。企业“一套表”统计对象继续增加，开展了第四次全国经济普查前期工作、1‰人口抽样调查、城乡住户调查电子记账工作。

【四上企业申报管理】 按照国家统计局的统一部署，实施企业“一套表”统计改革后，所有四上企业实现了联网直报。2018年，县统计局和有关部门积极对全县企业生产经营基本情况进行调查摸底，对达到标准的26家企业积极组织入库申报，对库内未达规模的企业重点标记申报退出，对统计对象严格管理，进一步提高统计数据真实性。2018年末，企业“一套表”联网直报平台按专业分组法人单位数：合计264个，规模以上工业104个，资质以上建筑业5个，限额以上批发零售业22个，限额以上住宿餐饮业10个，房地产开发经营业12个，重点服务业27个，其他投资84个。

【第四次全国经济普查前期工作】 按照国务院的统一部署，2018年进行第四次全国经济普查，普查时点为2018年12月31日24时，普查时期为2018年1月1日至12月31日。2018年主要工作为第四次全国经济普查的前期工作，包括组建县乡两级普查机构，完成了普查员和普查指导员选聘、培训，开展多种方式的普查宣传，划分普查区、绘制电子地图，开展清查摸底、生成普查底册。

【局队分工调整优化】 按照国家统计局的统一部署，为加快推进现代化统计调查体系建设，充分发挥局队各自优势，提高统计工作整体效能，对部分局队工作分工进行了调整优化。主要有：规模以下工业抽样调查工作、小微企业固定资产投资情况调查工作、规模以下企业创新调查工作，按照省市统计局的组织安排，县统计局平稳推进，确保了数据按时上报，工作衔接良好。

【推进城乡住户调查电子记账工作】 按照国家统计局的统一部署，为推进现代信息技术与住户调查工作的有效结合，进一步提高新时代住户调查的数据源头质量和效率，县统计局在省队、市队的指导下大力推进电子记账工作。电子记账工作是城乡住户调查户通过智能手机终端下载“E记账”软件，直接利用软件记录自己的各项流水，代替了原始的手工填写账页的模式。县统计局大力宣传、精心培训、深入走访、健全制度，让记账户知晓电子记账的好处，让辅调员、记账户熟练掌握软件，给予电子记账户一定的通讯补贴，顺利地让电子记账工作在调查户中推广过半，2018年末，全部100户城乡住户调查户中，有51户是电子记账户。

（沈宝乐）

安全生产监督

【概况】 2018年，湖口县安全生产监督管理局深入贯彻落实《中共中央国务院关于推进安全生产领域改革发展的意见》，以“零责任”事故为目标，以十大专项整治行动为抓手，以队伍建设为保障，以改革创新为动力，深入开展十大专项整治行动，继续深化重点领域专项整治，重点抓好园区高危企业安全巡查，坚持创新监管方式，稳步推进企业安全生产标准化创建及建设项目安全设施“三同时”工作，进一步加强安全生产教育培训，全面提升企业本质安全水平。2018年，全县纳入安全生产监督管理局工、矿、商、贸生产经营单位224家，其中非煤矿山17家（露天采石厂8家、采砂厂3家、页岩砖厂6家），危险化学品从业单位48家（生产企业23家，经营储存5家，加油站20家），冶金、工贸企业25家，烟花爆竹批发1家、零售经营26家，农药、油漆零售经营107家。湖口县安全生产监督管理局从责任落实、日常监管、专项检查、风险管控、宣传培训等方面入手，认真落实安全监管责任。全年共开展两轮园区安全生产专项整治，对47家重点企业进行全方位的体检，共计排查出622条安全隐患，638处存在的问题，提出了640条整改意见和建议；全年工贸行业共排查出安全隐患744处，辨识风险点116处，制定风险管控措施566条，建立“一图、一牌、三清单”33套；联合消防大队、市场监管局、气象局等部门开展了两次安全隐患专项检查，共排查安全隐患57条，整改完成率达到100%。检查了5家有限空间作业企业，下达执法文书5份，查出隐患29处，整改到位29处。2018年，全县发生生产安全事故1起，死亡2人（九江中伟科技2·10生产安全事故），同比分别下降75%和50%，实现了“双下降”。

安全宣传教育。2018年6月，全县开展“安全生产月”及“咨询日”活动，围绕“生命至上、安全发展”主题，通过安全宣讲、培训教育、媒体报道、知识竞赛、张贴宣传标语、悬挂宣传标志、散发安全生产手册、播放安全生产警示教育片等方式，提高全社会安全生产意识。活动期间，张贴宣传标语或宣传横幅221条，制作展板100块，刊发新闻26条，开设专版专栏6期，播出公益广告35条，发放各类宣传材料3万份，深入企业宣传14次，培训人员2000多人。6月11日至15日，湖口县安全生产监督管理局联合县委党校，组织开展全县企业安全生产知识及职业卫生宣贯培训活动，先后培训三期，共有300余人参加。

安全标准化建设。截至2018年底，湖口县危险化学品行业有17家企业通过安全标准化验收达标，其中九江中星医药化工、江西安利达化工、九江中天药业有限公司、江西萍钢杭氧气体有限公司等4家企业取得了安全标准化二级证书，并全部通过复评验收。九江富达实业有限公司、九江天赐高新材料有限公司等13家企业通过市局三级安全标准化验收，取得安全标准化三级证书，等待市局组织三级安全标准化复评验收。工贸行业有20家企业完成安全生产标准化创建工作，其中九江萍钢钢铁有限公司、同方江新造船有限公司和江铜铅锌金属有限公司等3家企业已通过二级标准化创建。蓝天玻璃、赛瓷材料等17家企业通过三级标准化创建。其中有4家企业通过复评，3家企业正在等待市局组织评审。

风险预防管控。2018年，湖口县把风险辨识管控放在重要的位置，把隐患排查关口前移到风险辨识管控环节。5月初，县政府出资35万元，聘请北京维科尔安全技术有限责任公司对园区及园区内所有企业进行安全风险评估；5月4日，聘请深圳佳保安全公司专家组对园区各企业、各专委会和各乡、镇、场分管领导及业务人员进行了为期4天、10期、400余人次的安全风险评估方法培训。8月上旬完成园区总体风险评估报告，11月各企业制作完成“一图、一牌、三清单”（“红、橙、黄、蓝”四色分布图、风险告知牌和风险管控责任、措施、应急处置清单）。同时，把工作重心从事后查处向事前监管转变，从被动执法检查向主动服务指导转变，通过明察暗访、定期督查、随机巡查等方式，增强执法工作的针对性和实效性，纠正和严厉查处安全生产违章违法行为。

创新监管方式。县政府拨款24万元专项资金，在湖口电视台开设《石钟安全行》专栏，实行新闻媒体监管。集中宣传十大安全专项整治行动，报道先进典型企业，曝光非法违法行为，宣传安全常识，全年共播出12期。开展卓越班组评选活动，通过制定创建评选标准、企业自评自荐、专家现场审查、网络投票等评选方式，评选10个卓越班组进行表彰，树立示范标杆，提高企业本质安全水平。考察引进南京徐州安元产业园项目落户，产业园总体定位概括为“135”工程（1大安全产业支撑平台、3大产业基地、5大运营中心）。支撑平台建设内容为安全产业技术研究院和安全产业创投基金，三大安全产业制造基地为工业级安全无人机制造基地、工业级安全物联网设备制造基地、工业级消防机器人制造基地，五大安全产业运营中心为企业安全生产监测预警运营服务中心、企业安全生产社会化服务运营服务中心、安全生产与应急管理培训教育服务中心、城市安全与生命线监测运行管理服务中心、城市与工业安全大数据运营服务中心。该产业园项目将实现城市安全和工业安全两大保障目标，形成湖口样板工程，并为“促发展”提供产业孵化、示范、推广的创新基地和首次使用的“试验田”，促进湖口融入长江经济带，建设绿色发展示范区，促进全县安全生产形势明显好转、安全发展战略得到有效落实。

【非煤矿山安全监管】 2018年，湖口县安全生产监督管理局对辖区各非煤矿山开展安全检查70家次，下达各类法律文书210份，发现安全隐患及问题150条，整改率达100%。实施处罚6家（其中上线处罚4家）。按照县成品油整治工作会议及文件要求，开展非煤矿山油罐及油罐车专项整治。对非煤矿山企业22个自备油罐进行粘贴封条，并下达指令文书；有效开展“扫雷”“清零”“结网”行动。提请政府关闭矿山企业5家，列入黑名单管理1家；闭坑矿山生态修复和对“三区四线”范围内已经废弃且需要人工治理的矿山，创造条件进行了复耕复绿的2家（湖口县黄平碎石厂、湖口县金亮采石厂），按要求编制矿山安全措施设计，全程跟踪页岩砖厂原烟囱拆除工作；开展了安全风险评估。在企业自评的基础上，组织专家对2家（湖口县张青矿区建筑石料用灰岩矿山、湖口县联丰建材有限公司）安全风险开展复核，经复核评定该2家为三级风险企业。

【危险化学品安全监管】 开展春节期间园区企业危险化学品生产大检查。摸清4家停产企业储存情况，制定处置方案并督促企业正确处置。在平时的监管中，加大对构成重大危险源的安全监管，制定重大危险源安全检查表，要求构成重大危险源的企业认真开展对表自查。5月18日，召开全县危化品企业岗位安全风险辨识专题会议，通报6家危化企业全面铺开岗位风险辨识工作情况。在大排查活动中，共排查出园区危险化学品生产企业20家，危险化学品储存使用企业3家，油气危险化学品经营企业3家，共查出46个危险化学储罐区，有42个罐区正常使用，4个罐区停用。危化品储罐共计269个，其中储油罐15个，储气罐11个，主要危险化学品种类有23个；开展转包、租赁厂房的安全整治工作。正常生产的企业签订了《企业安全生产承诺书》，对停产企业下发《停产企业安全措施告知书》，强调停产期间严禁将设备、厂房非法租赁或转让给其他单位或个人进行危险化学品生产、储存；制定并下发动火作业、进入有限空间作业的专项整治的文件，在安全检查中把动火作业、进入有限空间作业票证的审批情况纳入检查的主要内容中；为加强对企业废弃危险化学品的监管和处置，2月11至13日，对园区危化企业开展了全方位的安全大排查，发现江西浔朋化工有限公司、九江中伟科技化工有限公司、湖口新康达化工有限公司、九江中天药业有限公司4家企业的储存场所或储罐存有一定数量的废弃危险化学品，立即协调相关部门，采取有效工作措施，印发《九江中伟科技化工有限公司等4家停产化工企业废弃危险化学品安全处置方案》的通知（湖安办发〔2018〕9号），加强对上述4家“僵尸”企业废弃危险化学品的监督管理和处置。

【烟花爆竹安全监管】 制定了《湖口县2018年烟花爆竹安全生产工作要点》。联合执法打击非法违法买卖、运输烟花爆竹，在全县各乡、镇收缴非法违法买卖、运输烟花1760个，爆竹450件，价值14万余元，并于4月19日进行销毁；对3家零售点许可证过期后仍违法经营行为下发了《责令限期整改指令书》，要求其立即停业整顿；开展了安全风险评估并登记造册，安全隐患全面排查并上线运行，安全规章制度、操作规程和应急预案对标梳理并补充完善，并开展了全员教育培训、反“三违”集中行动各一次。

【工贸行业安全监管】 督促企业全面落实安全生产主体责任，全县规模企业主要负责人与县政府签订了安全生产责任书；积极开展“双千示范”工程建设，在工贸行业各选定10家企业，分别作为安全生产标准化示范企业和风险管控示范企业，采取示范先行、逐步推进的办法，大力推进企业开展安全生产标准化创建和安全风险识别，2018年有20家企业完成了安全生产标准化创建工作，其中规模以上企业13家，规模以下企业7家；举办了一期工贸行业安全管理人员和职业卫生安全管理人员培训班，共培训安全管理人员和职业卫生安全管理人员100余人；切实加强治金行业安全生产专项整治，督促九江萍钢钢铁有限公司开展了多次安全隐患排查和风险辨识。

【职业卫生监管】 着实开展建设项目职业卫生“三同时”工作和职业健康专项执法检查工作。结合安全生产十大专项整治行动，推动网上职业病危害申报81家，检查用人单位708人次，发现并且督促整改问题（隐患）853条；积极开展《职业病防治法》宣传活动，组织培训主要负责人和职业卫生管理人员296人，督促、指导企业培训接触职业病危害的劳动者4995人，利用电视、报刊、短信、微博和微信等形式新闻报道3次，发放宣传资料1500份、画册300多份，制作和发放2部专题宣传片，出动宣传56人次，同时督促、指导企业主办了4期宣传栏。

【安全大检查】 2018年1月至3月，湖口县安全生产监督管理局组织开展了园区企业

第11轮执法检查。从3月至6月份，联合园区管委会、安监、环保、公安、城建、市场监管、消防、气象、供电等9部门，开展了2次为期长达46天的联合执法检查。7月至年底，再次联合9部门分两个阶段开展“回头看”检查。通过多次安全生产大检查，严厉打击了非法违法违规行为，有效遏制了安全事故的发生。

【粉尘作业专项整治】 湖口县工贸行业涉及粉尘作业企业10家，粉尘场所作业人数约300人，所涉及的粉尘皆为不可燃粉尘，督促相关企业加强职业健康安全管理，落实好相关防护措施。开展城区服装加工作坊专项整治。按照“疏堵结合”原则，广泛宣传、集中整治、依法搬迁、强力执法、严厉打击，不定期进行日常巡查，发现一家清理一家，确保专项整治取得良好的成效。

（吴美锋　陈媛媛）

价格管理

【概况】 2018年，湖口县物价局认真贯彻落实《中华人民共和国价格法》，紧紧围绕“保民生、稳物价、促发展、求增长”这条主线，积极稳妥地推进价格改革，切实加强价格管理，确保价格总水平基本稳定。

加强行政事业性收费管理。多措并举降成本，2018年4月1日后，县物价局进一步清理行政事业性和经营服务性收费，认真落实国家、省取消和停征的行政事业性收费政策，全面清理规范涉企收费项目及收费标准和收费依据，将涉企收费目录清单在县政务网公示，与财政部门一起编印了《湖口县收费目录清单》并及时随价格收费政策书面文件发送到有关企业和单位。认真执行行政事业性收费年度报告制度，加强事中事后收费监管，完善行政事业性收费目录清单和涉企收费明白卡制度。通过清费减负，为实体经济让步，企业轻装上阵，更大程度激发市场活力和社会创造力。

进一步规范收费行为。依规对天然气价格进行了调标工作。根据相关文件规定，天然气按上游价格同步上下浮动，县物价局及时根据上游价格调整非居天然气价格。根据政府性投资的停车场的收费核定标准，

对交通部门主管的停车场价格进行了核定。根据省市有关文件要求，在对两家污水处理厂进行成本核算的基础上，由原来的0.80元/吨调整为0.85元/吨。根据2018年4月1日江西省发布的定价目录，在进行走访调研、听取意见建议并对水厂进行成本核算的基础上，核定了农村自来水安装收费2650元/户（含智能水表）。按国家、省市有关要求，对石钟山景区门票价格实行淡季（11—12月）40元/人，旺季（除11—12月外）44元/人价格。协助开展农业综合水价改革工作。

查处价格违法行为。开展了对乡镇中心卫生院、天然气价格、殡葬服务收费的专项检查，查处违法所得共计250879.50元。开展清理规范转供电环节加价工作，规范其转供电环节价格收费行为，将一般工商业用电每千瓦降低8.05分的红利等额传导给终端用户。开展了房地产市场“一房一标”的检查及节假日旅游市场的价格环境检查（对旅游景点周边的特产商店进行了明码标价的检查），同时会同商管办、市场监督管理局开展了全县餐饮行业专项检查。对全县的教育系统开展了专项检查，对不规范的收费行为进行了整改。

开展价格认证工作。扎实开展价格认证，全年共受理涉案财物价格认证业务41宗，价格认证标的金额4076111.30余元，为司法机关处理各类刑事案件提供价格依据。为打造长江“最美岸线”，配合公安机关打击非法盗砂4起，涉案标的3647335.00万元。

加强市场价格监测预警。以居民生活必需品、劳动力市场、生猪价格、全县矿产品和重要生产资料为重点，加强价格实时监测分析，做好市场价格异常波动快速预警与跟踪调查，发挥好价格信息对市场预期的引导作用。2018年湖口县有3个月居民消费价格指数CPI同比涨幅达到3%，达到了规定的启动联动机制条件。即对城市特困及农村低保人员实行价格临时补贴，补贴标准为城市每人每月15元，农村每人每月9元。

【停车场的收费核定】 交通部门主管的停车场价格收费标准：等级为二级。设备设施：露天停车场，停车泊位在80个或800平方米以上，水泥路面，安装计时系统，进出道口分别有标准的停/行车标线，配有冲洗及消防设施，保管人员，管理制度和收费程序规范，车型：一类车，2小时内6元，超过2小时每2小时加收1元，24小时封顶15元，包月270元；二、三类车：2小时内8元，超过2小时每2小时加收2元，24小时封顶26元，包月460元；四类车：2小时内10元，超过2小时每2小时加收2元，24小时封顶30元，包月540元；五类车：2小时内14元，超过2小时每2小时加收3元，24小时封顶40元，包月720元。不足2小时按2小时计，实行长包车位，由承租双方不高于上述价格协商确定，对临时停车不超过20分钟免收停车费。

【全县矿产品价格实时监测分析】 2018年矿产品供应紧张，价格上涨。具体如下表所示：

附：2018年价格监测表

2018年度湖口县矿产品监测点矿产品均价表

单位：元/吨

品名／月份	出矿价			上船价（采购价）		
	石碴（13#24#）	瓜子片	石粉	石碴（13#24#）	瓜子片	石粉
1月	65.35	49.86	26.13	65.5	58.76	35.33
2月	54.85	49.85	24.13	65	58.5	33.33

续表

品名 月份	出矿价			上船价（采购价）		
	石碴（13#24#）	瓜子片	石粉	石碴（13#24#）	瓜子片	石粉
3 月	54.1	51.1	23.7	64.5	59.75	35.33
4 月	56.62	52.75	27.67	67.37	61.25	37.67
5 月	63	58.25	30.67	75	68.75	42.34
6 月	64	59.75	33.33	75.75	69.75	43.33
7 月	64.62	60.25	35.33	75.77	69.4	46.53
8 月	64.87	60	35	75.52	68.9	46.53
9 月	68.17	63.33	37.5	80.03	72.53	49.3
10 月	68.17	63	38.5	81.03	74.2	50.3
11 月	67.87	61.75	37.67	80.02	72.9	49.53
12 月	68.62	63.25	37.66	80.87	74.5	50
均价	62.52	57.76	33.70	73.86	67.43	43.29

备注：本表格内出矿价为矿石产品出矿价格；上船价（采购价）为矿石产品上船价格，价格含运输成本和码头费用（其他费用）。

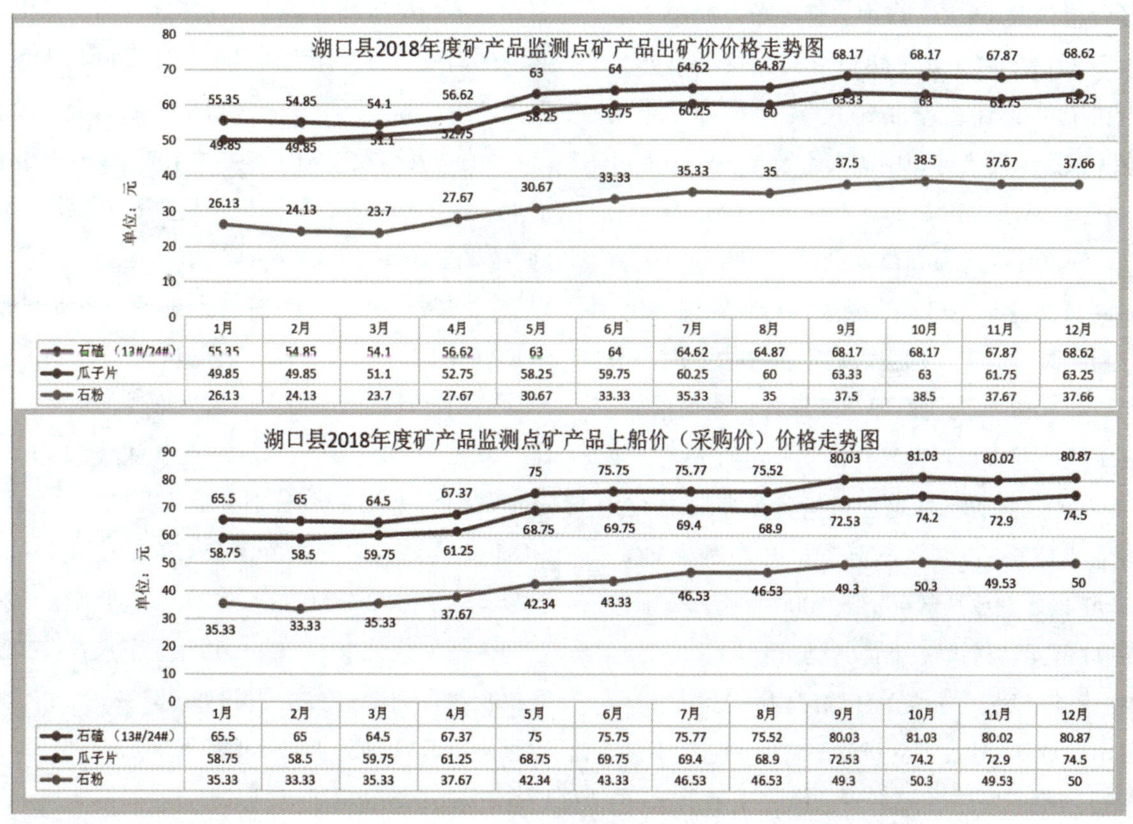

（张礼峰）

本栏编辑　柳爱平

金融 保险

中国人民银行湖口县支行

【概况】 2018年，湖口从事金融管理、经营的单位和经营机构共16家，其中，管理单位两家（中国人民银行湖口支行，九江银监分局湖口办事处）。专业银行由上年度10家增加到11家，“国”字号从事保险业3家（中国人寿、中国人寿财保、中国人民财保）。另外，从事保险业的还有中国人民人寿、太平洋保险、平安保险等在湖口均设立了办事处。中国人民银行湖口支行是湖口县金融业的行政管理单位。切实履行基层央行职责，加强宏观审慎评估管理、做好信贷调控、加强存贷款管理，确保各项政策落地。为促进县域经济健康稳定发展作出了一定的贡献。截至2018年末，全县银行业金融机构各项存款164.28亿元、贷款115.68亿元，分别较年初增长8.35%、3.79%。全年累计发放扶贫再贷款9000万元，分别是农商行7500万元、村镇银行1500万元。

【金融维护稳定】 重点关注辖区内法人金融机构改制后的不良贷款变化、不良贷款关联度和隐性不良。针对农商行风险问题，专门下发《风险提示书》，两次约见机构高管人员。组织按季对农商行现场风险监管，及时反映机构风险动态情况。强化对投保机构的风险管理，健全地方法人投保机构的信息收集、风险监测、早期纠正、处置准备。开展对金融机构执行人民银行政策等综合评价。做好日常重大事项报告制度执行情况的考核。严厉打击虚假欺骗性交易、非法套利和地下钱庄等外汇领域违法违规行为。强化与有关部门的沟通协作，探索通过税务、账户和社会信用管理等抓手，扎实开展企业出口不收汇治理。认真落实《金融消费者权益保护实施办法》，积极开展金融广告治理工作。强化征信信息安全管理，确保辖内违规查询零发生，辖内接入机构违法事件零发生。

【金融服务提升】 持续推进湖口县农村信用体系创建工作，以信用乡、镇创建为主抓手，在信用户、信用村评比的基础上，大力推进信用乡、镇的创建。截至2018年末，示范村农户总数523户，建档立卡贫困户2935户，分别占全县农户总数的0.9%和5.18%。全县农户贷款余额15229万元，其中，贫困户贷款余额752.44万元。完善窗口查询服务和自助查询机制。截至2018年末，共完成个人查询5626笔，完成企业查询155笔，。其中收费3225元；个人、企业查询量分别较上年同期增长67.04%、19.2%。加强核算管理。至2018年末，共开立、撤销账户1482户。其中：开户1063户（开立基本账户703户，开立专用存款账户91户，开立临时存款账户17户、一般存款账户 252 户），办理撤销账户 419 户。做好人民币假币收缴工作。2018 年，收缴假币共 610 张，合计金额 53790 元。加强国库监管。截至 2018 年末，经理国库各项业务 96402 笔，合计金额为 71.28 亿元，其中：收纳各级预算收入 92792 笔，金额 40.09 亿元；办理各级预算支出 1706 笔，金额 28.91 亿元；办理预算收入退库 244 笔，金额 1.40 亿元；办理预算收入更正 50 笔，金额 0.88 亿元。

【金融精准扶贫】 结合帮扶村的实际，积极参与村、组的各项活动，脚踏实地为脱贫攻坚、农村整治环境、扶贫解困、发展农村经济，为村民提供服务。2018 年，帮扶村贷款 5.9 万元，支行投入帮扶资金 1 万元。根据上级部署和要求，继续推进贫困乡、镇“农村普惠金融服务站”创建工作，积极督促辖内农商银行按计划完成指标任务。至 2018 年末，已完成 5 家贫困村普惠金融工作站创建。办理各交易查询类业务量 870 笔，金额达 52.6 万元，提供维权咨询 8 次，发放宣传资料 800 余份。

（朱　杰）

九江银监分局湖口监管办事处

【概况】 2018 年，九江银监分局湖口监管办事处（以下简称湖口监管处）围绕九江银监分局年度工作会议精神，按照属地监管原则，全面履行监管职责，突出地方法人机构监管重点，努力防控风险。截至 2018 年底，湖口县银行业金融机构各项存款 161.14 亿元，比上年末增加 16.10 亿元；其中储蓄存款 89.87 亿元，比上年末增加 9.14 亿元。各项贷款 95.93 亿元，比上年末下降 15.28 亿元。不良贷款余额 5.16 亿元，比上年末增加 0.30 亿元；不良贷款占比为 5.38%，比上年末上升了 1.01 个百分点。

【风险防控】 重点监管辖内法人机构湖口农商行和九银村镇银行及邮储银行的风险管控。湖口农商行作为商业风险机构，各项主要指标基本达到监管要求，但潜在风险依然存在，不良贷款反弹压力大。严控新增不良、高管层担负起风险化解主要责任、加大不良贷款的清收考核力度、重点关注集中度风险（行业集中度、单一集中度风险），督促湖口农商行缩减大额贷款投资，降低“户均贷款”，使贷款结构进一步向小额贷款或小客户倾斜，遏制“贷大”的冲动。整治银行业市场乱象监管督导、普惠金融工作落实情况的专项督导、印章管理制度执行情况督查、“排雷行动”专项排查督查。

【专题宣传活动】 围绕反邪教宣传、社会管理综合治理宣传月活动、防范和打击非法集资宣传教育、金融知识普及月、金融知识进万家、提升金融素养、争做金融好网民宣传服务月为内容，通过 LED 显示屏持续、循环、滚动播放宣传标语、风险提示、在网点显著位置张贴摆放宣传展板、发放宣传资料、利用微信平台、网上银行等进行宣传。

（秦兆华）

中国工商银行股份有限公司湖口支行

【概况】 中国工商银行股份有限公司湖口支行（以下简称湖口工行），下设一个二级支行（城门支行），五个自助网点（大岭自助、城门自助、中医院自助、联盛北自助和金砂湾自助）。湖口工行始终致力于拓展金融业务，提升竞争能力，优化服务手段，为支持湖口县地方经济建设，富民兴县作出贡献。2018 年末，各项存款余额 16.5 亿元，较年初新增 4.3 亿元，增幅 35.22%。其中对公存款 8.3 亿元，较年初新增 2.4 亿元，储蓄存款 8.2 亿元，较年初新增 1.9 亿元；各项贷款 8.8 亿元，较年初减少 3.9 亿元（主要是企业效益好主动归还贷款）。2018 年荣获江西省分行先进集体和地方政府支持地方建设奖。

【绿色金融践行】 在业务发展过程中，持续推进绿色信贷体系建设，积极培育绿色信贷文化与理念，构建完善绿色信贷政策体系，不断优化信贷业务流程，加大对绿色产业和绿色项目信贷投放。截至 2018 年末，投放绿色信贷资金 8.8 亿元。

【小微企业普惠】 积极响应上级行的要求，成立普惠条线团队，尽可能地减免小微企业账户开户与管理费用；取消小微企业融资利率上浮，执行人行基准利率，节省利息成本1200万元；借助财园信贷通、快易贷等产品，支持小微企业信用方式融资，为小微企业放贷近1亿元，解决了企业融资难、融资贵问题。积极推广票据池业务，帮助小微企业管理银行承兑汇票，通过重置银票期限与金额、质押融资、在线贴现等，为小微企业融资3.9亿元，高效利用银票资源，开票2.12亿元，降低企业融资成本。

【精准扶贫推进】 湖口工行提高政治站位，扎实推进精准扶贫。在湖口工行与均桥镇象山村的共同努力下，建设新农村2个，通村道路拓宽工程1个、清理池塘淤泥3口，贫困户危房改造3户，改水改厕4户，在环境整治等扶贫项目上，正在与有关单位积极沟通，争取解决更多的实际困难，早日实现贫困户的真正脱贫，彰显湖口工行应尽之义务。

（廖卫平）

中国农业银行股份有限公司湖口县支行

【概况】 2018年，中国农业银行股份有限公司湖口县支行（简称农行湖口县支行）本外币各项存款余额10.12亿元、较年初增长0.76亿元，其中：储蓄存款7.73亿元、较年初增长0.024亿元，对公存款2.38亿元、较年初增长0.74亿元。各项贷款余额20.3亿元、较年初增长2.88亿元，其中：个人贷款2.08亿元、较年初为正增长，对公贷款20.11亿元、较年初增长1.71亿元。

【实体经济助力发展】 围绕全县经济工作重点，持续加大信贷投入，有效支持地方经济发展。依托不断推出的财园信贷通、惠农信贷通、农户生产经营贷款、油茶贷、小额农贷、个人生产经营贷款、随薪贷、网捷贷等新业务、新产品，较好地服务和惠及湖口县一批中小企业、个人客户和种养殖农户等众多客户群体，以金融服务和融资支持等方式参与和支持地方经济发展建设。截至2018年末，为547农户发放贷款，发放农户惠农贷款2928万元，发放“财政惠农信贷通”农户生产经营贷款496万元。另发放特色产业“油茶贷”160万元，支持2户种植面积达2100亩的茶油基地。大力支持神华、中广核、国电、石钟山旅游公司、钟山铁塔、光第门业、名仕尊尼、石钟情养老城和华腾机械等十多户重大项目建设和小微企业发展。

【民生服务改善】 为加强和改善农村网点和农村金融基础设施建设，将流泗分理处定为农村网点，为加强该网点的服务能力和服务水平，对该网点进行了重新装修，配备了新设施，强化了功能分区，方便了群众办理业务，全面提升了该网点的硬件设施质量和人员服务水平。针对在其他乡、镇未设立营业网点的情况，在各乡、镇设立了“惠农通”服务点，对“惠农通”服务人员进行上岗培训，至2018年全县惠农服务点增设至101个，较大程度上方便了各乡、镇农民对采购、消费、转账等基础金融服务的需要。

【精准扶贫到户】 截至2018年末，为16户贫困户建档立卡，放款金额为240万元，贷款余额为224万元；涉及乡镇9个：流泗1户，贷款余额3万元；凰村1户，贷款余额3万元；张青1户，贷款余额44.7万元；马影4户，贷款余额71万元；武山2户，贷款余额6万元；城山1户，贷款余额19.3万元；舜德1户，贷款余额5万元；均桥4户，贷款余额69万元；付垅1户，贷款余额3万元。且对上述建档立卡贫困户的贷款执行利率一律为基准利率，未上浮、未搭售其他业务产品、未收取其他费用。

【内控案防强化】 按照从严治行要求，将依法合规贯穿于业务经营始终，不断提升风险管控能力。在全辖建立“横向到边、纵向到底”的“三线一网络”双基管理体系。通过“三线一网络”的管理，切实做实全行案防的各项基础工作，把员工教育好，把案件防控住，全行保持安全平稳运行，全年没有出现经济刑事案件、重大责任事故和重大风险事件。

【精品网点打造】 严格按照上级行打造精品网点

要求，在网点建设上投入大量人力、物力，精心设计、合理布局，配备先进的监控设施及防火安全设施，营业大厅都配备大堂经理，对前台柜员及重要岗位定期进行轮（换）岗。严控操作风险出现，实行规范、优质化服务，对重要岗位员工每年进行岗位资格考试，实现持证上岗。

（余水斌　屈菁菁）

中国建设银行股份有限公司湖口支行

【概况】 2018 年，中国建设银行股份有限公司湖口支行（以下简称湖口建行）深入推行住房租赁、金融科技、普惠金融三大战略的同时，进行网点服务精细化，围绕三大战略，实行金融产品创新，加强内部管理，注重安全生产。截至 2018 年底，一般性存款余额达到 21.06 亿元（其中企业存款 11.52 亿元，个人存款 9.54 亿元），较年初增加 4.05 亿元，共计各项贷款 13.96 亿元，利润 4971 万元。

【客户服务创新】 湖口建行网点营业厅形成了独具特色的服务窗口，在每个网点设置"劳动者服务港湾"，"劳动者港湾"为劳动者服务有四十多项内容，建行"劳动者港湾"将真心和爱心传递给社会，为劳动者提供温馨的港湾；实行排队叫号机后置，大堂经理前移，推进人工引导与电子智能并举的客户服务分流模式，客户进入大厅，根据客户的需求，则被大堂经理引导到合适的工作人员或智能柜员机办理业务，让客户第一时间得到重视的同时，缩短客户的等候时间，提高了办事效率；金融产品的创新，建行不断推出新的金融产品来满足不同层次的客户需求，手机银行快贷等，各种分期信贷产品满足客户的多种类提前消费需求；不间断地推出多款理财产品、账户贵金属、基金、保险；建行的手机银行的"悦享生活平台"支持各种足不出户地缴纳交通罚单、通信费、电费、学生报名费等，满足客户的便民服务需求；在全县各乡、镇铺设"裕龙通"服务点，突破物理网点渠道的限制，将建行的业务触角延伸到乡村，快捷方便的存取款及理财服务；打造支付结算业务生态圈，推出建行支付结算名片"惠兜圈"，集支付市场支付宝、微信等多种支付方式于一体，资金统一到账，对账便捷，轻松管理客户。

【县国库集中支付中心平台助推升级】 2018 年，凭借自身的网络平台和团队优质服务优势，助推县财政局国库集中支付平台升级，为国库集中支付平台实现无纸化数据传输进行了大量的模型测试，确保了财政国库平台端口、商业银行端口、人民银行端口的无缝对接，保证了各行政事业单位的资金规范、安全、便捷、高效支付，增强资金使用计划性和资金的调控能力，通过银行网络和财政网络的互联，使得财政支出监督得到加强，精细化管理水平进一步提高。

【信贷支持地方经济建设】 2018 年底各项贷款余额 13.96 亿元、国际信用证余额 2.55 亿元，在这期间新增完成大中型客户授信申报 5 户，授信金额 19.68 亿元，同时，针对小微企业的金融需求，发布一系列优惠产品和服务，帮助当地优质小微企业解决融资"难"，融资"烦"的问题，普惠金融新增 60 户、贷款新增 4436 万元，个人住房贷款余额达 54712 万元，支持了湖口县居民购买合理住房及其他类消费需求，强化"要买房到建行"的品牌宣传，与建行合作的石钟山养老城住房租赁平台成功上线，进一步调整信贷资源和结构，推出了建行手机银行"快贷"业务，个体工商户推出"小微快贷"业务，手续简便，贷款秒到账，提升了对个人消费类客户的服务质量和效率，湖口建行无论是对大中型企业，还是小微企业或个人类客户，都持续支持信贷规模的投放，为湖口县地方经济建设，切实履行了大型国有商业银行应尽融资职责。.

【案件及风险防控】 将信贷风险防控工作常态化，进一步稳固了信贷管理基础，加强风险过程的管理，强化风险提示、风险预警和风险限额管理，加强管额度授信、信用评级、五级分类、押品管理、信贷信息真实性管理，对公不良贷款率为 0.2%；经常性通过液晶显示屏滚动播放宣传打击非法集资、预防网络金融及电信诈骗知识，或组织人员下街道小区及乡、镇开展宣传教育活动，通过从多方位、多角度的宣传，有效地增强了当地居民的风险意识和辨别能力；注重合规文化教育和传承，强化银对账、各项业务的事中、事后督查、岗位制衡、岗位轮换、员工异常行为排查，通过日常多防线的风险控制，确保了湖口建行安全运行，全年未发生重大违规的事件和案件。

（吴集霞）

中国银行股份有限公司湖口支行

【概况】 中国银行股份有限公司湖口支行（简称中国银行湖口支行）全力做大核心存款，大力拓展成本低、稳定好的客户，改变以“时点规模”为核心传统存款业务拓展方式，强化日均的绩效导向和要求。2018年末人民币存款余额106258万元。

【支持地方经济建设】 2018年，支持地方建设放款60097万元，支持普惠金融750万元，支持精准扶贫放款3780万元。

【强化风险防范】 防范合规内容为晨会、例会必讲内容，做到警钟长鸣；不断健全完善各项制度，强化制度执行力度，加大内控合规奖惩力度，树立内控合规标杆；加强业务学习，避免无意识违规行为的出现；定期召开清收压降会议，切实保持零不良，实行内控合规专人负责制。未发生金融风险失控行为。

（徐　谦）

中国农业发展银行湖口县支行

【概况】 中国农业发展银行湖口县支行（简称湖口农发行）截至2018年12月末，各项贷款余额为20.8亿元，比2017年增加10.3亿元，贷款余额创历史最高。存款余额为8.7亿元，比2017年增加1.4亿元；各项存款日均余额8.6亿元，比2017年增加3.3亿元，实现账面利润4409万元，比2017年增加1409万元。2018年度荣获县级支行经营绩效考核二等奖，丁平平同志荣获2017年全国金融“五一劳动奖章”和中国农业发展银行总行“五一劳动奖章”。

【粮、棉、油信贷管理加强】 湖口农发行始终把支持粮、棉、油收储作为业务工作重中之重，认真贯彻落实总行加强粮、棉、油管理的“24条规定”，认真做好粮、棉、油信贷管理工作。坚持落实“多收粮、收好粮、防风险”的总体要求，发放湖口县国家粮食储备库县备粮贷款540万元，支持收储晚稻200万千克，进一步巩固湖口县国家粮食储备库这一战略性客户，强化在粮、棉、油信贷市场的主导地位。

【城区建设支持】 主动融入区域发展战略。着力加强银政合作，以区域发展战略为导向，抓住战略机遇期，加快项目贷款的储备和投放。截至2018年底，新增已批待放项目1个，为2018年度城中村棚户区改造项目，涉及贷款金额5.9亿元，储备项目1个，金额4亿元。累计完成项目贷款资金支付金额8.3亿元，有效支持了县域经济发展。

【财务改革推进】 为夯实发展根基，全面提升财务管理水平，配合柜面运营模式改革和集中授权综合业务系统上线运行，严格按照省分行财务改革新要求，在“改革”上做文章，在“管理”上下功夫，将制度改革、财务管理、资产管理、系统管理、授权管理、支付结算、会计基础工作等各类工作精益求精，不断完善财会制度、流程和服务手段等，提升管理、服务水平。

（李新军）

江西湖口农村商业银行股份有限公司

【概况】 2018年末，各项存款余额443534.08万元，较上年末上升25098.73万元，增幅为6%，存款市场份额27.23%，存款规模持续位居县域各金融机构首位。各项贷款余额269707.66万元，较上年末增加35125.66万元，增幅为14.97%，其中涉农贷款余额223512.82万元，占比82.87%，贷款规模位居全县各金融机构首位。全年实现业务收入22108.66万元，实现拨备前利润 8297.22 万元。

吸纳存款多举措。加强与县财政局、工商局、招商局、园区管委会等单位合作，第一时间掌握新入驻企业信息，把住企业存款的源头。加强与发改委等部门的合作，及时掌握政府每年的重大、重点工程项目信息，盯住项目资金源头。加强与财政、民政等部门的沟通，及时掌握上级部门下发的配套涉农惠民资金，守住财政性资金源头。进一步提高优质代发工资客户资金留存及外拓，推进全行有针对性地对代发客户实施精准营销，提高对客户产品渗透，夯实储蓄存款增长基础。实施综合营销，发挥系统优势。充分利用 CRM 系统的大数据优势，树立“大综合”营销意识，主动了解客户偏好，根据客户需求提供存款、贷款、中间业务等方面产品服务。引导支行立足厅堂服务（2018 年在全市范围内率先推行城区支行大堂经理岗全覆盖），提升对中、高端客户的识别和分层服务，促进客户的营销和维护水平。科学量化考核，提升员工积极性，明确考核员工工作目标，细化考核指标，厘清考核权重，加大存款考核比重，激发员工积极性和主动性。将存款营销任务落实到岗到人，实行定期排名和通报。

信贷投放突出重点。截至 2018 年年末，涉农贷款余额 223513 万元，小微企业贷款余额 180717 万元，普惠型小微企业贷款余额 119874 万元；小微企业贷款综合成本 8.51%，比上年同期下降 1.07 个百分点，实现涉农贷款“持续增长”、小微贷款“两增两控”监管目标。新增信贷资源优先向 1000 万元以下，特别是 100 万元以下的贷款倾斜。至年末，新增 1000 万元以下贷款占新增各项贷款的 81.42%，新增 100 万元以下贷款占新增各项贷款的 113.09%。

“两银”营销持续发力。发挥“两银”在业务发展中的抓手作用。加快抢占“两银”产品业务市场；提高百福卡与“两银”产品的绑定使用客户数量，加大宣传代扣代缴水费、电话费、有线电视费等业务受理，普及新型消费观念。

风控管理审慎运营。扎实开展宣传活动。大力开展打击、治理、处置非法集资等各项活动，从源头遏制非法集资行为。积极参与了由县金融办、银监部门组织的重点宣传防范、打击和处置非法集资有关法律法规和政策宣传，以典型案例揭示了非法集资的风险及社会危害，普及了相关金融知识。扎实进行员工行为排查。定期排查员工账户，监测员工账户异常情况，并将员工行为管理纳入常规审计内容，加强案防管理。扎实健全案件防控工作机制。全体员工签订《案件防控责任状》和《参与民间借贷和非法集资风险排查承诺书》，组织了全行所有员工参与“合规红线考试”，考试通过率 100%。扎实做好安全保卫工作。加强安保设施建设、增强防护能力、强化监督检查、加大处罚力度、抓好安全教育、筑牢“人防”战线，有效实现了全年安全无事故。

制定计划培训队伍。持续加强干部员工队伍建设，打造一支富有开拓创新的干部员工队伍，实现全员整体素质的提升。制定了《湖口农商银行 2018 年员工培训工作计划》，全年共开展各类业务及管理培训 32 期，培训人员达 968 人次。

派驻干部精准扶贫。向扶贫村派驻了第一书记，班子成员及中层干部挂点帮扶贫困户 10 户，全年累计支持资金 17 万余元，累计发放各类扶贫贷款 232 户，金额 3562 万元，积极开展精准扶贫结对帮扶工作，带动 245 户建档立卡贫困户就业增收。

【湖口首届“农商银行杯”男子篮球联赛举行】 2018 年湖口县首届“农商银行杯”男子篮球联赛在经过近两个月的激烈角逐，于 8 月 10 日在第二小学闭幕。本次篮球联赛共进行 66 场比赛，在现场参赛、观战、助威人数达 6000 多人。在网上收看直播人数达 52.3 万人，最多的一场收看直播人数达 4.05 万人。经过激烈角逐，二本道、友情岁月一、湖口教育、鑫路沥青获甲组前四名，古井贡、湖口中学、湖口公安、农商银行获乙组前四名。

【不良“双控”努力实现】 全力促降表内不良贷款。充分挖掘内外部资源，采取多种清收措施，实行“一户一策”的清收举措，对每笔不良贷款明确责任人、建立台账、详细记录清收过程，制定清收不良贷款考核办法，全力组织表外不良处置。通过外部协助清收、内外互动循环清收、内外竞赛激励清收、外部委托清收、积极协调政府帮扶清收、公检法依法清收等多种方法把应清收的收到位。依法开展呆账核销。按照省联社关于呆账核销的相关要求及国税最新政策指导，确定呆账核销范围，对不良贷款中符合核销条件的不良贷款尽力核销，降低不良贷款占比。做好贷款时效管理。信贷部门对逾期已达一定期限的贷款及时提示风险预警，督促各网点采取有效措施维护诉讼时效，用好诉讼法律武器。通过诉讼清收贷款12笔，本息共计1082万元。加大内部追责力度，落实责任清收。对照台账进一步厘清责任，对2016年1月1日以后形成的不良贷款，严格按照相关制度办法，发现一起查处一起，配套以经济处罚、行政处罚直至计发生活费，后期视清收处置情况做出进一步处理，有效杜绝了不良贷款前清后冒现象。

【第二期大学生社会实践专项活动开展】 1月初，湖口农商银行在春节期间启动第二期大学生实践专项活动。共招募20名湖口籍在校大学生开展一个月大学生担任大堂经理的社会实践活动，协助各支行开展开门红营销、深度四扫、手机银行、e百福、聚合支付、百福卡等业务推广，配合开展精准扶贫、困难户走访慰问、普及金融下乡等公益活动。这项活动充分发挥学校和社会两种力量，引导在校大学生在实践中了解社会、增长才干，提升大学生综合素质，为建设家乡贡献自己一分力量。

【农商银行第二届职工趣味运动会举办】 4月25日，湖口农商银行举办第二届“庆五一　迎五四”职工趣味运动会，比赛由农商行6个党支部组成6个代表队，共150余名员工参加。全体干部职工以饱满的热情、强健的体魄，积极参与。他们的口号是：快乐运动，健康生活，认真工作，挑战自我，超越梦想，团结互助，再创辉煌。

（王再初）

中国邮政储蓄银行股份有限公司湖口县支行

【概况】 中国邮政储蓄银行股份有限公司湖口县支行（以下简称邮储银行湖口县支行）于2018年6月由钟山大道搬迁至三里大道25号营业，下属有2个内设部门，3个自营网点，2个代理网点。内设部门为综合管理部、综合业务部；自营网点为湖口县支行营业部、钟山支行和流泗镇支行。代理网点为三里大道营业所、均桥镇营业所。所属营业网点城乡分布均衡，能够多元化、多方向发展邮储银行业务。主要经营吸收公众存款、汇总、转账业务、银行卡业务、代理保险及证券业务、代收代付、兑付政府债券、代销开放式基金、提供个人存款证明服务及保管箱服务等多种形式的中间业务。截至2018年年末，各项储蓄余额为94194.7万元。各项贷款余额为149790.3万元，其中小额贷款余额为6178.5万元，个人商务贷款余额为6422.5万元，消费贷款余额为14704.5万元，小企业贷款余额为2955.7万元。2018年荣获“九江市文明单位”称号。

【金融普惠】 重点突出服务“三农”、服务小微的核心战略地位，积极践行普惠金融，全力支持湖口县农业经济发展，全年发放惠农信贷通贷款61笔，共计1638万元。积极服务个体工商户、下岗、失业人员再就业，通过“送贷下乡”和“送贷上门”活动，让更多需要帮助的创业个体得到邮储银行最真挚的资金支持，全年共发放再就业贴息贷款2625万元。

【小微企业扶持】 始终坚持与县财政局、工业园区合作，不断发展“财园信贷通”业务，全年发放小微企业贷款3笔，发放金额980万元，其中“财园信贷通”资金600万元。

【邮储银行社保养老金直发成功上线】 8月下旬，邮储银行湖口支行成功完成了社保养老金直发的上线运行，成为湖口县第一家实现“银社接口”社保养老金直发的银行机构。首次实现代发社保养老金

800多户，金额达150万元。从社保局发出代发申请到成功将养老金发放到个人账户仅需要一分钟时间。

（吴云亭）

江西银行股份有限公司九江湖口支行

【概况】 2018年，江西银行湖口支行共有两个对外网点：支行营业部与广场南路社区支行。在内外部多重因素的挑战下，湖口支行加大存贷款业务营销和结构调整。截至2018年末，支行对公存款余额85709万元，较年初减少17162万元，对公存款日均98900万元，较年初增长13712万元。个人储蓄存款21043万元，较年初减少5505万元，存款日均27119万元，较年初新增2282万元。对公贷款（含贴现）余额1637万元，较年初新增1227万元，个人贷款余额15845万元，较年初新增9495万元。对公贷款不良率为零。支行的EVA指标全年均在行内保持前列。

【走出去把客户请进来】 加大公关力度，巩固老客户，发展新客户。存款和有效客户新增在稳定现有客户关系的同时，调动方方面面的关系，采取各种措施，发展新客户。以“走出去把客户请进来”的方式，通过摆摊设点、上门宣传、“戏曲进社区”等营销活动，向客户普及金融知识，做好产品营销宣传工作。组织员工利用工余时间走进网点周边小区，通过派发宣传手册等方式，在宣传支行的同时，吸收潜在客户。

【对员工的关怀加大】 支行组织了多次家访，深入员工家庭，了解员工8小时以外的思想动态。多次组织员工活动，开展了登山、农家乐活动，并以季度为时间节点，组织员工生日会，并丰富员工的娱乐生活。支行异地员工较多，结合支行具体情况，给异地员工租赁了宿舍，并和他们一起分摊房租，解决员工的食宿问题。通过人文关怀，增强员工的凝聚力和向心力。

（喻石明）

九江银行股份有限公司湖口支行

【概况】 九江银行湖口支行属于九江银行直属一级支行，内设信贷部和前台业务部，开设了一个贵宾席、一个对公柜台、两个零售业务柜台、自助取款机4台。下设一个社区支行，办理的业务均可在支行办理。2018年底，存款余额为18.71亿元，新增3.66亿元；其中对公存款8.87亿元，新增0.25亿元。各类贷款余额6.85亿元，新增1.48亿元。2018年支行获得了湖口县人民政府颁发的“2018年度高质量发展考评驻县单位脱贫攻坚工作奖”、银行总行颁发的“九江银行户外商户拓展营销竞赛——团队三等奖”。

【九江银行上市】 7月10日，作为湖口支行的上级总行——九江银行股份有限公司在港交所成功上市。

（赖华表）

招商银行股份有限公司九江湖口支行

【概况】 2018年招商银行九江湖口支行以外拓客群，内强管理为抓手，各项业务得到了结构性发展。截至12月末，各项存款余额67096万元，较上年基数负增长28171万元。其中，储蓄存款时点余额35448万元，较年初基数新增6546万元；对公存款余额35448万元，较年初基数负增长34717万元。各项贷款余额37907万元，较年初负增长1586万元。其中：小微贷款余额2358万元，房贷余额23331万元，消费贷款余额5218万元。另外，表外余额51560万元，较上年净增32180万元。

【提升招行品牌】 开展“周主题”客户特惠活动。优化信用卡“周三五折”“二折观影”“9.9元洗车”、专属放映厅、金卡、金葵花客户权益手册等合作商户，让客户充分享受到使用招行卡带来的福利。提升营业间的服务。通过苦练内功，强化业务学习和规范服务礼仪，做到服务最佳。紧跟总行“网点聚变”的改革步伐，一切以客户体验为中心开展各项服务工作，厅堂的硬件及软件服务升级，强化厅堂联动、注重细节、固化行为。充分发挥产品优势，满足客户的金融需求。通过优势理财产品，如灵活性好的货币基金、净值型理财产品、商收益固定收益型理财等财富产品，通过专业系统的金卡、重点金卡、金葵花客户维护体系，提升专业财富品牌的拓展空间和客户的满意度。开展形式多样的活动，树立最温暖的银行形象。积极参与各项公益活动，拓展客户服务范围，传递温暖服务理念。如在高考、中考期间，开展“爱心送考车队活动”，高考结束后，开展“高考状元传经送宝活动”，积极参加每年一度的老年门球赛等。

【信贷投放】 在个人贷款方面，做好新拓楼盘按揭投放工作，同时继续重点发展500万以下小微贷，其中小微贷客群以品牌代理商和专业市场上的客户为主，消费贷款以行政事业单位、国企的员工为主。在批发业务方面，加强重点项目的落地及营销，如九江钢厂、天赐化工、容汇锂业等。充分利用产品快而简的方式，对小额信贷需求，尽力降低使用成本，提高其资金使用效率，帮助企业建立了灵活性极强的票据池业务。

【风险防范】 强化各项规范操作，有效防范风险。在信贷业务方面，严格执行贷款操作流程，明确各岗位职责，防止操作风险的发生。在存款及理财方面，严格按人民银行及银监局的要求，自觉执行账户及反洗钱、理财双录、自觉提示风险等管理的要求，既防止了风险的发生，又保护了客户资金的安全。加强员工教育与培训。提高员工业务水平，增强各项业务防风险的能力。同时，建立了支行合规官制度，通过案例教育，增强风险意识。加大检查力度，做好风险防范。在上级行及有关管理部门检查的同时，按要求、按频率、按质按量地开展了多项业务自查，对存在的问题及时整改，有效地防范了风险。

【精准扶贫】 按照县委的工作要求，支行在本县承担了挂点扶贫任务，支行行长助理余翔同志兼任扶贫点湖口县武山镇莲凤村第一书记，在此期间帮助莲凤村修建了一条长500米的村级公路，方便村民出行，协助村委建设一处新农村，帮助村委组建村级合作社，建设菊花、丝瓜络种植基地，帮助14户贫困户享受国家教育扶贫、医疗扶贫、电力扶贫、危房改造等一系列扶贫政策，充分履行了扶贫职责。

（郑磷枫）

湖口九银村镇银行股份有限公司

【概况】 湖口九银村镇银行股份有限公司（以下简称村镇银行）位于江西省九江市湖口县三里大道29号，是一家经中国银行业监督管理委员会批准成立的、由湖口县人民政府和九江银行及湖口县知名企业共同出资设立的现代化股份制商业银行。村镇银行以支持“三农”为宗旨，服务于城乡居民和农业经济组织，大力支持中、小企业，个体工商户发展。主要经营范围：吸收公众存款、发放贷款、办理国内结算、从事票据业务、从事银行卡业务等经中国银监会批准的其他业务。截至2018年12月31日，资产总额2.74亿元，其中各项贷款余额0.51亿元；负债总额2.26亿元，其中各项存款余额1.92亿元；所有者权益负140万元；净利润–0.014亿元。

【知名度提升】 2018年是村镇银行开业的第一年，为了扩展业务，把提升村镇银行知名度作为一项基础工作。5月12日，大型魔幻儿童剧《寻找》公益爱心巡演在湖口县石钟文化中心剧场精彩上演。村镇银行紧扣银行发展主题，采取“有奖问答”的形式积极参与，选取了小朋友喜爱的礼物，例如地球仪、文具盒、彩铅笔、气球等，小朋友们在抽取题目并做出回答后，就可以得到礼物，本次活动得到了家长们的高度赞赏。5月24日，湖口县2018年第六届职工体育健身运动会暨“体育·惠民100”全民健身系列活动在县体育中心隆重开幕。在本次运动会中，村镇银行积极做好后勤保障工作，提供用水及休息场所，为运动会的圆满举办提供了重要保障。同时紧跟发展实际，努力开展宣传活动，悬挂宣传横幅，提供带有村镇银行宣传标识的饮用水，设立宣传村镇银行惠民政策的宣传页，积极回答现场人员对金融政策及银行业务等相关问题，增进客户对村镇银行的熟悉度，满足客户金融需求。6月7日至8日，高考期间村镇银行开展“爱心助力”送水活动。6月15日，举行村镇银行第一届“包粽子”比赛。10月18日，组织员工前往马影镇郑四房村进行宣传活动。

【村镇银行举办开业庆典】 2018年3月16日，村镇银行举办开业庆典，湖口县县委书记李小平，县委副书记、县长鲍成庚，县委常委、常务副县长史文，九江银行董事长刘羡庭，监事会主席罗新华等领导出席庆典活动。村镇银行开业当日存款余额突破1.6亿元，成为江西省内九江银行主发起成立的首家开业当日突破1.5亿元的村镇银行。

（柳煜鹏）

中国人民财产保险股份有限公司湖口支公司

【概况】 2018年，中国人民财产保险股份有限公司湖口支公司以集团公司“3411”工程为引领，助力地方经济发展。为广大人民群众提供风险保障，全年实现保费收入4302万元，同比增长26.11%，市场份额55.67%，同比增长2.05%；直接赔款4151万元，其中九江富达实业有限公司火灾案赔款1200万元，及时帮助企业恢复生产。上缴税金423万元。成功中标2019—2021年湖口县政策性农业保险服务采购项目，服务年限3年。2018年车险全年增速在全市县域排名第一。江西省市场监督管理局于2018年3月15日授予公司“守合同、重信用”单位。

【地方经济建设助力发展】 2018年，公司承办政府救助保险，收保费35.74万元，为湖口县域内29.78万人提供风险保障，做到人人有保障，开了九江市首家承保政府救助保险的先河。实现农房保险全覆盖，为全县农房提供保障。统保全县环卫工人雇主责任险，保费收入44.7万元。

【客户满意度提升】 坚持每周两次客户服务培训，严格按照职场“5S”要求做好客户服务工作。提供多项便民措施，开展“人保理赔心服务”、理赔巡查和理赔夜市，使客户随时随地享受到便捷的理赔服务，感受到人保财险公司的诚意，以优质服务提升客户满意度。2018年，理赔分部有10个月获得省公司前八的成绩，各项理赔考核指标在全市处于领先位置。

【强化内控管理】 顺应监管要求，认真履行人民银行反洗钱工作，多次开展反洗钱培训，组织全员学习内控合规知识，提升公司合规经营意识，定期做好内控合规自查工作。

【精准扶贫落实】 积极落实县委、县政府的各项扶贫政策和工作驻村要求，安排专人担任扶贫第一书记，结合城山镇富源村的实际情况，出资1万余元购买米、油等物资走访贫困户，并捐赠4万元给富源村用于基层组织建设。承办城乡贫困人口医疗补充保险，为全县建档立卡贫困户、城乡低保人员9400多人提供医疗补充保险保障，全年赔付390余万元。

（王颖捷）

中国人寿保险股份有限公司湖口县支公司

【概况】 中国人寿保险股份有限公司湖口支公司内设个险销售部、团险销售部、银行保险部、健康保险部、客户服务中心、综合部。个险销售部下辖钟山、流泗、大垅、马影、均桥、文桥、武山、付垅、城山、流芳、舜德等乡、镇、社区，个险销售业务覆盖全县。2018年实现保费收入8358.68万元。其中全县大病保险业务由公司承保、学平险业务占市场份额达到75%、精准扶贫保险业务占市场份额达到50%，长期寿险业务占市场份额达到70%。2018年共给付的金额达到2172.87万元，解决了很多家庭的后顾之忧，缓解了很多家庭因病致贫的困境。

【拓展新险种】 公司为了适应市场需求，不断拓展推出新险种理财分红保险、重大疾病保险、养老保险、子女教育保险、住院医疗保险、意外伤害等各类人身保险业务，并且推出了一些特色险种，如建筑工程保险、安装工程保险、环卫工作保险、精准扶贫保险、小额贷款保险，城乡居民大病保险等，保险的险种越来越符合广大老百姓的需求。

（魏永华）

中国人寿财产保险股份有限公司湖口支公司

【概况】 中国人寿财产保险股份有限公司湖口支公司秉承“专业、快捷、便利、贴心”的服务理念，遵循“创新、拼搏、务实、奉献”的企业精神，致力服务湖口的经济建设、为和谐与稳定全面、优质、高效地提供保险保障。截至2018年底全线业务规模已有717万元，已决赔款301.06万元，其中：车队业务新增保费65.29万元，车行业务新增保费23.94万元。在发展车队和车行业务的同时，紧抓内部续保业务，突破保单件数续保率达到64.55%，同比增长9.33%。2018年已跻身湖口财险市场第三位。

【拓展经营险种】 按照“顶级集团，一流财险”的目标，坚持产寿一体化的经营理念，依托中国人寿资源、机制两大优势，整合分散性业务、法人团体业务、客户服务三大体系，创新产品、服务、营销、盈利四大模式，着力打造国内领先、国际一流、不断超越的财产保险公司。不断推出新险种来适应市场需求，经营险种有财产保险类：企业财产、家庭责任保险（家庭雇佣责任保险、居家责任保险、个人责任保险）；责任保险类：雇主责任险、公众责任险、承运人责任险、非机动车第三者责任保险、监护人责任保险、餐饮场所责任险、诉讼财产保全责任险、注册会计师执业责任险、校方责任险和食品安全责任险；农业保险类：种植业、养殖业、林业；信用保证保险；人身意外险及健康险。公司一直朝着“与时俱进，争创一流”的企业目标前行。

（孙立平）

本栏编辑　柳爱平

鄱阳湖大桥（李学华 摄）

城乡建设

综　述

湖口县城乡建设工作围绕“优化布局，完善功能，精细管理，提升城市品位”的总体目标开展。2018年，投入城市建设资金22.4亿元，其中城市公用基础设施资金2.3亿元。县城建成区面积拓展到14平方千米，常住人口城镇化率49.3%，比上年提高1.4个百分点。继续推进“四城同创”（创建国家园林县城、卫生县城、森林城市、省文明城市），狠抓“国家卫生县城创建、城乡环境综合整治、建成区违法建设治理”3项中心工作，着力打造更加整洁、更加舒适、更加有序、更加和谐的城市环境。

城乡一体化建设。新增和改造道路面积36.3万平方米。实施石钟山大道、景湖路、牛湖路等“白改黑”工程27.3千米，建设张青至付垅、五里街至王常村、南港至兰亭等“四好农村路”，总里程23千米。新增给水管道长5千米，老城区西门塘排涝口改建工程、柘机水厂取水口改迁工程基本完成，城乡供水体系基本达到一体化。改建城市公厕11座，新增污水管道7.1千米，台山新区与洋港片区污水管网连通，污水处理率85%以上。铺设强弱电管线2.7千米，新增天然气管道10千米。推进“整洁美丽，和谐宜居”新农村建设。启动舜德乡舜德村、武山镇王常村2个市级乡村振兴示范村建设，建设新农村点260个。改造建设梅兰小镇、均桥高速公路连接口、秀雅园中心村、双钟镇李敬湾自然村、武山垦殖场等5个旅游风情示范点。湖口县第五小学、流泗镇中心幼儿园建成投入使用。15所乡镇文化站提升改造工程竣工。马影镇敬老院基本建成。

国家卫生县城创建。投资476万元，完成智慧城管系统建设。智慧城管系统具有无线数据采集等9个标准子系统，同时根据实际情况还可建设部分拓展子系统。年初，城乡生活垃圾治理采取PPP项目运作模式，由深圳市龙吉顺实业发展有限公司以2369万元初始价中标，期限15年。6月，将城园两区的绿化管养外包给有资质的湖南森鑫环境景观园林有限公司，承包期3年。

城乡环境综合整治。严格按照“拆、改、清、洁、绿、新”六字要求，组团式打造、压茬式推进、网格式管理，拆除违章建筑10万余平方米、铁皮屋53.4万平方米，清理卫生垃圾4207.5吨、沿线广告牌5000余处，修补改造沿路沿街人行道和围墙7583平方米。2018年九江市城乡环境综合整治第一季度现场会在湖口召开，湖口县获得第一季度全市城乡环境综合整治工作考评第一名，获2018年度城乡环境综合整治先进第三名。

商品房市场管理。4月，启动公共租赁住房实物配租、公开摇号仪式，中签家庭360户。7月17日，印发《关于进一步规范我县商品房市场交易行为的通知》，进一步规范商品房市场管理。全年收取公房房租收入173851元，用于公房维修支出15761元。年末实有管理住宅的物业公司15个，管理住宅项目30个，业主自治项目7个。在湖口县登记备案的白蚁防治机构6家。

城市燃气安全管理。全年联合安监局、消防大队、市场监督管理局、气象局，对全县9家燃气供应企业开展安全生产大检查7次，排查隐患208条。排查出的隐患全部整改到位。

城乡规划

【规划编制】《湖口县城乡总体规划（2015—2030）暨“多规合一”工作技术报告》经江西省人民政府审批实施，“多规合一”信息平台框架搭建完成并试运行，《台山组团控制性详细规划》修编和《石钟山组团控制性详细规划》编制完成。《湖口县海绵城市专项规划（2018—2030）》《湖口县中心城区公交专项规划（2018—2030）》《湖口县中心城区社会停车场规划专题》等专项规划相继完成。

2018年，县城乡规划委员会召开7次会议，审议工业项目28个，城建项目69个，选址项目16个，规划4项。发放《建设项目选址意见书》11份，《建设用地规划许可证》21份，《建设工程规划许可证》28份，《规划设计条件通知书》35份。

【规划管理】坚持所有规划批准实施前后均必须公示的制度。严格划定规划红线，核实定位是否准确，有无擅自变更情形。严格执行《江西省建设工程竣工规划核实管理规定》，实行规划核实，以维护规划的严肃性和权威性。

城市建设

【概况】2018年城市建设重点项目25个，总投资近4亿元。涉及城市道路改造、绿道提升、供排水、污水处理、饮用水源保护等方面（具体项目见附表）。修复破损人行道，包括高速路口转盘、兴湖山庄周边、城中村李敬湾、盛源南路、渊明路与学苑路连接处、赣北农贸市场周边、台山大道与江新路大坝处、金砂商务中心周边、时代茗湖小区周边等46处，修复面积1.1万余平方米；环境整治路段1320平方米，挖运零星土4万余方；更换补齐路沿石150米、人行道树围320个；改建公交站台6个，新建停车场6800平方米、公厕1处；新建便民通道近1000平方米，围墙600平方米、安装路灯22盏；城区补绿面积6500平方米，包括石钟山大道1200平方米，移动公司、武装部周边300平方米，湖口天然气站周边700平方米，石钟山停车场4000平方米，补栽植行道树208株；维修湖口二中后门、石钟山景区周边部分地段，教育北路、通站大道与牛湖路连接处，三里大道沿线等20余处排水管网；疏通教育北路、海正路、学士路，文华南路、中医院、西门塘等路段及周边15处管道。

污水处理540.89万吨（五桥污水处理厂处理353.97万吨、洋港污水处理厂处理186.92万吨），处置污泥1283.9吨。2家污水处理厂污水处理均达到排放标准。

全年完成生产水量1605万吨，实现供水销售1170万吨，供水范围覆盖“四镇三乡二场”（双钟镇、流泗镇、均桥镇、马影镇、张青乡、大垅乡、凰村乡、南北港水产场、北港棉花原种场），实现自来水主营业务收入2087万元，水费收入率98.5%，水质合格率100%。当年新增用水立户1526户，查处黑户40户，处理违章用水13户，检测漏点54处，保障了居民用水安全。2018年完成石钟水厂至鹞鹰隧道（3.5千米、1000厘米铸铁管）、鹞鹰隧道至柘矶（1.5千米、400

厘米 PV）共 5 千米供水管网建设，建成湖口县湖边乡镇供水管网工程一期均桥增压站，待县城至均桥 DN600 的供水管网项目建成后，该区域范围内的农村居民在供水方面享受与城镇居民“同质、同价、同网、同服务”的“四同”待遇，实现城乡供水一体化。

2018 年城市建设重点项目一览表

序号	项目名称	建设规模及主要内容	投资（万元）
1	梅兰生态广场	约 13340 平方米游园绿化、广场铺装、景观建筑、公厕等	560
2	江新路“白改黑”工程	约 900 米长道路“白改黑”改造	490
3	石钟山大道绿道提升项目	文体西路至海青路段约 2 千米	4600
4	县污水处理厂提标工程	污水处理设计规模 2 万吨 / 日	2900
5	殷家岭至洪城污水处理厂连接道路	道路长约 3000 米，宽 6 米	200
6	老城区提升泵站	提升泵站 3000 吨 / 日，管网 4 千米	1500
7	石钟山大道“白改黑”	约 5.8 千米道路“白改黑”改造（含海正路）	8000
8	海山小区东侧道路	道路宽 20 米，长 500 米	500
9	海山移民村排水改造工程	约 680 米排水沟改造	150
10	高速出口周边环境整治	高速出口周边约 40 栋房屋立面改造	400
11	三里小学东侧道路	道路宽 20 米，长 186 米	288
12	永济桥港箱涵及道路工程	长 380 米、宽 5 米、高 4 米箱涵 2 个，道路宽 4.5 米	1500
13	战备路排水改造及环境整治	大岭头至 6502 厂，长约 2000 米	600
14	老城提升泵站至象山北路连接管网	连接管网长约 300 米	200
15	台山新区 13 个管网断点、堵点疏通项目	管网断点、堵点疏通	750
16	老城城防堤周边排污管网建设	西门至东门，主管网长约 1300 米	800
17	梅兰广场至海青线道路“白改黑”项目	长约 700 米	1600
18	高速转盘至鄱湖大市场“白改黑”项目	长约 620 米	2200
19	三里片区雨污分流管网建设（一标段）	老公安局至供销社，主管网长约 1490 米	3500
20	洋港片区污水管网连通工程（三标段）	洋港路各小区、单位污水连接管网改造	800
21	三里片区雨污分流管网建设（二标段）	老公安局至凤鸣园，主管网长约 1200 米	1400
22	“四城同创”项目	约 50 个子项目	2300
23	湖口县饮用水源保护——西门塘排涝口改建工程	排水改造	300
24	湖口县饮用水源保护——柘矶水厂取水口迁移工程	饮用水源整治	2200
25	湖口县湖边乡镇供水管网工程一期	农村饮用水工程	3900

【西门塘排涝口改建工程竣工】 在开展饮用水源保护专项整治中，2018年完成西门塘排涝口改建工程。西门塘排涝口位于石钟取水口下游35米处，不满足水源保护的要求，湖口县投资约300万元，实施饮用水源保护工程（西门塘排涝口）改建。项目于2018年9月20日开工，2018年12月17日，防护墙和原出水口检查井砼全部浇筑完成并开闸通水。

【柘矶水厂取水口迁移工程完成】 根据城镇发展规划，在石钟永久取水口建成前，实施湖口县饮用水源保护——柘矶水厂取水口迁移工程。迁移工程采用日供水2万吨临时浮船式取水向柘矶水厂供应原水，包括配套总长5.0km主输水管网、浮船、供电系统三部分，项目总投资约2200万元。2018年12月11日，配套供水管网实现对接合拢。12月20日，原柘矶水厂取水口关闭、新建临时取水口全线通水，按时完成饮用水源保护整改任务。

【江西省湖口润泉供水有限公司成立】 2018年10月，经县委、县政府研究同意，实施城乡供水一体化项目合作，即引入江西省水务集团有限公司在湖口县独资注册成立“江西省湖口润泉供水有限公司”。本着“三变三不变”（供水服务责任主体由政府变为企业、供水服务建设的投资主体由政府变为企业、供水服务的范围由城市变为城乡一体化，企业的性质与资产国有属性不变、干部职工身份不变、地方党委政府的监管地位不变）及“五个确保”（确保全县供水安全、确保国有资产不流失、确保现有职工合法权益不受损、确保后续供水项目工程进度及资金投入、确保相关程序合法合规）的原则投资建设运营湖口县城乡供水一体化项目，实现供水事业转型升级。

建筑业

【概况】 2018年，全县有资质（2级）的建筑企业3家，即湖口县建筑工程公司、湖口县新源建筑工程公司和湖口县水利电力建筑安装公司。常年有工人约3000人，全年产值6.8亿元。建筑市场持续稳定发展。全年发放施工许可证15份，新开工项目15个，建筑面积28万平方米，总投资3.4亿元。2018年，加大建筑行业执法检查力度，强化建筑施工现场专项整治和标准化管理。9月，项目审批事项精简为建设项目选址意见书核发和建设用地规划许可、建设工程规划许可、建筑工程施工许可等主要流程。加大外地进入的建筑施工、勘察设计、监理等企业资质审查力度，建立相关经营企业诚信备案制度。加强施工企业安全生产保证体系建设和监督。全年共办理安全监督工程项目28个，其中房屋建筑25个，市政工程3个，总建筑面积33.5万平方米，工程监督率100%；检查施工项目82家次，执行出勤人员240人次，下达安全隐患整改通知书96份，督促整改安全隐患398条；下达《质量问题整改通知书》48份，处罚扬尘防治不到位施工企业2家，罚金3万元；受理建设工程监督项目74项，面积39万平方米，受监工程验收合格率100%。

【建筑项目招投标】 全年招标项目85个，累计工程造价15.2亿元。其中非国有资金直接发包项目20项，累计工程造价10.3亿元。招标项目公开招标率75.4%，邀请招标率24.6%。工程造价平均下浮5.9%，节约资金约3100万元。

【工程质量管理标准化建设】 2018年，三里小学校舍扩建项目、瑞鑫智慧城住宅小区和湖口天赐大厦工程纳入管理示范化建设，赣北电商城28#楼，瑞鑫智慧城3#、4#、5#楼，湖口远大装配式PC工厂钢结构厂房工程获九江市优良结构工程奖。

【工程监理】 全年签订监理项目38项。其中：住宅和公共建筑项目12项，建筑面积8万平方米；工业厂房仓库项目6项，建筑面积1万平方米；道路管网项目9项；其他项目11项。湖口县第三小学扩建工程，是九江市第一个装配式建筑推广示范基地。湖口诚建工程监理有限公司承担该项目监理，为适应这种形式的工程管理监理工作，派员赴外地参观学习，掌握该种新型建造模式的监理规程，以适应装配式建筑工程监理工作要求。

（刘水泉）

房地产

【概况】7月17日，湖口县印发《关于进一步规范我县商品房市场交易行为的通知》，进一步规范商品房销售秩序。2018年取得开发资质的房地产开发企业1家，办理销售备案面积15.87万平方米。4月，启动公共租赁住房实物配租、公开摇号仪式，共产生中签家庭360户，其中：廉租住房中签家庭47户，公租房中签家庭313户。全年发放住房租赁补贴3.13万元，保障城镇住房困难家庭42户、86人，做到应补尽补。2018年度棚户区改造项目房屋征收1026户，204286平方米，畜禽养殖场综合治理项目57户，45888.36平方米。县房屋产权交易中心累计办理房屋产权登记确认2888宗，房屋交易金额11.81亿元，办理房屋抵押登记确认1095宗，抵押金额5.35亿元。登记备案的白蚁防治机构6家，分别是九江星荣虫空有限责任公司、湖口县新大地白蚁防治中心、九江同源生物防治有限公司、湖口县浔城白蚁防控中心、九江市惠帆有害生物防治有限公司、九江科迪有害生物防治有限公司。加强直管公房的查勘、维修力度，建立防汛、防震、防灾应急机制，确保住用安全。全年收取公房房租收入173851元，用于公房维修支出15761元。年末实有管理住宅的物业公司15个，管理住宅项目30个，其中石塘二期为当年新增项目；业主自治项目7个。2018年物业共收房屋维修金933万元，当年使用房屋维修金86.8万元。累计归集房屋维修金9069万元。

【湖口县公共租赁住房实物配租公开摇号活动举行】4月12日，湖口县在县行政服务中心举行2018年公共租赁住房（廉租房）实物配租公开摇号活动，副县长卢伟俊出席摇号活动。经过四道程序、三级审核、三榜公示，最终确定2018年符合廉租住房申租条件的有47户，公共租赁住房申租条件的有638户。本次租赁住房实行等额摇号，用于摇号的廉租住房47套、公共租赁住房313套。廉租住房位于莲湾家苑小区，公共租赁住房位于海山小区的有103套、位于海山涧吴家东区的有210套。廉租住房户型面积为50平方米左右，公共租赁住房户型面积为37至50平方米。摇号活动由参加活动的县领导和申租家庭代表进行电脑随机选号，县公证处全程参加公证。经过近两个小时的现场摇号共摇出廉租住房47户中签家庭、公共租赁住房313户中签家庭和325户轮候家庭。

【物业服务项目】按照《湖口县住宅物业管理实施意见》（湖府字〔2015〕1号）规定，县政府从2015年起每年向保障房和安置房小区拨付物业开办费和物业服务费补贴。2018年度申报2270742元，实际拨付100万元。

（吴少峰）

湖口县主要物业服务项目表

序号	企业名称	负责人	服务项目	企业简介
1	湖口县鑫弘物业服务有限公司	蔡礼军	金湖国际	本县企业，成立于2016年。
			洋港安置区	
			君豪阁	
2	南昌人本物业服务有限公司	周从军	盛源城	南昌市注册企业，原二级资质，2016年进驻本县。

续表

<table>
<tr><th>序号</th><th>企业名称</th><th>负责人</th><th>服务项目</th><th>企业简介</th></tr>
<tr><td rowspan="4">3</td><td rowspan="4">湖口石钟物业服务有限公司</td><td rowspan="4">王　飚</td><td>陶然居</td><td rowspan="4">本县企业，成立于2006年，原三级资质。</td></tr>
<tr><td>莲湾家苑</td></tr>
<tr><td>瀚香居</td></tr>
<tr><td>陶然铭居</td></tr>
<tr><td rowspan="3">4</td><td rowspan="3">九江市深恒祥物业服务有限公司</td><td rowspan="3">何支淦</td><td>时代茗湖</td><td rowspan="3">九江市注册企业，成立于2007年，原三级资质，2010年进驻本县。</td></tr>
<tr><td>开源国际</td></tr>
<tr><td>海山小区</td></tr>
<tr><td rowspan="4">5</td><td rowspan="4">九江巨丰物业服务有限公司</td><td rowspan="4">柯求水</td><td>学苑景城</td><td rowspan="4">九江市注册企业，成立于2013年，原三级资质，2013年进驻本县。</td></tr>
<tr><td>东坡府商住楼</td></tr>
<tr><td>石塘三期</td></tr>
<tr><td>开源怡景</td></tr>
<tr><td>6</td><td>湖口泰宇物业服务有限公司</td><td>徐彩霞</td><td>天邦泰宇</td><td>本县企业，成立于2012年，原三级资质。</td></tr>
<tr><td>7</td><td>新建县瑞鑫物业服务有限公司</td><td>周华利</td><td>海正明城</td><td>南昌市新建县注册企业，原三级资质，2014年进驻本县。</td></tr>
<tr><td rowspan="5">8</td><td rowspan="5">江西隆华物业服务有限公司</td><td rowspan="5">杨　兵</td><td>海正阳光</td><td rowspan="5">本县企业，成立于2007年，原三级资质。</td></tr>
<tr><td>海正明珠</td></tr>
<tr><td>迎宾花园</td></tr>
<tr><td>石钟家苑</td></tr>
<tr><td>新城菜市场</td></tr>
<tr><td rowspan="2">9</td><td rowspan="2">湖口恒诚物业服务有限公司</td><td rowspan="2">黄　平</td><td>巴黎春天</td><td rowspan="2">本县企业，成立于2015年，原三级资质。</td></tr>
<tr><td>幸福家园</td></tr>
<tr><td>10</td><td>江西万厦物业管理有限公司</td><td>孙丽霞</td><td>叶家舍安置区</td><td>南昌市注册企业，成立于2005年，原二级资质，2014年接管体育中心。</td></tr>
<tr><td>11</td><td>湖口方大物业服务有限公司</td><td>邓文华</td><td>方大上上城</td><td>本县注册企业，2014年成立，原三级资质，隶属于九钢。</td></tr>
<tr><td>12</td><td>湖口新家园物业服务有限公司</td><td>周　明</td><td>桃源馨苑</td><td>本县企业，成立于2012年，原三级资质。</td></tr>
<tr><td>13</td><td>湖口家盛物业服务有限公司</td><td>夏长峰</td><td>学府嘉园</td><td>本县企业，成立于2016年，原三级资质。</td></tr>
<tr><td>14</td><td>都昌县东林物业服务有限公司</td><td>周志松</td><td>海山涧东区</td><td>都昌县注册企业，成立于2010年，原三级资质。</td></tr>
<tr><td>15</td><td>江西俊成物业服务有限公司</td><td>周红继</td><td>石塘一、二期</td><td>九江市注册企业，2018年进驻本县</td></tr>
<tr><td></td><td rowspan="2">开发商自管项目</td><td></td><td>金砂商务中心</td><td></td></tr>
<tr><td></td><td></td><td>兴湖豪庭</td><td></td></tr>
</table>

物业自治小区表

序号	小区名称	业委会负责人	物业负责人
1	福源花苑	曹　伟	梅伍华
2	春江花苑	屈晓云	柯友喜
3	兴业・城市豪庭	陈　祺	柯友喜
4	富达花苑	彭新权	彭新权
5	万正御景龙腾一号	廖海燕	廖海燕
6	翡翠城	邹小喜	邹小喜
7	江新安置区	史喜桂	史喜桂

住房公积金管理

【概况】2018年度住房公积金管理中心湖口县办事处归集住房公积金总额达到2.56亿元，净增3800万元，归集总额突破10亿元，住房公积金覆盖率88.38%，位居全市各县（市、区）第三；发放住房公积金贷款242户，合计4943.9万元，住房公积金贷款余额33734.8万元；提取住房公积金14763.53万元，累计提取住房公积金54924.69万元。

【住房公积金新系统上线】2018年4月住房公积金新系统上线，实现了公积金贷款自主发放回收，取消了之前办理业务所需的各项复印材料，简化了公积金业务流程，缩短了业务办结时间及成本，实行“综合柜员”制度，实现公积金各项业务马上办、网上办、就近办、一次办，方便缴存职工办理各项公积金业务。

（陈水阳）

城市管理

【概况】2018年，围绕“国家卫生县城创建、城乡环境综合整治、建成区违法建设治理”3项中心工作，着力打造更加整洁、更加舒适、更加有序、更加和谐的城市环境。

组织城乡环境综合整治集中攻坚行动和百日攻坚“净化”行动，在城、园区和“三线”范围内开展垃圾死角和非正规垃圾堆放点排查治理，对3个非正规垃圾堆放点进行处理。清理破损广告，强化更新设置和档次提升。扎实开展城市建成区违法建设治理“五年行动”。县市容执法局组织全局执法力量，对城区的违法搭建进行有效拆除；协助双钟镇、马影镇、凰村乡对牛湖线、景湖线、彭湖高速、铜九铁路等7线沿线的存量违法建设进行拆除。

重视中央环保督查回头看反馈问题的处置，洋港中转站被彻底关停，同时开始异地新建，垃圾渗滤液处理池建设基本完成。开展烟气专项整治，加大餐饮行业油烟排放、餐厨垃圾整治力度，要求油烟排放的饮食服务单位必须安装油烟净化装置，确保油烟净化率和排放浓度达标；投入28万元购置餐厨垃圾收集车，上门免费收集城区各餐饮服务单位产生的餐厨垃圾，防控餐厨垃圾流向养殖场。

全面排查城、园区固废堆放情况，对堆放点进行全面清理，并加快建立固废处理工作机制。开展扬尘专项整治，加强在建建筑（装修）工地管理。强化道路扬尘整治，增加洒水频次，有效降低城区扬尘。

推进城乡生活垃圾处理一体化PPP项目建设，成功引入社会资本深圳龙吉顺实业有限公司，2018年1月起全县实行环卫运作市场化。合理规划布局环卫设施，高新技术产业园区生活垃圾中转站建设基本完成，彻底解决园区无垃圾中转站的状况。

【数字城管平台建设】 根据《中共江西省委、江西省人民政府关于深入推进城市执法体制改革改进城市管理工作的实施意见》(赣发〔2016〕15号)的要求，在县智慧城市建设的总体框架下，按照县智慧办（电政办）的安排，完成湖口县智慧城管系统建设项目的建设工作。项目总投资476万元，平台具备无线数据采集子系统、监督中心受理子系统、协同工作子系统、地理编码子系统、监督指挥子系统、综合评价子系统、应用维护子系统、基础数据资源管理子系统及数据交换子系统9个标准子系统，同时根据实际情况还需建设部分拓展子系统，预计2019年5月投入运行。智慧城管平台的运行，使城市管理由被动管理型向主动服务型、粗放定性型向集约定量型、单一封闭管理向多元开放互动管理转变，实现城市“科学、严格、精细、长效”管理。

【园林绿化市场化管养】 为提升园林绿化管养效果，通过探索和借鉴，改革园林绿化管养模式，将城园两区的绿化管养任务外包给有资质的专业公司进行管养。中标公司为湖南森鑫环境景观园林有限公司，服务期3年。合同签约采取1年+1年+1年的方式进行，绿化管养任务自2018年6月移交该公司。园林所负责对照合同和管养要求进行月考核。经比较，管养质量在市场化运行后有提高。

【城乡生活垃圾处理PPP项目正式实施】 2017年3月，湖口县启动城乡生活垃圾治理市场化运作工作，决定采取PPP项目运作模式，期限15年。深圳市龙吉顺实业发展有限公司以2369万元初始价中标，为社会资本方。政府指定出资代表单位——湖口县城市建设投资开发有限公司与深圳市龙吉顺公司按照约定组建项目公司（湖口龙吉顺环卫服务有限公司），负责项目15年的运营管理工作。项目运营内容主要包括城园两区和农村清扫保洁，垃圾收集、转运和外运。项目服务费用主要包括农村清扫保洁费、农村垃圾转运费、城区清扫保洁费、城区垃圾转运费、垃圾外运费。价格为：农村清扫保洁费1.32万元/平方千米·年、农村垃圾转运费43.86元/吨·元、城区清扫保洁费5.00元/平方米·年、城区垃圾转运费17.10元/吨·天、垃圾外运费0.78元/吨·千米·天。农村垃圾转运费、城区垃圾转运费、垃圾外运费随垃圾量的变化而变动。2018年1月1日，龙吉顺公司正式接管运营，市容执法局、农工部负责考核。

（刘海松）

洋港公园 （张玉 摄）

本栏编辑 张浩迅

水 利

综 述

2018年湖口县汛情与旱情交替出现,但总体趋稳,属偏旱年。7月底至汛末，湖口县持续高温晴热天气，发生较严重的伏秋旱情，全县农作物受旱面积50550亩，其中重旱17850亩；16座小型水库干涸，水利工程蓄水总量只有3670万立方米，比多年同期减少近3成。进入8月，全县降雨偏少，持续高温天气时间长，流芳乡、舜德乡、城山镇、武山镇等乡镇一度出现不同程度的旱情。抗旱浇灌农田面积1.98万亩。

该县及时调整县防汛抗旱指挥机构组成单位及人员，明确县委副书记、县长鲍成庚为县防指指挥长；及时落实全县2座中型、8座小（一）型、40座小（二）型水库和4座1万—5万亩堤防工程以及各类水工程的防汛责任人；及时调整充实一支100人的县抢险救援队，乡镇组织30—50人的防汛抢险队。

加大防灾减灾投入。2018年投资1.71亿元，建设“武山水”、南北港圩、泊洋湖圩、皂湖圩等10项水利重点工程以及塘堰沟渠等防汛防旱设施。及时储备物资。

开展工矿企业及工业集聚区水污染专项整治等13个专项整治行动。在专项整治行动中，累计新建污水管网82.38千米,全县污水管网总长度133.1千米；综合治理畜禽养殖污染13处，拆除养殖场43家；拆除侵占河湖水域及岸线沿江沿湖非法码头13个；清理非法采砂洗矿14处，拆除洗砂设备十台（套）。滩涂回填平整面积1067125平方米,滩涂复绿全部完成。饮用水源地水质达标率100%。

调整设立县、乡、村三级河长共123名、巡查员和保洁员118名。县设立河长办，核定编制3名，落实河长制工作专项经费40万元，将河长制工作纳入全县科学发展综合考核评价体系和生态补偿机制考核。

重点水利改革工作顺利推进。武山镇五新村和张青乡长塘村2座水库、8口山塘的水权改革试点工作完成，11月底通过省、市考核验收。小型农田水利工程运行维护标准化工作全面推开，殷山水库中型灌区标准化管理取得初步成果。“放管服”改革不断深化，“减证便民”“一次不跑”“只跑一次”改革、政务服务事项清单标准化等工作顺利推进。全年累计办结行政服务业务33件，按时办结率100%。

打造湖口最美长江岸线。牢固树立和践行绿水青山就是金山银山的理念，致力“水美、岸美、产业美、环境美”，为打造长江“最美岸线”率先做出“湖口实践”、展现“湖口担当”、贡献“湖口力量”、创造“湖口样板”。建立健全入河排污口管理台账，编制《全县水土保持规划》，完成湖口长江最美岸线规划编制工作。按照规划要求，把牛脚芜堤段打造成湖口长江最美岸线十里风光带。

防汛抗旱

【雨水情】 入汛以来（4—9月），平均降雨量为748.7毫米，比多年平均少211.3毫米。进入主汛期之前，出现多次降雨过程，因时空分布较为均匀，长江湖口站最高水位只有17.13米（出现在7月20日），低于警戒水位2.37米，比多年平均偏低1米左右，汛末回落至10米。全县未发生较大洪涝灾情。7月底至汛末，湖口县降雨仅有80.4毫米，比多年平均少119.7毫米，基本没有有效降雨过程，且气温持续高热，最大日蒸发量12.2毫米。

【防汛】 县委、县政府高度重视防汛工作，4月1日，及时召开全县防汛工作会，县委副书记、县长鲍成庚出席会议并做重要讲话。汛中，县委、县政府和县防指及时贯彻落实中央、省、市领导的指示精神，积极迎战强降雨及强台风带来的洪涝灾情。县主要领导和分管领导多次作出批示和指示，要求克服麻痹思想，严格落实责任，严查各类隐患、严明工作纪律，把防汛各项措施落到实处。县防指密切重视天气形势和长江水位趋势，多次组织防汛会商，研判防汛形势，部署防范工作，并多次下发通知，要求各地立足防大汛、抗大灾，迅速在人力、物力等各个方面抓紧防汛各项工作的落实，确保全县各类水工程度汛安全。

完善措施，落实责任。认真落实防汛工作行政首长责任制。主汛期各级党政主要领导保证有1人在当地负责防汛工作，并实行A、B岗。县防指及时下达防汛目标任务书，对各级防汛责任人提出具体要求，督促各地按照防汛目标总要求做好工作。防汛责任人名单均在新闻媒体上公示，接受广大群众和社会监督。

夯实基础，充分准备。汛前，对防汛抢险物资进行分类，按标准将防汛物资储备落实到相关单位和水工程管理单位。全县48座小型水库安全管理员均在汛前聘用到位，及时上报或审批下达各类水工程度汛方案。汛前完成由县级调度的2座中型水库、4座1~5万亩圩堤、48座小型水库等水工程的度汛方案的上报和批复下达。主汛期前委托景德镇市水文局完成《湖口县山洪灾害防御预案》的修编工作。开展山洪地质灾害防御的宣传和演练，在灾害点周围张贴防治宣传画和防御避让基本知识，在山洪地质灾害多发区设警示标志，为受山洪地质灾害影响区的群众发放转移明白卡。落实山洪地质灾害联防责任制。县防指分别在1月15—22日、3月6—8日组织防汛检查组，赴全县各地开展防汛检查，对检查中发现的问题及时下达整改通知书，督促各地整改。入汛后，市、县防指先后3次有重点地对该县重点地段开展防汛专项检查，重点检查山洪地质灾害防御措施。

主动研判，超前防御。每次强降雨前，县防办在第一时间将国家、省、市领导重要指示批示和省防总、市防指的决策部署落实到各地各部门。县乡两级防办严格执行24小时值班和领导带班制度，密切监视天气形势，及时发布预警信息，做好群众安全转移。气象、水文等部门认真做好每次降雨、水情的监测预报，全面会商，提前研判，为防汛决策和应急处置提供科学依据和重要参考。县防办和县新闻宣传部门，通过广播、电视、网络、微信和手机短信等形式，及时向社会公众发布汛情信息。防汛部门和有关单位，每次强降雨前主动做好山洪灾害易发区、地质灾害隐患点、非煤矿山、公路铁路交通干线、旅游景区、中小学校等重点防御地区的防汛安全工作。

【抗旱】 8月，部分乡镇一度出现不同程度的旱情。据不完全统计，抗旱期间全县共投入抗旱劳力3200人、抗旱设施2000台套，群众自筹资金88万元，抗旱浇灌农田面积19800亩。8月初，县防指及时转发省委、省政府主要领导批示，并要求各地高度重视干旱可能引发的问题和社会矛盾，加强对旱情的研判，完善抗旱应急管理，充分做好防御长时间干旱的准备，全力做好抗旱保人饮工作。

措施到位，防范有序。落实以行政首长负责制的抗旱工作责任制，及时组织群众修复水毁工程、疏浚灌溉渠道，积极筹措抗旱资金，添置抗旱设备，适时开展提水、引水灌溉。充分发挥抗旱服务队的作用，为受旱区群众提供抗旱服务。多途径开辟新水源。沿江滨湖地区适时引外江外湖水入内湖，山区、丘陵地区采取拦河筑坝、引水、提水等方式增加抗旱水源。强化用水管理，根据水库蓄水现状和抗旱用水需求，细化水量分配计划，处理好生产用水与生活用水的关系。

监测值守，协调工作。各地防办24小时值班，主动与气象部门沟通联系，密切关注旱情的发展趋势，对旱情进行监测、预报，并通过短信形式，及时将抗旱信息通报给各级抗旱责任人，使旱情信息上下共享。同时，认真做好旱情统计与上报。

水利建设

【概况】 加强水利防灾工程建设。完成投资2100万元的武山水整治；完成投资1.26亿元的南北港圩、泊洋湖圩、皂湖圩堤加固；完成投资368.4万元的九房涧、二房涧中型灌区高效节水灌溉农业水价综合改革试点区建设；投资479万元的县防汛抗旱物资仓库，按进度计划完成360万元投资，构筑物基本完工，2019年底可全面完工并交付使用；投资153万元对泊洋湖、黄茅堤2座千亩以上圩堤进行填塘压浸应急除险；投资873万元完成城区园区排涝泵站提升改造工程，提高城区园区排涝能力；投资420万元对全县门塘、畈塘、堰坝、沟渠等灾后水毁工程设施进行修复整治；投资106.16万元开展河湖管理范围划界确权，年底前基本完成长江九江段、鄱阳湖由该县县级领导担任河长湖长段的划定工作，落实了管护主体、责任和经费，推进河湖管护常态化；投资45.4万元，以每户2000元的标准解决全县227户建档立卡贫困户饮水难问题。

【“武山水”河道整治项目完成】 投资2100.31万元对“武山水”进行河道清淤疏浚、护岸护坡、新建过水箱涵、改建涵洞、改建坡坝、新建跌水堰等建设。该项目10月22日开标并签订施工合同，11月底进场施工，计划2019年12月完工。项目建成完善的防洪体系，将湖口县武山镇防洪标准提高至10年一遇。

【鄱阳湖圩堤加固项目开工建设】 投资1.26亿元对南北港圩、泊洋湖圩、皂湖圩等3座鄱阳湖区单退圩堤加固整治。该项目11月底前组织EPC总承包施工招投标，12月底开工建设，预计在2019年汛期来临前完成坝体加固工程建设任务，力争2020年主汛期到来前完工，2020年底验收。

【城山镇中型灌区节水灌溉试点项目完工】 投资368.4万元对城山镇九房涧、二房涧中型灌区中的横山等5个行政村开展高效节水灌溉农业水价综合改革试点区建设，10月完成招投标，12月底完工。

水利管理

【概况】 以推进流域生态综合治理为抓手，着力打造河长制升级版，建立“县乡村全覆盖、江河湖库（渠）全纳入、区域流域相结合”的河长体系。该县高度重视生态环境治理和保护工作，县委书记亲自指挥调度，开展“6+1”生态环境治理和保护工作。制定河长制工作方案、湖长制工作方案、“清河行动”实施方案、湖长制工作要点和考核办法、河长制体系建立验收评估办法，确保河（湖）长制工作有效推进。设立县河长办，调整县级河长5名。设乡级河长28名，村级河长90名，巡查员和保洁员118名。各级河长积极开展巡河督导，县级河长巡河20人次、乡级河长巡河46人次。

建立完善县、乡、村、组四级网格和配套网格片区相结合的网格化监管体系，对环境违法行为、环境隐患等信息，采取四级网格逐级上报和网格片区直接反馈两种模式实行双向监管。近几年，每年均完成4次2个断面8项指标地表水水质监测、4次高新技术产业园区3个监测点水质监测。认真落实最严格的水资源管理制度，把好用水总量控制、用水效率控制、水功能区限制纳污“三条红线”，不断推进水资源合理开发利用。在“世界水日、中国水周”期间，充分利用媒体广泛宣传，引导全社会参与饮用水水源地保护。

【水资源管理严格到位】 加强园区企业取用水监管。从严审批取水许可，对不符合《江西省长江经济带沿江取水口排污口和应急水源布局规划实施方案》及其他法规要求的，一律不予审批；支持五星纸业项目完成水资源论证报告，审批1万吨以内取排水。全面落实《长江经济带沿江取水排污口和应急水源布局规划》。严格入河排污口审批，规范设置银砂湾工业园区排污口；建立健全入河排污口管理台账，加强入河排污口日常监督检查。积极推进城乡饮用水水源地保护、城市应急和备用水源建设。依据《中华人民共和国水土保持法》，编制完成《全县水土保持规划》，编报并批复8家水土保持方案；开展湖库水环境综合治理和饮用水源保护专项整治，每月对全县城市饮用水水源地水质进行监测，全面排查全县集中式饮用水源地环境安全风险；积极配合县矿管局深入推进绿色矿山建设，对1家纸业、20家矿山企业普遍进行3次年度生产建设项目水保监督检查，确保全县居民常年喝上安全洁净的“放心水”。全县饮用水源区小（二）型以上水库水质和集中式饮用水源地达标率均为100%。

【沿江沿湖河道整治完成】 在2017年拆除9个非法码头泊位的基础上，5月16日对2017年遗留下来的原新康达码头非法构筑物组织强制拆除。配合港口局、长航公安对2017年拆除的9个非法码头泊位情况开展回头看，对拆除工作不到位的，加大清场力度，直到清场干净。截至2018年末，有效拆除沿江外滩及滩涂地上的违章建筑物、构筑物42处，面积1万余平方米。清除堤面、坝坡居民生活垃圾和建筑垃圾堆20余处，活动板房26间，外运清场建筑垃圾4500吨。同时，对拆除后清理整治的滩涂进行复绿和立桩划界，复绿面积13.34万平方米。

5月14日，国家生态环境部4个核查组就湖口县城沿岸19个固废点位进行现场督察，指出存在15个问题。县委、县政府高度重视，及时召开调度会，责令有关责任领导和责任单位，对照生态环境部督察反馈的问题清单全面进行整改。截至2018年底，清理废旧船体17艘（石钟船舶修造厂6艘、峰华船厂7艘、金砂港务1艘、长江炉料1艘、长顺码头1艘、原新康达码头1艘），一德油料土石方场地2处、砂石料54320吨、建筑和生活垃圾23251吨；拆除废旧加工机组5套（茂源1套、长江炉料3套、合昌水泥1套），临时办公用房含活动板房19间（富达2间、君悦1间、原新康达码头场地4间、合昌水泥厂5间、茂源码头4间、鸿云码头场地3间），在牛脚芜堤段拆除君悦码头临时办公用房和原新康达码头场地违章存量的水泥罐中转装置及附属设施；移出废旧快艇2条、铁皮集装箱1台。沿江滩涂平整复绿完成土方装运8537车次，土方量128055立方米，滩涂回填平整面积1067125平方米，整治岸线9千余米，岸线复绿20万平方米。

【河道采砂专项治理】 为进一步加强采砂管理，严厉打击非法采运砂行为，切实保护全县水生态环境，该县河道采砂管理联合执法工作队在全县范围内开展长江河道采砂管理专项整治行动。全年出动3620人次、362船次，查处非法采砂1例，处罚金30万元；非法移动6例，处罚金18万元；非法营运5例，处罚金7万元。严格落实采砂船集中停靠管理制度，对非轮采、未作业、无采砂许可证及“三无”采砂船只，对没有预查证的采砂船舶，对抓获的非法采砂船舶进行集中停靠管理。

（张晓园）

打造长江“最美岸线”（李学华 摄）

本栏编辑 张浩迅

自然观测

气象观测

【概况】湖口县气象局设有观测场地625平方米的国家气象观测站。2套自动气象观测站通过器测、目测方式开展气象观测。县气象局每天上、下午各发布一期天气预报，春节、两会、高考、国庆等公共假期和重要事件期间发布专门气象服务信息，气象日、防灾减灾日等日期与各乡镇气象信息服务站共同开展气象科普宣传活动。

【气候状况】2018年湖口县平均气温为18.2度，较历年同期平均偏高1.1度；年总降水量为1251.4毫米，较历年同期平均偏少187.7毫米；年日照时数为1889.1小时，较历年同期平均偏多99.4小时；降水时空分布不均，其中6—10月降水量持续偏少，较历史同期偏少4成。单日最大降水量为4月23日92.4毫米，最高气温为8月11日37.9度，极大风速为3月4日35.5米/秒。

【气象防灾减灾】与涉农、涉灾部门建立联合机制，推进全县气象灾害防御工作。全年发布大雾、大风、道路结冰、雷电、暴雨、暴雪等气象灾害预警信号147次，其中橙色预警13次，并通过电视、广播、“12121”、手机短信、网络、微博、微信、电子显示屏、大喇叭等多种形式向社会公众发布。7月31日至10月9日人影办先后开展8次人工增雨作业。

【气象监测】湖口设国家气象观测站1处，负责监测气温、气压、相对湿度、降水量、风向风速、浅层地温、深层地温、降水现象、日照等气象要素；区域气象观测站15处，负责监测气温、气压、相对湿度、降水量、风向风速等气象要素；土壤水分站1处，负责监测10~100厘米共8层土壤水分要素；农田小气候站1处，负责监测气温、相对湿度、风向风速、降水量、地温、二氧化碳、总辐射、光合辐射等气象要素。

（刘秉泰）

地震监测

【概况】2018年湖口县地震监测工作坚持“预防为主、防御与救助相结合”的工作方针，扎实推进地震监测、灾害预防、应急救援三大体系建设，圆满完成了年初的目标任务，获九江市防震减灾系统年终考核成绩第一名，全省综合先进单位。

防震减灾宣传力度加大。充分利用“5·12”“7·28”纪念日、科普宣传月、法治宣传周等重要日期开展防震减灾宣传教育活动，并改进宣传方式和模式，注重加强对偏远地区的宣传工作。在5·12防灾减灾日前，召开全县乡（镇、场）防震减灾助理员和县级宏观观测点的观测员会议，对“5·12”防灾减灾日期间的防震减灾宣传教育工作进行重点部署。县防震减灾办与县教育局、民政局、人防办积极沟通，落实宣传周活动日程、宣传内容和宣传形式。各乡镇根据自身情况，分别召开5·12防灾减灾动员部署会议。县防震减灾办在人员相对集中的商业区、社区文化广场、乡村文体中心等地悬挂宣传横幅35条，并在乡镇中小学举行地震应急疏散演练。

震情监测设施建设加强。落实县级地震群测群防工作，不断健全完善县、乡、村三级群测群防工作体系。为充实“三网一员”队伍，最大限度发挥“三网一员”在地震监测网络中的作用，全县14个乡（镇、场）成立防震减灾工作领导小组，及时调整落实14名乡镇防震减灾助理员，148名村级地震宏观监测员、灾情速报员、科普宣传员，完成乡、镇防震减灾“三网一员”人员核查统计上报工作。同时，强化对“三网一员”人员的业务培训，制订宏观观测员管理办法。努力推进监测台网的建设管理，进一步提高地震监测预报能力，集中收集处理所有地震监测信息，实现市县地震监测信息联网和资源共享，协助省地震局完成湖口县GNSS基准站的搬迁和地震烈度速报与预警台地址的重选工作。加强地震宏观异常观测点的管理，确保地震宏观异常观测点正常运行，做好宏微观异常核实上报，提高前兆数据跟踪分析能力，提升异常核实时效性，对本辖区内的宏微观异常数据做到早发现、早上报。深入开展防震减灾示范创建工作，积极申报创建市级农村民居地震安全示范点（流芳乡流芳村周大屋角）。加强抗震设防监管，继续做好新建、改建、扩建工程项目的抗震设防备案登记工作，确保行政审批服务质量和效率。完善执法检查制度，加大对重点建设工程及学校、医院、商场等人员密集公共场所的执法检查力度，开展执法检查2次，并做好档案管理。

地震应急准备充分。加强应急疏散演练。全县中小学校开展地震应急疏散演练基本实现全覆盖、常态化，学生能够做到安全有序地疏散至操场预先指定的位置，顺利完成演练任务。加强地震应急避难场所建设和管理，指导部分学校、乡镇修订完善部门地震应急预案。推进地震应急队伍建设，加强与消防部门的协调沟通，进一步充实地震应急专业救援队伍，适时组织开展演练，提高专业队伍地震救援能力；做好地震应急志愿者队伍的管理和培训，充分发挥该队伍在应急救援中的作用。

【防震减灾教育“六进”活动开展】 为加强机关工作人员防震减灾法律法规教育，开展防震减灾“进机关”活动。10月18日，在县教育局与县防震减灾局联合举办的全县中小学校长培训班上，邀请九江市防震减灾局王宁科长进行授课，全县各中小学80余人参加此次培训。5月10日，县防震减灾局组织6名志愿者身披志愿者绶带走进台山社区盛源城小区及居民家中讲解地震科普知识，发放地震科普知识宣传手册500余份。联合有关部门分别在县一中和二中开展防震减灾系列宣传活动，利用多媒体在全校教室播放防震避震常识科普片，展示地震科普展板供师生参观学习，参观师生达10000余人次。通过防震减灾短信群发平台，向全县民众发送信息5000余条。9月29日，县防震减灾局结合安居扶贫，联合流芳乡政府在流芳乡流芳村开展农村民居地震安全宣传活动，向农民群众宣传普及房屋建筑的防震抗震知识，进一步提高农民对建设农村民居地震安全工程的认识。

【江西晨光成功创建市级防震减灾示范企业】 对照有关创建要求，县防震减灾局多次深入企业走访，积极指导江西晨光新材料有限公司配齐配好防震减灾软硬件设施。3月，江西晨光新材料有限公司被市防震减灾局认定为“九江市地震安全示范企业”。这是全市唯一申报成功的企业，市局局长万辉亲自到该企业授牌。

（县应急管理局）

本栏编辑　张浩迅

综 述

湖口县认真贯彻省委省政府、市委市政府决策部署，牢固树立生态优先、绿色发展理念，扎实推进全县生态文明建设。2018年坚持大力实施水污染专项整治、大气污染专项整治、环境保护基础设施提升、绿化美化、环境能力建设提升“五项工程”；持续开展高新技术产业园（以下简称园区）生态化改造、清洁化整治、绿色化发展的“三化”行动；对园区雨污管网、固废危废、烟尘，矿山，砂山，砖厂，畜禽养殖，水环境和乡村小、散、乱、污企业等7个重点进行集中专项整治，环保工作取得良好成效。2018年全县城区空气质量优良天数为319天，比2017年增加46天，其中空气质量为优的天数增加44天；重度污染天气2天，出现在11—12月，空气质量优良率从2017年的76%提升至87.6%。空气质量在春冬两季改善较为明显，其中自3月开始，连续8个月空气质量优良率维持在90%以上。影响空气质量的主要因素PM2.5,（可吸细物质）其年平均浓度为40微克/立方米，达到《九江市打赢蓝天保卫战三年行动计划（2018—2020）》环保约束性指标要求。2018年5月以后，PM2.5在全省排位从42位上升到8月份的20位，全市第2位;9月份全省第33位，全市第2位，列武宁县之后，好于周边县区；1—10月PM2.5平均浓度35微克/立方米，低于全省目标值44微克/立方米。城区空气质量达到国家二级标准，饮用水水源水质达标率100%，辖区内未发生重大环境污染、核与辐射等安全和严重环境违法事件，全县环境质量明显改善。

项目减排

【概况】 2018年九江市环保局下达各县（市、区）主要污染物减排目标为：化学需氧量较2015年下降2.73%、氨氮较2015年下降3.28%；对大气主要污染物减排目标未具体明确。湖口县2018年实施7项减排项目，全面完成减排任务。

【减排项目完成】 2018年7项减排项目分别是：赛得利（九江）纤维有限公司污水深度处理减排项目、赛得利（九江）纤维有限公司炉外脱硫脱硝项目、九江萍钢钢铁有限公司烧结机脱硫管理减排提高效率项目、江西联达金砂湾冶金有限公司竖炉脱硫项目、湖口洪城水业环保有限公司湖口分公司提标改造减排项目、湖口县农村生活垃圾处置减排项目、湖口县水库退养减排项目。2018年全县4项指标减排量为：化学需氧量减排464吨、氨氮减排73吨、二氧化硫减排3100吨、氮氧化物减排180吨，全面完成减排任务。

环境监管

【概况】 湖口县非常重视推动生态文明建设。县委共召开45次常委会，其中会议中研究涉及环保议题的有31次；政府召开28次常务会议，其中会议中研究涉及环保相关议题的有23次。成立湖口县生态文明建设领导小组，县委书记任组长；2018年12月对生态环境保护委员会进行调整，由县长一人为主任抓环保调整为县委书记、县长双主任抓环保，以强力推动生态文明建设各项工作开展。在高位推动下，全县上下达成共识，“生态优先、绿色发展”的理念显著增强，忽视生态环境保护的现象明显减少。

开展七大重点专项整治。开展园区雨污管网专项整治，通过一个多月地毯式集中整治，全面拆除、封堵所有废弃雨污管网。开展园区固废、危废专项整治，对沿江固废、建筑垃圾等进行全面清理；规范建立园区企业危废台账，对企业处置危废行为实行全过程监管。开展烟尘专项整治，对园区15家企业实施“一企一策”改造，8家企业原料堆场完成脱硫脱硝除尘设施升级改造，全面淘汰不达标燃煤锅炉，园区集中供热工程全面投入使用。进一步提升园区保洁能力，彻底整治园区烟尘、粉尘、扬尘。开展矿山、砂山、砖厂专项整治，坚持矿山企业“只关不开、只减不增，不扩权、不延期”原则，一律不再新审批矿山开采项目；严厉打击非法采矿行为；出台《湖口县矿山运输车辆安全管理方案》，规范矿山运输车辆运输行为。开展畜禽养殖专项整治，禁养区一次性拆除、限养区逐步取缔、可养区达标排放；累计投入4000余万元，对禁养区、限养区范围内63家规模养殖场进行退养拆除，其中禁养区内12家规模养殖场（户）已全面拆除完毕。开展水环境专项整治，对全县水域养殖限制区进行核查，对不宜养殖水域的水库塘堰，一律拆除养鱼设施设备，对水域滩涂养殖使用证进行全面重新核发，对不宜养殖的一律收回，对限养的一律加盖限制养殖标志；加快柘矶水厂取水口迁移工程和石钟水厂西门塘排涝口改造工程进度，全面封闭园区取水企业自备井，建立入河排污口台账，不定期进行日常巡查、督察和日常监测，对长江鄱阳湖采砂巡查130次；对全县小（二）型水库和湖泊水环境情况和农村小流域“八乱”现象进行集中排查，全面建立问题台账，并逐一实行销号管理。开展乡村“小、散、乱、污”企业专项整治，共排查农村规模小、工艺差、环保设施不足的石材加工、汽车修理以及胶黏剂、木材加工等企业62家。

加强信访案件排查调处力度。2018年共受理环境信访案件63件（水污染15件、大气污染40件、固体废弃物污染2件、噪声污染6件），办结率100%。狠抓环境问题监管执法。2018年1月至11月，办理环境违法案件51起，行政处罚512万元，行政拘留9人。

【环保问题整改】 全力配合生态环境部开展的长江“清废行动”，对中央环保督察组反馈九江的13个共性问题，整改完成9个；对省环保督察组反馈的24个问题，整改完成16个；其余的按照督查要求有序推进整改。对于中央环保督察暗访组反馈的中星、中伟等企业环保问题，该县在第一时间采取强有力的措施进行处理。县环保局集全局之力迅速行动，组织3台大型挖掘机对中星医药废弃雨水管的沿江滩涂地进行开挖，废弃的雨水管被全部清除，江边污泥被彻底清理；调集12台机械设施对中伟科技厂区内遗留的硫铁矿石、废渣、副产品脱硫石膏以及雨水沟沉积污泥等进行分类清理处置；督促江铜公司对其所有的收集池、沟渠、地面进行全面防渗、防腐改造，消除牛脚芜排水蓄水池水体锌含量问题。对于中办督查指出的九钢、江西铜业固废堆场问题，2家企业均按整改要求进行整改到位并通过省厅验收。特别是9月26日至28日，生态环境部督察组发现该县园区内中星医药等企业涉嫌环境违法问题后，县委、县政府高度重视，迅速抓好问题核查、整改、落实等工作，并举一反三，对园区雨污管网、园区固废危废、烟尘等进行集中专项整治。

【污染源普查】 2018年出台《湖口县土壤污染防治工作方案实施计划》《湖口县土壤污染状况详查工作协调机制》，完成入户清查1490家，确定清查建库名单。截至2018年底，完成206家点源工业源、27家规模化畜禽养殖、6家集中式污染治理设施、15处面源生活源入河排污口的监测工作；完成139个行政村、21家移动源（加油站/储油库）的入户调查工作；完成涉镉等重金属重点行业企业排查工作；完成纸质表格和电子表格填报和空间数据采集，数据录入污普专网系统。

环保能力建设

【概况】 强力推进“一企一策”废水、废气治污设施升级改造。2018年，全县企业“一企一策”环保设备资金投入超过10亿元，一批大中型企业技改投入是前几年的总和。九江钢厂投入资金4.49亿元，实施原料场棚化密封改造、烧结脱硫新增备用塔、转炉3次除尘改造、烧结烟气机头除尘改造、脱硫烟气精除尘改造等环保技改工程，其中投入原料堆场改造一项工程资金达2亿元；赛得利（九江）纤维有限公司投资2440万元对无组织废气收集、锅炉超低排放及污水处理站池体加盖等进行系统改造，投资7800万元用于园区集中供热，12月底全面实施；富达公司投入8000余万元对环保设施再次升级，优化废水处理和尾气系统，新增锅炉烟气脱硫、脱硝、消白高效环保设施；天赐公司投资2300万元完成污水站二期扩建提标改造，对厂区雨污进行分流，对污水处理站硫化氢和氨等具有臭味的气体进行收集和处理，建设卡波车间有机废气治理装置；晨光公司投资1400余万元对尾气系统进行改造，将原有合成尾气回用于生产，其他尾气利用焚烧炉直接焚烧，燃煤锅炉更换为燃气锅炉。按照“一企一策”改造方案进行改造的还有12家改气企业，其中5家涉VOC（挥发性有机化合物）化工企业、5家改水企业。

【智能化监控建设】 2018年，县政府投资6000万元修复园区内生态湿地、沿江岸线和山体生态，修缮综合排口、雨水排口，在园区实施全省首个“一企一管一池一阀”改造，园区污水排放智能化监管，使园区污水处理厂排放标准提升至《城镇污水处理厂污水排放标准》一级B标准。

生态创建

【首届生态环境保护知识竞赛举行】 2018年6月5日（“六·五”世界环境日），为提高全民生态环境意识，增强全县各级党员干部生态文明建设工作能力和水平，加快推进生态和美丽乡村建设，湖口县举办首届生态环境保护知识竞赛。竞赛活动由县生态环境保护委员会办公室主办，县环保局、团县委、县妇联承办，赛得利（九江）纤维有限公司、县广播电视台协办。竞赛活动在县行政大楼九楼会议室举行，全县14个乡（镇、场）由基层党员干部组成的14个代表队（每个代表队3人）参加竞赛，经过角逐，舜德乡代表队夺冠。

【省级生态村创建开展】 2018年舜德乡高桥村、屏峰村被评为“江西省省级生态村”。

（李金球）

大美鄱阳（李学华 摄）

本栏编辑 张浩迅

科学技术

综　述

2018年，湖口科技工作以“创新引领、改革攻坚、开放提升、绿色崛起、担当实干、兴赣富民”24字方针为指导，大力实施创新驱动发展战略，加快培育新动能，发展新经济，坚持务实、创新、高效的工作目标，扎实开展技术开发、产品创新，不断适应经济发展新常态，在科研创新平台、高新技术企业、科技项目、重点新产品、专利申报等方面成效显著。全年获批高新技术企业10家、科技型中小企业11家、瞪羚企业2家、潜在瞪羚企业1家；获批国家级星创天地1个；新增省级众创空间1家、市级工程技术研究中心2家、高层次科研机构2家；全县专利申请量332件，授权量321件；获中国技术市场金桥奖3项，获江西省科学技术进步奖1项；实施科技项目8项，获批重点新产品1个。

科技平台与人才

【概况】 2018年，出台《关于湖口县创新驱动发展的意见》《江西省湖口县关于创新型县建设工作方案》《关于实施“石钟山英才计划”加快构建区域创新高地的意见》等一系列科技创新发展及人才培引政策文件，有力促进全县科技创新发展。全年获批1个国家级和1个省级科技孵化平台及2家科技研发平台，引进2家高层次科研机构；获批国家级人才1人，九江市“双百双千”人才4人。

【科技研发平台建设】 4月18日，获批2家市级工程技术研究中心，分别是九江高科制药技术有限公司的“九江市生物质医用材料工程技术研究中心”和铭铉（江西）医疗净化科技有限公司的“九江医疗净化材料工程技术研究中心”；此外，海山科技试验区还新引进清研新视科技产业协同创新中心、新能源车用材料协同创新中心2家高层次科研机构。

【科技孵化平台建设】 12月19日，湖口县流芳乡豆产业专业合作社的“湖口县流芳豆谷星创天地”获批成为国家级星创天地；12月29日，九江颐高互联网科技有限公司的“湖口颐高众创空间”获批成为省级众创空间。

【科技人才建设】 江西晨光新材料股份有限公司丁建峰获得国务院特殊津贴，九江嘉远科技有限公司的冯斌入围科技部创新创业人才评选。九江天赐高新材料有限公司赵经纬（高精尖人才引领计划创新类）、江西晨光新材料股份有限公司周煜华（高技能人才）、虞中奇（企业经验管理人才）和湖口县顺昌中药材有限公司李火杰（农村实用型人才）等4人为2018年九江市“双百·双千”人才。

湖口颐高众创空间

【科技项目建设】2018年，全县共实施国家、省、市科技项目9项。其中，国家级2项、省级2项、市级5项。所有项目中，科技创新载体1个、科技创新示范1个、重大专项1个、重点研发4个、重点新产品1个、基地与人才1个等，共计项目经费197万元。

2018年湖口县科技项目一览表

项目名称	项目单位	项目级别	计划类属	项目经费
江西湖口精细化工高新技术产业化基地	湖口县科技局	国家级	科技创新载体	50
江西道地中药材科技扶贫示范基地的建设	湖口县顺昌中药材有限公司	国家级	科技创新示范	20
药食兼用栝楼优质种源选育、高产规范化栽培关键技术研究	湖口县付垅惠农瓜蒌种植专业合作社	省级	重点研发	20
12米中石油小型应急处置船	同方江新造船有限公司	省级	重点新产品	0
功能电解液添加剂及新型锂盐的开发与应用	九江天赐高新材料有限公司、湖口新材料协同创新中心	市级	重大专项	50
丁基杂螺环酮盐酸盐关键工艺的研究与开发	九江中星医药化工有限公司	市级	重点研发	15
高强度高透波彩色氧化锆材料的开发	江西赛瓷材料有限公司	市级	重点研发	15
电子元器件新型吸嘴的研究与开发	九江嘉远科技有限公司	市级	重点研发	15
硅烷偶联剂创新团队	江西晨光新材料股份有限公司	市级	基地与人才	12

科技成果与奖励

【概况】2018年，湖口县加强高新技术企业、科技型中小企业、瞪羚企业培育及申报工作，同时还组织企业从通过验收项目中认真筛选并推荐有特色优势、技术达国内领先水平、经济社会效益显著、能促进行业科技进步的项目申报科技奖励。全年共获批高新技术企业10家、瞪羚企业2家、潜在瞪羚企业1家、科技型中小企业11家；获中国技术市场金桥奖3项、江西省科学技术进步奖1项、省级重点新产品1个。

【高新技术企业发展到15家】全年获批高新技术企业共10家，累计15家，其中江西金元莱高新材料有限公司、九江嘉远科技有限公司、赛得利（九江）纤维有限公司、九江普荣高新材料有限公司、湖口县东升机电加工有限公司、九江泽美硅材料有限公司等6家企业为新增高新技术企业；九江富达实业有限公司、九江天赐高新材料有限公司、九江中星医药化工有限公司、铭铉（江西）医疗净化科技有限公司等4家企业为复报高新技术企业。

【科技型中小企业共获批11家】 全县共获批11家科技型中小企业，分别是九江中星医药化工有限公司、铭铉（江西）医疗净化科技有限公司、九江高科制药有限公司、江西赛瓷材料有限公司、江西钟山药业有限责任公司、江西金元莱高新材料有限公司、九江普荣高新材料有限公司、江西仁义新能源有限公司、江西华东船业有限公司、九江市中佳实业有限公司、九江泽美硅材料有限公司。

【晨光、铭铉入选“瞪羚企业”】 2月22日，江西晨光新材料有限公司、铭铉（江西）医疗净化科技有限公司入选2018年度“瞪羚企业”榜单，九江嘉远科技有限公司入选2018年度“潜在瞪羚企业”榜单。瞪羚企业指跨越死亡谷，商业模式得到了市场认可，进入爆发式成长期的创新型企业。

【中石油小型应急处置船被认定为重点新产品】 同方江新造船有限公司“12米中石油小型应急处置船”被认定为2018年度江西省(第三批)重点新产品。

【优秀项目获中国技术市场金桥奖】 江西晨光新材料股份有限公司的“3-氧丙基烷氧基硅烷清洁生产方法”、九江天赐高新材料有限公司“高能量密度锂离子动力电池电解液”、九江富达实业有限公司的“分散蓝77的合成方法”等3个优秀项目获中国技术市场金桥奖。

【“高能量密度锂离子动力电池电解液”获省级科技进步奖】 九江天赐高新材料有限公司的科技项目“高能量密度锂离子动力电池电解液”获省级科技进步奖三等奖。

知识产权与专利

【概况】 湖口县不断加大R&D投入力度，科技创新活力有效激发，科技创新能力大幅度提升，科技创新成果显著。

【专利申请和授权】 全年全县专利申请量332件(发明专利39项,实用新型170项,外观设计123项)；授权321件（发明专利9项，实用新型241项，外观设计71项),其中发明专利和实用新型专利的申请量、授权量分别占总量的62.95%、77.88%。

科技宣传与活动

【概况】 深入开展科技宣传，组织召开全县科技工作培训会，同时引导企业加强院企交流与合作，共同开展科技攻关，多次邀请上级领导与专家到湖口调研指导工作，并组织企业参加科技成果在线对接会。

【全县科技工作培训会召开】 1月4日，县科技局在县行政中心大楼九楼东会议室举办“全县2017年度规上企业R&D（科技研发投入）统计填报及研发费用加计扣除优惠政策培训会”，会上市科技局张维、市地税局吕斌分别就企业R&D（科技研发投入）统计填报工作、企业研发费用加计扣除优惠政策给参会企业技术部门负责人、财会人员进行授课培训。4月23日，县科技局在县行政中心九楼会议室举办“全县知识产权培训会”，会上邀请九江学院政法学院副院长、法学副教授、江西省知识产权特派员曹钟安老师就专利法给参训的50多家企业相关负责人和技术研发人员进行解读。

【双创基地企业参加科技成果在线对接会】 5月28日，湖口县双创基地的九江市启航新能源科技有限公司、九江欣耀科贸有限公司、湖口县田园牧歌统防统治专业合作社参加省科技厅牵头举办的“新宜吉六县跨行政区转型合作试验区（新余）科技成果在线对接会”。

【县科技局、武山镇组团参观中国科学院科技创新成果巡展】 7月17日，县科技局、武山镇组团前往南昌市高新区中兴科技园参观中国科学院科技创新成果巡展·江西站。巡展主要以中国科学院“率先行动 砥砺奋进——十八大以来中国科学院创新成果展”为基础，主要展示“深空”“深海”“深地”“深蓝”“生命科学”“生态”“农业”和“大科学装置”8个方面的科技创新成果。

【国家和省厅专家到湖口调研】 11月16日，江西省科技厅副厅长赵金城、国家中药现代化工程技术研究中心专家组一行在湖口县委副书记、县长鲍成庚、九江市科技局长程向阳、副局长但少鸣、湖口县科技局长李勇兵、县高新技术产业园区管委会主任夏敏谦的陪同下，到九江高科制药调研指导生物医药创新、科技项目申报工作，并就生物医药创新、科技项目申报工作进行座谈交流。

【江西省中医药大学专家到湖口调研】 9月25日，江西省中医药大学吴院长、江西省中医大学教授兼湖口武山科技特派团中药材团团长刘勇一行到湖口县付垅乡瓜蒌基地和武山镇栀子种植基地，就种苗选育、种植技术、经济效益等进行调研，欲将湖口种植瓜蒌和药材的技术向萍乡等地推广。

【九江学院与湖口企业交流与合作】 10月19日，九江学院机械与材料工程学院院长张德勤一行到湖口县流芳乡国家大豆产业体系流芳乡综合实验基地调研，并与缙参豆业洽谈豆参手工制作生产工艺自动化改造。11月17日，九江学院机械与材料学院副院长李世斌到湖口县铭铉、嘉远、赛瓷等多家企业进行调研，并就企业目前面临亟待解决的问题、后续的发展规划等方面与企业负责人进行座谈交流。

（蒙元敏）

本栏编辑　骆句久

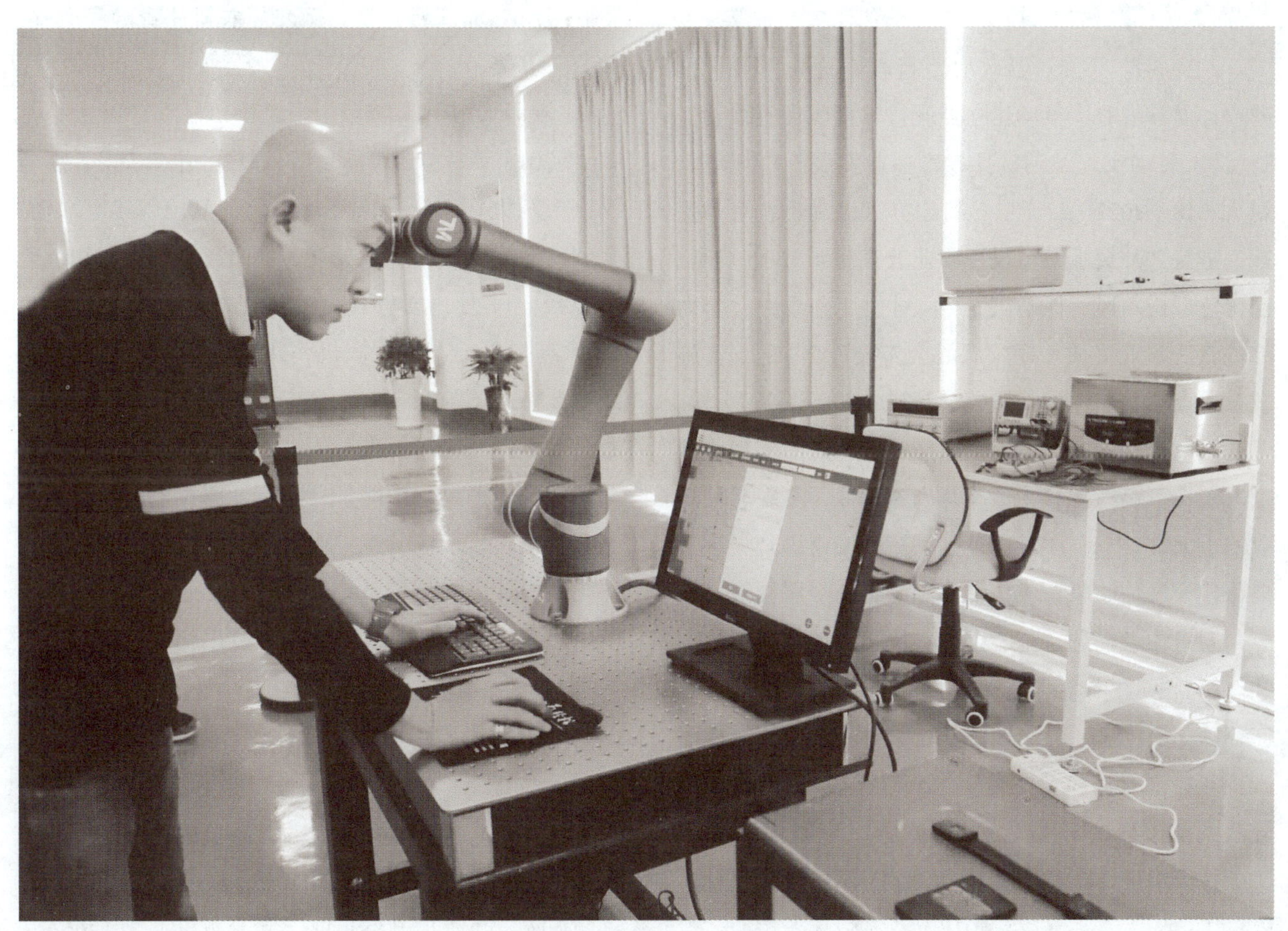

清研新视高端制造产业园项目

教育 体育

综 述

2018年，县委、县政府坚持教育优先发展，推进教育强县战略，推动建立“履行教育职责五级责任制度”，启动实施《湖口县教育事业发展五年行动计划（2018—2022）》，全县教育以办人民满意教育为宗旨，坚持“补短板（短板指职业教育薄弱）、促均衡、创特色、树新风、抓队伍、育人才”工作思路，努力促进教育事业优质均衡发展。全年投资2.3亿元实施教育重点项目19个，湖口中学新初中部、县第五小学、流泗镇第一幼儿园、城山镇东庄中心幼儿园等建成并投入使用。高考本科上线率增长9.65%，实现名校录取的重大突破。高质量通过国家三类城市语言文字规范化建设评估验收，成功举办湖口县第一届校园艺术节，湖口中学入选“全国青少年校园篮球特色学校”，并夺得江西省中学生篮球锦标赛高中组选拔赛（九江赛区）第二名。县第四中学、张青小学获评“全国青少年校园足球特色学校”。金砂湾学校、湖口二中分获九江市第二届校园足球精英赛U15女子组冠军、U17男子组亚军。第二小学代表队获得2018年世界教育机器人大赛一等奖。2018年，湖口体育按照“以人为本，立足基层，面向大众，注重实效”原则，广泛开展全民健身运动，精心组织第六届全县职工运动会、江西省第十五届运动会群众项目山地自行车选拔赛。组织参加江西省百县第二届农耕体育健身大赛，并获一等奖。

【湖口通过三类城市语言文字规范化建设考核验收】 2018年，全县学校组织开展“推普周”、规范汉字书写大赛、语言文字规范化示范校创建等活动，金砂湾学校、第二小学被评为江西省语言文字规范化示范校。11月，湖口县公务员普通话水平测试在第二小学举行，全县各党政机关共500余名公务员参加。测试严格按照国家《普通话水平测试实施纲要》和《普通话水平测试等级标准》要求，由市普通话测试站在湖口县设立考场组织测试，实行计算机辅助普通话水平测试模式，采取一人一机，测试数据全部采用教育部指定的计算机信息系统管理。全县通过国家三类城市语言文字规范化建设考核验收。

前学教育

【概况】 2018年，全县幼儿园99所，在园幼儿7834人。其中公办幼儿园41所，在园幼儿2346人，县城2所公办幼儿园881人，乡镇公办幼儿园1465人；民办58所，在园幼儿5488人。全县幼儿园班数357个，其中学前班 38 个。

【第一幼儿园迁建项目开工】 11 月 12 日，县第一幼儿园迁建项目开工奠基仪式举行。项目总投资 1800 余万元，规划总用地 17.6 亩，建筑总面积 6500 平方米，设计 15 个教学班，容纳幼儿 500 余人。

基础教育

【概况】 2018 年，全县共有普通完全小学 14 所，普通初中 7 所，一贯制学校 9 所（其中民办 1 所）。小学在校生 19285 人，小学适龄儿童入学率 100%。初中在校生 10089 人。初中适龄少年入学率 100%，普通高（完）中 2 所，普通高中在校生 6663 名。

2018 年湖口县小学教育情况（含一贯制学校小学部）

年度	完小（所）	非完小（所）	学生数（人）						
			合计	其中分年级数					
				一	二	三	四	五	六
2018	14	35	19285	3377	3136	3054	3155	2874	3689

2018 年湖口县初级中学教育情况（含一贯制学校初中部）

项目/年度	学校数（所）	学生数（人）			
		合计	其中		
			初一	初二	初三
2018	7	10089	3535	3354	3200

【湖口县首届校园艺术节举行】 5 月 2 日，湖口县首届校园艺术节启动，全县 34 所学校、2600 人次教师、4 万人次学生（含幼儿园小朋友）积极参与。27 日，艺术节“扬帆新时代、共筑中国梦”文艺会演在县艺术中心举行，县委、县人大、县政府、县政协领导与师生及社会各界代表 800 余人共同观看演出。艺术节期间，“人人能展示，班班有精彩，校校有特色”，累计开展各类文艺会演 34 场，书法、绘画、手工制作和摄影等四大类作品集中展示 30 余次。

【“五个校园”创建活动开展】 着力创建“五个校园”（书香校园、法治校园、智慧校园、活力校园、文明校园），全面推行“语文主题学习”实验，广泛开展“亲子阅读、师生共享、图书漂流、校园朗读者”等活动，普及建设“班级图书角”。第二小学荣获“全省亲子阅读基地”，马影小学等 3 所学校被评为九江市书香校园。深入开展“文明校园”创建活动，特教学校校长葛小鸾、屏峰学校副校长徐焕杰当选湖口县第四届道德模范，评选县级“文明校园”10 所，湖口中学等 7 所校园被评为省市级文明校园，第二小学邹时兵获九江市第一批岗位学雷锋标兵，金砂湾学校被评为江西省绿色学校，县教育局成功创建江西省文明单位。

【湖口在全市中小学机器人大赛中获佳绩】 3 月 24 日，全市中小学机器人大赛在九江双峰小学濂溪校区举行。在参赛的 136 支队伍中，湖口选手发挥出色，夺得 4 项一等奖、2 项二等奖、9 项三等奖。由县第一小学、第二小学和金砂湾学校 25 名参赛队员组成 17 个代表队，分别参加“WERJ2017”、“WERJ2018”、“中鸣超级轨道”三个大项目的比赛，金砂湾学校樊斌棋和崔佳俊，第二小学张涵睿、曹亦泉、曹浔、彭宇浩分别获得“WERJ2018”初中组、小学组和“WERJ2017”小学组冠军并代表市参加省中小学机器人大赛。

【第五小学竣工开学】 9 月 1 日，投资 5000 万元，选址新城区陶家洼的新建第五小学，竣工投入使用，正式招生。第五小学校园占地 60 亩，校舍总建筑面积 1.8 万平方米，当年招收一至六年级 2200 名学生。

【普通高中教育成绩喜人】 2018 年，湖口县仍稳定两所普通高中学校教育（湖口中学和湖口二中）。高中在校学生 6663 人，当年招生 2209 人，毕业 2222 人。全县参加高考报考 2642 人，录取 2168 人，录取率 82.06%。2018 年湖口高考一本上线 180 人，二本及以上上线 750 人，较 2017 年净增 66 人，增长 9.65%；600 分以上 30 人，是 2017 年的 3.33 倍。一本录取 208 人（含艺术类和降分数线后录取一本），同比增长 11.2%，“985 高校”录取 22 人，同比增长 37.5%。湖口中学殷子烨以 681 分名列全省理科第 117 名，被清华大学录取，湖口二中黄泽煊同学以 677 分排名全省理科第161名，被浙江大学录取，实现湖口16年来高考名校录取的突破。

2018年湖口县普通高中教育一览

学校所数	招生数	在校学生数				应届毕业生	高考情况		
		合计	高一	高二	高三		报考人数	录取人数	录取率（%）
2	2209	6663	2211	2085	2367	2222	2642	2168	82.06

【县委、县政府为湖口高考发贺信】 7月25日，县委县政府专门向湖口中学、湖口二中发出贺信。原文如下：

春华秋实，桃李芬芳！欣闻我县2018年高考创造佳绩：一本上线180人，二本及以上上线750人，较2017年净增66人，增长9.65%；600分以上30人，是2017年的3.33倍。特别是湖口中学殷子烨同学以681分名列全省第117名被清华大学录取，湖口二中黄泽煊同学以677分排名全省第161名被浙江大学录取，实现了我县16年来高考名校录取的重大突破。在此，县委、县政府表示热烈祝贺和美好祝愿！向辛勤耕耘在教育教学一线的广大教育工作者表示衷心的感谢并致以崇高的敬意！

近年来，县委、县政府坚持“补短板、促均衡、创特色、树新风、抓队伍、育人才”教育发展思路，抓改革、优布局、强管理、提水平，教育发展实现新跨越；湖口中学、湖口二中的学校班子团结务实、开拓创新，教学管理取得新成效；全体教师爱岗敬业、无私奉献，教学质量创造新业绩；莘莘学子刻苦努力、勤奋好学，德智体全面发展，向全县人民交上了一份满意的答卷，为全县各级各类学校和广大师生树立了标杆。

十年树木，百年树人。教育是民生之基，寄托着广大人民群众对美好生活的期盼，承载着富民强县的希望。希望你们再接再厉、奋发进取，为湖口教育发展再书华彩篇章、再创辉煌业绩，为建设活力、实干、秀美、富裕、幸福“五个湖口”提供坚强有力的人才和智力支撑，为推动全县经济社会又好又快发展做出新的更大的贡献。

【湖口中学新初中部竣工招生】 9月，湖口中学教职工共388人，在校学生7000余人。学校拥有国家级优秀教师2人，省特级教师1人，省、市级学科带头人和骨干教师40人，共有高级教师184人。新校区靠台山东南麓，新建初中部竣工，新初中部占地32.5亩，建筑面积8000平方米，秋季招收七年级新生950人，实现“一校两区三部”（湖口中学分新老两校区设高中部、老初中部和新初中部）管理模式，教职工共388人，在校学生7000余人。学校全面贯彻教育方针，立德树人，强化素质教育，推进教学、教研、教改三结合的兴校方略，培养学生知行能力，努力创建“五个校园”,办人民群众满意的学校。5月，获全国教育协会授予的“中国教育改革成就奖‘全国素质教育示范学校’”称号；12月，入选教育部“国家青少年校园篮球特色学校”名录。

【湖口二中60周年校庆】 湖口二中有教学班95个,学生5500余人,教职工380人,其中特级教师1人、省市学科带头人和教学明星18人、市骨干教师34人。学校坚持“依法治校、以德理校、科研强校、文化兴校”办学思路，推行素质教育，累计为高等院校输送万名优秀毕业生。12月16日,湖口二中60周年“不忘初心，牢记使命，凝聚力量，继往开来”主题校庆在学校青少年体育俱乐部举行。县委、县人大、县政府、县政协等领导出席,县委副书记张南致辞。县教育局领导、学校历任领导、在任班子成员以及校友、师生代表千余人欢聚一堂，共祝60周年华诞。校庆期间，湖口二中精心组织续写60周年校史；编印校庆纪念画册；摄制以“回首岁月、展现今朝、开创未来”为主题的电视专题片；辟建校史陈列室，进行教学成果展览；召开多类型座谈会；举办征文、摄影、书法、演讲比赛和文艺会演等活动。

【特殊教育稳步开展】 2018年，县特教学校共有教职员工11名，招收学生101人，开设6个教学班，形成“教育与康复并重、启智与成才结合”、送教上门等办学模式，学校除开设普通学校课程外，还开设语训、认知、生活、感统等课程。培养学生适应生活、适应社会的能力，同时配有语言康复室、感统室、心理咨询室、多功能厅、多媒体室等多种功能室，集康复、教育为一体。

民办教育

【概况】 2018年，湖口县民办教育保持上年水平，中等职业技术学校1所，一贯制学校1所，幼儿园58所。为了加强职业教育、学前教育，县教育局增设幼教办和行政许可股，与教育股合署办公，强化功能，促进民办教育发展。

【九江鸿图职业技术学校】 九江鸿图职业技术学校，是经市教育行政部门批准建立的中等职业技校，校址在县城老城区面门县中初中部。2018年，学校有教学班5个，在校学生262人。其中一年级96人，二年级120人，三年级46人。

【黄冈实验学校】 黄冈实验学校乃2016年成立的九年义务教育一贯制民办学校，校址设县城小岭水库旁，租用原礼文中学校舍和教学设施，当年9月招生，首届开设一至七年级，共14个班，学生354人，教职工60人。逐年增设班级，扩容学生。2018年，增设至九年级，共25个班，学生754人，教职工57人。

教育惠民工程

【概况】 2018年，湖口县认真落实国家资助家庭经济困难学生政策，形成以“国家资助为主、社会各界捐资助学为补充”的助学氛围，全县没有一名学生因为家庭经济困难而失学。在落实各项惠民政策的同时，对农村建档立卡贫困户子女就学资助有新突破。

【专项资助】 在学前教育阶段，继续实施该“学前教育幼儿资助”项目，全年共资助在全县各公、民办幼儿园中就读的家庭经济困难幼儿611人次，发放资助金34.7万元。其中，建档立卡户贫困户幼儿全部受到资助，共资助441人次，发放资助金33万余元。在义务教育阶段，“两免”资金2900万元；家庭经济困难寄宿生生活补助共发放3297人次，资金184.7余万元；建档立卡贫困户学生全部受到资助，共资助2165人次，资金118余万元。同时，对建档立卡贫困户学生实行“零费用”就学，共免除该部分学生费用75.3万元。普通高中阶段，共免除学生学费560万元；资助家庭经济困难学生2633人次，发放资助金共263.9万元；建档立卡贫困户中的233人，实行全部享受国家助学金，同时免除他们的部分费用共55万元。中职学校免学费及国家助学金资助共454人次，发放资助金共24.8万元。其中在校的8名建档立卡贫困户学生全部受到资助。

【扶贫助学】 2018年，资助家庭经济困难学生高考入学198人，发放资助金99万元；其中有72人还享受到共4.1万元的路费资助。62名建档立卡贫困户学生全部享受到了政府资助金和路费资助。2018年，共为湖口籍学生办理贷款498人，发放贷款409.2万元。按县级资助政策，对建档立卡贫困户子女就读中专、大学的（大学二年级开始），每人给予县级资助金2000元，共资助102人，发放资助金20.4万元。

【社会资助】 县政协“扬帆助学行动”新增资助10人，全年共资助48人，资助金24万元。神华集团国华九江电厂职工开展“萤火虫助学行动”，对4名家庭经济困难学生开展结对帮扶。河南卫华重型机械有限公司在湖口中学设立“杨叔子卫华助学基金”，继续对湖口中学师生提供奖、助学金。九江富达实业有限公司设立“卫龙慈善基金”，继续对湖口中学初、高中优秀学生及教师实行奖励，对家庭经济困难师生提供资助。中国社会福利基金会继续为均桥镇源塘小学师生提供免费午餐。

校园建设

【概况】 2018年，全县教育项目累计投资超过2.3亿元，全县在建教育重点项目19个，5个项目列入全市重点调度，新建和维修改造校舍41452平方米、运动场8000平方米。全县中小学校舍面积共计418853平方米，学校危房基本消除。

【薄弱学校改造】 湖口县委、县政府遵照党中央、国务院关于聚焦贫困地区义务发展、保障教育公平的重大决策，全面改善贫困地区义务教育薄弱学校基本办学条件，坚持“三优先”（教育项目优先规划、教育用地优先安排、教育资金优先拨付）规划、“三整合”（整合村级小学、整合乡镇中小学、整合城区教育资源）实施、“三规范”（规范项目立项、规范项目建设过程、规范项目审计验收）建设的工作思路，不断优化教育网点布局。县财政安排2300万元，解决薄弱学校的基本办学条件。2018年，全县薄弱学校改造专项资金616万元，安排流泗小学新征校园田径场、武山学校新建教学楼、屏峰学校新建食堂及综合楼3个项目。

【校园新建及改扩建工程】 县政府投资5000万元新建的县第五小学，2018年秋季顺利开学，共招收六个年级，学生2200人。投资2000万元的湖口中学新建初中部，实现秋季开学，招收七年级学生950人。投资1000万元改扩建的第四小学顺利竣工。投资1000万元的流泗镇中心幼儿园建成并顺利并开园。投资500万元的城山镇东庄中心幼儿园建成并开园。张青中学新建综合楼、流芳中学新建学生宿舍、张青小学新建教学综合楼等项目建成并投入使用。投资3000万元改扩建的第三小学顺利动工建设，三小扩建工程是首个采用装配式建筑材料施工项目。2018年，启动新城区第五中学建设项目，该项目位于县文体中心西边，占地面积93亩（6.25万平方米），新建校舍建筑面积1.8万平方米及附属设施，投资7000万元，设计容纳1800名初中生就读。

教师队伍建设

【概况】 全县公办幼儿园教职工103人，小学教职工1199人，大专及以上学历1055人，占80.0%，高级及以上职称146人，占12.2%；中学教职工1095人，研究生32人，本科864人，本科及以上学历占81.8%，高级及以上职称580人，占53.0%。2018年，坚持把师德师风建设摆在队伍建设的首位，不断加强师德师风教育、管理和考核，创新师德教育，完善师德规范，健全师德建设长效机制，推动师德建设常态化长效化。持续开展“三访三创三争”和师德师风教育活动，着力打造高素质教师队伍。湖口中学教师彭乐群被评为江西省“第八次特级教师”、第四小学教师冯艺被评为九江市第三届“德艺双馨”教书育人楷模，刘志斌等151名教师被评为县“优秀班主任”、“优秀教师”。

【“名师”工程实施】 全面实施“名师优教”工程，充分发挥名师、名校长领航示范引领辐射作用。2018年，成立由省特级教师、省学科带头人、省骨干教师及湖口名师等领衔的13个“名师工作室”及1个“名校长工作室”。围绕“教师培养、课堂教学、课题研究”实行项目化管理，使之成为骨干教师的“孵化器”，教学改革的“推进舱”，课题研究的“试验台”。全年名优教师先后组织送教下乡活动40余次，100余件教育科研成果获国家和省市县奖励。

【教师培训开展】 推进教师培养供给侧结构性改革，开展中小学教师培训，促进教师终身学习和专业发展，建设一支高素质专业化的教师队伍。2018 年，积极组织教师参加国家和省、市、县各类培训，开展县级培训活动 16 项，参训教师 1100 余人次。开展争做“五型校长”活动，暑期联合北京教育学院举办校长领导力提升专题研修班，全年举办“校长讲坛”4 期，邀请省教育厅教研室主任杜桢、市教育局副局长樊仁等专家做专题讲座。

【教师补充长效机制建立】 建立健全教师补充长效机制，教师队伍得到及时有效补充，结构逐步优化。2018 年补充教师 139 名，其中通过全省统招 44 人，特岗计划 54 人，定向培养 19 人，免费师范生 1 人，归雁计划 12 人，三支一扶 2 人，编外幼师 7 人，其中补充音乐、体育、美术、信息技术等学科专任教师 26 名。

（谭东良　郑晓斌）

体　育

【概况】 2018 年，湖口体育按照“以人为本，立足基层，面向大众，注重实效”原则，广泛开展全民健身运动，精心组织第六届全县职工运动会、江西省第十五届运动会群众项目山地自行车选拔赛。组织参加江西省百县第二届农耕体育健身大赛，并获一等奖。

【全民健身活动经常化】 2018 年，全县群众体育运动稳步推进，民间各业余单项体育运动协会保持经常活动，全县体育运动场所天天有人健身，月月安排赛事活动。全年新增注册三级社会体育指导员 26 人。全县有社会体育指导员国家级 7 人、一级 23 人、二级 24 人、三级 283 人。元旦期间，组织 2018 年湖口县庆元旦中国象棋比赛，县象棋协会 40 多名象棋爱好者参加。3 月，湖口县 2018 年“邻里社区欢乐社区”志愿服务活动在凰村乡举行，共有精准扶贫对象、乡政府干部百人参加。“五一”期间，在县文体中心举办 2018 年湖口县庆“五一”门球赛，共 24 支队伍参加；5 月，还举办湖口县 2018 年“文昌府杯”八人制足球赛，球赛分两阶段进行，10 月份为第二阶段。6 月，湖口县“农商银行杯”篮球赛共 18 个代表队参加；同月，湖口县 2018 年“节能减排　低碳出行”微跑活动在湿地公园举行。7 月，湖口县 2018“马影之恋”中国象棋精英赛》在马影镇举行。湖口县 2018 年 8 月 8 日全民健身日启动仪式在县文体中心举行，共 400 多人参加。9 月，湖口县 2018 流芳乡丰收节农耕运动会在流芳乡举行；湖口县 2018“迎国庆、庆重阳”门球赛在文体中心进行。10 月，2018 年湖口县庆“国庆”广场舞比赛共 12 支队伍 300 人参加；10 月 10 日，2018 年湖口县第二届农耕健身运动会在南北港场举行，1000 人参加。11 月，湖口县 2018 年太极拳（都、湖、彭）三县邀请赛由湖口县轮执举办。12 月，湖口县 2018 全民健身志愿服务活动共组织 15 项目 150 人，深入基层开展宣传服务；湖口县 2018 精准扶贫运动会（凰村赛区），由村第一书记、扶贫干部等 200 人参加。

【竞技体育运动取得好成绩】 8 月 23—27 日，湖口 3 名游泳健儿，代表九江市参加在景德镇举行的 2018 年全省青少年游泳锦标赛，共获得 1 枚金牌、1 枚银牌和 1 个第六名。10 月 29 日至 11 月 4 日，湖口 10 名运动员代表九江市参加在景德镇市举行的全省第十五届运动会比赛，在游泳、田径、体操、拳击等项目中取得优异成绩。其中游泳：屈卓烯获得女子乙组 100 米蝶泳、200 米蝶泳、800 米自由泳三枚金牌；曹嘉诚获得男子丙组 50 米仰泳金牌、100 米仰泳银牌、200 米自由泳第五名；李想获得男子乙组 1500 米自由泳第三名、400 米自由泳第六名；黎洪垚获得女子丙组 100 米自由泳第七名、200 米自由泳第八名；许惠杰获得男子丙组 100 米蛙泳第八名。田径：蒋奕晗夺得男子甲组跳高银牌。体操：周博文夺得男子甲组蹦床第一名。拳击：谢江南、史鹏飞、潘超棋分别参加 56 公斤、81 公斤和 60 公斤级搏击，勇夺 2 枚银牌和 1 枚铜牌。12 月 14—15 日，湖口超艺国际拉丁舞学校组队参加 2018 年中国体育舞蹈公开赛总决赛，共获一等奖 11 个、二等奖 5 个、三等奖 4 个、4 人次获第四名。

【体育彩票销售】 全年共完成体育彩票销售5000余万元，筹集到彩票公益金200余万元。利用彩票公益金70万元为34个行政村（居）配备体育器材，以满足群众锻炼需求。还利用彩票公益金30万元改造更新体育公园篮球场等设施。

【运动场地建设】 完成大垅乡马步村农民体育场地设施工程（一片篮球场、4件器材），完成44个新农村建设点农民体育健身工程，改造文体中心篮球场两片安装悬浮拼装塑料地板及移动篮球架，改建文体中心一楼舞蹈房1000多平方米，地面用金刚砂铺设。

【湖口县冬泳协会成立】 3月31日，湖口县冬泳协会在文体中心成立。县政府副县长张水兰、省体育局、省体育总会、市体育局、市体育总会、特邀兄弟县（区）体育局相关领导及各县（区）冬泳协会成员参加成立大会。

（许　楠）

本栏编辑　骆句久

2018年高考，湖口中学殷子烨同学以681分的成绩，喜录清华大学。

（湖口中学供稿）

文 化

综 述

2018 年，县文化广播影视新闻出版各单位以学习宣传贯彻党的十九大精神为动力，以惠及广大人民群众文化生活为目标，着力创建国家公共文化服务体系。提升县级三馆（文化馆、图书馆、博物馆）免费开放功能，总分馆网络建设进一步健全，文学艺术创作热情不断，惠民亲民文化活动丰富多彩，文化遗产保护加强，文化市场环境优化，新闻出版秩序规范，文化队伍日趋壮大。11 月，创建国家公共文化服务体系示范区惠民工程通过验收。

文学艺术

【概况】 2018 年，全县新创作剧本有青阳腔小戏《百花赠剑》、小品《田书记轶事》、音乐快板《十九大精神指航向》、小品《肉霸除恶记》等，新创作文化（美术）创意设计作品有《庐山名人别墅扑克牌》。县政协“石钟文苑”多次举办诗会，石钟山诗词学会及各分会举办“谷雨诗会”“重阳诗会”和采风联谊活动，县政协组织编纂的《湖口乡音》完成辑录。

【第二届“文广杯·我心目中的湖口”征文大赛举行】 6—12 月，县政协举办第二届“文广杯·我心目中的湖口”暨纪念改革开放四十周年征文大赛。这次征文共收集 300 余篇作品，题材涉及小说、散文、报告文学、戏剧、小品、诗词等。

【“长江最美岸线看湖口”摄影大赛举办】 9 月，县文联举办“长江最美岸线看湖口”摄影大赛。大赛共收到作品 298 幅，评选出 97 幅获奖作品。获奖作品充分展示了湖口长江岸线“水美、岸美、产业美、环境美”。

社会文化

【概况】 2018 年，围绕实施创建国家公共文化服务体系重大惠民工程，强化县文化馆、乡文化站、村文化室三级网络平台服务功能，全年开展各类演出活动 120 场次、文化艺术作品汇展 35 场次、各种讲（论）坛 14 场次，送文化下（乡）基层 144 场次、电影 2084 场次，各自举办文体活动 80 场次。

【文化馆总分馆建设】 以县文化馆为总馆、镇（街道）文化站为分馆、村（社区）文化活动中心为支馆，构建起县域文化馆总分馆服务体系，开展县、镇（街道）、村（社区）三级公共文化服务，切实保障基层群众在参与公共文化活动、进行公共文化鉴赏等方面的基本文化权益。县文化馆馆长任总馆馆长，各乡镇文化站站长任分馆馆长，乡镇文化下派员兼分馆联络员，各村（社区）专职文化管理员任支馆干事，形成总馆馆长→分馆馆长、分馆联络员→支馆干事三级结构体系。总馆设立文化艺术培训中心、表演艺术指导中心、视觉艺术指导中心、文学理论信息中心，各乡镇文化站工作人员在保持现有岗位不变前提下，根据各自爱好和专长相应编入其中一个中心，成为四大中心成员。总馆四大中心在分馆延伸，组成相应职能的部室，支馆干事再按特长意愿分别编入部室。县文化馆总分馆服务体系建设是“城乡一体化的总分馆制”。县总馆充分发挥龙头和枢纽作用，统筹协调县域内的演出、展览、培训等活动及设施设备，为分馆提供资源、服务、技术、资金等支持，对分馆开展绩效考核。基层分馆、支馆既要参与落实总馆的各项任务和活动项目，又要挖掘地方特色，策划、组织各类群众文化活动，组建培育业余文艺团队，丰富活跃基层群众文化生活。通过体系化运行，实现“统一网点布局、统一上挂下派、统一服务规范、统一数字平台、统一绩效评估”，提高服务效能。

【群众文化活动开展】 2月5日至3月1日，全县举办2018年元旦春节期间“文化进万家，欢乐你我他”送文化下基层大型文艺系列演出共计7场，包括县武警中队在警营演出和凰村、流泗、舜德、城山等乡镇基层演出活动，观看群众2万多人；3月24日，武山镇举办第二届“油菜花暨乡村旅游文化节”广场舞大赛；5月18日，双钟镇举行“舞出新时代”广场舞大赛；5月，县文化馆承办的“助乡村孩子看戏·大型魔幻儿童剧《寻找》”在石钟文化中心剧场演出；6月29日，县委举办全县庆祝建党97周年暨精神文明创建成果颁奖晚会；7月10—18日，县文化馆与县音乐舞蹈协会联合举办庆祝改革开放40周年“湖畔山庄杯”声乐大赛；8月6—25日，县文化馆与县非遗中心联合举办“多彩非遗，美好生活”湖口非遗展；8月8日，城山镇举行首届“荷花节”文艺演出；9月21日，“九江银行杯”湖口赛区广场舞大赛举行；10月12日，文化馆联合舜德乡举办“金秋重阳，关爱老人”专场文艺演出活动。5月，县组织队伍参加“联盛杯”九江市广场舞大赛，获三等奖、优秀奖及优秀组织奖；6月21日，选送舞蹈《微山湖》参加九江市第二届文化艺术节广场舞大赛，获二等奖；9月17日，选送青阳腔小戏《田书记轶事》、青阳腔折子戏《百花赠剑》参加九江市第二届文化艺术节，分获创作一等奖、剧目一等奖、表演一等奖、表演二等奖。

【美术作品展览活动开展】 3月29日，江西省美术家协会和九江市美协的画家们到石钟山开展“石钟春意入画来”的户外写生活动；4月，在县美术馆举办《九江市美术家协会理事优秀作品展》，16名画家的52幅作品参展，参观人数约50000人次；5月，县美术馆干部深入基层、扎根人民，举办“书画名家进乡村”笔会；7月，美术馆举办“不忘初心、翰墨薪传”书画作品展，展出作品150幅，参观达10000人次，并组织20幅书画作品下乡到付垅夏畈村展演；8月，大芬美协艺术采风团到湖口写生，县美术馆参加九江市首届文化创意设计大赛，作品《庐山名人别墅扑克牌》获三等奖。11—12月，开展全国美术馆藏品普查登记，对馆藏作品重新测量、整理、上报。

【国家公共文化服务体系示范区创建验收】 坚持采取示范引领、以点带面、有条不紊地推进公共文化服务体系创建工作持续深入开展。8月16日，在对全市进行国家终期验收时，国家验收组实地考察全市15个场所，其中在湖口考察了县文化馆、县图书馆、凰村乡综合文化站、双钟镇大岭社区、流泗镇基垅村、凰村乡四官村文化活动中心6处，均受到专家的高度赞扬，全市63项指标有60项指标达到优秀，11月，以优异成绩顺利通过文化部和旅游部验收。

（徐东生）

图书事业

【概况】 2018年，图书馆仍坚持全天候免费开放，尽量满足读者的阅读需求。县图书馆年流通读者达 21.8 万人次，书刊外借达 14.7 万册次。全县各书店发行图书 229.70 万册，其中教材教辅书籍 149.22 万册。

【系列全民阅读活动开展】 县图书馆组织实施一系列全民阅读活动，先后开展了阅读、送书、演讲等活动 10 余次。1 月，开展红色轻骑兵图书馆小分队送图书、送展览、送春联和免费办理借书卡等活动；2 月，“福随春至·戌狗迎新”虚拟现实 VR 体验活动走进乡村；3—4 月，“梨园贺岁·百戏昇平”戏曲文化知识展送到凰村、流泗、城山等乡镇；精心挑选文学艺术、社会科学、生活常识、青少年读物等各种类别图书 1000 余册，免费送到凰村乡、流泗镇、城山镇、武警中队，满足基层群众、官兵对精神文化生活的需求。“六一”前夕，与县第一幼儿园、钟山艺术幼儿园举办“书香满园·浸润童心”亲子阅读、诵读经典活动；6 月，县图书馆参加“有爱湖口——点亮微心愿”活动，现场为 61 名贫困留守儿童送去课外读物；举办少儿公益活动《彩虹课堂》之亲子手工扎染活动；举办“品味书香·阅动赣鄱”活动，让读者只要使用手机客户端下载移动图书馆 App，就可以选择一本或者几本图书进行共读，并参与线上的活动；10 月，举办家庭教育之父母课堂知识讲座，邀请中国家族教育专家孙俊老师为大家作《如何培养出优秀的孩子》的讲座，传授家庭教育新理念；12 月，选送杨芬、汪文婷两名选手参加九江赛区“我荐赣版书”演讲比赛，并分获一等奖和二等奖，杨芬演讲的《风流江西，我爱你——〈风流江西〉读后感》在参加全省“我荐赣版书”读书演讲比赛总决赛中获优秀奖。

【阅读推广活动开展】 2018 年，县图书馆积极开展各类图书阅读推广活动，专题展览、图片展、知识讲座、阅读活动、送书进基层等各类社会活动 20 余次。先后举办十九大报告图文展、年俗图片展、“德耀赣鄱”全省道德模范事迹大型图片展、“第十三届文津图书奖”图片展、“秀美赣江源”摄影图片展、《孟子》插图版本展、描绘多彩之梦——外国少儿绘本推介展、连环画里的童年记忆展、在各乡镇场举办《中华人民共和国公共图书馆法》巡回展览和中国共产党纪律处分条例宣介展等活动。

【图书发行】 2018 年，江西新华发行集团有限公司湖口县分公司发行图书 229.70 万册，完成销售 3070.50 万元，其中教材教辅书籍 149.22 万册，1313.17 万元；一般图书和音像制品 80.84 万册，1690.11 万元；其他 67.22 万元。实现全年利润 515.18 万元。3 月，发行《习近平谈治国理政（第二卷）》772 册，《新时代面对面——理论热点面对面 2018》700 册；5 月，发行《习近平新时代中国特色社会主义思想三十讲》6800 册；8 月，完成全县 122 家农家书屋补充图书配送工程。获省委、省政府颁发的第十五届省级文明单位，获江西新华发行集团颁发的 2018 年全省十九大文件及辅导读物发行三等奖。

（黄 浙）

文博事业

【概 况】 2018 年，县博物馆利用 5·18 第四十二个国际博物馆日，宣传组织学生参观；“六一”期间举办少儿参观农耕文化体验活动；同月，《石钟山记》仿象牙瓷雕笔筒获得九江市首届文化创意设计大赛二等奖；7 月，县博物馆被江西省社会科学界联合会授予“江西省社会科学知识普及宣传基地”。县博物馆全年免费接待观众 12.6 万人次。

【文物保护】 3 月，四个县级文物保护单位——杨赓笙旧居、许平甫民居、灰山礼堂、中共江西省第二次代表大会旧址被省人民政府公布为第六批省级重点文物保护单位。4 月，石钟山古建筑及石刻——忠烈祠等四处古建筑一期维修工程竣工，5 月 10 日，市文物局组织专家对该维修工程进行竣工验收，评定为合格工程。10—12 月，石钟山古建筑及石刻白蚁综合治理工程相继竣工，湖口白蚁防治研究所、湖口县气象局和市文物局组成的专家组验收通过，评定为合格工程。

非物质文化遗产

【概况】2018年，对全县各类“非遗”项目，旨在发掘、保护、整理、传承，开展执法检查，不断培训传承人。5月，湖口草龙成功入选“第一批国家传统工艺振兴目录”。7月，省级非物质文化遗产——湖口木船“入居”九江市非遗展示馆。

【青阳腔保护基地竣工】5月，由付垅乡夏畈村投资兴建，县“非遗”中心协助设计布展的青阳腔保护基地竣工。青阳腔保护基地位于夏畈村文化中心，含青阳腔戏台、展示馆、培训室、创作室等。竣工典礼由夏畈村部和县非遗中心承办，文广局和乡政府领导参加竣工典礼。竣工仪式后，石钟青阳腔剧团、石后湾青阳腔剧团、付垅青阳腔剧团和县演艺公司进行青阳腔演出活动。

【青阳腔传承人培训班举行】7月27—28日，县“非遗”中心在夏畈村举办全县首届“非遗”保护青阳腔培训班；12月21日，在凰村乡四官村举办第二期培训班。来自全县各乡镇分管文化的乡镇领导、文化站长、“非遗”传承人150名参加培训。

【“非遗”系列展演活动开展】6月，湖口木船制作技艺参加木船“多彩非遗　美好生活”江西省非遗展；同月，青阳腔参加德安·全省表演类“非遗”展—九江专场演出；7月，举行青阳腔全县巡演；8月，湖口木船、湖口豆豉和湖口十锦音乐参加九江市“吴楚飞声”非遗展；9月，湖口草龙参加济南·第五届中国“非遗”博览会展示；10月，湖口五个项目参加江西省“非遗”展—九江专场展出。

【“青阳腔”进凰村校园】12月，由市外侨办与赛得利有限公司主办，县“非遗”中心与凰村学校共同承办青阳腔进校园活动。凰村学校师生、石钟青阳腔剧团500余人参加活动。活动分演出、绘画、展板、装扮、青阳腔知识有奖竞答5个区域。

【湖口木船“入居”九江非遗展示馆】7月19日，湖口木船“入居”九江市非遗展示馆。湖口木船是省级非物质文化遗产，据湖口木船传承人刘次林介绍，此次入居的四艘船模分别为长1.6米的商船、1.55米的战船、1.4米的货船和1.2米的乌篷船。

影视事业

【电影下乡】2018年，电影公司认真贯彻落实惠民文化政策，坚持服务群众，做好农村电影放映工作，送电影下乡2084场，其中公益电影1556场，中小学爱教电影528场，保证在校学生每学期观看2至4部影片，观众达20余万人次。

【广电网络建设】2018年，全县乡乡广电基站，村村通有线电视。有线广播电视用户新发展220户，总入户2.53万户，其中县城有线广播电视用户1.05万户，农村有线广播电视用户1.48万户，宽带新发展至1712户。5月，网络公司启动造价518万元的县公安局天网四期警眼采购项目，如期完成工程项目任务。7月，双向网改项目完成施工，全县自然村实现光缆线路全覆盖；14个乡镇站机房环网完成施工，中心机房至分前端机房布放72芯光缆5515米，乡镇站之间采用36芯光缆直连，布放光缆121123米。8月，中标县职业学校项目C标段——县委党校及教师进修学校工程建设弱电工程项目，造价221.9万元。

演艺事业

【概况】2018年，县黄梅戏剧团有限公司开展免费送戏下乡活动。共演出86场，观众4万多人次，演出剧目有：传统黄梅戏《天仙配》《女驸马》《红丝错》《春江月》《杨八姐游春》《泪洒相思地》以及青阳腔小戏《百花赠剑》和青阳腔小品《田书记轶事》等。

【湖口剧团在市演出获一等奖】9月，县黄梅戏剧团有限公司参加九江市第二届文化艺术节，其中青阳腔小戏《百花赠剑》获“优秀剧目奖”“表演一等奖”；小品《田书记轶事》获“剧目一等奖”“编剧一等奖”“导演奖”“音乐创作奖”。

【《十九大精神指航向》剧目成功演出】 由姚炳森编剧，演员龚静、李萍、徐娜娜、周小琴、徐伟芳、周微微、杨其远等参加演出的音乐快板《十九大精神指航向》剧目在红色轻骑兵走基层中演出 12 场次，均获好评。

【小品《肉霸除恶记》获观众好评】 小品《肉霸除恶记》由陈春华编剧，朱伟民导演，演员江境、李萍、张江明、邓奇、江煜、钟泉、周波共同演出，该剧目在全县送文化下乡活动和红色轻骑兵走基层中演出 18 场次，获得各界观众好评。

文化市场管理

【概况】 2018 年，湖口建成文化市场技术监管中心，实现功能升级扩容，完善远程视频监控系统、互联网上网服务营业场所管理系统、网上办公办案系统等功能，极大地提高行政执法效率，有效地降低行政成本。4 月 22 日，举办全县文化市场从业人员参加的法律、法规培训，同经营单位签订遵纪守法责任状，并针对营业单位经营特点确定早中晚和节假日为重点检查时段。全年坚持对网吧、KTV 歌舞娱乐、营业性演出、影剧院等公众聚集消费场所的安全隐患，进行不间断的排查，建立巡查台账，对存在的安全隐患问题，实行整改“销号”管理，确保全县文化市场安全有序。全年县文化综合执法大队共组织各项检查 82 次，检查文化市场经营场所 165 家，责令整改 12 家，警告 6 家，办结案件 12 件，罚款 8 万元。县“扫黄打非”办以及各成员单位深入市场、摸排线索、集中打击，开展突击检查 12 次，零点行动 1 次，联合执法行动 4 次，共出动行政执法人员累计 85 人（次），检查出版物经营单位 42 家（次），查缴各类非法出版物 360 册（件）。开展“清源 2018”“净网 2018”“秋风 2018”行动，“集中整治制售传播非法宗教出版物和邪教反动宣传品”行动、“扫黄打非・护苗 2018”专项行动、中小学校周边整治专项行动、秋季校园周边治安秩序集中整治行动、文化市场雷霆专项行动等 14 个专项整治行动。通过专项整治使文化市场环境得到净化，盗版盗印教材教辅读物得到有效遏制，互联网上网服务营业场所接纳未成年人问题已杜绝，提高经营业主的安全意识，场所的服务环境得到改善。2018 年，湖口文化市场综合执法大队荣获国家版权局颁发的有功单位三等奖，县文化市场综合执法大队队长李跃获国家版权局颁发的有功个人三等奖。

【“蔡某未经著作权人许可放映传播其作品”案查办】 5 月 3 日，湖口县文化市场综合执法大队查办“蔡某未经著作权人许可放映传播其作品”案，执法人员对丸子网进行勘察时，发现网站涉嫌违规发布大量低俗色情信息，并且站内 4.6 万余部电影涉嫌无版权播放。经查，蔡某未经著作权人许可放映传播其作品，违反《中华人民共和国著作权法》和《中华人民共和国著作权法实施条例》规定，没收其违法所得 8000 元，行政处罚 1 万元。

【“5・27”传播淫秽物品牟利案审结】 7 月 6 日，由江西省“扫黄打非”办公室和省公安厅治安警察总队联合挂牌督办的九江湖口县“5・27”传播淫秽物品牟利案成功查办审结。湖口县人民法院公开审理王某和卢某传播淫秽物品牟利案，被告人王某犯传播淫秽物品牟利罪，判处有期徒刑 3 年，缓刑 5 年，并处罚金人民币 5 万元；被告人卢某犯传播淫秽物品牟利罪，判处有期徒刑 2 年 6 个月，缓刑 4 年，并处罚金 3 万元。

（徐东生）

1 月中旬，市文化馆演员在舜德乡舜德村演出，以精神文化助力扶贫攻坚。（沈海斌　摄）

本栏编辑　骆句久

卫生人口计划生育

综 述

2018年末，全县各类医疗卫生机构195个，其中县直医院3家、其他卫生单位4家，乡镇卫生院13家，村卫生室122个、社区卫生室15个，学校医务室2个、厂矿医务室1个，私立医院1家，个体诊所34家。公立医疗卫生机构编制总人数为1021名（县直709名，乡镇312名）。实际在编在岗人员802名，临时人员644人，退休人员414人，空编219名（县直空编142名，乡镇空编77名）。在岗卫技专业人员1234人（县直948人、乡镇286人）；其中正高职称4人，副高职称36人（县直34人、乡镇2人），中级职称340人（县直293人、乡镇47人），初级及以下854人（县直617人、乡镇237人）。公立医疗机构设置床位数1322张，其中县直医院942张，乡镇卫生院310张，全县平均每千人拥有医疗床位4.4张。2018年，坚持民生为本，不断深化改革，保基本、强基层、创新机制，卫生健康事业取得长足发展。获得省政府计生工作三等奖，市政府计生工作进步奖，市卫健委卫健工作综合先进奖。

医政工作

【概况】2018年，全面实施医院评审评价，落实医疗核心制度，推进“改善医疗服务行动”和“改善群众就医体验”工作，着力优质护理。积极开展技术攻关和医疗创新，结合患者外转率高的病种，注重相关专科建设，医疗技术能力和综合承载能力稳步增强。调整定额救治标准，规范医疗经费结算程序，继续开展“光明·微笑”等项免费工程。全县医疗机构医师执业注册589人次、护士注册581人次。全年院前急救各类伤病员1836人次。县域内就诊率达到90%。全年救治重大疾病患者47例、救助资金32.67万元。三家县级医院全年门急诊数26.43万人次、出院人次2.68万人次。年度共发表在国家及省级相关刊物上的论文28篇、通过省级课题立项2项、省级课题验收2项、市级课题验收3项。

【医疗技术进步】县人民医院多项新技术临床应用推广。内一科开设无痛胃肠镜检查，内二科应用无痛胰岛素注射技术，外二科应用脊柱骨折闭合复位经皮椎弓根钉内固定术，麻醉科开设超声可视下腰丛神经和骶丛神经阻滞，检验科开设白介素、呼吸道五联、检肿瘤特异性生长因子检测等。

【中医重点专科建设】 县中医医院创建5个省级重点专科，针灸、推拿、按摩、小针刀、中药或针药并举等中西医结合诊疗手段在临床广泛应用。骨伤科在中医药治疗颈椎病、肩周炎、腰椎间盘突出症等疾病疗效显著，肛肠科开展的复杂性肛瘘、痔疮、肛裂、直肠脱垂等技术日益成熟。全县13家乡镇卫生院全部建设标准化的中医药综合服务区，大力推行中医药疗法。加快推广中医适宜技术，全县85%的村卫生计生服务室能提供4项以上中医适宜技术。县、乡、村三级中医药服务网络日趋完善。

【医疗扶贫活动】 2017年12月8日，九江学院附属医院举办“百名专家义诊行”首发站——“湖口巡回义诊”；2018年2月2日，县红十字会组织深入张青乡开展“扶贫博爱送万家活动”，为贫困群众上门免费治病；8月30日，组织志愿者到舜德等乡镇开展关爱留守儿童、贫困学生健康成长活动。

【“中国医师节”大型义诊】 8月19日，首个“中国医师节”大型义诊宣传活动在鄱阳湖大市场广场举行。30多位医务工作者向群众发放宣传资料5000份，接受咨询160件，现场诊治疾患22例；当晚7时30分，庆祝首个中国医师节“尊医重卫，共享健康”文艺晚会在县艺术中心举行。

【县内首例眼角膜自愿捐献获取手术成功】 1月29日，县内首例眼角膜自愿捐献获取手术在县人民医院成功实施。捐献者为爱心志愿者、29岁身患绝症的付雄英，28日晚23时，她走完了人生历程。29日，通过半个小时手术，付雄英的眼角膜被成功取出，装入冷冻箱。

【药事管理质控中心成立】 8月13日，全省首家县级药事管理质控中心在湖口成立，省药事管理质控中心副主任余晓耕、省人民医院药学部临床药事组组长童凌斐出席成立大会，全县各医疗机构相关人员70余人参加会议。中心的成立，标志着湖口药学质控工作步入规范化、同质化、标准化轨道。

妇幼保健

【概况】 2018年，建立孕产妇系统保健卡，做好孕产妇系统管理工作，降低孕产妇死亡率。高危产妇住院率达100%。启动全县孕产妇集中管理，进一步规范围产期保健。继续开展免费婚检，落实婚登一站式服务工作，民政局登记结婚青年1296对，自觉参加免费婚检青年1134对，婚检率达到89.08%。育龄妇女增补叶酸共发放1751人。进一步加强托幼机构卫生保健管理，做好托幼机构集体儿童手足口病的防控工作，“六一”前夕深入到县城40所幼儿园进行手足口病的防控宣传工作，针对幼师和家长举办手足口病知识讲座，并为在园儿童进行健康体检，共检查儿童3650人，较上年增加330人，参检率达59.28%。

【“两癌”筛查及妇科病普查】 通过县妇幼保健院和下乡入村两条线同时进行，完成农村妇女宫颈癌筛查4500人，妇科病筛查10635人，城镇贫困妇女筛查72人，共发现高度鳞状上皮病变14人，低度病变14人，非典型鳞状细胞86人，确诊腺癌1人，浸润癌1人。“三八”妇女节期间，女职工妇科病普查1477人，发现非典型鳞状细胞23人，高度鳞状上皮病变2人，低度病变5人，子宫内膜癌1人，宫颈癌原位癌1人。

【新生儿出生缺陷监测】 继续开展新生儿出生缺陷监测和新生儿疾病筛查、听力筛查工作，有效降低残疾儿童发生率。全年新生儿两病筛查共完成2185例，筛查率达99.22%。听力筛查共完成2154名新生儿，筛查率达97.82%。

【母婴传播阻断】 全县孕妇进行乙肝检测2328人，乙肝阳性147人，及时给新生儿注射了乙肝免疫球蛋白。梅毒检测2328人，梅毒阳性2人，均已给予干预措施并追踪随访。艾滋病检测2328人，无感染者。

疾病预防控制

【概况】 2018年,全县应服务适龄儿童26622人,年度新生儿2484人(上年同期3586人)。省平台监测显示,除甲肝疫苗(已短缺半年)和A+C流脑疫苗外,以乡为单位适龄儿童国家免疫规划疫苗免费接种覆盖率达90%,麻类和脊灰疫苗接种率达到了95%以上。全县儿童国家免疫规划疫苗共接种58982剂次,其中一类疫苗58982剂次,比上年同期减少6567剂次,二类疫苗13169剂次,比上年同期减少2923剂次。完成AFP病例监测和网络直报工作,继续维持全县无脊灰状态。加强麻疹风疹监测,截至12月25日,已报告4例麻疹风疹排除病例。

【预防接种查验】 春秋两季开展入托、入园、入校查验儿童预防接种落实情况,做到有漏必补,按照《预防接种规范(2016年版)》原则,实行属地化动态管理,累计服务流动人口890人。

【预防接种异常反应监测】 按照《疑似预防接种异常反应(AEFI)监测方案》要求,完善县、乡两级AEFI监测系统,共报告50例AEFI病例,接种单位报告覆盖率达到100%,所有病例均已痊愈。对所有AEFI开展个案调查,做出诊断后及时网报资料并进行修订和完善。有效处置1例接种IPV疫苗和第二针乙肝疫苗后出现的类过敏性休克病例。

【疫苗冷链管理】 按年初工作计划,完成2018年疫苗分发和2019年度疫苗计划。县疾控在符合冷链运输要求的条件下,共计从市级领取5次,向接种单位配送疫苗7次,保证了疫苗的供应,全年除脊灰灭活疫苗和甲肝疫苗出现2周供应不足外,其他疫苗未出现短缺情况。为所有接种门诊配备了疫苗冷链监控系统,并督促各接种门诊对储存疫苗的冰箱按要求定期维护、监测。按照上级要求全年开展了3次冷链设备摸底清册工作,逐步完善冷链设备档案资料疫苗和注射器管理。

【"4·25全国预防接种日"主题宣传活动】 4月25日,举办防接种知识"家长课堂"和免疫知识宣传;开展乙肝、乙脑、流脑等疫苗针对相关疾病的预防监测知识讲座;举行预防接种知识竞赛和技能比武。

血吸虫病防治

【概况】 2018年,县血防工作领导小组加强协调,组织相关单位在全县开展查灭螺、人畜查治病、封洲禁牧、传染源控制、健康教育、林业血防、水利血防等工作。先后制定印发《2018年湖口县血防健康教育工作实施方案》《2018年湖口县血吸虫病防治项目实施方案》《2018年湖口县血防工作要点与月度工作计划》等文件,举办查灭螺专业技术培训班,发放血防实用宣传品3905份、知识材料8980份、张贴宣传画578张。全县实施精准防治,9月,所有乡镇达到血吸虫病传播阻断目标,10月,通过省级达标评估验收,全县达到血吸虫病传播阻断标准。

【螺情调查与防治】 全年完成查螺面积1822.1万平方米,查出有螺环境18块,查出有螺面积226.8586万平方米,对重点环境查获的钉螺进行LAMP法检测,无阳性混合样本。政府招标采购灭螺药品8.87吨,储备人群化疗药品4.8万片,灭螺机械6台。全年完成灭螺面积431.4万平方米,完成人群血检查病11571人,粪检查病2227人,其中血阳42人,血检阳性者粪检查病42人;扩大化疗2688人次。耕牛粪检查病1350头,耕牛化疗1504头次。完成晚血救治病人140例。

【定点监测】 在国家监测点,完成流动人群监测201人,查出血阳1人,化疗1人;本地人群监测491人,本地人群化疗461人;人群血检阳性15人,治疗15人;粪检监测485人。在省级监测点,完成本地人群监测550人,人群化疗455人,血检阳性2人,治疗2人;粪检查病304人。在渔船民监测点,渔船民血检查病211人次,阳性0人,扩大化疗211人次。在推广区,开展封洲禁牧,常态化开展有螺草洲巡查,完成血检查病 491 人，粪检查病 467 人，人群化疗 453 人次。

爱国卫生

【概况】 2018 年，县委、县政府正式启动湖口创建国家卫生县城活动，卫健委积极履行牵头部门职责，重点开展技术指导，助力“创卫”成功。大力推进均桥镇、大垅乡、舜德乡、付垅乡创建省级卫生乡镇及 30 个行政村创建省级卫生村，并对上年命名的 5 个省级卫生乡镇进行专项督查，促进爱国卫生及创建工作常态化。

【创卫知识宣讲培训】 5 月，邀请国家级爱卫、健教专家饶美容、李双玲到湖口讲课，全县各乡镇和各单位共 200 人参加培训；县卫计委组织县医院、中医院、疾控中心、卫计综合监督执法局、城关镇卫生院等单位相关人员前往峡江县学习考察创卫经验，并迎进共青城、彭泽县考察团到湖口交流创卫工作；开展健康教育巡讲，全年深入社区、学校、企业等开展健康咨询服务均达 12 次；各医疗卫生机构定期展示健康教育宣传栏，发放宣传资料，电子屏幕滚动播放健康卫生知识，第三十一个世界无烟日现场发放宣传单 2300 份；11 月，市爱卫会对湖口县创建国家卫生县城工作进行技术指导。

【省级卫生乡镇申报】 为助力创建国家卫生县城，深入全民爱国卫生运动，2018 年向省市爱卫会申报省级卫生乡镇 3 个、市级卫生乡镇 2 个；申报省级卫生（行政）村 32 个、市级卫生（行政）村 52 个。

【环境卫生整治】 大力开展环境卫生整治、病媒生物防制活动，投放鼠药 2450 千克；向城区居民户发放鼠药 450 千克；在广场、集贸市场、汽车站、垃圾中转站设置 4500 个毒鼠饵站；完成改厕 1500 座。

人口和计划生育

【概况】 2018 年年末人口总数为 297308 人。新出生人口 3611 人，人口出生率 10.92‰，出生政策符合率 96.18%，二孩生育 1913 人，二孩占比 53.01%，出生人口性别比为 112.42，比上年有所上升，人口自然增长率 6.65‰。湖口县人口和计划生育工作坚持以实施全面二孩政策为中心，深化改革，转变职能，务实创新，推进服务。县委、县政府主要领导多次听取计划生育工作情况汇报，对全年工作专门批示。年初，县政府下发工作任务书，与各单位签订责任状，部署“两节”计划生育服务活动，实行工作考核、调度、通报、警示、奖惩制度，执行计划生育“一票否决”。

【计划生育优质服务活动】 元旦春节期间，开展“两节”计划生育优质服务活动。印发《致育龄群众的一封信》等宣传资料，发放到育龄对象手中，集中组织以全面二孩政策和生育服务证制度改革为重点的宣传咨询服务。县妇幼保健计划生育服务中心等单位在高新园区广场举办大型咨询服务活动，各乡（镇）均开展宣传和计划生育技术服务，各助产机构充分利用孕妇学校和孕期保健、产前检查、产后访视、新生儿保健等多个环节普及避孕知识，引导生育两孩对象落实长效避孕节育措施，努力减少非意愿妊娠。在农村计生工作人员送药具上门，城区实施药具“十进”工程，21 台避孕药具自动发放机运行正常。全县 8125 人使用避孕药具，使用率达 13.34%，已落实长效避孕节育措施 1245 例。

在实行计划生育“两证同发”的基础上，县直医院“一站式服务中心”均设置“生育服务登记”窗口，75% 以上的村（居）可以为育龄群众直接办理《生育服务卡》，从 2017 年 10 月至 2018 年 9 月，全县共办理生育服务卡（证）2875 例，办证覆盖率达 85% 以上。

全面开展婚前、孕前、孕产、产后、儿童等 5 个时期生育全程医疗保健，重点加强对孕产妇妊娠风险评估筛查。截至 9 月底，全县为 2660 人进行免费孕前优生健康检查，占目标任务 88.67%；完成婚前医学检查 1010 对，婚检率达 87.45%。同时，完成妇女常见病筛查 14511 人次和农村妇女宫颈癌筛查 4518 人次，有效提高妇女生殖健康水平。

【计划生育奖励政策全面落实】 农村计划生育奖

扶、特扶、城镇独生子女父母奖励等政策全面兑现。全县享受国家奖扶 604 人，其中当年新增 64 人，退出往年享受奖扶对象 17 人；享受国家特别扶助 62 人，其中新增 8 人，退出往年享受对象 1 人。为 265 名农村计划生育家庭的中考考生申请加分优惠政策，县乡财政投入资金 799.8 万元为 1636 名二女结扎户进社保，县财政安排 271 万元兑现城镇独生子女父母奖励费。结合精准扶贫，元旦春节期间，走访慰问农村二女户家庭、计划生育特殊家庭、计划生育困难家庭、流动人口困难家庭和农村留守人群等弱势群体 473 户，送慰问金 23.88 万元。

县人口和计划生育领导小组印发《湖口县母婴设施建设实施方案》，县政府成立由各相关单位组成的县母婴设施建设工作领导小组，明确相关部门单位责任。县财政安排每个母婴室 1 万元补助资金，至年底，完成目标任务 80%。

【计划生育行政执法】 依法征收社会抚养费，规范立案、调查、告知、作出和送达征收决定等程序，严格执行“收支两条线”，完善社会抚养费“非诉执行”机制。全年征收社会抚养费 263 万元，非诉执行案件立案 20 例，将公民违反计划生育政策情况纳入社会信用体系建设。进一步加大出生人口性别比综合治理工作力度，加强可用于胎儿性别鉴定器械和终止妊娠药品的监管，严厉打击“两非”行为。当年排查有效线索 9 条，立案审查 6 件，完成查处“两非”案件 6 例。

（易艳松）

本栏编辑　骆句久

第二届油菜花节

综　述

2018年，湖口县人力资源和社会保障事业始终围绕中心，服务大局，突出“民生为本，人才优先”的发展理念，以“保就业、强保障、促发展、惠民生”为主线，秉承“五型”人社精神，创新工作思路，强化工作举措，认真履行工作职责，各项工作扎实推进，取得明显成效。2018年，县人社局被评为省级文明单位、县服务中心工作先进单位。

人事人才

【概况】 始终围绕全县中心工作谋篇布局，为全县经济社会发展提供有力的人才支撑。创新人才评价机制，中小学、卫生等单位职称制度改革稳步推进，事业单位公开招聘和岗位设置管理制度进一步完善；法检两院工资制度改革落实到位。全县共有事业编制人员6300人，在职4274人，退休2026人。卫生医护人员759人，教职工2362人，其他事业单位998人。县级事业编制在岗4119人，乡镇事业编制在岗155人。管理岗位154人，专业技术岗位3784人，工勤技能岗位336人。

【招录招聘工作】 全年公务员招录25人，其中县公安局招录15名公务员（政法干警），其他县直单位招录10名公务员。公开招募“三支一扶”大学生18人，其中支农5人、支医5人、支教2人、扶贫6人。安置2016年“三支一扶”大学生服务期满人员21人到原单位工作，其中：支教8人、支农2人、支医7人、扶贫4人。招聘事业单位工作人员93人，其中：学校招聘教师44人，卫生机构和医院招聘专业技术人员26人，其他事业单位23人。

【专业技术人员评聘】 全县行政事业单位岗位设置全面完成，已聘用专业技术人员3612人，其中高级职称789人，中级职称1455人，初级职称1368人，对2000人的岗位设置进行调整及改续聘。

【高级人才引进】 人才工作以完善人事人才工作机制为重点，积极实施重点人才智力项目，突出吸引优秀人才回归创业，统筹抓好各类人才队伍建设，与时俱进，开拓创新，高层次人才扎实推进。推荐申报江西省“百千万人才”3人，现有博士后科研工作站3家（全市仅有9家博士后工作站）。

【工资福利】 2018年，全县行政编制在职1256人，月平均工资5999元，事业编制在职4274人，月平均工资5643元，行政编制退休864人，月平均工资4326元，事业编制退休2026人，月平均工资4317元。

劳动就业

【概况】 人社局坚持把促进就业作为重大政治责任和第一位的工作任务，贯彻落实上级政策，突出重点抓好就业扶贫工作，营造全县就业创业良好氛围。全年实现新增城镇就业3510人，占年计划2800人的125.4%；城镇就业率98.5%；困难群体就业377人，占年计划240人的157.1%；新增转移农村劳动力4218人（其中省内转移2000人），占年计划2810人的150.1%；“零就业家庭”安置率100%；新增发放创业贷款8745万元，占省下达年计划4500万元的194%、完成市级追加任务数7900万元的111%；新增小额贷款担保基金70万元，占计划数70万元的100%；贷款回收率达99.96%。

【就业招聘】 大力开展职介招聘工作，扎实做好园区企业与求职人员的对接工作。2018年，共举办各项专场招聘会18场，其中就业扶贫送岗下乡活动13场次，全年接受就业服务的人数达25000人次，推介各类人员就业达8700余人次，确保满足园区企业用工需求。

【职业培训】 为不断提升劳动者技能素质，人力实施就业技能培训、岗位技能提升培训。创新培训模式，健全和完善培训与就业对接机制。重点做好工业园区定向培训，组织工业园区企业和职业培训机构实行“先招工、再培训、后就业”有效培训形式，落实培训补贴政策，努力满足工业园区企业用工要求。进一步完善“订单式”“定向式”“定岗式”“校企合作式”培训模式，大力推广“招工、培训、就业”三位一体职业培训模式，提高培训的针对性和有效性。2018年度，工业园区定向培训2833人，占年计划2500人的113.3%；创业培训856人，占年计划850人的100.7%。

【创业扶持】 2018年，新增发放创业贷款4500万元，新增担保金70万元，返款回收率95%，完成目标任务7900万元的100%。为确保足够的担保基金，以满足广大创业者创业贷款的需求，累计安排担保基金1575.51万元。为了“让群众不跑腿、信息多跑路”，推广“线上＋线下”申请方式，有28人成功通过网上申办贷款业务。为了解决创业者找担保人难的问题，积极探索拓宽创新担保方式，如三户联保、企业职工，个人信誉好村干部等均视为有效担保资格。邮政银行内部设立担保中心，对一些有贷款创业意愿又无担保人的创业者进行反担保，解决担保难的问题。为适应新时期创业担保贷款工作任务的需要，县公共就业人才服务局加强绿色通道建设，积极为创业者提供政策咨询、贷款申请、贷款审核、贷款发放、后续跟踪指导一条龙服务，进一步提高创业贷款工作服务质量和办事效率，做到全年零投诉，树立创业贷款窗口形象。

【就业扶贫】 全县已建立1个就业扶贫示范园区，7个就业扶贫示范点，20家扶贫车间。现有5000名贫困劳动力实现就业，其中转移就业3515人，扶贫专岗安置就业350人，扶贫车间吸纳贫困劳动力149人，扶贫示范点安排77人就业，新增创业带动就业15人。开展3期培训班贫困劳动力技能培训101人，成功实现就业32人。重点做好巡视巡察整改工作，通过制定方案、成立整改工作领导小组、夯实责任、明确时限、建立台账、对标销号，全面完成整改工作任务。

【劳动监察】 2018年度，劳动保障监察执法力度进一步加强，专项整治持续推进，建立“案件分析会”“维稳例会报告”常态化制度，建筑领域农民工工资实名制信息化监管全面推开，工资拖欠势头得到有效遏制。全县58家企业缴纳农民工工资保证金949.012万元。开设工资支付专户18个，为1351名农民工发放工资997.68万元。全年1800余农民工追讨回工资1702.56万元。

【争议仲裁】 2018年，县劳动人事争议仲裁院立案受理案件49件，仲裁结案如期率达到100%，法定时效内结案率达100%。

社会保障

【概况】 2018年底，全县养老、医疗、工伤、生育和失业保险人数分别为151281人、273000人、38000人、20890人、18400人。共征缴养老、医疗、工伤、失业、生育保险费分别为4.47亿元、1.65亿元、616万元、585万元、516万元，其中园区企业养老保险参保率达到90%以上，远高于全省平均水平。养老保险待遇支付5.93万人，月发放养老金4447万元，医疗保险待遇支付879239人次18554万元，工伤保险支付待遇295人次1029万元，生育保险待遇支付387人次656万元，失业保险待遇支付313人次29万元。

【养老保险费征缴】 湖口县养老保险包括城镇职工养老保险（被征地农民、城镇小集体人员、返城知青、手工业联社、纯一、二女户、村干部等养老保险）、机关事业养老保险、城乡居民养老保险等险种。剔除16周岁以下及在校生，截至2018年底，参保人数共计15万多人，其中城镇职工养老保险参保人数4.8万人，工业园参保人数1.3万人，参保率93%，远高于全省园区平均参保率36.8%；机关事业养老保险参保人数8281人；城乡居民养老保险参保人数达9.5万人。2018年，城镇职工养老保险基金征缴4.46亿元（含失地农民补缴1.5亿元），基金收入位列全市前茅，同比增收1.46亿元，增长32%。征缴收入4.47亿元，同比增收1.91亿元，增长43%。机关事业养老保险基金征缴1.49亿元（含补收基本险准备期结算费用9600万元），城乡居民养老保险基金征缴1100万元；至2018年底，城镇职工养老保险基金累计结余6.56亿元，同比增加0.84亿元，当期结余0.85亿元，同比增加0.74亿元，达到收支基本平衡。机关事业养老保险基金累计结余6500万元，城乡居民养老保险基金累计结余1.03亿元。

【养老金发放】 至2018年底，全县享受养老保险待遇人数为5.37万人，月发养老金4447万元，其中城镇职工养老保险享受养老保险待遇人数为1.46万人（企业职工8377人，灵活就业人员646人，小集体1058人，被征地农民4519人），月发养老金2805万元，达到连续14年提高退休人员养老金待遇，全年基金支出养老金3.37亿元，同比增加0.81亿元，增长24%。基金累计结余6.56亿元，可支付23个月，可支付月份在全市名列县级第一；机关事业养老保险享受养老保险待遇人数为2884人，月发养老金1240万元；城乡居民养老保险享受养老保险待遇人数为3.62万人，月发养老金402万元，2018年10月开始，由以前的每人每月养老待遇80元调整到105元，提升了老年人的幸福感和获得感，参保积极性也明显提高。（见附表）

【医疗保险征缴】 2018年，城镇基本医疗保险基金征缴总额达9372万元（其中职工医疗9018万元，城乡城镇居民医疗354万元）。

【工伤保险征缴】 2018年，工伤保险参保人数3万人，其中建筑业工伤参保人数1.3万人，完成全年目标任务的100%，基金征缴568万元。

【失业保险征缴】 失业保险参保人数达1.84万人，完成全年目标任务的100%，征缴总额393万元。

【生育保险征缴】 生育保险参保人数2万人，完成全年目标任务的100%，基金征缴总额为371万元，完成全年目标任务的114%。 （刘 钦）

附：

2018年湖口县社会养老保险收支情况一览表

单位：万元

	参保人数（人）	退休人数（人）	当年征缴	增长率%	上级补助	当年支付	当年结余	累计结余
企业职工养老保险	48159	14626	44790	0.7448	1444	32728	5472	65639
机关事业养老保险	8281	2884	14952	5.52	5774	14555	0	6429
城乡居民养老保险	95057	36194	1140.21	0.4512	4577.72	4696.98	0	10257.39

本栏编辑 骆句久

民 政

综 述

湖口县坚持“民政爱民，民政为民”和“以民为本、为民解困、为民服务”的宗旨，不断开拓进取，全力保障和改善民生；不断奋发有为，推进养老服务体系建设；不断积极创新，深入开展专项社会事务服务管理；不断深入探索，着力破解民政事业发展难题，提升民政各项工作的整体服务水平；不断厉兵秣马，助力脱贫攻坚，充分发挥民政部门在社会建设中的保底作用、基础作用、支持作用和支撑作用，为全县经济社会发展作出积极贡献。2018年，县民政局获《中国社会报》新闻宣传工作先进单位，县直单位高质量发展考评综合奖第三名，全县综治工作《平安建设》先进集体，全县招商引资工作奖，全县节能工作先进单位，县级文明单位，全县政协提案先进承办单位。

2018年，社会救助体系逐步健全，基本民生保障持续改善，基本民生兜底保障网进一步织牢。优抚对象生活补助再度提高标准，优抚对象大病医疗补助发放及时精准，义务兵优待金、退役安置工作按照相关政策落实，烈士褒扬工作庄肃有序，双拥优属活动丰富多彩，军民融合进一步提升。

救灾、减灾、助力扶贫工作扎实、有力，村（居）委会第十届换届选举工作全面完成，婚姻登记管理程序规范，殡葬改革工作全面推进，区划地名、福彩销售、慈善募捐、流浪乞讨人员救助等多项传统民政工作有条不紊，社会事务和基层社会治理水平进一步提升。开展养老院服务建设专项行动，提升养老机构的服务水平，初步形成多形式、多格局的养老服务体系，落实助老、敬老、惠老的各项优惠政策，使全社会尊敬老人、关爱老人蔚然成风。开展“忠诚型、创新型、担当型、服务型、过硬型”民政机关创建活动，进一步转变民政机关工作作风，民政工作人员自身建设进一步加强。

社会救助

【概况】 对全县低保7930户家庭成员3.56万余人次进行逐户逐人财产核查，进一步完善城乡最低生活保障制度，提升城乡低保规范化、科学化水平。兜底保障与精准脱贫两项制度有效衔接，大病医疗、孤儿、残疾人、精简退职人员等救助工作持续推进。

【城乡低保】 全县农村低保对象共5251户，10310人，其中常补对象908户，2022人，常保比例达20%，户均保障比达到2人以上。其中建档立卡低保对象2254户，5135人；发放农村低保资金3346.7

万元，月人均补助水平达259元；城镇低保户对象1229户，2060人，发放资金1316.2万元，月人均补助水平达387元。

【精减退职人员困难补助发放到位】 全县有精减退职对象146名，按政策发放生活补助69.2万元。

【医疗救助】 全县14137人次享受到“一站式”医疗结算服务和事后救助，发放医疗救助资金548.3万元，其中惠及建档立卡对象4232人次，发放资金136.43万元。临时救助578人次，发放资金136.2万元，其中建档立卡户76人35.4万元。积极助推健康扶贫工程，将建档立卡外其他贫困群众按200元标准全部纳入重大疾病商业补充保险。

【孤儿救助】 全县散居孤儿131名，发放孤儿生活补助128.1万元。

【残疾人救助】 全县持证残疾人5320名，发放残疾人“两项补贴”资金357.02万元。

救灾与减灾

【概况】 修订完善《湖口县自然灾害救助应急预案》，落实救灾物资快速调拨机制，扎实推进全县防灾减灾体系建设，确保灾害发生后8小时内受灾群众基本生活得到有效保障。开展乡镇灾害信息员培训，提高队伍专业化、技能化水平。在防灾减灾宣传周期间，县民政局联合地震局、气象局等在县第二小学开展应急演练和防灾减灾知识宣传活动，发放宣传短信13万余条，悬挂横幅50余条。

【核灾救灾】 全县先后不同程度地遭受雪灾、干旱等自然灾害侵袭，共造成受灾人口172881人次，紧急转移安置110人次，严重损坏农房14户25间，造成直接经济损失5746万元。及时下拨救灾资金545万元，保障2.3万群众的基本生活。及时完成3户因灾倒房重建工作，竣工合格率100%。

【防灾减灾】 全县政策性农房保险参保共57122户，参保率达100%，参保费17.1366万元由财政统筹解决。全县农户享受理赔114户，共计理赔38.43万元。积极开展创建省、市减灾示范社区活动，付垅乡夏畈村成功创建江西省减灾示范社区，马影镇马影桥社区成功创建九江市减灾示范社区。

优抚安置

【概况】 双拥优抚安置政策有效落实，军民融合深度发展格局加快形成，优抚抚恤政策执行有力。全年发放抚恤生活补助资金1162.6万元，发放城乡义务兵家庭优待金408.84万元，发放退役士兵自主就业一次性经济补助115.65万元。

【军人优抚】 当年优抚对象及抚恤生活补助及时提标并足额发放到位，全年共发放抚恤生活补助资金共计1162.6万元，下拨重点优抚对象危房维修费1.5万元。对重点优抚对象实行“三免四减半”优惠政策，全年共计发放医疗补助76.29万元，其中共减免医疗费用10万元、支付重点优抚对象大病医疗救助38.85万元、医疗补助27.44万元。为全县1623名年满60周岁的优抚对象办理人身意外伤害保险，同时按时为优抚对象进行健康体检。

【退役安置】 启动退役军人和其他优抚对象信息采集工作，印发实施方案，成立领导小组，召开动员会，开展业务培训，扎实做好退役士兵工作。2018年共接收退役义务兵87人，组织55人参加免费职业技能培训。足额发放退役士兵自主就业一次性经济补助115.65万元，完成7名转业士官岗位安置及一名军休干部移交工作。全年共接待来访46人次，办理信访13件。

【拥军优属】 开展春节、“八一”建军节走访，发放慰问年画5980张；慰问信5980份；慰问金79.36万元；慰问品9.46万元；慰问市军分区及驻县部队两节共12万元；为荣立“一等功”刘丹的家属送去喜报和慰问金5000元。完成优抚对象数据年度核查，稳步推进“优抚之家”创建试点。

【烈士褒扬】 隆重举行第五个烈士公祭日活动仪式，县委常委及县领导在县城革命烈士纪念塔现场致祭，各乡镇、县直单位和中小学分别在烈士公祭日举行祭奠活动。清明期间，全县各中、小学分别组织各种不同形式的清明祭扫活动。

基层政权建设

【概况】 社会治理创新更加深入，基层社会活力有效激发，村民自治组织治理水平及活动进一步得到提升。全面完成第十届村（居）委会换届选举工作，社区综合服务能力显著提升。

【村（居）委会换届完成】 第十届村（居）委会换届选举采取“自荐直选”和“候选人提名海选”等两种形式进行换届选举，全县148个村（居）中采取“自荐直选”的村97个，占总数76%，社区直接选举17个，比例达81%。共选举产生主任148名，村（居）委委员468名。并且全部录入村（居）委会赋码系统，发证工作全部完成。

【城乡社区建设】 全县城市社区综合服务设施覆盖率达100%，农村社区达30%，社区综合服务能力显著提升。大力开展“绿色社区　美丽家园”创建工作，进一步推进社区协商民主制度。

【离任“两老”人员补助提高】 持续提高村级离任“两老”人员生活补助标准，即村支书达到每人每月160元，村主任达到每人每月150元。全县村级离任“两老”人员对象共496人，发放生活补助资金93.312万元。

社会事务

【概况】 社会团体和非企业机构依法管理，区划地名及路牌、界桩、管理到位，婚姻登记管理、福利彩票发行、慈善募捐、儿童关爱保护、流浪乞讨人员救助等工作持续推进，全面启动并推进殡葬改革。全国第二次地名普查成果转化资金50万元到位，档案归档和地名词典编撰初步完成，平安边界工作稳步开展。全年共救助流浪乞讨人员272人次，发放救助资金34万余元。全县办理结婚登记1705对，离婚登记597对。全年共接收助学、定向捐赠款共计90.2万元。福彩发行稳步前进，全年福利彩票销售布点32个，共销售993万元，同比增幅11.4%。

【社会组织培育】 加强社会组织的培育发展。全县社会组织共有141家，新登记9家，已年检112家，撤销登记19家，取缔1个非法社会组织。大力推进社会组织党建工作，全县社会组织建立中共党支部15个。

【湖口一彩民喜中千万元大奖】 6月10日，湖口一彩民喜中5注双色球一等奖，共获得奖金3411万余元。大奖出自县三里大道粮食局对面三里供销社36030711号投注站。中奖彩票为一张5倍70元的7+1复式票，该彩票中得5注一等奖3402万元，30注三等奖9万元，总奖金为3411万余元。这是中国福利彩票开售以来九江市单人获得的最高级别奖金。

【慈善募捐】 全年共接收助学、定向捐赠款共计90.2万元。其中资助贫困大学生50人，55.7万元；资助贫困村建设及扶贫户维修房屋4.5万元，用于大垅乡马步村苗木种植产业扶贫基地建设30万元。

【留守儿童关爱保护】 稳步推进农村留守儿童关爱保护工作，筹建湖口县未成年人保护中心。加强社工人才队伍建设，新增2名助理社会工作师。

【殡葬管理】 县委办公室、县政府办公室印发《关于全面深化殡葬改革促进殡葬事业发展的实施方案》（湖办字〔2018〕82号），成立湖口县殡葬改革领导小组，召开全县动员大会，开展全方位的宣传，印发宣传手册2000余册、致全县人民一封信6万余份、出动宣传车2台，启动并稳步推进城乡骨灰堂（公墓）建设和棺木回收工作。大力推进遗体火化和绿色殡葬。全年共火化遗体255具，规划区内遗体火化率达100%。全县殡葬改革工作动员会后，出现2例主动要求火化的群众。

老龄工作

【概况】 2018年，湖口全县60周岁以上的人口达 5.8 万人，占总人口 18%。老龄工作坚持“政府主导、社会参与、全民关怀”思路，深化居家养老和社区养老服务改革，出台《湖口县居家养老服务绩效考评办法》，大力推进居家养老标准化建设，积极实施养老院服务质量建设专项行动。在全县范围内，开展养老机构“安全管理月”和应急消防演练活动，对乡镇敬老院消防硬件设施进行改造升级，按照《江西省养老院服务质量大检查指南》54 项指标考核，合格率 98%；启动《湖口县养老服务设施布局规划》编制工作，新型养老服务体系初步形成。

【敬老院建设】 投资 1700 余万元的马影镇敬老院工程完工，预计 2019 年 1 月可以入住；投入 210 余万元用于乡镇敬老院住房改造及设施完善；投入 87 万元用于乡镇敬老院住房与公共场所的安全设施建设。

【五保户（特困供养）】 全县农村特困供养对象 1050 人（集中供养对象 295 人，分散供养对象 745 人），集中和分散供养对象月供养补助标准分别为 550 元和 350 元，已发放供养资金 940.8 万元；其中集中供养对象补助标准比省定标准人均高 100 元，由县财政列入年度预算 113 万元。

【养老服务中心建设】 县养老服务中心实行分类编号管理，统一命名、统一标识，建立养老服务清单。2018 年，新建居家养老服务中心 10 家，全县累计达到 61 家，城乡养老服务设施覆盖率达到 45%。全年下拨养老设施建设补助资金 50 万元、运营补贴资金 122 万元。双钟镇新增 2 处城区居家养老服务点，探索居家养老公建民营新路子。

【惠老敬老措施落实】 县政府出台《湖口县加强农村留守老年人关爱服务工作实施方案》，建立健全工作机制，强化各方义务，落实各级职责。为 3442 名农村留守老年人完善基础台账，建立农村留守老年人定期探访制度，农村留守老人关爱服务体系逐步健全。全面落实老年人两项补贴。为 250 名全县经济困难失能老年人发放失能护理补贴 15.2 万元，为 572 名经济困难的高龄、失能老年人对象发放补贴 53.9 万元。全年累计发放高龄津贴 418.7 万元，惠及 4000 余人；为 1.6 万名 65 周岁以上老年人办理免费公交证；为全县 1.8 万名 70 周岁以上老年人免费办理意外伤害保险，并开展免费体检、文艺会演、关爱空巢老人和各类助老惠老敬老活动。

（周伟来 宁瑞初）

【老年大学文艺班在香港演出获国家银杯奖】 2018 年 2 月，在纪念改革开放 40 周年的日子里，湖口老年大学文艺班应邀奔赴香港献演湖口青阳腔《江姐》，在香港海洋公园大舞台上一鸣惊人，获国家级银杯奖。湖口老年大学成立于 2015 年，现有诗词、国学、书法、国画、京剧、黄梅戏、弹腔戏、青阳腔、文艺、太极拳、老年保健、走秀、二胡、声乐、摄影、电脑、广场大家唱、气排球中心等 18 个专业学科，分设 20 个教学班。共有近 600 名学员，乡镇学校在册 440 余人，共计 1000 余人。2017 年 5 月 10 日通过省级验收，获江西“省级老年教育示范学校”称号。

（谢小初）

居民生活

【概况】 2018 年，全县总人口 297308 人，其中城镇居民 90188 人，乡村居民 207120 人，常住人口城镇化率为 49.3%。城乡居民生活条件进一步改善，社会保障进一步加强，幸福指数进一步提升。

【婚姻家庭】 2018 年全县居民总户数 86092 户。结婚登记 1898 对，离婚 673 对。

【居民收入与消费】 2018 年，全县城镇居民人均可支配收入 34657 元，比上年增长 8.6%，农村居民人均可支配收入 15920 元，比上年增长 8.9%；城镇居民人均生活消费支出 13822 元，比上年下降 5.6%，农村居民人均生活消费支出 9838 元，比上年下降 11.5%。全年新增就业 3510 人，城镇就业率 98.5%，实现困难群体就业 531 人，零就业家庭安置率 100%。

【住房与储蓄】 年末城镇人均拥有住房面积 56 平方米，农村人均拥有住房面积 56 平方米，住户存款 89.36 亿元，同比增长 10.2%。

【上海知青回湖口探亲访友】 10 月 24—26 日，100 余名上海知青再次踏上曾挥洒汗水、奉献青春、魂牵梦绕的第二故乡湖口探亲访友。他们得到了湖口县委、县政府的热情接待，举办了联谊会，参观了高新园区国华九江电厂等企业，走访了原知青点，重温那段激情燃烧的岁月，感叹时代的发展，湖口的巨变。

（编辑部）

本栏编辑 骆句久

我县老年人庆“重阳”文体活动剪影

双钟镇

【概况】 双钟镇位于湖口县西面，是县城所在地。东与马影镇接壤，南连南北港水产场，西临鄱阳湖，北濒鄱阳湖与长江，政区总面积57.94平方千米。辖柏树、胜利、洪湖、月亮4个行政村，西门、江阀、大中、云亭、大岭、莲湾、三里、鄱湖、钟山、台山、柘矶11个社区居委会。2018年末总人口12万人，其中城镇人口11.7万人、农村人口1.3万人，人口自然增长率9.8‰。全镇耕地面积522.7公顷；有林面积591.3公顷，森林覆盖率19.2%。城区绿化率38.2%。2018年，双钟镇第十五次党代会提出突出一个核心（做优做强中心城区），抓好两个服务（服务城市建设、服务城乡居民），提升三项水平（党建工作水平、社会管理水平、生态建设水平）的工作思路，全镇上下忠诚担当、真抓实干、奋力拼搏，实现财税收入5300余万元，经济社会发展取得丰硕成果，获得县委、县政府颁发的城乡环境综合整治工作奖、党的建设工作奖、服务中心工作奖。

城乡建设。全镇累计投入资金2600余万元，拆除空心房、违章建筑近100间，面积3000余平方米；拆改公路、铁路、高速公路沿线红蓝铁皮瓦房顶300余户、4.6万平方米，墙面出新56万平方米；新增绿化面积1.1万平方米，硬化地（路）面1.3万平方米。投入400万元对钟山小区进行改造提升。投资800余万元完成李敬新村综合改造提升工程。工程包括违章建筑拆除、雨污分流、管线下移、硬化、绿化、亮化等10项建设内容。完成纪委警示教育基地、党校、进修学校建设的征地迁坟工作。完成安置小区翰林国际及学前路延伸道路的征地，保证施工有条不紊地进行。全力做好第五中学项目用地的协调保障。有效服务保障了钢厂二期生活区施工建设。按照“四城同创”要求，对织布厂巷、工会巷、老三里林场巷、三里下埠等15处背街小巷开展整治。同时加大宣传教育和管理力度，县城市容市貌、交通秩序、环境卫生得到全面提升。

生态环境保护。围绕“净水、净土、净空”开展环境保护工作，严格落实“河长制”，进一步完善河（湖）长制的组织、责任和制度体系，加强突出问题督查督办，严格监督检查和考核评估。扎实推进饮用水水源地环境安全专项清理整治工作，因地制宜开展“三沿六区”绿化提升。加大畜禽养殖的检查督查和关停力度，禁养区范围内6家养殖场全部关停拆除，8月下旬限养区11户畜禽养殖户关停拆除并复垦复耕。强化垃圾禁烧、秸秆禁燃、烟花爆竹禁燃禁放的宣传和巡查工作，采取多种宣传方式，大力宣传禁燃禁放政策，聘请专职巡查员，在镇范围内，特别是交通干道和铁路沿线地带开展秸秆禁烧宣传及巡查工作，秸秆焚烧、烟花爆竹燃放得到有效遏制，城区空气质量和环境卫生明显好转。开展城区污水纳网和农村污水处理试点。对城区周边具备条件的村组或小区接通城区污水管网，对莲湾社区南片污水进行入网整治，对三里社区下埠城区污水进行整治，结合新农村建设开展村庄污水集中处理。

民生工作。全年发放各类优抚资金126万余元，发放临时救助资金106.39万元，解决682户城乡困难群众的生活困难。共帮助农村低保对象、特困供养对象、城市低保对象及边缘户243人实行医疗救助，解决医疗费用89.65万元。关爱老年人，为779位老年人建立健康档案，实现档案规范化管理；完成2506位70岁以上老年人免费办理意外伤害保险建档工作；为1315位50—69岁城乡居民办理意外伤害保险，保费39450元。用3个月时间，对城市低保户进行全面核查，做到低保应保尽保、应退尽退。完成1036名退伍军人信息采集。全镇建档立卡贫困户111户357人，已脱贫90户301人，其中2018年脱贫5户20人。2018年启动城市脱贫解困的前期工作。

安全稳定工作。全年共开展8次全面、细致、深入的安全生产大检查。检查中共发现各类安全隐患47例，对发现的安全隐患及时落实责任并限时督促整改到位。全力做好维稳信访工作，科学运用“村民小组—村（居）委会—镇综治办”三级调解机制，充分发挥人民调解的作用，将矛盾化解在萌芽状态，全年成功化解矛盾纠纷和调处突出信访问题40起。全力做好“扫黑除恶”宣传工作，充分利用标语、横幅、广播、微信群等深入广泛宣传，张贴“两高、两部”《通告》《致全县人民一封信》360份，发放《扫黑除恶一封信》1.3万份，弘扬正能量，营造良好的社会氛围。2018年综治工作获县先进单位。

殡葬改革推进。2018年9月，该镇正式启动殡葬改革工作，在群众中大力宣传殡葬新政策，引导从业人员自觉维护殡葬改革。对全镇范围内从事该行业人员及现有棺木进行登记，共登记棺木经销商3家，丧葬用品生产、销售、租赁店（点）及丧葬祭品店16家，村（居）民280户备置的棺木326口，引导群众自愿上交棺木326口、经销商自愿上交库存棺木46口。

【李敬湾整治发现侵华日军遗弃手雷】 2018年1月12日，双钟镇柏树村李敬湾村民李海清，在清理的塘泥中发现一颗比拳头稍长的“铁疙瘩”，该物总体呈圆柱状，中间大两端小，掂在手里沉沉的，尽管锈迹斑斑，但中间的纹路及略小一端的栓盖清晰可见。三里派出所接报后派出2位民警将“铁疙瘩”取走交县公安局治安大队。经鉴定，“铁疙瘩”系日军侵华时遗弃的手雷。这个危险品交由县国泰爆破公司用爆炸法科学处置，及时消除了隐患。

【双钟镇举行2018“舞出新时代”广场舞大赛】 5月18日，双钟镇工会、综合文化站、团委、妇联共同在洪湖村文化活动中心举行2018“舞出新时代”广场舞大赛。参加比赛的15支代表队，分别来自镇属各村及社区，参赛者多为60岁左右的退休阿姨。经过评选，三里社区代表队以一曲优美婉转的《微山湖》歌舞夺得比赛桂冠。

【何宇燊被北京大学录取】 7月22日，双钟镇高考学子何宇燊同学以682分的好成绩，被北京大学医学院临床医学专业录取。何宇燊是双钟镇月亮村5组何家湾人，2000年出生，小学至高中的学业都是在湖口完成，2018年在临川一中复读。其父亲是一名货车司机，母亲经营一家早餐店。面对并不富裕的家庭环境，他乖巧听话，勤奋好学，成绩一直很优秀。被北京大学医学院录取后，双钟镇党委政府领导专程前往何宇燊同学家中，走访看望，表示祝贺。

（陈　浩）

流泗镇

【概况】 流泗镇位于长江南岸，北临长江，东与彭泽县定山乡接壤，西南与凰村、张青、大垅3乡交界。

镇域面积62平方千米，耕地面积1940公顷，总人口3.2万人；辖金山、红枫、竹涧、东风、莲花、西塘、红星、基垅、长垅、菱塘、杨山、江山、棠山、长江、永和、砂州16个行政村和流泗桥、江湾2个社区，186个村民小组。流泗镇交通便利，经济发达，是湖口县传统工业强镇，镇政府驻地流泗桥，2013年被列为江西省首批百强中心镇，2014年被列为“全国重点镇”。2018年，流泗镇健全乡镇干部绩效考核评价体系，最大限度激发全镇干部干事创业的积极性，内生动力持续释放；“放管服”改革深入推进，新便民服务中心正式投入使用，涉农资金监管平台上线运行，乡镇财政支付审核有序推行。完成18个行政村（居）房地一体确权工作，清产核资工作全面完成，三权分置工作顺利进行。服务银砂湾园区，抓好银砂湾110千伏变电站、神华生活区、团山大道、银砂湾加油站等项目征地拆迁及矛盾协调工作，有效保障银砂湾园区项目顺利实施。

2018年，流泗镇党委政府致力发展经济，繁荣集镇，改善民生。全年生产总值22.1亿元，财政收入5406万元，新增规模以上工业企业3家，完成工业主营业务收入3.6亿元，获2018年度全县工业发展第一名，被评为九江市先进党组织。

农业农村工作。西塘村、莲花村、东风村、竹涧村和杨山村新增特种花卉苗木2300亩，杨山村、菱塘村建设高标准农田625亩。实施水毁工程项目9个。新增统防统治合作社1家。测土配方施肥、种子市场监控、智慧农机平台创建等工作有序完成。全年建设新农村点22个，其中省点14个、市县共建点8个。按照“七改三网”标准，修建户户通道路4400米，拆除空心房15间，砌护池塘39口，改沟7856米，改水改厕完成率100%。以高速连接线、牛湖公路线、沿江大道线为重点，开展城乡环境综合整治工作。投资180万元在高速连接线和牛湖公路沿线种植各类苗木3000余株，绿化面积2万平方米；拆除搬迁太子桥坝和复兴大道周边房屋10户3000余平方米；彻底清除180个自然村陈年垃圾，清理转运垃圾5万余吨；改造红顶蓝瓦屋面12万平方米，出新房屋立面8万平方米。全面推行“路长制”“林长制”、打造“河长制”升级版。关停拆除违建水泥砖厂2座，非法采砂洗砂点1个，畜禽养殖场3家。大力整治农业面源污染、秸秆焚烧，生态环境有效改善。

工业招商引资。流泗镇依托良好的工业基础和区位优势，抢抓沿江开发、“一核三带”等发展战略和契机，全力主攻项目，积极招商引资，全年外出招商8次，引进强宇建材、月月鸟锁业等5个项目，其中亿元以上项目1个，5000万元以上项目1个。逸尔工贸不锈钢制品项目、四晟棉业项目实现当年引进、当年投产；宏鑫精密钻头项目加快推进。推动恒升曲轴、荣成纺织技改升级，盘活僵尸企业2家，工业经济快速发展。

集镇建设。为优化功能布局，改善集镇环境，流泗镇进一步拉开集镇框架，使集镇功能更加完善。2018年投资1400万元的复兴大道延伸项目完成项目前期设计、立项和拆迁，投资5000万元的流泗港环境综合治理项目正在深入推进，投资1500万元的中、小学改扩建项目动工建设，投资800万元新建的一所中心幼儿园投入使用，投资40万元建设的8000平方米君清嘉园绿地公园向居民开放，全面拆除原流泗砖瓦厂残余建筑并因地制宜规划建设投资1200万元的中心卫生院和投资500万元的综合集贸市场。严厉整治占道经营、乱搭乱建、乱堆乱放、乱丢乱扔等违规和不良行为，全年整治违规摊点132个，拆除违章建筑6000平方米，清理小广告326处。

社会事业。实施打赢脱贫攻坚3年行动，推进脱贫攻坚“春季攻势”“夏季整改”“秋冬会战”。全年成功申报扶贫及移民项目24个。完成贫困户改水157户、改厕20户、改房72户；创建扶贫合作社5个，建成30千瓦光伏扶贫电站5个，为贫困户增加收入3.2万元；安排扶贫公益性岗位33个；帮助贫困户申请小额信贷38.85万元。当年实现减贫17户57人。全年发放低保金、五保金、优抚金、救助金以及各类补助津贴918.65万元，新农合、新农保参保率90%以上。完成退伍军人及其他优抚对象信息采集工作。启动“四好农村路”规划设计，新建村组道路4.5千米，提升管护道路36千米，建设便民候车亭6个。完成池塘修复13口，铺设自来水管网32千米，覆盖12个行政村的20个村民小组370户。综合文化站改造提升全面完成，并代表县政府接受国家检查验收。殡葬改革工作有力推进，修建标准化公墓区6个。中学和小学的师生教育管理水平稳步向好，教学质量明显提升，均获全县教学质量进步奖。深入开展扫黑除恶专项斗争，发放宣传单4000余份，制作宣传标语100余条。深入开展“平安流泗”建设，全年开展大规模安全生产检查5次，日常安全生产检查20余次，道路交通、烟花爆竹等安全专项整治4轮次。加大矛盾纠纷调处力度，全年未发生重大群体事件，未发生进京非正常上访和赴省、市大规模集体信访，全镇大局和谐稳定。

【流泗镇行政管理体制改革方案获省批复】1月，《流泗镇经济发达镇行政管理体制改革实施方案》正式获省委、省政府批复。1办7局扁平化管理模式全面运行，156项县级管理权限逐步下放到流泗镇。特别是县级明确的9大扶植政策，为流泗镇发展增添了强大动力。

【流泗镇新规划编制完成】流泗镇聘请南昌市规划设计院编制完成3.14平方千米集镇控制性详规，同时对城市进行整体设计；聘请杭州美院对喻家园及大桥坝周边进行规划设计，按照江南水乡风格进行提升改造；聘请江苏省城市规划设计院对棠山小镇进行整体设计，按照现代建筑风格因地制宜进行提升。

【流泗镇开展“清河行动”】6月，流泗镇青年干部志愿者开展“清河行动”，在集镇范围内的河塘桥坝分发《“清河行动”至全镇居民的一封信》，发动群众积极参与到爱护生态环境行动中来，努力营造群众共同关心、支持、参与和监督河道管护的良好氛围。从上年6月起，全面推行河长制。通过近一年时间的整治，全镇主要水污染物排放总量明显下降，地表水环境质量持续改善，饮用水源水质稳定达标，基本消除垃圾河、黑臭河，河道环境面貌显著改观。

（李良杰）

马影镇

【概况】马影镇位于县城东南，东与凰村、张青乡接壤，西与双钟镇交界，南与付垅乡、均桥镇毗连，北临长江与安徽宿松县隔江相望。东西宽约6千米，南北最长约10千米，总面积59平方千米，镇政府驻地马影桥社区，距县城6千米。马影镇现辖2个社区、11个行政村，即马影桥社区、海山社区、罗岭村、新塘村、永桥村、走马村、观桥村、道桥村、东塘村、柯观村、董埂村、坚山村、石山村。2018年末，有173个村民小组，144个自然村，居民6053户，人口23868人。全镇耕地面积1264公顷，林地面积230.67公顷，森林覆盖率30%。

2018年，马影镇党委、政府围绕十九大会议精神，坚持以习近平新时代中国特色社会主义思想为指导，在“城园两区”项目服务、深化改革、招商引资、集镇监管、新农村建设等方面扎实工作，取得显著成效。全年完成财税收入4891万元，超额完成任务。村级集体经济收入普遍增加，农村人均收入不断增加，人民群众幸福感普遍提高。

招商引资。本土品牌企业江西大家食品有限公司搬迁到县高新技术产业园，并完成扩建顺利投产。2018年市级巡回看变化活动观摩了这家企业。成功引进投资亿元以上的泰州前发项目并落户县高新技术产业园区。投资2亿元的江西祥大实业有限公司完成申规工作。

村镇建设。2018年重点建设海山集镇及董埂中心村，完成梅兰小镇的规划以及董埂中心村管网、广场建设。投资400余万元打造马影南大门董埂中心村，完成坚山村熊家湾等22个新农村点的建设。开展城乡环境整治。全年镇村共投入资金100余万元整治环境，其中投入60余万元清理全镇陈年垃圾。投入近2000万元完成火车站周边、石钟山大道沿线以及九景衢铁路沿线等重点路段区域的环境整治。开展3次城乡环境整治交叉检查；组织党员干部260余人次，开展7次城乡环境整治集中执法行动。拆除违章建筑51处5500余平方米，整顿集镇商户及路边摊点，规范车辆临时停放。马影镇全域范围内基本实现环境整洁的目标，村容村貌极大提升，环境卫生达到高标准，获得群众及上级领导的充分肯定。

脱贫攻坚。开发公益性岗位87个，基本实现贫困户户户有人就业。产业扶贫有新突破。完成观桥、董埂、坚山3个村光伏电站项目，东塘村合作社对本村贫困户实行分红。扶持28户贫困户维修改造房屋，协调落实12套公租房，使铁路以北贫困户安居问题得以解决。联系贵州马影籍爱心人士李某捐赠扶贫款共计26.5万元（平均每户1000元）。

民生工程。整合投入资金200余万元，实施山塘整治、户户通等20多个基础设施项目。低保、五保户和残疾人政策有效落实，做到“应保尽保，应退尽退”。发放救灾救助款、城乡医疗救助款48.82万元，发放救助资金9.23万元，累计实施临时救助50人次；发放救助资金4.5万元，“救急难”10人次；为35名大病救助对象办理相关手续，获县民政救助资金15.64万元。组建殡葬改革工作信息员队伍和执法队伍，开展殡葬改革前期宣传工作，2个公益性墓地和4个骨灰堂的建设项目按时完成。按照“四好农村路”建设要求，启动“四好农村路”建设和2座危桥改造。

社会稳定。坚持“安全第一、预防为主、综合治理”的方针，强化安全生产管理。联合相关部门对服装厂、碎石厂、学校、交通等企业和部门，开展不定期督查、检查21次，整改安全隐患19处，实现全年无安全事故。按照“谁主管、谁负责”的原则，对辖区内所有环境污染源进行全方位摸底，做到全面掌控。多次组织环保督查，对“小、散、乱、污”企业进行综合治理，拆除养猪场14家、环保整改1家。完成2座水库的退养。信访工作整体呈现“一好转、三提高、三下降”的良好态势，即：信访秩序全面好转；信访办结率、停访息诉率、群众满意率提高；越级访、重复访、集体访总量明显下降。全年共排查矛盾纠纷34起，调处34起，调处成功34起，调处成功率100%。全年共接待群众信访52人次，回复县信访局信访信件10个，无一例越级上访。

【马影镇开展清洁家庭评比活动】 马影镇妇联为激发妇女群众和广大家庭参与“农村清洁工程”创建活动的积极性，在全镇开展“农村清洁家庭”活动。活动要求各村广泛宣传评选标准、奖励措施，及时颁发“清洁家庭”荣誉牌。9月11日下午，镇妇联在马影桥社区组织开展首次“农村清洁家庭”评选，实地对参评户房前屋后、庭院整洁、室内卫生、垃圾分类、污水处理等情况逐项检查，并由村“清洁家庭”评比小组对检查评比结果进行审核，最后公示。通过“清洁家庭”评选活动，增强了村民自觉维护环境卫生，创造干净整洁的农村环境的自治意识，同时促进村居环境卫生保洁形成长效管理机制，实现制度化、常态化。

【湖口首届象棋精英赛在马影镇举行】 7月20—21日，由县体育局主办，湖口县象棋协会和马影镇承办的湖口县首届象棋精英赛在马影镇举行。比赛分两阶段进行。第一阶段为马影镇选拔赛，来自12个村（居）的16名象棋选手，经过7轮积分编排赛制的激烈角逐，最终蔡小乐、傅敏霞、袁火保等优秀选手出线，代表马影镇参加精英赛；第二阶段为全县“马影之恋”象棋精英赛，全县22名棋手经过激烈搏杀，最终，潘先艳以5胜2和积12分的战绩夺冠，沈腾飞、梅林同积10分，分获第二、三名。

（徐柳　余璐璐）

武山镇

【概况】 武山镇位于湖口县东南部，东以武山山脊与彭泽县分界，南与都昌县毗邻，西接横山与城山镇为邻，北同均桥镇接壤。地势由东向西倾斜，呈凸字形，东部武山山脉主峰海拔675.3米，是境内最高峰。全镇总面积60平方千米，耕地面积1307公顷，其中水田940公顷，旱地367公顷；山林面积1867公顷，其中有林面积1853公顷；可养水面333公顷。镇政府驻地五里街，距县城20千米，距九江市50千米。全镇辖埠堰、武前、五新、王常、武山、长岭、西桥、武联、莲凤9个行政村和五里社区，114个村民小组，117个自然村，3215户。2018年年末人口13699人，其中男性7529人，女性6170人。

2018年武山镇狠抓乡村振兴，实现财税收入5050万元，固定资产投资达2.7亿元，获第一批省级创新型乡镇建设试点乡镇、全省林权流转管理服务工作先进单位、江西省“七五”普法中期先进集体、第六届九江市文明村镇、全县“巡回看变化”第二名、全县目标管理考评综合奖第二名以及党的建设工作奖、“三农”工作奖等一系列荣誉，镇团委获九江市五四红旗团委称号，五里社区获九江市第三届文明社区，王常村被选为全市乡村振兴示范村。

农业经济发展。武山镇农业基础条件较好，农业经济相对发达。2018年，1200亩高标准农田改造项目、1700亩土地整理项目全面完工，其中，长岭村280亩的土地整理项目被列为代表九江市接受全省验收的示范项目。投资1700万元的武山水改造工程和投资1200万元的武前、王常、武山3村连片万亩油料生产基地项目顺利开工建设。全县植保无人机防治病虫害、“稻再油两种三收”新型绿色高效生产模式测产等现场会先后在武山召开。弘盛药业有限公司被省农业厅评为“江西省现代农业示范园”。举办湖口县第二届乡村文化旅游节暨油菜花节，智慧农业应用面迅速扩大。

生态环境保护。依法关停非法采砂洗砂厂3处、养猪场2家，拆除养猪场1家；与11座水库承包人签订退养协议；网格化管理秸秆禁烧、“河长制”“湖长制”“林长制”工作。推动九景衢铁路、九景高速、景湖公路沿线的环境整治工作，重点对沿线范围内红蓝铁皮瓦拆改、老旧建筑物拆除复绿、农村生活垃圾处理加大工作力度，达到“点优、线美、面提升”的整体效果。在细沈祜、刘孟刚自然村试点实施农村生活污水处理工程，实现了细沈祜45户、刘孟刚37户的污水无害化处理，在全县城乡环境综合整治第一季度考核中武山镇获第一名。动态考核管理集镇和各村保洁员，更换调整保洁员11名、垃圾转运司机1名，召开第四季度农村生活垃圾治理暨“最美保洁员”评比活动动员会，健全环境卫生保洁长效机制。2018年5月12日全市城乡环境综合整治现场会在武山镇召开。

工业经济增强。2018年成功申报工业固定资产投资项目4个，新增规模以上工业企业2家。成功签约豪杰家具、浙农集团环鄱阳湖优质粮油产业园、厦门爱瑞克电子、源丰纺织等项目。中红普林医疗用品项目的建设速度代表湖口县迎接市级巡回看变化检查。

村镇建设加快。以构建“农旅小镇、醉美武山”为目标，以王常村被选为全市乡村振兴示范村为契机，重新对21个新农村建设点规划设计进行提升和高标准打造，统一外观、提升品位。积极争资争项投入示范村基础设施建设，对示范村全面实施“三清七改五普及”和“三绿一处理”。完成9个新农村建设点、5千米长四好农村路、300亩高标准农田改造的建设。投入580余万元进行城乡环境综合整治，拆除“三房”23间、清理乱搭乱建2000平方米、拆改红蓝铁皮瓦房顶13间、外墙出新9000平方米、补绿复绿9.2万平方米。打通集镇—王常村—龙潭涧水库—天山风景区—油料基地环形线，改善乡村旅游基础条件。

民生事业改善。强力推进扶贫工作，2018年共评定低保户373户、728人，贫困户152户，新申报贫困户危房改建15户、维修2户。村成立各类农民专业合作社，吸收贫困户参加，实现产业帮扶全覆盖。埠堰村虾稻共作基地当年实现收益8万余元，武山村的黄花，武联村的茶叶2个扶贫基地粗具规模。所有贫困户实行家庭医生签约一对一服务，免费健康体检全覆盖。扎实做好计划生育服务工作，完成免费孕前优生检查79对，办理一孩二孩生育服务卡153张，申请再生育服务证11份。组建殡改工作信息员队伍和执法队伍，完成10个公益性墓地的选址、邀标工作。武前村的沈铦自然村卷门桥、吴家嘴桥2座危桥改造顺利完工。按照“四好农村路”建设要求，完成9.3千米“四好农村路”建设，高标准打造埠堰街至武山中学路段，改造红蓝屋顶39户，外墙出新3万平方米，路面“白改黑”370米，新建人行道800余米，新增绿化面积2500平方米。高标准完成武山农村公路管理站规范化建设。完成镇综合文化站和10个村（居）综合文化服务中心的提升改造。

【湖口县第二届乡村文化旅游节举行】 2018年3月24日，由武山镇人民政府、武山垦殖场主办，县旅发委、农业局、文新局协办，以赏万亩油菜花、听湖口大戏、看广场舞大赛、采风摄影为主要内容的湖口县第二届乡村文化旅游节在武山镇举行。副县长张水兰出席开幕式。

【王常村建成全省首家村级有声图书馆】 2018年，武山镇王常村建成全省首家村级有声图书馆暨党群红色空间，借助在线移动音频分享平台技术，制作“新媒体有声文化墙”，设置“新时代新思想”“十九大精神”“听党课”等12大类、共60项“菜单”。党员群众可通过手机扫码或智能音箱“点单”收听。以有声图书馆为载体，将党员讲初心座谈交流、文体活动等融入“三会一课”和主题党日活动，增强教育的吸引力和感染力，提升学习质量和效果。

（付　敏）

城山镇

【概况】 城山镇位于湖口县西南部，地处鄱阳湖之滨，东与武山镇、均桥镇交界，南与流芳乡和都昌县春桥乡接壤，西南与舜德乡毗邻，西北襟湖与庐山隔水相望，北邻南北港湖。全境东西宽约8千米，南北长约10千米，区域面积55.01平方千米。全镇耕地面积1966公顷，林地面积1200公顷，水面453公顷。地势由东南向西北倾斜，东部横山主峰海拔249米，地表径流注入南北港和泊洋湖，属鄱阳湖水系。境内山峦起伏、港汊纵横、水域宽广、物产丰富、生态良好、自然风光秀丽，旅游资源有鄱阳湖仙岛——鞋山、赣东北游击大队旧址——密庙。镇政府驻地王御湾，距县城22千米。现辖2个社区，12个行政村，195个村民小组。2018年年末人口28275人，人口自然增长率6.65‰。全镇工业固定资产投资2.8亿元，工业总产值20亿元。村级资产总计10399757元、集体土地总面积164.53公顷；组级资产总计33954500元、集体土地总面积4425.87公顷。城山镇先后被评为省级和国家级生态镇、江西省美丽宜居小镇、江西省商贸特色小镇，2018年2月成功获批省级现代农业示范园区。

现代农业建设。2018年，城山镇创建“平安农机”示范镇，新增植保无人机3架，稻谷烘干机3组，农业机械化水平进一步提高。农田水利建设取得成效，南湖村和富源村新增高标准农田846亩；土地流转面积新增2100亩。农民专业合作社和家庭农场新增6家：湖口县菜篮子农产品专业合作社、湖口县成露农业专业合作社、湖口县团墩小陈杨梅种植专业合作社、湖口县城山镇镶门农业合作社、湖口县海青帮农种养专业合作社、湖口县城山镇益宏家庭农场。湖口县益城现代农业专业合作社的“城山白莲”和湖口县城山镇富联有机藕种植专业合作社的“克氏原螯虾”获省级无公害产品证书。农产品质量安全工作顺利开展，全年农产品质量抽样检测152批次。

农村环境综合整治。2018年，全镇农村环境综合整治工作实行“三结合”，即将农村环境综合整治与产业发展布局相结合，将农村环境综合整治与国家级生态镇建设相结合，将农村环境综合整治与乡村振兴战略的实施相结合，全力提升农村人居环境。全年拆除养猪场3家，面积4100平方米，补偿金额1849512元；拆除九房涧水库鱼饵投料机1台、增氧机5台，实行“人放天养”；拆除公路两旁乱搭乱建屋棚和垃圾池、垃圾窖17处，清理垃圾和污泥452吨。新建2座污水处理站，并在3个新农村建设点铺设污水管网4000余米，实现雨污全分离，污水全净化。全年整合资金515万元，整治公路沿线环境26千米，改造红蓝铁皮屋顶3.2万平方米，拆除违章建筑1550平方米，拆除空心房、危旧房97栋201间，清理卫生死角33处，新建改建下水道3410米，整治违规摊点36个，新购垃圾桶600余个，垃圾集中处理率达100%；改水29户、改厕39户；铺设主干道9800米、入户便道1.2万余米；开挖排水沟1.25万米，整修池塘22口；改建菜园围栏1300余米，粉刷外墙6.2万平方米，美化建筑外立面6050平方米；新建文化墙1100平方米、休闲活动场所21处，新装路灯326盏，栽植苗木6900余株，绿化5610平方米。同时结合党建、乡风文明、传统美德以及核心价值观等方面进行文化提升，组建新农村建设促进会23个，乡风文明理事会23个。2018年全镇完成27个新农村点建设任务，其中省点14个、市县共建点13个。截至2018年年末，城山镇共完成新农村点76个，其中省点46个、市县共建点30个。

民生项目建设。全年共实施民生项目37个，包括新农村建设项目、扶贫项目、池塘改造项目、基础设施项目、户户通项目，项目资金共499万元。整合投入资金20余万元，高标准建设和改造大塘社区、富源村、南湖村、牌楼村等村级党群服务中心，推广落实便民代办制。全镇14个行政村（社区）全部配套建设“爱心超市”，作为“党建+便民服务”“党建+脱贫攻坚”重要举措。这项工作被《江西日报》《浔阳晚报》《湖口报》等各级主流媒体先后报道。投资30余万元改建城山镇农民文化体育公园，高标准建设笼式足球场、塑胶地垫篮球场、全天候门球场各1个，在均流线和城舜线交叉处新建党建文化广场。2018年，实施产业扶贫项目2个35万元，光伏发电附属工程项目1个5万元。为贫困户安排公益性岗位29个；为298户贫困户办理小额贷款，户贷比98.34%。申报雨露计划21人，补助资金6.3万元；申报贫困户危房改造19户、改水12户、改厕41户。贫困学生享受各类教育扶贫补助39万元。至2018年年末脱贫12户42人；贫困村团墩村如期摘帽。

生态保护工作。在森林防火和候鸟及湿地保护方面，每村张贴森林防火令、关于加强鄱阳湖区越冬候鸟和湿地保护工作的联合通告，各村路口树立禁止秸秆焚烧宣传牌。认真实施“林长制”“河长制”“湖长制”工作方案。11月份召开全镇总林长会议，明确“一长两员”的具体名单，加强对林地湿地保护和管理；在“湖长制”会议上结合“河长制”确立湖泊水库的具体负责人，加强湖泊水域的保护和整治力度。在防汛抗旱期间，南北港、泊洋湖沿岸、鄱阳湖水系等重要防汛水域巡查记录若干次，泊洋湖水工程防患排查整治5处。

【城山镇生态农业观光园项目建设】 为推进“旅游兴镇”发展步伐，2018年依托国家级生态乡镇和省级特色商贸小镇建成城山镇生态农业观光园。观光园项目投资300万元，占地面积280亩，分为荷花采摘观赏区、农耕文化体验区、麦田文化宣传区、彩色苗木培育区。按照“一水二茶三花”（特种水产，茶叶、油茶，荷花、菊花、油菜花）的总体布局，采取沿线布点，串点成线，连线成片的旅游产业发展思路，2016年开始，逐年引进的昊源农业公司、杨梅采摘园、荷花种植基地和生态农业观光园，2018年已连线成片。

【城山镇新建党建文化广场】 在均流线和城舜线交叉处新建党建文化广场。广场设立主题雕塑、习近平总书记经典语录墙、入党誓词石刻、初心亭、领航雕塑，修建休闲步道，栽植彩色花卉和树木，实现景观立体化、绿化品种多样化、颜色多彩化，将生态文化与党建文化有机组合，使广场成为宣传党的方针政策的大窗口、开展党建活动和群众文化活动的新阵地。

【湖口县首届荷花节在城山镇举办】 2018年8月8日，城山镇成功举办湖口县首届荷花节，当日游客接待量4万余人次，景区与周边农民增收20余万元。

（屈炫）

均桥镇

【概况】 均桥镇位于湖口县东南部，东与付垅乡相交，南同武山、城山两镇相连，西滨鄱阳湖，北与马影镇、双钟镇接壤，地势东高西低，最高峰鸡峰山海拔428米。境内2条港贯通全境，总长36.42千米，同属鄱阳湖水系。辖区东西最长15千米，南北最长13千米，总面积64平方千米，占全县面积9.6%。全镇耕地面积2565.45公顷，山林面积934公顷，水域面积319公顷。现辖20个行政村和社区，238个村民小组，237个自然村。2018年末人口3.2万人。镇政府驻地均桥集镇。均桥镇交通便利，九景衢铁路穿境而过，九景高速、304省道、均流公路穿境10千米以上，并交汇于集镇，九景高速在均桥集镇设有出入口，是湖口重要的交通枢纽。2017年11月，均桥镇顺利通过“全国文明村镇”复查，继续保留“全国文明村镇”称号。2018年，均桥镇以“打造特色工业、建设经济强镇、加速城乡一体、坚持绿色发展、率先全面小康”为目标，奋力开创乡村振兴新局面，被评为市级卫生镇，文桥村被评为九江市第六届文明村，镇团委获全市“五四红旗团委”称号，湖口四中被评为九江市文明校园。

招商引资。2018年，共引进项目6个，总投资5亿元以上。项目分别是投资1亿元的生物制剂外用药项目、投资5000万元的电线电缆制造项目、投资6000万元的汽车零部件项目、投资6000万元的农业产业化项目、投资1.2亿元高档新型材料生产项目和投资1.2亿元的增碳剂项目。其中汽车零部件项目和农业产业化项目实现当年开工、当年投产。

工业生产。全年完成4个工业项目固投，总投资3.4亿元。实现税收5460万元。成功申报规模以上工业企业2家。至2018年末，规模以上工业企业总数8家。牢固树立安全生产红线意识，严格落实安全生产责任制，开展安全生产大检查4次，整改安全隐患700余处，关停整改企业5家。

现代农业。全年清淤砌护池塘40口，整治山塘5座，除险加固水库2座，建成高标准农田800亩，农业生产经营条件不断改善。因地制宜建成4个稻虾共作基地，总规模2000亩以上；积极开展土地流转，新增千亩苗木产业基地1个，产业总规模突破5000亩；创建“绿色品牌”“三品一标”4个，创建“省级示范合作社”1个。完成19个村（居）、238个村民小组清产核资工作，全面摸清农村集体家底，为农村集体产权制度改革奠定坚实基础。

社会事业。建成湖口四中北门学生便道，启动建设文桥小学教学综合楼和源塘小学教师周转房。新建1所村级卫生所。推进文化惠民工程，扎实开展公共文化服务创建活动，19个村级文化服务点全面开放。县老年大学在文桥村设立教学点，兰亭“谷雨诗会”顺利召开。持续优化城乡居民医疗保险和养老保险办事流程，实现应保尽保。大力推进社会救助工作，发放民政、残联等各类补助救助资金885万元。文桥派出所新址顺利完成征地并如期开工。均桥自来水加压泵站主体工程全面完工。兰亭至南港1.8千米的“四好农村路”在全县率先完成，获得国家交通部、省交通厅、市交通局等领导的一致好评。董兰公路江桥新街段全面升级改造，并建成10个候车亭。深入推进殡葬改革，完成全镇的棺木回收，选定公益性墓地16处，经过广泛宣传，绿色殡葬观念逐渐被农民接受。深入开展扫黑除恶专项斗争，大力营造扫黑除恶浓厚氛围，成功查处黑恶势力案件1起。积极排查化解矛盾，畅通民意诉求渠道，有效化解矛盾纠纷67起，群众安全感、幸福感不断增强。

城乡环境整治。2018年整合资金2000万元开展城乡环境整治，对景湖线、均流线、董兰线、文桥港等重点区域进行整体改造提升。拆改红蓝铁皮屋顶近4万平方米，新改建新型屋顶8万平方米；管线地埋

3200米；拆除空心房、违章建筑100余处。高速连接线和秀雅园中心村整治在全市城乡环境综合整治现场推进会上得到点赞。

新农村建设。统筹820万元完成32个新农村建设点项目，对其中的21个自然村进行功能、绿化、亮化提升。高标准打造均桥中心村，同步建成生活污水处理设施2处。全县首个自然村生活污水处理设施在文联社区陈官垅自然村安装完毕并投入运行。

扶贫攻坚。整合资金249万元完成36个扶贫项目建设。建成8个村级光伏发电站，村级集体收入直接增加30万元；建成产业扶贫合作社6个，为贫困户安排公益性岗位46个；资助贫困学生286人，贫困学生享受“雨露计划”24人；为贫困户改水15户、改厕10户、改造危房55户；助338户贫困户办理小额信贷169万元。2018年脱贫47户132人。

生态建设。全面推进“河长制”“湖长制”，扎实开展“清河行动”。2018年，完成六甲山水库库底清淤，完成乌龟塘、小横山、胡椒峦、六甲山4座水库退养。经检测，4座水库水质均达到三类水标准。文桥村古塘湾刘家自然村顺利通过省级水生态文明建设村验收。拆除畜禽养殖场8家，关停小作坊3家，清理搬迁石墨加工厂、小化工厂各1家，取缔集镇范围内非法采砂点2处，关停开采到期矿山2座。同时，对横山、金亮等4座尾矿裸露层持续复绿，植树1万余株，绿化200余亩，复耕50余亩。投入40余万元清理农村生活垃圾，陈年垃圾得到彻底清除，顺利通过垃圾治理国检。

【市级卫生镇创建成功】 近年，该镇积极开展卫生镇创建活动，2018年创建成功，被评为市级卫生镇，枫树、坝桥、均桥、新桥4村获市级卫生村称号，文建村获省级卫生村称号。

【“平安农机”示范乡镇成功获批】 2018年，均桥镇积极开展“平安农机”示范乡镇创建活动，6月6日，与县农机局一起在均桥中心小学开展平安农机进校园活动，现场发放900份《中小学农机交通安全》宣传单，全方位宣传创建“平安农机”示范乡镇。经过努力，“平安农机”示范乡镇成功获批。

【春季动物防疫成效显著】 3月27日，均桥农技站分2组分别去桂垅4组、桂垅12组、枫树10组进行春季动物防疫，共为247只鸡、2只鹅、6只豚、100余头猪接种疫苗。自这天开始逐步完成全镇春季动物防疫工作。全镇应免畜禽免疫密度100%，免疫抗体平均合格率80%以上，免疫建档率和病死畜禽无害化处理率100%，确保不发生区域性重大动物疫病疫情和重大公共卫生安全事件。

（李　薇）

凰村乡

【概况】 凰村乡位于湖口县城城东偏北，东与黄茅堤水产场、流泗镇接壤，南与张青乡连接，西与马影镇毗邻，北临长江与安徽省宿松县襟江相望。东西长约8千米，南北长约5千米，面积约46平方千米，耕地1133公顷，山林200公顷，可养水面800公顷。辖区内2座小（2）型水库（汪家峦水库、闻家大塘水库），汪家峦水库库容量50立方米，闻家大塘水库库容量20立方米，有效保障全乡生产用水。乡政府驻地王庄自然村（凰村集镇），距湖口县城10千米。全乡辖凰村、凰舞、双桥、四官、新丰、西山、龙山、向阳、花园、新庆10个行政村，136个村民小组，118个自然村。2018年末4047户，1.8万人，其中非农业人口3600人。2018年全乡生产总值10.24亿元，同比增长8.5%；财税收入7605万元，总量位列全县第一；农村居民可支配收入15964元，同比增长10%。获市第三次全国农业普查先进集体、县首届文明乡镇、县森林防火先进单位。

招商引资势头强劲。凰村乡依托紧临县高新技术产业园的区位优势，积极鼓励和引导本乡成功人士返乡创业。凰村集镇有陶瓷、服装加工、五金建材、粮油加工、建筑施工、传统手工业、农用机械制造等行业，有五金加工门店18家，石材加工厂7家，木制家具厂5家，还有商业经营110家，集镇经济繁荣。全年共外出招商6次，提供有效信息10条，签约落户亿元以上项目3个。8月3日，有2个超亿元项目参加集中签约，汽车高档内饰原料产业园项目由浙江福隆纺织染料有限公司投资，投资额20亿元，占地面积300亩，落户在高新技术产业园区。一德配套总部经济项目由江西云合实业有限公司投资1.5亿元，占地面积6670平方米，落户湖口和一德配套为总部经济长期合作经营，江西云合实业有限公司负责销售一德60%的产品。除一德外，还同多家粮油企业合作。东升机电、华腾机械、广联塑料、恒阳家具、万年青商砼等一批企业平稳运行。全年规模以上企业申报对接2家，规模以上企业主营业务收入7.8亿元，固定资产投资入库完成1亿元，入库项目4个。

村镇建设凸显成效。2018年借助城乡环境综合整治契机，采取“政府扶持、项目支持、群众自筹”方式，整合资金对牛湖公路两旁房屋前空地进行硬化，使集镇更加美丽。经过多年打造，凰村集镇初步形成二横三纵格局。全年完成15个省级新农村点建设。始终把服务“两区”建设作为凰村工作的重中之重，为一德油料、豪杰家具、前发化工、光塑环保等项目顺利推进迁坟470余棺；全力配合梅兰小镇改造，拆除各类违章建筑81处、3500平方米，征收房屋6栋，协调解决各类矛盾150余起。

环境整治铁腕推进。按照“点优、线好、面洁”的总体要求，全力推进以牛湖公路、铜九铁路、九景衢铁路、城乡接合部、园区周边为重点的城乡环境综合整治。全乡共改造蓝红铁皮瓦屋顶5.3万平方米，墙体出新15万平方米，拆除空心房33间、违章建筑198处，道路硬化1216平方米，绿化1700平方米，清理垃圾990吨，规范集镇摊点23个。经过综合整治，牛湖公路（凰村段）环境面貌变化明显。按照县“7大环保专项整治”部署，纵深推进治理工作，对农村生活垃圾、村庄道路、池塘、沟渠、河流进行清理整治，重点清淤砌护池塘31口。全面落实河长制、认真抓好水库水环境治理，两座水库水环境持续改善，全年未有时段出现劣V类水。殡葬改革稳步推进，完成4个公墓区的选址和设计工作。铁心硬手抓秸秆禁燃、在沿江开山取石取土和小、散、乱、污企业整顿等工作，关停小、散、乱、污企业和限养区畜禽养殖场各3家，清理牛湖公路周边废品收购点、石材加工经营点和汽车修理点共9个，督促2家企业增添环保设施。

脱贫攻坚全面推进。始终把脱贫攻坚作为最重要的政治任务，扎实组织“春季攻势、夏季整改、秋冬会战”，大力开展十大扶贫工程，突出抓好“两业”扶贫，重点打造“就业扶贫示范乡”。建成四官、双桥2个行政村光伏扶贫项目，并顺利并网；利用区位优势，与园区企业做好对接沟通，为贫困户搭建就业平台。2018年，有8户贫困户23人脱贫。

文教卫计成果斐然。首次举办教师节表彰会；首次召开高考“一本”线以上优秀学生座谈会并发放助学金。凰村学校综合楼、教师周转房、塑胶运动场顺利竣工并交付使用。按照市级标准高质量打造的乡综合文化站、10个村级文化活动中心全年开放，并代表九江市接受文化部创建国家第三批公共文化服务体系示范区建设工作检查。元旦春节期间开展的计划生育优质服务活动获得县计划生育领导小组通报表彰。积极创建市级计划生育先进乡镇，积极申报双桥、四官、新丰“省级卫生村”和龙山、花园、新庆“市级卫生村”。建成向阳村卫生计划生育服务室。新丰村被确定为全县唯一一个新家庭计划市级示范点。

社会管理更加有效。强化平安建设，推进“扫黑除恶”专项斗争，扎实开展涉黑涉恶线索摸排上报和依法打击工作；加强社会治安综合治理，矛盾纠纷排查调处，反邪教和禁毒工作；做好食品药品安全、防溺水、校园周边环境等专项检查工作；积极开展“安全生产月”“安全生产十大专项整治”行动。同时，认真落实“党政同责、一岗双责、齐抓共管”的安全生产责任制。全年开展安全生产大排查大整顿12次，消除安全隐患40余处，实现安全生产“零事故”，群众矛盾“零上访”。

【凰村花卉苗木产业基地建设】 2018年与四季青公司合作，在双桥村开发建设一个连片800亩的花卉苗木产业基地，四官村智亮花卉苗木基地面积扩大 300 亩，全乡花卉苗木面积 1500 亩。以“农夫农生态科技园”为龙头，整合周边零散的水产、瓜蒌、花卉苗木、草莓等小规模产业基地，打造一个连片 2000 亩的县级现代农业示范园。全年建设高标准农田 500 亩，新增花卉苗木农民专业合作社 3 家。

【凰村撤乡建镇顺利推进】 撤乡建镇基础设施建设加快。凰张公路（凰村段）县道改造全面完工，7 条“四好农村路”完成 3 条路的征地，全年修建村组道路 19 条；对凰舞、新庆 2 个村部进行改造；投资 40 万元对乡敬老院进行维修，成功创建“四星级”敬老院。2018 年 10 月 9 日，县十六届人大常委会第十四次会议通过了县人民政府关于提请审议凰村乡撤乡建镇的议案。10 月 19 日，中共湖口县委十四届七次全体（扩大）会议专题研究了凰村乡“撤乡建镇”工作，县政府立即向市政府和省民政厅报送申请，市民政局组织专家到凰村乡进行审核论证。撤乡建镇有望在 2019 年上半年获得批准。

【凰村高考“一本”线以上优秀学生座谈会召开】 2018 年 8 月 24 日，凰村乡首次召开 2018 年度高考“一本”线以上学生座谈会，现场给各位学子发放助学金。乡党政主要领导参加并勉励大家在大学继续努力，早日学有所成，回报家乡。优秀学生代表在会上发言，畅谈了自己的理想。

【凰村乡教师节表彰大会召开】 在第 34 个教师节来临之际，9 月 10 日，凰村乡在凰村学校首次举办教师节表彰大会，赖丹青、吴旭、郭友雄、张娟、李洁、郭群等一批优秀教育工作者受到表彰，乡党政主要领导参加。

（杨孝志）

大垅乡

【概况】 大垅乡位于湖口县东部，距湖口县城 20 千米，东南与彭泽县太平、天红 2 乡相壤，西与张青、付垅 2 乡毗邻，北与流泗镇相连，素有“湖口东大门”之称。全乡东西宽约 5 千米，南北长约 8 千米，总面积 38 平方千米。地势南高北低，大部分为丘陵。最高的花尖山海拔 388 米，最低的荷塘村聂家自然村海拔 40 米。辖 9 个行政村，82 个自然村，4 个移建新村，102 个村民小组。总户数 3643 户，总人口 14970 人。耕地面积 870 公顷，山林面积 1346 公顷，水面 110 公顷，森林覆盖率 60% 以上。有中型水库 1 座（马跡岭水库），小（2）型水库 8 座（陡壁水库、独山水库、跃进水库、上涧水库、美满水库、移山水库、六一水库、邹涧水库）。境内地下蕴藏着无烟煤、石煤、陶土、花岗石、铅锌、铜、金等地矿资源。山区常年生长着珍贵的中药材，有贝母、白术、沙参、桔梗、党参、柴胡、全胡等，并生活着多种野生动物。大垅乡旅游资源十分丰富，有著名的湖口八景之一“花尖秀色”。秀美的花尖山，层峦叠嶂、古木参天、绿树成荫、翠竹环绕、奇水异石，千亩马迹岭水库位于花尖山腰，跨两县、临 4 乡，水面宽阔，是旅游、度假的圣地。农业以种植传统的粮、棉、油为主，特色产业有茶叶、瓜蒌籽、苗木等。2018 年全乡实现国民生产总值 2.3 亿元，比上年增长 12%；财政总收入 4000 万元以上；规模以上工业生产总值 1.32 亿元，同比增长 10%；农民人均可支配收入 10081 元，同比增长 13%；居民年末储蓄余额 900 万元，同比增长 12%。新增转移农村劳动力 1132 人。该乡在 2018 年全县乡（镇、场）“巡回看变化”中获第一名，乡人武部获市级先进基层人武部称号，在“平安农机”创建中取得全县第一的好成绩。

编制《大垅乡现代农业示范园规划》，开展“一乡一园”创建。以马步村花卉苗木、牌骆村瓜蒌籽基地为核心，整合联丰村茶叶、大垅村油茶等产业基地，成功申报并获批省级现代农业示范园。华名山合作社生产的梭山韵茶叶成功申报无公害产品。完成建设高标准农田300亩，新扩茶园160余亩。2018年，该乡重点抓好非洲猪瘟防控，做到宣传无盲区、防控无死角，确保了生猪生产安全。

坚持“三引三不引”原则，以“盘活现有存量，提高项目质量，做大经济总量”为目标，完善乡项目信息库，广泛搜集项目信息，重点对接科技创新、产业升级、三产融合发展等项目。全年共外出招商9次，收集有效信息12条，签约落户项目3个，分别是投资5000万元的清研新视项目、投资1.5亿元的石英石板材及陶瓷制品项目、投资30亿元的年产6万吨有机硅新材料项目，全面完成全年招商任务。项目全部落户县高新技术产业园。

围绕“拆、改、清、洁、绿、新”要求，投入1100余万元，在彭湖高速、银砂湾连接线、定龙连接线及集镇周边，拆改红蓝铁皮屋顶面积1.4万平方米，出新墙面面积1.8万平方米，新增绿化面积9500平方米，管线地埋2.3千米，清理破损门头店招和“牛皮癣”2160处。对畜禽养殖、页岩砖厂脱硫、水库水质、小散乱企业因企因户施策进行整顿，拆除畜禽养殖场3家、停产整改的小散乱企业1家、安装环保设备的企业1家。经过整改，效果明显，全乡9座水库环保监测数据均达到Ⅳ级以上水质。同时，坚持“绿水青山就是金山银山”的理念，注重在发展中保护生态，在保护生态中促进发展，2016年开始就着手老矿山及周边生态修复，到2018年底，修复平整用土方共计1.2万立方米，硬化路面3000米，安装道路护栏6000米，建隔音墙200米，立固定宣传牌3处，栽植行道树3000余棵，新增绿化面积1.2万平方米。围绕“整洁是基础，美丽是特色，和谐是根本，宜居是目的”的主旨，大力实施秀美乡村建设。以“七改三网”建设为着力点，以“拆三房、建三园”为抓手，高标准打造芦岭邹基山及马步金家新农村建设点，完成污水管网铺设及无害化终端建设。在定龙连接线路口、水库周边、山坡等地段建设凉亭、假山、徽派墙、游步道等景观。2018年全乡新农村建设点新增23个，其中省点12个，市县点11个。新农村建设直接统筹资金580万元，惠及21个村民小组，17个自然村，822户。新农村建设覆盖率72%。

制定《关于打赢脱贫攻坚战三年行动的实施意见》，深入推进精准帮扶“十大行动”，扎实开展“春季攻势”“夏季整改”“秋冬会战”，扎实推进脱贫攻坚责任落实、工作落实、政策落实。完善全乡贫困户194户574人1户1档资料，规范填写“明白卡”和“一证两册”，严格执行公示公告制度。全乡所有贫困户加入兴垅合作社，光伏扩面工程全部并网发电，实现发电收入近6万元，年底分红。20户贫困户完成危房改造住进新房。119人次贫困学生得到补助。16个扶贫项目顺利竣工，资金拨付率100%。2018年脱贫7户22人。

认真做好五保、低保等困难群体优抚工作，截至2018年第四季度，全乡322户666人被纳入农村低保对象，累计发放低保救济金219.35万元。城乡困难群众大病医疗救助累计发放救助金18.15万元。城乡居民医疗保险参保率99%，养老保险代扣代缴率80%。加快农民健身工程建设，7个行政村安装了体育健身器材，数量位居全县前列。落实“三民五优”各项民生政策，启动公办幼儿园项目建设，进一步提升乡综合文化站功能。计划生育工作通过开展“两节”活动及“百日攻坚”活动成效显著，在浙江宁波等地成立流动人口联络站，方便务工人员优生检测、上环、药物发放、社抚征缴等工作。

始终把党建工作融入日常各项工作中，发挥基层党建工作的引领作用。将环境整治、脱贫攻坚、乡村振兴等中心工作融入主题党日活动中，发挥党员先锋模范作用。严格执行“三会一课”制度，由班子成员负责督导所包村党建工作，按照督查通报机制持续推动。规范各类资金监管，村级党务、村务、财务严格执行“四议两公开”，发挥村务监督委员会的作用。圆满完成村“两委”换届，逐步提高村干部薪酬待遇，符合条件的村级副职2018年首次纳入社保，确保基层组织队伍稳定。

【大垅乡中心幼儿园动工建设】 大垅乡中心幼儿园属九江市学龄前幼儿教育重点工程，于2017年立项新建，2018年7月动工建设，总投资880万元，占地面积8.74亩，可容纳9个班、300名学龄前儿童入园。新建的幼儿园预计2019年7月竣工，9月正式开园招生。

【大垅乡新时代文明实践所挂牌成立】 大垅乡新时代文明实践所是全县首个乡镇新时代文明实践所，在县委宣传部等部门的指导下于2018年10月13日挂牌成立。大垅乡新时代文明实践所整合大垅村村部闲置用房和场地2000平方米，设人才培训学校、特色农产品展示厅、民间技艺作坊等功能区。

【邹涧采石厂生态修复】 坚持“生态优先，绿色发展”理念，把裸露矿山生态修复作为环境综合整治的重点，在完成原邹涧采石厂遗留债务等矛盾化解的基础上，依据县规划委员会批准的规划，投入8000余万元，将邹涧采石厂打造成矿山生态修复的样板。

【大垅乡引进物理制虫神器】 2018年，大垅乡引进物理制虫神器——诱虫黄板，全面使用到花卉苗木、茶叶和瓜蒌三大主导产业。诱虫黄板遵循农业生产绿色、环保、无公害理念，采用引诱光谱、特殊虫胶物理防治新技术防治斑潜蝇、白粉虱、有翅蚜虫、叶蝉、蝇类等害虫。黏虫板双面涂胶，耐高低温；可多次洗刷，反复使用；有多种规格，价格低廉。该技术应用更加环保，将面源污染最大程度降低，有助实现农药化肥“零增长”，让消费者吃上更加放心的农产品。

【大垅乡用无人机巡查秸秆禁烧】 为切实做好秸秆禁烧工作，2018年大垅乡首次采用无人机进行辅助巡查。启用的无人机飞行半径为5千米，可监控区域38平方千米，覆盖全乡的整改区域。通过无人机的高视觉，野外任何火点和冒烟都无法逃避无人机的“天眼”。

（陈　亮）

张青乡

【概况】 张青乡北临凰村乡，东南与流泗镇、大垅乡、付垅乡交界，西与马影镇为邻。澎湖高速、九景衢铁路交会穿境而过。全乡面积37.2平方千米。境内山峦起伏，水域宽广，有山林1000公顷，水面666.67公顷，耕地1200公顷。盛产西瓜和柑橘，素有“瓜果之乡”美称。辖竹山、爱国、青龙、张青、泉水、程山、荷塘、八方、檀垅、刘瑞、长塘11个行政村，98个村民小组，123个自然村。2018年末人口2.2万人。乡政府驻地张青社，距湖口县城10千米。

2018年，全乡上下坚持以习近平新时代中国特色社会主义思想为指导，深入学习贯彻党的十九大精神，凝心聚力、实干担当、团结拼搏、攻坚克难，较好地完成全年各项目标任务。完成税收5152万元，保持经济社会和各项事业稳定健康发展。2018年获全县高质量发展考核脱贫攻坚、信访“三无”乡镇2个单项奖。

工业招商。全乡始终把招商引资作为经济发展的重心来抓，牢固树立“项目为王”的理念，主动招商，积极争取上大项目、好项目。加大服务力度，优化投资环境，不断做大做强实体经济。通过创新招商、加大招商力度，成功签约项目2个，即投资2亿元的奥基德信3D打印项目和投资1.2亿元的础源电器电采暖炉项目。2018年前引进台商投资的顶塑环保稳定剂项目建设加快推进。

农业产业化。结合全县“6+1”（“6”：花卉苗木、特种水产、庐山云雾茶、高产油茶、优质水果、道地药材，“1”：休闲农业）产业发展规划，2018年对已有油茶、茶叶、瓜果、蔬菜等特色产业进行巩固和提升。竹山村整村推广虾稻共作项目1000余亩，檀垅村积极流转土地、配合四季青公司建设苗木基地近1000

亩，至2018年，“6个1000亩”产业布局基本成型。完成各村“一事一议”项目13个、土地开发项目5个、水利冬修工程11个，建成高标准农田400余亩，为壮大村级集体经济和群众增收致富奠定了基础。

集镇建设。按照“制定发展规划、完善集镇功能、美化集镇面貌、改善人居环境”的集镇建设基本原则，在改造集镇老街的基础上不断扩大集镇规模。2018年共投资38万元将铁路桥下近2000平方米的堆土场改造成集运动、休闲、停车为一体的综合型广场；完成集镇附近沈可举自然村500米人行道改造，并安装路灯。投资300余万元对张富新街进行“美化、亮化、彩化”改造，改造人行道1000余米、安装路灯60余盏、种植景观树木140余棵；高标准建设“漱芳园”广场；集镇功能更加齐全，面貌焕然一新。同时逐步完善集镇管理，定期对集镇路边停靠车辆和过往车辆进行管控与疏导，确保集镇车辆顺畅通行；配强集镇环卫人员，有效改善集镇卫生状况；定期开展集镇环境卫生专项整治，规范集镇商户经营行为和居民的生活行为。

秀美乡村建设。以“整洁美丽、和谐宜居”为目标，重点在九景衢铁路沿线进行标准化建设，25个新农村建设点完成21个自然村提升改造。其中刘瑞村沈贵湾在完成新农村建设基础上铺设雨污分离地下管网和建设污水处理站，实现污水集中处理。牢固树立“绿水青山就是金山银山”理念，深入落实河（湖）长制、林长制，持续推进河湖“四乱”和林业违规行为整治行动。禁止矿山违规开挖取石、取土，全面实施矿山生态化改造。继续加大畜禽养殖、秸秆禁燃管控力度，坚决做到不再新上畜禽养殖场和小、散、乱、污企业。加大“张青水”整治项目对接力度。加快旅游与农业、文化等融合发展，积极培育乡村旅游业。

民生工程。坚持以民生为导向，不断推动民生事业全面进步。协调推进张付公路、张青—程山“四好农村路”和石钟山—马当变电站220千伏新建线路工程项目建设。交通、水利等基础设施不断完善，教育、医疗、社会保障水平大幅提升，各项社会事业稳步发展。

脱贫攻坚。2018年陆续开展“春季攻势、夏季整改、秋冬会战”三大行动，完成扶贫项目18个。多措并举，落实改水51户、改厕20户、危房改造30户；为贫困户提供公路养护、图书管理、卫生保洁等扶贫专岗33个。鼓励“志智双扶”，召开表彰大会，表彰自力更生、勤劳奋斗的贫困户家庭，营造脱贫光荣的氛围。加强第一书记日常管理和业务培训，打造一支下得去、融得进、干得好的扶贫工作队伍。全乡建档立卡贫困户204户、贫困人口740人。截至2018年12月底，脱贫133户482人，其中2018年脱贫23户81人（未脱贫71户258人）。确保稳定实现“两不愁、三保障”目标。

精神文明建设。积极开展国家公共文化服务体系创建。发挥乡综合文化站、戏曲剧团、农家书屋服务功能，广泛开展各类文化活动。全年送戏、送文化下村8场次；组织县下片区老年人重阳节文体会演；成功举办湖口县首届西瓜文化旅游节，实现农业搭台、文化旅游唱戏，获得良好的经济效益和社会效益。开展精神文明创建。长塘村吴世平家庭和张青村张少群家庭获“首届全县文明家庭”称号。逐步推行烟花爆竹禁燃禁放，加强殡葬改革宣传，全面倡导文明新风。以组织传统文化进校园等一系列活动为方式，在全乡掀起一股发扬优良传统文化，学习宣传社会主义核心价值观的热潮。

【张青乡脱贫表彰大会召开】 2018年1月3日，张青乡召开脱贫攻坚贫困户脱贫表彰大会。会上，吴小良、吴述霞、殷清宝、葛木林、张日春、沈会初、沈喜赐、吴凤桃、闻长女、吴小苏、唐小明等11位先进典型脱贫户受到表彰。在扶贫工作中涌现了一批先进典型，其中，青龙村第一书记潘建，脚步遍布青龙村每个角落，撰写扶贫日记20万余字，记录扶贫工作的点点滴滴。他的扶贫感人事迹被十九大代表向东整理成调研材料带去参加十九大。

【湖口县首届西瓜文化旅游节举行】 7月7日，湖口县首届西瓜文化旅游节在张青乡长塘村长夜扶贫基地举行。近年来，张青乡以重塑“瓜果之乡”品牌为主线，结合产业扶贫，大力发展西瓜种植业，建成1000亩果蔬基地。这次活动旨在积极响应全县创建国家公共文化服务体系示范区，展示丰富的乡村旅游资源，弘扬乡村旅游文化，充分发掘资源优势，助推乡村振兴。县委常委邱玉林、副县长张水兰、李水木及县直有关部门派员参加活动。

【首例村民遗体享受县惠民免费殡葬基本服务】11月1日，张青村李源前村老党员李志雄过世后，其家属遵照其遗嘱将其遗体火葬，不用棺木改用骨灰盒安葬。这是湖口县实行惠民殡葬6项基本服务免费政策以来的首例村民。李志雄当过村干部，是一名有几十年党龄的老党员，辞世前多次嘱咐儿女将其火葬，并委托其家属向组织交200元作为他的最后一次党费。在办丧过程中，李志雄老人火葬享受遗体接运、暂存、遗体火化、普通骨灰盒、骨灰寄存（一年内）、公益性骨灰堂（公墓）节地生态安葬等6项惠民殡葬政策。

（罗　璐）

付垅乡

【概况】付垅乡位于湖口县城东南，西南与均桥接壤，北邻马影镇、张青乡、大垅乡，东临武山山脉的钓鱼尖、鸡笼山、凰山、犁头尖、云凌山、一甲岭、笔架山、梧桐岭与彭泽县天红乡毗邻。境内有中型水库——殷山水库，有凰山、堰塘、新塘3座小型水库，水连着山，山水相映，风景奇特，环境优美。全乡总面积44.6平方千米，耕地面积113.4公顷，山林面积99.6公顷，乡政府驻地水车港。九景衢铁路自北而南穿境而过。全乡辖凰山、大山、一甲、殷山、水车、付垅、徐凤、夏畈、唐畈等9个行政村和东涧茶场，110个村民小组，123个自然村。2018年末有住户3856户，人口16837人，其中非农人口2221人。围绕“擦亮山水生态名片、打造宜居宜业乡镇、建设秀美幸福付垅”的工作思路，推行村级干部全日制上班制度，发挥村级信息网络员作用，积极推动“五型”政府建设工作，真抓实干，2018年实现生产总值1.96亿元，同比增长9%；财政总收入4270万元；农村居民人均可支配收入8800元，同比增长8%。获全县高质量发展考评第三名、巡回看变化全县第三名；脱贫攻坚、生态文明、信访“三无”等重点工作进入全县第三。

农业产业化。2018年全乡完成2300亩高标准农田建设，新建水渠1万余米，机耕道3000余米。大力发展特色产业，按照资源变资产，资产变股本，股本变资金的规则，积极探索“一村一品”发展新模式。截至2018年底，全乡共有付垅村的中药材、凰山村的早熟梨、水车村的瓜蒌籽、唐畈村的油茶、东涧村的野茶、夏畈村的花卉、殷山村的鱼虾等各类产业基地15个，面积5500余亩。东涧野茶获第四届石钟杯名优茶评大赛绿茶特等奖，红茶银奖，凤凰生态农业示范园被评为“省级生态示范园”。

招商引资。2018年，成立5个招商小组，加强招商引资力量。做到招引落户一批，腾笼换鸟一批，持改扩容一批。引进投资1亿元的教育装备项目签约落户，对落户建成的鑫路沥青公司、庐亭园林实业公司、梧桐风力发电站、金鑫达矿业等外资企业加大服务力度，优化生产环境，促使他们产销两旺创历史最好水平。

环境整治。坚持绿色发展理念，围绕打赢“蓝天、碧水、净土”三大保卫战目标，按照“拆、改、绿、新、清、洁”六个字要求，重点在7.5千米铁路沿线、2千米集镇沿线、8.9千米县道沿线投资1000余万元，完成482间“三房”拆除，3.8万平方米红蓝铁皮屋面改造，11万平方米破损墙面出新，1.2万平方米绿化，120余吨陈年垃圾转运，使“三线”临线的水车港、夏畈港河畅、水清、岸绿，沿途面貌焕然一新。督促并指导中广核风力发电、金鑫达矿业、鑫路沥青搅拌站3个重点企业完成生态环保改造。全面落实“林长制”“河长制”“路长制”。扩大乡村环境治理管理队伍，坚持全员全日制上班。同时加大对道路养护、森林防火、水务管理、安全管理资金的投入，为全乡环保工作提供保障。

村镇建设。2018年全乡有11个省级新农村点，13个市级新农村点的建设任务。按照“七改三网”要求，完成唐畈村徐家颈和大山崔家2个自然村的生活污水处理设施建设，打造王长官、红徐湾等一批具有田园风光、留住乡愁的特色村庄。积极争取“四好农村路”建设项目，投资2000万元建成付—张公路，投资400万元建成青阳腔大道及集镇东侧交通线，形成付垅集镇“两横三纵”格局；完成夏畈、徐凤、付垅3个行政村的“四好农村路”测量及征地工作。投资1000余万元的付垅农村电网改造工程完工。

民生事业。2018年加大脱贫攻坚工作力度，帮助贫困户255个劳动力就业，全乡有36户135人脱贫。2018年民生保障方面支出共计232.28万元。其中：社会保障和就业支出89.85万元，医疗卫生与计划生育支出13.69万元，高考入学资助金6万元，高中生助学金14.42万元，寄宿生补助14.81万元，学前教育资助金1.05万元，困难户及孤儿基本生活保障14.02万元，五保户补助5.32万元，优抚补助77.15万元，社会救助123.54万元。组织“欢乐百姓，舞动付垅”广场舞大赛，付垅青阳腔首次走上央视第十套舞台。高标准打造夏畈村、付垅村、一甲村村级基层服务所、颐养之家、留守儿童之家。付垅乡民政所获“全国先进民政所”称号。

【付垅乡成功创建全省综合减灾示范乡镇】 在2012年一甲村创建“全国综合减灾示范社区”，2013—2017年徐凤村、殷山村、东涧茶场创建“全省综合减灾示范社区”，2017年夏畈村创建“全市综合减灾示范社区”的基础上，2018年2月，江西省公布付垅乡成功创建全省综合减灾示范乡镇。近年，付垅乡深入开展防震减灾工作，制作《付垅乡灾害隐患示意图》，将其“明白卡”发给每户群众。“5·12防灾减灾日”组织开展“自然灾害综合应急演练”活动，创建了一批综合减灾示范社区。

【付垅乡举行第五届道德模范评选表彰大会】 2018年1月13日，付垅乡举行第五届道德模范评选表彰大会，表彰近两年涌现的先进模范人物。从上年6月起，付垅乡组织开展第五届道德模范评选，经过基层推荐、部门审核、走访核实、评选审定，乡党委、政府决定授予王春霞、黄浩楠、周鞋火等9位同志为“付垅乡第五届道德模范”称号，授予黎雨初付垅乡“自力更生脱贫户”称号。

（肖润文）

舜德乡

【概况】 舜德乡位于湖口县境内西南端，东与流芳乡接壤，南与都昌县苏山乡交界，北与城山镇毗连，西滨鄱阳湖与庐山隔湖相望，距湖口县城26千米，距均桥高速路口10千米。全乡辖10个行政村及1个水产养殖场，123个自然村，人口1.82万。乡域总面积108平方千米，其中陆地面积59平方千米，水域面积4900公顷，主要湖港有造湖、泊口、小桂港、青兰堰。2018年，完成生产总值3.4亿元，同比增长6.3%；农村人居可支配收入13450元，同比增长8.4%；新增规模以上企业1家，完成固定资产投资7.2亿元；财税入库7123万元，继续保持列全县“第一方阵”。2016—2018年连续3年获全市计划生育工作先进单位，2018年获全县三农工作先进单位、全县综治工作（平安建设）先进集体等称号，成功创建省级现代农业产业园。

招商引资。坚持用好“省级生态乡镇、省级生态旅游示范乡镇”品牌，积极对接融入鄱阳湖生态经济区建设。全年共外出招商4次，收集有效招商信息4条，成功签约航空小镇等3个项目。

生态保护。按照林长制、湖长制、河长制各项要求，组建综合执法队，全力开展沿湖巡查和整治。沿湖6个遥感监测点全面完成整改。拆除码头3个、养猪场3家、高炉烟囱1座、沿湖庙宇1处（违法扩建），清理违法砂石点4个，关停“小散乱污”企业1家。查处内湖鸡粪养殖2次，立案1起罚款3万元。通过群众举报和巡湖排查，打掉1个长期盘踞在湖区偷挖滥采湖沙的恶势力团伙，扣押挖掘机、铲车共4台，刑拘14人，涉案金额350余万元。督促风电项目加快对施工用道路山体的绿化修复，至年底完成全路段52%。灰山建材、鑫璞建材生态修复工程基本完工。全力推进高桥水生态文明建设项目，综合治理水域面积27公顷，建成2个农村生活污水处理示范点，新增植树造林面积600余亩，高桥村、屏峰村获批省级生态村。

现代农业。按照特色产业上规模、规模产业出效益、效益产业创品牌的农业产业化发展思路，将“两茶一苗”作为主导产业来抓。新增油茶1760亩，新增茶叶350亩，茶叶总面积达3000亩，油茶、苗木总面积突破万亩。近年新引进桂花薯、芡实、特色菌菇、罗氏沼虾、青蛙等20余种特色农产品。其中，桂花薯600余亩，平均亩产值达5000元；芡实（食药两用）1000余亩，平均亩产值达3000元；青蛙15亩，可产青蛙2500余公斤，早期产品已上市，初见成效。新增茶油、菜籽油、大米3个有机品牌，舜德小甘薯获上海第十四届生态鄱阳湖绿色农产品销售金奖。成功举办湖口县第三届茶评会。

秀美乡村建设。严格对照“拆改清洁绿新”六字要求，深入推进农村人居环境整治三年行动。累计投入1000万元以上，拆除集镇破旧“三房”91间约0.9万平方米，绿化4.5万平方米；完成集镇138户房屋徽派改造、700余米集镇道路白改黑，同步实施污水、雨水管网下地和弱电地埋工程；新增集镇路灯36盏；改造建成集镇主题广场，集镇整体面貌明显提升。规范农民建房管理，保持“两违”管控高压态势，严格执行相关审批政策和日常巡查制度，拆除违章建筑5处。投入500余万元完成21个新农村点建设，建设中拆除破旧危房98间，安装路灯77盏。聘请浙江大学设计院为全县2个市级乡村振兴示范点之一的舜德村高标准设计建设方案，全面推进王燧自然湾改造提升工程，对强电、弱电、自来水和污水管网进行规整统一并全部地埋。建设方案得到市环保部门认可。

脱贫攻坚。2018年，紧盯“两不愁、三保障”目标，扎实推进脱贫攻坚“春季攻势”“夏季整改”“秋冬会战”。投入资金404万元，大力开展十大扶贫工程，实施扶贫项目32个。为208户贫困户办理扶贫小额贷款230余万元，占全县金融扶贫总额30%；新建6个共360千瓦光伏电站，增加村集体经济收入30万元；发放产业直补资金20万元；发放低保五保金160余万元；报销医疗费用212万元；资助贫困户子女就学279人次31万余元；改水改厕22户，房屋维修19户，危房改造6户；贫困户全部与扶贫产业挂钩并建立利益联结机制，从油茶扶贫产业中分红11万元。2018年完成20户76人的脱贫任务。同时启动城镇困难群众脱贫解困工作。

民生工程。2018年，推进2条总长12.6千米的县道升级改造工程，完成征地196平方千米。积极争资争项，获批的舜德—建设、兰新—青竹“四好农村路”项目完成征地拆迁等前期工作。整合资金100余万元为最边远的2个村小组修通4.2千米的水泥路。筹资30余万元建成南湾村党群服务中心。投入50余万元对新敬老院进行绿化美化综合改造。落实民族宗教事务乡村两级网络管理责任制，深入推进殡葬改革，村级公墓建设有序开展。开展“金秋助学”活动，为61名大学新生发放1.2万元的学习用品。改建舜德、石岭2个村级卫生室，高桥村、南湾村、建设村被评为市级卫生村，舜德乡成功入选市级卫生乡镇。计划生育工作连续3年获市政府表彰。开展安全生产十大专项整治行动，全年未发生一起安全生产事故。全年办理信访案件6起，化解矛盾纠纷27起，兰新、荆桥、青竹、建设、石岭、灰山、高桥等7个行政村被评为全县信访“三无村”，数居全县第一。深化扫黑除恶专项斗争，营造铺天盖地的宣传氛围，成功打掉黑恶势力犯罪团伙1个。

【舜德乡乡村振兴动员大会召开】 舜德乡舜德村是全县乡村振兴示范点。10月12日，为确保乡村振兴战略落到实处，舜德乡举行乡村振兴动员大会暨金秋重阳·关爱老人专场文艺演出，大会紧紧围绕中央提出的“产业兴旺、生态宜居、乡风文明、治理有效、生活富裕”总要求，对今后一个时期农村工作做出全面部署和安排：继续优化农业产业结构，大力推进农业“新六产”；大力实施质量提升行动，多措并举促进农民增收；扎实推进美丽乡村建设，努力补齐公共基础设施建设短板，大力推进乡村文明行动；始终坚持深化农村改革，切实加强对“三农”工作的组织领导，全面打赢脱贫攻坚战。副县长张水兰、县政协副主席李宏川出席大会。

【航空小镇项目落户舜德】 2018年，舜德乡引入航空小镇项目。至年末，投入资金超过1000万元，完成项目总规、场地进驻等工作。

【“江西省第二次党代会旧址”项目开发】 按照省第二次党代会旧址三区连片打造思路，分别对红色文化核心区、红色基因传承区、生态振兴示范区进行资源整合，整体推进。累计投入近200万元建成长达1400米的旅游环形公路，完成省第二次党代会址外部环境改造提升工程，拆除空心房68间，清理平整复绿土地4万平方米，连片流转王燧及周边村庄土地500余亩建设苗木基地，种植紫荆等花卉苗木9800株，改造绿地4.5万平方米。2018年，接待参观单位90余个、游客近4000人次，入选第二批全市党员教育示范基地。

（吴　翔）

流芳乡

【概况】 流芳乡处湖口县南部，东南与都昌县春桥乡、苏山乡相界，西与舜德乡毗邻，北与舜德、城山两乡镇接壤，东西宽约7千米，南北最长9千米。耕地面积1133公顷，林地面积633公顷，水域面积230公顷，森林覆盖率53%，绿化率20%。辖流芳、联合、老山、红山、青年、沙港6个行政村，99个村民小组，93个自然村庄。2018年年末，全乡2612户、12536人，其中非农人口2596人。乡政府驻地流芳集镇，距县城28千米。流芳乡地形为山地丘陵，南北高，中部低，由东向西呈梯状倾斜。境内海拔最高点老山台山海拔228.4米，最低点穆家湾湖滩海拔8.1米。湖港总长13千米，穆家湾湖源出武山经流芳港2千米、源出横山经沙港4千米，流域面积3000平方米；土目山港源出都昌土目山经清江4000米。两湖港流经造湖注入鄱阳湖。境内水库4座，堰坝12处，总蓄水量达200万立方米。矿藏有粗砂、花岗岩和储量较少的瓷土。全年实现财税收入5041万元，完成固定资产投资2.7亿元。

2018年，该乡三农工作、环境整治两项工作获全县第一名，党的建设、脱贫攻坚、综治三项工作获全县综合先进单位，还获得全县文明单位、全县信访“三无”乡镇、全县履行教育督导职责工作先进单位等荣誉。流芳村获“首届全县文明村”称号，余爱红家庭获“首届全县文明家庭”称号。

发展农村经济新业态。引进国内领先技术开展供港蔬菜基地水肥一体化试点，加快发展供港蔬菜、花卉苗木、白茶、莲子等产业，投资0.8亿元实施供港蔬菜基地项目。稳妥推进1000亩土地开发、600亩高标准农田建设，新打地下井4口，实施高效节水灌溉工程。大力发展乡村旅游、文体休闲和民宿经济，高标准打造百亩荷花、百亩梅园观赏基地，建设王叔遐3A级乡村旅游景点，与新加坡威尔斯诺集团签订投资6亿元的酒店管理项目框架合作协议，成功举办首届“中国农民丰收节”美丽豆乡活动。

打造“美丽豆乡，生态流芳”。明确“美丽豆乡，生态流芳”规划定位，突出规划刚性引领，邀请专业规划设计团队，编制村庄提升、集镇改造、绿化亮化等规划，优化沿路沿线景观布局，不断提升乡村建筑品位。2018年，投入1200余万元，重点打造均流线至集镇沿线5千米生态观光带，实施集镇整体房屋外立面统一改造，拆改彩钢棚2.15万平方米，改造房屋外立面1.56万平方米，刷白8.9万平方米，建设马头墙1.05万平方米，统一建设门头店招36块，拆除空心房48间、3800平方米。在进行1个自然村分站式污水处理试点的基础上全面推进16个美丽乡村建设点建设。在全乡范围内开展“集镇示范、百村整治”

活动，全面整治乡村环境卫生及集镇占道摆摊设点、堆放杂物现象，加强统一保洁的管理，使集镇和农村环境更整洁。加大农民建房巡查力度，对设施农用地实行备案管理，规范土地使用和村民有序建房。建设流苏公路（省道）改道工程，构建环集镇路网框架。全县城乡环境整治工作现场会在流芳乡召开。

加快民生工程建设。启动“四好农村路”建设，完成工程设计和6千米道路征地及平整工作，完成2座危桥改造施工图、3千米生命安全防护工程设计并获批复，建成水泥路1.8千米，在建0.78千米。标准化建设乡档案馆、公路管理站。配套建设门球场风雨顶棚。中学学生公寓、中心小学教师周转房建成并投入使用。投入15万元对敬老院升级改造。加强低保动态化管理，发放低保76.07万元。推进移风易俗，倡导在宗教场所开展升国旗活动，鼓励文明祭扫，倡导绿色殡葬，扎实推进殡葬改革及公墓区建设工作，2018年全县首例生态葬在流芳乡境内。全面落实安全生产工作责任制，加强企业、学校、建筑工地等安全生产大检查，开展专项检查4次，依规关停企业2家。

全面落实“8+2”扶贫工程。发挥“两业”扶贫和社会扶贫功能，实施“幸福豆田”计划。发动企业认领豆田，吸收26户贫困户参与“幸福豆田”种植管理，贫困户户均增收3000元。全面落实保障性扶贫政策，完成危房改造24户，其中实施“交钥匙工程”5户；完成贫困户改水22户、改厕16户。用活贫困户小额信用贷款政策，全乡贫困户共争取扶贫小额信贷49.5万元。积极开展“志智双扶”，加强教育培训，营造脱贫光荣的氛围，帮助贫困户发展产业、引导贫困户就地就业。2018年，全乡实现稳定减贫16户50人。

依法抓好环境保护。加大对小散乱污企业的关停整治力度，依法关停鸿运砖窑厂、乌石包采石场和1处非法洗砂点，拆除3家畜禽养殖场。完成对砖窑厂的平整复垦，启动对矿山生态复绿。全面实施秸秆禁燃。组织疏浚堵塞河道，完成2座小（2）型水库退养，生态化保护饮用水源。全面落实“河长制”“湖长制”“林长制”。站在环保高度，全力协办省运会自行车项目预选赛。

加强作风建设。认真开展作风大整治和“怕慢假庸散”专项整治。把握运用监督执纪“四种形态”，立足抓早抓小。全年党内问责4起，涉及4个党组织；加强基层组织建设，发展党员5名；配优配强村两委班子，班子成员年龄和文化程度进一步优化；提高村组干部待遇，首次为村两委正副职干部购买养老保险。培育壮大村级集体经济，支持村集体入股豆产业专业合作社。加强意识形态方面的工作，坚持“两学一做”学习教育常态化和制度化，大力弘扬社会主义核心价值观。扎实开展扫黑除恶专项斗争，严厉打击涉黑涉恶行为，摸排并提交4起涉黑涉恶线索。

【“流芳豆香”市级特色小镇申报成功】 按照豆产业“四化一体、四轮驱动”发展模式，与省农科院、华南农大、九江学院等科研院校合作推广大豆高产种植、病虫害绿色防控技术。大豆基地采用该技术后，经省农科院组织的专家测产，夏大豆亩产257.2千克，创南方大豆高产历史纪录。召开“豆—油”模式现场观摩会、国家大豆产业技术体系座谈会，国家工程院院士、大豆改良中心主任盖钧镒等多位高级专家莅临指导。该乡豆产品在第三届中国大豆食品节、江西省地方特色商品（山东）展销会参展。坚持科技创新，与九江学院合作开展豆制品设备研发，“流芳豆谷”星创天地获国家科技部审核批准。豆产业发展合作社与县文化旅游集团、铭铉集团3方合作，签订总投资1亿元的豆文化产业园项目；成功签约投资1.2亿元的“中华老字号”豆豉项目。2018年，成功申报“流芳豆香”市级特色小镇。

【国家级大豆专家亲临流芳测产】 9月8日，由江西省农科院作物研究所国家大豆产业技术体系南昌综合试验站组织的“夏大豆绿色优质高产栽培试验观摩暨测产会”在流芳乡举行。中国农业科学院作物科学研究所研究员常汝镇，河北省农业科学院粮油作物研究所研究员张孟臣、杨春燕等国家级大豆专家，参加现场观摩和测产。专家团队对夏大豆绿色优质高产栽培试验示范田种植的“中豆41”进行现场测产，在150亩示范田中选择有代表性的地块，在有代表性的地块随机选取3个测产样点，每个测产点面积2平方米，测定播种行距和株距，调查株数和弹珠饱粒数，计算亩密度、单株产量和亩产量。经测算，“中豆41”种植密度7222株/亩，单株产量35.6克，折算亩产257.2千克，创南方夏大豆单产新高。

【“流芳豆参”亮相中国（上海）大豆展览会】 4月12—14日，2018中国（上海）国际大豆食品加工技术及设备展览会、第三届中国大豆食品节在上海光大展会中心举行。来自全国各地众多豆制品企业及豆制品设备制造企业参加了此次展会，湖口县流芳豆产业发展专业合作社受组委会邀请，组团并携“流芳豆参”赴沪参展，全程参加展会和大豆食品节的各项活动。

（徐演生）

南北港水产场

【概况】 南北港水产场位于湖口县西北鄱阳湖滨，下辖3个分场，其中2个分场属产企业，1个北港农业分场，属行政村，列入财政转移支付。全场总面积约20平方千米，其中场部所在地约1平方千米。全场水面1333公顷，耕地60公顷，林地313公顷，森林覆盖率90%以上。总人口877人，其中非农业人口180人，人口自然增长率10‰。北港农业分场面积约460公顷，其中山地面积317公顷，水域面积约73公顷，耕地面积约67公顷；下辖4个村民小组（即南垅湾、洪家湾、汪家岭和伍段阳湾），常住户162户，人口625人。

2018年，经济发展稳中向好。年生产总值2346.3万元，同比增长13%。其中第一产业的水产养殖业增加近300万元，增长14%；粮食总产量26.5吨，农业总产值2346.3万元；企业总收入1153.2万元，增加97万元；第三产业增加19.8万元，增长9%；固定资产投资约200万元。北港农业分场村民在党支部的带领下，发展生产，多种经营，人均可支配收入达1.5万元。生态文明建设初见成效。通过推进“河长制”“林长制”，促进水产养殖业生态绿色发展，绿地面积大幅度增加，达到90%；湖水水质由劣V类提升到IV类。民生福祉增加。全年非农业收入大幅增长，人均可支配收入近3万元，同比增加5000元；农村居民人均纯收入9000元，同比增加1000元。新增转移农村劳动力20余个。城乡居民养老保险参保率和城乡居民基本医疗保险参保率100%。社会保险金征缴150余万元。全年脱贫减贫6人。

【鄱阳湖水产品生态绿色发展现场会召开】 2018年4月，由省农业厅组织举办的鄱阳湖水产品生态绿色发展现场会在南北港水产场举行。现场会的主题是“推进鄱阳湖水产品绿色生态发展”。现场会的召开促进南北港水产品生态绿色发展进入新阶段。现场会期间现场投放螃蟹苗30万尾。

【湖口县第二届农耕健身大赛在文昌府举行】 10月10日，县文广局、旅发委、农业局、体育局在南北港水产场文昌府休闲山庄联合举办湖口县第二届农耕健身大赛。赛事设推媳妇回娘家、同心锯木、晒场收谷、车水抗旱、户外狩猎、鱼塘抓鱼、稻田捕鱼等7个趣味性、娱乐性、技巧性的比赛项目。

（戴　秋）

武山垦殖场

【概况】 湖口县武山垦殖场，地处都昌、湖口、彭泽3县交界的武山西麓，前身是国营武山综合垦殖场，1970 年并入共产主义劳动大学湖口分校（简称共大），开办了农学班、林学班、兽医班、医务班等适合当时社会需要的专业班，实行半工半读、勤工俭学的办学模式；1993 年 8 月恢复武山垦殖场，属正科级单位，列入乡镇系列管理；2014 年 4 月 4 日恢复纳入农垦系统管理。现在的武垦场下辖农场、林场、庆大村、浙江移民村、集镇中心村和天山景区。辖区总面积 16.6 平方千米，山林面积 1330 余公顷，茶园面积 13 公顷，耕地面积 93 公顷，人口 4623 人。2018 年，武垦场围绕建设“知青小镇、生态武垦”的目标，用活“农垦共大、知青岁月、农耕文化”等资源，精心打造旅游风情小镇。由于目标明确，真抓实干，取得了成效。2018 年，庆大村被九江市精神文明建设委员会评选为“九江市文明村镇”，被江西省委农工部、宣传部、省旅发委评选为“全省最具乡愁村庄”。环境综合整治工作获全县城乡环境综合整治工作奖。

建设复合型生态农业。武山垦殖场下大力气改善农业生产条件，加大农田水利建设力度，2018 年在庆大村刘栋仕湾建设高标准农田 76 亩。在优化传统农业的基础上，重点发展特色农业，引进“稻鸭共生”复合型生态农业技术，由种粮大户胡松林试点实施。知青稻、茶园、果园发展到 600 余亩，特色苗木基地 60 亩。2018 年天山茶场茶叶产量约 1000 千克，开发的天泉富硒茶得到专家好评。

环境整治成效显著。2018 年共投入 465 万元，于 3 月 22 日至 5 月 11 日开始集中开展环境整治，拆除违规建筑 4 处，改造红蓝铁皮瓦 10754 平方米、围墙 400 平方米，统一新装店招 1093 平方米，刷白出新细埠堰、老景湖路及停车场周边墙面及大门 15736 平方米，新建停车场 2800 平方米，新增绿化面积 5570 平方米。武垦场被列为全市环境整治现场会湖口县 7 个现场点之一。9 月，武垦场投资 50 余万元对新景湖路埠堰段和集镇中心村路段运用压模技术进行人行道改造，完善绿化、亮化。投资 49 万元，实施庆大村分散式污水处理项目，铺设管网 900 余米，建成 3 个污水处理站，改造 28 户农户化粪池。通过改造，农户污水达到零排放。严明扶贫纪律，7 月 30 日建成扶贫纪律漫画宣传廊。

【江西佳美鼎盛体育产业有限公司落户武垦场】2018 年立足农业稳场、工业兴场、旅游富场的发展思路，引进江西佳美鼎盛体育产业有限公司落户武垦场，项目占地面积 19489.88 平方米，设计建成 4 个生产车间，1 栋（4 层）办公楼。江西佳美鼎盛体育产业有限公司是一家以水为主题领域从事相关产品研发、生产、代理国际顶级桑拿设备及环保设备为一体的科技型企业。主要产品是更衣柜。产品覆盖泳池桑拿工程公司、房地产公司、设计院、物业公司、园林景观公司、酒店桑拿中心、家庭 SPA 等多样市场。业务遍布全国 30 多个省市。

【武垦风情小镇建设】依托知青文化和武垦创业史，规划打造 16 平方千米、核心区域 2 平方千米的武垦风情小镇。重点建设知青旧居、民宿农旅、生态农耕等特色文化景观。2018 年，投入 80 余万元把原有的 300 平方米的老仓库精心打造成“知青馆”。“知青馆”将“知青岁月”“共大时期”和党建阵地完美结合，已成为新时代文明实践中心和红色教育传承基地，被省委宣传部、省文明办评选为“江西省村史馆”。为挖掘共大时期创业资源，7 月，武垦场启动工业史编纂工作。

（余志杰）

全县村（社区）基本情况

2018 年双钟镇行政村（居）基本情况一览表

名称	自然村	人口	耕地面积（亩）		党支部书记	村（居）委会主任
			水田	旱地		
洪湖村	9	1383	816.3	618.1	许　政	许　政
月亮村	11	1347	610.2	876.6	许鞋春	王和平
胜利村	8	1249	984	680	杨雪平	杨雪平
柏树村	12	1947	—	448.4	劳世良	劳世良
台山社区	9	1649	570	527	周桂喜	周满金
鄱湖社区	13	10175	—	501.7	曹雪喜	周勇勤
莲湾社区	6	3206	—	150.9	李春水	段艳华
三里社区	2	6396	—	93.41	陶水祖	陈卫平
钟山社区	—	702	—	—	邓　霞	邓　霞
柘矶社区	—	2370	—	—	沈梅琴	张四牛
大岭社区	2	15678	—	98.2	夏剑武	潘华斌
云亭社区	—	6903	—	—	赵秋荣	张雪峰
大中社区	—	8278	—	—	程　晖	沈志强
西门社区	—	9829	—	—	吕美莲	杨海春
江阀社区	—		—	—	邹玉生	黄建生

流泗镇行政村（居）基本情况一览表

名称	户籍人口	常住人口	户数	自然村数	耕地（亩）	面积（平方公里）	支部书记	村委会主任
流泗桥社区	2258	2235	530	16	1668	8.3	周晓兵	曹志云
金山村	1896	1808	439	15	2280	2.96	柳红兵	柳保华
红枫村	1800	1690	476	13	1970	3.2	彭金牛	彭新鹿
竹涧村	2479	2610	660	15	1521.97	2.89	刘　平	王林炫
东风村	2847	1755	695	17	2693	3.2	潘华松	段世国
莲花村	1790	530	464	10	860	2.5	廖卫东	廖卫东
西塘村	1717	650	443	9	1029.38	2.3	蔡　剑	周益军
红星村	2182	728	492	14	940	2.496	王雪梅	刘志喜
长垅村	1196	1196	286	4	471	2.1	廖爱龙	无
基垄村	1896	1896	461	14	2218.55	3.1	许凤金	许凤金
菱塘村	1476	1476	447	5	1369	3.2	宁庆来	宁庆来
江山村	2325	1300	526	16	2961	6	周　斌	周　斌

续表

名称	户籍人口	常住人口	户数	自然村数	耕地（亩）	面积（平方公里）	支部书记	村委会主任
杨山村	2180	1400	405	16	1147.04	2.6	周勇斌	周勇斌
棠山村	2230	1380	487	7	2103.3	4.9	周益军	周益军
长棉村	619	512	143	3	0	1.53	刘海峰	刘海峰
永和村	1045	680	268	3	90	1	彭孝龙	刘为松
砂洲村	1012	740	165	4	650	2.805	彭长兵	王月明
江湾社区	1213	1205	365	1	291	1	周衍益	丰卫林

马影镇行政村（居）基本情况一览表

名称	自然村（个）	人口（人）	党支部书记	村（社区）委会主任
马影桥社区	9	2405	郑　华	郑映球
海山社区	11	1792	李江兵	吴　政
罗岭村	10	2382	张　斌	张海平
新塘村	12	2207	梅湘桂	郑小军
永桥村	9	1438	郭胜江	郭胜江
走马村	10	2476	梅江喜	梅江喜
道桥村	8	1143	王先云	沈文英
观桥村	7	1658	李先初	李先初
东塘村	7	1629	王少雄	柯金宝
柯观村	9	2313	熊爱东	唐爱红
董埂村	8	1576	李员助（2018 年 10 月后由段敏峰主持工作）	董　青
坚山村	8	1480	熊小云	—
石山村	11	1369	张学妹	宛小兵

武山镇行政村（居）基本情况一览表

名称	户籍人口	常住人口	户数	自然村数	耕地（亩）	面积（平方公里）	支部书记	村委会主任
埠堰村	1130	739	305	11	1949	4.5	王效生	曹　剑
五里社区	1416	664	358	14	2044	6.1	刘贡钦	沈贱苟
武前村	1471	610	386	16	2905	6	张　帆	张　帆
五新村	1127	512	326	13	1464	7.2	陈炳初	陈炳初

续表

名称	户籍人口	常住人口	户数	自然村数	耕地（亩）	面积（平方公里）	支部书记	村委会主任
王常村	1585	685	335	8	1824	6	王国军	王寨喜
武山村	1382	704	376	10	1670	6	沈重平	陈小江
西桥村	2032	828	384	14	2350	9.2	余秋员	方华平
长岭村	1227	521	284	13	2400	5	林见初	陈霞（女）
武联村	1172	588	312	8	1855	5	邹员林	邹员林
莲凤村	1418	718	275	10	1680	5	沈日初	沈日初
合计	13960	6569	3341	117	20141	60	—	—

城山镇行政村（居）基本情况一览表

名称	户籍人口	常住人口	户数	自然村数	耕地（亩）	面积（平方公里）	支部书记	村委会主任
大塘社区	2279	1686	596	25	3168	5	杨忠明	杨忠明
东港社区	1751	1524	496	7	1831	2.4	许等春	王江洪
陈岭村	1976	1696	414	14	2249.83	5.6	沈继发	王秒军
陈仓村	1141	855	375	14	2007.9	3.5	张先武	杨初荣
横山村	2280	1760	554	19	2956.07	6.6	曹　达	杨细学
团山村	295	1106	265	11	1184.3	2.5	王飞南	杨云兰
辕门村	1745	985	446	19	2822.5	5	徐锦霞	王涧强
牌楼村	1319	1120	347	7	1808	3	张金平	李宇娟
东庄村	2208	1066	561	18	2254	2.86	陈珊珊	陈金兵
团墩村	2517	1846	569	22	2864	3	杨火松	杨火松
富源村	1260	1080	286	15	1330	2	屈艳花	王付林
竹庄村	1506	1260	395	4	1495	3	李勇斌	李　江
观塘村	1905	1850	525	9	1950	5	徐泽明	徐泽明
南湖村	2052	1360	462	16	1952	2.7	江　平	江学友

均桥镇行政村（居）基本情况一览表

名称	户籍人口	常住人口	户数	自然村数	耕地（亩）	面积（平方千米）	支部书记	村委会主任
文光村	1462	1162	359	11	2166.04	4.33	夏兴初	黄培基
文桥村	1447	1640	353	15	1867	2.63	梅燎平	黄路洋
新桥村	983	986	240	8	1452	3.53	饶志轩	饶火保

续表

名称	户籍人口	常住人口	户数	自然村数	耕地（亩）	面积（平方千米）	支部书记	村委会主任
文建村	1128	1237	265	9	1470	3.53	周细忠	周火平
六甲村	1445	1580	338	11	1860	2.53	王贱华	鲁　聂
高塘村	1399	1600	331	9	2260	3.03	饶雄兵	饶雄兵
文联社区	1812	1926	431	12	2389	3.67	周小波	聂　瑜
文新村	1446	1335	343	13	2295	2.23	崔旺雨	黄　兴
新庄村	1178	1336	275	7	1768	2.33	夏小和	夏卫平
均桥村	1953	2226	489	10	2003	3.2	周衍锋	蔡初成
饶塘村	1122	1112	265	5	1578	2.65	陈水华	王艳中
象山村	1612	1611	398	13	1496	3.53	柳正仁	刘水桂
桂垅村	1875	1831	463	14	2109	3.03	陈小红	饶君君
枫树村	1559	1609	386	15	2301.7	2.33	叶细初	叶细初
江桥社区	1547	1620	396	14	2100	2.93	王先剑	殷雨华
兰亭村	1716	1586	432	12	2012	3.53	吴敦波	吴敦波
南港村	2243	2052	556	23	2424	4.33	付秋平	付秋平
罗垅村	2888	1889	681	15	2700	5.53	吴吉明	吴吉明
坝桥村	2158	2283	534	21	2231	5.13	李双敏	李双敏
渊明社区	—	2696	578	—	—	—	杨江波	徐跟来
合计	30973	33317	8113	237	38481.74	64	—	—

凰村乡行政村基本情况一览表

名称	小组（个）	人口（人）	耕地面积（亩）	农民人均纯收入（元）	党支部书记	村委会主任
凰村村	27	2936	3051	15964	秦立学	张育俊
凰舞村	10	1847	217.32	15964	吴　晟	吴　晟
双桥村	10	1856	2206.7	15964	吴美和	吴美和
四官村	13	1281	1430	15964	胡小明	周晓珍
新丰村	9	1514	1835	15964	汪荣初	沈江平
西山村	11	2157	2701	15964	郭赣雄	郭赣雄
龙山村	15	1634	1713.1	15964	许永峰	方爱中
向阳村	19	2962	2215	15964	葛小泉	刘小兵
花园村	12	2351	2040.6	15964	余腊华	余腊华
新庆村	10	1149	1476	15964	曹兵兵	—

大垅乡行政村基本情况一览表

名称	户籍人口	户数	自然村数	耕地（亩）	面积（平方千米）	支部书记	村委会主任
王斯村	2398	589	13	1904	3.52	沈　鹏	王雄斌
芦岭村	1896	475	11	1671	6.16	邹宏伟	邹宏伟
花尖村	2038	498	10	1288	4.94	施全伟	施胜翔
管垅村	1376	334	8	1173	2.25	廖水仁	廖水仁
牌骆村	1196	289	9	1104	1.65	骆付员	骆付员
马步村	1379	342	8	1165	1.78	金　斌	金　斌
大垅村	2156	509	9	1283	1.96	张年勇	张佑祖
阳垅村	1326	321	7	995	1.62	廖克鹏	方建勋
联丰村	1205	286	11	716	7.33	曹　炜	张桃初
合计	14970	3643	86	11299	32.18	—	—

张青乡行政村基本情况一览表

名称	常住人口	常住户数	自然村数	耕地（亩）	面积(平方千米)	支部书记	村委会主任
竹山村	1460	350	9	1460	2.73	曹论金	曹论金
爱国村	1085	265	10	978	1.5	夏泽玉	唐爱平
青龙村	1539	373	10	1391	2.15	张红卫	张红卫
张青村	3783	824	20	2633	4.85	李效斌	王光明
泉水村	1505	360	9	1200	3.2	周光喜	段东林
程山村	1369	339	10	1450	3.7	殷侠飞	殷侠飞
荷塘村	1682	421	12	1439	2.3	李爱华	李爱华
八方村	1721	387	8	1778	2	许先承	许先承
檀垅村	2782	668	13	3163	4.8	蔡明初	蔡明初
刘瑞村	2032	508	13	1947	1.8	沈小如	沈友良
长塘村	1562	420	9	1169	3.658	吴会川	吴世平

付垅乡行政村基本情况一览表

名称	户籍人口	常住人口	户数	自然村数	耕地（亩）	面积（平方千米）	支部书记	村委会主任
殷山村	2435	1461	601	14	1429	9	殷祯喜	殷卫兵
唐畈村	3054	1810	810	20	3815	6	陈巧林	唐华泉
夏畈村	1226	505	296	5	1257.17	2.62	夏海华	夏海华

续表

名称	户籍人口	常住人口	户数	自然村数	耕地（亩）	面积（平方千米）	支部书记	村委会主任
徐凤村	1560	796	346	12	1544	1.8	崔平锋	王淼红
水车村	2456	2236	537	21	2258	3.86	左　筠	周　辉
付垅村	1458	1100	371	10	1500	3.8	刘　平	刘　平
大山村	1338	1186	296	10	1384	4.48	刘年平	刘年平
一甲村	1235	780	306	10	1481	4.8	周青喜	饶慧奇
凰山村	1143	860	278	13	1512.8	2.5	曹永忠	黎　升
东涧茶场	336	69	89	7	488	4.2	曹旭东	曹　义

舜德乡行政村基本情况一览表

名称	户籍人数	常住人口	户数	自然村数	耕地（亩）	面积（平方千米）	支部书记	村委会主任
舜德村	1563	1406	394	13	1955.5	3.9	李特干	李特干
油垅村	1544	1544	409	8	2208.08	2.9	曹雄忠	曹雄忠
建设村	1397	1397	319	15	2536.97	3.73	陈小宁	欧阳小虎
灰山村	1683	826	420	11	2941.98	1.75	屈小乾	屈小乾
南湾村	1386	1312	348	8	1600	4.2	沈剑红	沈剑红
荆桥村	1704	1556	407	13	2321	2.67	杨春志	杨　明
石岭村	1768	1768	442	14	2500	11.46	欧阳平	孙美华
屏峰村	1985	1985	546	12	3385	38	余艳阳	李仲斌
高桥村	1265	817	326	10	1996.9	1.2	杨煜娟	杨煜娟
青竹村	1734	1206	365	15	2185.5	2.8	余建兵	徐爱金
兰新村	1410	1350	342	15	2274.11	4.05	徐拥斌	徐腊生

流芳乡行政村基本情况一览表

名称	户籍人口	常住人口	户数	自然村数	耕地（亩）	支部书记	村委会主任
沙港村	2240	1672	465	16	3341	蔡杰	柳江波
联合村	1570	1485	399	16	3148	黄相桂	邹买琴
老山村	2508	1815	593	13	3849	余建英	余明泉
流芳村	2657	2208	516	16	3741	欧阳斌	欧阳斌
青年村	1460	1148	316	10	2140	石论和	穆银龙
红山村	1586	931	335	14	2162	严娟	殷水平

本栏编辑　张浩迅

附 录

文献专载

站在新起点 拥抱新时代 奋力开创聚力“一核三带”建设“五个湖口”新局面
——在中共湖口县委第十四届五次全体（扩大）会议上的讲话

李小平

（2018 年 1 月 15 日）

同志们：

下面，我代表县委常委会报告 2017 年工作，并就深入学习贯彻党的十九大精神，做好今年各项工作，讲几点意见。

一、放眼新时代，我们已迈出“聚力‘一核三带’建设‘五个湖口’”的新步伐

刚刚过去的一年，在市委、市政府的坚强领导下，全县上下以迎接党的十九大和学习贯彻党的十九大精神为动力，全面落实中央、省、市各项决策部署和县十四次党代会精神，紧紧围绕聚力“一核三带”、建设“五个湖口”的战略安排和年初目标，坚定信心、提振精神，共识共为、苦干实干，各项工作取得了新成绩。市委杨伟东书记对湖口发展给予了“势头好、亮点多、干劲足”的充分肯定。

1. 推动了党的十九大精神和省委、市委决策部署的贯彻落实。县委坚持把“喜迎十九大、学习十九大、贯彻十九大”作为全年工作主线。十九大召开之前，县委牢牢把握正确的政治导向和舆论导向，扎实做好了氛围宣传、代表选举、安全维稳等重点工作，为党的十九大胜利召开营造了和谐稳定的社会环境和良好的舆论环境。

十九大召开后，县委把学习贯彻十九大精神作为最紧迫、最重要的政治任务，第一时间组织传达学习，认真开展“三团七进全覆盖”“贯彻十九大、书记面对面”等活动，有力推动了党的十九大精神进企业、进农村、进机关、进校园、进社区、进网络。围绕“贯彻十九大、今年怎么看、明年怎么干”，先后召开县四套班子成员、乡（镇、场）党委书记、县直部门部分负责人务虚会，广泛听取意见建议。对表中央精神和省委、市委要求，结合湖口实际，研究提出《关于深入学习贯彻党的十九大精神奋力开创“聚力一核三带、建设五个湖口”新局面的意见》，不断把学习贯彻十九大精神引向深入，确保中央和省委、市委决策部署在我县落地见效。

2. 保持了“稳中有进、既新又好”的发展态势。坚持稳中求进总基调，深入推进新工业十年行动，切实打好转型升级组合拳，主要经济指标继续保持在全市第一方阵。财政收入在全市率先跃上 30 亿元台阶，工业主营业务收入跃上 500 亿元台阶；企业效益进一步提升，纳税过亿元的企业 2 家、过千万的企业 11 家，列全市第一。战略性新兴产业占比提高 1.3 个百分点，高新技术产业主营业务收入、税收、利润分别增长 22.8%、50.3%、89.6%。积极创建武山国家现代农业产业园，建成全省首个县级农业大数据平台，成功获评全国渔业健康养殖示范县，智慧农业获农业部和省、市主要领导充分肯定。产业结构进一步优化，三次产业比调整为 9.5 : 69.8 : 20.7，第三产业占比提高 2.3 个百分点，实现了“稳中有进、既新又好”的发展目标。

3. 践行了“生态优先、绿色发展”的发展理念。坚持以“生态优先、绿色发展”为引领，高度重视和推进生态文明建设，着力解决突出环境问题。在全市率先开展园区“三化”行动，完成了沿江绿廊、生态停车场、污水处理纳管排放“双提标”“一企一管一池一阀”改造等一批重大生态项目，改善了园区面貌、强化了环境治理、倒逼了企业转型，得到了省、市充分肯定，全省中央环保督查问题整改暨改善生态环境质量现场会和全市生态工业园区建设现场会均在我县召开。扎实推进城乡环境综合整治，在全市率先实施城乡生活垃圾第三方治理 PPP 模式，有序推进“四尘三烟三气”、秸秆禁烧等专项治理，有效落实“河长制”“路长制”，非法和临时码头整治、矿山治理、山体复绿和湿地修复效果明显，生态绿色逐步成为湖口发展的主色调。

4. 加快了“创新驱动、转型升级”的发展步伐。坚持把创新驱动作为加快转型发展的最强引擎，深入推进“湖口创谷”计划，海山科技创新试验区和湖口科创中心揭牌运营，成功进驻中科院新材料协同创新中心、南京大学环保创新中心等一批国家级研发平台，天赐科技企业孵化器在孵企业达 13 家，“一个工业园 + 一平方千米科技园”“一个重点产业 + 一个创新服务综合体”模式在全市推广。成功组建文旅投资集团、工业投资公司。柔性引进“国家千人计划”科技创新领军人才 1 人，自主培育“国家万人计划”科技创业人才 1 人、市“双百·双千”人才 4 人，新增省级院士站 2 家、省级工程技术研究中心 4 家、省级企业技术中心 2 家、市级人才示范点 2 个。国家精细化工高新技术产业化基地成功获批，区域创新能力明显提升。湖口坚实迈出了“以科技创新引领全面创新”的历史性一步。

5. 实施了一批“打基础、管长远”的重大项目。坚持把重大项目作为加快发展的最强支撑，牢固树立“项目为王”理念，扎实开展“重大项目落实年”活动。全年新引进项目 44 个，一德新型油料、北美产业园、置地远大等一批投资超 10 亿元的重大产业项目成功落户；神华九江电厂、五星纸业、赛得利纤维（二期）、新材料循环产业园等一批重大在建项目加速推进，预计今年 4 月前均可建成投产。老城棚户区改造取得突破性进展，启动实施石钟山景区创 5A、象山旅游公路等重点项目，“四城同创”首战告捷，一次性成功创建“国家园林县城”。完成城市主干道“白改黑”，高标准打造首条城市绿道，城市主轴线基本形成，城市功能和格局明显提升，美誉度和品位度明显增强。九景衢铁路建成通车，湖口正式迈入“高铁时代”，对外开放开启了崭新篇章。

6. 办好了“群众关切、社会关注”的民生实事。坚持把脱贫攻坚作为最大的政治、最大的责任、最大的民生，扎实推进“十大脱贫工程”，实现7个贫困村退出摘帽，1885户6405人成功脱贫。坚持将财政总支出的70%以上用于改善和保障民生，大力推进“三民五优”八大民生工程，解决了群众不少身边事、烦心事。坚持加强和创新社会治理，全面落实安全生产、信访维稳责任制，有效化解了房地产市场、小服装厂等一批历史遗留问题，依法妥善处置了民间借贷、非法传销等一批重大案件。特别是在党的十九大期间，全力以赴打好了信访维稳、安全生产、环境保护三大攻坚战，确保了全县社会大局的和谐稳定，群众安全感、幸福感、获得感进一步提升。

7. 担起了“党要管党、从严治党”的政治责任。层层压实“两个责任”，全面加强思想政治建设、干部队伍建设、基层组织建设和党风廉政建设。牢牢把握意识形态工作的领导权，切实加强意识形态阵地建设和管理。全面落实基层党建责任制，“两学一做”学习教育常态化制度化工作在全市作典型发言，城市基层党建“五个一批”工作模式在全市推广，非公党建工作典型经验在《江西日报》头版头条刊载，打响了“红色引擎”驱动“绿色发展”的党建品牌。充分发挥谈心谈话提醒警示作用和巡视巡察“利剑”作用，稳步推进监察体制改革试点，扎实开展党员干部违规借贷、“四不为”问题专项整治，严查群众身边的不正之风和腐败问题，风清气正的政治生态持续巩固。

同志们！回顾2017年，我们坚持贯彻新思想、新理念，坚持不懈固根本、谋长远，战胜了一个又一个困难，经受了一场又一场考验，狠抓了一批决定湖口未来发展的、带有历史意义的大事要事，全县综合实力跃上了新台阶，绿色发展迈出了新步伐，创新驱动做出了新探索，发展格局实现了新突破，湖口发展已站在新的历史起点上，正以崭新的姿态拥抱新时代！

实践证明，县委提出的战略思路，是与党中央和省委、市委要求高度契合的，是符合湖口现阶段发展特征和实际的，顺应了人民群众对未来发展的美好期盼，体现了湖口长远发展的根本利益。对此，我们必须进一步增强信心，保持定力，坚定不移、一以贯之地予以推进和落实。

成绩来之不易，这是在习近平新时代中国特色社会主义思想科学指引和省委省政府、市委市政府坚强领导下，县四套班子精诚团结、共识共为的结果，也是全县各级各部门克难攻坚、积极作为的结果，更是广大党员干部担当实干、奋力拼搏的结果。在此，我代表县委常委会，向大家表示衷心感谢和崇高敬意！

站在新的历史起点上，我们既要看到取得的新成就，也要清醒认识到工作中存在的差距和不足：城乡发展不平衡、经济总量不大、产业结构不优、创新能力不强等问题依然存在；能源、环境、土地、人才、资金等要素制约比较突出；脱贫攻坚任务仍然艰巨，部分群众生活还比较困难，影响社会和谐稳定的因素依然较多，同步全面建成小康还有不少短板和弱项；党员干部小违纪、怕担当的现象时有发生，干部作风仍需加力转变。对此，我们必须高度重视，采取积极有效措施，加大力度解决。

二、把握新时代，进一步深化“聚力‘一核三带’建设‘五个湖口’”的新内涵

党的十九大确立了习近平新时代中国特色社会主义思想，对我国发展做出一系列新判断、新要求、新部署。尤其是明确指出，中国特色社会主义进入了新时代，标定了我国发展新的历史方位。省委十四届五次全会做出了建设富裕美丽幸福现代化江西的战略安排，市委十一届五次全会提出要奋力开启新时代九江全面崛起百姓更加幸福新征程，谱写富裕美丽幸福现代化江西九江篇章。我们要认真贯彻落实党的十九大和省委、市委决策部署，准确把握新时代湖口面临的新形势、新目标和新要求，与时俱进地进一步深化聚力“一核三带”、建设“五个湖口”的新内涵，不断增创“转型升级、跨越发展”的新优势。

1. 准确把握新时代湖口发展的新形势。新时代之“新”，是发展形势之新。一方面，新时代蕴含新机遇。

国家实施长江经济带建设、促进中部地区崛起、推进生态文明试验区建设，这些重大战略将推动经济增长极从东部向中部延伸，也将进一步放大湖口的发展优势；省委省政府加快九江沿江开放开发、建设万亿临港经济带，市委市政府实施新工业十年行动、支持湖口建设九江城市副中心，这些重大决策，将为湖口注入强大动力，使湖口迎来更强的辐射带动，享受更多的利好机遇，为我们在更大范围、更深层次融入区域发展大局创造了更为有利的外部环境。另一方面，新时代带来新挑战。在我国社会主要矛盾发生变化的大背景下，湖口既面临做大经济总量和提升发展质量的双重挑战，又面临新兴产业培育和传统产业升级的双重任务；既存在要素支撑不强和创新动能不足的双重制约，又存在民生保障水平不高和群众诉求多元的双重压力，实现高质量发展任务艰巨。把握新时代，我们必须科学研判湖口发展所面临的新机遇、新挑战，以奋发有为的精神状态，抢抓机遇，迎接挑战，扎实做好各项工作，努力把湖口各项事业不断推向前进。

2. 准确把握新时代湖口发展的新目标。新时代之“新”，是发展目标之新。新时代聚力“一核三带”，就是紧扣社会主要矛盾变化，着力解决发展不平衡、不充分的问题。①进一步做优中心城区这一“核”，以建设九江城市副中心为目标，加快打造山江湖旅游文化名城，把湖口塑造为江湖交汇处的一座魅力之城；②进一步做强沿江工业经济带，以争创国家高新区、国家级生态示范园区为目标，加快转型升级和创新开放，加快实现量质齐升，争当全市“新工业十年行动”的主力军和长江经济带绿色发展示范县；③进一步做美沿湖生态经济带，以建设国家生态文明试验区美丽湖口的“样板窗口”为目标，加快沿湖基础设施建设，加快释放沿湖生态潜在优势，着力将生态优势转化为发展优势，形成县域经济新的绿色增长极；④进一步做亮沿路城乡一体示范带，以建设沿路沿线景观带为抓手，加快推进乡村振兴，全面提升城乡规划、产业发展、公共设施一体化水平，推动县域腹地全面发展。通过聚力“一核三带”，推动湖口实现从“单点单面”向“多维多极”发展的历史性跨越。新时代建设“五个湖口”，就是聚焦高质量发展要求，坚持问题导向和需求导向，加快补齐民生短板，加力推进“三民五优”八大民生工程，坚决打赢污染防治、脱贫攻坚、防范化解重大风险“三大攻坚战”，确保同步建成小康社会，不断满足人民日益增长的美好生活需要，不断促进社会公平正义，形成有效的社会治理、有序的社会秩序，使人民获得感幸福感安全感更加充实、更有保障、更可持续。

围绕新时代聚力“一核三带”、建设“五个湖口”的新目标，我们要精准对表党的十九大做出的“两个十五年”的战略安排，加快落实市委、市政府对湖口提出的“两步走”“三个更”的最新要求。“两步走”即：全县财政收入力争到2020年突破50亿元；力争到2025年突破100亿元，为2035年基本实现社会主义现代化打下坚实基础。“三个更”即：在转型升级上迈出更大步伐，在城乡一体上起到更好示范，在从严治党上坚持更高标准。把握新时代，我们必须紧盯新目标，凝神聚力、真抓实干，奋力把湖口建设成为长江经济带新型工业强县、农业强县、文化强县、旅游强县、交通强县，推动湖口综合实力进入全省第一方阵前列。

3. 准确把握新时代湖口发展的新要求。新时代之“新”，是发展要求之新。就是要推动高质量发展。结合湖口当前实际，我们必须坚持以下三大原则：一要坚持绿色发展，坚定不移地以自我革命的精神转向生态文明，牢固树立绿色价值观和政绩观，把生态优先、绿色发展作为谋划工作的出发点和立足点，追求更高质量更可持续的发展；二要坚持创新发展，以改革创新推动发展的质量变革、效率变革、动力变革，使改革创新成为推动转型升级、跨越发展的最强引擎，全面提升湖口整体发展水平和发展形态；三要坚持安全发展，更加注重环境安全、生产安全、社会安全，稳妥化解各类矛盾，切实防范各类风险，打牢高质量发展的基础，筑牢高质量发展的保障。绿色、创新、安全是当前和今后一个时期湖口推进高质量发展的三大基本原则，是我们做决策、抓工作、促落实的基本前提，必须贯穿于一切工作始终。

贯彻落实好这些要求，最核心的是要坚持解放思想、实事求是。推进发展永无止境，解放思想永无止境。要坚持在解放思想上的基础上统一思想，在实事求是的基础上谋划工作。既不能好高骛远、脱离实际，又要坚决破除封闭僵化、因循守旧的陈规陋习，敢于冲破思维定式和发展模式的束缚，决不能畏首畏尾、缩手缩脚，决不能瞻前顾后、故步自封。要坚持问题导向、聚焦短板弱项，善于运用新思想、新理念、新视野来观察问题、分析问题、解决问题，做到登高望远、敢闯敢试、敢于突破，以思想持续解放开拓发展新境界。最根本的是要坚持以人民为中心。要准确把握社会主要矛盾发生的历史性变化，从解决群众的身边事、烦心事做起，紧盯人民群众最紧迫、最期盼的教育、医疗、就业、出行等民生需求，着力在发展中解决不平衡不充分的问题，更好地满足人民日益增长的美好生活需要；最关键的是要坚持全面从严治党。要全面落实管党治党政治责任，把党的政治建设摆在首位，统筹推进党的思想建设、组织建设、作风建设、纪律建设和制度建设，深入推进反腐败斗争，推动全面从严治党向纵深发展，建设风清气正的良好政治生态。

同志们！站在新起点，目标令人期待，我们倍感振奋；开启新征程，前景令人向往，我们信心满怀。美好幸福蓝图，是要靠奋斗才能实现的。县委常委会要带领全体党员干部，不驰于空想，不骛于虚声，一步一个脚印，一项一项抓落实，以“功成不必在我”的胸襟和“功成必定有我”的担当，做好无愧于新时代的“答卷人”！

三、立足新时代，奋力开创“聚力‘一核三带’建设‘五个湖口’”的新局面

2018 年是学习宣传贯彻落实党的十九大精神的开局之年，是改革开放 40 周年，是决胜全面小康社会、实施县“十三五”规划承上启下的关键一年。今年工作总体要求是：坚持以习近平新时代中国特色社会主义思想为指导，全面贯彻落实党的十九大、中央经济工作会议、省委十四届五次全会和市委十一届五次全会精神，按照高质量发展要求，坚持新发展理念，坚持稳中求进工作总基调，坚持以供给侧结构性改革为主线，深入实施“新工业十年行动”主战略，扎实开展“重大项目服务年”活动，着力加快绿色发展、打造新型工业、实施乡村振兴、推动创新开放、建设魅力城市、优化营商环境，坚决打赢脱贫攻坚战，纵深推进全面从严治党，奋力开创“聚力‘一核三带’，建设‘五个湖口’”新局面。

县委考虑，今年主要预期目标是：生产总值增长 9.5% 左右，财政收入增长 18% 左右，经济发展的质量和效益稳步提升，生态文明建设水平加快提升，城乡居民收入增长和经济增长基本同步，各项事业协调发展，党的建设全面加强。

围绕全年目标任务，全县上下要坚定信心、真抓实干，合力抓好以下重点工作。

1. 聚焦生态优先，加快实现绿色发展。坚持以“长江共抓大保护、不搞大开发”为导向，树牢“生态优先、绿色发展”理念，以更大力度推进生态文明试验区建设，全力完成“国家大考”的“湖口考题”。一要坚决打好污染防治攻坚战。坚决打好蓝天、碧水、净土三大保卫战，坚决防控重大环境风险，坚决保障环境安全。持续加强工业废气治理、扬尘治理等“四尘三烟三气”专项治理，加快实施园区集中供热工程，加快重点企业环保设施改造和生态化提升，严格落实秸秆禁烧，切实改善大气环境质量；推进沿江码头整合和提升改造，扎实开展沿江沿湖排污口专项整治，大力实施防洪水、排涝水、治污水、保供水、活死水“五水共治”工程，加大饮用水源地保护和治理力度，加快落实备用水源建设方案，加快推进江河湖泊水库水质定期动态检测全覆盖，坚决杜绝劣五类水，确保地表水三类以上达标率 100%；进一步加强山体生态修复和土壤治理修复，逐步关闭矿山开采，坚决打击非法开山取石、毁林挖砂、采砂洗砂行为，加快禁养区、限养区的畜禽退养，推进化肥农药减量规范化使用，严格防控农村面源污染。二要不断完善生态文明制度体系。深化生态文明体制改革，完善

生态文明考评考核机制，加快推进领导干部自然资源资产审计、生态环境损害责任终身追究、水资源使用权确权登记、生态环境综合执法等生态领域改革事项，在全市率先推行生态文明建设情况向人大报告制度，积极探索环境公益诉讼、设立环境资源审判庭、派驻生态检察室等生态文明司法体制，全面落实“河长制”“路长制”“湖长制”“林长制”，构建山水林田湖草生命共同体。要以重大生态工程为抓手，推进生态系统保护与修复，加快生态廊道建设，持续巩固国家园林城市创建成果，积极开展国家森林城市和生态文明乡村创建。三要加快做活绿色新经济。扎实推进传统产业绿色化改造，通过引入新技术、新业态、新模式，加快推进传统产业清洁化生产、循环化改造、资源综合化利用。积极融入全市“两圈两带”旅游发展大格局，加快推进环鄱阳湖旅游公路建设，打通沿湖生态经济带的大动脉。加快石钟山创 5A，大力发展全域旅游、现代金融、现代物流、现代商贸、文化创意、健康养生、体育竞赛等新服务经济，打造新的绿色经济增长点。

2. 聚焦量质齐升，全力做强新型工业。认真贯彻落实“引环保企业、建生态园区、促绿色发展”要求，持续深入推进新工业十年行动，推动新工业实现量质齐升。一要着力招引高质量项目。牢固树立“项目为王”理念，坚持招商引资与引智引技并重、盘活存量与招引增量并举、专业招商与中介招商并进、重资本招商与轻资产招商并行，着力以“高新”导向推进招商攻坚。紧盯六大正面清单产业，重点引进培育高端、高精、高智、高新的战略性新兴产业，重点引进产业链、产业园、产业网，重点引进产业集群、总部经济、研发中心、采购中心、营销中心和结算中心，进一步提升项目质量，着力从源头上优化产业结构、推动转型升级、实现绿色发展。二要着力发展高质量产业。一方面，要加快引进培育战略性新兴产业，强化金融扶持，鼓励企业增加科研投入，发挥工业投资基金的引导作用，撬动更多资源要素向优质企业和新兴产业流动，加快提高新兴产业占比和增幅，着力推动高新技术企业规模倍增、数量倍增、效益倍增。另一方面，要加快推动传统产业转型升级，立足现有产业基础，鼓励企业不断加大技改投入，瞄准国内外先进水平，积极采用新装备、新材料、新技术、新工艺对传统产业进行改造升级。要加快一德油料、中红医疗、清研新视科技园等重大项目推进和投产见效，加快产业链垂直整合、横向集合、跨界融合，加快做大做强装配式建筑、纤维素纤维、新材料等特色产业集群，全面提升产业高端化水平。三要着力打造高质量平台。按照“环境景观化、企业环保化、生产安全化、产业循环化、管理智能化、配套便捷化”的要求，持续深入推进园区“三化”行动，积极争创长江经济带绿色发展示范区。加大园区改革和创新力度，加快园区调区扩区和规划修编，加快银砂湾疏港快速通道等基础设施建设，加快园区“二次开发”、闲置土地利用和僵尸企业处置，最大限度地加强要素保障和机制保障，提升园区承载能力和服务能力。

3. 聚焦乡村振兴，推动“三农”繁荣发展。以建设现代农业强县为目标，坚持质量兴农、绿色兴农，大力实施乡村振兴战略，全面促进农业转型、农村美丽、农民富裕。一要大力发展现代农业。立足资源禀赋，突出品质、特色和适度规模经营，主攻茶叶、油茶、特种水产、优质水果、中药材、花卉苗木和休闲农业“6+1”工程，壮大农业特色产业。加快引进培育农业龙头企业，加快推进农产品精深加工，深入挖掘传统名优产品，打响“中华老字号”和“三品一标”等特色产品品牌，创新和推广农业 + 互联网、农业 + 电商、农业 + 旅游等新型经营模式，推进农村一二三产业融合发展。加快国家现代农业产业园、省级现代农业科技示范园创建，并结合高标准农田改造，支持各乡镇积极创建市级以上农业示范园，加快形成“一乡一园、一村一品”的现代农业发展格局。二要全力建设秀美乡村。按照“点优线好面达标”要求，以牛湖路、景湖路、均流线、九景高速、彭湖高速、铜九铁路、九景衢铁路等主干道为重点，扎实推进城乡环境综合整治，加快新农村建设行动，深入开展农村人居环境治理、违法建设专项治理、城乡“厕所革命”等专项行动，全面推行农村生活垃圾治理市场化运作，逐步实现城乡安全供水一体化、垃圾治理一体化，进一步规范农民建房，提升农村人居条件，改善农村面貌。要做优做强流芳豆产业小镇和武垦旅游风情小镇，同时各乡（镇、场）要结合各自特色优势，积极创建1至2个产业繁荣、各具风貌、富有活力的特色小镇及一批田园综合体。三要努力加快农民增收。实施新型农业经营主体培育工程，积极推进农民合作社、家庭农场、农业龙头企业等新兴农业经营主体数量倍增、规模倍增，切实增加农民工资性、经营性和财产性收入。深化农村土地制度改革和农村产权制度改革，稳步推进农村土地“三权分置”制度，落实第二轮土地承包到期后再延长三十年制度，积极引导土地有序流转，推进农业适度规模经营。加强农村精神文明建设，提升农民精神风貌。完善村民治理体系，扎实开展文明镇村创建，充分发挥村民理事会、“五老”、乡贤等群体在改善乡村治理中的作用，引导农民共同办好自己的事情。

4. 聚焦品质提升，着力打造魅力城市。以打造九江城市副中心为目标，加快提升城市品质，完善城市功能，丰富城市内涵，全面提升城市规划、建设、管理水平，不断提高城市的竞争力、承载力和吸引力。一要做优城市布局。坚持规划引领，不断完善城乡总体规划，加快城市设计、城市专项规划和控制性详规编制，强化“多规合一”落地应用和执行，切实维护规划的权威性和严肃性。优化城市空间布局，台山组团要加快完善行政、商贸、文化、交通枢纽等服务功能，打造全县服务业的洼地、城市经济的高地；海山组团要依托科技创新试验区，进一步加快产业集聚，完善功能配套，打造产城融合示范区和科技创新高地；石钟山组团要深入挖掘和放大文化、旅游、生态资源优势，打造高品质的文化旅游休闲街区。同时，要严格规划控制南北港、雁列山、文昌府等沿湖区域，为城市未来发展、打造沿湖生态经济带主承载平台留足空间。二要做美城市建设。加快启动新增高速路口、出城快速通道、三里大道“白改黑”等一批重大交通基础设施建设。加快污水管网、防洪排涝等市政设施建设，进一步优化完善城区公交、公厕、停车场、小游园、小广场等公共服务配套，形成安全、高效、便捷的市政公用设施网。加快棚户区改造、“四城同创”和城市“双修”，推进海绵城市、智慧城市建设，对城市主入口、主干道、主轴线进行专项整治提升，促进城市绿化、亮化、美化、彩化，改善城市形象，提升城市风貌。加快星级酒店、商业综合体和物流配送中心建设，逐步培育和完善城市商圈，引导和服务居民消费升级。要弘扬工匠精神，坚持质量至上，严格精细精致管理，确保把每一个项目都建成精品，不断提升城市品质。三要做精城市管理。以打造最干净县城为目标，创新城市管理和综合执法机制，加快智慧城管建设，推进城市网格化、精细化管理，实现全覆盖、无盲区。坚持问题导向，着力解决小区物业管理、交通拥堵、交通安全等突出问题，大力提升城市保洁、园林管护、设施维护等管理水平。建设石钟山大道标识标牌示范工程，着力打造现代文明示范路，进一步提高城市文化氛围和文明素养。

5. 聚焦创新驱动，激发改革开放活力。坚定不移实施创新驱动战略，深化重点领域改革，着力提升对外开放水平，致力建设“湖口创谷”。一要大力推进科技创新。启动科创综合体建设，加快天赐科创大厦建设，加速引进培育高新技术企业、创新主体、科研平台、科技企业孵化器，鼓励企业创建一批院士站、博士站和研发中心、工程技术中心，今年力争建成做满1平方千米核心区，加速形成高新技术企业“大孵化器”集群，使之成为海山科技创新试验区的发动机和加速器，推动湖口科创实力迈上新台阶。二要加强人才金融保障。坚持“为我所有”与“为我所用”相结合，突出抓好尖端创新人才、高端管理人才、紧缺实用型人才和高水平高技能产业工人的引进和培育，着力形成自上而下完整人才链条。加速推进文旅投资集团、工业投资公司实质性运营，加大科技型中小微企业金融支持力度，大力引进产业基金、投资（咨询）公司、资产管理公司、担保公司等各类金融服务机构，全力支持晨光新材料、天盛助剂等企业股改上市。三要全面推进深化改革。牢牢把握供给侧结构性改革大方向，深化简政放权，推进放管服“三位一体”。深化金融体制改革，强化金融服务实体经济的能力，科学有效防范政府债务、金融、房地产等领域的风险，坚决打赢预防和化解重大风险攻坚战。紧盯群众所需所盼，聚焦产业升级、新型城镇化、乡村振兴、生态文明、教育医疗养老等重点领域改革，推出一批立得住、推得开、有实效的改革事项，努力打造更多具有湖口特色、在全市全省乃至全国有影响力的改革品牌。四要加快对外开放步伐。加快火车站扩容改造，完善功能设施配套，加速放大“高铁优势”。有计划地组织领导干部“走出去”，更新观念，开阔视野，提升能力。加快与九江学院等高校的校地合作，推动重点企业与高校科研院所开展战略合作，全方位促进政产学研对接融合。积极融入“一带一路”建设，创造条件推进国际友好城市交往，支持有条件的企业走出国门，力争我县国际交流合作和本土企业境外投资实现“零”的突破，进一步拓展对外开放格局，提升对外合作水平。

6. 聚焦重大项目服务，不断优化营商环境。最近发生的有关营商环境的网络热点事件，应当引起我们的高度警醒和深思。我们必须牢固树立“环境是金”理念，以深化“重大项目服务年”为契机，拿出“眼里容不得沙子”的决心，着力推动营商环境大改善。一要推动政务服务大改善。加快落实行政审批局试点，全面推行“一次不跑”改革，大力推进“互联网＋政务服务”，逐步实现“让数据多跑路、群众少跑腿”，让企业办事像“网购”一样方便快捷。二要推动涉企帮扶大改善。进一步完善领导挂企帮扶机制，畅通政企对接渠道，发扬“店小二”精神，不断提高涉企服务效能。深入开展降成本优环境专项行动，持续加大对实体经济的支持力度，确保各项惠企政策和帮扶措施落地见效。三要推动法治环境大改善。进一步强化法治思维，坚持依法行政、依法办事，开展营商环境明察暗访，加大企业投诉处置督办力度，巩固发展“亲”“清”新型政商关系。坚决向营商环境的“痛点”“堵点”“难点”开刀，依法严厉打击各类破坏政商关系、影响营商环境的人和事，做到“谁挡路、就要谁让路，谁搅局、就要谁出局，谁失职、就要谁失业”，决不能因极少数人的行为而丧失重大机遇、丢掉投资项目、延误湖口发展。

7. 聚焦脱贫攻坚，全面增进民生福祉。要坚持以人民为中心的发展思想，按照“坚守底线、突出重点、完善制度、引导预期”的思路，加快构建均衡优质、公平普惠的公共服务体系，不断提升人民群众的获得感、幸福感。一要持续打好脱贫攻坚战。坚持把脱贫攻坚作为“第一民生工程”来抓，突出问题导向，下足绣花功夫，既不降低标准，也不吊高胃口，深入推进“十大扶贫工程”，深入开展“三派三服务”活动，严格落实党政一把手负总责的脱贫攻坚责任制，强化督查考核和责任追究，严查扶贫领域侵害群众利益的行为，建立稳定脱贫长效机制，确保2019年现行标准下贫困村全部退出，2020年贫困人口全部脱贫。二要统筹推进社会事业发展。坚持“兜底线、织密网、建机制”，加快完善社会保障体系，深入实施全民参保，大力提升社会保障水平。围绕办好人民满意教育，加快推进城乡教育均衡发展，加快补齐职业教育短板，加快化解城区学校“大班额”问题，加快实现乡镇公办幼儿园全覆盖，整体提升现代教育质量。推进健康湖口建设，加强县级医院重点科室建设，加快乡村全科医生队伍建设，补齐乡村医疗服务短板，广泛开展全民健身和爱国卫生运动，不断提升人民健康水平。深入实施惠民安居工程，加快安置房、保障房突出问题专项整治，促进房地产市场平稳健康发展，不断改善群众居住条件。要按照民生工程项目化的要求，列出惠民项目清单，一个一个具体化，一项一项抓落实。三要全面加强社会治理创新。按照系统化、科学化、智能化、法治化的要求，坚持打防并举、防治结合、长治久安，加快“平安湖口”“法治湖口”建设，打造共建共享共治的社会治理格局。时刻绷紧安全稳定这根弦，加大安全隐患排查，加快安全服务一体化建设，加强安全基础保障能力建设，坚决防范化解重大安全风险，坚决遏制重特大安全事故发生。强化社会矛盾纠纷化解，集中力量对涉众型经济纠纷、“问题楼盘”等重大矛盾纠纷开展攻坚，切实提升公众安全感和群众满意度。积极推进信访工作法治化，加力推进县乡村综治中心和乡镇便民服务中心建设，严厉打击非访缠访闹访行为。实施社会治安防控“雪亮工程”，依法严厉打击各类违法犯罪活动，切实保障人民群众生命财产安全。四要提升民主法治水平。坚持党的领导、人民当家做主与依法治国有机统一，坚持和加强党的集中统一领导，支持人大、政府、政协和法院、检察院依法依章履行职能。深化司法体制综合配套改革，不断提升司法公信力和满意度。加强党管武装和双拥工作，扎实推进统战工作，发展基层民主，完善基层党组织领导的基层群众自治制度，密切工青妇、科协、残联、文联、社科联、涉老机构等各类群团组织与人民群众的联系，最大限度把各方面智慧和力量凝聚起来。

四、融入新时代，全面展现“聚力‘一核三带’建设‘五个湖口’”的新担当

紧紧围绕新时代党的建设总要求，始终以党的政治建设为统领，全面加强党的思想、组织、作风和纪律建设，压实管党治党政治责任，进一步优化风清气正的政治生态，为新时代湖口各项事业发展提供坚强保障。

1. 坚定不移把党的政治建设摆在首位。要旗帜鲜明讲政治，把政治建设贯穿于党的建设全过程。深入推进“两学一做”常态化制度化，扎实开展“不忘初心、牢记使命”主题教育，全面加强和规范党内政治生活，教育引导党员干部传承红色基因，牢记党的宗旨，进一步坚定“四个自信”，增强“四个意识”。全面推行“两个责任”谈心谈话制度，强化对严肃党内政治生活措施落实情况监督检查，推动各级党组织自觉遵守党章党规。认真执行中央《关于加强和维护党中央集中统一领导的若干规定》，严守党的政治纪律和政治规矩，更加坚定自觉地向党中央看齐、向习近平总书记看齐、向党的路线方针政策看齐，始终在政治上思想上行动上与以习近平同志为核心的党中央保持高度一致，确保党中央的各项决策部署在湖口落实生根。

2. 不断强化思想理论武装。持续深入学习贯彻党的十九大精神，坚持用习近平新时代中国特色社会主义思想武装头脑、指导工作。牢牢掌握意识形态工作领导权和主动权，严格落实意识形态工作责任制，加强意识形态阵地建设与管理，加强传播手段建设和创新，加快媒体融合发展，建立网络综合治理体系，大力营造健康晴朗的网络环境，不断扩大主流媒体传播力、引导力、影响力、公信力。强化社会主义核心价值观的引领作用，扎实推进社会公德、职业道德、家庭美德、个人品德建设，以创建“省级文明城”为抓手，持续推进系列文明创建活动，倡导好社风、好家风、好学风、好民风、好作风，不断夯实社会主义核心价值观基础，全面塑造文明湖口人形象。扎实推进文化强县建设，深入推进国家公共文化服务体系示范区建设，大力实施文化惠民工程，加大文化遗产传承和保护力度，推动湖口文化“走出去”，强化文化领域项目招引力度，繁荣文化事业，讲好湖口故事、传递湖口声音、展示湖口形象，用文化赢得各界共识，凝聚湖口力量。

3. 着力建设高素质专业化队伍。好的干部是忠于党的“哨兵”，是抓落实的“工兵”，是促发展的“标兵”，是破难题的“尖兵”。要坚持正确用人导向，认真落实好干部标准，注重培养人、选对人、用好人，以对党忠诚选忠诚于党的人，以事业为上选担当干事的人，以扎实作风选作风扎实的人。坚持严管与厚爱相结合，激励与约束并重，完善干部考核评价机制，落实干部能上能下制度，建立健全容错纠错机制，旗帜鲜明地为敢于担当、踏实做事、不谋私利的干部撑腰鼓劲，激励广大干部用心谋事、放心干事。要提升干部能力素养。当前我们干部队伍中，存在思想落后于新形势、能力落后于新要求、担当落后于新责任、作为落后于新任务，抓落实韧劲不足、解难题能力不强等问题，必须要围绕增强“八种本领”，大兴学习调研之风、大兴实干担当之风、大兴狠抓落实之风，着力解放思想、更新观念，着力增强担当意识和进取精神，着力补齐知识短板和能力弱项，着力打造一支能力强、作风硬、敢担当、善作为的高素质干部队伍。新时代赋予新使命，新使命需要新担当。我们必须要有百折不挠的韧劲和无怨无悔的精神，真抓实干，锐意进取，绝不能当作风漂浮、脱离群众的“背手

干部”，绝不能当走马观花、纸上谈兵的“挥手干部”，绝不能当畏难避事、不敢担当的“推手干部”，绝不能当只说不干、当“二传手”的“甩手干部”，始终保持奋发有为的精神状态，用心做事、踏实做事，以担当实干创造优异业绩。要加强人才队伍建设。创新人才引进、培育、激励机制，大力推行协作引才、中介引才、招商引才和以才引才等多种方式，继续完善人才优惠政策体系，拓宽教育、卫生、科创、金融等紧缺型人才引进渠道，着力解决人才结构性矛盾，为湖口发展提供强大的智力支撑。

4. 进一步增强基层党组织凝聚力。要突出政治功能，推进党支部规范化建设，树立党的一切工作到支部的鲜明导向。要以提升组织力为重点，探索创新党组织设置方式，持续整顿软弱涣散基层党组织。要大力践行“党建 +”理念，深入推进基层党建项目化，持续打响以“红色引擎”引领“绿色发展”的特色党建品牌。要进一步完善基层党建考核评价体系，健全基层党建常态化巡查调研、督查落实机制，着力解决少数基层党组织弱化、虚化、边缘化问题，推动基层党的建设全面提升、全面进步、全面过硬。要着力做好村（社区）“两委”换届工作，严肃换届纪律，选好村级组织带头人，切实提升基层党组织的创造力、凝聚力、战斗力。

5. 持续巩固风清气正的政治生态。要坚决贯彻落实习近平总书记关于进一步纠正“四风”、加强作风建设的重要指示精神，严格遵守中央八项规定和实施细则精神，从县委常委会做起，从党员领导干部抓起，以身作则，以上率下，持续纵深推进作风建设。严格执行重大事项报告制度，从严监督管理干部。充分运用谈心谈话、政治巡察等方式，用好执纪监督“四种形态”，在巩固“四不为”专项治理成果的基础上，扎实开展作风建设专项整治活动，坚决向“四风”问题宣战，推动干部作风大整治、大提升。扎实推进监察体制改革试点，全面完成县监察委员会组建，实现对所有行使公权力的公职人员监察全覆盖。紧盯“微腐败”“隐性腐败”等问题，加大整治群众身边的腐败问题力度，持续推进风清气正的政治生态建设。

同志们，走进新时代，我们使命光荣；站在新起点，我们重任在肩。让我们高举习近平新时代中国特色社会主义思想伟大旗帜，在市委、市政府的坚强领导下，继续解放思想、实事求是，以超越自我的勇气、锐意进取的毅力、实干担当的魄力，奋力开创“聚力‘一核三带’，建设‘五个湖口’”的新局面，为九江全面崛起、百姓更加幸福作出新的更大贡献。

在中共湖口县委十四届六次全体（扩大）会议上的讲话

李小平

（2018 年 8 月 15 日）

同志们：

这次全会的主要任务是：深入学习贯彻习近平新时代中国特色社会主义思想和党的十九大精神，认真贯彻落实省委十四届六次全会、市委十一届六次全会重大决策部署，回顾总结县委十四届五次全会以来的工作，分析当前面临形势，研究部署下步工作，动员全县上下凝心聚力、担当实干，在更高层次上聚力“一核三带”、建设“五个湖口”，为九江融入长江经济带、振兴江西北大门、打造区域率先发展战略高地，共绘新时代江西物华天宝、人杰地灵新画卷而努力奋斗。

县委十四届五次全会以来，在省委省政府、市委市政府的坚强领导下，县委常委会坚持把深入学习贯彻习近平新时代中国特色社会主义思想和党的十九大精神作为首要政治任务，团结带领全县各级党组织和广大干部群众，真抓实干、拼搏苦干、担当巧干，经济社会发展和党的建设各项事业取得新成效。一是推动了中央精神和省委、市委决策部署在湖口落地见效。牢固树立“四个意识”，自觉践行“两个坚决维护”，坚持以习近平新时代中国特色社会主义思想武装头脑、指导实践、推动工作，特别是全面贯彻去年 4 月和今年 4 月省委书记刘奇同志在湖口调研时的重要讲话精神，认真落实市委、市政府提出的争创长江经济带绿色发展示范区等系列重要决策部署，按照年初制定的“一个统领、三大主题、十场硬仗”工作思路，有序推进各项工作，取得了阶段性成效。二是保持了稳中有进的发展势头。坚持稳中求进总基调，全力稳增长、促改革、调结构、惠民生、防风险，上半年全县完成财政收入 26.5 亿元，生产总值 79.8 亿元，工业主营业务收入 226.2 亿元，主要经济指标继续保持在全市第一方阵。九江钢厂、天赐高新材料、晨光新材料、赛得利纤维、富达实业等重点企业全面提质增效，上半年全县税收过千万的企业达 9 家，比去年同期多 5 家。其中九江钢厂实现工业主营业务收入 137 亿元，完成税收 16.6 亿元，是去年同期的三倍。三是践行了“项目为王”的发展理念。深入推进“重大项目见效年”活动，召开项目建设暨作风大整治、服务大提升“千人大会”和系列调度会，全力以赴抓招商、攻项目，上半年共引进项目 37 个，总投资达 321 亿元；列入全县调度的 101 个重大项目，有 81 个按时推进。其中国华九江电厂、置远装配式建筑、容汇锂业等一批重大项目建成投产，将为湖口发展提供重要支撑和源源动力。四是厚植了“最美岸线”的生态优势。坚持以长江“共抓大保护、不搞大开发”为导向，把生态环保摆在压倒性位置，扎实开展“清岸”“绿岸”行动，规范整治“小散低”码头，加快推动“小散乱污”化工企业关停并转，高标准打造沿江“十里休闲风光带”，全域推进“最美岸线”建设。全市城乡环境综合整治现场推进会在我县召开，中宣部组织的“大江奔流——来自长江经济带的报道”大型主题采访活动集中报道了我县共抓大保护、打造长江“最美岸线”、江豚协助巡护等工作，并在新闻联播、焦点访谈、新闻直播间、新华每日电讯等重量级中央媒体报道推介。五是积蓄了创新发展的强劲动能。坚持把创新驱动作为加快转型升级的最强引擎，以科创中心为龙头、海山科技创新试验区为主平台，成功引进华芯集成电路、安元安全科技产业园、清研新视等高新技术企业，加快推进科创综合体、工业综合体、天赐科创大厦、富达研发大厦等一批科研平台，并研究制定“石钟山英才计划”，加快推动新旧动能转换，为湖口高质量、跨越式发展提供了强劲引擎和强大动能。全市打造“5+1”千亿产业集群培育新动能工作现场会在我县召开。六是办好了群众关切的民生实事。坚持把脱贫攻坚作为最大的政治、最大的责任、最大的民生，扎实推进脱贫攻坚春季攻势和夏季整改行动，启动城镇贫困群众脱贫解困工作。大力推进“三民五优”八大民生工程，把创新发展、安全发展、绿色发展作为全县工作的三大原则，负责任地推进安全生产、环境保护、信访维稳等工作，扎实开展扫黑除恶专项斗争，强力推进“四城同创”“城市双修”、老城棚户区改造、“四好农村路”建设，着力办好了就业、教育、医疗、养老等一批民生实事，石钟山创5A和沿湖生态经济带建设积极推进，高考实现时隔16年清华大学等名校录取的重大突破。七是担起了从严治党的政治责任。始终把政治建设摆在首位，县委常委会以身作则，带头开展诵读红色家书等红色基因教育，带头贯彻落实中央八项规定精神，带头严肃党内政治生活，带动全县上下旗帜鲜明讲政治，自觉在思想上政治上行动上始终同以习近平同志为核心的党中央保持高度一致。全面贯彻落实新时代党的组织路线，坚持以巡察调研、三级调阅等措施加强组织体系建设，以“作风大整治、服务大提升”专项治理等措施着力解决“怕慢假庸散”作风顽疾。层层压实“两个责任”，率先推行“每会一廉”、县委书记专题会成员带队反馈巡察意见、“两员一会一公开”等制度，加大力度整治群众身边不正之风和腐败问题，坚决全面彻底肃清苏荣案余毒，深刻汲取李贻煌等腐败案教训，持续巩固风清气正的良好政治生态。

同志们！这些成绩的取得，离不开省委省政府、市委市政府的坚强领导，离不开县四套班子齐心协力、共识共为，更离不开全体党员干部的担当实干、团结奋斗！在此，我代表县委常委会，向大家表示衷心的感谢！

今年是改革开放四十周年，也是全面贯彻落实党的十九大精神的开局之年。省委十四届六次全会和市委十一届六次全会深入贯彻党的十九大精神，着眼于新时代高质量跨越式发展目标，做出了一系列重大决策部署，提出了一系列全新要求。全县上下要牢固树立强烈的“答卷意识”，从更大范围、更深层面研判发展形势，准确把握变化中的机遇，努力争创发展新优势。

当前，国际贸易保护主义有抬头趋势，中美贸易摩擦不断加剧，全球经济不确定不稳定因素增多，对县域经济发展产生的冲击不容忽视。随着我国经济发展由高速增长阶段转向高质量发展阶段，新一轮科技革命和产业变革风起云涌，信息技术在经济社会发展中的引领驱动作用更加凸显。“一带一路”、长江中游城市群、乡村振兴、国家生态文明试验区、长江经济带绿色发展示范区等国家战略在九江叠加并向纵深推进，特别是中央提出以“共抓大保护、不搞大开发”为战略导向，推进长江经济带建设，对我县发展理念、发展路径、发展方式产生了重大影响。我们一定要积极主动适应新变化新形势，放眼全市、全省乃至全国的大格局，审视谋划湖口发展，最大限度地因势利导，牢牢把握发展主动权。

省委十四届六次全会在深入分析世情、国情、省情基础上，提出了“创新引领、改革攻坚、开放提升、绿色崛起、担当实干、兴赣富民”的新“24字方针”，做出了“六大突破、三大提升”的战略安排，着力推进新一轮思想大解放、改革再出发，向全省发出了新时代改革开放再出发的动员令。同时强调要以九江水港为支点之一，强化“长江航道”开放大通道，将九江打造成为“一圈引领”的重要支撑，建设成为全省的重要门户，给我们提供了难得的机遇。市委十一届六次全会鲜明提出“融入长江经济带，振兴江西北大门，打造区域率先发展战略高地”的目标定位，大力推进“5+1”千亿产业集群发展、万亿临港经济带建设，给我们提供了有力的支撑。省委、市委的这些战略部署，为我们在更高层次贯彻落实习近平总书记对江西工作的重要要求，共绘新时代江西物华天宝、人杰地灵的新画卷提供了遵循、标定了方向。

对照高质量跨越式发展新要求，对照兄弟县（市、区）竞相发展的区域态势，我县资源要素制约比较突出，经济结构偏“钢”、产业结构偏“工”，经济发展的内生动力、综合实力有待提高，迫切需要加快转变发展方式、优化产业结构、转换增长动力。但同时也要看到，随着聚力“一核三带”建设“五个湖口”战略不断向纵深推进，九钢、天赐、晨光、富达、赛得利、神华、置远装配式建筑等一批龙头企业正快速成长，特别是经过近年来的不懈努力，我县在特色产业培育、科技创新、绿色发展等方面打下了较好基础，形成了一定的先发优势和比较优势。为此，我们既要沉稳应对复杂多变的外部形势，更要全力抢抓多重叠加的战略机遇；既要加快补齐县域发展存在的短板弱项，更要充分激发转型升级的先发优势；既要积极适应发展转型期、调整期和阵痛期，更要全力以赴追求大变革、大发展和大跨越。始终坚定信心，保持定力，担当实干，在习近平新时代中国特色社会主义思想指引下，深入贯彻落实党的十九大精神，精准对标对表中央和省委、市委关于高质量跨越式发展的一系列新要求，围绕跨入全省十强县行列的目标，着力在转型升级上迈出更大步伐，在绿色发展上取得更多突破，在城乡一体上起到更好示范，在从严治党上坚持更高标准，为九江融入长江经济带、振兴江西北大门、打造区域率先发展战略高地作出“湖口贡献”、体现“湖口担当”、做好“湖口示范”，奋力争创长江经济带绿色发展示范区的“湖口样板”。

为了实现以上目标，我们要切实抓好以下工作。

一、突出打造“最美岸线”，全力争创绿色发展“湖口样板”

坚决贯彻落实习近平生态文明思想和长江经济带“共抓大保护，不搞大开发”的重要要求，正确处理好“五个关系”，加快实现“水美、岸美、产业美、环境美”，致力打造长江经济带绿色发展示范区“湖口样板”。

一要致力实现“水美”。要以最坚定的决心、最严格的标准、最有力的措施打好打赢碧水保卫战，真正实现清水绿岸、鱼翔浅底。要坚决把水环境治理好。严厉打击非法采砂、非法捕捞、非法采矿等危及长江和鄱阳湖生态环境的行为，严格整治船舶垃圾、固废、燃料、污水排放，规范整治提升长江取水口、排污口。严格执行畜禽养殖“三区”规划和环评准入制度，规范整治“限养区”内畜禽养殖企业，全面关停“禁养区”内畜禽养殖企业，全面禁止网箱养殖，加快推行绿色养殖，坚决杜绝山塘水库投肥（投粪）养殖，切实管住水污染源头，加快实现“灭五减四增三”目标。要坚决把水生态保护好。强化系统思维、全域理念，全面落实河长制、湖长制，加快推进江河湖泊水库水质定期动态检测全覆盖，加速实现污水处理、环保设施运行、在线数据监测全覆盖，强化城乡生产生活污水治理，确保地表水三类以上达标率100%。加大饮用水源地保护和治理力度，加快推进备用水源建设、城乡供水一体化，确保城乡居民饮水安全。要坚决把水优势发挥好。做足做活“水”文章，认真梳理水域分布、水系流向，把水环境治理与城乡生态建设紧密结合，加快推动“引水入城、绿水绕村”，积极构建山水林田湖草相融共生的景观特色。

二要致力实现“岸美”。积极策应全市“百里风光带”建设，高标准打造沿江绿化带、园区生态带、城区景观带，真正把24千米沿江岸线建设成“最美岸线”。扎实开展“清岸”行动。大力推进“小散低”码头规范、整合、提升，严厉打击倾倒垃圾、沿岸开山取石等违法行为，持续巩固沿江非法码头整治、固废整治等专项治理成果。深入开展“绿岸”行动。扎实推进岸线复绿、补绿、增绿工程，加快沿江山体、滩涂生态复绿，加快推进沿江“生态树阵”建设，堤外打造“生态绿化带”，堤内打造“园林景观带”，形成沿江“绿色生态长廊”。持续开展“护岸”行动。全面加强沿江码头、滩涂、山体的巡察监管力度，坚决防止非法码头、非法采矿、非法取土、砂石堆场、砂石加工厂“死灰复燃”。合理利用岸线资源，加快建设砂石集散中心，提升港口开发利用水平，原则上专用码头数量只减不增、自然岸线保有率只增不减。

三要致力实现“产业美”。要着眼高端产业和绿色产业，进一步优化产业结构、提升产业质量。一方面，要加快腾退落后产能。坚决推进现有小化工企业“三年出清计划”，分类实施“关停并转搬”，沿江1千米内决不新引进化工等重污染项目，5千米内严控严管新建项目。全面治理“散乱污”企业，大力推进关停取缔、整合搬迁、整改提升，有序腾退落后产能、提升低效产能。另一方面，要加快发展绿色经济。积极构建以生态旅游为龙头的绿色经济体系，加快推进石钟山景区环境和质量整治提升，全力推动石钟山景区创5A。要加快发展现代金融、现代物流、现代商贸、文化创意、健康养生、体育竞赛等新服务经济，打造新的绿色经济增长点。

四要致力实现“环境美”。要以壮士断腕的决心向环境污染问题宣战，努力让湖口的天更蓝、山更青、水更绿、空气更清新、城市更美丽。要坚决打好打赢污染防治攻坚战。持续整治城市“四尘”“三烟”“三气”，加大力度整治燃煤小锅炉、治理城市扬尘、禁止秸秆焚烧、禁限烟花爆竹燃放，大幅降低PM2.5浓度，确保全年天气优良率达到80%以上。要加强土壤污染防治和综合保护，大力推进固体废物处理与综合利用，严厉打击危险废物非法转移等违法活动。要深入推进绿色矿山建设，加快矿山生态修复治理。要深入推进城乡环境综合整治。坚持以“一核七线”为重点，持续开展破损店招治理、管线治理、铁皮屋顶治理、违章建筑治理、固废整治，加快推进沿路废品回收、汽车维修、木材石材加工等行业“划行归市”，进一步改善城乡环境、提升城市品位。要加强生态文明制度建设。持续深化生态文明体制改革，加快推进领导干部自然资源资产审计、生态环境损害责任终身追究、水资源使用权确权登记、生态环境综合执法等生态领域改革事项，加快建立健全系统完整的生态文明制度体系，坚决用制度保障生态文明建设。

二、突出产业转型升级，奋力建设长江经济带新型工业强县

推动经济高质量跨越式发展，要把重点放在推动产业转型升级上，全力以赴把实体经济做实做强做优。

一要壮大产业集群。方向要聚焦。要围绕全市“百千万”目标和“555”工程，进一步做大做强现代纺织、新材料、新能源产业；围绕海山科技创新试验区，加快引进一批科技含量高、带动能力强、发展前景好的战略性新兴产业项目；围绕闲置资源、闲置厂房、闲置土地开展“存量招商”，进一步提高产业集聚度、提升资源利用率。力争每年滚动推进10个以上投资超5亿元的重大产业项目。龙头要做强。要把培育龙头企业作为壮大产业的重中之重，一方面，要为现有龙头企业给足支持、留足空间，支持九钢、天赐、晨光、富达、赛得利等龙头企业发展壮大，争取利用3—5年时间，打造6个主营业务收入过百亿的龙头企业；另一方面，要做好个转企、小升规、规转股、股上市的文章，再打造一批市场占有型、技术引领型的新龙头，力争每年新增10个以上规上企业。链条要延伸。要避免走产能累加的老路，防止同质化、内耗式发展。重点聚焦装配式建筑这一首位产业和纤维素纤维、新材料两个主导产业，进一步壮大专业化特色园区，加快产业延链、补链、壮链，着力引进一批关联性强的重大产业项目。特别是今年，要围绕纤维素纤维产业加快项目引进，力争在现代纺织领域关联项目上实现突破。确保通过3—5年努力，打造3个300亿产业集群。项目要抓实。抓项目就是抓发展，不狠抓项目就是麻木不仁，不真抓项目就是碌碌无为，不会抓项目就是平庸无能。这里再次强调，全县上下没有与项目无关的领导，没有与项目无关的部门，没有与项目无关的干部，必须要牢固树立“项目为王”理念，进一步强化项目意识，切实担起责任，全力以赴主攻招商引资和项目推进。对招商屡次排名垫底、项目推进不力的，要坚决通报批评、严肃督查问责。

二要提升产业质量。当前我县转型升级需求与产业质量不高的矛盾依然突出，必须抓好存量优化、增量提

升，加速推进产业高质量跨越式发展。要加快培育战略性新兴产业。进一步优化产业政策，丰富扶持手段，发挥工业基金引导作用，撬动更多资源要素向优质企业和新兴产业流动，鼓励企业增加科研投入，支持优质企业做大做强，加快提高新兴产业比重，力争每年滚动推进10个新经济新动能项目，新兴产业占比逐年提高2—3个百分点。要加快推动传统产业技改升级。鼓励企业不断加大技改投入，瞄准国内外先进水平，主动采用新装备、新材料、新技术、新工艺对传统产业进行改造升级，积极掌握转型发展的主动权，避免陷入“市场利好不愿转、运行困难无力转、政策趋紧逼着转”的困境，全面提升产业高端化水平，力争每年滚动推进10个以上重点技术改造项目。要加快提升工业产业发展层次。聚焦工业生产方式与组织模式升级，大力推进工业化与信息化深度融合、制造业与服务业有机融合，运用互联网、大数据、人工智能等手段，加快建设一批智能车间、智慧工厂，全面提升工业生产智能化、现代化水平，着力打造一批省级、国家级两化融合示范企业。

三要做优产业平台。我县高新园区虽然在全省全市排名前列，但是从融入长江经济带的角度看，依然相对落后，必须全面提升园区建设开发水平，促进园区发展更绿色、生产更高效、服务更专业，着力打造千亿园区。要强化园区基础。加快高新园区调区扩区和控规修编，完善园区规划布局，加快银砂湾疏港快速通道、标准厂房等基础设施建设，推进“新九通一平”建设，继续深入实施“园区三化”改造，不断提升园区配套能力、承载能力。要优化园区服务。大胆探索、先行先试，加紧推进“扩权强园”特色改革，加快组建工业联合党委和工业服务中心，进一步全面推进涉企职能整合、项目服务、选人用人、激励约束等改革创新，不断完善园区管理体制机制，提高涉企服务水平。要抓实园区管理。坚守安全、环保两条红线，加快健全园区安全监管人防、技防新体系，常态化开展安全生产风险排查整治，抓好环保全流程监测监控，严格开展环保执法检查，全面管控各类风险，提升发展质量。要牢固树立“以亩产论英雄”导向，制定园区亩均税收、增加值、能耗等考核体系，进一步提高园区资源利用效率和投入产出率，推进工业集约化发展。

三、突出科技创新驱动，加力构建区域创新发展高地

一个地方，要突破发展瓶颈、解决深层次矛盾和问题，根本出路在于创新，关键要靠科技力量。要积极主动顺应创新发展新趋势，坚定不移实施创新驱动战略，以更大力度、更实举措在科技创新上求突破，加力构建区域创新发展高地。

一要夯实科技创新阵地。进一步聚焦海山科技创新试验区主平台，加快建设科创综合体、工业综合体、天赐科创大厦、富达研发大厦，加速引进培育高新技术企业、科技企业孵化器等创新主体，引导和鼓励企业创建院士站、博士站和研发中心、工程技术中心等创新平台，加速形成高新技术企业“大孵化器”集群，打造大平台与小平台互补、产业平台与科技平台互促的坚实阵地，实实在在做满1平方公里核心区，使之成为海山科技创新试验区的发动机和加速器，推动湖口科技创新实力迈上新台阶。

二要加快成果孵化转化。积极构建以企业为主体、市场为导向、产学研相结合的科技成果孵化和转化体系，进一步围绕产业链部署创新链，支持企业与省内外重点院校、科研机构加强联系合作，突出发挥好企业主体作用，鼓励企业加大研发投入，促进科技成果转化和产业化，让更多科研成果在湖口涌现、在湖口转化、在湖口利用。

三要优化创新要素供给。加快推进人才强县战略，全面落实人才新政30条，大力实施“石钟山英才计划”，坚持“为我所有”与“为我所用”相结合，突出抓好尖端创新人才、高端管理人才、紧缺实用型人才和高水平高技能产业工人的引进和培育。要增强人才与产业的融合互动，优先支持人才向战略性新兴产业、现代服务业、高端制造业集聚，促进人才尽快成为动能转换的“加速器”和创新发展的“增长极”。要加速推动文旅投资集团、

工业投资公司扩大服务“半径”，优先加大对创新主体、创新平台及科技型企业的金融扶持力度，推动创新链和金融链紧密结合，为创新发展营造环境、补足养分。

四要坚持释放改革活力。着力以改革攻坚，带动创新破局，突出问题导向，聚焦关键环节，针对思想不解放、视野不宽广、体制不完善、管理不顺畅、作风不扎实等制约问题，在思想观念上改革、在体制机制上改革，在手段方法上改革，统筹实施好各类改革任务、改革事项，重点聚焦思想解放、服务创新、责任夯实、效率提升等环节，加快推进一批改革试点，落实好上级部署的改革任务，谋划实施一批特色改革事项，切实以新一轮思想大解放和改革再出发，攻克创新发展的难点、堵点，全面释放创新发展的强大活力。

四、突出乡村振兴战略，着力推动城乡融合发展

坚持城乡并重、城乡一体，以乡村振兴为主抓手，加快推进城乡融合发展，提高城乡发展的协同性和整体性。

一要优化城市功能。要以石钟山大道、三里大道为主轴，加快推动石钟山组团、台山组团和海山组团建设，加快启动新增高速路口、出城快速通道、三里大道“白改黑”、火车站扩容升级等一批重大交通基础设施建设，大力推进城市“四创双修”，补齐城区污水管网、防洪排涝等公共设施短板，进一步优化城区公交、公厕、停车场等公共服务配套，加快引进布局一批星级酒店、商业综合体和物流配送中心，逐步完善中心城区行政、商贸、文化、交通等服务功能，构建独具江湖特色的城市生态和城市格局，着力打造九江城市副中心。

二要打造秀美乡村。要以产业为龙头，突出花卉苗木首位产业，主攻“6+1”特色农业产业发展工程，大力推进“一乡一业”“一乡一品”“一乡一园”“一乡一游”特色农业产业发展，加快国家现代农业产业园、省级现代农业科技示范园创建，加快高标准农田、田园综合体、特色小镇建设，大力发展乡村经济，稳步提高农民收入。要以宜居为重点，加快推进秀美乡村建设，逐步实现城乡安全供水一体化、垃圾治理一体化，进一步提升农村人居条件。要以文明为核心，扎实推进移风易俗和绿色殡葬改革，破除大操大办、厚葬薄养、人情攀比等陈规陋习，引导群众树立勤俭节约、崇德向善、孝老敬老的文明新风。特别是在推进殡葬改革过程中，一定要注意方式方法，充分考虑群众感情，把工作做深做细做透，不能搞“一刀切”。

三要规范城乡建管。要坚持规划引领，加快完善城乡总体规划，强化规划应用执行，坚决推进规划落地见效。要以打造最干净县城为目标，持续抓好环境卫生、占道经营、乱停乱放、违章建筑、里弄小巷、城区菜地等“乱象”治理，大力整治城乡环境。要创新城市管理和综合执法机制，加快智慧城管建设，推进城市网格化、精细化管理，将城市管理覆盖到每一个社区、每一条街巷、每一栋楼院，让城市管理步入网格化、智慧化、人性化、精细化的轨道。要以更大力度抓好农民建房管理，严格“一户一宅”建设标准，限高、限层、限地、限容，决不能“开口子、开天窗，有新房、无新貌”。

五、突出“三民五优”工程，倾力创造高品质美好生活

牢固树立以人民为中心的发展思想，大力推进“三民五优”八大民生工程，切实增进群众福祉，更好地满足民生新期待新需求。

一要加快推进脱贫攻坚。脱贫攻坚已经进入决战决胜的关键时期，越是在最后关口，越要更加精准、更加务实。要严格执行“两不愁三保障”扶贫标准，把提高精准脱贫质量放在首位，深入实施脱贫攻坚三年行动计划，继续巩固“夏季整改”成果，决不能擅自降低标准，搞虚假脱贫、数字脱贫；也不能盲目提高标准，陷入“福利陷阱”，避免产生贫困村和非贫困村、贫困户和非贫困户待遇的“悬崖效应”。要聚焦重点贫困人口，统筹做

好城镇困难群众脱贫解困工作，大力推进“两业扶贫”，激发脱贫内生动力，真正做到“拔穷根、摘穷帽、解穷境、富穷人”，确保如期完成脱贫攻坚任务。

二要扎实办好民生实事。瞄准事关群众生存发展的“头等大事”和影响日常生活的“关键小事”，扎实推进民生领域供给侧结构性改革，合理配置教育、卫生、文化等公共服务资源，确保第三小学和第五中学明年秋季开学，促进城乡教育均衡发展；加快推进县人民医院和中医院扩建工程，扩大优质医疗资源供给；着力实施城乡供水一体化工程，全力保障农村民饮水安全；加速推进“四好农村路”建设，改善农村群众交通出行；加快推进棚改三期，启动新一轮安置房、保障房建设，不断改善群众居住条件。

三要着力维护安全稳定。牢固树立安全发展理念，严守安全生产生命线，认真贯彻落实《安全生产领域改革发展的实施意见》和《江西省安全生产条例》，狠抓安全生产责任落实，不断强化安全监管和防范举措，深入推进安全生产十大专项整治，加大安全隐患排查整改力度，加快安全产业园建设，加强安全基础保障能力建设，坚决防范重大安全风险，坚决遏制重特大安全事故，确保实现全年“安全生产零责任事故”的目标。要切实防范化解金融风险，加大非法集资打击力度，严守不发生区域性金融风险底线。要认真落实信访包案制度，强化积案化解和源头防范，大力开展信访“三无”乡镇、“三无”村居创建，切实维护一方稳定、确保一方平安。要着力提升社会治理现代化水平，大力推进“平安湖口”“法治湖口”建设，深入推进社会治安防控“雪亮工程”和扫黑除恶专项斗争，坚决打击危害群众利益的“村霸、乡霸、行霸、恶霸”等黑恶势力，进一步提升公众安全感和群众满意度。

六、突出全面从严治党，大力营造真抓实干好氛围

要深入贯彻新时代党的建设新要求，推动党的建设全面从严、全面过硬，为推动湖口高质量、跨越式发展提供坚强保障。

一要旗帜鲜明讲政治。深入学习贯彻新时代加强党的政治建设七个方面重要要求，更好地发挥政治指南作用，自觉把讲政治落实到工作的方方面面。要绝对忠诚不动摇。坚决维护习近平总书记的核心地位，坚决维护党中央“定于一尊、一锤定音”的权威和集中统一领导，始终在思想上政治上行动上同以习近平同志为核心的党中央保持高度一致。要认真落实意识形态工作责任制，牢牢掌握主动权，始终站稳政治立场，把准政治方向，经常对标对表，及时校准偏差，坚决防止分不清是非、辨不明方向的“政治麻痹症”。要锤炼党性不放松。深入学习宣传贯彻习近平新时代中国特色社会主义思想，树牢“四个意识”，增强“四个自信”，扎实推进“两学一做”常态化制度化，大力开展“不忘初心，牢记使命”主题教育，深入开展品读“红色家书”活动，用好党委中心组理论学习和“新时代传习所”、新时代文明实践中心、“向东工作室”等平台，扎实提高领导干部理论水平和政治能力。要严肃党内政治生活，坚持民主集中制原则，认真落实“三会一课”、谈心谈话、民主评议党员等制度，引导党员干部在严肃政治生活中锤炼党性，不断增强抵制各种腐朽思想和政治灰尘的防御力。要令行禁止不含糊。严守党的政治纪律和政治规矩，做到有令即行、有禁即止。要切实强化贯彻落实中央、省委、市委和县委各项决策部署的坚定性、自觉性、及时性，增强理解力、统筹力、落实力，确保政令畅通。要持之以恒贯彻落实中央八项规定精神和县委“30条严禁”，坚决守住“禁区”，以实际行动践行政治担当。

二要实干担当抓落实。今年的目标任务已经明确，关键在狠抓落实、埋头苦干。只有干在实处，才能走在前列！当前，湖口干部主流是好的，是有能力、有责任、有担当的，是能够打硬仗、打苦仗、打胜仗的。但还有少数单位、少数干部依然工作不实、作风不实。有的干事不用心，工作没有章法，没有头绪，抓不到点子上，

看似忙忙碌碌，实际碌碌无为；有的落而不实、久拖不决，不敢直面矛盾，不敢动真碰硬；有的浮在面上，眼高手低、只说不做，没有真正落实落细；有的不在状态，不谋事、不想事、不干事，整天浑浑噩噩、得过且过；有的不敢担当、不愿担当，畏事避难、明哲保身，一有矛盾就交、一有责任就推，等等。对于这些现象，必须深刻警醒，高度重视。要提振精神。聚焦“怕、慢、假、庸、散”等作风顽疾，对占着位子、顶着帽子、混着日子、摆着样子的现象下狠手整治，切实提振精神、鼓足干劲，变“要我干”为“我要干”。要解放思想。不能故步自封、因循守旧，不能畏首畏尾、守摊守成，不能新办法不会用、老办法不管用、硬办法不敢用、软办法不顶用。要在解放思想中统一思想、凝聚共识，在观念创新中找到办法、求得突破。只要有利于发展、有利于民生，就要勇敢去闯、大胆去试；只要作风过硬、出于公心，就要旗帜鲜明地支持鼓励、宽容鼓劲，着力推动思想大解放。要用心干事。本着对事业的忠诚、对职责的敬畏，进一步发挥好主观能动性，不仅满足干得成，更要追求干得好，用心谋事、精心做事，不达标准、决不罢休。要末端落实。抓工作不能浮在面上，不能时松时紧，不能以会议、以文件代替落实，不能停留在一般性的部署、调度和强调上，看似在抓落实，其实是在走过场、摆样子、图交差、甚至是做给别人看，必须沉下心来，扑下身子，解剖麻雀，深究细思，一抓到底，狠抓不放，一项一项、一步一步落实到最末端，落实到最后一个环节。要解决问题。有的明知是问题、明知有问题，就是不用心去解决，甚至片面强调客观、强调条件、强调是别人的问题，而不从自身、从主观找原因、想办法，导致问题来问题去、问题始终悬在那里，新问题变成老问题，小问题变成大问题。有的面对问题浅尝辄止、遇难即退，不能深挖细找、穷尽办法去解决。这里要强调的是，将严格实行问题责任倒查制，你不解决问题，最终问题会解决你！解决问题需要智慧，需要勇气，需要担当，更需要务实过细的作风。要坚持问题导向，少讲条件、多讲责任，少讲客观、多讲担当，千方百计解决问题，全力以赴让“问题到我为止”。要奋力冲刺。紧盯全年目标任务，抢抓当前项目建设黄金期，真正只争朝夕、“五加二、白加黑”地干，狠抓重要经济指标运行调度，狠抓重点工程项目督察调度。对重大项目进度滞后一个月的，要严肃通报批评；滞后两个月的，项目责任单位负责人作书面检讨，并在电视台、湖口报公布检讨书；滞后三个月的，由纪检、组织部门约谈单位主要负责人。

三要狠抓基层强基础。基础不牢，地动山摇。要牢固树立大抓基层的鲜明导向，突出抓基层、打基础，着力推动基层工作整体提升。要建强基层组织。坚决贯彻落实新时代党的组织路线，大力推进基层党组织标准化、规范化建设，统筹推进各领域党建工作。深入推进“三派三服务”活动，大力整顿软弱涣散基层党组织，加强驻村干部选派管理，抓实基层干部培育、选拔、管理、使用工作，选优配强村级党组织带头人。要创新基层治理。大力推进“党建+”创新，着力在党建+产业、党建+扶贫、党建+生态、党建+文化等方面大胆实践，持续打响“红色引擎”驱动绿色发展特色党建品牌。抓实基层综合治理，强化村务决策、村务公开、村级“三资”管理工作，大力推行“两员一会一公开”制度，切实加强服务型基层组织建设，打通联系服务群众的“最后一千米”。要提高保障水平。继续加大对基层的保障投入，鼓励各地立足本地主导产业和优势资源，因地制宜发展好村级集体经济，加快消灭“空壳村”。

四要铁心硬手正风气。从近几轮巡视巡察情况来看，我县廉政风险和隐患无时不在。最可气的是，在当前高压态势下，有的地方、有的部门、有的干部还是屡教不改，甚至屡教屡犯，这将严重影响一个地方的发展、一个部门的形象，也会毁掉自己的前途、家人的幸福。必须高度重视党风廉政建设，坚定不移、铁心硬手正风肃纪，确保政治生态风清气正。要使规矩硬起来。进一步增强规矩意识，强化纪律执行，让党员干部知敬畏、存戒惧、守底线，习惯在纪律和规矩的约束下工作生活，习惯在监督的环境下工作生活。尤其是对那些捕风捉影、说三道四、妄加评论，制造小道消息、传播政治谣言，不干实事、老揣摩“人事”，无事生非、恶意诽谤、扰乱人心的，一定要坚决查处。要让执纪严起来。要扛起从严治党主体责任，管好关键人、管到关键处、管住关键事、管在关键时，做到敢管敢严、真管真严、长管长严。要用好监督执纪“四种形态”，加强对重要事项、重点工作的立项监察和执纪问责，保持常抓的耐心和韧劲，把纪律和监督挺在前面，抓早抓小、防微杜渐。要像抓中央八项规定精神落实一样抓营商环境优化，对“不作为、慢作为、乱作为、假作为”问题严肃追责、严惩不贷，着力打造“政策最优、成本最低、服务最好、办事最快”的良好营商环境。要将风气正起来。坚持无禁区、全覆盖、零容忍，坚持重遏制、强高压、长震慑，充分发挥巡察利剑作用，严肃惩治扶贫领域腐败、涉黑涉恶腐败，坚决整治群众身边不正之风和腐败问题。全面彻底肃清苏荣案余毒，以最坚决的态度减少腐败存量，以最果断的措施遏制腐败增量，持续巩固风清气正的政治生态。

同志们，做好下半年的工作，夺取全年工作的胜利，是对我们能力、作风的一场考验。让我们更加紧密地团结在以习近平同志为核心的党中央周围，深入贯彻省委、市委全会精神，坚持思想大解放、改革再出发，奋力拼搏、扎实苦干，为聚力“一核三带”、建设“五个湖口”而不懈奋斗！

政府工作报告
——在湖口县第十六届人民代表大会第三次会议上

鲍成庚

（2018 年 1 月 17 日）

各位代表：

现在，我代表县人民政府向大会报告工作，请予审议，并请各位县政协委员和列席会议的同志提出意见。

一、2017 年工作回顾

过去的一年，在市委、市政府和县委的坚强领导下，全县上下以党的十九大胜利召开和学习贯彻落实党的十九大精神为强大动力，紧紧围绕“聚力一核三带、建设五个湖口”的目标，担当实干，攻坚克难，较好地完成了年初确定的各项目标任务，经济社会发展呈现出“稳中有进、既新又好”的良好态势。

——综合实力实现新跨越。主要经济指标继续稳居全市“第一方阵”。预计完成生产总值 142 亿元，增长 9.4%。财政总收入首次突破 30 亿元，达到 30.38 亿元，增长 23%，税比达 90.9%，总量、增幅、税比均列全市第一（剔除市本级）。规模以上工业主营业务收入首次突破 500 亿元，达到 510 亿元，增长 15%。实现服务业增加值 29.4 亿元，增长 13%。三次产业比由 10.3:69.8:19.9 调整为 9.5 : 69.8 : 20.7。港口货物吞吐量达到 4300 万吨，占全市三分之一强。

——生态建设取得新进展。“四城同创”首战告捷，一次性获批国家园林县城。总投资 3 亿元的园区生态化改造成效明显，成功承办全省中央环保督查问题整改暨改善生态环境质量现场会和全市生态园区建设现场会。荣获全国渔业健康养殖示范县、全省旅游强县、全省鄱阳湖越冬候鸟保护和湿地保护工作先进县，创建全国首个保护江豚“协助巡护”示范点。

——项目建设掀起新热潮。“重大项目落实年”深入实施，完成固定资产投资 262 亿元，增长 13.5%。新开工亿元项目 19 个，已竣工 16 个。列入市调度重大项目开工率达 100%，完成投资 194 亿元，开工率和投资额均列全市第一。

——科技创新获得新突破。全年 R&D 经费投入 2.5 亿元，增长 20.8%，占 GDP 比重达 1.8%。海山科技创新试验区和科创中心正式揭牌运营，与九江学院达成全面战略合作。新增省级院士工作站 2 家，总数达到 5 家，位居全市第一。高新园区获批国家精细化工高新技术产业化基地。

——人民生活得到新改善。全年县本级民生投入 19.6 亿元，占财政总支出 70% 以上，增长 12.4%。城镇、农村居民人均可支配收入分别达到 31878 元、14633 元，分别增长 8.9%、9.5%。脱贫攻坚取得阶段性成效，实现 7 个贫困村“摘帽”、6405 人脱贫。换装新能源公交车 53 辆，是全省唯一全部使用新能源电动公交县。九景衢铁路建成通车，湖口迈进“高铁时代”。荣获国家级中小学校责任督学挂牌督导创新县、全国地质灾害防治高标准“十有县”、全省“四好农村路”示范县、全省社会救助工作优秀县、省级妇幼健康优质服务示范县。

一年来，我们主要做了以下工作：

（一）坚持产业升级，发展质量不断提高。新型工业量质齐升。“新工业十年行动”深入推进，完成工业固定投资205.5亿元，增长16.2%。规上工业增加值98亿元，增长9%。工业利税58.6亿元，增长128.8%。战略性新兴产业占比提高1.3个百分点，高新技术产业主营业务收入、税收、利润分别增长22.8%、50.3%、89.6%。新增规上企业32家。装配式建筑产业园、纤维素纤维产业园、新材料循环产业园初具规模。税收过亿元企业达到2家，占全市三分之一；过千万企业达到11家，总数全市第一。九钢公司税收首次突破10亿元，达到11.38亿元，位居全市第二。富达实业税收首次突破亿元，同比增长179%。工业产品质量监管抽查合格率达100%，4家企业获知名商标。现代农业稳中优升。扎实推进国家现代农业产业园创建，核心区规划编制完成。启动农村房地一体确权登记发证，完成土地流转14万亩。实施高标准农田改造2.1万亩，农业综合机械化率达74.7%。新增“两茶一水一药”产业1万亩、3000万元以上农业项目5个、“三品一标”28个，培育新型农业经营主体157个。入选全省大豆产业发展试点县。大力实施“互联网＋现代农业”，建成全省首个地方农业大数据平台。旅游观光农业发展迅速，成功举办首届油菜花节、采茶节和农耕健身大赛。服务经济提速快升。实现旅游综合收入25.3亿元，增长7%。物流标准化试点工作顺利推进，完成社会消费品零售总额28亿元，增长13.5%。规模以上电子商务企业交易额达到26.5亿元。金融机构各项存款余额151亿元，增长12%；各项贷款余额111亿元，增长18%。九银村镇银行成功入驻，“互联网＋博金贷”金融服务公司开业运营。

（二）坚持绿色发展，生态优势不断放大。大力推进“三化”行动。梅兰生态广场、工业大道“白改黑”、生态停车场、沿江绿廊、污水处理厂提标、“一企一管”综合管廊等一批重点项目全部建成。智慧环保监控指挥综合平台投入使用，15家企业完成“一企一管”整治。园区热电联产规划获省政府批复。晨光新材料、力山环保、天赐新材料、中星医药等评为全省节能减排技术创新示范企业。大力开展生态保护。在全市率先开展乡镇自然资源资产审计、水资源确权登记试点，率先推行生态文明建设情况向人大报告制度，新增造林绿化1万亩，水、湿地、森林等资源得到有效保护。全市自然资源资产审计在我县试点。舜德乡获批省级生态乡镇，大垅乡大垅村、联丰村获批省级生态乡村。大力实施生态治理。坚决打好环保督察整改攻坚战，反馈问题办结率100%。“四尘三烟三气”、秸秆禁烧等专项治理有序推进。县城污水处理厂提标改造基本完成，城山镇污水处理设施全面建成。“清河行动”扎实开展，主要河流实现“一河一档”，集中式饮用水水源地水质达标率100%。全面开展沿江沿湖非法码头专项整治，拆除非法码头泊位13个，规范提升码头泊位9个。禁养区畜禽养殖场全面退养拆除。矿山治理和修复稳步推进，停产整顿矿山企业14家。

（三）坚持项目为王，发展后劲不断增强。狠抓项目招引。全年引进项目44个，总投资195亿元，其中10亿元以上重大项目4个，战略性新兴产业项目32个，占比72%。坚持“五个一批”模式，盘活清退盈联实业、新康达、友邦光电等困难项目10个，盘活用地1200亩。强力项目推进。成立重大项目联合督查办，创新“三旗两榜”“一库三书”督查问效机制，天祺科技、永芳科技等一批项目竣工投产，神华电厂、五星纸业（一期）、赛得利（二期）等一批项目基本建成，装配式建筑、容汇锂业等一批项目快速推进。聚焦项目服务。深入开展“降成本、优环境”“政企茶叙会”等活动，累计降低企业负担5亿元。“两基金、两平台”为企业担保贷款1.2亿元。推动晨光新材料上市进入股改阶段，55家企业在省股交中心新四板成功挂牌，挂牌数量居全市第一。

（四）坚持创新引领，发展活力不断释放。深化改革有成效。128项重点改革任务扎实推进，供给侧结构性改革稳步实施，“三去一降一补”进展顺利。启动实施“30证合一、一照一码”登记制度，群众和企业办事更加便捷。深化国有企业改革，行政事业单位经营性资产纳入统一监管，工业投资公司、文旅集团组建完成，流泗镇纳入全省经济发达镇培育。平台建设有突破。“湖口创谷”计划深入推进，海山科技创新试验区已落户科技型企业8家，科创中心成功引进中科院新材料协同创新中心、南京大学环保创新中心等一批研发创新平台，天赐新材料科技企业孵化器在孵企业13家。颐高双创基地运营成效初显，入驻企业35家，入驻率达90%。成功举办首届“九银杯”创新创业大赛。创新能力有提升。出台“1+N”科技创新政策，高新技术企业增至12家，新认定省级科技型企业15家、省级“专精特新”中小企业6家，新增省级工程技术研究中心4家，省级企业技术中心2家。柔性引进“国家千人计划”人才1人，自主培育“国家万人计划”人才1人。荣获国家发明型专利1项、省级科技进步奖1项。科技局荣获全国科技管理系统先进集体。武山镇建成全省首个中药材科技特派员工作站。

（五）坚持统筹协调，城乡面貌不断提升。实施了一批重点项目。大力气推进老城改造，棚户区改造一、二期基本完成，征收1200余户、13万平方米，老城面貌发生明显变化。全年实施重点城建项目31个、“四城同创”项目145个，老城区、台山新区控规等11个规划编制完成，石钟山大道“白改黑”及绿道提升、金砂大道“白改黑”、公交首末站、洋港湿地公园升级改造、海山农贸市场等项目全面建成，党员警示教育基地、象山旅游公路等项目基本建成，新党校、新进修学校、智慧湖口建设等项目扎实推进。小岭等一批公共停车场建成使用，新增停车泊位2065个。改造升级马影至江桥等县道30千米，建成村组公路110千米、生命防护工程90千米，改造农村危桥6座，城乡交通更加畅通。破解了一批管理难题。开展城乡环境综合整治，全面推行“路长制”，牛湖路、景湖路等重点公路沿线“脏乱差”问题得到有效整治，高速出口及周边环境整治成效初显。城乡生活垃圾治理率先在全市引入市场化运作模式，实现城乡环卫“一把扫帚扫城乡”，顺利通过农村生活垃圾治理省级考核验收。严格开展“三治”“两违”专项整治，城乡管理更加精细高效。打造了一批特色小镇。建设“整洁美丽、和谐宜居”新农村，完成138个村庄串线连片建设和40个村庄管理提升工程，成功创建武山镇省级农村产业融合发展试点示范乡镇、城山镇省级特色商贸小镇、武垦场省级旅游风情小镇，流芳豆产业小镇初具雏形。

（六）坚持以人为本，民生福祉不断增进。脱贫攻坚高效推进。举全县之力打好脱贫攻坚战，大力实施“十大扶贫工程”，建立扶贫项目“绿色通道”，全面落实健康扶贫“五道保障线”，在全市率先实行贫困群众“先诊疗、后付费”“一站式”即时结算和免费健康体检全覆盖，全年减贫709人、1个贫困村退出。民生实事扎实推进。坚持教育优先，全年投入7200余万元实施教育项目39个，舜德一贯制学校建成使用，湖口中学初中部、东庄和流泗中心幼儿园等一批重点项目主体完工。新增就业人口6260人。全县失地农民社会保障应保尽保，残疾人“两项补贴”应发尽发。城乡低保标准分别提高至530元和305元，惠及14068人。城乡居民医保正式并轨运行，完成20所村级卫生计生服务室标准化建设，“两孩政策”稳步实施，全面推行免费婚前医学检查，农村妇女“两癌”免费筛查5500例，实施“光明·微笑”、儿童“两病”等十类重大疾病免费救治1012例。“三项惠老工程”全面落实，完成乡镇民政所标准化建设。付垅乡荣获全省综合减灾示范乡镇。防汛抗洪取得全面胜利。社会事业持续推进。启动社会信用体系建设，鄱阳湖大市场荣获省级诚信示范市场。国家公共文化服务体系示范区建设通过中期督查，完成乡镇综合文化站标准化建设，湖口木船制造技艺入选第五批省级非遗项目名录，武山镇埠堰村获评第五届全国文明村镇。第二小学获评“全国足球特色学校”。《湖口县志（1989—2011）》《石钟山志》出版发行。县体育办获评“全国体育先进单位”。县供销社连续两年荣获“全国百强县级社”。县渔政局荣获全国“亮剑2017”渔政专项执法成绩突出集体。老年大学成功创建省级示范校。第三次全国农业普查顺利完成。安全稳定深入推进。扎实开展安全生产大检查大排查大整治，服装企业“退城入园”取得初步成效，食品药品和安全生产形势总体平稳。成功承办2017长江—鄱阳湖水上联合应急演习和平安九江—2017辐射事故联合应急演习。扎实推进法治湖口建设，成功侦破并审理“京广和”特大传销案，“天网四期”工程加速推进，新看守所建成使用，完成乡镇综治中心标准化建设，一批重点涉稳及信访问题得到有效化解，社会大局持续稳定向好。

气象、盐业、通信、档案、保密、对台、督查、外侨、民宗、二轻、物资、海事、烟草、石油、邮政、图书发行、广播电视、有线网络、无线电管理等工作得到新加强；国防动员、民兵预备役、人民防空、防震减灾、武警消防等工作取得新成绩；关工委、工会、妇女儿童、青年、老龄、老科协、老体协、红十字会、工经联和慈善等事业实现新发展。

（七）坚持严管严抓，自身建设不断加强。将喜迎党的十九大和学习宣传贯彻党的十九大精神作为全年工作主线，确保中央精神和省委、市委决策部署落地生根。“两学一做”学习教育实现常态化制度化。自觉接受人大依法监督、政协民主监督和社会舆论监督，办理人大代表建议38件、政协提案98件，办结率100%。大力推进“放管服”改革，实现县本级行政许可事项、人员、审批窗口授权三到位。严格落实中央“八项规定”精神，开展党员干部谈心谈话活动，深入开展“党员领导干部违规借贷问题”专项治理，政风行风进一步好转。建立政府投资项目监管机制，开展全县行政事业单位收支清查，涉农项目资金监管平台基本建成，财政资金使用效率进一步提高。公务消费网络监管平台上线运行，“三公经费”支出同比下降16%。扎实做好全省财政惠农“一卡通”和村级使用涉农资金专项审计、保障性安居工程跟踪审计整改工作。

各位代表，回望一年来的奋斗历程，我们秉承政府工作“重在操作、贵在落实”理念，紧紧围绕县十四次党代会确立的发展思路，高效推进脱贫攻坚、园区生态化改造、“湖口创谷”等一批重点工作，做成了许多打基础、利长远的大事；我们传承百折不挠、坚韧不拔的精气神，敢于向沉疴痼疾开刀，勇于触及深层次利益关系，有效化解问题楼盘、困难项目、要素保障等一批重点难题，解决了许多长期积累、复杂棘手的难事；我们坚持以人民为中心的发展思想，以造福人民、增进民生福祉为最大政绩，大力实施棚户区改造、“四城同创”、城乡环境综合整治等一批民生工程，办成了许多解民忧、惠民生的实事；倍受鼓舞的是，刘奇省长和杨伟东书记、林彬杨市长等多位省、市领导先后亲临湖口视察指导，对湖口的发展特别关心，对湖口的工作充分肯定，对湖口的未来非常看好，坚定了湖口发展的前进步伐；倍感振奋的是，新一届县政府班子在县委的正确领导下，以心怀感恩、真情为民的精神，团结一心，激情干事，以立说立行、只争朝夕的作风，攻坚克难，勇于担当，实现了政府工作的良好开局；倍加欣慰的是，广大干部紧紧围绕县委、县政府决策部署，面对艰巨繁重的工作任务，任劳任怨，加班加点，始终奋战在脱贫攻坚、项目建设、环境整治、安全生产、信访维稳等工作一线，用自己的辛苦指数换取百姓幸福指数，展现了无私奉献的崇高品格。

各位代表，回顾一年来的政府工作，我们深切地感到：所有成绩的取得，离不开习近平新时代中国特色社会主义思想的科学指导，离不开市委、市政府和县委的正确领导，离不开县人大、县政协和社会各界的关心支持，离不开全县人民的共同努力。在此，我代表县人民政府，向各位人大代表、政协委员，向全县人民，向离退休老同志，向各民主党派、工商联、无党派人士、各人民团体，向驻县人民解放军，向关心、支持和参与湖口建设的各界朋友，表示最衷心的感谢并致以最崇高的敬意！

各位代表，在总结成绩的同时，我们也清醒地看到，当前我县在前进道路上还面临着不少困难和问题，社会主要矛盾已经转化为人民日益增长的美好生活需要和不平衡不充分的发展之间的矛盾。主要表现在：经济总量还不够大，加快发展的任务还很艰巨；经济稳定运行的基础还不牢固，实体经济仍然面临很多困难；创新发展能力还不够强，产业结构不优，转型升级仍然任重道远；城乡之间发展还不平衡，脱贫攻坚还未取得全面胜利，部分群众生产生活还比较困难；环境、能源、土地等发展要素要求越来越高，安全稳定形势较为复杂；操作落实力度仍需加大，办事效率有待提高。对此，我们必须高度重视，采取有力措施加以解决。

二、2018 年工作安排

2018 年是学习贯彻落实党的十九大精神的开局之年，是改革开放 40 周年，是决胜全面小康社会、实施“十三五”规划承上启下的关键一年。党的十九大做出了中国特色社会主义进入新时代的重大政治判断，确立了习近平新时代中国特色社会主义思想，为我们标注了新的历史方位，开启了新的奋斗征程，使我们对所处的发展阶段、肩负的使命有了更为清晰和自觉的认识，为湖口的发展提供了根本遵循，指明了前进方向。从发展大势看，世界经济缓慢复苏，国内经济持续向好，新一轮科技革命和产业变革蓄势待发，湖口发展的条件将更好；从发展态势看，长江经济带、促进中部地区崛起、国家生态文明试验区、九江万亿临港经济带、九江城市副中心等重大战略交汇叠加，湖口发展的机遇将更多；从发展优势看，湖口在园区发展、主导产业培育、科技创新、生态文明建设等方面打下了较好基础，形成了一定的先发优势。加上九景衢铁路的建成通车，将更加有利于我们扩大对外开放、集聚发展要素。湖口的发展已经站在新的历史起点，必将迈入转型升级、跨越发展的新征程。

面向新时代，开启新征程。我们要以新思想为指导。深刻把握我国社会主要矛盾发生变化的新特点，将加快发展、绿色崛起作为第一要务，咬定发展不放松，坚持生态优先不动摇，着力解决发展不充分、不平衡的问题。要以新理念为统领。牢固树立五大发展理念，深入推进供给侧结构性改革，加快建设现代化经济体系，实现更高质量、更有效率、更加公平、更可持续的发展。要以新期待为导向。牢固树立以人民为中心的发展思想，把老百姓的安危冷暖时刻放在心上，以造福人民为最大政绩，想群众之所想，急群众之所急，让人民生活更加幸福美满。要以新要求为准则。旗帜鲜明讲政治，忠诚担当守纪律，不忘初心，牢记使命，以永不懈怠的精神状态和一往无前的奋斗姿态，为湖口谋发展，为群众谋幸福。

今年政府工作的总体要求是：坚持以习近平新时代中国特色社会主义思想为指导，全面贯彻落实党的十九大、中央经济工作会议、省委十四届五次全会、市委十一届五次全会和县委十四届五次全会精神，按照高质量发展要求，坚持新发展理念，坚持稳中求进工作总基调，坚持以供给侧结构性改革为主线，深入实施“新工业十年行动”主战略，扎实开展重大项目服务年活动，着力加快绿色发展、打造新型工业、推进乡村振兴、推动创新开放、打造魅力城市、优化营商环境，坚决打赢脱贫攻坚战，奋力开创“聚力‘一核三带’，建设‘五个湖口’”新局面。

全县经济社会发展主要预期目标是：生产总值增长 9.5% 左右；财政总收入增长 18% 左右；固定资产投资增长 15% 以上；社会消费品零售总额增长 12.5% 以上；实际利用外资增长 10% 以上；规模以上工业增加值增长 9% 以上；城镇和农村居民人均可支配收入分别增长 8.5% 和 9%；完成市政府下达的节能减排任务。

为实现上述目标，我们将重点做好八个方面的工作：

（一）把握“生态文明”的时代主题，致力展现绿色发展新品质。坚持将生态优先、绿色发展作为一切工作的出发点和落脚点，坚定走生产发展、生活富裕、生态良好的文明发展道路，抓住用好国家生态文明试验区建设机遇，加速推进发展方式、生活方式绿色化转型，打造全省生态文明先行示范县。

加强生态保护，守护“自然美”。牢固树立“绿水青山就是金山银山”的理念，大力实施山水田林湖草生态修复、退耕还林、生态廊道建设、码头和矿山复绿等重大生态系统保护和修复工程，新增造林绿化1.2万亩、封山育林2000亩。常态化开展环保“零点行动”等专项行动，启动环保税征收，坚决制止和惩处破坏生态环境行为。深化生态文明体制改革，完善生态文明考评考核机制，加快推进领导干部自然资源资产审计、生态环境损害责任终身追究、生态环境综合执法等改革事项，积极探索环境公益诉讼、设立环境资源审判庭、派驻生态检察室等生态文明司法体制，提升“路长制”，建立“湖长制”“林长制”。全面落实生态保护“党政同责、一岗双责、一票否决”，开展节约型机关和绿色家庭、学校、社区创建，探索构建政府、企业、公众共同参与的环境治理体系。

强化生态治理，塑造“环境美”。坚持全民共治、源头治理，全面落实“气十条”“水十条”“土十条”，坚决打赢“蓝天、碧水、净土”三大保卫战，着力解决突出环境问题。实施大气污染防治行动，深入开展“四尘三烟三气”、秸秆禁烧等整治行动，全面淘汰10蒸吨以下燃煤锅炉，提高空气优良天数比例。以生态流域综合治理为总抓手，大力实施“五水共治”工程，完成城市备用水源建设，重点实施“武山水”“张青水”“付垅水”治理项目，实现水库养殖全面退养，打造“河长制”升级版。加大土壤污染修复、农业面源污染防治力度，加快限养区畜禽退养，逐步关闭石矿开采行业，坚决打击非法毁林挖砂、洗砂行为。建成城市建筑垃圾填埋场。

倡导绿色经济，展现“发展美”。坚持“引环保企业、建生态园区、促绿色发展”思路，切实将生态优势转化为发展优势。以长江经济带生态保护审计为契机，将“生态+”理念融入产业发展全过程，加快推动绿色工业转型发展、绿色旅游升级发展、绿色农业集约发展，着力构建环境友好的绿色产业体系。建立绿色金融服务体系，鼓励金融机构提供绿色金融产品和服务，扎实做好第四次全国经济普查工作，推动更多实体经济向绿色化转型发展。大力发展低碳经济、循环经济，支持企业应用节能环保新设备、新工艺、新技术，推进资源全面节约和循环利用，争创国家循环经济示范园区。

生态文明是湖口实现跨越发展的千年大计。我们必须坚持节约优先、保护优先、自然恢复为主的方针，加快形成节约资源和保护环境的空间格局，实现新时代湖口更可持续的发展。

（二）把握“转型升级”的时代任务，致力推动工业强县新突破。深入实施“新工业十年行动”主战略，推动工业高质量发展，争当沿江东部板块新工业主力军，加速打造长江经济带新型工业强县。

加速产业升级。围绕“装配式建筑”首位产业、“纤维素纤维、新材料”主攻产业和“钢铁冶金、化工化纤、电力能源”传统产业，以装配式建筑、赛得利、天赐新材料、晨光新材料、九江钢厂等重点项目为龙头，大力吸引产业关联配套企业入驻，不断延伸产业链、补强创新链、提升价值链，加快推进装配式建筑产业园、纤维素纤维产业园、新材料循环产业园上规模上台阶。突出高新导向，重点发展电子信息、智能制造、装备制造等战略性新兴产业，形成一批新经济增长点。力争战略性新兴产业实现增加值占比提高2个百分点。

加速企业升级。以更大的力度实施“企业成长计划”，通过扶优扶强、重组联强、促小育新，培育一批行业“领跑者”，打造一批行业“小巨人”，形成实体经济“群山拥峰”的发展局面。新增规上企业10家。支持企业开展技术改造，加速工艺流程再造，鼓励企业“机器换人”，加快装备升级，提升企业效益。全年实施技改项目8个以上，完成技改投资12.8亿元，力争纳税过亿元企业达到3家、纳税过千万元企业达到15家。弘扬企业家精神、劳模精神和工匠精神，实施“质量强县”行动，唱响湖口品牌。全年新增市级以上知名品牌5个。

加速园区升级。坚持以大园区承载大发展，不断推动园区改革创新发展，积极争创长江经济带绿色发展示范区、国家级高新园区。完成新一轮扩区调区，新增用地9800亩。高质量编制高新园区控规及调区扩区详规，进一步优化空间及产业布局。稳步推进园区基础设施建设，重点实施银砂湾疏港快速通道、金砂湾园区柘矶片区修补整治、山南片区综合管廊等工程，启动科创综合体项目和工业服务中心建设，建成10万平方米标准厂房。

持续深入实施园区“三化”工程，扎实推进高新广场、高新大道绿化、部分山体修复等重点工程，建成赛得利集中供热项目，完善智慧环保监控指挥综合平台，加速推进安全一体化服务示范基地，促进园区“环境景观化、企业环保化、生产安全化、产业循环化、管理智能化、配套便捷化”。

转型升级是湖口实现跨越发展的战略选择。我们要加快转型升级步伐，不断提高工业供给体系的质量和效率，加快构建现代化经济体系，实现新时代湖口更高水平的发展。

（三）把握“开放开发”的时代潮流，致力掀起项目建设新高潮。抢抓国家扩大对外开放机遇，坚定不移将招商引资作为头号工程，扎实开展“重大项目服务年”活动，力争完成工业固定资产投资225亿元，增长9.8%。

全力以赴推动项目落实。坚持招商引资和引技引智并重、盘活存量和引进增量并举、专业招商和中介招商并进、重资本招商和轻资产招商并行，以新制造经济、新服务经济、绿色经济、智慧经济、分享经济五大领域为主攻方向，更加注重“正负面清单”招商，力争全年引进亿元以上项目36个，其中10亿元以上项目8个。完善重大项目决策机制，继续推行督查长制度，确保神华电厂、五星纸业达产达标，一德新型油料、中红医疗、容汇锂业等项目竣工投产，推进高端装备制造产业园等项目开工建设。坚持“五个一批”模式，围绕“攀森、海纳川、荣侨、金旺”等困难项目精准施策，力争全年盘活存量项目10个以上。

坚定不移优化营商环境。既不忘“抓项目”老本事，更学习“造环境”新本领。继续开展降成本优环境专项行动，强化政企“茶叙会”问题反馈和督办落实，努力为企业当好眼里有活的“保姆”和随叫随到的“店小二”，让企业办事像“网购”一样方便。以“眼睛容不得沙子”的决心，严肃查处影响和破坏发展环境的人和事，让企业安心生产、放心经营、全心发展。

千方百计抓好要素保障。积极发挥政府引导基金作用，加大社会资本引进力度，设立文旅投资基金和工业投资基金。引导企业利用资本市场融资，支持晨光新材料和富达实业主板上市，力争新三板挂牌企业2家以上。坚持争总量和优质量并重、控增量和减存量并进，杜绝“三高一低”项目，推动企业减量排放。启动水生态文明规划修编，划定沿江水资源开发利用、用水效率控制、水功能区限制纳污“三条红线”，加快推进沿江排污口规范整治。巩固非法码头整治成果，加大“小散乱”码头整合力度，加快砂石集散中心建设，强化岸线合理利用和保护。扎实做好土地整治、存量盘活、集约节约等工作，力争全年新增耕地4500亩，盘活存量土地3000亩。

项目建设是湖口实现跨越发展的现实路径。我们要牢固树立“项目为王”理念，不断积蓄发展后劲，实现新时代湖口更快速度的发展。

（四）把握“改革创新”的时代脉搏，致力培育创新发展新动能。深入实施创新驱动战略，加快培育发展新动能，力争R&D经费增长28%，占GDP比重达到2%。

宽领域深化综合改革。按照“最多跑一次”的理念和目标，深化行政许可“一次办”，打造“放管服”改革升级版。深化财税体制改革，实行行政事业单位零基预算，统筹乡镇财权事权，提高乡镇自主发展能力。探索创新投融资发展模式，健全金融监管体系，促进城市投资公司、工业投资公司、文旅集团高效运行，防范政府债务和金融风险。深化商事制度、国地税征管体制改革，稳步推进事业单位公车改革和分类改革，统筹推进医药卫生、城市管理、文化市场综合执法、殡葬等社会事业领域改革，让人民群众获得更多实实在在的改革红利。

大力度推进科技创新。围绕产业链布局创新链，全力推进产学研合作，重点在装配式建筑、新材料、智能制造等领域实施一批自主创新重大专项，专利申请量、授权量分别增长25%，全年转化科技成果20项以上。力争新建市级以上企业工程技术中心3家，新增高新技术企业2家、省级科技型中小微企业8家、省级“专精特新”中小企业4家。深入推进“梧桐计划”和“2233人才计划”，完善人才培育、评价和激励机制，鼓励引导本地人才回归，引进一批高端金融人才和创新领军人才。推动与九江学院校地战略合作取得实质性成果，办好创新创业大赛等活动，浓厚创新创业氛围，让更多的人才在创新创业大潮中成就梦想。

高标准打造创新平台。扎实推进海山科技创新试验区和科创中心建设，启动科创综合体建设，加快天赐新材料大厦建设，引进一批高新技术企业和各类创新主体、科研孵化平台，创建一批工程（技术）研究中心、重点实验室和科技协同创新体，力争做满1平方千米核心区。优化“双创”服务体系，支持颐高（湖口）双创基地申报省级“双创”示范基地，培育小微企业20家以上。

改革创新是湖口实现跨越发展的第一动力。我们要始终把改革创新摆在发展全局的核心位置，加快形成“改革＋创新”为主引擎的动力结构，实现新时代湖口更高质量的发展。

（五）把握“乡村振兴”的时代战略，致力开创城乡一体新局面。坚持农业农村优先发展，全力推进农业强、农村美、农民富，夯实全面小康基础。

加快发展现代农业。深入推进农业供给侧结构性改革，加快构建规模化生产、企业化经营、品牌化生产的现代农业体系。围绕“三带两园”的总体布局，加大招商引资和项目整合力度，引导资金、科技、人才、信息加速向园区集聚，全力创建武山国家现代农业产业园和省级现代农业科技示范园，支持城山等乡镇因地制宜创建一批市级以上现代农业产业园。落实粮食安全省长责任制，保障粮食等大宗农产品供给。重点实施“6+1”工程，新增茶叶面积2000亩、油茶5000亩、水产2000亩、中药材3000亩。继续推进智慧农业建设，推广智慧农业综合服务平台，加速推进“湖口豆豉”申报地理标志证明商标，新增“三品一标”10个以上。大力推进农业基础设施建设，启动“洋港渔港”、防汛物流仓库和鄱阳湖区单退圩堤加固整治等工程建设，完成高标准农田建设2.1万亩。

加快建设秀美乡村。深入实施“整洁美丽、和谐宜居”新农村建设行动，扎实推进“六统・四联创”，支持城山镇打造全省生态旅游示范小镇、流芳乡打造豆产业特色小镇、付垅乡打造戏曲小镇。深入推进城乡环境综合整治，按照“点优线好面达标”要求，以牛湖路、景湖路、均流线、九景高速、彭湖高速、铜九铁路、九景衢铁路等主干道为重点，致力打造美丽乡村示范风景带。实施景湖线、流苏线、张青至付垅等道路改造工程，新增生命防护工程60千米，改造危桥6座，启动城乡公交一体化运营，畅通城乡交通微循环。保护和传承好优秀的乡土文化，创建一批省级乡风文明示范点。完成村（居）委会换届选举工作。

加快促进农民增收。深化农村土地制度改革和农业产权制度改革，落实承包地“三权”分置制度，保持土地承包关系稳定并长久不变，第二轮土地承包到期后再延长三十年。继续推进农村产权流转交易平台建设，推动“农合联”实质性运作，支持在外务工、大学生和退役士兵等人员返乡创业，鼓励发展多种形式的适度规模经营。培育新型农业经营主体20个以上，招录“一村一名大学生”70人。发展壮大农村集体经济，全力消除“空壳村”。

乡村振兴是湖口实现跨越发展的关键环节。我们要大力实施“乡村振兴”战略，按照产业兴旺、生态宜居、乡风文明、治理有效、生活富裕的总要求，加快推进农业农村现代化，实现新时代湖口更加均衡的发展。

（六）把握“产城融合”的时代趋势，致力迈出城市建设新步伐。积极融入大九江都市圈，围绕“优化布局、完善功能、精细管理、提升品位”的城市建设思路，科学布局城镇空间、产业空间，打造九江城市副中心。

坚持规建管联动推进，倾力打造“宜居之城”。以台山组团、海山组团、石钟山组团建设为重点，加快推进三大组团规划相通、设施相连、管理相融。依托城乡总体规划，加速编制中心城区、县域村庄建设等规划，不断强化城市天际线、山迹线和水迹线管控。加快棚户区改造步伐，全面完成2018年棚改任务。启动高铁新区规划建设，加快推进湖口火车站扩容升级。大力开展城市“双修”工作，紧盯城市主入口、主轴线、主干道等重要节点，启动新增高速出口建设，高标准打造梅兰小镇，实施三里大道“白改黑”、出城快速通道、栢矶水厂搬迁、城乡供水一体化等重点工程，推进三里片区雨污分流管网、老城污水管网连通、台山片区亮化等重点项目，建成一批公共停车场、绿地小游园，全面提升城市绿化、亮化和美化水平。持续深入推进“四城同创”，加快智慧湖口建设，深入开展保障性住房专项整治、城乡厕所革命、园林绿化管养市场化等行动，建设石钟山大道标识标牌示范工程，不断提升城市精细管理水平。

坚持商贸城同步提升，倾力打造“宜业之城”。以盛世中央城为中心打造城市中央商务区，盘活开元大酒店，引进一批知名零售连锁机构，不断增强核心商圈集聚功能。完善电商配套服务体系，加快推进赣北电商城、“淘金时代”项目建设，扶持电商企业发展壮大，力争规模以上电子商务企业交易额突破30亿元。支持新城农贸市场等专业市场开展招商合作，积极培育小微企业创业园。启动建材市场、车辆维修、再生资源等行业“归行划市”，实现集中连片经营。加大房地产市场监管调控力度，加快推进瑞鑫智慧城等商业楼盘建设，稳步推进非住宅类商品房去库存，促进房地产市场平稳健康发展。

坚持点线面整体建设，倾力打造“宜游之城”。积极融入全市“两圈两带”旅游格局，高起点编制全域旅游规划，以石钟山创建国家5A级景区为主抓手，实施“二次革命”纪念馆、石钟山周边环境整治提升、游客服务中心、景区停车场等一批重点项目，挖掘保护太平天国火药库、古文庙等历史名胜古迹，不断做美做大核心景区。启动环鄱阳湖旅游公路建设，布局一批沿湖生态名俗景点，规划一批旅游精品路线，大力发展乡村游、生态游等新兴业态。力争旅游接待总人数增长15%，旅游总收入增长20%。

产城融合是湖口实现跨越发展的重要举措。我们要坚持产业与城市融合发展，不断拓展产业发展承载空间，实现新时代湖口更加协调的发展。

（七）把握“普惠共享”的时代追求，致力彰显全面小康新成效。始终将脱贫攻坚作为头等大事，扎实推进“三民五优”八大民生工程，努力在幼有所育、学有所教、劳有所得、病有所医、老有所养、住有所居、弱有所扶上取得新进展，不断增强人民的获得感、幸福感、安全感。

以“十大工程”为抓手，决胜脱贫攻坚这个最大任务。坚持精准扶贫、精准脱贫，注重扶贫与扶志、扶智相结合，把产业、就业扶贫作为根本之策，打好“十大扶贫工程”政策组合拳，确保贫困群众“两不愁、三保障”。严格执行脱贫攻坚“一把手”负责制，强化农村工作队和“第一书记”责任，注重发挥结对帮扶干部作用，做到真脱贫、脱真贫。积极引导社会力量参与扶贫，鼓励民营企业、社会组织和个人积极参与扶贫开发。确保全年1095人脱贫，1个贫困村退出。

以群众满意为标准，抓好改善民生这个最大政绩。新增就业人口6050人。实施“归雁计划”，加快五小、五中建设和三小扩建，新建第一幼儿园和大垅、付垅等乡镇中心幼儿园，推动义务教育从基本均衡向优质均衡转变。启动中医院扩建、流泗中心卫生院整体搬迁，完成20所村级卫生计生服务室建设，切实增强公共卫生计生服务能力。完成马影敬老院建设。全面完成国家公共文化服务体系示范区建设，鼓励文艺精品创作，做好文物、非物质文化遗产保护、传承、创新工作。启动新城游泳馆建设，积极开展全民阅读、健身活动，全面提高国民素质和健康水平。

以实现善治为目标，抓好平安法治这个最大重器。深入推进“七五”普法和“双随机一公开”，善于用法治思维和法治方式化解矛盾、推动发展。强化信访源头治理，畅通群众合理诉求渠道，大力推进诉访分离。持续推进平安湖口建设，启动马影、文桥派出所建设，完善社会治安防控体系、食品药品安全监管体系，提升突发事件预警和应急处置能力。牢固树立安全发展理念，全面推进安全生产领域改革发展，坚决落实安全生产“一岗双责”，持续深入开展安全生产大检查和各项专项整治，建立常态化、规范化隐患排查制度，有效防范各类安全事故发生。

加强国防动员、人民防空和民兵预备役工作，支持工会、共青团、妇联、残联、科协、红十字会、工商联、老科协、老体协、关工委、工经联等群团和社会组织参与社会管理和公共服务，做好督查、外侨、对台、民宗、老龄、物价、二轻、保密、档案、物资、盐业、气象、防震减灾、保险、通信、烟草、邮政、海事、石油、图书发行、广播电视、县志、双拥等工作，推动社会全面进步。

普惠共享是湖口实现跨越发展的不变初心。我们要始终把人民放在心中最高的位置，与人民心心相印、同甘共苦，把为人民造福的事情真正办好办实，实现新时代湖口更加公平的发展。

（八）把握“从严治政”的时代要求，致力打造实在实干新形象。新时代要担新责任，新时代要树新形象。我们要全面加强政府自身建设，努力打造“忠诚干净担当、为民务实清廉”的实在实干政府。

锤炼忠诚品质，做到政治过硬。“旗帜鲜明讲政治、不忘初心铸忠诚”。把政治建设摆在首位，始终在思想上政治上行动上同以习近平同志为核心的党中央保持高度一致，坚决维护以习近平同志为核心的党中央权威和集中统一领导，强化“四个意识”，把政治纪律、政治规矩融入血脉、铸入灵魂，真正落实到工作中、体现在行动上，做到执行中央、省、市和县委决策部署不讲条件、不打折扣，确保政令畅通。

强化法治思维，做到依法行政。“有权不可任性、用权必受监督”。坚持依法决策，把“合不合法、依不依规”作为政府决策的第一考量，促进政府决策法制化。自觉接受人大及其常委会的法律监督和政协的民主监督，认真办理人大代表建议和政协提案。推进政务公开，进一步畅通社会监督和媒体监督渠道，切实做好新媒体环境下舆情引导和回应工作。

提升履职能力，做到本领高强。“宽肩膀担当，真本领成事。”把学习作为履职的基础，全面加强新思想、新理念、新知识的学习，不断掌握新知识、拓宽新领域、开阔新视野，全面增强“八大本领”，突破思维定式、工作惯性和路径依赖，善于在困难中开展工作，在困境中扫除障碍，在困局中打开局面，全面提升政府工作操作能力和落实水平。

坚守为民情怀，做到勇于担当。“成绩是干出来的，幸福是奋斗出来的。”向群众聚焦，为群众出力，在全心全意为人民服务中拓展工作视野、丰富工作经验，始终保持“人一之、我十之”的苦干劲头和“昼无为、夜难寐”的精神状态，不驰于空想、不骛于虚声，勇于挑最重的担子，敢于啃最硬的骨头，善于接最烫的山芋，争当推动发展的坚定者、奋进者、搏击者，不做贻误发展的犹豫者、懈怠者、畏难者。

深化作风建设，做到清正廉洁。“作风建设永远在路上。”把廉洁作为最大的威严，带头树好廉洁自律的“风向标”，严格落实“一岗双责”，开展“不忘初心、牢记使命”主题教育，推进“两学一做”学习教育常态化制度化，抓好中央八项规定实施细则落实，大兴调查研究之风，坚决反对形式主义、官僚主义，打赢作风建设持久战。有序推进监察体制改革，健全政府投资项目监管机制，强化重点领域监管，大力整治损害群众利益不正之风，严控“三公”经费和一般性开支。

从严治政是湖口实现跨越发展的根本保障。我们要始终保持政治定力和实干定力，按照“五个过硬”的要求，不断增强推动发展的能力和水平，实现新时代湖口更加高效的发展。

各位代表，新时代开启新征程，新使命呼唤新作为。让我们更加紧密团结在以习近平同志为核心的党中央周围，以习近平新时代中国特色社会主义思想为指导，在市委、市政府和县委的坚强领导下，不忘初心，牢记使命，真抓实干，奋发进取，为建设活力、实干、秀美、富裕、幸福新湖口而不懈奋斗！

名词解释

1.“四尘”是指工地扬尘、道路扬尘、运输扬尘、堆场扬尘;“三烟”是指餐饮油烟、烧烤油烟、垃圾焚烧浓烟;“三气”是指汽车尾气、工业废气、燃煤烟气。

2.“清河行动”：清洁河流水质、清除河道违建、清理违法行为。

3.“三旗两榜”：红旗鼓励、蓝旗督促、黄旗警告；“红旗榜”表扬、“蜗牛榜”通报的督查问效机制。

4.“一库三书”：重大项目库、质量承诺书、进度承诺书、廉政承诺书。

5.“三去一降一补”：去产能、去库存、去杠杆、降成本、补短板。

6.“专精特新”：专业化、精细化、特色化、新颖化。

7.“十大扶贫工程”：产业扶贫、安居扶贫、村庄整治扶贫、基础设施建设扶贫、就业扶贫、健康扶贫、教育扶贫、社会保障扶贫、生态保护扶贫、易地搬迁扶贫。

政府工作报告
——在湖口县第十六届人民代表大会第四次会议上

江训开

（2019 年 3 月 1 日）

各位代表：

现在，我代表县人民政府，向大会报告工作，请予审议，并请各位县政协委员和列席会议的同志提出意见。

一、2018 年工作回顾

过去的一年，在市委、市政府和县委的坚强领导下，全县上下坚持以习近平新时代中国特色社会主义思想为指引，深入学习贯彻党的十九大精神，坚持稳中求进总基调，贯彻新发展理念，按照“一个统领、三大主题、十场硬仗”的工作思路，忠诚担当、真抓实干，保持了经济社会发展的良好势头，较好完成了年初确定的各项目标任务。

（一）坚持稳中求进，经济运行总体平稳。全县完成生产总值 158.6 亿元，增长 8.4%；完成财政总收入 41.3 亿元，是全市首个过 40 亿元县，增长 36%，增幅全市第一；固定资产投资增长 9.9%；社会消费品零售总额 31 亿元，增长 11.5%；城镇居民人均可支配收入 34657 元，增长 8.6%，增幅全市第二；农村居民人均可支配收入 15920 元，增长 8.9%；金融机构各项存款余额 164.3 亿元，增长 8.4%；各项贷款余额 115.7 亿元，增长 3.8%；港口货物吞吐量达到 4477 万吨，总量占全市 1/3。主要经济指标继续保持全市“第一方阵”，荣获了全省市县科学发展综合考评先进县。

（二）坚持生态优先，环境质量有效提升。坚决贯彻落实习近平总书记关于长江经济带“共抓大保护、不搞大开发”的指示要求，按照“堤外生态绿化带、堤内园林景观带”标准，着力打造长江“最美岸线”，沿江沿湖非法码头全部拆除到位，整合提升“小散低”码头 12 个。大力实施“绿岸”工程，启动沿江裸露山体生态修复，完成生态复绿面积 100 万平方米。大力推动化工企业“三年出清计划”，关停取缔小化工企业 5 家。污染防治攻坚战全面打响，大力整治“四尘、三烟、三气”，实施涉气涉水企业“一企一策”改造 27 家。建成金砂湾园区集中供热中心，全面淘汰园区 10 蒸吨以下燃煤锅炉。全年空气质量优良天数达 319 天，同比增加 46 天。全力打造河长制升级版，全面推行湖长制，饮用水源地保护、沿江沿湖排污口整改、水库养殖退养工作基本完成，关停并拆除畜禽养殖企业 67 家，建成农村污水处理示范点 15 个，饮用水源地水质达标率 100%。全面开展领导干部自然资源资产离任审计，实行最严格的生态环境保护制度。新增造林绿化 1 万亩。大垅邹洞、付垅金鑫达矿山生态改造基本完成。荣获全省鄱阳湖湿地候鸟保护工作先进县。武垦场获评全省美丽休闲乡村。舜德乡高桥村、屏峰村获批省级生态村。坚决打好环保督察整改攻坚战，环保七大重点专项整治取得积极成果，一批环境遗留问题得到有效解决。

（三）坚持量质齐升，转型升级步伐加快。新型工业提质发展。规上工业增加值增长8.8%；工业固投增长29.6%；完成工业税收31亿元，增长62.5%，总量和增幅均列全市第一，占财政总收入75%，提高13个百分点；工业用电量33.9亿度，总量全市第一。新增规上企业18家。装配式建筑首位产业和新材料、纤维素纤维两大主导产业工业总产值完成314亿元，增长22.3%。战略性新兴产业增加值突破10亿元。新材料产业集群被认定省级产业集群。成功获批船舶产业优化升级省级试点县和省级循环经济示范园区。九江富达荣获省级石油和化工行业“绿色工厂”称号。力山环保成功通过国家循环经济标准化试点项目验收。江铜铅锌等2个产品获得江西名牌产品。现代农业提效发展。建成高标准农田2.1万亩，新增“6+1”特色产业面积2万亩。智慧农业平台覆盖面积3万亩。新增“三品一标”22个，湖口螃蟹获批国家农产品地理标志。湖口豆豉获批国家地理标志产品。农村集体资产清产核资和土地承包经营权登记颁证工作全面完成，获批农村承包地“三权分置”省级试点县。大垅乡、舜德乡成功创建省级现代农业示范园，总数达到5家，位列全省第一。九江昊源成功获批省级休闲渔业基地。澜德农庄、农夫农成功创建四星级“农家乐”。现代服务业提速发展。服务业实现增加值34.1亿元，增长9.6%。石钟山创建国家5A级景区有序推进，杨赓笙故居改造、景区整改提升等项目基本完成，景区环境得到极大改善。举办农民丰收节、西瓜节、荷花节、油菜花节、农耕健身大赛等活动，发售“江湖两色·石钟千年”特色邮票，实现旅游综合收入28.2亿元，增长8.7%。全县电商交易额突破29亿元，同比增长22.7%。晨光新材料正式进入上市辅导期，新增10家企业挂牌“新四板”。设立金融创新服务中心。发行企业债券9亿元。产业引导基金组建完成并运营。

（四）坚持改革创新，发展后劲明显增强。改革攻坚全面发力。以改革开放40周年为契机，推进具体改革事项124项。全面梳理“一次不跑”事项178项、“只跑一次”事项194项，编制政务服务标准化清单4490项，“放管服”改革取得阶段性成效。全面实施“45证合一”“证照分离”改革，企业开办时间压缩至2.5个工作日。石钟投资公司、工业投资公司、文旅集团稳健运行，政府债务和金融风险得到有效防控。党政机关机构改革、事业单位公车改革、水权改革试点基本完成。流泗经济发达镇培育工作有序推进。国家税务总局湖口县税务局、县融媒体中心挂牌成立。创新活力不断迸发。全年R&D经费投入3.2亿元，增长20%，占GDP比重达2.1%。16万平方米的科创综合体、3万平方米的天赐科创大厦、1.5万平方米的富达研发检测大厦等重点创新平台加速推进。新认定省级科技型企业10家，获批高新技术企业10家。全年技贸成交额突破6000万元，同比增长42.8%。武山镇获批省级创新型试点乡镇。流芳豆产业合作社获批国家级星创天地。颐高双创基地荣获省级众创空间。项目建设强力推进。深入推进“重大项目见效年”活动，全年引进产业项目39个，总投资超300亿元，其中30亿元以上项目3个，10亿元以上项目11个。国华九江电厂一期、五星纸业一期等项目建成投产，中红普林、力举机械臂等项目加快推进。盘活开元大酒店、盈联实业等困难项目7个，消化存量土地1500余亩，土地消化周期降至2年以内。推动天赐高新材料成功收购攀森项目，创造了全省网络司法拍卖金额最高纪录。

（五）坚持建管并举，城乡面貌大为改善。城市功能更完善。石钟山组团控规、台山组团控规、海绵城市专项规划等11项规划编制完成。实施棚户区三期改造，征收房屋810余户、15万余平方米。总投资22.4亿元的31个重大基础设施项目全面铺开，实施“四创双修”项目118个，新建雨污管网8.7公里，台山新区和洋港片区污水管网连通、台山片区亮化、石钟山片区亮化等项目全面建成。城乡供水一体化稳步推进，西门塘排涝口改建工程、柘矶水厂取水口改迁工程、均桥加压泵站顺利完工。城乡环境更宜居。扎实推进“整洁美丽、和谐宜居”新农村建设，高起点编制县域乡村建设规划，启动舜德村、王常村2个市级乡村振兴示范村建设，建成260个新农村点，创建省级卫生乡镇5个、卫生村6个。大力开展城乡环境综合整治，拆除违章建筑10万平方米、铁皮屋53.4万平方米，美化外立面153.4万平方米，打造了梅兰小镇、均桥高速连接线、秀雅园中心村、李敬湾、武垦旅游风情小镇等一批示范点，成功承办全市首次城乡环境综合整治工作现场会，顺利通过农村生活垃圾治理国家考核验收。集中力量打赢保障性住房专项整治攻坚战，洋港、江新安置区整治基本完成，清退门店、车库等358间。建成数字化城市管理平台。城区园区园林绿化管养实现市场化运作。建成石钟山大道标识标牌示范工程。城乡交通更通畅。强力推进城乡主干道提升，实施石钟山大道、景湖路、牛湖路等“白改黑”工程27.3千米。大力推进“四好农村路”建设，改造张青至付垅、武山至王常、南港至兰亭等道路23千米，新增生命防护工程62千米，改造危桥10座，拓宽窄路面17千米，全县25户以上自然村基本通水泥路，全县“五横五纵七联”路网基本成型。扎实开展路域环境整治，新建、改造农村候车亭80个，完成县道绿化工程22千米，修复更新县道标牌、标线54千米，路容路貌不断提升。

（六）坚持人民至上，民生福祉持续增进。脱贫攻坚持续发力。全力以赴实施打赢脱贫攻坚战三年行动，扎实推进脱贫攻坚“春季攻势”“夏季整改”“秋冬会战”，高质量实现减贫231户787人，全县最后2个贫困村全部退出。启动城镇贫困群众脱贫解困工作。民生实事协调发展。全年民生投入20亿元，占财政总支出67%，增长5.5%。城镇新增就业人员3510人。摇号分配廉租房、公租房360套。实施城乡困难群众医疗救助1.4万人次。残疾人“两项补贴”惠及5300人。投资2.3亿元实施教育项目19个，第五小学、流泗镇中心幼儿园等投入使用，高考本科上线率增长9.6%，时隔16年高考实现了清华大学等“双一流”高校录取的重大突破。高分通过国家三类城市语言文字规范化建设考核验收。县级公立医院财政拨款提高到100%。村卫生计生服务室标准化建设覆盖率达80%。荣获全省计划生育工作先进县。成功举办首届医师节、校园艺术节和道德模范评选表彰大会。完成15所乡镇文化站提升改造，代表九江高分通过国家公共文化服务体系示范区创建验收。洋港安置小区等27个地质灾害治理项目基本完成。马影敬老院基本建成。新建改建城市公厕11座。第十届村（居）委会换届选举全面完成。新一轮殡葬改革全面启动。社会治理明显加强。深入推进安全生产“十大专项”整治，安全生产事故起数和死亡人数“双下降”。荣获全国防震减灾工作先进县、全国平安农机示范县和全省森林防火平安县。认真落实领导干部接访下访和包案化解制度，连续四年荣获全省信访“三无”县。扫黑除恶专项斗争和禁毒工作取得积极进展，刑事发案率下降23%，社会治安形势稳中向好。青龙村荣获全国民主法治示范村。

（七）坚持严管严抓，自身建设显著加强。将政治建设摆在首位，全面启动“五型”政府建设，确保中央精神和省委、市委、县委决策部署落地生根。主动接受人大法律监督和政协民主监督，落实县政府重大事项向县人大报告制度、向县政协通报制度，办结人大代表议案建议38件、政协委员提案91件，办结率100%。全力打造“四最”营商环境，扎实开展“作风大整治、服务大提升”专项治理活动，“怕、慢、假、庸、散”等突出问题得到有力整治。监察委员会挂牌成立，实现对全县所有行使公权力的人员监察全覆盖。“两员一会一公开”制度深入开展，监督触角直抵基层“末梢”。实行行政事业单位零基预算，优化乡镇财政财务支付审核程序，开展“小金库”专项治理工作，财政资金监管水平和使用效率进一步提高。

气象、物价、盐业、体育、通信、档案、保密、对台、督查、外侨、民宗、二轻、物资、海事、烟草、石油、邮政、图书发行、广播电视、有线网络、无线电管理等工作得到新加强；国防动员、民兵预备役、人民防空、武警、消防等工作取得新成绩；关工委、工会、妇女儿童、青年、老龄、老科协、老体协、老年大学、红十字会、工经联和慈善等事业实现新发展。

各位代表，回顾一年来的政府工作，我们深切感受到：所有成绩的取得，离不开习近平新时代中国特色社会主义思想的科学指引，离不开市委、市政府和县委的正确领导，离不开县人大、县政协和社会各界的关心支持，离不开全县人民的共同努力。在此，我代表县人民政府，向各位人大代表、政协委员，向全县人民，向离退休老同志，向各民主党派、工商联、无党派人士、各人民团体，向驻县人民解放军和武警官兵，向关心、支持和参与湖口建设的各界朋友，表示最衷心的感谢并致以最崇高的敬意！

各位代表，在看到成绩的同时，我们也要清醒地认识到，我县发展不平衡不充分的问题仍然突出：经济总量还不够大，发展质量和效益还不够高，传统产业占比还比较高，创新发展难度较大；生态保护要求日益严格，环境保护形势依然严峻；生产要素瓶颈日趋凸显，用地、融资等约束进一步收紧，破解难题能力仍需提升；民生领域还有欠账，百姓福祉仍需增进；2018 年确定的个别目标任务还没有如期完成等等。对此，我们将高度重视，采取切实有效的措施认真加以解决。

二、2019 年工作安排

2019年是新中国成立70周年，是全面建成小康社会关键之年，也是推动湖口高质量跨越式发展的重要一年。今年政府工作的总体要求是：以习近平新时代中国特色社会主义思想为指引，深入贯彻党的十九大、十九届二中、三中全会和中央经济工作会议精神，按照省委省政府、市委市政府和县委的决策部署，围绕“跨入全省十强，争当四个标杆”的奋斗目标，坚持稳中求进工作总基调，坚持新发展理念，坚持以供给侧结构性改革为主线，攻重点、补短板、挖潜力、增优势，全力打好三大攻坚战，在更高层次“聚力一核三带、建设五个湖口”，努力在生态环境保护、产业转型升级、城乡一体发展、中心城区打造、重大项目建设、民生福祉增进等方面取得明显进展，着力推进“五型”政府建设，奋力迈出高质量跨越式发展坚实步伐，为全面建成小康社会打下坚实基础，以优异成绩庆祝中华人民共和国成立 70 周年。

全县经济社会发展主要预期目标是：生产总值增长 9% 左右；财政总收入增长 16% 以上；固定资产投资增长 10% 以上；社会消费品零售总额增长 11% 左右；实际利用外资增长 6.5% 左右；规模以上工业增加值增长 8.5% 以上；城镇和农村居民人均可支配收入分别增长 8.5% 和 9% 左右；完成市政府下达的节能减排任务。

为实现上述目标，我们将重点做好六个方面的工作：

（一）更加聚力沿湖生态经济带，打好污染防治攻坚战，推动绿色发展取得明显进展。沿湖生态经济带是湖口高质量跨越式发展的潜力和希望所在。要牢固树立“绿水青山就是金山银山”理念，做好在保护中发展、在发展中保护的文章，积极创建全省生态文明先行示范县。

1. 加力打造最美岸线。坚持江湖联动，统筹推进长江最美岸线和最美鄱湖岸线建设工作。扎实推进“绿岸”工程，重点做好纵深百米绿廊、拆墙透绿增绿、砂山矿山整治等工作，完成沿江沿湖裸露山体生态修复 60 万平方米。对照“三年出清计划”，深入开展沿江沿湖小化工企业清理整顿工作，对环保不达标的小化工企业，切实采取“关、停、并、转、搬”措施。严格执行“三个一律不许”，沿江沿湖 1 公里以内不再新建化工项目。深入开展沿江沿湖排污口排查整治专项行动，全面整治不达标排口。完成入河入湖排污口、雨排口规范提升和取排水在线监测工程，实现污水处理、环保设施运行、在线数据监测三个全覆盖。紧盯江湖沿线，以最严厉的措施打击非法采砂、非法采矿、猎捕候鸟、非法捕捞等行为，以最坚决的态度管控船舶污染、侵占湿地、侵占岸线等问题。

2. 加大环境治理力度。深入实施大气污染防治行动，加强扬尘防治和餐饮油烟整治，做好秸秆禁烧及综合利用，全面实施城区禁燃禁放，有序推进全域禁燃禁放，确保空气质量持续改善。深入落实河长制、湖长制、库长制，持续推进鄱阳湖生态环境专项整治、河湖“清四乱”等行动，完成武山镇防洪工程建设和流泗港治理，巩固深化畜禽养殖和水库养殖退养成果，稳步提升全县四大万亩圩堤和重点断面水质。全面推进土壤污染监管、治理和修复，保持全县土壤环境质量总体稳定。常态化开展环保七大专项整治，坚决抓好环保督察反馈问题整改。开展绿色家庭、节约型机关、节水型社会等示范创建，倡导绿色低碳的生活方式。

3. 加快发展沿湖生态经济。坚持生态旅游产业为龙头，带动沿湖经济发展。加快石钟山创建国家 5A 级景区步伐，扎实推进上石钟山置换、九江舰军事文化主题乐园建设、杨赓笙故居免费开放等工作，建成先导服务区、学宫、智慧旅游系统等项目，唱响“江湖两色、石钟千年”品牌。大力发展乡村游、生态游、生态农业等新兴业态，布局一批沿湖生态民俗景点，规划一批旅游精品路线，推动武垦旅游风情小镇争创国家 3A 级旅游景区，力争游客接待总人数和总收入均增长 10% 以上。加快推进环鄱阳湖东大道建设，启动过湖通道前期工作，打通沿湖经济发展大动脉。

（二）更加聚力沿江工业经济带，加快传统产业转型升级，推动新兴产业发展取得明显进展。沿江工业经济带是湖口高质量跨越式发展的命脉和根本。要坚定不移实施“工业强县”战略，加速构建高质量工业产业体系，力争规上工业主营业务收入、工业固投、工业税收均增长 10% 以上，努力打造长江经济带新型工业强县。

1. 以更快的速度升级传统产业。设立传统产业优化升级专项资金 4000 万元，力争 R&D 经费支出增长 20% 以上，占 GDP 比重达到 2.2% 以上。船舶产业，抢抓军民融合发展、船舶产业升级省级试点县等机遇，支持同方江新做大做强，推动华东船业战略重组，关停整合小乱低船舶企业，重点发展内河散货船等船舶产品，力争船舶产业主营业务收入达到 20 亿元。钢铁冶金产业，推进九江钢厂、江铜铅锌等技改升级，实现降本增效，增强产业核心竞争力。新能源新材料循环产业，依托天赐、晨光等龙头企业，重点引进锂电下游产业及硅烷偶联剂配套产业。纤维素纤维产业，依托赛得利等龙头企业，招引一批延链补链强链项目，重点突破医疗用品、现代家纺等非织造产业，着力培育纤维素纤维到成衣的完整产业链。

2. 以更实的措施发展新兴产业。深入实施新兴产业倍增计划，大力实施“三百工程”，力争两年内引进 100 名高端创新创业人才和 100 个科技型项目，新增战略性新兴产业产值 100 亿。装配式建筑产业，做大做强远大装配式建材，推动杭萧钢构成功落户，引进一批水电暖通、门窗部件等相关配套生产企业，打造省级装配式建筑产业基地。电子信息产业，积极承接沿海电子信息产业转移，加快推进清研新视、华芯集成电路产业园、电子元件等项目建设，努力打造电子信息产业转移高地和电子信息产业发展孵化基地。智能制造产业，加快推进机械臂制造、精密工业钻头、电气开关等项目建设，努力构建涵盖精密模具、智能家居、机器人制造等高端机械制造产业体系。

3. 以更高的标准夯实园区平台。围绕创建国家级高新园区目标，不断提升园区功能平台、生活平台和创新平台。功能平台，规划用地 100 亩，新建改造 50 万平方米标准厂房，力争入驻中小微企业 30 家以上。加快推进银砂湾团山大道东延、攀森西侧平整、柘矶片区输水管网改造提升和雨污管网分流等工程，不断提升园区承载力。生活平台，全面建成园区之门、高新广场等项目，开建人才公寓 192 套。常态化整治私设摊位、占道经营、乱摆乱放等问题，不断健全梅兰小镇长效管理机制。创新平台，全面建成天赐科创大厦和工业综合体，加快科创综合体、富达研发大厦等项目建设，做实新动能产业培育示范基地和大健康产品产业转化基地，新增高新技术企业 10 家，科技型中小企业 12 家。

4. 以更大的力度推进三化工程。深入实施园区“三化”工程，对海山科技园区进行生态化改造，对沿江大道、发展大道等主通道进行补绿增绿，因地制宜打造一批园区湿地绿肺，加快创建省级生态园区。加快建设银砂湾集中供热工程，做好九江钢厂、赛得利、力山环保等企业废气收集处理工作，持续整治采砂采矿、物流运输、施工工地等扬尘问题。大力推进绿色化生产，实施技术改造项目18个，实施节能减排项目11个，加快打造国家循环经济示范园区。

（三）更加聚力沿路城乡一体示范带，做大做实乡村经济，推动乡村振兴取得明显进展。沿路城乡一体示范带是湖口高质量跨越式发展的基础和支撑。要深入实施“乡村振兴”战略，大力发展壮大乡村经济，探索以城带乡、城乡融合发展的新型城镇化道路。

1. 决战决胜脱贫攻坚。深入实施脱贫攻坚三年行动，扎实推进精准扶贫“十大工程”，突出做好产业扶贫、就业扶贫，稳定实现“两不愁、三保障”。大力开展扶志感恩行动，激发贫困群众内生动力。全面压实脱贫攻坚工作责任，强化日常监督考核，扎实做好驻村帮扶和结对帮扶工作。健全稳定脱贫长效机制，加强脱贫攻坚与乡村振兴、扶贫政策与社保制度衔接。加大城镇贫困群众脱贫解困力度，全面提升保障水平。全年力争脱贫2044人，确保到2020年全县农村贫困人口全部脱贫。

2. 大力振兴乡镇经济。大力支持乡镇招商引资，加大税收分成比例，鼓励乡镇招引项目入园。做实流泗、大垅、均桥工业集中区。支持乡镇发展高质量总部经济，全额返还县级所得部分。大力推进“三变”工作，盘活乡村闲置资源资产，力争2年内全面消除空壳村。大力实施扩权强镇，支持流泗经济发达镇培育工作，支持凰村乡撤乡建镇，支持城山镇创建省级生态旅游示范小镇、流芳乡创建豆香特色小镇。深化县乡财政体制改革、农村土地制度改革和农村集体资产制度改革，激发乡村发展活力。

3. 培育发展现代农业。加快“一乡一园”建设，支持均桥镇打造省级现代农业示范（产业）园，新增市级以上现代农业示范（产业）园3个。大力培育农业龙头企业，力争引进3000万元以上农业项目8个，新增规模以上企业2家。全面落实“藏粮于技、藏粮于地”战略，新建高标准农田6600亩，启动建设鄱阳湖区单退圩堤加固整治、长江干流江西段应急治理等工程，提升农业综合生产能力。大力发展特色农业、绿色农业、品牌农业、智慧农业，新增“6+1”产业规模5万亩，新增“三品一标”20个以上，大数据农业覆盖达到5万亩。创建“一乡一业”示范乡镇2个、“一村一品”示范村5个。

4. 持续改善乡村面貌。深化农村人居环境整治三年行动，巩固提升城乡环卫一体化成果，新建乡镇污水处理中心5个、村庄污水处理站30个。大力实施“整洁美丽、和谐宜居”新农村建设，深入推进舜德村、王常村市级乡村振兴示范点建设，打造新农村点260个。规范农民建房管理，保持“两违”管控高压态势。

（四）更加聚力中心城区打造，加快产城融合步伐，推动城市功能和品质得到明显提升。中心城区是湖口高质量跨越式发展的关键和核心。要全面实施城市功能和品质提升三年行动，加快推进产城融合发展，全面提升城市发展质量，加速打造九江城市副中心。

1. 打造三大组团。全年投入资金20亿元，实施“三大组团”城建项目26个。台山组团重点实施高速出口优化、城市之门建设、台山大道西延、学苑路南延、黄新华海绵城市示范点、三里大道污水收集、三里大道临街立面改造等项目，提升城市格局，塑造城市形象。海山组团要依托海山科技创新试验区主平台，加快实施生态化改造等一批基础设施项目，加快落户一批战略性新兴产业项目，打造产城融合示范区和科技创新高地。石钟山组团重点实施沿湖立面整治、老城污水收集、农贸市场改造、洋港渔港建设、地质灾害点整治等项目，改善老城环境，完善老城功能，打造高品质的文化旅游休闲街区。

2. 推进四城同创。加强城市创建，继续实施一批“四城同创”项目，确保成功创建国家卫生县城。紧盯背街小巷、城乡接合部等重点区域，大力实施美化、洁化、亮化工程，打通三里大道联通工程、莲湾小区出口道路，启动三里大道人行天桥建设，完成老计生委等背街小巷整治，新建停车场4个。稳步推进垃圾分类工作，力争生活垃圾回收率达20%以上。建成建筑垃圾无害化处理场。加快“智慧湖口”建设,完善“数字城管”工作机制,及时发现和解决城乡管理中的各类问题。完成中心城区和重点公路沿线废品回收、汽车维修、木材石材加工等行业划行归市。深化保障性住房专项整治,坚决打赢门店车库清理和环境卫生整治攻坚战。

3. 发展第三产业。积极策应九江区域航运中心建设,大力发展现代物流,加快银砂湾疏港通道、砂石集散中心等重大基础设施建设,新增3A级以上物流企业1家,力争全县船舶运力达到100万载重吨。加快星级酒店、城市综合体等项目建成运营,做优做强颐高双创基地、赣北电商城等平台,着力丰富城市商业业态,力争全县电商交易额突破35亿元。加强房地产市场监管,增加住房建设用地有效供给,采取“一楼一策”化解遗留问题,构建房地产市场健康发展长效机制。

(五)更加聚力重大项目建设,开展项目品质提升行动,推动发展后劲得到明显增强。重大项目是湖口高质量跨越式发展的引擎和后劲。要牢固树立“项目为王、质量为上”理念,深入实施“项目品质提升年”,以好项目推动高质量发展,以大项目推动跨越式发展。

1. 强力推进招商引资。优化整合全县招商力量,组建26个招商攻坚团,聚焦新能源新材料、无纺布、装配式建筑、纸制品制造四大重点产业和电子电器、精密制造、智能制造等新兴产业,大力开展全民招商、驻点招商、乡贤招商、委托招商、以商招商和网络招商,力争全年引进项目80个以上、签约资金300亿元以上,其中引进50亿元项目1个、20亿元项目4个,亿元项目50个。

2. 大力开展争资争项。围绕国家和省市投资方向、发展重点,及时谋划梳理,发挥比较优势,有针对性地策划、包装、储备、争取项目,重点在基础设施建设、产业发展、生态建设、城建和民生项目上发力,争取更多项目进入国家和省市项目库。

3. 改革投融资方式。加快石钟投资公司、工业投资公司、文旅集团市场化转型、专业化运营,实现资产保值增值,妥善化解政府债务存量。全面加强小额贷款公司、融资担保公司、商业保险公司等金融机构的日常监管,守住不发生区域性金融风险底线。引导金融机构持续加大信贷投放力度,不断增强服务实体经济能力,力争金融机构各项存款、各项贷款余额分别增长11%、28%以上。积极运用PPP等新型融资模式,引入更多社会资本参与项目建设。深入实施企业上市“映山红行动”,推动晨光新材料主板上市,力争天盛塑料进入上市辅导期,新增“新四板”挂牌企业10家以上。

4. 加快腾笼换鸟。树立亩产论英雄导向,通过差别化价格、用地、排污和金融政策,倒逼落后产能退出和企业转型,提高园区投入强度和单位产出水平。坚持“一企一组一策”,盘活困难项目8个以上,消化闲置及低效利用土地600亩,推动园区“腾笼换鸟”“二次开发”。

(六)更加聚力民生普惠共享,大力推进供给侧结构性改革,推动民生福祉得到明显提升。民生共享是湖口高质量跨越式发展的出发点和落脚点。始终坚持以人民为中心的发展思想,着力办好事关广大群众利益的大事,大力办好群众关心的关键小事,持续增强全县人民的认同感、获得感、幸福感、安全感。

1. 不断释放改革红利,提升群众认同感。全面完成全县机构改革和生产经营类事业单位改革,构建系统完备、科学规范、运行高效的机构职能体系。加大“放管服”改革力度,及时承接、调整、取消行政审批事项,完善政务服务清单,加快各部门信息共享,有效推进“互联网+政务服务”建设,实现“一网通办”。深入推进商事制度、投资项目审批提质增效、预算管理体制等领域改革,稳妥推进医药卫生、绿色殡葬、生态环境综合行政执法、城市管理执法、交通运输综合执法等社会事业领域改革,让人民群众获得更多实实在在的改革红利。

2. 全力办好民生实事,提升群众获得感。高质量完成棚户区改造收官工作,启动翰林国际、钟山华府等保障性小区建设，建成限价商品房（安置房）1600余套。加速推进城乡供水一体化，启动日产10万吨水厂和城市备用水源地建设，完成乡镇集中式饮用水源地“一源一档”编制工作，重点实施沿湖乡镇供水管网一期、台山加压泵站等项目，解决好城乡供水“最后一千米”水质安全问题。大力推进“四好农村路”建设，改造县道3.7千米，改造农村公路170千米，建设生命防护工程88千米，改造危桥5座。完成乡镇农巴改制工作，实现城乡公交一体化。加大民生保障力度，完成低保、特困人员、孤儿以及城镇残疾人“两项补贴”提标提补工作，落实残疾儿童抢救性康复政策，推进养老服务体系建设。

3. 大力发展社会事业，提升群众幸福感。强化履行教育职责“五级责任”制度，大力实施“十大工程”，加快推进职业学校扩建、第一小学迁建、新建第五中学、第三幼儿园、马影中学改建等项目建设，促进教育优质均衡发展。加快推进县中医院扩建，完成流泗卫生院整体搬迁和20个村卫生所建设，稳妥推进医疗、医保、医药“三医联动”，不断提升医疗保障水平。巩固国家公共文化服务体系示范区创建成果，搬迁老年活动中心，建成新城游泳馆，迁建老城门球场，支持老年体协等社会团体开展文体活动，不断丰富群众精神文化生活。完成气象台站探测环境改善工程建设。高质量完成第四次全国经济普查。

4. 全面加强社会治理，提升群众安全感。深入推进法治湖口、平安湖口建设，全面纵深推进扫黑除恶专项斗争，持续推进“雪亮工程”及县乡村综治中心建设，加快文桥派出所、马影派出所建设，不断提升社会治理科技化、信息化、规范化水平。进一步创新矛盾纠纷排查调处机制，扎实做好退役军人事务工作，持续推进“三无”乡镇、“三无”村居创建，妥善解决群众合理诉求。加强食品药品安全监管，完成市场监管分局规范化建设。严格落实安全生产责任制，做好县领导挂厂、监管员驻厂工作，加强安全生产隐患排查整治，推进应急管理和防灾救灾能力建设，确保社会大局和谐稳定。

三、加强政府自身建设

大力开展“五型”政府建设，不断增强政府执行力、操作力，进一步转变工作作风、优化政务环境，为推动湖口高质量、跨越式发展提供坚强保障。

1. 旗帜鲜明讲政治，打造忠诚型政府。将政治建设摆在首位，坚持以习近平新时代中国特色社会主义思想为指引，把对党绝对忠诚融入血脉灵魂、贯彻于修身为政的全过程，牢固树立“四个意识”，始终坚定“四个自信”，坚决做到“两个维护”，始终在思想上、政治上、行动上与党中央保持高度一致。牢固树立正确政绩观，坚决贯彻落实党中央国务院、省委省政府、市委市政府和县委各项决策部署，把对党和人民事业的绝对忠诚贯穿和体现在政府工作的全过程。加快法治政府建设，坚持依法决策、依法行政，自觉接受人大法律监督、政协民主监督，认真办理人大代表建议和政协提案，广泛听取各界人士的意见建议。

2. 解放思想破难题，打造创新型政府。牢牢把握解放思想这个“总开关”，在解放思想中统一思想、凝聚共识，在观念创新中找到办法、求得突破，纠正迟滞发展的陈旧思维，不断发动新引擎、释放新动力，实现转型升级、跨越发展。聚焦金融、房地产、投融资、环保、安全、稳定等风险矛盾，更多采取改革的办法，更多运用市场化、法治化手段，着力推出更多实质性动作、突破性措施和创新型招法，破解发展中的难题，切实解决以上领域存在的矛盾和问题。大力推进体制机制创新，持续优化政府工作流程，以政府创新引领社会创新，推动创新发展。

3. 务实担当谋发展，打造担当型政府。大力倡导“事事马上办、人人钉钉子、个个敢担当”精神，坚决做到“执行没有任何条件、落实没有任何借口”，不断增强担当意识、担当勇气、担当本领。旗帜鲜明支持扫黑除恶工作，不断净化政治生态，营造良好社会风气。聚焦整治“怕、慢、假、庸、散”等突出作风问题，坚决破除形式主义、官僚主义，持续深入“作风大整治、服务大提升”专项治理活动。认真落实容错纠错机制，把握“出于公心、注重程序、个人干净”原则，为敢于担当的干部担当，为敢于负责的干部负责。

4. 牢记宗旨惠民生，打造服务型政府。牢记全心全意为人民服务的根本宗旨，从人民群众最关心最期盼的事情入手，以更大的力度、更多的投入、更实的举措保障和改善民生，让百姓有更多的获得感、幸福感。认真践行以人民为中心的发展思想，坚持把推动经济发展与促进民生改善相结合，把社会事业建设与满足群众需求相结合，把维护社会稳定与解决实际问题相结合，使发展更具公平性、普惠性。加快政府角色从“管理者”向“服务者”转变，重点围绕公共服务、社会管理等领域，聚焦企业和群众办事的痛点、堵点、难点，大兴便民利民之举，切实把服务做到人民群众的心坎上。

5. 清正廉洁守底线，打造过硬型政府。深入推进党风廉政建设和反腐败斗争，严格落实“一岗双责”，认真落实中央八项规定和实施细则精神，全面彻底肃清苏荣案余毒，抓好利用名贵特产类特殊资源谋取私利问题整治。坚持政府过“紧日子”，让群众和企业过“好日子”，严控“三公”经费和一般性支出，把更多的资金投向民生、助推发展。加强对政府投资项目、重大工程建设、民生专项资金等重点领域的监督监管，实现公共资金、国有资产、国有资源等审计全覆盖。坚持把纪律和规矩挺在前面，以更严的要求、更高的标准，约束和规范全县政府系统及其工作人员的行为举止，树立清正清廉清明的政府形象。

各位代表，幸福靠奋斗，兴邦靠实干。让我们更加紧密地团结在以习近平同志为核心的党中央周围，高举习近平新时代中国特色社会主义思想伟大旗帜，在市委、市政府和县委的坚强领导下，勇于担当、开拓进取、真抓实干，奋力迈出湖口高质量跨越式发展的坚实步伐，为九江融入长江经济带、振兴江西北大门、打造区域率先发展战略高地，共绘新时代江西物华天宝、人杰地灵新画卷做出更大贡献，以优异成绩庆祝中华人民共和国成立 70 周年！

名词解释

1.“三年出清计划”：利用三年时间，对长江岸线 1 千米范围内现有小化工企业实行“一企一策”分类分批处置，加快“关停并转搬”，确保清理整顿到位。

2. “四尘、三烟、三气”：“四尘”是指建筑工地扬尘、道路扬尘、运输扬尘、堆场扬尘；“三烟”是指餐饮油烟、烧烤油烟、垃圾焚烧浓烟；“三气”指机动车尾气、工业废气及燃煤锅炉烟气。

3. “绿色工厂”：实现了用地集约化、原料无害化、生产洁净化、废物资源化、能源低碳化的工厂。

4. “三品一标”：“三品”是指无公害农产品、绿色食品、有机农产品；“一标”是指农产品地理标志。

5. “三权分置”：坚持农村土地集体所有的前提下，促使承包权和经营权分离，形成所有权、承包权、经营权三权分置，经营权流转的格局。

6. “放管服”：简政放权、放管结合、优化服务。

7. “证照分离”：将企业经营所需要的营业执照和能分离的许可类证相分离，减少企业领取营业执照后的行政审批事项、简化审批手续，探索加强事中事后监管的有效措施，解决“办照容易办证难”“准入不准营”的问题。

8. “四好农村路”：建好、管好、护好、运营好农村公路。

9. “四最”营商环境：政策最优、成本最低、服务最好、办事最快的营商环境。

10. “两员一会一公开”：在全县所有村（社区）派驻村督导员，设立村纪检委员，常态开展村情发布会，涉农项目资金按照“两级四地”要求进行公示公开。

11.“五型”政府：忠诚型、创新型、担当型、服务型、过硬型。

12. 河湖“清四乱”：清理河湖管理范围内的“乱占、乱采、乱堆、乱建”行为。

13. 园区“三化”：生态化改造、清洁化整治、绿色化生产。

14.“两不愁、三保障”：“两不愁”是指扶贫对象不愁吃、不愁穿；“三保障”是指义务教育、基本医疗、住房安全有保障。

15.“三变”：资源变资产、资金变股金、农民变股东。

16.“空壳村”：集体经济薄弱、财政亏空村。

17.“映山红行动”：是我省推进企业上市实施的具体行动。力争到2020年，全省境内外上市公司在2017年底基础上实现倍增，总数达120家以上；全省上市公司直接融资总量累计突破2500亿元，证券化率接近全国平均水平。

18.“一网通办”：把政务数据归集到一个功能性平台，企业和群众只要进一扇门，就能办成不同领域的事项。

重要文件选登

中共湖口县委　湖口县人民政府
关于实施乡村振兴战略的若干意见

湖发〔2018〕1号

党的十八大以来，全县上下始终坚持与以习近平同志为核心的党中央保持高度一致，在省委、省政府和市委、市政府的坚强领导下，坚持“三农”工作重中之重不动摇，以“打造新型工业，推进城乡一体，加快绿色崛起，率先全面小康”的发展战略为引领，在决战大工业中做强农业，在打造大门户中繁荣农村，在改善大民生中富裕农民，持续加大“三农”投入，加快发展现代农业，扎实推进新农村建设，大力实施农民脱贫增收，全面深化农村改革，农业农村发展稳中有进、稳中求新、稳中向好，为建设“活力、实干、秀美、富裕、幸福”新湖口奠定了坚实基础。与此同时，我县“三农”工作还有不少短板，特别是农业不强、农村不美、农民不富的问题还较为突出。实施乡村振兴战略，是破解“三农”发展难题、巩固“三农”基础地位的必然要求，是解决我县人民日益增长的美好生活需要和不平衡不充分的发展之间矛盾的必然要求，是实现“聚力‘一核三带’，建设‘五个湖口’”目标的必然要求。

一、实施乡村振兴战略的总体要求

1. 指导思想。以习近平新时代中国特色社会主义思想为指导，深入贯彻落实党的十九大精神，全面落实中央、省、市关于实施乡村振兴战略的决策部署，坚持把解决好“三农”问题作为全县工作重中之重，以实施乡村振兴战略作为新时代“三农”工作的新旗帜和总抓手，按照“产业兴旺、生态宜居、乡风文明、治理有效、生活富裕”的总要求，坚持农业农村优先发展，围绕农业主攻“产业、品质、品牌”，农村主攻“整洁、美丽、和谐、宜居”，农民主攻“脱贫、致富、文明”这一主线，加快推进农业农村现代化，让农业成为有奔头的产业，让农民成为有吸引力的职业，让农村成为安居乐业的美丽家园，努力闯出一条新时代湖口乡村振兴的新路子。

2. 目标任务。

到2020年，全县乡村振兴取得重要进展，制度框架和政策体系基本形成，与全国、全省、全市同步建成全面小康社会。现代农业产业体系、生产体系、经营体系基本建立，粮食等主要农产品供给得到有效保障，农业供给质量和效益稳步提升；新农村建设基本实现全覆盖，农村人居环境持续改善；农村居民人均可支配收入持续较快增长，城乡公共服务均等化水平不断提升，所有贫困村和贫困户全部摘帽退出；农村基层组织建设进一步加强，自治、法治、德治相结合的乡村治理体系基本建立。

到2035年，乡村振兴取得决定性进展，农业农村现代化基本实现。农业供给保障有力，资源利用绿色高效；农村生态和人居环境显著改善，美丽宜居乡村基本实现；城乡居民生活水平差距显著缩小，城乡融合发展体制机制更加完善；乡风文明达到新高度，现代乡村治理格局基本形成。

到2050年，乡村全面振兴，农业农村现代化全面实现。

二、加快发展现代农业，促进产业兴旺

产业兴旺是乡村振兴的重点。要以现代农业示范（产业）园为平台，以龙头企业为驱动，以结构调整为抓手，深入推进农业供给侧结构性改革，走质量兴农之路，全力打造现代农业强县。

3. 积极引进培育农业龙头企业。坚持用工业招商的办法抓农业招商，将农业招商成果列入年度目标管理考评，着力引进一批“航母型”龙头企业。支持龙头企业发展农产品精深加工，建立农产品生产基地，力争每个产业培育几个产业链条长、产品附加值高、市场竞争力强的大型龙头企业。支持绿色食品加工业集群集聚发展。鼓励龙头企业与高等院校、科研院所进行技术联合和共建研发机构、检验检测中心及博士后科研工作站。支持申报国家级、省级、市级农业龙头企业。鼓励龙头企业组建集团公司，支持符合条件的龙头企业在境内主板、新三板上市挂牌。到2020年培育年销售收入过5亿元龙头企业1家、过亿元龙头企业3家。

4. 调优农业产业结构和布局。围绕突出主攻“6+1”特色农业产业发展工程（花卉苗木、特种水产、庐山云雾茶、高产油茶、优质水果、道地药材，休闲农业），坚持“沿山发展药果茶，沿湖发展鱼虾蟹，沿路发展粮油蔬”的总体布局，遵循“一乡一业”的基本要求，择优扶持连片100亩以上规模化、标准化、产业化经营主体，助力全省农业产业发展“九大工程”，力争每个乡镇培育1个有区域特色、在全市叫得响的主导产业。到2020年新增六大主导产业6万亩，每年新增休闲农业示范点6个。

5. 大力推进现代农业示范（产业）园建设。按照“一乡一园”要求，集成资金、项目、人才、科技、信息等各类要素，推动省级现代农业示范园提档升级，冲刺国家级现代农业示范园，并高标准建设一批可复制、可推广的省级、市级现代农业示范（产业）园。发挥园区示范、引领和带动作用，推动农村一二三产融合发展，加快发展休闲观光农业和森林康养等，培育一批特色小镇、田园综合体和美丽乡村示范点。着力改善农产品贮藏、加工、冷链物流等设施设备，建设县乡两级农产品电商运营中心，实行“一县一品”电商品牌培育三年行动计划，畅通农产品销售渠道。力争到2020年成功创建1家国家级现代农业示范（产业）园及14家省级、市级现代农业示范（产业）园，新增5家市级以上龙头企业。

6. 加强农产品品牌创建。制定和实施全县质量兴农战略规划，深入推进绿色生态农业“十大行动”，积极争创“三品一标”和名牌农产品。加强特种水产、道地药材、庐山云雾茶等品牌整合和宣传推介，支持鄱阳湖大闸蟹成为全国知名品牌。鼓励支持在大中城市设立茶叶、虾蟹等农产品专销店和销售专区专柜，继续办好湖口茶文化艺术节等推介活动，进一步唱响“生态鄱湖口、绿色农产品”品牌。深化农产品质量安全专项治理，扩大农产品质量安全可追溯体系覆盖面，确保农产品质量安全检测合格率保持在98%以上。

7. 发展多种形式的适度规模经营。建立完善县乡村农村产权综合交易平台，引导农户通过转包、出租、转让、入股等方式，推进农村承包地、林地向新型农业经营主体流转，发展多种形式的适度规模经营。对集中连片流转土地达到一定规模的新型农业经营主体，县财政可给予适当奖励。实施新型农业经营主体质量提升工程，扶持农民合作社、家庭农场、专业大户发展，积极申报国家级、省级示范合作社和家庭农场。创新农业经营体制机制，培育发展农业产业化联合体。加快农垦集团化改革，引领带动农业规模化发展。

8. 夯实现代农业物质基础。实施“藏粮于地、藏粮于技”战略，统筹整合资金推进高标准农田建设，到2020年新建高标准农田4万亩，其中节水灌溉高标准农田6200亩。大力实施农业综合开发，创新现代农业扶持模式。全面落实永久基本农田特殊保护制度，严守耕地保护红线和永久基本农田控制线，实施耕地质量保护和提升行动。加强农田水利基本建设，推进大中型灌区续建配套与节水改造、小型病险水库除险加固和山塘整

治，发展农田高效节水灌溉，实施抗旱应急水源小型水库工程建设，完善农田生态灌排体系。加快推进生物育种、循环农业、智能农业、农机装备等重点领域和关键环节农业科技创新与成果应用。

三、着力建设美丽乡村，推进生态宜居

生态宜居是乡村振兴的关键。建设美丽乡村是推进生态文明建设的重要举措。坚持人与自然和谐共生，走乡村绿色发展之路，为书写美丽中国江西样板九江篇章贡献“湖口方案”。

9. 扎实推进新农村建设。按照“点优、线好、面达标”的要求，扎实推进“整洁美丽、和谐宜居”新农村建设行动。因地制宜编制乡村规划，坚持生态节俭理念，注重就地取材，保护历史文化名镇名村、传统村落和民居，保留乡村风貌，留住乡愁记忆。按照精心规划、精致建设、精细管理、精美呈现的要求，结合 7 条主动脉建设布局总框架（九景高速公路、彭湖高速公路、九景衢铁路、铜九铁路、景湖公路、牛湖公路、均流公路），2018 年全县新增 144 个省级新农村建设点，重点打造景湖公路、九景衢铁路 2 条交通干线和城区、园区、县界出入口及城乡接合部，着力解决沿线房屋穿衣戴帽、绿化亮化、路面升级改造等工作，并加强农村精神文明建设，形成“抬头看有型、左右看有景、白天看有样、晚上看有光”的美丽乡村景象，同时对牛湖公路、均流公路、九景高速公路、彭湖高速公路、铜九铁路 5 条交通干线沿线的铁皮瓦拆除改建和房屋立面出新，沿线房屋穿衣戴帽按照政府与农户 8∶2 的比例落实建设资金。力争到 2020 年实现新农村建设“扫一遍”，确保每个乡镇每年打造 2 个新农村建设精品村庄，确保我县美丽乡村建设保持省市领先地位。大力开展“六统·四联创”活动，到 2020 年打造美丽示范乡镇 3 个、美丽示范村庄 100 个、美丽示范庭院 3000 个。坚持建管并重，兼顾老点提升，建立健全“有人员、有制度、有标准、有经费”的村庄长效管理机制，实现村庄管理可持续化。

10. 加强农村环境综合整治。推进“厕所革命”“垃圾革命”“污水革命”和村容村貌提升工程，大力实施农村人居环境整治 3 年行动计划。大力实施新农村建设改厕工作，确保室外“三格式”、室内“六面光”100%，逐步实现农村无害化卫生厕所全覆盖，并加强改厕与农村生活污水治理的有效衔接。农村生活垃圾治理并非一交了之，要建立健全城乡环卫一体化治理体系，推动“一把扫帚扫到底”，各乡（镇、场）要继续安排负责同志分管农村生活垃圾治理工作，全力配合县新村办抓好城乡环卫一体化 PPP 模式的日常监管与协调工作，全面落实并督促农（居）户做好“门前三包”，指导群众扎实做好“一分二定”（垃圾分类，定时、定点投放垃圾）工作，坚决防止农村“脏乱差”现象反弹回潮，农村生活垃圾治理继续列入全县目标管理考评的重要内容，并作为实施乡村振兴战略的基础工程强力推进，湖口县龙吉顺公司要切实履行中标合同职责，着力加强农村生活垃圾治理的清扫、收集、转运、处理“四位一体”建设，确保垃圾日产日清，注重队伍、设施、机制、效果建设，率先在省市出经验、出成果、树起标杆，着力打造垃圾治理“湖口模式”，确保 2018 年顺利通过国家 10 部委的考核验收。有序扩大农村污水治理覆盖面，推动城镇污水管网向周边村庄延伸，在有条件的中心集镇和中心村率先建立生活污水集中排放系统，对主要排污口建档管理，实行动态监测。积极推广生物氧化、人工湿地净化等低成本、低能耗、易维护、高效率的污水处理技术，在有条件的新农村建设点同步建设村庄污水处理设施。探索开展农村塘堰雨污分流、清淤修缮等工作。强化规划管控，加强农民建房管理和建设风格引导，大力推广“粉墙黛瓦”新户型，建设以赣韵徽风为主流的特色江南民居，保持“两违”管控高压态势，坚决遏制农村乱搭乱建行为。加强农村环境监管，落实县、乡两级农村环境保护主体责任，严禁工业和城镇污染向农业农村转移。

11. 强化农村生态保护和治理。全面划定生态保护红线，统筹山水林田湖草生命共同体的开发、保护与治理，健全生态保护修复制度，完善境内长江沿线、鄱阳湖区域和重要功能区国土空间用途管制措施。全面推行“河

长制”、“湖长制”、“路长制”，探索推行“林长制”。加强农村水环境治理和农村饮用水源保护，开展农村生态清洁小流域建设，推行渔业生态养殖模式，严厉打击非法采砂等破坏生态环境的违法行为。探索在主要水源水系建立“一库一档”动态监管的电子信息平台。实施农业面源污染防治攻坚行动。严格落实禁养区、限养区和可养区规划，严防畜禽养殖污染。严禁秸秆露天焚烧，推行秸秆资源化利用。实施生态国土监测和综合整治工程，推进重金属污染耕地防控和修复。保护好生态公益林、天然林和湿地，推进造林绿化、封山育林和退耕还林，抓好乡村风景林建设。

12. 加强农村基础设施建设。推进“四好农村路”建设，到2020年25户以上自然村实现村村通水泥路，具备通车条件的行政村通客车率达到100%。实施农村饮水安全巩固提升工程，推进城乡供水一体化。实施农村电网改造升级工程，提升农村稳定供电能力。实施数字乡村战略，尽快实现农村宽带网络和第四代移动通信网络全覆盖。推进“快递下乡”工程，提升农村邮政快递服务能力。完善农村安全住房保障体系，到2020年全面完成农村脱贫攻坚、住房安全危房改造任务。提升气象、水文为农服务能力，开展气象灾害防御标准化建设，健全灾害预警防控和应急处置机制，提高农村综合防灾减灾能力。

四、加强农村精神文明建设，推动乡风文明

乡风文明是乡村振兴的保障。传承发展提升农耕文明，将农村精神文明建设贯穿各项工作的始终，走乡村文化兴盛之路，形成乡风文明、家风良好、民风淳朴的农村新气象。

13. 加强农村思想道德建设。坚持教育引导、实践养成、制度保障“三管”齐下，推动社会主义核心价值观转化为广大农民的自觉习惯。深化中国特色社会主义和中国梦宣传教育，加强爱国主义、集体主义、社会主义教育。挖掘农村传统道德教育资源，加强社会公德、职业道德、家庭美德、个人品德教育。完善激励约束机制，广泛开展农村善行义举榜样评选表彰活动，弘扬真善美，传播崇德向善的正能量。加强农村网络阵地建设，引导广大农民网友做知法、守法、传播正能量的网民。

14. 繁荣农村文化生活。推动优秀农耕文化遗产保护和适度开发利用，传承发展湖口青阳腔、湖口草龙、湖口粑俗等乡土文化。加快乡村综合性文化服务中心建设，到2020年基本建立覆盖乡村的公共文化服务体系。推动文化下乡，广泛开展形式多样、雅俗共赏、喜闻乐见的文化活动。注重培育乡土文化人才，引导社会各界人士投身乡村文化建设。推进农村数字广播电视户户通，提升农村电影公益放映效果。推进农家书屋网络化数字化建设。加强农村基本公共体育健身场地设施建设，广泛开展群众身边的健身活动。

15. 深入推进农村移风易俗。大力开展江西省文明城市创建工作，推进文明村镇、星级文明户、文明家庭等群众性精神文明创建活动。继续推进移风易俗示范村建设，完善村规民约，弘扬农村优良传统礼俗，倡导勤劳致富、文明节俭、厚养薄葬，遏制婚丧嫁娶大操大办、攀比炫富、天价彩礼等不良风气。加强红白理事会建设，推进农村殡葬制度改革，推行绿色殡葬、文明殡葬，完善农村公益性公墓建设。普及科学知识，加强无神论宣传教育，抵制农村封建迷信活动。制止非法宗教活动，加强对邪教的防范和治理。

五、健全乡村治理体系，确保治理有效

治理有效是乡村振兴的基础。建立健全现代乡村社会治理体系，走乡村善治之路，确保乡村社会和谐稳定、充满活力。

16. 加强农村基层党组织建设。厚植“党建+”理念，强化基层党组织在农村各项事业中的领导核心作用。

创新农村党组织设置，推进各类农业经营主体和村民小组的党建工作。实施农村“头雁工程”，培养一批能带富、善治理的农村基层党组织带头人。加强村党组织班子建设，优化农村党员队伍结构。推动村党组织书记通过选举担任村委会主任。以贫困村、软弱涣散村和集体经济薄弱村为重点，完善选派第一书记工作长效机制。健全从优秀村党组织书记中选拔乡镇领导干部、考录乡镇机关公务员、招聘乡镇事业编制人员制度。推行小微权力清单制度，大力整治农村基层“微腐败”问题。

17. 培育壮大村级集体经济。支持村集体流转或利用机动地、“四荒”地和村庄整治、宅基地复垦等结余的土地及其他可利用的集体资源，通过领办或参股等形式，发展现代农业、乡村旅游、民宿等经济实体。支持村集体创办农业生产社会化服务合作社，获得服务性收益。支持村集体依法依规盘活闲置房产、开发利用集体经营性建设用地兴办物业项目。支持通过异地兴建、联村共建等多种形式增加集体资产和物业收入。土地整治、高标准农田建设等新增耕地纳入占补平衡指标，指标转让收益可部分划归村集体。到 2020 年，初步建立村级集体经济收入稳定增长机制，村级集体经济年收入超过 5 万元的村达到 80%，基本消除“空壳村”，培育一批经济强村。

18. 健全乡村治理机制。建立健全村务监督委员会，推行多层次村级民主协商机制。加强村民理事会建设，发挥农村“五老”人员在乡村治理中的积极作用。开展以村民小组或自然村为基本单位的村民自治试点。整合优化农村基层公共服务和行政审批职责，打造“一站式”乡村综合服务平台。推行村庄网上便民服务站建设。深入开展农村法治宣传教育，引导干部群众尊法学法守法用法。推进乡村公共法律服务体系建设，建立完善“一村一法律顾问”制度。加强基层综治中心、法庭、派出所和司法所规范化建设。推进平安乡村建设，实行农村治安网格化管理，预防和化解基层矛盾纠纷，严厉打击农村黑恶势力、宗族恶势力，依法打击黄赌毒、盗拐骗等违法犯罪活动。持续开展农村安全隐患治理，坚决遏制重特大安全事故。提升乡村德治水平，强化道德教化作用。

六、持续改善农村民生，实现生活富裕

生活富裕是乡村振兴的根本。坚持以人民为中心，解决好农民群众最关心最直接最现实的利益问题，重塑城乡关系，走城乡融合发展之路，坚决打赢脱贫攻坚战，让广大农民过上安居乐业的美好生活。

19. 推进精准帮扶精准脱贫。强化精准识别，严格落实“六个公开”，动态调整建档立卡贫困人口，确保应纳尽纳，应扶尽扶。对有劳动能力的贫困群众，积极推进产业和就业扶贫，实现稳定长效脱贫。对完全或部分丧失劳动能力的老弱病残等特殊贫困人口，强化保障性扶贫，确保病有所医、残有所助、住有所居、生活有兜底。夯实产业扶贫基础，以“村有扶贫产业、户有增收门路”为目标，大力推进优势产业发展，不断完善利益联结机制，力争将贫困农户全面链接到合作组织产业链条上。深化贫困群众就业服务，因地制宜采取园区企业承接、龙头企业带动、合作组织链接等多种形式，全方位拓展贫困群众就地就近就业渠道。坚持扶贫同扶志、扶智相结合，激发贫困群众内生动力，引导贫困群众克服等靠要思想，逐步消除精神贫困。改进帮扶方式方法，更多采用生产奖补、劳务补助、以工代赈等机制，推动贫困群众通过辛勤劳动脱贫致富。加大健康扶贫力度，全面推行贫困人口“先诊疗、后付费”，免费办理贫困人口商业补充保险。强化脱贫攻坚责任和监督，完善专项扶贫、行业扶贫和社会扶贫“三位一体”大扶贫格局。关心爱护扶贫第一线基层干部，保护和调动他们的工作积极性。严控增加一线扶贫干部负担的各类检查考评，切实减轻基层工作负担。开展扶贫领域腐败和作风问题专项治理，对搞形式主义、官僚主义、弄虚作假、数字脱贫的要严肃查处。

20. 有效拓宽农民增收渠道。加强农民工就业服务、职业技能培训和合法权益维护，有序引导农村劳动力转移就业，增加农民工资性收入。保障进城落户农民土地承包权、宅基地使用权、集体收益分配权，探索建立农户对“三权”的自愿有偿退出机制；深入推进集体产权制度改革，将经清产核资后确认的农村集体经营性资产以股份或份额形式量化到本集体成员，推动资源变资产、资金变股金、农民变股民；依法盘活农民土地、林地、宅基地、住房等资源，增加农民财产性收入。支持农民返乡创办领办新型农业经营主体，培育发展家庭工场、手工作坊和乡村车间；开展“湖口秀美乡村游”推介活动，讲好乡村故事，增加农民经营性收入。

21. 建立完善利益联结机制。统筹兼顾培育新型农业经营主体和扶持小农户，引导小农户进基地、进合作社、进服务组织，为小农户提供技术扶持、市场扶持、信用扶持，把小农生产引入现代农业发展轨道。完善“龙头企业＋合作社（基地）＋农户”等利益联结机制，让农民分享产业链增值收益。引导农民合作社通过土地入股、联合合作、技术服务、托管等方式，带动小农户发展农业生产、对接市场。培育各类专业化市场化服务组织，提高农业生产社会化服务水平。深化供销合作社综合改革，开展生产、供销、信用“三位一体”的综合服务，进一步提升供销社为农服务能力和水平。

22. 提升农村公共服务水平。优先发展农村教育事业，积极推进县域内城乡义务教育一体化发展，全面改善农村义务教育薄弱学校基本办学条件。实施农村义务教育学生营养改善计划。实施农村普及高中教育攻坚计划，提高农村家庭经济困难学生接受高中阶段教育机会。扩充学前教育资源，加大乡镇公办幼儿园建设力度。统筹配置城乡师资并向乡村倾斜，鼓励优秀教师到农村任教，加强乡村师资培训。实施健康乡村建设行动，加强农村医疗卫生服务体系和人才队伍建设，稳步改善乡镇卫生院和村卫生室条件。推进农村中医药、妇幼健康服务供给，开展和规范家庭医生签约服务。落实利益导向政策，倡导优生优育。深入开展爱国卫生运动，倡导健康文明生活方式。完善城乡统一的居民基本医疗保险制度和大病保险制度，做好农民重特大疾病救助工作。健全城乡居民基本养老保险制度，全面放开养老服务市场，加快养老设施建设，构建多层次、多元化的农村养老保障体系。统筹城乡社会救助体系，完善最低生活保障制度。健全农村留守妇女、儿童、老人和困境儿童关爱服务体系，加强农村残疾人服务，开展农村“守望邻里”等志愿服务活动。

七、加强和改善党对农村工作的领导

党管农村工作是乡村振兴的保证。各级党委和政府要坚持工业农业一起抓、城市农村一起抓，把农业农村优先发展原则体现到各个方面，在干部配备上优先考虑，在要素配置上优先满足，在资金投入上优先保障，在公共服务上优先安排，为乡村振兴提供坚强保证。

23. 完善农村工作领导体制机制。进一步强化党委统一领导、政府负责、党委农村工作部门统筹协调的农村工作领导体制，落实乡村振兴战略领导责任制，各级党政一把手是第一责任人，县乡村三级书记共抓乡村振兴。县委书记是乡村振兴的“一线总指挥”，乡（镇、场）党委书记要勇挑重担，当好乡村振兴的“急先锋”，村（居）党支部书记要沉下身子，当好乡村振兴的“马前卒”。进一步加强党委农村工作部建设，充分发挥决策参谋、统筹协调、政策指导、推动落实、督导检查等职能。各部门要按照自身职责，加强协调配合，汇聚推进乡村振兴的强大合力。切实加强“三农”工作干部队伍的培养、配备、管理和使用，注重选派熟悉“三农”、热爱“三农”、踏实肯干的干部进乡镇党政领导班子，注重在农村一线锻炼和培养干部，实施“三农”干部轮训计划，造就一支懂农业、爱农村、爱农民的“三农”工作队伍。县乡要编制乡村振兴战略规划，各有关部门要编制乡村振兴专项规划或方案，形成一个总体意见、一个总体规划、多个专项规划的“1+1+N”全县乡村振兴战略规划体系。

各乡镇党委政府、南北港场、武垦场和县直有关部门每年要向县委、县政府报告推进实施乡村振兴战略进展情况。建立乡（镇、场）党政领导班子和领导干部推进乡村振兴战略的实绩考核制度，将考核结果作为选拔使用领导干部的重要依据。大力开展乡村振兴战略“春风行动”，集中力量抓好乡村振兴战略宣传宣讲，大兴调查研究之风，营造乡村振兴良好氛围。

24. 强化乡村振兴制度性供给。持续深化农业农村改革，增强农业农村发展动力活力。落实二轮土地承包到期后再延长30年的政策，让农民吃上长效“定心丸”。全面完成农村承包土地经营权确权登记颁证工作，推动承包土地信息联通共享，加强确权成果的综合利用。推动农村承包地“三权”分置，在落实集体所有权、保护农户承包权的基础上，放活承包土地经营权。加快推进房地一体的农村集体建设用地和宅基地使用权确权登记发证。探索宅基地所有权、资格权、使用权“三权”分置，落实农村“一户一宅、面积法定”政策要求，严禁违规违法买卖宅基地，严禁下乡建设别墅大院和私人会馆。深入推进集体林权制度改革，推进集体林地“三权”分置。全面完成深化小型水利工程管理体制改革，稳步推进农业水价综合改革。科学编制规划，合理安排农业农村发展用地空间，在符合土地利用总体规划前提下，允许通过土地利用规划，调整优化村庄用地布局，有效利用农村零星分散的存量建设用地。

25. 强化乡村振兴人才支撑。继续开展派党员服务脱贫攻坚，派骨干医生服务乡镇医疗，派优秀教师服务农村教育工作。实施新型职业农民培育工程，鼓励有条件的职业农民自主参加中高等农业职业教育，打造一支爱农业、懂技术、善经营的新型职业农民队伍。实施“一村一名大学生”工程，积极选送符合条件的村“两委”干部、新型农业经营主体带头人进入工程培养体系，到2020年平均每个行政村有4名左右高素质农村实用人才。支持大学毕业生到农村创新创业，推动乡村大学生“双创”协会全覆盖，鼓励和扶持协会积极开展工作。支持高等院校、科研院所等事业单位专业技术人员到乡村和农业企业挂职、兼职和离岗创新创业，推进科技特派员制度，着力引进和培养一批农业科研人才。创新基层农技人员引进培育机制，实施基层农技推广人员轮训计划。各乡（镇、场）都要成立新农村建设促进会，以乡情乡愁为纽带，引导新乡贤和各类人才以各种方式回馈故里，支援家乡建设。发挥工会、共青团、妇联、科协等群团组织和各民主党派、工商联、无党派人士在乡村振兴中的积极作用。

26. 强化乡村振兴投入保障。建立财政投入与乡村振兴目标任务相适应的投入保障机制，确保财政支农投入持续增长。优化财政支农投入方式，拓宽资金筹集渠道，深化涉农资金统筹整合，加强与国家开发银行、农业发展银行等金融部门的合作，创新和规范乡村振兴筹资模式，发挥财政资金的引导和杠杆作用，撬动金融资本和社会资本投入乡村振兴。稳步推进“财政惠农信贷通”融资试点，强化风险防控管理。加大农行、邮储行“三农”金融事业部对乡村振兴支持力度，培育和支持县域农商行、村镇银行做大做强，推进农村征信体系建设。继续开展农村土地承包经营权、农民住房财产权抵押贷款试点，积极发展林地经营权流转抵押贷款业务。持续推进农业保险扩面、提标、增品，满足新型农业经营主体保险需求。积极引导农民投资投劳，参与美丽乡村建设各类项目建设及管护。

各地、各部门要更加紧密团结在以习近平同志为核心的党中央周围，立足县情农情，抢抓机遇，砥砺奋进，努力推动农业全面升级、农村全面进步、农民全面发展，奋力谱写新时代乡村全面振兴的湖口篇章。

2018年3月9日

中共湖口县委 湖口县人民政府
关于加快高新园区改革创新升级发展的实施意见

湖发〔2018〕4号

为贯彻落实省、市关于促进开发区改革和创新发展的决策部署和有关会议精神，抢抓机遇、创新机制、整合资源，加快推进我县高新园区创新升级发展，进一步发挥工业企业集聚和产业转型升级“主战场和强引擎”作用，更好地服务和支持实体经济发展，特制定本实施意见。

一、总体要求

（一）指导思想

全面贯彻落实党的十九大精神，坚持以习近平新时代中国特色社会主义思想为指导，牢固树立创新、协调、绿色、开放、共享发展理念，坚持生态优先、绿色发展，积极践行省委“十六字”方针，深入对接融入“5+1”千亿产业集群发展，扎实开展重大项目见效年活动，围绕聚力“一核三带”整体发展要求，加强对园区统筹规划，促进园区体制机制创新，健全园区政策支撑体系，加快园区转型升级，着力加快建设实体经济、科技创新、现代金融、人力资源协调发展的产业体系，努力把园区建设成为产业转型升级的先行区和新型工业化、信息化、产城融合发展的引领区、高水平营商环境的示范区。为我县决胜全面建成小康社会、建设“活力、实干、秀美、富裕、幸福”新湖口提供有力支撑。

（二）基本原则

坚持规划引领。统筹湖口高新园区“一园三区”功能定位、空间布局、产业规划、设施配套和环境保障，坚持高标准规划，使空间布局、产业规划具有前瞻性、科学性、综合性、可操作性和指导性，为招商引资、项目落户、产业集聚等提供支持。

坚持改革创新。推动体制创新、制度创新、科技创新，突出精简高效的管理特色，致力将湖口高新园区打造成为充满活力的区域创新高地、产业创新高地和机制创新高地。

坚持转型升级。大力推进供给侧结构性改革，坚定不移化解过剩产能，坚决淘汰高耗能、重污染、低效能的落后产能。积极培育战略性新兴产业和经济发展新动能，以改革创新推动园区转型升级发展，强化政策激励和引导，形成优势特色产业集群。

坚持绿色发展。加强生态文明建设，牢固树立“绿水青山就是金山银山”和“生态优先，绿色发展”理念，加强资源集约高效利用，发展高附加值、低能耗的绿色产业，推动高新园区健康可持续发展。

坚持安全发展。强化“红线意识”和“底线思维”，正确处理安全与生产、安全与发展的关系，要始终把人民生命安全放在首位，以对党和人民高度负责的精神，完善制度、强化责任、加强管理，把安全生产责任落到实处，切实防范各类风险，杜绝重大安全事故的发生，打牢高质量发展的基础，筑牢高质量发展的保障。

（三）发展目标。实施工业“十百千”工程，到2022年培育10个纳税过亿元企业、集聚3个产值过300亿产业、打造产值过1000亿元园区。园区规模以上企业数量达到150家，新增高新企业达到30家，院士工作站、博士后工作站到达10家，省级以上工程技术研究中心（技术中心）30个，打造国家级科技孵化器2个，全社会研发经费投入强度达到3.0%以上，战略新兴产业占全县工业比重达到40%左右；高新园区发展成为创新创业活跃、产业特色鲜明、生态环境优越、配套功能完善、管理服务高效的园区，进入国家高新技术产业园区行列。

二、重点任务

（一）优化园区统筹布局

1. 优化园区功能定位。通盘统筹、科学规划，做到以产业发展为主，突出生产功能，使园区成为生产制造业、高新技术产业和生产性服务业集聚发展平台，成为全县实施创新驱动发展战略和发展新经济培育新动能的重要载体。加快海山组团建设，促进产城融合发展，统筹生活区、商务区及企业总部等城市功能配套建设。充分依托和放大省级高新技术产业园区平台优势，进一步改善园区生态环境，提升园区营商服务水平，着力为企业投资经营提供优质高效的服务、配套完备的设施、共享便捷的资源。致力创建国家级高新园区、长江经济带绿色发展示范区和全省生态建设示范园区。

2. 优化空间发展规划。根据发展需要，加快完善园区中长期发展规划编制，科学引导园区发展空间中心南移、向腹地纵深推进。近期主要加快新一轮调区扩区进程，争取早日获批，发展空间拓展增加到26平方公里左右；中期任务主要是加快园区建设，完成规划40平方公里范围开发建设；远期力争把海山科技园区以东、牛湖路以北约100平方公里区域全部纳入园区规范控制范围。

按照“一园三区”的发展格局，突出整体协调发展，区块产业集聚，科学规划功能分区。金砂湾园区作为本部园区和沿江板块，着重加快区块产业链接，改造提升现有钢铁冶金、化工化纤等产业。加大闲置存量用地盘整，提升现有产业集约度和土地利用率；聚力把银砂湾园区发展成为金砂湾园区的升级版，着重布局临港物流、轻工制造等潜力产业；海山科技园区作为科技创新试验区，着重加快创新平台建设和电子信息、精密制造两个主攻新兴产业培育，加速形成高新企业“大孵化器”集群，助推金砂湾、银砂湾园区转型升级发展。

3. 优化产业发展规划。加快园区产业结构调整，调整优化现有“3+3+X”产业发展格局，在全面改造提升现有“钢铁冶金、化工化纤、电力能源”三大现有主导产业的基础上，着力培育形成“1+2+N”新产业发展格局，即明确装配式建筑部品部件作为园区首位产业，突出电子信息、精密制造两个主攻产业，突出“三园一中心”重点发展装配式建筑产业园、新材料循环产业园、纤维素纤维产业园三个特色产业园区和海山科技创新中心。进一步优化园区产业发展方向和路径，围绕首位产业和主攻产业、特色产业园区积极延链、补链、壮链，大力引进关联项目，力争打造形成完整产业链。

（二）促进园区转型升级

1. 加快园区创新驱动发展。（1）完善创新平台。大力实施“湖口创谷”计划，深入推进海山科技创新试验区建设，今年力争建成做满1平方公里核心区。以市县共建、政企共建、协同共建为主要方式，加快科创综合体和工业综合体建设，推进天赐新材料大厦和富达总部大楼建设并投入使用，加速引进培育高新技术企业、创新主体、科研平台、科技企业孵化器、产学研基地，加速形成高新技术企业“大孵化器”集群，使之成为海山科技创新试验区的发动机和加速器，推动湖口科创实力迈上新台阶。（2）支持企业创新。鼓励企业自主创新，突出企业创新主体作用，设立企业自主创新专项奖励资金，对获批成为高新技术企业，国家、省、市级重点实验室、企业技术中心、工程技术研究中心、工业设计中心等研发机构，新设立院士工作站和博士后科研工作站等分别给予相应资金奖励扶持。鼓励企业技术改造，设立工业企业技术改造专项资金，以贷款贴息的方式用于支持规模以上工业企业技术改造项目。对达到国家和省、市工业技改专项资金支持的项目，优先帮助申报争取上级专项资金支持。鼓励技术成果转化，设立技术成果转化专项奖励资金，对企业成功申报国家、省、市各类科技项目，县财政给予一定的经费配套；对达到技术成果交易并实现成功转化的，按照生产规模和产值给予相应奖励扶持。（3）强化创新保障。加快建设科技、金融、人才“三大创新服务中心”，着力构建形成“1+3+X”创新服务体系。重点促进天赐新材料工程技术研究院、中科院上海有机所新材料产业研究院、南京大学湖口环保创新中心等创新研发机构深度发展。以“两基金两平台”和天使投资、私募基金、众筹平台等为支撑，加速推进工业投资公司实质性运营，加大科技型中小微企业金融支持力度，大力引进产业基金、投资（咨询）公司、资产管理公司、担保公司等各类金融服务机构，全力支持晨光新材料、天盛助剂等企业股改上市。以实施“梧桐计划”和“2233”人才工程为重点，突出“人才强县”战略，突出抓好尖端创新人才、高端管理人才、紧缺实用型人才和高水平高技能产业工人的引进和培育，着力形成自上而下完整人才链条。

2. 加速园区产业集聚发展。打破传统路径依赖，强化质量效益导向，着力推进传统产业生态化、特色产业规模化、新兴产业高端化，着力打造具有核心竞争力的现代产业体系，构建绿色高端产业生态。（1）加快传统产业改造升级。围绕钢铁冶金、化工化纤、电力能源产业，以“三去一降一补”为核心，从生产领域加强优质供给，突出去产能、降成本和补短板，鼓励重点企业引进新工艺、新设备、新技术，实施产业改造升级行动；加强技术研发和人才引进，提升企业创新能力，增强产品竞争力。加快低效、僵尸及困难企业盘整，积极鼓励企业通过靠大联强、兼并重组等方式实现转型升级发展。加快区块产业链接，整体提升钢铁冶金、化工化纤、电力能源等现有主导产业集约度。（2）加快首位产业和主攻产业、特色产业园区集聚升级。①装配式建筑部品部件产业。依托远大住工、杭萧钢构两家装配式建设龙头企业，把握建筑业转型升级的契机，重点发展以新型墙体、新型组合楼板、钢材深加工以及预制部件等为主的工业化绿色建筑产业，引进相应的研发机构和水电暖通、门窗部件等相关配套生产企业，形成完整产业链，打造省级装配式建筑产业基地。到 2022 年，力争装配式建筑部品部件产业集群产值达到 300 亿元以上。②精密制造产业。坚持高端化、智能化发展，整合资本、技术、人才等要素资源，构建涵盖精密模具、智能家居和机器人制造、船舶制造的高端机械制造产业体系。重点发展 2 万吨以下钢质船舶、动车铸件、玻璃钢船舶。以江新造船为龙头，优先发展多用途散货船、1000 标箱集装箱船、化学品船、军用船艇和船舶铸件等产品，积极培育游艇制造等高附加值船舶产业，不断延伸和完善机械制造产业链。到 2022 年，力争精密制造产业产值达到 100 亿元以上。③电子信息产业。依托现有智能终端设备、电子元器件、电子新型材料等为重点，培育做大电子信息产业规模。围绕智能终端设备企业，重点发展智能终端整机、发射器芯片、电路板等产业；围绕电子元器件企业，重点发展连接器、触摸屏、汽车电子、医疗电子等产业。到 2022 年，力争电子信息产业产值达到 100 亿元以上。④新材料循环产业园。深入推进新材料循环产业园建设，围绕天赐、晨光等龙头企业引进上下游项目，深度推进“工艺互联、产品互供、链接共生、资源共享”，优化整合小化工企业，真正实现企业集聚、产业集群、发展集约。扩大新材料产业规模，重点发展锂电池电解液、日化护理、硅烷偶联剂、塑料助剂等四大系列，致力打造全球最大的锂电池材料生产基地和国内最大的硅烷偶联剂生产基地。重点推动天赐新材料 8 万吨电解液、8 万吨个人护理品材料，晨光新材料 6 万吨硅烷偶联剂产能到 2022 年达产达标，到 2022 年力争新材料产业集群产值达到 300 亿元以上。⑤纤维素纤维产业园。依托现有黏胶纤维、高端染料等产业基础，构建纤维素纤维产业园。以赛得利纤维为龙头，重点发展功能性、差别化、复合型黏胶产品以及无纺布、湿巾面膜等高端生活卫生产品。利用纤维素纤维主产品的衍生物，通过技术研发、改造和升级，不断“延链、补链、壮链”打造循环经济产业链条。重点力促赛得利纤维30万吨产能达产达标，并加快三、四期50万吨建设，产能达到80万吨，打造全国最大的纤维素纤维生产基地。到2022年，力争纤维素纤维产业集群产值达到300亿元以上。

（三）推进生态园区建设

按照“共抓大保护，不搞大开发”总体要求，牢固树立“绿水青山就是金山银山”理念，坚定不移走生态优先，绿色发展之路。以“生态化改造、清洁化整治、绿色化生产”的“三化”行动为抓手，打造生态园区建设的“湖口样板”，创建全省生态建设示范园区。

1. 实施生态化改造，打造绿色生态景观园区。以绿化景观打造、功能设施修建、自然生态修复、综合形象提升等工程建设为重点，持续实施生态化改造工程。2018年重点实施：（1）园区之门、高新广场建设工程。建设现代化园区标志、设立大型户外电子显示屏，提升高新园区主入口形象。扩大交叉口区域，采用广场铺装和休闲绿地、文化墙、灯柱等，完善园区公共广场功能。（2）沿路通道绿化景观、界面美化提升改造。对柘矶片区、高新大道等区域范围及道路沿线绿化景观进行升级改造，完善功能，提升环境。（3）梅兰小镇整体功能、形象提升改造。对沿街建筑进行立面、屋顶改造、轮廓亮化、统一店招、改造建设小游园，并实行人车分流，改善小镇面貌，提升生活环境，为企业员工打造提供具有现代生活功能气息的特色街区。

2. 加强清洁化整治，全面提升园区环境质量。（1）加强型砂、采矿业、码头物流业、项目建设工地、车辆运输、物料堆场及冶炼、矿粉、水泥、石灰等产尘企业和锅炉产生烟尘企业的整治，从源头上控制园区内各类粉尘、扬尘和烟尘的产生和排放，使园区环境得到明显清洁和净化；（2）切实转变发展理念，把不降低环境准入门槛作为园区招商引资前提条件，入园项目预审实行相关部门联审联批制；试行县域综合考评环保一票否决制；加大环保企业引进力度，针对园区废物产生情况，引进能处置园区工业固废、危险废物的配套下游企业，工业固体废物（含危险废物）处置利用率达到100%。园区单位工业增加值固废产生量≤0.1吨/万元。严格执行园区规划环境影响评价、项目环境影响评价及排污许可证等制度。坚守生态保护红线、环境质量底线、资源利用上线以及产业准入环境准入负面清单；（3）建设园区集中供水设施及管网，鼓励企业加大中水回用力度，园区再生水（中水）回用率必须达到10%以上。园区单位工业增加值废水排放量≤7吨/万元；加快园区企业“一企一管一池一阀”全覆盖，实现污染物排放全程可追溯，确保企业废水全部达标排入园区污水处理厂。

3. 推动绿色化生产，实现工业与资源协调发展。（1）加快传统产业绿色改造升级，积极推动企业科技创新、技术改造，采用科技含量高、资源消耗低、环境污染少的工艺流程，促进工业企业向绿色化生产方式转型升级；（2）积极申报循环经济产业园区，搭建资源共享、废物处理、服务高效的公共平台，加快园区企业“工艺互联、原料互供、废物互用”工程建设进度，推动企业循环化生产、产业循环化组合，促进废物交换利用、能量梯级利用；（3）推进园区重点企业清洁生产审核，工业园区重点企业清洁生产审核实施率必须达到100%，鼓励企业使用电、天然气、醇基燃料等清洁能源，2018年6月全面实行集中供热，园区单位工业增加值二氧化碳排放量年削减率达到3%以上。

4. 推进生态文明建设，打造最美长江岸线。（1）加快园区水资源论证进程，完成园区公共取水、排污口审批工作。对园区内沿江、沿湖所有排污口进行综合整治，规范排污口设置，在金砂湾和银砂湾各设置一个排污口。建设金砂湾园区山南片区污水综合管廊，完善提升园区污水收集和处理、排放能力，提升园区对外排污形象；（2）进一步加强沿江自然生态保护，深入开展沿江采砂和非法码头整治工作，依法关闭沿江矿山，坚决打击非法开山取石、采砂洗砂行为。加大沿江小散码头整治整合力度，依法拆除非法码头泊位，兼并整合小散码头，加强长江河道监管和保护，规范码头运营；（3）实施园区山体复绿、自然生态修复工程。重点对沿江山体及园区空地进行固土、排水、植被、绿化，全面修复沿江山体植被和自然生态。支持九江钢厂等重点企业，在不影响防洪的前提下，对园区重点堤岸实施生态景观改造，夯实堤坝基础，整体规划、美化、亮化、绿化堤岸环境，建设沿江堤岸风景带。

（四）打造高水平营商环境

1. 提升园区基础设施。坚持一园三区“路网大贯通、电网全覆盖、管网同到位”，按照“九通一平”标准完善园区路网、管网、供电、供水、供气、排污及污水处理、危（固）废集中处理、排涝防洪、公用码头、环境在线监控、安全消防站等基础设施建设，形成水、电、气、热、污水等集中供应、处理模式。重点实施彭湖高速大垅出口至银砂湾作业区疏港公路、金砂湾园区柘矶片区修补整治、山南片区综合管廊等工程，启动科创综合体、工业服务中心（工业展示馆）建设，完善建成工业综合体。扎实推进高新广场、高新大道绿化、部分山体修复等重点工程，建成金砂湾集中供热工程，加快完善智慧环保监控指挥综合平台，加速推进安全一体化服务示范基地。

2. 突出项目精准服务。深入开展“作风大整治，服务大提升”专项行动，下大力度整治查办影响营商环境案件，全面优化提升项目服务水平和效率。大力推行“一次办”机制，继续推行项目服务用地、前期审批、报建验收、企业融资、码头建设等五个专业协调小组工作制，完善“两基金两平台”投融资模式和“工业 110”快速反应服务平台，全身心为企业和项目服务。项目招商期间，由专业招商小组进行谈判，招商局及时会同相关部门出具项目风险分析报告，委托第三方专家评审，提交县相关会议集体决策；项目落户建设阶段，由项目服务单位负责跟踪，围着项目转，带着项目跑，代办企业落户的安评、环评等前期手续，全程随时解决推进中遇到的问题；项目投产后，负责招商政策的兑现、投产后的生产服务。

3. 优化项目入园政策。在相关政策允许和权限范围内进一步完善招商引资入园优惠政策，对达到一定标准的重大招商引资项目实行“一企一策”“一事一议”。（1）重奖励落户。对符合园区产业方向新设立的科技企业（项目），实缴注册资本且固定资产投入达到相应规模的，经认定县财政分别给予相应的奖励。对带动性强、地方经济发展贡献大的重大项目，可“一企一策”另行予以重点扶持。（2）轻资产入驻。由政府城投公司（石钟公司）或工业投资公司利用存量工业用地整合一批标准厂房，为符合入驻条件且固定资产投资、年纳税额达到一定比例或高新技术（有省以上科技主管部门认定证书）的科技企业（项目）免费提供生产厂房、研发及配套生活用房，实现“拎包入驻”。（3）强资本支持。设立科技创新发展基金，对科技创新项目配套提供股权资金，支持项目前期建设，存续期三至五年，培育成熟后退出，所持股权盈利返回企业支持扩大规模或科技研发创新投入。对当年主营业务收入增幅列园区内前三名的规模以上企业提供贴息支持。对园区创新创业青年人才、领军型人才和高层次人才（主要指一至四类人才）提供相应的贷款担保。（4）低成本运行。对园区固定资产投资强度高、年纳税贡献大的企业或高新技术（有省以上科技主管部门认定证书）的企业，在用水、电、气、热、污水处理给予相应补贴。

（五）创新园区运行模式

1. 推进园区管理体制改革。强化党对工业战线的集中领导。探索组建工业联合党委，以园区党委为主体，涵盖工信、商务、科技、安监、环保、中小企业、二轻、工投、金融办等涉及工业发展相关部门党支部（党组织）。充分发挥联合党委的核心和战斗堡垒作用，进一步统一思想认识，凝聚工业战线力量，全力推进重大项目建设，加快工业转型升级。构建园区大服务格局。本着最大限度方便企业办事的要求，整合工业服务力量，打造湖口工业服务中心，明确科技局、中小企业局、二轻局、工投、金融办等涉工部门整体入驻海山科技园区办公；安监、商务、规划、环保、国土、市容、市场监管局等部门在园区设立分局或工作机构，扩大赋予相应的审批权力，缩短减少项目行政审批时间。对派驻园区分局或工作机构实行人员身份管理以派出机构为主、工作管理以园区管委会为主。

2. 推进人事、薪酬制度改革。加快推进高新园区机构编制和人事制度改革，在全县编制总量控制的前提下，实行干部身份备案管理制度，增加人员编制、扩充队伍力量，形成高效运转新模式。对园区管委会机关及所属部门单位人员形成人员能进能出、岗位能上能下和以岗定薪、按绩计酬的人事薪酬制度。建立园区干部与县机关、县直部门及乡镇干部交流机制，优先选配懂工业、会管理、善服务的优秀干部来园区任职。管委会班子成员按照党政干部管理权限可采取公开竞选、竞争上岗等方式选拔任用，2018 年采取公选公竞试点；重要的部门负责人可以采取聘任形式，聘请相关专业技术人员担任；激发园区干部干事创业的动力和活力，实行绩效考核运用体系，园区工作人员收入与岗位职责、工作业绩挂钩，按照工资收入上调 30% 和岗位系数、履职考评等形式，建立绩效工资制，奖优罚劣。

3. 推进市场化运营改革。支持县工业投资公司做大做强，在控股的前提下，可吸纳其他资产注入。积极争取省、市对高新园区基础设施建设投入。鼓励政策性银行、商业银行对高新园区内基础设施项目以及公用事业项目给予信贷支持。鼓励以政府和社会资本合作（PPP）模式进行高新园区公共服务、基础设施类项目建设。在高新园区探索实行企业化管理模式，设立公司企业法人，向园区管委会负责，承担基础设施建设、资金筹集、土地开发、企业管理和服务等工作，不行使行政管理职能。

三、保障措施

（一）加强组织领导。县委、县政府成立高新园区改革创新工作领导小组，研究制定高新园区发展重大决策，解决建设中的重大问题。建立县级协调推进机制和联席会议制度，定期召开调度会，研究、协调、解决高新园区开发、建设和发展中的具体问题。由县政府主要领导任组长，常务副县长任常务副组长，县委、县政府分管领导任副组长，县委组织部、县编办、县发改委、县高新园区、县工信委、县商务局、县科技局、县财政局、县规划建设局、县国土局、县安监局、县环保局、县统计局、县金融办等单位负责人为成员，领导小组办公室设在高新园区管委会。

（二）提供要素保障。积极争取环鄱阳湖经济带、长江经济带等各级政策专项资金向园区倾斜。整合各种政策资源、生产要素，支持园区建设发展。县级对应部门积极向省、市争取有利于园区发展建设的配套政策。遵循“多规合一”原则，科学制定高新园区规划，推进园区高标准规划、高水平建设，加强高新园区公共配套服务、基础设施建设用地保障。园区内的土地在符合县城市规划的前提下，主要用于园区项目建设用地。加快对接高新园区调区扩区相关工作，缓解用地紧张这一发展“瓶颈”制约，为未来发展腾出更大空间。以集约化发展为路径，继续以“五个一批模式”，加大园区“腾笼换鸟”力度，破解用地指标受限的难题。建立高新园区政策体系，研究出台产业发展规划、创新平台建设、企业培育、体制机构改革、园区环境容量、能源消耗指标、水资源利用规划等政策实施细则，加快政策落地。

（三）加强考核督办。县委、县政府对高新园区实现目标管理，严格考核，考核结果与领导班子绩效挂钩。超额完成县委、县政府目标的，可按有关规定给予突出贡献奖励和目标考核奖励。营造支持创新、宽容失败的环境，建立改革创新激励机制和容错纠错机制，鼓励高新园区敢于担当、善于创新、加快发展。

各地各部门要充分认识促进我县高新园区改革和创新发展的重要意义，大力营造有利于高新园区改革创新的政策环境，积极构建促进高新园区持续健康发展的长效机制，全力推进高新园区建设发展再上新台阶。

2018 年 4 月 18 日

中共湖口县委办公室　湖口县人民政府办公室
印发《关于稳步推进农村集体产权制度改革发展壮大农村集体经济的实施意见》的通知

湖办发〔2018〕2号

各乡（镇）党委、政府，南北港，武垦场，县委各部门，县直及驻县各单位：

《关于稳步推进农村集体产权制度改革发展壮大农村集体经济的实施意见》已经县委、县政府同意，现印发给你们，请认真贯彻执行。

中共湖口县委办公室　　湖口县人民政府办公室

2018年3月28日

关于稳步推进农村集体产权制度改革发展壮大农村集体经济的实施意见

为贯彻落实《中共江西省委、江西省人民政府关于稳步推进农村集体产权制度改革壮大农村集体经济的实施意见》（赣发〔2017〕19号）及《中共九江市委办公厅、市政府办公厅关于稳步推进农村集体产权制度改革壮大农村集体经济的实施意见》（九办发〔2017〕16号）精神，稳步推进我县农村集体产权制度改革，发展壮大农村集体经济，结合我县实际，现提出如下实施意见。

一、总体要求

深入贯彻党的十九大精神，以习近平新时代中国特色社会主义思想为指导，认真贯彻实施乡村振兴战略，以明晰农村集体产权归属、保障农民财产权益为目的，以推进集体经营性资产股份合作制改革、发展壮大集体经济为重点任务，稳步推进农村集体产权制度改革。在推进过程中，坚持党政主导，群众主体，真正让农民成为改革的参与者和受益者；坚持统筹安排，分类实施，有序推进；坚守法律政策底线，确保集体资产不流失、农民利益不受损，防止内部少数人控制和外部资本侵占；坚持试点先行，稳慎推进，逐步构建归属清晰、权能完整、流转顺畅、保护严格的农村集体产权制度。力争2018年年底前基本完成农村集体资产清产核资工作，用5年左右时间基本完成农村集体经营性资产股份合作制改革，年均减少30%左右“空壳村”。到2020年底，初步建立村级集体经济收入稳定增长机制，村级集体经济年收入超过5万元的村达到全县总数的80%以上，基本消除“空壳村”；培育年收入过10万元的村12个以上、过30万元的村6个以上。

二、稳步推进农村集体产权制度改革

（一）全面开展清产核资。清产核资是顺利推进农村集体产权制度改革的基础和前提。要对集体所有的各

类资产进行全面清查，摸清集体家底，建立资产台账，健全管理制度，防止资产流失。清查对象主要包括乡（镇）、村、组集体经济组织。在清查内容上，要求全面清查核实，重点清查核实未承包到户的资源性资产、集体统一经营的经营性资产以及资金、债权债务和非经营性资产，查实存量、价值和使用情况，做到账证相符和账实相符。各乡（镇、场）要出台清产核资过程中遇到各项具体问题的处理意见，明确集体资产核销、价值评估、账目调整、违规违纪处理等事宜。

县有关部门及各乡（镇、场）要根据上级部门制定的关于农村集体资产清产核资指导意见的总体要求和实际情况，研究制定本地清产核资方案，明确工作任务及操作流程。在2018年底前完成对农村集体所有的各类资产进行全面的清查核实，摸清集体家底，界定产权归属，健全管理制度。在清产核资基础上，严格按照产权归属，把农村集体资产的所有权确权到不同层级的农村集体经济组织成员集体，并依法由农村集体经济组织代表集体行使所有权，不能打乱原集体所有的界限。加强农村集体“三资”监督管理，进一步完善农村集体“三资”监督平台，加强农村集体经济组织审计监督，加强乡镇农村经营管理体系建设，每乡镇场要配备一名专职经管员。对集体财务管理混乱的村，乡（镇、场）要及时组织力量进行整顿，防止和纠正群众身边的腐败行为。[责任主体：各乡（镇、场）；农业局、农工部、财政局、国土局、民政局、交通局、教育局、卫计委等]

（二）科学界定成员身份。依照《江西省实施〈中华人民共和国农村土地承包法〉办法》等有关法律法规，按照尊重历史、兼顾现实、程序规范、群众认可的原则，统筹考虑户籍关系、农村土地承包关系、对集体经济的贡献等因素，协调平衡各方利益，做好农村集体经济组织成员身份确认工作，解决成员边界不清的问题。各乡（镇、场）及县农业局要出台指导性文件，明确成员身份确认程序、标准和管理办法，建立健全农村集体经济组织成员登记备案机制，县级农业主管部门负责登记备案事宜。成员身份的确认既要得到多数人认可，又要防止多数人侵犯少数人权益，切实保护妇女权益。农村集体经济组织成员认定具体办法报乡镇政府审核、县级农业部门备案。提倡农村集体经济组织成员家庭今后的新增人口，通过分享家庭内部拥有的集体资产权益的办法，按章程获得集体资产份额和集体成员身份。[责任主体:各乡（镇、场）、农业局、公安局、民政局、妇联等]

（三）有序推进股份合作改革。此项改革前期在有经营性资产的村组，特别是城中村、城郊村和经济发达村开展，且只能在农村集体经济组织内部进行，就是将农村集体经营性资产等以股份或者份额形式量化到本集体经济组织成员。股权设置应以成员股为主，股权提倡静态管理。逐步赋予农民对集体资产股份的各项权能。农村集体经济组织可在我县统一称为“股份经济合作社”。完善民主治理机制，建立集体资产股权登记制度，并向其成员颁发股权证书；健全集体收益分配制度，要在股份经济合作社章程中明确公积金、公益金提取比例，把农民集体资产股份收益分配权落到实处，保障集体资产股份权利。

各乡（镇、场）在推进过程中，要积极探索农民对集体资产股份有偿退出的条件和程序，现阶段不得突破本集体经济组织的范围，可以在本集体内部转让或者由本集体赎回。金融办、人民银行、银监办、农业局配合研究制定集体资产股份抵押、担保贷款办法，指导农村集体经济组织制定农民持有集体资产股份继承的办法。[责任主体：各乡（镇、场）、农业局、农工部、发改委、财政局、国土资源局、扶贫和移民办、林业局、水务局、金融办、民政局、司法局、市场监管局、人民银行、银监办等]

三、推动农村集体经济快速发展

（一）夯实组织基础。集体产权制度改革后成立的农村集体经济组织由县农业局负责发放组织证书，农村集体经济组织可据此向有关部门办理印章雕刻、银行开户等相关手续，以便开展经营管理活动。加强农村集体经济组织建设，发挥好其在管理集体资产、开发集体资源、发展集体经济、服务集体成员等方面的作用。维护农村集体经济组织合法权利，严格保护集体资产所有权。妥善处理好村党组织、村民委员会和农村集体经济组织的关系。进一步减轻村级组织负担，壮大集体经济积累。对政府拨款、减免税费等形成的资产归农村集体经济组织所有，可以量化为集体成员持有的股份。[责任主体：各乡（镇、场）、农业局、农工部、组织部、公安局、国土资源局、扶贫和移民办、民政局、人民银行、银监办、发改委、财政局、市场监管局等]

（二）发展壮大集体经济。各乡镇、村要因地制宜积极探索农村集体经济发展路径。一是因地制宜充分利用自然资源资产增收。支持村集体利用未承包到户的土地领办土地股份合作社，在充分尊重农民意愿的前提下，鼓励和引导村集体成员以土地经营权折股入社；鼓励村集体流转或利用机动地、“四荒地”、村庄整治、宅基地复垦等结余的土地及其他可利用的集体所有资源，发展优质高效农业等。二是大力发展服务经济。支持村集体创办农业生产类、综合服务类合作社等服务实体，支持发展农村电子商务、休闲农业和乡村旅游、光伏产业等。三是突出发展物业经济。在符合规划的前提下，开发利用集体经营性建设用地等土地，建设物业项目，盘活闲置资产，发展物业经济；支持通过异地兴建、联村共建等多种形式增加资产和物业收入，拓展村集体经济发展空间。四是鼓励探索混合经营增收。鼓励以集体林场、“四荒地”、山塘等集体资源与民间资本、工商资本合作，成立混合经济实体，实现多元化经营，增加集体收益。[责任主体：各乡（镇、场）、农业局、农工部、组织部、发改委、财政局、国土资源局、扶贫和移民办、林业局、水务局、市场监管局]

（三）健全交易平台。进一步完善农村综合产权交易市场，整合资源，落实编制人员或以政府购买服务等方式，落实人员，确保有人做事。利用九江市农村综合产权交易信息平台，建立我县县乡村三级统一、规范、联动且功能全面的农村综合产权交易市场。2018 年要完成县乡两级农村产权流转交易市场建设。县乡要根据产权要素性质、流转范围和交易需要，制定农村集体产权流转交易管理办法，成立农村集体产权流转交易监督委员会；逐步制定和健全市场交易规则，完善运行机制，建立健全县级交易平台，实行公开交易，积极引导各类农村集体产权入场交易，加强产权流转交易服务和监督管理。[责任主体：各乡（镇、场）、农业局、农工部、财政局、金融办、国土资源局、林业局、水务局、科技局等]

四、强化政策扶持

（一）加大财政投入支持。从 2018 年开始，省财政每年统筹安排 3.5 亿元资金，采取以奖代补、竞争立项方式支持发展壮大村级集体经济。积极培育一批经济强村，树立一批集体经济发展样板和典型，探索总结集体经济发展模式和路径，做好项目申报的基础性工作，争取省财政专项资金支持。我县将进一步完善支持政策，加大财政投入力度，打造美丽乡村建设示范点。由财政局牵头制定落实发展村集体经济，助推美丽乡村建设财政奖补实施方案。[责任主体：各乡（镇、场）、财政局、农工部、农业局及其他涉农部门]

（二）加大土地支持。探索地票交易制度，土地整治、高标准农田建设等新增耕地作为占补平衡指标，通过异地交易，其收益适当返还村组级集体经济组织。积极推进城乡建设用地增减挂钩，置换出的建设用地指标优先安排用于农村各类经营项目，制定增减挂钩结余指标交易管理办法，规范节余指标交易，土地增值收益返回村集体。严格落实征收土地留地安置政策，留地比例不得低于征地面积的 5%，作为集体发展生产、创业创新、安置就业的建设用地。鼓励集体经济组织在符合当地土地利用总体规划的前提下，依法使用集体建设用地自办企业或者以土地使用权入股、联营等方式与其他单位、个人共同举办企业，让农民与集体经济组织更多分享土地增值带来的收益。对承担耕地保护任务的农村集体经济组织给予奖补，鼓励采取以奖代补等方式，引导农村集体经济组织根据土地整治规划投资或参与土地整治项目。国土局要认真落实扶持集体经济发展具体用地政策。[责任主体:各乡(镇、场)、国土局]

(三)加大金融支持。各金融机构要优先办理涉农、支农再贷款、支小再贷款及再贴现申请,切实提高再贷款获得率。银行监管部门要对农村集体经济组织信贷实行差异化监管,提高不良贷款容忍度。将农村集体经济组织纳入"财政惠农信贷通"支持对象;加快推进"两权"抵押贷款试点工作,逐步扩大试点范围,积极发展和创新林权抵质押贷款融资模式;扩大涉农信贷抵(质)押物范围,推广农机设备抵押贷款业务,开发仓单质押、出口信用保险保单质押等信贷产品;支持涉农金融机构开展农机设备租赁业务。优化金融服务方式和手段,开展一站式服务村级金融服务站试点工作。推动政策性农业保险提标扩面增品,鼓励开展互助保险。把村级集体经济组织纳入评级授信范围,对符合条件的村级集体经济组织项目在信贷支持上计划优先、利率优惠。金融办牵头相关部门出台金融有关支持政策并认真落实。[责任主体:各乡(镇、场)、金融办、财政局、农工部、人民银行、银监办等]

(四)加大税收优惠。在农村集体产权制度改革中,对农村集体经济组织以及代行集体经济组织职能的村民委员会、村民小组,符合税收优惠政策相关规定的,免征契税和印花税。对农村集体土地所有权、宅基地和集体建设用地使用权及地上房屋确权登记,不征收契税。免收确权变更中的土地、房屋等不动产登记费。对村集体领办或参股各类经济实体实行税收优惠政策,减征免征相关行政事业性收费。对村集体经济组织物业出租的房产税、增值税以及村级公共事业建设工程所征的有关地方税收,实行财政返还。村集体经济组织销售自产农产品,免征增值税;按税法规定对村集体经济组织有关经营项目,免征增值税;与国家指定收购部门订立的农副产品收购合同,免征印花税;从事农、林、牧、渔业项目的所得,符合条件的,免征、减征企业所得税。农村集体经济组织不同于一般经济组织,其成员按资产量化份额从集体获得的收益也不同于一般投资所得,县国税局、县地税局要认真落实推进农村集体产权制度改革发展壮大集体经济的税收优惠政策。[责任主体:各乡(镇、场)、国税局、地税局]

(五)加强人才培养。始终将政治标准放在首位,选优配强村"两委"班子。注重从农村致富带头人、专业合作组织负责人、优秀民营企业家、复员退伍军人、外出务工经商人员、大学生村官等优秀人才中选配村党组织干部。开展村干部教育培训和加强农村集体经济人才培训力度。鼓励和引导外出务工人员返乡创业。探索经营班子年薪制、风险抵押金制以及外聘职业经理人、独立董事等经营管理机制,有条件的村可根据农民意愿探索股权激励机制,激发经营者对发展集体经济的积极性。大力培育新型农民,提升村级集体经济管理水平,培育本土人才。县委组织部牵头制定推进农村集体产权制度改革、发展壮大农村集体经济人才培养政策。[责任主体:各乡(镇、场)、组织部、农工部、农业局、人社局、民政局等]

五、加强组织保障

(一)强化组织领导。各乡(镇、场)要切实加强组织领导,积极稳妥推进改革。建立县级全面负责,乡、村两级组织实施的领导体制和工作机制,成立县农村集体产权制度改革领导小组,由县委副书记、县长任组长,县政府分管副县长任副组长,农工部、农业局、组织部、发改委、财政局、人社局、国土资源局、公安局、林业局、水务局、扶贫和移民办、民政局、交通局、规划建设局、教育局、卫计委、市场监管局、国税局、地税局、金融办、人民银行、银监办、供销社、妇联等部门单位负责人为成员,建立定期协商会议制度,通报改革发展进展情况,研究解决相关问题。县农村集体产权制度改革领导小组办公室设在县农业局,负责日常工作。各乡(镇、场）要成立相应的农村集体产权制度改革领导小组，党政主要领导要亲自挂帅，承担领导责任；明确农村集体产权制度改革工作职责，建立和完善工作机制，逐年制定工作计划，积极稳妥推进改革工作，确保此项工作全面落实到位。

（二）精心组织实施。各乡（镇、场）要认真研究相关政策，细化各项改革任务，明确责任单位，制定配套的实施方案，提出具体要求，创造保障条件，落实工作措施，确保有人管事、有人做事；形成一级抓一级、层层抓落实的工作格局。要及时研究解决改革中遇到的矛盾和问题，涉及重大政策调整的，要及时向上级请示汇报，确保农村社会和谐稳定。同时，要加强调查研究，积极提供合理化的意见和建议。要及时做好政策评估，协调解决改革中遇到的困难和问题。认真做好农村集体产权纠纷调解仲裁和司法救助的指导工作。要加强监督检查，严肃查处和纠正弄虚作假、侵害集体经济组织及其成员权益等行为，对侵占集体资金和资产的，要如数退赔，涉及违规违纪的移交纪检监察机关处理，构成犯罪的移交司法机关依法追究当事人刑事责任。

（三）强化考核激励机制。把推进农村集体产权制度改革、发展壮大农村集体经济作为一项重要工作，纳入对各乡（镇、场）全面深化改革重点考核内容，同时纳入对乡（镇、场）领导班子目标绩效重点考核内容。对成绩突出、贡献较大的人员，在评先推优、提拔干部时，予以优先考虑；对工作推进不力的乡（镇、场）和人员，要在全县通报，对主要负责人进行约谈并限期改进。

中共湖口县委办公室 湖口县人民政府办公室
关于印发《湖口县打造长江“最美岸线”的实施意见》的通知

湖办字〔2018〕44号

各乡（镇）党委、政府，南北港，武垦场，县委各部门，县直及驻县各单位：

《湖口县打造长江“最美岸线”的实施意见》已经县委、县政府同意，现印发给你们，请认真贯彻执行。

2018年6月12日

湖口县打造长江“最美岸线”的实施意见

为深入贯彻落实习近平总书记在深入推动长江经济带发展座谈会上的重要讲话精神，以及省委书记、省长刘奇同志视察湖口的重要讲话精神、全省“长江共抓大保护”攻坚行动动员会议精神和全市以“共抓大保护、不搞大开发”为导向推动长江经济带发展工作调度会会议精神，全面落实省委、省政府建设“水美、岸美、产业美”，打造长江“最美岸线”和市委、市政府“共抓大保护，建设长江经济带绿色发展示范区”的具体要求，全力争创打造长江“最美岸线”的先行区、示范区。现提出以下实施意见：

一、总体要求

全面贯彻落实习近平新时代中国特色社会主义思想和党的十九大精神，以共抓大保护、不搞大开发为导向，坚持生态优先、绿色发展，牢固树立和践行绿水青山就是金山银山的理念，统筹山水林田湖草系统治理，在水资源保护、水污染治理、生态修复与保护、岸线资源保护利用、绿色产业发展、城乡环境综合整治等六大领域，从生态环境保护突出问题入手，抓重点、补短板、强弱项，系统谋划、综合施策、集中攻坚，致力“水美、岸美、产业美、环境美”，为打造长江“最美岸线”率先做出“湖口实践”，展现“湖口担当”，贡献“湖口力量”，创造“湖口样板”。

二、主要目标

到2020年底，全县地表水水质优良率达到100%，鄱阳湖、皂湖、泊洋湖、黄茅潭、南北港等重要江河湖泊水功能区水质达标率达到100%，全面消除劣V类水；长江湖口段小散码头实现整合，保留码头规范提升，拆除码头泊位高标准复绿，岸线景观得到质的提升；全县森林覆盖率稳定在35%以上，湿地面积不低于1.58万公顷，生物多样性持续改善；全县城镇污水处理率达到85%、垃圾无害化处理率达到85%，农村污水和垃圾实现全收集、全处理。万元地区生产总值用水量、主要污染物排放量进一步下降，生态环境保护体制机制进一步完善,“共抓大保护”意识进一步强化,人民生活水平进一步提高,努力实现“水美、岸美、产业美、环境美”。

三、重点任务

(一)致力“水美”,加强水生态保护治理

1. 全面落实“河长制”“湖长制”。进一步健全完善“河长制”“湖长制”的组织、责任和制度体系,加强突出问题督查整改,严格执行监督检查和考核评估制度。结合湖口实际,突出针对性和可操作性,及时制定出台《湖口县河湖长制工作条例》,推动河湖长工作标准化、规范化建设。扎实推进水污染治理、水生态修复、水资源保护“三水共治”,2020年底前,全面落实“一河一策”工作要求,实现全县河湖保护与治理措施项目化、清单化、长效化。(责任单位:县水务局、县委农工部、县环保局、县工信委、县农业局、县林业局、县水产局、县高新园区、各乡镇场。)

2. 强化重点污染源头管控。严格按照长江“共抓大保护、不搞大开发”的指示精神,坚决取缔严重污染水环境的产业项目,坚决淘汰一批污染水环境的落后产能,坚决禁止新建高污染项目,启动10蒸吨/小时及以下燃煤锅炉的淘汰工作。规范畜禽养殖,严格执行畜禽养殖“三区”规划和环评准入制度,全面压实属地管理责任、养殖场治污主体责任和部门行业监管指导责任,严禁禁养区内已关闭或搬迁的畜禽养殖场复养。积极治理船舶垃圾、固废、污水污染,依法强制报废超过使用年限的船舶,建立船舶污染物接收、转运、处置监管联单制度,编制防治船舶及其有关作业活动污染水域环境应急能力建设规划,增强港口码头污染防治能力。积极开展固体废物大排查,查清全县固体废物(危险废物、医疗废物、一般工业固体废物、生活垃圾)产生、贮存、运输、处置等基本情况。(责任单位:县工信委、县环保局、县高新园区、县市监局、县农业局、县港口局、县市容执法局、县卫计委、县供电公司、县港航局)

3. 加大饮用水源地保护和治理。扎实推进城市集中式饮用水水源地环境安全专项清理整治工作,坚决取缔饮用水水源一级保护区内所有与供水设施和水源保护无关的建设项目,坚决禁止在饮用水水源一级保护区内从事网箱养殖、旅游、游泳或其他可能污染饮用水水体的活动,坚决取缔二级保护区内所有排放污染物的建设项目。加快推进备用水源建设,加快实施农村饮用水安全巩固提升工程,加快推进城乡供水一体化,确保全县城乡饮用水安全。(责任单位:县环保局、县水务局、县农业局、县规划建设局、各乡镇场)

4. 加强城镇和农村生活污水治理。加快实施城市污水处理提质增效工程,加快推进三里片区、洋港片区等污水管网改造项目建设,提升城市污水的收集率,确保到2020年,城市污水处理率达到85%。按照“政府主导、市场运作、因地制宜、厂网同步、建管一体、经济实用、有序推进”的原则,大力支持有条件的乡(镇、场)建设污水处理设施,鼓励污水排放量大、人口密度大、远离集镇的村庄采取集中式污水处理设施,鼓励人口密度稀少、地形条件复杂、污水不易集中收集的村庄采取分散式污水处理设施,力争实现可持续运行。(责任单位:县委农工部、县规划建设局、县环保局、各乡镇场)

5. 加强水资源环境监管能力建设。继续提升完善环保智能监测平台,实施重点排污单位监测全覆盖。继续规范整治取水口和排污口,加强监控能力建设,建立取水口、排污口台账制度,实行24小时动态监管,严控污染增量,削减污染存量。加快推进江河湖泊水库水质定期动态检测全覆盖,坚决杜绝劣V类水,确保地表水三类以上达标率100%。加大对水污染物排放重点企业的监管力度。2018年底前,全面取缔严重污染水环境的产业项目;2020年底前,全面完成对水污染物排放重点企业的治理。(责任单位:县环保局、县水务局、县高新园区)

（二）致力“岸美”，狠抓江、湖岸线保护利用

6. 编制长江最美岸线（湖口段）相关规划。依据城市总体规划和土地利用总体规划，结合岸线实际情况，衔接国家水污染防治法、“水十条”要求和我县“十三五”规划，启动岸线及临港腹地 1 公里以内陆地控制性详细规划编制工作。自然岸线保有率原则上只增不减，专用码头数量原则上只减不增。结合长江防护林建设，对长江湖口段沿岸内外堤绿化、美化统一进行规划，利用好沿江自然人文景观资源，因地制宜建设滨江生态岸线。（责任单位：县规划建设局、县水务局、县发改委、县国土资源局、县林业局、县港口局、县河道管理局）

7. 严格坚守发展底线。全面确定“三线一单”，明确生态保护红线、环境质量底线、资源利用上线和环境准入负面清单，应用于城市发展空间管控。严禁长江与鄱阳湖周边 1 千米范围内新建化工项目；严禁长江与鄱阳湖周边 5 千米范围内新布局有重化工定位的产业园区。（责任单位：县环保局、县发改委、县工信委、县高新园区）

8. 开展码头、岸线规范整治提升。巩固非法码头整治成果，对“小、散、低”码头进行整合治理，征迁关闭一批老旧码头，对暂时不需要或不能关闭的老旧码头，坚决冻结其改建扩建，加快建设砂石集散中心。扎实开展“清岸”行动，彻底清除违章建筑、建筑垃圾、工业固体废物、生活垃圾等有碍观瞻的固废。扎实开展“绿岸”工程，在拆除沿江非法码头的基础上，扩大生态修复范围，深入开展沿江岸线山体、滩涂生态复绿和湿地修复工程，着力打造沿江岸线“绿色生态长廊”。（责任单位：县工投公司、县水务局、县林业局、县规划建设局、县国土资源局、县公安局、县环保局、县港口局、县高新园区、县河道管理局）

9. 加大码头、岸线、山体监管力度。全面加强沿江码头、岸线、山体的巡察监管力度，坚决防止沿岸非法码头、非法矿山、砂石堆场、砂石加工场“死灰复燃”，严厉打击非法采砂洗砂、沿岸开山取石行为。（责任单位：县国土资源局、县港口局、县矿管局、县河道管理局）

10. 提升港口开发利用水平。策应九江区域航运中心建设，加快推进疏港公路建设，完善港口集疏运体系建设，致力建设绿色、高效的新型港口。坚持“深水深用、浅水浅用”的原则，大力发展公用码头，合理利用岸线资源。推进建设 LNG 加注码头，探索启动岸电及受电设施建设，推广运用绿色能源。（责任单位：县发改委、县工信委、县交通局、县高新园区、县港口局）

（三）致力“产业美”，加快产业转型升级

11. 大力发展绿色农业。全面落实乡村振兴战略，加快农业现代化发展步伐，围绕“6+1”特色农业产业规划，积极推进“一乡一园、一乡一业”建设，支持各乡镇场创建一批市级以上现代农业产业园，推动农业精细化、高效化、智能化、绿色化发展，全面提升现代农业发展质量和水平。深入实施农业“接二连三”工程，大力推进农业与健康养生、休闲娱乐、乡村旅游等领域深度融合，培育一批特色小镇、田园综合体和美丽乡村示范点。（责任单位：县委农工部、县农业局、各乡镇场）

12. 大力发展新型工业。紧紧围绕全市“5+1”千亿产业集群，大力引进产业关联项目，推动装配式建筑产业园、纤维素纤维产业园、新材料循环产业园上规模、上台阶。加快推动传统产业转型升级，积极采用新装备、新材料、新技术、新工艺对钢铁冶金、化工化纤等传统产业进行改造升级。加快海山科技创新试验区建设，启动科创综合体建设，加快天赐新材料大厦建设，引进一批高新技术企业和各类创新主体、科研孵化平台，创建一批工程（技术）研究中心、重点实验室和科技协同创新体，力争年内做满 1 平方公里核心区。加大存量企业盘活力度，力争全年盘活存量企业 14 家以上。加大“散乱污”企业排查，建立管理台账，采取关停取缔、限期搬迁、停产整顿等方式分类施治，2018 年底前完成相关排查工作，2020 年前全面完成“散乱污”企业处置工作。（责

任单位：县工信委、县发改委、县高新园区、县商务局、县商管办、县科技局、县环保局、县财政局）

13. 大力发展现代服务业。全力推进以旅游业为龙头的现代服务业发展，不断加大石钟山景区创“5A”推进力度，加快编制规划方案和工作方案，全面启动沿湖生态经济带建设，积极融入全市“两圈两带”旅游发展大格局。加快星级酒店、商业综合体和物流配送中心建设，逐步培育和完善城市商圈，引导和服务居民消费升级。加快发展现代金融、现代物流、现代商贸、文化创意、健康养生、体育竞赛等新服务经济，着力提升服务业发展比重，促进产业结构优化升级，打造新的绿色经济增长点。（责任单位：县发改委，县旅发委、县商管办、县金融办）

14. 扩大对外合作平台。加强与长三角、珠三角、京津冀等发达地区产业对接，引进一批好项目、大项目，推动承接产业转移从中低端走向中高端。设立扶持企业上市专项引导及奖励资金，大力支持晨光新材料、天盛助剂等本地企业上市。加快火车站扩容改造，完善功能设施配套，加速放大“高铁优势”。加快与九江学院等高校的校地合作，推动重点企业与高校科研院所开展战略合作，全方位促进政产学研对接融合。积极融入“一带一路”建设，创造条件推进国际友好城市交往，支持有条件的企业走出国门，力争我县国际交流合作和本土企业境外投资实现“零”的突破，进一步拓展对外开放格局，提升对外合作水平。（责任单位：县商务局、县工信委、县金融办、县高新园区、县交通局、县规划建设局、县发改委）

15. 建设绿色发展示范区。积极创建长江经济带湖口绿色发展示范区，打造山水木田湖草综合治理样板区、长江经济带绿色崛起先行区、生态环境保护管理制度创新区。发挥行业龙头作用，大力支持工业绿色化生产骨干企业做优做强，鼓励企业采用先进技术和设备，实施节煤、节电、节油、节气、节水等能耗达标升级改造，提升烧结烟气综合脱硫率，建设一批节能减排项目，降低我县工业生产二氧化硫排放总量。积极组织企业申报全省绿色化生产示范试点企业。（责任单位：县发改委、县环保局、县水务局、县农业局、县林业局、县工信委、县高新园区）

（四）致力“环境美”，全面建设美好家园

16. 实施市容环境提升工程。以“一核”（中心城区）、“七线”（铜九、九景衢铁路，九景、彭湖高速，牛湖、景湖、均流公路）为重点，深入开展破损店招治理、管线治理、铁皮屋顶治理、违章建筑治理、固废整治、城区开放式小区和城乡接合部整治等一系列专项治理行动，扎实推进沿路废品回收、汽车维修、木材石材加工等行业“划行归市”。深入开展道路交通秩序整治行动，有效解决占道经营、乱设摊点、乱停乱放等问题。实施垃圾强制分类，加强垃圾收集运输处理设施建设，建立健全城乡垃圾一体化治理体系，着力打造垃圾治理“湖口模式”，确保 2018 年农村生活垃圾治理，顺利通过国家 10 部委考核验收。（责任单位：县规划建设局、县市容执法局、县交通局、县公安局、县委农工部、各乡镇场）

17. 实施村容村貌提升工程。加强农村房屋建筑布局管控，逐步引导零星分散的自然村、散居户向城镇、中心村集中，引导农民建设布局合理、功能齐全、经济美观的“百年住宅”。加大对农村“两违”建房的查处力度，坚决遏制新增违法建设。扎实推进新农村建设，力争到 2020 年实现“扫一遍”目标。（责任单位：县规划建设局、县国土资源局、县委农工部、县市容执法局、各乡镇场）

18. 实施文明素质提升工程。大力提升城乡风貌，以城市和乡村市容村貌整治为抓手，大力推进“厕所革命”；以创建省级文明城为抓手，深入推进“倡导五好风、推动五创建”系列活动，加强思想道德建设，繁荣群众文化生活，大力倡导移风易俗，深入推进绿色殡葬改革，实现群众素质显著提升。充分发挥“乡贤文化”和“村规民约”的作用，兴家风，淳民风，正社风，让文明新风成为群众的自觉行动。（责任单位：县委宣传部、县

委农工部、县卫计委、县民政局、县文广局、各乡镇场）

19. 持续巩固园区“三化”行动成果。突出环境景观化、企业环保化、生产安全化、产业循环化、管理智能化，继续深化园区生态化改造、清洁化整治、绿色化生产“三化”行动。加快落实园区企业“一企一策”生态化改造，加快推进“一企一管、一池一阀”，全面改善园区生态环境，进一步巩固行动效果，争创国家高新园区、国家绿色工业园区、国家循环经济示范园区、省级生态示范园区。（责任单位：县高新园区、县环保局、县工信委）

四、保障措施

（一）健全组织领导

成立以书记、县长为组长，常务副县长担任常务副组长，分管副县长担任副组长，相关县直部门和乡镇（场）主要负责人为成员的湖口县打造长江“最美岸线”领导小组，领导小组办公室设在县发改委。领导小组办公室要加强统筹协调，整合各方资源和力量，及时协调推进重大项目、重大事项。（责任单位：县岸线办、县直相关部门、各乡镇场）

（二）强化责任落实

各地各部门要高度重视，根据《实施意见》的工作部署，制订具体实施方案或落实意见，主要领导要亲自抓，分管领导要具体抓，责任部门要全力抓，一级抓一级、层层抓落实，形成党政领导统筹协调、职能部门各负其责、社会各界广泛参与的工作格局。县直各牵头部门要按照附表中的任务分工，切实担负起牵头部门的职责，制定具体实施方案，细化工作措施，明确时间节点，建立工作调度机制，指定联络人。每条工作任务的进展情况由县直牵头部门负责汇总，每月20日前将工作情况报到县打造长江“最美岸线”领导小组办公室。（责任单位：县岸线办、县直相关部门和各乡镇场）

（三）主动宣传引导

要把打造长江“最美岸线”宣传动员工作摆到突出位置，坚持多渠道、立体式、高密度地深入宣传，广泛发动、强劲造势，努力营造打造长江“最美岸线”的浓厚氛围。要建立健全工作信息发布机制，定期公开专项整治、打击违法行为等工作信息，主动接受社会监督。（责任单位：县委宣传部、县岸线办、县直相关部门、各乡镇场）

（四）严格督促检查

按照月调度、季推进、半年督查、年度总结的要求建立工作落实机制，及时协调解决出现的问题，确保工作顺利推进。县打造长江“最美岸线”领导小组办公室牵头组织，两办督查室积极参与，采取不定期督查、检查的方式，及时掌握进展情况和发现存在问题，对工作落实不到位、环境整治不力等突出问题的地方开展专项督查；对慢作为、不作为的地方和单位，要求限期整改，并对负责同志进行约谈和问责。（责任单位：县岸线办、县监察委、县委督查室、县政府督查室、各乡镇场）

中共湖口县委办公室 湖口县人民政府办公室 印发《关于全面深化殡葬改革促进殡葬事业发展的实施方案》的通知

湖办字〔2018〕82号

各乡（镇）党委、政府，南北港、武垦场，县委各部门，县直及驻县各单位：

《关于全面深化殡葬改革促进殡葬事业发展的实施方案》已经县委、县政府研究同意，现印发给你们，请认真贯彻执行。

2018年10月31日

关于全面深化殡葬改革促进殡葬事业发展的实施方案

为深入贯彻落实国务院《殡葬管理条例》、中共中央办公厅国务院办公厅《关于党员干部带头推动殡葬改革的意见》（中办发〔2013〕23号）、民政部等十六部委《关于进一步推动殡葬改革促进殡葬事业发展的指导意见》（民发〔2018〕5号）、省政府办公厅《关于加快推进殡葬改革促进殡葬事业发展的实施意见》（赣府厅发〔2018〕23号）和市政府办公厅《关于全面深化殡葬改革促进殡葬事业发展的实施意见》（九府厅发〔2018〕38号）等相关法规及文件精神，全面深化殡葬改革，促进我县殡葬事业发展，结合实际，制定本实施方案。

一、总体要求

（一）指导思想。坚持以习近平新时代中国特色社会主义思想和党的十九大精神为指导，坚持以人民为中心的发展思想，认真贯彻落实党中央国务院和省委省政府、市委市政府决策部署，围绕建设惠民、绿色、文明殡葬，以全面深化殡葬改革为牵引，以满足人民群众殡葬服务需求为导向，以提升殡葬服务能力为保障，推动殡葬改革各项工作更好服务于保障和改善民生、促进精神文明和生态文明建设，为共绘新时代江西物华天宝、人杰地灵新画卷，在更高层次上聚力“一核三带”、建设“五个湖口”做出积极贡献。

（二）工作目标。从2019年5月1日零时起，在全县范围内启动“绿色殡葬”专项行动，专项行动实施后，全县范围内所有亡故人员遗体一律实行火化，火化率达到100%（法律法规另有规定的除外，下同）；全面推行节地生态安葬，遗体火化后骨灰入骨灰堂（公墓）或者其他节地生态安葬率达到100%。节俭办丧、生态安葬、文明祭祀的时代新风全面形成，惠民、绿色、文明殡葬的体制机制全面建立，力争2020年底全县殡葬事业呈现“八化”局面，即城乡居民基本殡葬服务均等化、殡葬服务优质化、殡葬管理规范化、骨灰处理生态化、殡葬习俗文明化、殡葬设施现代化、管理服务信息化、殡葬改革有序化。

（三）基本原则

1. 坚持以民为本。把维护群众殡葬权益、满足群众殡葬需求作为出发点和落脚点，坚持殡葬事业公益属性，创新管理、优化服务、深化改革，把以人民为中心的思想贯穿于殡葬事业改革发展全过程，不断加大便民、惠民力度，让人民群众成为殡葬改革的最大受益者。

2. 坚持依法改革。在完善政策法规的基础上，创新管理制度和机制，依法处理行政与事业、服务与经营的关系，切实转变政府职能，整合殡葬服务资源，实现殡葬管理监督的公开、公正和殡葬服务经营的优质、公平和诚信。

3. 坚持属地管理。按照“属地管理、分级负责”的工作原则，实行政府主导、乡（镇、场）主责、相关部门齐抓共管的殡葬管理工作机制，压实工作责任，形成工作合力。

4. 坚持稳步推进。强化事先引导、事中监管，把殡葬改革工作做实、做细，把群众思想工作做通。充分发挥党员干部推动殡葬改革的示范带头作用，形成党员干部带头、广大群众参与、全社会支持的殡葬改革良好局面。

二、工作内容

（一）全面推行遗体火化。贯彻落实省政府《关于调整划分火葬区和土葬改革区的批复》（赣府字〔2015〕30号）要求，从2019年5月1日零时起在全县范围内全面推行所有亡故人员遗体一律火化，实现遗体火化率100%。完善财政供养和参加社会保险人员去世后凭火化证和骨灰安放证发放丧葬费、抚恤金、遗属补助等相关补贴政策。[责任主体：各乡（镇、场），县农业局、县林业局；责任单位：县民政局、县发改委、县财政局、县人社局、县市容执法局、县国土资源局、县民宗局（排位第一的为牵头责任单位，下同）]

（二）加强殡葬服务设施建设。按照6‰年自然死亡率、满足20年以上安葬需求，并预留“三沿六区”应迁坟墓数量，加快建设城乡公益性骨灰堂（公墓），实现城乡骨灰安葬设施服务全覆盖。按照《江西省殡葬设施建设指南》（赣民发〔2018〕9号）标准，2019年3月底前，全县至少要建设一处城市公益性骨灰堂（公墓）和一批农村公益性骨灰堂（公墓）。根据当地实际，因地制宜、合理布局，原则上每个行政村建有一处农村公益性骨灰堂（公墓），也可采取乡建、村建（行政村，下同）、乡村或村村联建等方式进行建设，并考虑祭扫人流、车流状况进行总体规划。规划区范围内的乡镇、村（居）提倡乡村、村村联建；规划区范围外的偏远地区及区域范围较大的行政村可根据实情适当增加公益性骨灰堂（公墓）建设数量，确保公益性骨灰堂（公墓）辐射到所有社区、村、组。原则上村级公墓建设规模不超过5亩，村村联建不超过10亩，乡级不超过15亩；城市公益性骨灰堂（公墓）原则上建1~2处，总规模不超过60亩；只建骨灰堂的，原则上村级建设规模不超过60平方米，乡级不超过200平方米，城市不超过3000平方米。加强公益性骨灰堂（公墓）运营管理和日常维护，骨灰堂（公墓）视规模大小可配套建设档案室或服务站。坚持环保便民，加大现有殡葬服务设施更新改造力度，确保达标排放。[责任主体：各乡（镇、场），县农业局、县林业局；责任单位：县民政局、县发改委、县物价局、县财政局、县国土资源局、县规划建设局、县委农工部、县环保局、县科技局、县国资局、县市场监管局]

（三）开展散埋乱葬坟墓整治。加大对铁路、公路（包括高速公路、国道、省道、县道）主干道、水路（长江、鄱阳湖等）沿线和农田保护区、风景名胜区、文物保护区、水源保护区、规划建设区和自然保护区等“三沿六区”视线范围内散埋乱葬坟墓整治力度，通过整治，在视线范围内无散埋乱葬坟墓（受国家保护的历史名人墓、革命烈士墓等除外）。[责任主体：各乡（镇、场），县农业局、县林业局；责任单位：县国土资源局、县民政局、县公安局、县市容执法局、县规划建设局、县委农工部、县旅发委、县交通运输局、县水务局、县环保局]

（四）推行节地生态安葬。遵循节地、生态、绿色殡葬理念，坚决杜绝遗体直接土葬和骨灰装棺二次安葬，加强对骨灰的跟踪管理，遗体火化后骨灰一律葬入骨灰堂（公墓）或散撒、水葬。推广骨灰堂安放、公益性林地生态安葬、壁葬、树葬、散撒等节地生态葬法。对骨灰散撒、水葬等不保留骨灰的生态安葬方式予以奖励，方案出台之日起开始实施。[责任主体：各乡（镇、场），县农业局、县林业局；责任单位：县民政局、县发改委、

县国土资源局、县规划建设局]

（五）完善惠民殡葬政策。建立基本殡葬服务免费制度，对具有我县户籍的村（居）民（财政供养含自收自支人员、企业改制纳入社保管理人员除外），享受遗体免费火化等惠民殡葬政策。村（居）民正常亡故后，实行遗体接运、暂存（在殡仪馆3天内冷藏）、火化（普通炉）、普通骨灰盒、骨灰寄存（一年内）、公益性骨灰堂（公墓）节地生态安葬等6项基本服务免费，所减免的费用由县财政承担，方案出台之日起开始实施。完善殡葬服务收费制度，严格执行政府定价、政府指导价，加强殡仪馆、骨灰堂（公墓）收费管理，实行服务内容、服务标准、服务收费、服务流程、服务承诺、服务监督“六公开”，严禁巧立名目乱收费。开展殡葬领域突出问题专项整治行动，合力整治公墓建设运营和殡葬服务收费，解决群众反映强烈的热点难点问题，切实维护群众的合法权益。加强对经营性公墓的监管，规范经营性公墓墓位面积和价格，中、低价墓位总量不低于规划建设墓位的60%，严格执行明码标价。进一步丰富和拓展非基本殡葬服务，不断满足群众多层次殡葬服务需求。[责任主体:各乡（镇、场），县农业局、县林业局;责任单位:县民政局、县发改委、县物价局、县财政局、县人社局、县市场监管局]

（六）持续推行移风易俗。把绿色殡葬移风易俗纳入文明城市创建和美丽乡村建设，融入乡村振兴战略，树立移风易俗、文明节俭的殡葬新风尚，坚决抵制大操大办和封建迷信低俗活动。加强殡葬从业人员管理，发挥村（居、社区）“两委”和红白理事会、老年人协会等基层组织作用，把规范治丧纳入村（居）民自治章程、村规民约、居民公约，引导群众文明节俭办丧。禁止在县城中心城区和乡镇临街主干道及人行道等公共场所搭设灵棚进行治丧活动，禁止在城区各街道、路段游丧闹丧、燃放鞭炮、焚烧祭祀用品、抛撒纸钱、吹乐敲锣等丧事行为。加强对医疗机构太平间的管理，对非法开展殡仪服务等行为进行查处。加强殡葬文化建设，建立现代文明殡葬新礼仪，推行安全、低碳、文明祭扫方式，弘扬尊重生命、孝老敬亲、厚养薄葬、慎终追远、天人合一等思想文化。[责任主体：各乡（镇、场），县农业局、县林业局；责任单位：县委宣传部、县委政法委、县市容执法局、县委农工部、县公安局、县民政局、县规划建设局、县卫计委]

三、工作步骤

（一）调查摸底、宣传发动阶段（2018年7月至2019年3月）

1.搞好调查摸底。重点摸清四个底数：摸清“三沿六区”视线范围内需要整治的坟墓数量；摸清殡葬从业人员（道士、风水先生、棺木匠、棺木经销商、墓具加工经销商、歌舞乐队等）数量;摸清殡葬用品生产、销售、租赁店（点）及丧葬祭品店铺的数量;摸清村（居）民家中棺木及棺木店的棺木数量。以乡（镇、场）为单位，组织对棺木数、殡葬从业人员、殡葬用品及祭祀用品生产销售店（点）进行登记造册，对“三沿六区”视线范围内乱葬坟墓、超豪华墓地等全面开展调查摸底，按照有山（林、地）名、山（林、地）主、坟主、联系方式、家族中公职人员信息（姓名、单位、联系方式）的要求逐一登记造册，建立台账。即日起，“三沿六区”视线范围内无新建公墓、无新增坟墓。

2.迅速动员部署。出台《全面深化殡葬改革促进殡葬事业发展实施方案》等规范性文件，并召开全县动员大会进行全面动员部署，明确目标任务、工作要求。各乡（镇、场）、各单位要层层发动到村（居、社区）、组、户，尤其是每个公职人员都必须签订承诺书（附件1）。

3.全面宣传发动。充分利用电视、广播、报纸、短信、微信等各种宣传工具，采取发布通告、发放倡议书、悬挂标语、编发短信、出动宣传车等形式，广泛深入到村、组、户、园区、企业，宣传殡葬改革工作的目的、意义、要求和规定。包乡（镇、场）领导、帮扶部门和单位、乡村干部要进村入户，面对面向老百姓宣传政策，开展全方位、地毯式的宣传，做到家喻户晓，人人皆知。充分发挥党员干部、村民理事会、红白理事会指导监督作用，教育引导广大群众自觉转变丧葬观念，形成改革共识，努力为专项行动营造良好的社会舆论氛围。

4. 做好群众自愿上交棺木奖补工作。按照“消化存量，杜绝增量”的原则对现有成品棺木进行奖补回收。按照自愿上交的原则，由各乡（镇、场）对村（居）民家中现有的及棺材店铺中的成品棺木进行奖补回收，所需资金由县财政承担。回收的棺木在县市场监管局的指导下进行生态处置。尊重群众意愿，棺木不予强制回收，但不得用于骨灰或遗体装棺下葬。

5. 加强殡葬从业人员管理。组织对辖区内道士、风水先生、棺木匠、棺木经销商、墓具加工经销商、歌舞乐队等殡葬从业人员开展培训，签订殡葬从业人员承诺书（附件 2），引导其成为文明绿色殡葬、节俭办丧、文明低碳祭祀的宣传员。

6. 加快城乡公益性骨灰堂（公墓）建设。按照属地管理和“谁建设，谁受益”的原则，各乡（镇、场）要抓紧确定城乡公益性骨灰堂（公墓）选址和规模，相关职能部门要提前介入。将农村公益性骨灰堂（公墓）纳入乡镇建设总体规划和村庄规划，制作分布图，实行一次性布局，分期实施。城市公益性骨灰堂（公墓）由民政局建设管理，农村公益性骨灰堂（公墓）由所在乡（镇、场）或村（居、社区）负责组织实施并管理。提倡墓碑小型化、微型化、使用卧碑，骨灰堂每个格位的单位建筑面积不超过 $0.25m^2$，公墓独立墓穴的单位占地面积不超过 $0.5m^2$、合葬墓穴不超过 $0.8m^2$（不含公共绿化和道路用地），禁止建造超规定面积墓位，最大限度降低墓穴硬化面积。建设主体提出选址方案后，由民政局牵头，发改委、规划、国土、林业、水务、环保、交通等部门共同参与进行联审联批。

（二）专项整治行动阶段（2019 年 4 月至 2019 年 12 月）

1. 加强丧葬用品市场整治。切实加强对丧葬用品市场的监管，由县殡葬改革工作领导小组统一调度，县市场监管局牵头，县市容执法、公安、林业、民政等部门配合，开展联合执法行动，对违规制作及销售棺木、石材等土葬用品行为，依法进行整治。

2. 启动“绿色殡葬”专项行动。从 2019 年 5 月 1 日零时起，在全县范围内启动“绿色殡葬”专项行动，专项行动实施后，全县范围内所有亡故人员遗体一律实行火化，火化率达到 100%；遗体火化后骨灰入骨灰堂（公墓）或者其他节地生态安葬率达到 100%。

3. 乱埋乱葬坟墓整治。各乡（镇、场）按照“能改则改，应迁则迁”的要求，完成对“三沿六区”视线范围内乱埋乱葬坟墓（受国家保护的历史名人墓、革命烈士墓等除外）的整治工作，对一时难以迁移的散埋乱葬坟墓，可采取“平坟、落碑、植树”等方式予以遮挡融入周边环境；对零星或无法遮挡的坟墓，一律将坟墓迁移至公墓；依法拆除大墓、豪华墓、活人墓，乱埋乱葬整治率达到 100%。

（三）巩固提升阶段（2020 年 1 月起）

对照目标任务，加强绩效评估，全面补齐工作短板，遗体火化率达到 100%，骨灰入骨灰堂（公墓）或者其他生态安葬率达到 100%。全面完成设施建设任务。巩固殡葬旧俗和“三沿六区”散埋乱葬坟墓整治成效，建立惠民、绿色、文明殡葬长效机制，现代文明丧葬新风全面形成。

四、保障措施

（一）加强组织领导。健全党委领导、政府负责、部门协作、社会参与、法治保障的领导体制和工作机制。

成立县殡葬改革工作领导小组，以县主要领导为组长、相关县领导为副组长，相关职能单位主要负责人为成员，同时成立殡葬改革工作指挥部，下设办公室和五个推进小组，分别由相关县领导任组长、县直牵头单位主要负责同志任副组长，各小组办公室设在相应牵头单位，督促相关部门做好进度安排、政策落地、资金使用、人力调配、推进实施等工作，各牵头单位要明确一名联络员。各乡（镇、场）也要成立相应领导机构和工作机构，主要负责同志为第一责任人，做好教育引导、源头管控、改革实施、依法治理等工作，指导行政村、自然村全面健全完善红白理事会制度、村规民约，并会同红白理事会、老年人协会等组织教育引导丧户落实遗体火化、文明节俭办丧和节地生态安葬要求；成立相应综合执法队，负责辖区内殡葬改革执法工作。

（二）加强宣传引导。贯彻落实中央、省、市关于充分发挥党员干部带头作用深入推进殡葬改革的意见精神，做到“六个带头”：一要带头实行遗体火化，节约土地资源；二要带头实行生态安葬，保护环境资源；三要带头实行节俭治丧，倡导文明新风；四要带头文明低碳祭扫，传承先进文化；五要带头治理乱埋乱葬，保护绿水青山；六要带头倡导殡葬改革，弘扬新风正气。加强对直系亲属丧事活动的教育，不断强化党员干部的遵纪守法意识。将党员干部落实殡葬改革政策情况纳入“两报告一承诺”内容，把殡葬改革政策，纳入党员干部、公职人员的教育管理之中。坚持正确舆论导向，统一宣传口径，加强舆情导控。做好深入细致的思想工作，加强对“名人富人”“风水先生”、享受优惠政策等相关人员教育管理，提升群众对殡葬改革的认识，引导群众支持并参与殡葬改革。

（三）完善死亡信息报告制度。按照工作网络和隶属关系，健全完善死亡信息报告制度，建立县、乡、村、组四级联动的殡葬管理服务信息联络体系和信息联络员网络。一经掌握亡故人员的丧葬信息，所属村（居）委会、当地公安派出所、医院要在第一时间及时报告给所在乡（镇）人民政府或亡故人员单位。所在乡（镇、场）或部门单位接到相关信息后，要及时向县殡改办报告，并及时采取相应举措，做好亡故人员家属、亲属和家族的工作，使之按相关规定火化遗体和安葬。

县殡仪馆要建立24小时值班制度，并做好殡葬相关服务工作，县殡仪馆值班电话：6453106、6453108，18162295300。同时接受社会各界监督，鼓励对违规土葬、骨灰装棺再葬行为进行举报，县殡改办举报电话：0792–6337123。

（四）加强责任落实。各乡（镇、场）、县直（驻县）各单位、社会团体和其他组织的主要领导是本单位、本部门的第一责任人，负责抓好本辖区和管理范围内的殡葬改革工作，要对本地、本单位、本部门、本系统的殡葬改革工作切实负起责任。同时按照殡葬改革网格化管理要求，各责任单位要充分发挥挂点帮扶作用，合力推动殡葬改革工作顺利进行。因死亡信息迟报、瞒报或工作不力，导致出现土葬或二次棺葬的，按照“属地管理”和“谁主管谁负责”的原则，由当地党委政府（棉花原种场、水稻原种场，苗圃由主管部门负责）负责做好起棺火化和按规定进行安葬，并视情节轻重，追究当地党政主要领导及相关责任人的责任；属驻县单位的，建议其上级部门给予主要领导相应处理。具体任务分工如下：

县委办、县政府办：协调各部门做好殡葬改革工作；两办督查室，配合县委组织部门对殡葬改革工作进展情况进行督促检查、考核通报。县民政局（县殡改办）：负责殡葬管理政策标准制定、殡葬改革工作组织实施、殡葬设施监管等工作；负责处理领导小组和指挥部日常工作，协调督促落实领导小组和指挥部议定事项、工作部署和有关要求。县委组织部：负责组织发动党员干部、公职人员带头执行殡葬改革规定；负责牵头对殡改工作进展情况进行督促检查、考核通报；对责任部门及党员干部在殡改工作中不作为、慢作为及违规行为进行追责问责。县委宣传部：负责全县殡葬改革工作的舆论宣传和引导工作；负责把殡葬改革作为乡风文明建设的主要内容来推进，对抵制殡葬改革的违法违规行为进行曝光。县委政法委：做好殡葬改革工作的维稳工作；牵头做好殡葬突发公共事件应急处置工作。县委农工部：负责把农村殡葬改革工作纳入乡村振兴战略同部署、同落实。县文广局：配合县委宣传部门做好殡葬改革、移风易俗的宣传报道工作，负责加强对治丧活动中营利性演出活动的监管。县公安局：保障殡葬改革和殡葬管理工作的顺利实施，对拒绝、阻碍殡葬工作的人和事，依法依规处理；对非正常死亡遗体和无名尸体，进行鉴定、签发死亡证明和准予火化通知书，并及时通知县殡仪馆接运尸体。县卫计委：负责加强对医疗机构出具死亡证明和医疗机构太平间的管理。县国土资源局、林业局：负责依法保障纳入规划的殡葬设施用地需求，纠正和查处违法占地建设殡葬设施、违法占用耕地、林地建坟等行为；林业局还要全面负责苗圃的殡葬改革工作。县发改委：负责争取国家、省和市殡葬事业项目；负责殡葬设施的立项、审批等相关工作。县物价局：负责制定殡葬服务项目的收费标准、审批、检查和查处违规收费工作。县法院：负责依法受理对违法安葬行为申请强制执行案件。县司法局：组织对相关的法律、法规的学习和宣传，为殡葬管理执法的全过程提供法律帮助。县规划建设局：做好殡仪馆、骨灰堂（公墓）建设的规划、布局、设计工作；做好公墓建设项目的规划审批。县环保局：做好殡仪馆、骨灰堂（公墓）建设的环境监测、生态保护工作。县市容执法局：对在中心城区、临街主干道及人行道等公共场所停放遗体、搭设灵棚进行治丧活动，及在城区各街道、路段游丧闹丧、占道路祭、抛撒纸钱、焚烧祭祀用品、吹乐敲锣等办丧扰民、影响城市环境及其他不当行为进行制止和处罚。县市场监管局：负责依法打击和取缔制造、销售不符合国家技术标准的殡葬设备、封建迷信殡葬用品等违法行为；指导各乡（镇、场）对回收的棺木进行生态处置。县水务局：负责查处水库、电站、堤坝等水利设施周边散埋乱葬行为。县交通运输局、县交警大队：负责适时开通县城至殡仪馆的公交车，并确保道路畅通以及交通安全；负责制止和处理为丧属提供交通工具偷运遗体土葬的行为。县财政局：负责保障殡葬改革所需工作经费、基础设施投入及惠民殡葬服务奖补等所需资金；完善丧葬补助金、抚恤金等发放政策，凭火化证明和骨灰安放证拨付抚恤金和丧葬补助费。县人社局：完善丧葬补助金、抚恤金等发放政策，凭火化证明和骨灰安放证拨付抚恤金和丧葬补助费。县民宗局：负责加强少数民族和宗教活动场所的殡葬事务管理，正确宣传引导殡葬方式和祭祀活动。县移动、联通、电信部门：要通过手机短信方式，加大对殡葬改革工作的宣传力度。县总工会、团县委、县妇联：充分发挥群团组织各自的优势，为殡葬改革工作创造良好的工作环境。县农业局：负责水稻原种场、棉花原种场的殡葬改革工作。江新社区：负责做好本辖区的殡葬改革工作。县直（驻县）其他各单位：配合做好各自部门亡故对象的家属、亲属工作；使之按规定火化遗体和安葬。

（五）加强资金保障。殡改工作经费、基础设施投入及惠民殡葬服务奖补等所需资金原则上由县财政安排，具体奖补项目为：公益性骨灰堂（公墓）测绘、征地及建设费用、公益性骨灰堂（公墓）区档案室或服务站建设奖补、通往墓区道路、群众自愿上交棺木奖补、“三沿六区”视线范围内乱埋乱葬整治中迁坟费用、不保留骨灰的生态葬奖励、惠民殡葬六项基本殡葬服务、红白理事会工作经费等各项惠民殡葬服务奖补经费；具体奖补标准另行制订。

（六）加强目标考核。完善殡葬工作成效考评办法，建立科学评价标准及考评体系，把文明治丧列入综治、文明村镇和文明单位、文明家庭和美丽乡村的考评内容，把殡葬改革工作纳入乡镇科学发展综合考核体系和县直单位绩效考核体系；落实对殡葬改革推进情况每月一调度、每季一通报、半年一小结、全年一考核，考评结果作为评价县直、乡镇党政班子及领导干部绩效的重要方面。发挥县殡葬改革领导小组作用，定期抽调人员，开展督导检查、明察暗访、查找问题、督促整改。

主要文件选目

中共湖口县委文件

序号	文号	标题
1	湖发〔2018〕1 号	关于实施乡村振兴战略的若干意见
2	湖发〔2018〕2 号	关于进一步加强年轻干部培养选拔工作的实施意见
3	湖发〔2018〕3 号	关于加强和改进人民政协民主监督工作的实施意见
4	湖发〔2018〕4 号	关于加快高新园区改革创新升级发展的实施意见
5	湖发〔2018〕5 号	关于印发《十四届县巡察工作规划》的通知
6	湖发〔2018〕6 号	关于贯彻落实安全生产领域改革发展的实施意见
7	湖发〔2018〕7 号	关于打赢脱贫攻坚战三年行动的实施方案
8	湖发〔2018〕8 号	关于健全人大讨论决定重大事项制度政府重大决策出台前向本级人大报告的实施办法
9	湖发〔2018〕9 号	关于印发《2018 年度湖口县高质量发展考核评价实施办法》的通知
10	湖发〔2018〕10 号	印发《关于全力做好城镇贫困群众脱贫解困工作实施方案》的通知
11	湖字〔2018〕1 号	关于表彰 2017 年度人大工作先进集体和先进个人的决定
12	湖字〔2018〕2 号	关于表彰县政协九届二次会议以来优秀委员、优秀提案以及政协工作先进单位、提案承办先进单位特约民主监督员工作先进单位的决定
13	湖字〔2018〕8 号	关于报送《湖口县流泗镇行政管理体制改革实施方案》的请示
14	湖字〔2018〕10 号	关于深入开展“作风大整治、服务大提升”专项治理实施方案
15	湖字〔2018〕11 号	关于表彰 2017 年度全县目标管理考评先进单位及优秀企业家的决定
16	湖字〔2018〕12 号	印发《关于开展“走出去”解放思想活动的实施方案》的通知
17	湖字〔2018〕13 号	关于印发《湖口县扫黑除恶专项斗争实施方案》的通知
18	湖字〔2018〕15 号	关于开展“两员一会一公开”制度全面提升基层党内监督实效的意见
19	湖字〔2018〕20 号	关于设立中国共产党国家税务总局湖口县税务局委员会的批复
20	湖字〔2018〕22 号	关于印发《湖口县环境保护七大重点专项整治工作方案》的通知
21	湖字〔2018〕23 号	湖口县 2018 年计划生育工作情况报告
22	湖字〔2018〕24 号	关于对凰村撤乡建镇的意见
23	湖字〔2018〕26 号	关于《湖口县机构改革方案》的请示
24	湖字〔2018〕28 号	关于成立中共湖口县工业联合委员会的通知
25	湖字〔2018〕29 号	关于实施“石钟山英才计划”加快构建区域创新高地的意见

中共湖口县委办公室文件

序号	文号	标题
26	湖办发〔2018〕1号	关于印发《湖口县妇联改革方案》的通知
27	湖办发〔2018〕2号	印发《关于稳步推进农村集体产权制度改革发展壮大农村集体经济的实施意见》的通知
28	湖办发〔2018〕3号	印发《关于深入贯彻中央八项规定精神进一步改进作风的实施细则》的通知
29	湖办发〔2018〕4号	《湖口县总工会改革方案》
30	湖办发〔2018〕5号	关于印发《湖口县科协系统深化改革方案》的通知
31	湖办字〔2018〕2号	关于开展全县2017年度目标管理考评工作的通知
32	湖办字〔2018〕3号	关于全县村（社区）党组织和第十届村（居）民委员会选举工作的实施方案
33	湖办字〔2018〕6号	关于转发《九江市开展领导干部自然资源资产离任审计试点工作方案》的通知
34	湖办字〔2018〕9号	全县重点项目调度会会议纪要
35	湖办字〔2018〕11号	关于2017年度招商引资先进单位的通报
36	湖办字〔2018〕15号	湖口县交通干线沿线及城区和城乡结合部环境集中整治行动工作方案
37	湖办字〔2018〕16号	湖口县2018年招商引资工作方案
38	湖办字〔2018〕17号	关于2017年全县招商引资情况的通报
39	湖办字〔2018〕18号	关于2017年湖口县重大项目建设有关情况的通报
40	湖办字〔2018〕19号	湖口县重大项目调度推进办法
41	湖办字〔2018〕20号	关于加快美丽乡村建设的行动计划
42	湖办字〔2018〕21号	关于推进农业产业振兴的行动计划
43	湖办字〔2018〕22号	关于开展乡村振兴战略“春风行动”的通知
44	湖办字〔2018〕23号	中共湖口县委2018年度巡察工作计划
45	湖办字〔2018〕28号	关于开展2015年省委巡视组反馈意见整改情况“回头看”工作实施方案
46	湖办字〔2018〕30号	湖口县城乡环境综合整治集中攻坚工作方案
47	湖办字〔2018〕31号	关于印发《关于进一步加强全县档案工作的意见》的通知
48	湖办字〔2018〕34号	关于印发《政协湖口县委员会2018年度协商工作计划》的通知
49	湖办字〔2018〕35号	关于印发《2018年一季度重大项目综合调度会会议纪要》的通知
50	湖办字〔2018〕36号	关于组织开展2018年度机关单位保密自查自评工作的通知
51	湖办字〔2018〕37号	关于印发《贯彻落实刘奇同志在湖口视察调研时重要讲话精神的责任分工方案》的通知
52	湖办字〔2018〕38号	印发《关于湖口县创新驱动发展的意见》的通知
53	湖办字〔2018〕39号	关于成立湖口县打造长江“最美岸线”领导小组的通知
54	湖办字〔2018〕40号	关于印发《湖口县创建国家卫生县城实施方案》的通知
55	湖办字〔2018〕41号	关于印发《湖口县创建国家森林县城实施方案》的通知

续表

序号	文号	标题
56	湖办字〔2018〕42 号	转发《市委办公厅关于严明我市深化机构改革“十个严禁”“两个一律”纪律要求的通知》的通知
57	湖办字〔2018〕43 号	关于印发《湖口县 2018 年度新农村建设工作方案》的通知
58	湖办字〔2018〕44 号	关于印发《湖口县打造长江“最美岸线”的实施意见》的通知
59	湖办字〔2018〕48 号	关于印发《湖口县石钟山景区整改提升工作方案》的通知
60	湖办字〔2018〕49 号	关于印发《湖口县培育新动能推进工作方案》的通知
61	湖办字〔2018〕51 号	关于印发《湖口县党政领导履行教育职责五级责任制度》的通知
62	湖办字〔2018〕52 号	关于《金砂湾工业园环境保护综合改造升级工作方案》的补充通知
63	湖办字〔2018〕53 号	关于印发《湖口县驻村第一书记和驻村工作队选派管理办法》的通知
64	湖办字〔2018〕55 号	印发《关于在湖泊实施湖长制的工作方案》的通知
65	湖办字〔2018〕56 号	关于印发《湖口县建设信访工作“三无乡（镇、场）、三无村（居）”的实施方案》的通知
66	湖办字〔2018〕58 号	关于印发《湖口县长江“共抓大保护”攻坚行动方案》的通知
67	湖办字〔2018〕60 号	关于印发《湖口县农村生活污水治理实施方案（试行）》的通知
68	湖办字〔2018〕61 号	印发《关于开展全县宗教场所专项整治的实施方案》的通知
69	湖办字〔2018〕63 号	关于印发《湖口县干部作风建设整治行动实施方案》的通知
70	湖办字〔2018〕64 号	关于实行党内监督清单化管理的通知
71	湖办字〔2018〕65 号	印发《关于进一步贯彻落实国家机关“谁执法谁普法”普法责任制的实施意见》
72	湖办字〔2018〕66 号	印发《关于在全县农村实施“法律明白人”培养工程的方案》的通知
73	湖办字〔2018〕68 号	关于印发《湖口县落实省委扫黑除恶专项斗争督导组反馈问题的整改方案》的通知
74	湖办字〔2018〕70 号	关于印发《湖口县创建江西省文明城市实施方案》的通知
75	湖办字〔2018〕73 号	关于印发《湖口县道德模范礼遇帮扶实施办法（试行）》的通知
76	湖办字〔2018〕74 号	关于印发《湖口县推行“林长制”工作实施方案》的通知
77	湖办字〔2018〕75 号	关于贯彻落实县委十四届六次全体（扩大）会议精神分工方案
78	湖办字〔2018〕77 号	关于印发《湖口县监察委员会向乡镇派出监察机构的实施方案》的通知
79	湖办字〔2018〕78 号	关于印发《湖口县农村人居环境整治三年行动实施方案（2018—2020）》的通知
80	湖办字〔2018〕79 号	关于印发《湖口县乡镇干部绩效考核试点扩面工作的实施方案》的通知
81	湖办字〔2018〕80 号	印发《关于强化党政同责进一步落实食品安全属地管理责任的意见》的通知
82	湖办字〔2018〕82 号	印发《关于全面深化殡葬改革促进殡葬事业发展的实施方案》的通知
83	湖办字〔2018〕84 号	关于对殡葬改革工作实行网格化管理的通知
84	湖办字〔2018〕85 号	关于印发《湖口县纪念改革开放 40 周年成就展实施方案》的通知

续表

序号	文号	标题
85	湖办字〔2018〕87号	印发《关于脱贫攻坚中形式主义官僚主义突出问题立行立改的实施方案》的通知
86	湖办字〔2018〕88号	湖口县鄱阳湖生态环境专项整治工作方案
87	湖办字〔2018〕89号	关于印发《湖口县扫黑除恶斗争整改工作方案》的通知
88	湖办字〔2018〕91号	关于印发《湖口县教育事业发展五年行动计划（2018—2022）》的通知
89	湖办字〔2018〕92号	关于印发《湖口县落实中央环境保护督察“回头看”问题整改方案》的通知
90	湖办字〔2018〕96号	印发《关于贯彻落实〈中共中央国务院关于全面加强生态环境保护坚决打好污染防治攻坚战的意见〉的实施方案》
91	湖办字〔2018〕98号	关于印发《对照十九届中央第一轮巡视14个省区反馈的共性问题和十四届省委第三轮发现倾向性问题开展自查自纠工作方案》的通知
92	湖办字〔2018〕99号	关于建立县委领导与新的社会阶层人士联谊交友列名制度的通知
93	湖办字〔2018〕101号	关于成立县退役军人事务局筹备工作组的通知
94	湖办字〔2018〕102号	印发《2018年度落实党风廉政建设责任制检查考核工作方案》的通知
95	湖办字〔2018〕104号	关于印发《湖口县促进高新园区改革和创新发展三年攻坚行动计划（2018—2020）》的通知
96	湖办字〔2018〕105号	关于印发《湖口县领导干部外出报备工作细则》的通知
97	湖办字〔2018〕107号	关于调整湖口县生态环境保护委员会的通知
98	湖办字〔2018〕110号	关于印发《湖口县农村土地“三权分置”改革试点工作实施方案》的通知
99	湖办字〔2018〕112号	关于印发《湖口县劣V类水水库（湖泊）整治方案》的通知
100	湖办字〔2018〕113号	关于印发《湖口县“清四乱”专项行动方案》的通知
101	湖办字〔2018〕114号	关于印发《湖口县工业联合党委组建实施方案》的通知
102	湖办字〔2018〕115号	印发《关于进一步加强园区党建工作的意见》的通知
103	湖办字〔2018〕116号	关于印发《湖口县2019年重点项目计划安排》的通知

湖口县人民政府文件（湖府发）

序号	文号	发件内容
1	湖府发〔2018〕1号	关于调整和取消一批行政权力事项的通知
2	湖府发〔2018〕2号	关于印发《湖口县特色小镇培育创建工作方案》的通知
3	湖府发〔2018〕3号	关于湖口县2018年度审计项目计划的通知
4	湖府发〔2018〕4号	关于印发湖口县“十三五”期间深化医药卫生体制改革实施方案的通知
5	湖府发〔2018〕6号	关于印发《湖口县强弱电管线专项整治实施方案》的通知
6	湖府发〔2018〕7号	关于印发《湖口县城乡生活垃圾一体化治理实施方案》的通知

续表

序号	文号	发件内容
7	湖府发〔2018〕8号	关于印发《湖口县城乡环境综合整治考核奖励办法（试行）》的通知
8	湖府发〔2018〕9号	关于印发《湖口县农村生活污水治理实施方案（试行）》的通知
9	湖府发〔2018〕10号	关于印发《湖口县城乡环境综合整治屋顶墙面拆改实施方案》的通知
10	湖府发〔2018〕12号	关于印发湖口县打赢蓝天保卫战三年行动方案（2018—2020）的通知
11	湖府发〔2018〕13号	关于印发《九江钢铁公司运输“铁水”车辆未设置“专用安全通道”重大隐患整改方案》的通知
12	湖府发〔2018〕14号	关于印发《湖口县第三次全国国土调查实施方案》的通知
13	湖府发〔2018〕15号	关于公布《湖口县县本级第一批取消调整证明事项清单》的通知
14	湖府发〔2018〕16号	关于印发《湖口县养殖水域滩涂规划（2018—2030）》的通知
15	湖府发〔2018〕17号	关于印发《湖口县土壤污染防治暨土壤环境保护工作方案》的通知
16	湖府发〔2018〕18号	关于公布县本级行政权力事项和调整、取消一批行政权力事项的通知

湖口县人民政府文件（湖府字）

序号	文号	文件内容
1	湖府字〔2018〕2号	关于命名年度县级卫生单位和卫生乡镇的决定
2	湖府字〔2018〕4号	关于成立湖口县（上海）商会的批复
3	湖府字〔2018〕9号	关于增补张科墓地为第三批重点县级文物保护单位的通知
4	湖府字〔2018〕10号	关于同意2018年农村义务教育阶段学校教师特设岗位计划工作的批复
5	湖府字〔2018〕11号	关于同意2018年定向培养乡村教师计划的批复
6	湖府字〔2018〕29号	关于印发《湖口县创建“四好农村路”全国示范县实施方案》的通知
7	湖府字〔2018〕31号	关于同意收回湖口县石钟投资开发有限公司三宗土地使用权的批复
8	湖府字〔2018〕32号	关于解决军人廖锦波同志因公牺牲一次性抚恤金的批复
9	湖府字〔2018〕33号	关于同意申报2018年江西省省级“四好农村路”（镇村公交）发展试点工作的批复
10	湖府字〔2018〕35号	关于印发《湖口县“十三五”控制温室气体排放工作方案》的通知
11	湖府字〔2018〕40号	关于建立“十三五”期间保护和发展森林资源目标责任制的通知
12	湖府字〔2018〕42号	关于废止《湖口县政府投资项目暂行管理办法》有关招标投标事项的通知
13	湖府字〔2018〕49号	关于同意申报“湖口螃蟹”为农产品地理标志的批复
14	湖府字〔2018〕62号	关于同意《湖口县国家森林城市建设总体规划（2018—2027）》的批复
15	湖府字〔2018〕69号	印发《关于在全县政府系统大力开展忠诚型创新型担当型服务型过硬型政府建设加快推动湖口高质量跨越式发展的实施意见》的通知

续表

序号	文号	文件内容
16	湖府字〔2018〕70 号	关于做好 2018 年度转业士官安置工作的通知
17	湖府字〔2018〕119 号	关于湖口县 2011 年大中型沼气项目中央投资调整计划的批复
18	湖府字〔2018〕120 号	关于进一步落实粮食安全省长责任制增强粮食安全综合保障能力的实施意见

湖口县人民政府办公室文件（湖府办发）

序号	文号	发件内容
1	湖府办发〔2018〕1 号	关于印发《湖口县清理整治非法预拌混凝土搅拌站和禁止现场搅拌混凝土工作方案》的通知
2	湖府办发〔2018〕2 号	关于印发《湖口县公路路域环境及交通秩序综合整治工作实施方案》的通知
3	湖府办发〔2018〕4 号	关于印发《湖口县高标准农田建设统一上图入库工作方案》的通知
4	湖府办发〔2018〕6 号	关于印发《湖口县 2017—2018 年度营造林工作实施方案》的通知
5	湖府办发〔2018〕8 号	关于印发《湖口县第二次全国污染源普查实施方案》的通知
6	湖府办发〔2018〕9 号	关于印发《湖口县成品油市场集中专项整治行动方案》的通知
7	湖府办发〔2018〕10 号	关于印发《湖口县突发地质灾害应急预案》的通知
8	湖府办发〔2018〕11 号	关于印发《湖口县 2018 年地质灾害防灾预案》的通知
9	湖府办发〔2018〕12 号	关于印发《湖口县粮食生产功能区和重要农产品生产保护区划定工作方案》的通知
10	湖府办发〔2018〕13 号	关于加强中小学幼儿园安全风险防控体系建设的实施方案
11	湖府办发〔2018〕15 号	关于印发《湖口县 2018—2020 年农业机械购置补贴实施方案》的通知
12	湖府办发〔2018〕16 号	关于印发湖口县县城饮用水水源环境整治方案的通知
13	湖府办发〔2018〕17 号	关于印发《湖口县 2018 年城乡居民医保总额费用控制和按床日付费实施方案》的通知
14	湖府办发〔2018〕18 号	关于印发《湖口县“十三五”时期创建“平安农机”活动方案》的通知
15	湖府办发〔2018〕19 号	关于印发《湖口县进一步加强乡镇财政财务管理的暂行规定》的通知
16	湖府办发〔2018〕20 号	湖口县关于进一步加强和规范乡镇财政财务支付审核管理工作的通知
17	湖府办发〔2018〕21 号	关于印发《湖口县乡镇“小金库”专项治理工作实施方案》的通知
18	湖府办发〔2018〕22 号	关于印发《湖口县突发环境事件应急预案》的通知
19	湖府办发〔2018〕23 号	关于印发《湖口县高新技术产业园区金融创新试点工作实施方案〉的通知
20	湖府办发〔2018〕24 号	关于印发《湖口县“十三五”期间保护和发展森林资源目标责任制考核办法》的通知
21	湖府办发〔2018〕25 号	关于印发《湖口县 2018 年统筹整合资金推进高标准农田建设实施方案》的通知
22	湖府办发〔2018〕26 号	关于印发《湖口县文化旅游资产划转工作实施方案》的通知
23	湖府办发〔2018〕28 号	关于印发《湖口县农村公路文明示范路考核评定办法》的通知

续表

序号	文号	发件内容
24	湖府办发〔2018〕29 号	关于印发湖口县人民政府行政复议委员会改革工作方案的通知
25	湖府办发〔2018〕31 号	印发《关于开展政府救助保险工作的实施意见》的通知
26	湖府办发〔2018〕32 号	关于印发《湖口县自然灾害救助应急预案》的通知
27	湖府办发〔2018〕33 号	关于印发“绿盾 2018”湖口县自然保护区监督检查专项行动工作方案的通知
28	湖府办发〔2018〕34 号	关于印发《湖口县突发事件预警信息发布系统建设方案》的通知
29	湖府办发〔2018〕35 号	印发关于开展领导干部自然资源资产离任审计的实施意见（试行）的通知
30	湖府办发〔2018〕36 号	关于印发《湖口县长江经济带“共抓大保护”综合执法检查发现问题整改方案》的通知
31	湖府办发〔2018〕38 号	湖口县关于推进医疗卫生与养老服务融合发展的实施意见
32	湖府办发〔2018〕39 号	关于印发《湖口县建档立卡贫困户评级授信工作方案》的通知
33	湖府办发〔2018〕40 号	关于印发湖口县证明事项清理工作方案的通知
34	湖府办发〔2018〕41 号	关于印发《湖口县全民科学素质行动计划纲要实施方案》的通知
35	湖府办发〔2018〕42 号	关于印发《湖口县新型墙体材料生产企业整治方案》的通知
36	湖府办发〔2018〕43 号	关于印发湖口县沿江化工企业转型升级和清理整顿工作方案的通知
37	湖府办发〔2018〕44 号	关于印发《湖口县畜禽养殖场（户）综合治理三年行动（2018—2020）实施方案》的通知
38	湖府办发〔2018〕45 号	关于印发湖口县防治慢性病中长期规划（2017—2025）的通知
39	湖府办发〔2018〕46 号	关于印发湖口县创建省级慢性非传染性疾病综合防控示范区工作实施方案的通知
40	湖府办发〔2018〕47 号	关于印发湖口县遏制与防治艾滋病“十三五”行动计划的通知
41	湖府办发〔2018〕48 号	关于印发《湖口县 2018 年河长制、湖长制工作要点》的通知
42	湖府办发〔2018〕49 号	关于印发《湖口县 2018 年燃煤锅炉专项整治工作实施方案》的通知
43	湖府办发〔2018〕50 号	关于印发《湖口县现代农业示范园（产业园）建设管理办法》的通知
44	湖府办发〔2018〕51 号	关于印发《全县殡葬领域突出问题专项整治实施方案》的通知
45	湖府办发〔2018〕52 号	关于印发《湖口县加快采石行业矿山生态修复工作实施方案》的通知
46	湖府办发〔2018〕53 号	关于印发《湖口县矿山整治工作方案》的通知
47	湖府办发〔2018〕54 号	关于印发《湖口县加强农村留守老年人关爱服务工作实施方案》的通知
48	湖府办发〔2018〕56 号	关于印发《湖口县 2018 年农村危房改造工作实施方案》的通知
49	湖府办发〔2018〕60 号	关于印发湖口县重点企业金融风险早期识别工作方案的通知
50	湖府办发〔2018〕61 号	关于印发《湖口县在外卫生专业技术人员“归雁计划”实施方案》的通知
51	湖府办发〔2018〕62 号	关于印发湖口县社会保险费和非税收入征管职责划转交接工作方案的通知
52	湖府办发〔2018〕63 号	关于印发《湖口县沿江“小、散、低”码头整合治理和砂石集散中心建设工作实施方案》的通知

续表

序号	文号	发件内容
53	湖府办发〔2018〕64 号	关于印发《湖口县 2018—2019 年度鄱阳湖区越冬候鸟和湿地保护工作实施方案》的通知
54	湖府办发〔2018〕65 号	关于印发《2018—2019 年度湖口县越冬候鸟和湿地保护专项行动工作方案》的通知
55	湖府办发〔2018〕66 号	关于印发《湖口县洋港省级湿地公园保护管理办法》的通知
56	湖府办发〔2018〕67 号	关于印发《湖口县产粮（油）大县土壤环境保护方案》的通知
57	湖府办发〔2018〕68 号	关于印发《关于进一步激发民间有效投资活力促进经济持续健康发展的实施意见》的通知
58	湖府办发〔2018〕69 号	关于印发《湖口县餐饮服务场所油烟污染专项整治工作内容》的通知
59	湖府办发〔2018〕70 号	关于印发《湖口县禁止焚烧垃圾、农作物秸秆专项整治工作方案》的通知
60	湖府办发〔2018〕71 号	关于印发《湖口县金融突发事件应急预案》的通知
61	湖府办发〔2018〕72 号	关于印发《湖口县“厕所革命”三年攻坚行动方案》的通知
62	湖府办发〔2018〕73 号	关于印发《湖口县校外培训机构综合治理攻坚行动实施方案》的通知
63	湖府办发〔2018〕74 号	关于印发湖口县矿山运输车辆安全管理方案的通知
64	湖府办发〔2018〕75 号	关于印发《湖口县鄱阳湖区非法码头专项整治工作方案》的通知
65	湖府办发〔2018〕76 号	关于印发《湖口县河长制湖长制县级会议制度》等八项制度的通知
66	湖府办发〔2018〕77 号	关于印发《湖口县中小学教学质量奖励方案（试行）》的通知
67	湖府办发〔2018〕78 号	关于印发《湖口县 2018 年土地例行督查整改工作方案》的通知
68	湖府办发〔2018〕79 号	关于印发《湖口县切实加强自然保护区监督管理实施意见》的通知
69	湖府办发〔2018〕80 号	关于进一步加强《中国湖口网》网站管理工作的实施意见
70	湖府办发〔2018〕81 号	关于印发《关于对脱贫攻坚中形式主义官僚主义突出问题立行立改的实施方案》的通知
71	湖府办发〔2018〕82 号	关于进一步推进全县“智能安防小区”建设和管理工作的实施意见
72	湖府办发〔2018〕83 号	关于印发湖口县推进社会公益事业建设领域政府信息公开工作方案的通知
73	湖府办发〔2018〕84 号	关于印发湖口县健康扶贫三年攻坚行动实施方案的通知
74	湖府办发〔2018〕85 号	关于印发湖口县推进“互联网 + 医疗健康”发展实施方案的通知
75	湖府办发〔2018〕88 号	关于印发《湖口县严厉打击破坏森林资源违法活动全面整治林政管理秩序专项行动工作方案》的通知

湖口县人民政府办公室文件（湖府办字）

序号	文号	文件内容
1	湖府办字〔2018〕7 号	关于做好第二次全国污染源普查工作的通知
2	湖府办字〔2018〕8 号	关于表彰 2017 年度全县公共机构节能先进乡（镇、场）和先进单位的通报
3	湖府办字〔2018〕9 号	关于贯彻落实国务院审改办等部门取消 27 项中央指定地方实施行政审批中介服务和证明材料的通知

续表

序号	文号	文件内容
4	湖府办字〔2018〕10 号	关于规范我县统筹整合资金推进高标准农田建设项目资金拨付和使用的通知
5	湖府办字〔2018〕11 号	关于印发《湖口县县对乡（镇）财政结算管理办法》的通知
6	湖府办字〔2018〕12 号	关于做好健康扶贫“第五道保障线”补偿工作的通知
7	湖府办字〔2018〕13 号	关于成立景湖线（湖口段）养护大中修项目指挥部的通知
8	湖府办字〔2018〕17 号	关于加强切坡建设管理工作的通知
9	湖府办字〔2018〕21 号	关于在工程建设领域推行银行保函的通知
10	湖府办字〔2018〕22 号	关于表彰创建“全国渔业健康养殖示范县”工作先进单位的决定
11	湖府办字〔2018〕23 号	关于在全县开展强弱电线路整治工作的通知
12	湖府办字〔2018〕24 号	关于印发湖口县 2018 年村卫生计生服务室标准化建设项目实施方案的通知
13	湖府办字〔2018〕25 号	关于严禁违法占用和破坏基本农田的通知
14	湖府办字〔2018〕26 号	关于印发《湖口县 2018 年安全生产培训考试工作计划》的通知
15	湖府办字〔2018〕27 号	关于印发《湖口县推行政务服务事项“一次不跑”改革实施方案》的通知
16	湖府办字〔2018〕28 号	关于印发《湖口县农机报废更新补贴试点工作实施方案》的通知
17	湖府办字〔2018〕31 号	关于调整县安全生产委员会组成人员和成立十四个安全专业委员会的通知
18	湖府办字〔2018〕37 号	关于加快推进农业保险工作的通知
19	湖府办字〔2018〕39 号	关于落实县十六届人大三次会议县政协九届三次会议有关建议提案办理任务的通知
20	湖府办字〔2018〕40 号	关于县级医院医保按床日付费考核及资金奖补情况的通报
21	湖府办字〔2018〕41 号	关于开展第三批国家公共文化服务体系示范区创建工作专项督查的通知
22	湖府办字〔2018〕44 号	关于印发《湖口县 2018 年普通高考、中考和高中学考期间责任单位工作职责》的通知
23	湖府办字〔2018〕47 号	关于开展全县城乡环境综合整治工作第一季度考核及质量专项检查的通知
24	湖府办字〔2018〕50 号	关于调整湖口县城市污水处理费标准的通知
25	湖府办字〔2018〕51 号	关于印发《湖口县 2018 年法治政府建设工作要点》的通知
26	湖府办字〔2018〕52 号	关于开展政务新媒体基本情况调查摸底工作的通知
27	湖府办字〔2018〕53 号	关于印发《江西农业大讲堂下基层宣讲活动湖口县实施方案》的通知
28	湖府办字〔2018〕54 号	关于印发《第十六届赣台（南昌）经贸文化合作交流大会湖口县参会工作方案》的通知
29	湖府办字〔2018〕56 号	关于在全县开展公务员普通话水平测试工作的通知
30	湖府办字〔2018〕57 号	关于印发湖口县 2018—2019 年度政府集中采购目录及标准的通知
31	湖府办字〔2018〕58 号	关于公布《湖口县县本级第一批“一次不跑”政府服务事项清单》的通知
32	湖府办字〔2018〕60 号	关于授予湖口县“平安农机”示范乡（镇）、村、农机户、合作社的通知
33	湖府办字〔2018〕62 号	关于进一步加强乡镇便民服务中心建设的通知

续表

序号	文号	文件内容
34	湖府办字〔2018〕64号	关于调整湖口县防艾滋病工作委员会成员及单位职责的通知
35	湖府办字〔2018〕65号	关于印发《湖口县2018年河长制、湖长制考核方案》的通知
36	湖府办字〔2018〕66号	关于成立湖口县中医药服务能力提升工程“十三五”行动计划领导小组的通知
37	湖府办字〔2018〕67号	关于开展石钟山景区周边环境综合整治的通知
38	湖府办字〔2018〕68号	关于做好江豚保护99公益日社会募捐工作的通知
39	湖府办字〔2018〕69号	关于开展县级现代农业示范园（产业园）创建工作的通知
40	湖府办字〔2018〕70号	关于做好耕地地力保护补贴面积核实呈报工作的通知
41	湖府办字〔2018〕72号	关于开展乡（镇）党政领导、政府职能部门履行教育职责情况专项督查的通知
42	湖府办字〔2018〕74号	关于修改部分县政府规范性文件的通知
43	湖府办字〔2018〕78号	关于做好2019年度城乡居民医保参保缴费工作的通知
44	湖府办字〔2018〕79号	关于公布湖口高新园区审批复权清单的通知
45	湖府办字〔2018〕81号	关于印发湖口县金融稳定协调合作机制的通知
46	湖府办字〔2018〕82号	关于公布《湖口县县本级第一批“只跑一次”政府服务事项清单》的通知
47	湖府办字〔2018〕83号	关于印发《湖口县绿色殡葬奖补激励办法》的通知
48	湖府办字〔2018〕86号	关于办理湖口县安置区房屋不动产权登记的通知
49	湖府办字〔2018〕89号	关于做好2018年义务兵家庭优待金发放工作的通知
50	湖府办字〔2018〕90号	关于做好退役军人和其他优抚对象信息采集工作的通知
51	湖府办字〔2018〕91号	关于印发《湖口县林长制县级会议制度》等五项配套制度的通知
52	湖府办字〔2018〕92号	关于对农村集体资产清产核资相关问题的处理意见
53	湖府办字〔2018〕98号	关于认定我县县级现代农业示范园（产业园）的通知
54	湖府办字〔2018〕99号	关于印发湖口县土壤污染状况详查工作协调机制的通知
55	湖府办字〔2018〕100号	关于进一步做好全县防雷减灾安全生产管理工作的通知
56	湖府办字〔2018〕102号	关于做好2018年粮食收购工作的通知
57	湖府办字〔2018〕105号	关于湖口县环境、安全违法行为有奖举报的通知
58	湖府办字〔2018〕107号	关于印发《“福彩公益行——走进湖口”暨即开型福利彩票销售活动实施方案》的通知
59	湖府办字〔2018〕108号	关于进一步完善政务服务机制提升政务服务效能的通知
60	湖府办字〔2018〕110号	关于做好2018年政府信息公开年度报告编制和发布工作的通知

统计资料选编

2018年湖口县国民经济和社会发展统计公报

湖口县统计局

（2019年4月20日）

2018年，在县委、县政府的坚强领导下，全县上下坚持以习近平新时代中国特色社会主义思想为指引，深入学习贯彻党的十九大精神，坚持稳中求进总基调，贯彻新发展理念，紧紧围绕“聚力一核三带、建设五个湖口”的目标，忠诚担当、真抓实干，保持了经济社会发展的良好势头，较好完成了年初确定的各项目标任务，各项社会事业取得新的进步。

一、综合

初步核算，全年地区生产总值（GDP）158.58亿元，按可比价格计算，比上年增长8.4%。其中第一产业增加值14.18亿元，增长3.8%，第二产业增加值110.33亿元，增长8.7%，第三产业增加值34.08亿元，增长9.6%。三次产业结构比为8.9 ：69.6 ：21.5，第三产业占GDP的比重与上年度持平。人均GDP55685元，增长7.8%。非公有制经济稳步发展，实现增加值113.71亿元，增长8.0%，占GDP比重为71.7%。

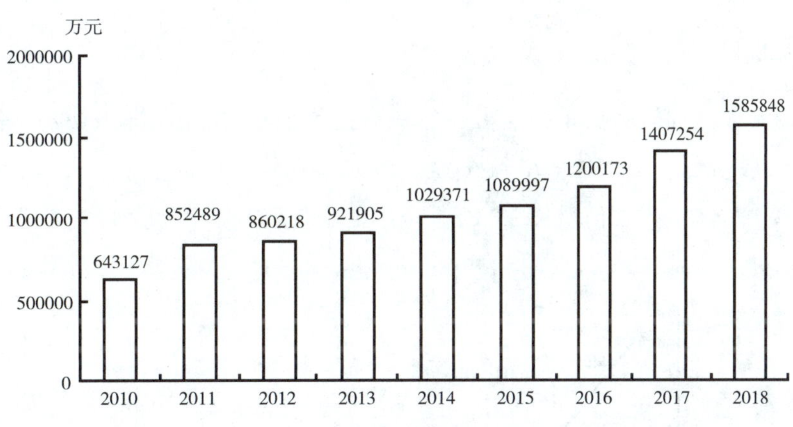

图1 2010—2018年地区生产总值

二、农业

全年粮食种植面积23.59万亩，比上年增加0.07万亩；棉花种植面积7.55万亩，增加1.08万亩；油料种植面积20.0万亩，较上年持平；蔬菜种植面积3.06万亩，下降0.01万亩；年末果园面积2.23万亩，比上年下降0.21万亩。

全年粮食总产量8.69万吨，比上年增长3.2%。其中，早稻2.23万吨，增长0.05%；二晚3.41万吨，增长2.1%；一晚和中稻2.63万吨，增长11.4%。全年油料产量2.49万吨，与上年基本持平。棉花产量6828吨，下降16.0%。蔬菜产量6.87万吨，下降5.8%。水果产量5330吨，下降18.8%。

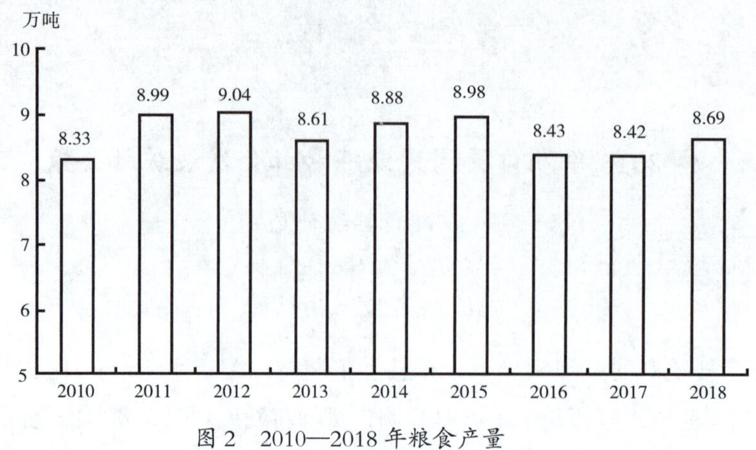

图2 2010—2018年粮食产量

全年肉类总产量6699吨，下降29.4%。生猪出栏7.13万头，下降26.5%；生猪存栏3.27万头，下降41.8%。家禽存栏45.08万只，下降20.0%；禽蛋产量3100吨，下降42.2%。水产品产量4.27万吨，下降6.6%。

全年人工造林面积6950.2亩（其中油茶2000亩；花卉苗木1734.2亩），年末实有封山（沙）育林面积2000亩，森林抚育面积10000亩；森林覆盖率达28.1%。

全县有效灌溉面积达27.96千公顷；水土流失综合治理面积12.55千公顷，新增0.20千公顷。年末农业机械总动力7.00万千瓦，其中农用排灌动力机械2.34万千瓦；联合收割机达194台。农用化肥施用量（折纯）1.2万吨，下降31.0%。

三、工业和建筑业

全年规模以上工业实现增加值增长8.8%，其中：国有控股企业增加值增长1.2%。规模以上工业中，私营企业增加值增长4.6%，股份制企业增加值增长5.0%，港澳台和外商投资企业增长50.6%。规模以上工业中，重工业增加值增长5.1%，轻工业增加值增长33.3%。全年工业产品销售率99.8%。

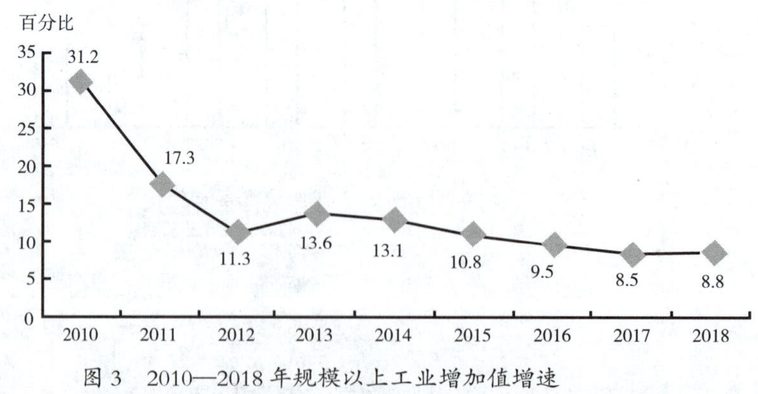

图3 2010—2018年规模以上工业增加值增速

全年规模以上工业实现主营业务收入完成466.3亿元，增长23%；实现利税总额85.4亿元，增长25.6%，其中实现利润70.3亿元，增长31.3%。工业经济效益综合指数470.1%，比上年下降14.2个百分点。

工业园区实际开发面积13.4平方千米，年末投产企业67家，从事工业生产活动人数15697人，下降2.3%。园区企业完成工业主营业务收入414.4亿元，下降16.4%，实现利润总额64.8亿元，增长23.5%。

全社会建筑业完成增加值 101179 万元，可比增长 6.5%。具有资质等级的建筑企业完成营业收入 95079 万元，增长 22.2%，营业税金及附加 4802 万元，增长 15.5%，实现利润 367.9 万元，增长 208.4%。

四、固定资产投资

全年固定资产投资增长 9.9%。固定资产投资中，亿元以上项目 115 个，完成投资 156.3 亿元，其中当年新开工亿元以上工业项目 12 个，完成投资额 3.6 亿元。当年竣工亿元以上项目 17 个，完成投资额 41.3 亿元，其中工业项目 13 个，完成投资额 3.70 亿元。

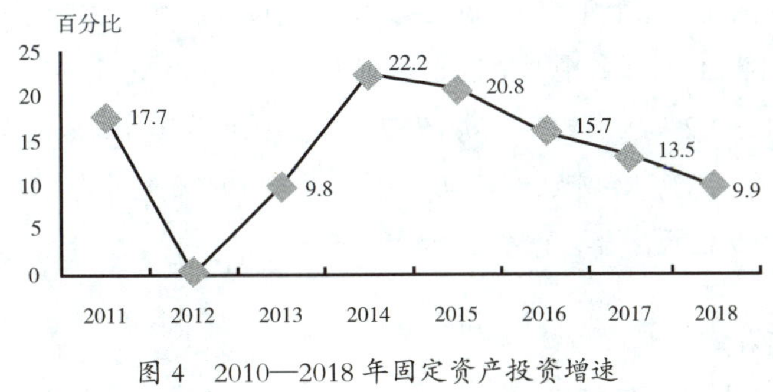

图 4　2010—2018 年固定资产投资增速

在固定资产投资中，第一产业投资下降 55.6%，第二产业投资增长 31.3%，第三产业投资下降 20.4%。

全年房地产开发投资 3.3 亿元，下降 1.9%；其中商品住宅投资 2.6 亿元，增长 49.4%。商品房施工面积 65.0 万平方米，下降 5.0%；竣工面积 0.9 万平方米，下降 96.0%；商品房销售面积 12.9 万平方米，下降 40.5%；商品房销售额 6.1 亿元，下降 44.9%。

固定资产投资施工项目 180 个，其中本年新开工 61 个，本年投产项目 36 个，项目建成投产率为 20.7%。

五、国内贸易和开放型经济

全年社会消费品零售总额 309871 万元，增长 11.5%。分城乡看，城镇消费品零售总额 164619 万元，增长 5.6%，乡村消费品零售额 145252 万元，增长 12.5%。从行业看，批发业销售额 186469.6 万元，增长 11.7%；零售业销售额 351634.3 万元，增长 14.1%；住宿业营业额 11450.8 万元，增长 16.2%；餐饮业营业额 48633.9 万元，增长 14.4%。

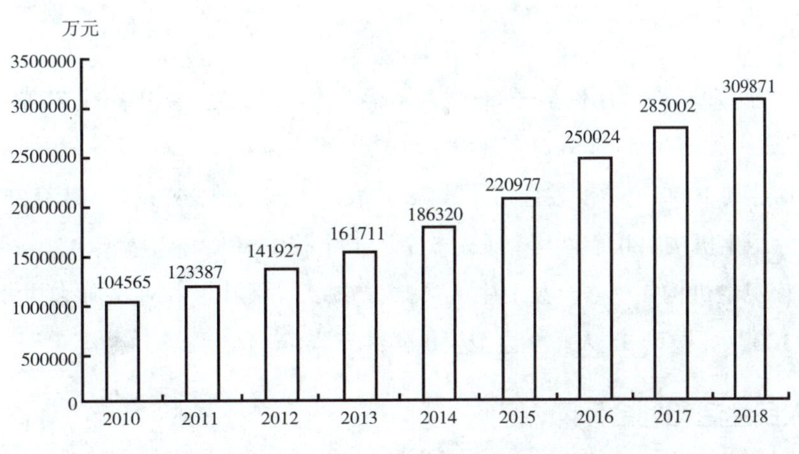

图 5　2010—2018 年社会消费品零售总额

全年实际利用境外资金 16661 万美元，增长 9.9%，外贸出口（出口值）20.02 亿元，比上年增长 5.6%。

全年引进市外 2000 万元以上项目 38 个、合同总投资 198.92 亿元，其中亿元以上项目 34 个、合同总投资 141.63 亿元。当年进资（含续建项目）142.17 亿元，增长 16.5%。

全年接待旅游总人数 318.32 万人次，增长 9.5%；其中国内游客 312.19 万人次，增长 9.6%；旅游总收入 28.21 亿元，增长 8.7%。

六、财政和金融业

全年财政总收入 41.30 亿元，比上年增长 36%，其中各项税收收入 37.77 亿元，增长 36.8%。全年地方一般预算收入 20.05 亿元，下降 21.1%，其中增值税 8.58 亿元，增长 7.4%；企业所得税 4.13 亿元，增长 23.0%；个人所得税 9257 万元，增长 51.2%。财政总收入占生产总值的比重为 26.0%；税收收入占财政总收入的比重达到 91.4%，提高 0.5 个百分点。全年财政支出 30.66 亿元，增长 10.2%，其中农林水事务支出 3.09 亿元，下降 11.4%，科教文卫体等支出 9.9 亿元，增长 1.5%。

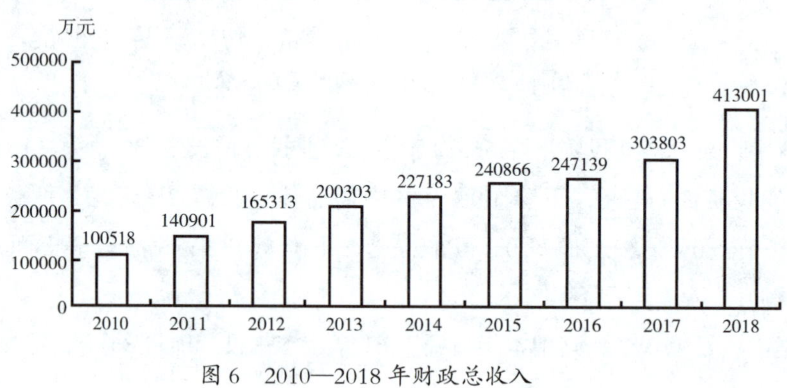

图 6　2010—2018 年财政总收入

年末全县金融机构各项存款余额 164.29 亿元，比上年末增加 12.67 亿元。其中，住户存款 89.36 亿元，增加 8.27 亿元，非金融企业存款 39.3 亿元，增加 3.0 亿元，广义政府存款 36.63 亿元，增加 2.39 亿元。金融机构各项贷款余额为 115.69 亿元，增加 4.22 亿元。其中，住户贷款 35.7 亿元，增加 3.95 亿元；非金融企业及机关团体贷款 79.97 亿元，增加 0.27 亿元。

七、社会事业

全县普通高中招生 2209 人，在校学生 6663 人，毕业生 2222 人。初中招生 3533 人，在校学生 10089 人，毕业生 2797 人。普通小学招生 3363 人，在校学生 19285 人，毕业生 3651 人。初中阶段适龄人口入学率和小学学龄儿童入学率均达到 100%。学前教育幼儿数 7834 人，入园人数 2673 人，离园 3315 人。

年末有各类医疗卫生机构 180 个，其中医院 5 个、卫生院 13 个、村卫生室 132 个，诊所 27 个，卫生监督机构 1 个，其他医疗卫生机构 2 个。全县卫生人员共 1767 人，其中：执业医师和执业助理医师 491 人，注册护士 461 人，药师 100 人，技师 95 人。全县卫生机构共有床位 1145 张。

八、人口、人民生活和社会保障

年末全县户籍人口为 297308 人；其中城镇人口 90188 人，乡村人口 207120 人。根据人口变动情况抽样调查统计，年末全县常住人口为285434人，比上年末增长1287人，人口城镇化率为49.30%。据计生委统计数据，全年出生人数3618人，人口出生率10.94‰，死亡人数1421人，死亡率4.3‰，自然增长率6.65‰。出生人口性别比为113.33。

全年实现新增城镇就业3510人，城镇就业率98.5%；困难群体就业531人，新增转移农村劳动力4218人，其中省内转移3110人。“零就业家庭”安置率100%；工业园区定向培训2833人，创业培训856人，新增发放创业担保贷款8745万元，新增小额贷款担保基金70万元，贷款回收率达99.96%。

城镇居民全年人均可支配收入34657元，比上年增加2757元，增长8.6%，城镇居民人均生活消费支出13822元，下降5.6%。年末城镇居民人均拥有住房面积56平方米。农村居民全年人均可支配收入15920元，比上年增加1301元，增长8.9%；农村居民人均生活消费支出9838元，下降11.5%。年末农村居民人均拥有住房面积56平方米。

全县城乡居民养老保险参保人数为11.5万人，执行城镇企业职工基本养老保险参保人数3.76万人；执行机关事业单位养老保险参保人数5361人。参加基本医疗保险年末人数为282055人。其中：参加城乡居民医疗保险人数251260人,参加职工基本医疗保险人数30795人。全县城乡居民住院41182人次,统筹支付12552万元。其中：建档立卡人员统筹支付1790万元，大病支付449万元。参加工伤保险年末人数3.3万人。参加失业保险年末人数1.85万人。参加生育保险年末人数20458人。全县共有1219户2047名城镇居民得到政府最低生活保障，5251户10310名农村居民得到政府最低生活保障。农村特困人员救助供养1046人，其中集中供养286人，分散供养760人；城镇特困人员救助供养50人。实施城乡大病医疗救助，民政部门直接救助14137人次。全县各类收养单位12家，拥有床位680张，年末在院人员395人（不含民办石钟情养老城）。

注:1. 本公报中数据均为初步统计数。

2. 地区生产总值、各产业增加值绝对数按现价计算，增长速度按不变价格计算。部分年度增加值增加研发支出有略微变动。

3. 部分数据因四舍五入的原因，存在着与分项合计不等的情况。

主要经济指标

指标	单位	2018年	2017年	2018年比2017年增长（%）
生产总值	亿元	158.58	140.73	8.4
第一产业	亿元	14.18	13.51	3.8
第二产业	亿元	110.33	96.98	8.7
第三产业	亿元	34.08	30.23	9.6
财政总收入	亿元	41.30	30.38	35.9
地方公共财政预算收入	亿元	20.05	16.56	21.1
财政支出	亿元	30.66	27.83	10.2
农业总产值	亿元	22.93	23.11	3.7

续表

指标	单位	2018 年	2017 年	2018 年比 2017 年增长（%）
规模以上工业增加值增幅	%	8.8	8.5	—
社会消费品零售总额	亿元	30.99	28.5	11.5
固定资产投资	%	9.9	13.5	—
# 工业投资	%	29.6	16.2	—
实际利用外资	亿美元	1.67	1.52	9.9
出口总额	亿元	20.02	20.52	-2.4
旅游人数	万人次	318.32	290.71	9.5
旅游总收入	亿元	28.21	25.96	8.7
居民消费价格指数（全市）	%	101.7	102.3	—
在岗职工年平均工资	元	未公布	—	—
城镇居民人均可支配收入	元	34657	31900	8.6
农村居民人均可支配收入	元	15920	14619	8.9
住户存款	亿元	89.36	81.09	10.2
城镇化率	%	49.3	47.9	—

主要人均指标

指标	单位	2018 年	2017 年	2018 年比 2017 年增长 %
生产总值（GDP）	元 / 人	55685	49691	7.8
农林牧渔业总产值	元 / 人	8032	8162	2.2
财政总收入	元 / 人	14469	10727	34.9
一般公共财政预算收入	元 / 人	7024	5847	20.1
社会消费品零售总额	元 / 人	10856	10064	7.9
实际利用外资	美元 / 人	584	535	9.2
出口总值	元 / 人	7014	7248	-3.2
住户存款	元 / 人	31307	28633	9.3
城镇居民人均可支配收入	元 / 人	34657	31900	8.6
农村居民人均可支配收入	元 / 人	15920	14619	8.9

宏观经济运行情况

指　标	单位	2018 年	2017 年	2018 年比 2017 年增长（%）
财政总收入占 GDP 比重	%	26.0	21.6	4.4
税收占财政总收入比重	%	91.4	90.9	0.5
金融机构人民币存贷比（以存款为 100）	%	70.4	73.5	3.1
城乡居民收入比（以农为 1）	比值	2.18	2.18	—
城镇化率	%	49.3	47.9	1.4
节能减排水平	—	—	—	—
万元 GDP 能耗	吨标煤	2.5168	2.5687	-2.02
万元 GDP 电耗	千瓦时	2568.43	2487.6	3.25

生产总值结构

指标	2018 年	2017 年	2018 年比 2017 年增长（%）
生产总值（亿元）	158.58	140.73	8.4
第一产业	14.18	13.51	3.8
第二产业	110.34	96.98	8.7
建筑业	10.12	8.99	6.5
第三产业	34.08	30.23	9.6
# 交通运输、仓储和邮政业	3.3	3.19	2.8
批发和零售业	3.98	3.69	6.9
住宿和餐饮业	1.48	1.36	6.4
金融业	3.68	3.22	9.8
生产总值构成（%）	100	100	—
第一产业	8.9	9.6	-0.7
第二产业	69.6	68.9	0.7
建筑业	6.4	6.4	—
第三产业	21.5	20.9	0.6
# 交通运输、仓储和邮政业	2.1	2.3	-0.2
批发和零售业	2.5	2.3	-0.1
住宿和餐饮业	1.0	1.0	—
金融业	2.3	2.3	—

注：本表增长速度按可比口径计算。

三次产业对经济增长的贡献

指标	2018 年	2017 年	2018 年比 2017 年增减百分点
贡献率（%）			
生产总值	100.0	100.0	
第一产业	4.2	4.9	–0.7
第二产业	73.6	70.0	3.6
#工　业	68.8	63.2	5.6
第三产业	22.0	25.1	–3.1
推动 GDP 增长（百分点）			
生产总值	8.4	9.0	–0.6
第一产业	0.4	0.4	–
第二产业	6.2	6.3	–0.1
#工　业	5.8	5.7	0.1
第三产业	1.9	2.3	–0.4

2018 年度湖口县财政收入一览表

单位：万元

预算科目	2018 年度
本年收入合计	239755
一般公共预算收入小计	200516
一、税收收入	165175
增值税	85788
其中：改征增值税	5367
营业税	75
企业所得税	41291
个人所得税	9257
资源税	605
城市维护建设税	9403
房产税	3913
印花税	2403
城镇土地使用税	4188
土地增值税	2459

续表

预算科目	2018 年度
车船税	542
耕地占用税	646
契税	4148
环保税	457
其他税收收入	
二、非税收入	35340
专项收入	7256
行政事业性收费收入	4667
罚没收入	14590
国有资本经营收入	1393
国有资源（资产）有偿使用收入	6720
政府住房基金收入	155
其他收入	560
政府性基金预算收入小计	39239
公共预算财政总收入	413001
一、税收收入	377661
二、非税收入	35340
公共预算财政总收入税收占比 %	91.44

2018 年度湖口县财政支出一览表

单位：万元

预算科目	2018 年度
本年支出合计	379630
一般公共预算支出小计	306610
一、一般公共服务	66659
二、国防	417
三、公共安全	12662
四、教育	62192
五、科学技术	4431
六、文化体育与传媒	2685

续表

预算科目	2018 年度
七、社会保障和就业	33386
八、医疗卫生与计划生育	29200
九、节能环保	4260
十、城乡社区事物	37241
十一、农林水事物	30949
十二、交通运输	4318
十三、资源勘探信息等	2991
十四、商业服务业等	2386
十五、金融监管等	—
十六、国土海洋气象	3774
十七、住房保障	2349
十八、粮油物资储备	981
十九、其他支出	1003
二十、债务付息	4679
二十一、债务发行费用	47
政府性基金预算支出小计	73020
一般公共预算支出民生支出占比 %	66.50

副高级以上职称名录

2018 年湖口县获评副高级以上职称人员名单

姓名	工作单位	职称	专业
李聿军	九江萍钢钢铁有限公司	高级工程师	钢铁冶金
赵经纬	九江天赐高新材料有限公司	高级工程师	有机化工
李新松	湖口县畜牧兽医局	高级畜牧兽医师	畜牧
沈国钦	湖口县农村环保能源办公室	高级农艺师	农学
何金泉	湖口县中医院	副主任医师（县区类）	普通外科
宛仲秋	湖口县中医院	副主任护师（县区类）	妇产科护理
殷玉应	湖口县中医院	副主任中医师（县区类）	中医内科

续表

姓名	工作单位	职称	专业
周江乐	湖口县妇幼保健院	副主任医师（县区类）	妇产科
吴巧志	湖口县妇幼保健院	副主任医师（县区类）	小儿内科
郭永忠	湖口县城山卫生院	副主任医师（乡镇类）	普通外科
柳 平	湖口县舜德学校	中小学高级教师	数学
屈开太	湖口县舜德学校	中小学高级教师	语文
曹少平	湖口县城山学校	中小学高级教师	数学
曹文峰	湖口县城山学校	中小学高级教师	数学
王利中	湖口县大垅中心小学	中小学高级教师	数学
骆嘉军	湖口县大垅中心小学	中小学高级教师	数学
周畯明	湖口县大垅中心小学	中小学高级教师	数学
张利民	湖口县大垅中心小学	中小学高级教师	语文
刘 波	湖口县大垅中心小学	中小学高级教师	科学
高 俊	湖口县张青中心小学	中小学高级教师	语文
王敏锋	湖口县付垅中心小学	中小学高级教师	数学
彭乐群	湖口中学	中小学正高级教师	语文

本栏编辑 沈文初

说明：本索引依照国家标准《索引编制规则（总则）》GB/T22466-2008的相关规则进行编制。本索引为主题索引，按主题词首字汉语拼音字母（同音字按声调）顺序排列。主题词后的阿拉伯数字表示该词所在页码，数字后的英文字母a、b分别表示该页文字的左、右栏。同一主题的内容在文中多处出现的，在其主题词后用不同的页码标明。对大事记、专辑、附录等类目不作主题索引。

E

F

G

J

K

L

M

N

P

Q

R

S

T

W

X

Y

Z

图书在版编目（CIP）数据

湖口年鉴 . 2019 / 湖口年鉴编撰委员会主编 .-- 南昌 : 江西人民出版社 , 2019.12
ISBN 978-7-210-11957-9

Ⅰ . ①湖… Ⅱ . ①湖… Ⅲ . ①湖口县— 2019 —年鉴
Ⅳ . ① Z525.64

中国版本图书馆 CIP 数据核字 (2020) 第 001357 号

湖口年鉴（2019）
湖口年鉴编撰委员会　主编
责任编辑　邓丽红
封面设计　同异文化传媒
出　　版　江西人民出版社
发　　行　各地新华书店
地　　址　江西省南昌市三经路 47 号附 1 号
编辑部电话　0791-86898702
发行部电话　0791-86898815
邮　　编　330006
网　　址　www.jxpph.com
E-mail:jxpph@tom.com　web@jxpph.com
2019 年 12 月第 1 版　2019 年 12 月第 1 次印刷
开　　本　889 毫米 × 1194 毫米　1/16
印　　张　34.25
字　　数　720 千字
ISBN 978-7-210-11957-9
赣版权登字 -01-2019-778

定　　价　200.00 元
承 印 厂　南昌市红星印刷有限公司